WORD SMART
2

Word Smart 2 최신개정판

지은이 프린스턴 리뷰팀
펴낸이 임상진
펴낸곳 (주)넥서스

초판 1쇄 발행 2015년 10월 20일
초판 5쇄 발행 2022년 4월 5일

2판 1쇄 인쇄 2024년 5월 1일
2판 1쇄 발행 2024년 5월 10일

출판신고 1992년 4월 3일 제311-2002-2호
10880 경기도 파주시 지목로 5
Tel (02)330-5500 Fax (02)330-5555

ISBN 979-11-6683-637-4 14740
(SET) 979-11-6683-638-1 14740

가격은 뒤표지에 있습니다.
잘못 만들어진 책은 구입처에서 바꾸어 드립니다.

www.nexusbook.com

WORD SMART

2

프린스턴 리뷰팀 지음
Written by the Staff of the Princeton Review

서문

WORD SMART는 이렇다

언어는 생각을 담는 그릇이다

우리가 사용하는 언어는 많은 것을 말해 준다. 어떤 단어를 사용하느냐에 따라 세련되고 설득력 있으며 지적으로 보일 수도 있고, 때로는 자신도 이해할 수 없는 단어를 쓰고 있음을 보여 주기도 한다. 자기 생각을 제대로 드러내는 키포인트는 어떤 단어를 어떻게 사용할지를 아는 것에 달려 있다.

우리는 말을 하거나 생각하기 위해서도 어휘를 사용한다. 정확한 단어를 모르면 정리된 생각을 할 수 없다. 어휘력은 스스로 생각할 수 있는 힘과 그 생각을 다른 사람과 교류할 수 있는 능력의 기초가 된다. 어휘력을 늘리면 자신을 둘러싼 세계를 이해하는 지적 능력을 개발할 수 있다.

왜 이 책이 필요한가?

지금껏 나온 많은 어휘 책들의 대부분은 별로 유익하지 않다. 어떤 책에는 단어가 너무 많거나 어떤 책들은 터무니없이 어렵기 때문이다. 노력하지 않고 쉽게 배울 수 있는 방법이나 요령만을 주장하는 것들도 있다. 그런 방법 대부분은 사실 새로운 단어를 배우는 데 거의 도움이 되지 않는다. 이 책은 기존의 책들과 확실히 다르다.

우리는 SAT 교육기관인 PRINCETON REVIEW를 10년 이상 운영해 왔다. 여기서 6주간의 과정을 마친 학생들은 SAT에서 200점 이상 점수가 오르는 놀라운 결과를 보여 주었다. 이러한 성공은 훌륭한 교습법의 결과라고 생각한다.

우리가 처음 『WORD SMART 1』을 쓸 때, 이 책이 우리의 유일한 어휘 책이 될 것이라 생각했다. 대부분의 어휘 책이 거의 사용되지 않는 단어들을 너무 많이 포함하고 있고, 사람들이 학교나 실생활에서 마주치게 되는 실제 단어들은 부족했다. 『WORD SMART 1』에 우리는 지성인들이 그들의 학교와 커리어에서 진실로 필요한 교육용 어휘들만 수록했다. 우리가 『WORD SMART 1』을 출간한 뒤 독자들은 『WORD SMART 1』에 실린 단어에서 그치지 않고 더 많은 것을 문의해 왔다. 그래서 『WORD SMART 1』을 쓸 때와 같은 연구 과정을 거쳐 엄선한 단어들을 다시 묶어 『WORD SMART 2』를 만들었다.

1 / 어떤 방법으로 단어를 선택했는가?

SAT와 GRE를 비롯하여 어휘영역이 존재하는 권위 있는 시험들을 연구하여 난이도가 높으면서도 빈번하고 규칙적으로 등장하는 단어를 모았다. 또한 일선 학교의 선생님들과 작가들, 그 밖에 여러 전문가들로부터 자문을 받았다.

2 / 단어의 정의와 서술 방법

각 항목은 우선 보편적으로 받아들여지는 발음(실제로 여러 방법으로 발음되는 단어들도 있는데, 대체로 사전에서 제일 먼저 제시되는 발음)으로 시작한다. 간혹 사전의 발음과 보편적으로 인지되는 발음이 다른 경우가 있는데, 그럴 경우 다양한 참고서를 살펴보고, 전문가의 조언을 들어 취사선택했다. 큰 소리로 여러 번 반복해서 발음해 보기 바란다. 각 단어의 변화형 발음에도 유의하기 바란다. 대개의 단어는 명사나 동사나 형용사로 같이 쓰이는 경우가 많이 있는데, 변화형에 따라 발음으로 구별되는 일이 많다. 『WORD SMART 2』에는 단어의 정의와 동의어를 실었다. 꼭 알고 넘어가야 하는 단어라면 어려운 단어라도 신중히 생각해서 제시어의 정의에 관련 단어로 첨부했다. 단어를 이해하기 위해서는 구체적인 문맥 속에서 볼 필요가 있다고 믿기 때문에, 단어의 정의 다음에는 제시어의 올바른 쓰임을 보여 주는 예문을 적어도 한 개 이상씩 실었다. 또한, 제시어의 역사적 고찰이나 관련 단어들도 검토했다. 마지막으로 제시어의 변화형을 보여 주고, 발음이 현저하게 다른 경우에는 발음 기호도 명시했다.

3 / 이 책의 활용 방법

알파벳순으로 꾸준히 공부하는 것만이 좋은 방법이라고 생각하지 않는다. 먼저 Quick Quiz를 풀어 보고 틀린 단어를 찾아 앞의 제시어로 다시 돌아가는 것도 좋은 공부법이 될 수 있다.

Princeton Review의 학생들 중 몇몇은 책의 마지막 부분에 나오는 'Final Test'부터 먼저 시작한 뒤, 틀린 단어를 찾아가는 순서로 공부했다. 또는 어근부터 공부하는 사람들도 있었다. 기본적으로 우리가 말하고 싶은 것은 바로 이것이다. 이 책을 공부할 때는 어떤 방식이든 자신이 원하는 대로 하면 된다!

4 / 이 책을 효과적으로 활용하는 방법

처음부터 이 책을 단숨에 끝내려고 하지 마라. 정해진 일정 분량만큼 지속적으로 공부하는 방법이 더 효과적이다. 한 단어를 제대로 이해했다고 확신이 들기 전에는 다음 단계로 건너뛰지 마라. 당황해 하는 실수의 대부분은 확신을 갖고 대담하게 사용하는 어휘가 사실은 틀리다는 데 있다. 대략 열 개 정도의 단어를 공부한 뒤 Quick Quiz를 통해 확실히 다져 두기 바란다. 시험에 대비하기 위해 어휘력을 향상시키려면 처음부터 끝까지 자신의 수준에 맞는 계획을 세워 같은 방법으로 공부하라. 단순히 어휘력 향상이 목적이라면 임의대로 흥미 있는 부분을 파고들어도 좋다. 또한, 책을 읽거나 다른 사람과 이야기를 나누다가 모르는 단어와 부딪히지 않도록 도와줄 사전으로 써먹어도 좋다. 이 책을 공부하고 나면 미국 대학 졸업 수준 이상의 실력을 갖추게 될 것이다. 그러나 거기서 멈추지 말고 앞으로 더 정진하기 바란다.

5 / 왜 WORD SMART가 필요한가?

『WORD SMART 2』의 단어들은 『WORD SMART 1』의 단어들과 마찬가지로 사용 빈도가 높은 단어에 초점을 맞췄지만, 최종적으로 단어들을 선택하는 데 몇 가지 중요한 차이점이 있다. 『WORD SMART 2』의 단어를 선택할 때는 학생들과 성인들의 언어 사용과 실수를 지켜본 경험을 반영하였다. 『WORD SMART 2』에 실린 많은 단어들은 대부분의 지성인들이라면 정확하게 사용할 것으로 생각되어 『WORD SMART 1』에서는 제외되었던 단어들이다. 학생이나 성인들은 문맥 속에서 단어를 배운다. 그들은 자신들이 모르는 단어가 포함된 문단이나 문장을 통해서 어려운 단어의 일반적 정의를 도출한다.

『WORD SMART 2』에는 언뜻 쉬운 듯 보여서 교양인들이 잘못 이해하고 있거나 실수를 범하는, 더러 다른 단어와 혼동하기도 하는 단어들을 묶었다. 『WORD SMART 2』의 단어들도 『WORD SMART 1』만큼이나 중요한 것들이다. 『WORD SMART 2』의 단어들이 약간 더 어렵기도 하고 활용하는 빈도가 낮을 수 있다. 그러나 『WORD SMART 2』 수록 단어들도 모두 교육용 어휘임을 잊지 마라.

본 문 미 리 보 기

○ 표준 발음 기호 삽입

원서의 원어민 기준 발음 기호와 달리 한국인이 공부하기 쉬운 표준 발음 기호를 삽입하여 발음 공부가 쉬워졌다!

○ 설명 및 예문

단어의 설명과 활용 예문을 확실히 구분하여 이해와 응용이 더욱 용이하다!

○ 다양한 품사형 제시

단어에서 파생된 다른 품사형 단어도 함께 실어 다양한 형태의 단어 학습이 가능하다!

USURY [júːʃəri] n lending money at an extremely high rate of interest
고율의 이자로 돈을 빌려 주는 것, 고리대금

- My sister said she would lend me ten dollars if I would clean her room for a week, a bargain that I considered to be *usury*.
  언니는 일주일 동안 자신의 방을 청소해 준다면 10달러를 빌려 주겠다고 말했다. 내 생각에는 상당히 고율의 이자를 받는 거래였다.

A *usurer*[júːʒərər] is someone who practices usury.
usurer는 고리대금업을 하는 사람이다.

- Eight-year-old Chuck is quite a little *usurer*; if a kid in his class borrows a dime for milk money, Chuck makes him pay back a quarter the next day.
  여덟 살부터 소년 척은 아주 어린 고리대금업자이다. 그의 반에서 어떤 아이가 우유 살 돈으로 10센트를 빌리면, 척은 그 다음날 15%를 갚게 한다.

● 형용사형은 *usurious*[juːʒúəriəs](고리대금의)이다.
● 이 단어들의 발음에 주의할 것.

○ QUICK QUIZ

QUICK QUIZ로 학습한 내용을 바로 복습할 수 있어 확실한 단어 암기가 가능하다!

QUICK QUIZ

Match each word in the first column with its definition in the second column. Check your answers in the back of the book.

1. obeisance	a. make unnecessary
2. objective	b. unbiased
3. obtrusive	c. pertaining to the sense of smell
4. obviate	d. threatening
5. occult	e. deep reverence
6. odious	f. government by only a very few people
7. odyssey	g. interfering
8. olfactory	h. long, difficult journey
9. oligarchy	i. hateful
10. ominous	j. supernatural

○ Final Exam Drill

주요 단어의 학습이 끝나면 Final Exam Drill로 다시 한 번 복습한다! COMPLETIONS(적당한 단어 채워 넣기), BUDDY CHECKS(반의어/동의어 찾아 연결하기), ODD ONE OUT(관련 없는 단어 찾기), RELATIONSHIPS(동의어, 반의어, 관련 없는 단어 구별하기), DEFINITIONS(단어 정의 연결하기), PRONUNCIATIONS(알맞은 발음 연결하기) 등 다양한 형태의 문제가 수록되어 있다.

○ 용어 정리

부록에서는 SAT 빈출 단어, GRE 빈출 단어, 꼭 알아야 할 어근, 흔히 저지르는 실수들, 그 외에 다양한 분야의 전문 용어를 정리하였다.

○ 놀이에서 찾은 어휘 공부법

아이들은 주위 사람들이 말하는 것을 흉내 냄으로써 새로운 어휘를 배운다. 아기는 자신의 흥미를 끄는 새로운 단어를 듣게 되면, 그 단어를 하루나 이틀 동안 반복적으로 사용한다. 아이는 문맥에서 실험과 실수를 반복하며 단어의 의미를 파악한다.

아이들은 어른보다 새로운 단어를 배우는 시간이 훨씬 빠르다. 주위 환경에서 언어를 빨아들이듯 습득하는 능력은 아동기를 지나면 점점 쇠퇴하는 듯하다. 그러나 이처럼 아이들이 처음으로 언어를 배우는 과정은 어른들에게도 어휘력을 강화시키는 데 유효한 방법이다.

○ 어휘는 사용할 때만이 유용성을 갖는다

맨 처음 아이들이 말을 배울 때처럼 어른들도 마찬가지로 계속 중얼거리면서 반복해야 한다. 철저한 연습과 규칙적인 훈련을 해야만 단어를 자신의 것으로 만들 수 있다. 시험을 앞둔 학생이라면 어렵게 생각되는 단어를 확실히 알 때까지 계속 반복하여 암기해야 한다. 글쓰기나 말하는 기술을 높이려는 목표도 어휘 공부의 중요한 동기가 될 수 있다. 자신의 어휘력을 향상시키려면 아이들이 새로운 단어를 배울 때처럼 일상생활 속에서 자꾸 반복하여 사용해야 한다.

○ 읽고, 읽고, 또 읽어라!

어렵고 복잡한 어휘를 습득하는 가장 좋은 방법은 무엇보다 열의를 갖고 반복해서 읽는 것이다. 그러다 보면 두뇌를 자극하게 되고 이해력도 향상된다. 광범위한 독서를 꾸준히 하다 보면 어느새 자신의 어휘 실력이 향상되어 있을 것이다. 새로운 단어를 자꾸 접하다 보면 전염되듯 익숙해지는데, TV보다는 확실히 독서가 좋은 방법이다. 「Time」을 비롯하여 좋은 글이 많이 실린 여러 종류의 잡지나 신문 역시 많은 도움이 된다.

○ 문맥에만 의존하는 방법의 위험성

문맥 속에서 그 단어가 어떻게 사용되는지를 파악하는 것도 중요하지만, 단어의 뜻을 유추할 때 문맥에만 의존하게 되면 함정에 빠질 우려가 있다. 노련한 저자나 연사라도 강조나 극적인 효과를 위해 의도적으로 틀린 단어를 사용하는 일도 가끔 있기 때문에 반드시 정확한 의미로 단어를 사용했다고는 단정할 수 없다. 그보다 중요한 것은 많은 단어들이 서로 다른 뜻을 함께 갖거나 의미상 미묘한 차이가 있다는 점이다. 그래서 문맥을 통해 추정한 단어의 뜻이 다른 경우에도 그대로 적용된다고 단정할 수는 없다.

또한 문맥은 그 자체로 잘못 해석될 수도 있다. 단어가 빠진 문장이 주어지고 그것을 채워야 할 때 문맥에 맞는 단어를 선택하더라도 본래의 정답과는 거리가 멀어지는 경우가 있다. 이럴 때 사전이 필요하다.

두꺼운 책

많은 학생들이 어휘 공부를 끝내야겠다는 의욕에 사로잡혀 사전을 들고 앉아 첫 페이지부터 읽기 시작한다. 그러나 이 방식으로 시작한 학생들의 대부분은 첫 페이지를 좀처럼 넘기지 못하고 포기하기 쉽다. 사실 이 방법으로 새로운 단어를 공부한다는 것은 불가능하다. 보다 쉽고 효과적인 방법인 이 책으로 시작해 보자.

학생이라면 항상 사전을 휴대해야 한다

어딜 가든 작은 휴대용 사전을 꼭 갖고 다니자. 모르는 단어를 접했을 때 현장에서 바로 찾아보면 더 오래 기억에 남을 것이다. 하지만 최고의 사전일지라도 항상 정확한 것만은 아니다. 권위 있는 사전을 접할 수 있다면 다시 한 번 그 뜻을 확인해 두는 것도 좋다. 사전 찾는 것을 귀찮게 여기거나 어렵게 생각하지 마라.

WORD SMART의 단어는 무엇이 사전과 다른가

우선 이 책은 사전이 아니다. 부피가 큰 사전보다 이해하기 쉽게 만들려고 애썼다. 일차적으로 사전에 기초하고 있지만 그만큼 복잡하고 자세하지는 않다. 대신 기본 단어의 뜻을 정의하고 때로는 관련 단어를 충분히 다뤘다. 그리고 무엇보다 중요한 것은 단어의 실제 활용 방법을 보여 주기 위해 적어도 한 개 이상의 예문을 제시했다는 것이다.

이 책을 읽기 위하여

사전이나 단어 숙어 사전을 통해 어휘를 공부하는 것은 좋은 방법이지만, 시간이 너무 많이 걸린다. 이러한 난제를 해결하는 데 적절한 책이 바로 『WORD SMART』이다. 『WORD SMART』의 주요 섹션은 교육용 어휘를 마스터할 수 있게 도와주는 핵심 단어들만 엄선했다. 우리는 다년간 수천 명의 학생들과 공부하는 과정을 통해 어떤 방법이 능률적이고 그렇지 않은지를 터득했다.

시작하기 전에 명심해야 할 것

새로운 언어를 공부하는 것은 다이어트를 하는 것과 같다. 정말 쉬운 방법이란 없다. 몸무게를 줄이고자 한다면, 반드시 적게 먹고 운동을 많이 해야 한다. 안일한 생각이나 작은 알약으로 되는 것이 아니다. 어려운 어휘를 습득하고자 할 때도 많은 노력이 필요하다. 이러한 학습법을 통해 많은 사람들이 상당한 성공을 거두었으며, 여타의 방법보다 더 효과적이라고 생각한다. 물론 저절로 얻어지는 것은 없다. 모두 값진 노력의 대가인 것이다.

새 로 운 단 어 를 공 부 하 는 법

지난 수년간 학생들을 지켜보면서 체득한 성공적인 방법을 몇 가지 소개하고자 한다. 각자에게 가장 적합한 방식을 선택하여 활용하기 바란다.

방법1_ 기억력 증진 요령

arithmetic이라는 단어를 암기하기 위해 "A Rat In The House Might Eat Tom's Ice Cream"이라는 문장을 외운다. 아주 기초적이고 우스꽝스러운 이 문장에서 각 단어의 첫 글자를 따면 arithmetic이 되는 것이다. 철자나 역사적 사건의 연대를 암기하는 방법도 있다.

기억력 증진법은 어떻게 작용하는가

모든 기억력 증진법은 같은 방식으로 작용한다. 자신이 기억하려는 것과 이미 알고 있거나 기억하기 쉬운 것을 연관시켜 생각한다. 일정한 형태나 운율은 기억하기 쉽기 때문에 기억력 증진법 중의 하나로 이용된다.

방법2_ 보는 것이 기억하는 것이다

새로운 단어의 생생한 영상을 머릿속에 남기는 것 또한 기억력 증진의 한 방법이다. 여기서 강조하는 것은 머릿속에 연상되는 그림을 의미한다. 예를 들어 보자. abridge라는 단어는 짧게 줄이거나 압축한다는 의미이다. 이 단어를 생각할 때, 순간적으로 어떤 이미지가 떠오르는가? 답은 간단하다. 바로 a bridge(다리)이다. '다리'와 abridge의 의미(짧게 만들다, 압축하다)를 연결시켜 줄 그림을 만들 필요가 있다. 어떤 그림을 만들지는 전적으로 여러분에게 달려 있다.

머릿속의 이미지가 비정상적일수록 더 잘 기억된다

정상적인 것은 평범하고 재미가 없다. 따라서 비정상적이고 우스꽝스러운 것보다 기억하기 어렵다.

방법3_ 어원에 의한 실마리

영어에는 수만 개의 단어가 있지만 같은 어원에서 갈라져 나와 의미상 관계가 있는 그룹으로 나눌 수 있는 것들이 많이 있다. 비슷한 어원을 갖고 있는 단어로 분류할 수 있다면, 훨씬 쉽게 단어를 암기할 수 있을 것이다.

예를 들면,

> **mnemonic** device to help you remember something
> **amnesty** a general pardon for offenses against a government(an official "forgetting")
> **amnesia** loss of memory
> 이 세 단어는 기억을 의미하는 mne를 공통적으로 갖고 있다.

어원 연구의 강점

어원을 풀이하는 방법으로 단어를 공부하는 방법이 효과가 있는 이유는 어원이 실제로 단어의 뜻과 관련이 깊기 때문이다. (그런 의미에서 이미지 연상 방법과는 대립되는 방법이다.) 어원 연구는 수세기에 걸친 역사가 있는 단어의 이야기에 빠져들게 만들고 같은 뿌리를 가진 단어들에 흥미를 갖게 한다.

어원 공부의 함정

어원은 단어에 대해서 무엇인가를 말해 주는 것이기는 하지만 단어의 정의를 직접 제시하는 것은 아니다. 그리고 어원을 오해하는 경우도 있다.

예를 들면,

> verdant라는 단어를 보고 verify, verdict, verisimilitude, veritable과 같이 진실이나 사실을 의미하는 어원을 갖고 있다고 추정한다. 그러나 verdant는 초록색을 의미하는 프랑스의 고어 vert에서 유래한 것이다. 어원 연구는 어휘 공부에 유익한 도구이기는 하지만, 모르는 단어의 의미를 단정하기에는 위험한 도구이기도 하다.

방법4_ 손으로 쓰거나 그림을 그리거나 도표 만들기

많은 사람들은 손으로 직접 쓰면서 더 쉽게 새로운 정보를 기억한다. 글씨를 쓰는 물리적인 동작이 머릿속에 각인되는 것을 돕는 것이다. 아마도 글씨를 쓰면서 단어에 대해 어떤 느낌을 형성하는 것 같다. 보조 기억 장치나 영상 이미지, 그리고 어원이 생각난다면 적어 두자. 그림을 그리거나 도표를 만들 수도 있을 것이다.

방법5_ 플래시카드와 노트에 모두 적어 두기

플래시카드란 앞면에는 단어를 적고 뒷면에는 그 단어의 뜻을 적어 놓은 단순한 카드이다. 이 카드를 이용하여 서로 퀴즈를 내면서 자투리 시간을 이용하면 공부를 게임처럼 할 수 있다. 또한, 카드 뒷면 한쪽 귀퉁이에 우리가 앞서 해 온 기억력 증진에 관한 방법들을 첨가하면 카드를 꺼내 볼 때마다 재미도 있고 공부도 더 잘 될 것이다. 물론 플래시카드보다는 어휘 자체를 일상생활에서 자꾸 사용해 보는 것이 기억에 더 오래 남고 공부가 된다는 것은 말할 나위 없다.

새 로 운   단 어 를   공 부 하 는   법

○ 노트의 이용에 관하여

학생들은 새로운 단어를 접하면 언제나 노트에 적어 둔다. 한 페이지 가득 단어를 공부하는 동안에 두뇌에 기록될 것이다. 잡지를 뒤적거리다 공부하고 있는 단어를 발견하게 되면, 노트에 그 문장을 적어 둘 수도 있다. 문맥 속에서 단어가 활용되고 있는 새로운 예를 얻는 것이다. 이전에 배운 단어를 자신이 정리한 노트 속에서 다시 보게 되면 성취감을 느낀다고 한다. 어휘에 관한 정리 노트는 스스로 진전되고 있다는 명백한 증거이다.

단어 공부를 위한 게임 방법(단계적 접근법)

1단계   문맥에서 단어의 의미를 추론한다.

문맥은 간혹 오답을 만들기도 하지만, 추론은 사고의 연마를 돕고 글을 읽을 때 이해력을 높일 수 있다.

2단계   사전을 찾는다.

대부분의 사람들은 이 단계를 건너뛰고 싶어 하지만, 어휘의 정확한 의미를 알기 위해서는 반드시 통과해야 하는 과정이다.

3단계   철자를 써 본다.

단어의 철자를 써 보고 변화형도 함께 알아둔다. 단어의 철자를 보면 비슷한 단어나 관계가 있는 단어들도 연상될 것이다.

4단계   큰 소리로 말해 본다.

독백이 아니라 다른 사람에게 큰 소리로 말해야 한다.

5단계   주요한 뜻을 읽는다. 부차적인 뜻풀이까지 자세히 읽어야 한다.

사전의 풀이는 중요한 순서에 따라 쓰여졌다. 그러나 단어를 완전하게 이해하기 위해서는 부수적인 뜻풀이까지 모두 읽어 보는 것이 좋다.

6단계 | 시간이 허락하면, 동의어의 쓰임과 뜻까지도 비교해 본다.

7단계 | 자신이 이해한 언어로 뜻을 풀이한다.

8단계 | 문장 속에서 배운 단어를 활용해 본다.

단어의 뜻을 이해했다면 적절한 문장을 만들어 본다. 단어의 암기력을 높이는 연상법

9단계 | 그 단어에 기억력을 강화시키는 연상 장치나 머릿속의 이미지, 그 밖의 암기를 돕는 방법을 고안 하여 연결해 본다.

8단계를 거치면서 이미 암기된 단어라도 연상 기억력 증진법을 통해 확고하게 기억하는 것이 좋다.

10단계 | 플래시카드를 작성하고 노트에 정리한다.

특히 단기간에 많은 양의 어휘를 습득하고자 할 때는 이 방법이 매우 효과가 있다.

11단계 | 기회가 닿는 대로 그 단어를 사용한다.

과감하게 반복적으로 사용하라. 새로 알게 된 지식을 굳건히 하지 않는다면, 결코 자신의 것이 될 수 없을 것이다.

마지막으로 덧붙이고 싶은 말은 항상 의구심을 갖도록 한다. 아무리 알고 있는 단어라고 해도 방심해서는 안 된다. 정말로 확실하게 알고 있는지 되짚어 보기 바란다. 자신은 익숙한 단어라고 확신하지만, 사실은 부정확하게 알고 있기 때문에 종종 황당한 실수들이 발생한다.

자, 이제 시작해 보자. 욕심내지 말고 한 번에 조금씩만 도전하면 많은 것을 얻게 될 것이라는 사실을 기억하라.

목 차

C o n t e n t s

부록

WORD

SMART 2

Warm-Up Tests

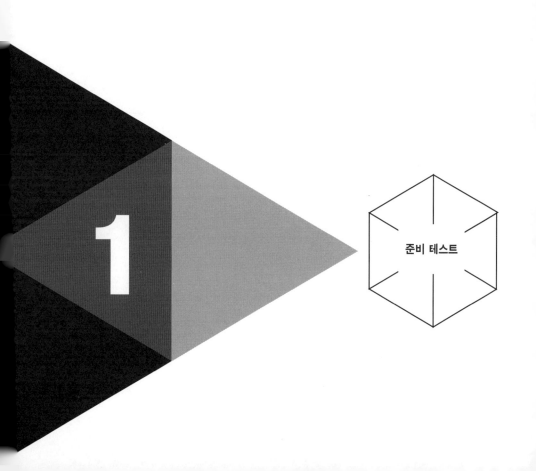

1

준비 테스트

WARM-UP TESTS 이 책을 파고들기 전에 자신의 어휘력을 평가해 보고 싶은 사람을 위해서 약간의 테스트를 마련했다. 이 문제들은 재미있을 뿐만 아니라 어휘 공부에도 도움이 된다.

여러분은 다음에 제시된 단어들을 발음하는 법을 알고 있다고 생각하는가?

우리는 이 책을 위한 연구과정에서 의미는 정확하게 알고 있으면서도 발음은 제대로 하지 못하는 단어들이 많다는 사실에 놀랐다. PART A의 공부를 마치고 PART B의 공부를 시작하기 전에 PART B 내에서 임의로 추출한 예제를 통해 각자의 실력을 <u>스스로</u> 측정해 보기 바란다. 대단히 어려운 문제이므로 정답을 맞추지 못했다고 실망할 필요는 없다. 만약 모든 문제의 정답을 맞춘다면 여러분은 PART B를 공부할 필요가 없다.

Warm-Up Test 1 : PRONUNCIATIONS

Before looking at column a or column b, pronounce each of the following words. Then select the letter that comes closer to your pronunciation.

l. accede	a. [æksíːd]	b. [əsíːd]
2. antipodes	a. [æntípədìːz]	b. [ǽntipoudz]
3. apposite	a. [ǽpəzət]	b. [əpáːzit]
4. arsenal	a. [áːrsnəl]	b. [áːrsənəl]
5. balk	a. [bɔːk]	b. [bɔːlk]
6. concomitant	a. [kənkáːmətənt]	b. [kɑnkəmíːtənt]
7. contretemps	a. [káːntrətɑːn]	b. [kántərtemps]
8. homage	a. [ámidʒ]	b. [hámidʒ]
9. pastoral	a. [pæstərəl]	b. [pæstɔ́ːrəl]
l0. phantasm	a. [fǽntæzm]	b. [fæntǽzm]
l l. psyche	a. [sáiki]	b. [saike]
l2. remuneration	a. [rimjunəréiʃən]	b. [riːnuməráiʃən]
l3. schism	a. [sízm] sízm	b. [skízm]
l4. sovereign	a. [sáːvrən]	b. [sáːvərən]
l5. vagaries	a. [vəgáriːz]	b. [véigəriːz]

다음의 단어들이 의미하는 바를 정말로 알고 있다고 생각하는가?

우리는 때로 이미 알고 있는 단어와 아주 비슷하다고 해서 그 단어의 의미를 알고 있다고 단정해 버린다. 다음에 나오는 단어들은 쉬워 보이는 단어들로서 모두 이 책에서 다루고 있는 것들이다.

경고 여기 제시된 단어들은 보이는 것만큼 쉬운 것이 하나도 없다. 어떤 단어들은 현저하게 다른 제2의 뜻을 가지고 있다.

Warm-Up Test 2a : DEFINITIONS

For each of the following words, match the word on the left with its definition on the right.

1. eclipse		a.	unintelligent
2. vacuous		b.	surpass
3. disconcert		c.	unusual
4. singular		d.	direct
5. channel		e.	ignorant
6. benighted		f.	hint
7. intimate		g.	expressionless
8. inviolate		h.	disturb greatly
9. temporize		i.	stall
10. impassive		j.	free from injury

Warm-Up Test 2b : DEFINITIONS

For each of the following words, match the word on the left with its definition on the right.

1. posture		a.	worthy of admiration
2. conversant		b.	act artificially
3. parallel		c.	harmful action
4. estimable		d.	similar
5. disservice		e.	make uneasy
6. privation		f.	alienate
7. captivate		g.	poverty
8. cleave		h.	familiar
9. disquiet		i.	cling
10. disaffect		j.	fascinate

Warm-Up Test 2c : DEFINITIONS

For each of the following words, match the word on the left with its definition on the right.

1. fuel		a.	give
2. quizzical		b.	highly significant
3. curb		c.	teasing
4. insuperable		d.	unable to be overcome
5. afford		e.	plead
6. entreat		f.	stimulate
7. conviction		g.	unbearable
8. pregnant		h.	strong belief
9. intrigue		i.	restrain
10. insufferable		j.	secret scheme

Warm-Up Test 2d : DEFINITIONS

For each of the following words, match the word on the left with its definition on the right.

1. appraise	a. combined action
2. resignation	b. estimate the value of
3. engaging	c. sudden attack
4. tortuous	d. impartial
5. concert	e. means by which something is conveyed
6. impregnable	f. preachy
7. sally	g. charming
8. dispassionate	h. winding
9. medium	i. submission
10. sententious	j. unconquerable

이제 두 가지 의미가 다 보이는가?

어휘가 어려운 이유는 어려운 단어를 비슷해 보이는 쉬운 단어와 혼동하기 때문이다. 아래에 있는 철자 바꾸기 놀이를 통해 혼동하기 쉬운 단어를 체크해 보자.

Warm-Up Test 3 : WORD SURGERY ON CONFUSABLES

For each of the following words on the left, follow the parenthetical directions to create the word defined on the right.
(왼쪽의 단어에서 가운데의 지시사항을 지켜 오른쪽과 같은 뜻의 단어를 만드시오.)

Take this word	and do this	to form a word meaning this.
1. errant	(change one letter)	very bad
2. adverse	(delete one letter)	disliking
3. cachet	(delete one letter)	hiding place
4. cannon	(delete one letter)	rule or law
5. canvas	(add one letter)	seek votes or opinions
6. career	(change one letter)	to swerve
7. rational	(add one letter)	excuse
8. confident	(change one letter)	trusted person
9. corporal	(add one letter)	material, tangible
10. demure	(delete one letter)	object
11. disassemble	(delete two letters)	deceive
12. systematic	(delete two letters)	throughout a system
13. important	(change two letters)	urge annoyingly
14. climactic	(delete one letter)	having to do with the climate
15. epic	(delete one letter, add two)	era

철자 바꾸기 놀이

접두사 "ana"는 깨뜨린다는 의미이다. "gram"은 문자를 의미한다. 철자 바꾸기 놀이는 단어나 구에서 글자를 바꾸어 새로운 단어나 구를 만들어내는 것이다. 진짜 철자 바꾸기 놀이에서는 새로운 단어는 반드시 문제의 단어나 구에 있던 철자를 모두 사용해야만 한다. 예를 들어 eat와 bleat는 table이라는 단어에 있는 철자를 가지고 만들어낸 단어들이지만 bleat만이 table의 모든 철자를 사용한 것이다.

어휘력을 늘리기 위해서, 여러분은 매일 매일의 독서를 통해 단어와 철자 모두에 익숙해질 필요가 있다. 다음 단어들은 철자를 재배열하면 이 책에서 만날 수 있는 새로운 단어로 만들어질 수 있다.

이 테스트는 여러분이 재미있게 어휘를 학습할 수 있도록 한번 만들어 본 것이다. 행운을 빈다.

Warm-Up Test 4 : ANAGRAMS

For each of the words or phrases on the left, rearrange the letters to form a word defined on the right.

1. askew	trails
2. dome	method of doing something
3. a paint	surface discoloration caused by age
4. lever	enjoy thoroughly
5. a note	make amends
6. raid	very dry
7. a view	give up or put aside
8. touts	plump or stocky
9. a main	crazed excitement
10. a tint	contaminate
11. a mark	good or bad emanations from a person
12. tints	duty or job
13. diva	eager
14. ride	disastrous
15. told	stupid person
16. beat	support someone in wrongdoing
17. atoll	assign
18. a cadre	arched passageway
19. lamb	something that heals
20. corns	contempt
21. lotus	clods
22. a hotel	despise
23. tap	appropriate
24. jaunt	small ruling group
25. tapes	sudden outpouring
26. fire	widespread
27. lakes	quench or satisfy

The Words

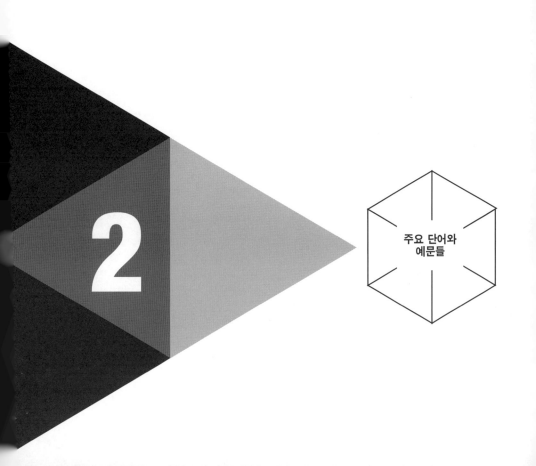

2

주요 단어와
예문들

A

ABASE [əbéis] v to humiliate; to lower in esteem or dignity; to humble
굴욕감을 느끼게 하다; 품위나 가치를 떨어뜨리다; 낮추다

- After soaping all the windows in the old widow's mansion on Halloween, the eighth graders *abased* themselves and said that they were sorry (after the policeman told them he would arrest them if they didn't).

  8학년짜리 아이들은 핼러윈 날에 혼자 사는 할머니의 아파트 창문마다 비누칠을 잔뜩 해놓고 나서는 뒤늦게 수치심을 느꼈다. 그래서 (사과하지 않으면 그들을 체포하겠다는 경찰의 말을 듣고 난 후) 미망인에게 죄송하다고 사과했다.

- I *abased* myself before the principal because I figured I had to in order to keep from being expelled.

  쫓겨나지 않기 위해서는 그렇게 해야만 한다는 것을 알고 있었기 때문에 나는 교장 앞에서 비굴하게 행동했다.

▶ debase(저하시키다)를 참조할 것.

ABET [əbét] v to support or encourage someone, especially someone who has done something wrong
누군가를, 특히 옳지 못한 일을 하는 사람을 지지하거나 용기를 북돋우다; 부추기다, 교사하다

- *Abetting* a criminal by giving her a place to hide from the police is itself a criminal act.

  경찰을 피할 수 있도록 범죄자가 숨을 장소를 제공해서 범인을 도와주는 행위는 그것 자체로도 이미 범법행위이다.

- In their efforts to steal millions from their clients, the dishonest bankers were *abetted* by the greed of the clients themselves.

  부정한 은행원들은 고객들로부터 수백만 달러를 훔치려고 애를 썼는데, 이는 고객들의 탐욕이 은행원들을 부추겼던 것이었다.

You may often hear this word as part of the redundant phrase *aid* and *abet*. The two words really mean the same thing.

이 단어를 종종 중복적인 구문인 'aid and abet'의 일부로 들을 것이다. 이 두 단어는 사실상 같은 의미이다.

ABEYANCE [əbéiəns] n suspension; temporary cessation   중지; 일시적 정지

- Sally wanted to bite Mr. Anderson, but her father held her in *abeyance* by grabbing her suspenders and looping them over the doorknob.

  샐리는 앤더슨 씨를 물어뜯고 싶었지만, 그녀의 아버지가 샐리의 바지 멜빵을 붙잡아 문고리에다 묶는 바람에 중단하게 되었다.

- Joe's poverty kept his addiction to video games in *abeyance*.

  조의 비디오 게임에 대한 탐닉은 가난 때문에 중지되었다.

ABJURE [æbdʒúər] v to repudiate; to take back; to refrain from
(주의, 신앙 등을) 거부하다; 철회하다; 그만두다

- Under pressure from his teacher, Joe *abjured* his habit of napping in class and promised to keep his eyes open for the rest of the semester.
  선생님의 압력에 굴복해서, 조는 수업 시간에 잠자는 습관을 버리고 남은 학기 동안 반드시 눈을 뜨고 있겠다고 약속했다.

- Jerry *abjured* chocolate for several days after eating an entire Mississippi Mud cake and breaking out in hives.
  미시시피 머드 케이크를 전부 먹어치우고 나서 두드러기가 난 이후로, 제리는 며칠 동안 초콜릿을 끊기로 했다.

- For her New Year's resolution, Ellen decided to *abjure* from *abjuring* from anything that she enjoyed.
  새해의 결의를 다지기 위해, 엘렌은 좋아하는 것을 무엇이든 버리지 않기로 결심했다.

ABOMINATION [əbàmənéiʃən] n something despised or abhorred; extreme
loathing 혐오하거나 몹시 싫어하는 것; 강한 혐오

- The lobby of the hotel was an *abomination*; there was garbage rotting in the elevator, and there were rats running on the furniture.
  호텔 로비는 아주 혐오스러웠다. 엘리베이터에는 쓰레기가 썩어가고 있었고, 가구마다 쥐들이 돌아다녔다.

- Barret shuddered with *abomination* at the thought of eating Henry's fatty, salty, oily cooking.
  바렛은 헨리가 요리한 지방질도 많고, 맛도 짜고, 기름기도 많은 음식을 먹어야 한다는 생각에 너무 혐오스러워서 치를 떨었다.

To *abominate* something is to hate it, hate it, hate it.
abominate는 '매우 싫어하다'라는 뜻이다.

- Judy *abominated* the sort of hotels that have garbage rotting in their elevators and rats running on their furniture.
  주디는 엘리베이터에서 쓰레기가 썩어가고 있고 쥐들이 가구마다 돌아다니는 그런 유의 호텔을 아주 싫어했다.

ABORIGINAL [æbərídʒənəl] adj native; dating back to the very beginning
토착의; 시초로 거슬러 올라가는

- The *Aborigines* of Australia are the earliest known human inhabitants of the continent. They are that country's *aboriginal* inhabitants.
  호주 원주민은 인간으로서는 최초로 그 대륙에 거주한 사람들로 알려져 있다. 그들이야말로 바로 그 나라의 토착민이다.

- While working on a new subway tunnel, the construction workers found some fragments of pottery that may have belonged to the city's *aboriginal* residents.
  새 지하철 터널 공사를 하던 중에, 현장 인부들은 그 도시의 토착 원주민의 것으로 추측되는 도자기 파편들을 발견했다.

ABOUND [əbáund] v to be very numerous 아주 많이 있다

- Trout *abound* in this river; there are so many of them that you can catch them with your hands.

  이 강에는 송어가 아주 많이 있다. 송어가 워낙 지천으로 널려 있어서 손으로도 잡을 수 있을 정도이다.

To *abound* is to be abundant. *Abounding* and *abundant* mean the same thing.

abound는 '풍부하다'는 뜻이다. abounding(풍부한)은 abundant와 동의어이다.

- Susan's *abounding* love for Harry will never falter unless she meets someone nicer or Harry moves away.

  해리에 대한 수잔의 충만한 사랑은 그녀가 더 멋진 남자를 만나거나 해리가 멀리 가 버리지 않는 한 결코 꺾이지 않을 것이다.

ABROGATE [ǽbrəgèit] v to abolish or repeal formally; to set aside; to nullify
공식적으로 철회하거나 폐지하다; (판결을) 파기하다; 무효로 하다

- The commander of the ship had the power to *abrogate* certain laws in the event of an emergency.

  군함의 부함장은 비상사태에 직면할 경우 몇몇 법률은 무시할 수 있는 권한을 갖고 있었다.

When you see this word, you will often see the word "treaty" nearby. To *abrogate* a treaty is to repeal it. You can also *abrogate* a law, an agreement, or a ruling.

abrogate를 발견하게 될 때는 대개 treaty(협정)라는 단어를 함께 볼 수 있을 것이다. to abrogate a treaty는 '협정을 폐기하다'이다. 또한 법률이나 계약, 판결 등도 폐기하거나 무효로 할 수 있다.

ACCEDE [æksíːd] v to give in; to yield; to agree 굴복하다; 양보하다; 동의하다

▶ 발음에 주의할 것.

- Mary *acceded* to my demand that she give back my driver's license and stop pretending to be me.

  메리는 이제 그만 운전면허증을 돌려주고 더 이상 나를 사칭하지 말라는 나의 요구를 들어주었다.

- My mother wanted me to spend the holidays at home with my family instead of on the beach with my roommates, and a quick check of my bank balance convinced me that I had no choice but to *accede* to her desire.

  엄마는 내가 룸메이트와 해변에 가는 대신에 휴가를 집에서 가족과 함께 보내기를 원하셨다. 나는 은행 잔고를 재빨리 확인해 보고서, 엄마의 말을 따를 수밖에 없다는 사실을 확실히 깨달았다.

ACCENTUATE [ækséntʃuèit] v to emphasize; to accent; to highlight
강조하다; 강세를 주다; 돋보이게 하다

- Mr. Jones *accentuated* the positive by pointing out that his pants fit better after he lost his wallet.

  존스 씨는 지갑을 잃어버린 후 바지가 더 몸에 잘 맞는다는 점을 지적하며 그 긍정적인 측면을 강조했다.

- Dacia's pointed shoes *accentuated* the length and slenderness of her feet.

  끝이 뾰족하게 나온 다샤의 구두는 길고 날씬한 그녀의 발을 돋보이게 했다.

Match each word in the first column with its definition in the second column. Check your answers in the back of the book.

1. abase	a. support
2. abet	b. native
3. abeyance	c. suspension
4. abjure	d. be very numerous
5. abomination	e. abolish
6. aboriginal	f. give in
7. abound	g. something despised
8. abrogate	h. humiliate
9. accede	i. repudiate
10. accentuate	j. emphasize

ACCESS [ǽksès] n the right or ability to approach, enter, or use
접근이나 출입, 또는 사용할 수 있는 권리나 능력

- Cynthia was one of a few people to have *access* to the president; she could get in to see him when she wanted to.

  신시아는 대통령에게 가까이 접근할 수 있는 몇 안 되는 사람 중의 하나였다. 그녀는 자신이 원할 때 대통령을 방문할 수 있었다.

- I wanted to read my boss's written evaluation of my performance, but employees don't have *access* to those files.

  나는 사장이 쓴 나에 관한 업무 평가서를 읽고 싶었다. 그러나 피고용인들은 그러한 서류에 접근할 수 있는 권한이 없다.

- When the Joker finally gained *access* to Batman's secret Batcave, he redecorated the entire hideaway in more festive pastel colors.

  조커는 마침내 배트맨의 비밀 아지트인 배트케이브에 침투할 수 있게 되자, 좀 더 화려하고 예쁜 파스텔 색조로 그곳을 다시 치장해 놓았다.

▶ 오늘날에 access(접근하다)는 때때로 동사로도 쓰인다.

To *access* a computer file is to open it so that you can work with it. If you have *access* to someone or something, that person or thing is *accessible* to you. To say that a book is *inaccessible* is to say that it is hard to understand. In other words, it's hard to get into.

to access a computer file은 작업을 하기 위해 '파일을 열다'라는 뜻이다. 사람이나 사물에 대해 access(접근권)를 가지고 있다면, 그 사람이나 사물이 접근 가능하거나 이용할 수 있다는 뜻이다. 책이 inaccessible이라고 말하는 것은 그 책이 '이해하기 힘든', 다시 말해서 '파악하기 힘든'이라는 뜻이다.

ACCLAIM [əkléim] v to praise publicly and enthusiastically
공개적이고 열광적으로 칭찬하다

- The author's new book was *acclaimed* by all the important reviewers, and it quickly became a bestseller.

  그 작가의 신간은 모든 주요 평론가들로부터 격찬을 받았다. 그러고 나서 급속하게 베스트셀러가 되었다.

When the Congress or any other group of people approves a proposal by means of a voice vote, the proposal is said to have been approved by *acclamation*.

국회나 그 외의 단체에서 구두 표결이라는 방식으로 안건을 승인한다면, 그 안건은 'acclamation(구두 표결)에 의해 통과되었다'고 표현한다.

▸ acclaim은 명사로도 쓰여, acclamation[æ̀kləméiʃən] (환호)과 같은 뜻을 나타낸다.

- The author's new book was met with universal *acclaim*. The reviewers' response to the book was one of *acclamation*.

  작가의 신간은 전 세계의 찬사를 받았다. 그 책에 대한 평론가들의 반응은 환호 일색이었다.

ACCORD [əkɔ́:rd] v to agree; to be in harmony; to grant or bestow
일치하다; 조화되다; 수여하다, 주다

- Sprawling on the couch and watching TV all day *accords* with my theory that intense laziness is good for the heart.

  소파에 팔다리를 쭉 뻗고 앉아 하루 종일 TV를 보는 일이야말로 지나치다 싶은 게으름이 심장에 좋다는 나의 이론에 딱 들어맞는 일이다.

ACCOUTERMENTS [əkú:tərmənts] n personal clothing, accessories, or equipment; trappings
개인의 옷차림이나 장신구 또는 비품; 장식(물)

- Alex is a light traveler; he had crammed all his *accouterments* into a single shopping bag.

  알렉스는 가벼운 차림의 여행가이다. 그는 모든 장비들을 한 개의 쇼핑백에 다 쑤셔 넣고 다녔다.

- Louanne had so many silly *accouterments* in her expensive new kitchen that there wasn't really much room for Louanne.

  루안느는 그녀의 사치스러운 새 주방에 쓸데없는 장식품들을 잔뜩 놔두어 정작 그녀 자신을 위한 공간은 별로 없었다.

ACCRUE [əkrú:] v to accumulate over time   시간이 경과할수록 쌓이다

- My savings account pays interest, but the interest *accrues* at such a slow pace that I almost feel poorer than I did when I opened it.

  나의 예금 구좌는 이자가 붙기는 하지만 대체로 구좌를 처음 개설할 당시에 느꼈던 것보다 더 가난하다고 느낄 만큼 느린 속도로 이자가 붙는다.

- Over the years, Emily's unpaid parking fines had *accrued* to the point at which they exceeded the value of her car.

  해가 지날수록 에밀리의 체납된 불법 주차 과태료는 그녀의 자동차의 가격을 초과할 만큼 불어났다.

ACQUISITIVE [əkwízitiv] adj seeking or tending to acquire; greedy
갖고 싶어 하거나 취득성이 있는; 탐욕스러운

- Children are naturally *acquisitive*; when they see something, they want it, and when they want something, they take it.

  아이들은 본디부터 욕심이 많다. 아이들은 뭔가를 보면 갖고 싶어 하고, 갖고 싶은 마음이 들면 그것을 가진다.

- The auctioneer tried to make the grandfather clock sound interesting and valuable, but no one in the room was in an *acquisitive* mood, and the clock went unsold.

  경매인은 그 괘종시계를 재미있고 가치 있는 것으로 설명하려고 애를 썼다. 그러나 그 방에 모인 사람들 중에는 아무도 탐내는 기색이 없었고, 시계는 팔리지 않았다.

- Johnny's natural *acquisitiveness* made it impossible for him to leave the junkyard empty-handed.

  조니는 타고난 욕심 때문에 고물 수집소에서 그냥 빈손으로 떠날 수가 없었다.

ACQUIT [əkwít] v to find not guilty; to behave or conduct oneself
죄가 없음을 밝히다; 처신하다, 행동하다

- The reputed racketeer had been *acquitted* of a wide variety of federal crimes.

  유명한 그 갈취범은 연방법상의 폭넓고 다양한 범죄에 대해 무죄를 선고받았다.

▶ 명사형은 acquittal [əkwítəl] (무죄 방면)이다.

- The prosecutors were surprised and saddened by the jury's verdict of *acquittal*.

  검찰은 배심원들의 무죄 평결에 놀라움과 슬픔을 느꼈다.

Acquit can also have a somewhat different meaning. To *acquit* oneself in performing some duty is to do a decent job, usually under adverse conditions.

acquit에는 다소 다른 의미도 들어 있다. 어떤 의무 수행에 있어 to acquit oneself는 '불리한 상황에서도 상당히 업무를 잘 해내다'라는 뜻이다.

- The apprentice carpenter had very little experience, but on his first job he worked hard; he *acquitted* himself like a pro.

  견습생 목수는 경험이 거의 없는데도 처음으로 맡은 일에 아주 열심히 일했다. 그는 마치 전문가처럼 일을 해냈다.

- The members of the lacrosse team had spent the previous week goofing around instead of practicing, but they *acquitted* themselves in the game, easily defeating their opponents.

  라크로스 팀 선수들은 지난주에 연습은 하지 않고 빈둥거리며 시간을 보냈다. 그럼에도 그들은 경기를 훌륭하게 이끌고 상대 팀을 쉽게 이겼다.(라크로스는 하키와 비슷한 구기 종목)

ACRONYM [ǽkrənim] n a word made up of the initials of other words
여러 단어의 머리글자만 따서 만든 단어, 두문자어

Radar is an *acronym*. The letters that form it stand for Radio Detecting And Ranging. Radar is also a *palindrome*, that is, a word or expression that reads the same way from right to left as it does from left to right. According to the Guinness Book of World Records, the longest palindromic composition ever written—beginning "Al, sign it, 'Lover'..." and ending "...revolting, Isla"—is 100,000 words long.

radar는 머리글자를 따서 만든 단어, 즉 acronym이다. rader라는 단어를 이루는 각 글자는 Radio Detecting And Ranging(무선 전파 탐지기)을 나타낸다. radar는 또한 palindrome(회문)이기도 하다. 즉 오른쪽에서 왼쪽으로 읽거나 왼쪽에서 오른쪽으로 읽어도 같은 단어나 표현이 되는 것이다. 세계 최고를 기록하는 기네스북에 의하면, 가장 긴 회문식 작문은 "Al, sign it, 'Lover'..."로 시작해서 "... revolting, Isla"로 끝난다. 무려 십만 개의 단어로 쓰인 것이라고 한다.

ADAGE [ǽdidʒ] n a traditional saying; a proverb 전래되는 말, 격언; 속담

- There is at least a kernel of truth in the *adage* "*adages* usually contain at least a kernel of truth."

  "격언에는 대개 적어도 하나의 진리의 핵심이 담겨 있다."라는 격언에는 적어도 하나의 진리의 핵심이 담겨 있다.

- The politician promised to make bold new proposals in his campaign speech, but all he did was spout stale *adages*.

  그 정치가는 선거 유세에서 대담하게 새로운 제안을 하기로 약속했다. 그러나 그가 한 일이라곤 진부한 격언만을 쏟아냈을 뿐이다.

- The coach had decorated the locker room with inspirational *adages*, hoping that the sayings would instill a hunger for victory in his players.

  코치는 격언이 선수들에게 승리에 대한 욕구를 불어넣어 주리라는 희망으로 로커룸 여기저기에 정신을 고무시키는 격언들을 붙여놓았다.

ADDUCE [ədjúːs] v to bring forward as an example or as proof; to cite
보기나 증거로서 제시하다; 인용, 또는 예증하다

- Tabitha *adduced* so many reasons for doubting Tom's claims that soon even Tom began to doubt his claims.

  타비타가 톰의 주장이 미심쩍다고 너무나 많은 이유를 들어 설명했기 때문에 곧 톰 자신조차도 자기의 주장을 회의하기 시작했다.

- In support of his client's weak case, the lawyer *adduced* a few weak precedents from English common law.

  의뢰인의 설득력 없는 주장을 지지하면서, 그 변호사는 영국의 관습법에서 설득력 없는 몇 개의 판례만을 제시했을 뿐이다.

Match each word in the first column with its definition in the second column. Check your answers in the back of the book.

1. access	a. accumulate
2. acclaim	b. word made up of initials
3. accord	c. praise publicly
4. accouterments	d. agree
5. accrue	e. find not guilty
6. acquisitive	f. trappings
7. acquit	g. cite
8. acronym	h. right to approach
9. adage	i. proverb
10. adduce	j. greedy

ADJOURN [ədʒə́:rn] v to suspend until another time 다음 시기까지 중지하다

In precise usage, *adjourn* implies that whatever is being *adjourned* will at some point be resumed. To *adjourn* a meeting is to bring it to an end for now, with the suggestion that another meeting will take place at a later time.

정확한 어법에서 adjourn은 연기되었던 일이 무엇이든지 간에 일정한 시점이 되면 다시 계속할 것이라는 의미를 담고 있다. 회의를 adjourn하는 것은 진행 중인 회의를 지금 끝내고 나중에 다시 회의를 열겠다는 내용을 암시하고 있는 것이다.

When Congress *adjourns* at the end of a year, it doesn't shut itself down permanently; it puts its business on hold until the next session. Thus, the baseball season *adjourns* each fall, while a single baseball game merely ends—unless it is delayed by rain or darkness.

국회가 연말에 adjourn한다고 했을 때, 그것은 국회가 영원히 문을 닫는다는 뜻이 아니다. 다음 회기 때까지 잠시 휴정에 들어간다는 뜻이다. 또한 개개의 야구경기는 비나 정전으로 인해 연기되지 않는 한 한 번으로 끝이 나지만, 야구 시즌은 매년 가을에 adjourn하고 다음 시즌에 계속된다.

ADJUNCT [ǽdʒʌŋkt] n something added to or connected with something else; an assistant 다른 것에 부가되거나 연결되어 있는 것; 보조물

• Cooking is just an *adjunct* to Michael's real hobby, which is eating.

　요리는 단지 마이클의 진짜 취미인 식도락에 따른 부수적인 취미일 뿐이다.

• The enthusiastic publisher released a set of audiotapes as an *adjunct* to its popular series of books.

　열의에 찬 출판사는 인기 시리즈 책자의 부록으로 녹음테이프 세트를 내놓았다.

An *adjunct* professor is one who lacks a permanent position on the faculty.

adjunct professor란 교수진에서 영구적인 지위가 없는 사람, 즉 '부교수'이다.

AD LIB [æd lib] v to improvise; to speak or act spontaneously
즉흥적으로 만들다; 자연스럽게 말하거나 행동하다

- Teddy hadn't known that he would be asked to speak after dinner, so when he was called to the microphone, he had to *ad lib*.

  테디는 식사가 끝난 후 인사말을 부탁받을 것이라는 사실을 모르고 있었다. 그래서 마이크 앞으로 불려나왔을 때, 그는 즉흥적으로 연설을 해야만 했다.

- The director complained that the lazy star hadn't memorized his lines; instead of following the script, he *ad libbed* in nearly every scene.

  감독은 게을러빠진 스타 배우가 자신의 대사도 외우지 못했다고 불평을 했다. 스타 배우는 대본을 따르는 대신 거의 모든 장면에서 즉흥적으로 지껄였던 것이다.

ADVENT [ǽdvent] n arrival; coming; beginning   출현; 도래; 시초

- The roar of gasoline-powered leaf-blowing machines signaled the *advent* of autumn.

  나뭇잎 모으는 휘발유 기계의 굉음이 가을의 시작을 알렸다.

- The rich industrialist responded to the *advent* of his estate's first income tax levy by hiring a new team of accountants.

  부유한 실업가는 그의 재산에 대하여 처음으로 소득세 부과가 시작되자 새로운 회계사들을 고용하여 대응했다.

For Christians, *Advent* is a season that begins four Sundays before Christmas. The word in that sense refers to the impending arrival of Jesus Christ. For some Christians, the word refers primarily to the second coming of Christ. In secular speech, *advent* can be used to refer to the arrival or beginning of anything.

기독교도들에게 Advent(강림절)는 '크리스마스 4주 전에 시작되는 시기'이다. 그런 의미에서 advent는 '예수 그리스도의 임박한 출현'을 의미하기도 한다. 어떤 기독교도들에게는 advent가 '예수 그리스도의 재림'을 의미한다. 비종교적인 언어에서 advent는 어떤 것의 '출현'이나 '시작'이라는 뜻으로 쓰일 수 있다.

ADVENTITIOUS [æ̀dvəntíʃəs] adj accidental; connected to but nonetheless unrelated; irrelevant
우연한; 연결되어 있지만 그럼에도 불구하고 관계가 있는 것이 아닌; 관계가 없는

- Arthur's skills as a businessman are *adventitious* to his position at the company; the boss hired him because he wanted a regular golf partner.

  아서의 직장인으로서의 능력은 회사에서의 그의 지위와는 무관한 것이다. 사장은 정기적으로 함께 할 골프 파트너를 원했기 때문에 아서를 고용했던 것이다.

ADVOCATE [ǽdvəkət] n a person who argues in favor of a position
어떤 입장을 지지하여 주장하는 사람, 주창자, 대변자

- Lulu believes in eliminating tariffs and import restrictions; she is an *advocate* of free trade.

  루루는 관세와 수입 제한 조치를 철폐해야 한다고 믿고 있다. 그녀는 자유무역의 주창자이다.

- The proposed law was a good one, but it didn't pass because it had no *advocate*; no senator stepped forward to speak in its favor.

  발의된 법률안은 유익한 것이기는 했지만, 지지하는 사람이 없었기 때문에 통과되지 못했다. 그 법률안을 옹호하는 연설을 하기 위해 앞으로 나서는 상원 의원은 아무도 없었다.

▶ advocate[ǽdvəkèit]는 동사로도 쓰인다.

- The representative of the paint company *advocated* cleaning the deck before painting it, but we were in a hurry so we painted right over the dirt.
  페인트 회사의 대표는 페인트를 칠하기 전에 갑판을 깨끗하게 만들어 달라고 주장했지만, 우리는 매우 급했기 때문에 더러운 갑판 위에 곧바로 페인트칠을 했다.

Advocacy[ǽdvəkəsi] is support of or agreement with a position.
advocacy는 어떤 입장에 대한 '동의'나 '지지'를 의미한다.

▶ 이 단어들의 발음에 주의할 것.

AFFIDAVIT [æ̀fidéivit] n a sworn written statement made before an official
공직자 앞에서 만들어진 진실을 선서한 서면 진술서

- Deanna was too ill to appear at the trial, so the judge accepted her *affidavit* in place of oral testimony.
  디나는 너무나 아파서 재판정에 나갈 수 없었다. 그래서 판사는 구두 증언 대신에 서면으로 된 진술서를 받아들였다.

AFFILIATE [əfíliit] v to become closely associated with 친분을 맺다

- The testing company is not *affiliated* with the prestigious university, but by using a similar return address it implies a close connection.
  그 학력 테스트 회사는 유명 대학과 제휴를 맺고 있지 않지만 발신인의 주소로 비슷한 것을 사용해서 밀접한 관련이 있는 것처럼 꾸미고 있다.

- In an attempt to establish herself as an independent voice, the candidate chose not to *affiliate* herself with any political party.
  독자적인 목소리를 내고자 하는 마음에서 그 후보는 어떠한 정당에도 가입하지 않기로 했다.

If you are *affiliated* with something, you are an *affiliate*[əfíliət] and you have an *affiliation*[əfìliéiʃən].
어떤 단체에 가입되어 있다면, 여러분은 그곳의 affiliate(회원)이며 affiliation(소속)을 가지고 있는 것이다.

- The local television station is an *affiliate* of the major network; it carries the network's programs in addition to its own.
  그 지역 텔레비전 방송국은 전국 방송망과 제휴를 맺고 있다. 그들은 자체 프로그램과 전국 방송망의 프로그램을 받아서 함께 방송하고 있다.

- Wesley had a lifelong *affiliation* with the YMCA; he was a member all his life.
  웨슬리는 일생 동안 YMCA에 가입했다. 그는 평생회원이었다.

AFFLICTION [əflíkʃən] n misery; illness; great suffering; a source of misery, illness, or great suffering
고통; 병; 크나 큰 괴로움; 고통, 병, 큰 괴로움의 근원

- Athlete's foot is an *affliction* that brings great pain and itchiness to its sufferers.
  무좀은 환자에게 심한 통증과 가려움증을 주는 병이다.

- Martha's eczema were an *affliction* to her; it never gave her a moment's peace from the itching.
  마사의 습진은 그녀에게 골칫거리였다. 너무 간지러워서 그녀는 잠깐의 휴식도 갖지 못했다.

36

- Working in the ghetto brought the young doctor into contact with many *afflictions*, few of which had medical cures.

  빈민가에서 일하면서 젊은 의사는 의학적인 치료법이 없는 수많은 질병들을 접하게 되었다.

AFFORD [əfɔ́:rd] v to give; to supply; to confer upon   주다; 공급하다; 수여하다

- The holiday season *afforded* much happiness to the children, who loved opening presents.

  축제 기간은 선물을 풀어 보기를 아주 좋아하는 아이들에게 크나 큰 기쁨을 주었다.

- The poorly organized rummage sale *afforded* a great deal of attention but little profit to the charitable organization.

  준비가 충분하지 못했던 자선 바자는 관심은 많이 끌었지만 자선 단체에는 별로 이익이 되지 못했다.

- Marilyn's busy schedule *afforded* little time for leisure.

  마릴린은 바쁜 일정 때문에 여가를 위한 시간이 거의 없었다.

QUICK QUIZ

Match each word in the first column with its definition in the second column. Check your answers in the back of the book.

1. adjourn	a. person arguing for a position
2. adjunct	b. accidental
3. ad-lib	c. become closely associated
4. advent	d. arrival
5. adventitious	e. misery
6. advocate	f. suspend
7. affidavit	g. sworn written statement
8. affiliate	h. give
9. affliction	i. improvise
10. afford	j. something added

AFFRONT [əfrʌ́nt] n insult; a deliberate act of disrespect   모욕; 고의적인 경멸의 행동

- Jim's dreadful score on the back nine was an *affront* to the ancient game of golf.

  후반 9홀에서의 짐의 끔찍한 점수는 골프라는 유구한 역사를 가진 게임에 대한 모욕이었다.

- Amanda thought she was paying Liz a compliment when she said that she liked her new hair color, but Liz took it as an *affront* because she was upset about the greenish spots the hair stylist couldn't cover.

  아만다는 그녀가 리즈의 새로운 머리색을 좋아한다고 말해서 그녀를 칭찬하고 있다고 생각했지만, 리즈는 미용사가 감추지 못한 머리의 푸르스름한 반점 때문에 속이 상해 있었으므로 그것을 모욕으로 받아들였다.

▸ affront는 동사로도 쓰인다.

- Laura *affronted* me by continually sticking out her tongue as I addressed the class.

  로라는 내가 수업 시간에 발표하는 동안에 계속해서 내게 혀를 내밀며 나를 모욕했다.

Rude and disrespectful behavior can be described as *effrontery* [ifrʌ́ntəri].

'거칠고 무례한 행동'을 effrontery(뻔뻔스러움)라고 표현할 수 있다.

AFTERMATH [ǽftərmæθ] n consequence; events following some occurrence or calamity 결과, 영향; 사건이나 재난에 따른 여파

This word comes from Middle English words meaning after mowing; the *aftermath* was the new grass that grew in a field after the field had been mowed. In current usage, this precise original meaning is extended metaphorically.

aftermath는 풀을 베고 난 후를 의미하는 중세 영어에서 유래한 말이다. aftermath는 모든 풀이 베어지고 난 후의 들판에서 다시 자라나는 '새로운 풀'을 의미했다. 오늘날의 어법에서 이러한 원뜻은 비유적인 의미로 확대된다.

- Sickness and poverty are often the *aftermath* of war.

  전쟁의 여파로 종종 질병과 빈곤이 따라온다.

- In the *aftermath* of their defeat at the state championship, the members of the football team fought endlessly with one another and ceased to function as a team.

  주 챔피언십 패배의 여파로 풋볼 팀의 선수들은 서로서로 계속해서 싸워댔고, 결국 한 팀으로서 존립할 수가 없었다.

AGGRANDIZE [əgrǽndɑiz] v to exaggerate; to cause to appear greater; to increase (something) in power, reputation, wealth, etc. 과장하다; 더 크게 보이게 하다; 권력이나 명예나 부 등에 있어서 뭔가를 증가시키다

- Michele couldn't describe the achievements of her company without *aggrandizing* them. That was too bad, because the company's achievements were substantial enough to stand on their own, without exaggeration.

  미첼은 회사의 업적에 대해서 이야기할 때 언제나 그것들을 과장하곤 했다. 그 회사의 업적은 그것 자체로도 충분히 내세울 만한 가치가 있었으므로 과장된 표현을 쓰는 것은 잘못된 일이었다.

To be *self-aggrandizing* is to aggressively increase one's position, power, reputation, or wealth, always with a distinctly negative connotation.

self-aggrandizing은 언제나 부정적인 의미를 내포하고 있는 것으로서, '적극적으로 자신의 지위나 권력, 명예나 부 따위를 확대하는'이라는 뜻이다.

- Harry doesn't really need thirty bathrooms; building that big house was merely an act of *self-aggrandizement*.

  해리는 정말로 서른 개나 되는 욕실은 필요가 없다. 그토록 큰 집을 지은 것은 단지 자신의 부를 과장하고픈 행동이었을 뿐이다.

AGGRIEVE [əgríːv] v to mistreat; to do grievous injury to; to distress 학대하다; ~에 고통스러운 위해를 가하다; 괴롭히다

- The ugly behavior of the juvenile delinquent *aggrieved* his poor parents, who couldn't imagine what they had done wrong.

  비행 청소년의 추악한 행동은 자신들이 무엇을 잘못했는지 상상조차 할 수 없었던 가련한 부모를 괴롭게 만들었다.

To be aggrieved is to have a grievance.

aggrieved는 '부당한 취급 등에 의해 피해를 입은'이라는 뜻이다.

- The jury awarded ten million dollars to the *aggrieved* former employees of the convicted embezzler.

  배심원은 횡령죄로 유죄 판결을 받은 사장의 이전 종업원들에게 천만 달러의 배상금을 인정했다.

AGHAST [əgǽst] adj terrified; shocked 겁에 질린; 놀라서 충격을 받은

- Even the veterans were *aghast* when they saw the extent of the carnage on the battlefield.

  베테랑들조차도 그 전투에서 일어난 엄청난 대량 학살을 목격하고는 큰 충격을 받았다.

- The children thought their parents would be thrilled to have breakfast in bed, but both parents were *aghast* when they woke up to find their blankets soaked with orange juice and coffee.

  아이들은 부모님이 침대에서 자신들이 준비해 놓은 아침을 먹게 되면 깜짝 놀랄 것이라고 생각했다. 그러나 두 분 모두 아침에 일어나 오렌지 주스와 커피에 흠뻑 젖어 있는 담요를 보고는 혼비백산했다.

ALCHEMY [ǽlkəmi] n a seemingly magical process of transformation
마술처럼 보이는 변형 과정, 연금술

In the Middle Ages, *alchemists* were people who sought ways to turn base metals into gold, attempted to create elixirs that would cure diseases or keep people alive forever, and engaged in similarly futile pseudo-scientific quests. *Alchemy* today refers to any process of transformation that is metaphorically similar.

중세 시대에 alchemist(연금술사)는 비금속을 금으로 변화시키는 방법을 연구하고, 모든 질병을 치료하거나 불로장생할 수 있는 신비의 명약을 만들려고 애쓰는 등 쓸데없는 사이비 과학적 연구에 몰두하는 사람들을 가리키는 말이었다. 오늘날 alchemy는 비유적인 의미로 위와 비슷한 마법 같은 변형의 과정을 가리킨다.

- Through the *alchemy* of hairspray and makeup, Amelia transformed herself from a hag into a princess.

  헤어스프레이와 화장의 마법과도 같은 힘에 의해서, 아멜리아는 못생긴 마녀에서 공주로 변신했다.

ALIENATE [éiljənèit] v to estrange; to cause to feel unwelcome or unloved; to make hostile
이간하다; 환영받지 못하거나 사랑받지 못하는 것처럼 느끼게 만들다; 서로 적대하게 만들다

An alien is a foreigner or stranger, whether from another planet or not. To *alienate* someone is to make that person feel like an alien.

alien은 다른 행성에서 왔든 그렇지 않든 간에 '외국인이나 이방인'을 뜻한다. alienate은 어떤 사람으로 하여금 이방인처럼 느끼게 만들다'라는 뜻이다.

- The brusque teacher *alienated* his students by mocking them when they made mistakes.

  무뚝뚝한 선생님은 학생들의 실수를 조롱하고 비웃었기 때문에 학생들과 사이가 좋지 않았다.

To be *alienated* is to be in a state of *alienation*[èiljənéiʃən].

alienated는 '사이가 좋지 않은', 즉 서로 '소원함(alienation)의 상태에 있는' 것을 뜻한다.

- Sharon found it nearly impossible to make friends; as a result, her freshman year in college was characterized primarily by feelings of *alienation*.

  샤론은 친구를 사귀는 것이 거의 불가능하다는 것을 깨달았다. 그 결과로 대학에서의 신입생 시절은 그녀에겐 주로 소외감의 시간이었다.

ALLEGIANCE [əlíːdʒəns] n loyalty 충성심

To pledge *allegiance* to the flag is to promise to be loyal to it.

to pledge allegiance to the flag는 '국기에 대해 충성을 맹세하다'라는 뜻이다.

- Nolan's *allegiance* to his employer ended when a competing company offered him a job at twice his salary.

  고용주에 대한 놀란의 충성심은 경쟁사가 두 배의 임금으로 스카우트를 제의했을 때 끝이 났다.

- The *allegiance* of the palace guard shifted to the rebel leader as soon as it became clear that the king had been overthrown.

  반란군에 의해 현 국왕이 타도되자마자 곧 왕궁 수비대의 충성심은 반란군의 지도자에게로 옮겨갔다.

ALLEGORY [ǽləgɔ̀ːri] n a story in which the characters are symbols with moral or spiritual meanings
등장인물이 도덕적 · 정신적 의미로 상징화된 이야기, 우화

- Instead of lecturing the children directly about the importance of straightening up their rooms, Mrs. Smith told them an *allegory* in which a little boy named Good was given all the candy in the world after making his bed, while a messy little girl named Bad had nothing to eat but turnips and broccoli.

  스미스 부인은 방을 깨끗하게 정리 정돈 하는 일의 중요성에 관해 아이들에게 직접적으로 훈계하는 대신에, 착한동이라는 이름을 가진 소년은 침대를 말끔히 정리한 후 세상의 모든 사탕을 선물로 받은 반면에 나쁜순이라는 이름을 가진 지저분한 소녀는 순무와 브로콜리 외에는 아무것도 먹을 것이 없었다는 우화를 들려주었다.

ALLOT [əlát] v to apportion, allocate, or assign 할당하다, 배분하다, 배당하다

- The principal *allotted* students to classrooms by writing their names on pieces of paper and throwing the paper into the air.

  교장은 학생들의 이름을 쓴 작은 종이를 공중으로 집어던지는 방법으로 학생들을 각 학급에 배치했다.

- The president *allotted* several ambassadorships to men and women who had contributed heavily to his campaign.

  대통령은 자신의 선거를 열심히 도와주었던 사람들에게 몇몇 대사 자리를 할당했다.

A group of things that have been *allotted* is referred to as an *allotment*.

할당받은 몫을 allotment(할당)이라고 한다.

- George didn't like his natural *allotment* of physical features, so he had them altered by a plastic surgeon.

  조지는 선천적으로 부여받은 자신의 신체적 용모를 좋아하지 않았다. 그래서 그는 성형 수술로 자신의 모습을 바꿨다.

Match each word in the first column with its definition in the second column.
Check your answers in the back of the book.

1. affront	a. consequence
2. aftermath	b. mistreat
3. aggrandize	c. estrange
4. aggrieve	d. apportion
5. aghast	e. terrified
6. alchemy	f. seemingly magical transformation
7. alienate	g. loyalty
8. allegiance	h. symbolic story
9. allegory	i. exaggerate
10. allot	j. insult

ALTERCATION [ɔ:ltərkéiʃən] n a heated fight, argument, or quarrel
가열된 싸움, 논쟁, 불화

- Newlyweds Mary and Bill were fighting about the proper way to gargle mouthwash, and the sound of their *altercation* woke up several other guests in the hotel.

  신혼부부인 메리와 빌은 입안을 가시는 약으로 입을 올바르게 헹구는 방법에 관한 문제로 싸우고 있었다. 그들의 말다툼 소리는 같은 호텔에 있던 손님들의 잠을 깨웠다.

- Dr. Mason's lecture was so controversial and inflammatory that it led to an *altercation* among the members of the audience.

  메이슨 박사의 강연은 지나치게 논쟁적이고 선동적이어서 강연을 듣고 있던 사람들 간에 논쟁을 불러일으켰다.

AMASS [əmǽs] v to pile up; to accumulate; to collect for one's own use
쌓아 올리다; 축적하다; 자신을 위해 쓰려고 모으다

- By living frugally for fifty years, Jed *amassed* a large fortune.

  오십 년 동안의 검소한 생활로 제드는 큰 재산을 모았다.

- Billy collected bottle caps so assiduously that, before his parents realized what was happening he had *amassed* the largest collection in the world.

  빌리는 워낙 부지런히 병뚜껑을 모아서, 부모님이 생각지도 못한 사이에 세계에서 병뚜껑을 가장 많이 수집하게 되었다.

- By the end of the week, the protest groups had *amassed* enough signatures on their petitions to be assured of recognition at the convention.

  주말까지 항의 단체들은 탄원서를 만들어, 총회에서 자신들의 주장이 인정받을 수 있을 만큼 충분한 서명을 모았다.

AMID [əmíd] prep in the middle of ~의 중간에

- *Amid* the noise and bright lights of the Fourth of July celebration, tired old Taki slept like a log.

  독립기념일 행사의 시끄러운 소음과 번쩍이는 조명이 한창인 가운데 피곤하고 지친 타키 노인은 죽은 듯이 잠을 자고 있었다.

- When the store detective found her, the lost little girl was sitting *amid* a group of teddy bears in a window display.

  매장 감시원이 미아가 된 소녀를 발견했을 때 그 아이는 진열장 안 여러 마리의 곰 인형 한가운데 앉아 있었다.

The English say "*Amidst*" instead of *amid*, but you shouldn't. Unless, that is, you are in England. You can, however, say "In the midst."

영국 사람들은 amid 대신에 "Amidst"를 사용하지만, 영국에 있는 것이 아닌 이상 사용하지 않는 것이 좋다. 그러나 'In the midst'라고 쓰는 것은 무방하다.

ANATHEMA [ənǽθəmə] n something or someone loathed or detested
지독히 싫어하거나 몹시 혐오하는 사람 또는 사물, 저주

- Algebra is *anathema* to Dex; every time he sees an equation, he becomes sick to his stomach.

  대수학은 덱스가 저주하는 과목이다. 방정식만 보면 언제나 덱스는 배까지 아프게 된다.

- The parents became *anathema* to the greedy children as soon as the children realized they had been left out of the will.

  부모님이 유언도 없이 떠났다는 것을 알게 되자, 욕심 많은 자식들에게 부모는 저주의 대상이 되었다.

- The women in fur coats were *anathema* to the members of the animal-rights group.

  모피 코트를 입은 여자들은 동물 보호 단체 회원들에게는 혐오의 대상이었다.

ANCILLARY [ǽnsəlèri] adj subordinate; providing assistance 부수적인; 도움을 주는

- Although George earned his living as a high-powered Wall Street investment banker, selling peanuts at weekend Little League games provided an *ancillary* source of income.

  조지는 비록 월스트리트의 막강한 투자 은행의 직원으로서 생활비를 벌고 있었지만, 주말에는 어린이 야구 경기장에 나가 땅콩을 팔아서 부수입을 올리고 있었다.

An *ancillary* employee is one who helps another. Servants are sometimes referred to as *ancillaries* [ǽnsəlèri:z].

ancillary employee란 다른 직원을 도와주는 사람, 즉 '보조 직원'이다. 하인들을 때때로 ancillaries라고 한다.

▶ 이 단어들의 발음에 주의할 것.

ANGST [ɑːŋkst] n anxiety; fear; dread   걱정; 불안; 공포

▶ 발음에 주의할 것.

This is the German word for anxiety. A closely related word is *anguish*. In English, it is a voguish word that is usually meant to convey a deeper, more down-to-the-bone type of dread than can be described with mere English words.

angst는 영어의 anxiety(걱정, 불안)에 해당하는 독일어이다. 밀접한 관련이 있는 단어로 anguish(고민, 고뇌)가 있다. angst는 대개 단순한 영어로 표현할 수 있는 것보다 더 심한, 뼈저린 걱정이나 공포를 의미하는 것으로 최근 유행하는 단어이다.

- The thought of his impending examinations, for which he had not yet begun to study, filled Herman with *angst*, making it impossible for him to study.
  아직 시험공부를 시작조차 하지 않았는데도, 헤르만은 곧 있을 시험에 대한 생각으로 지레 공포에 질려서 공부할 엄두도 못 내고 있었다.

ANNEX [ǽneks] v to add or attach   더하다, 첨부하다

- Old McDonald increased the size of his farm by *annexing* an adjoining field.
  맥도날드 노인은 인근의 땅을 보태서 자신의 농장을 크게 만들었다.

A small connecting structure added to a building is often called an *annex* [ǽneks].
건물에 덧붙여진 작은 부속 건물을 종종 annex(별관)라고 부른다.

- The *annex* of the elementary school had a small gymnasium.
  그 초등학교의 별관에는 작은 체육관이 있었다.

▶ 이 두 가지 발음에 주의할 것.

ANNUITY [ənjúːəti] n an annual allowance or income; the annual interest payment on an investment; any regular allowance or income
연간 수당이나 소득; 투자액에 대한 연간 이자 지급; 기타 정기적인 수당이나 소득

- The company's pension fund provides an *annuity* for its retired employees; each receives regular payments from the fund.
  그 회사는 연금 기금을 마련해 퇴직한 직원들에게 연금을 지급한다. 각각의 퇴직자들은 정기적인 연금을 기금으로부터 받는다.

- None of Herbert's books had been bestsellers, but all of them were still in print, and taken together their royalties amounted to a substantial *annuity*.
  허버트의 저서 중에 베스트셀러가 된 것은 하나도 없었지만, 그 책들 모두 여전히 발행되고 있었으므로 인세를 모두 합치면 상당한 소득이 되었다.

- The widow would have been destitute if her husband had not bought an insurance policy that provided a modest *annuity* for the rest of her life.
  미망인의 남편이 혼자 남을 아내의 여생을 위하여 적당한 이자 지급이 보장된 보험 증권을 사 두지 않았더라면, 그녀는 빈곤에 허덕였을 것이다.

ANTEDATE [ǽntidèit] v to be older than; to have come before
~보다 더 오래되었다; ~에 앞서 와 있다

The root "ante" means before or in front of.
ante라는 접두어는 '~의 앞'이나 '~의 이전'을 의미한다.

To *antedate* is to be dated before something else.

antedate는 다른 것보다 선행한다는 뜻이다.

- The Jacksons' house *antedates* the Declaration of Independence; it was built in 1774.

    잭슨 가족의 집은 독립선언보다 더 오래되었다. 그 집은 1774년에 지어진 것이었다.

- Mrs. Simpson's birth *antedates* that of her daughter by twenty-four years.

    심슨 여사의 탄생은 그녀의 딸의 탄생보다 24년 앞선 것이다.

ANTERIOR [æntíəriər] adj situated in front 앞에 위치한

- The children enjoy sitting dumbly and staring at the *anterior* surface of the television set.

    아이들은 말없이 앉아 텔레비전 화면을 뚫어져라 보는 것을 즐긴다.

- Your chest is situated on the *anterior* portion of your body (The *anterior* end of a snake is its head).

    우리의 가슴은 몸의 앞부분에 위치하고 있다(뱀의 맨 앞쪽 끝에는 뱀의 머리가 있다).

▶ 반의어는 posterior(뒤에 위치한)이다.

You are sitting on the *posterior* end of your body.

우리는 우리 몸의 뒷부분의 끝(엉덩이)으로 앉아 있다.

QUICK QUIZ 5

Match each word in the first column with its definition in the second column. Check your answers in the back of the book.

1. altercation		a.	something loathed
2. amass		b.	add
3. amid		c.	in the middle of
4. anathema		d.	annual allowance
5. ancillary		e.	heated fight
6. angst		f.	subordinate
7. annex		g.	situated in front
8. annuity		h.	pile up
9. antedate		i.	anxiety
10. anterior		j.	be older

ANTHOLOGY [ænθάlədʒi] n a collection, especially of literary works
특히 문학 작품의 모음집

To *anthologize* [ænθάlədʒàiz] a group of literary works or other objects is to collect them into an anthology.

문학 작품이나 다른 대상물을 anthologize하는 것은 작품을 선별하여 '선집(anthology)'을 만들다'라는 뜻이다.

- The *Norton Anthology of English Literature* is a collection of important works by English writers.

  The Norton Anthology of English Literature는 영국 작가들이 쓴 주요한 작품들의 모음집이다.

- The chief executive officer of the big company thought so highly of himself that he privately published an *anthology* of his sayings.

  대기업의 최고 경영자는 개인적으로 자신의 어록 모음집을 출판할 정도로 자신에 대한 자부심이 높았다.

- Mr. Bailey, a terrible hypochondriac, was a walking *anthology* of symptoms.

  지독한 우울증 환자인 베일리 씨는 걸어 다니는 질병 증상들의 모음집이었다.

ANTHROPOMORPHIC [æ̀nθrəpəmɔ́:rfik] adj ascribing human characteristics to nonhuman animals or objects
인간이 아닌 동물이나 사물에 인간적인 성격을 부여하는, 의인화된

This word is derived from the Greek word *anthropos*, which means man or human, and the Greek word morphos, which means shape or form.

anthropomorphic은 '인간'을 의미하는 그리스 어인 anthropos와 '형태'나 '형상'을 의미하는 morphos에서 유래된 것이다.

To be *anthropomorphic* is to see a human shape (either literally or metaphorically) in things that are not human. To speak of the hands of a clock, or to say that a car has a mind of its own, is to be *anthropomorphic*.

anthropomorphic은 (문자 그대로 또는 비유적인 의미로) 인간이 아닌 어떤 것에서 인간의 형상을 보는 것이다. 시계의 손에 대해서 이야기하거나 자동차도 자신 나름의 마음을 가지고 있다고 말하는 것은 사물을 anthropomorphic(의인화하는)하는 것이다.

▶ 명사형은 anthropomorphism(의인화)이다.

ANTIPODAL [æntípədl] adj situated on opposite sides of the Earth; exactly opposite 지구의 반대편에 위치한; 정확하게 반대되는

The north and south poles are literally *antipodal*; that is, they are exactly opposite each other on the globe. There is a group of islands near New Zealand called the *Antipodes* [æntípədì:z]. The islands were named by European explorers who believed they had traveled just about as far away from their home as they possibly could.

남극과 북극은 글자 그대로 antipodal이다. 다시 말해서, 지구 위에서 정확하게 서로가 반대의 위치에 있는 것이다. 뉴질랜드 근처에는 Antipodes라고 불리는 여러 개의 섬으로 이루어진 지역이 있다. 그 섬 지역은 자신들의 고향에서 할 수 있는 한 가장 멀리 여행을 왔다고 믿었던 유럽의 탐험가들이 이름을 붙인 것이었다.

Antipodal can also be used to describe opposites that have nothing to do with geography.

antipodal은 또한 지리학과 관계없는 정반대의 것을 표현할 때도 사용될 수 있다.

- John and Mary held *antipodal* positions on the subject of working. Mary was for it, and John was against it.

  존과 메리는 당면 문제에 있어서 정반대의 입장을 견지했다. 메리가 그 문제에 찬성을 했고, 존은 반대를 했다.

▶ 명사형은 antipodes[æntípədìːz] (대척지)이다. 이 단어들의 발음에 주의할 것.

ANTIQUITY [æntíkwəti] n ancientness; ancient times 오래됨; 고대

- The slow speed at which Lawrence was driving was not surprising, considering the *antiquity* of his car.

  로렌스가 느린 속도로 운전하는 것은 그의 차가 오래된 고물인 것을 생각하면 그리 놀랄 일도 아니었다.

- Tamasha loved studying ancient history so much that she didn't really pay much attention to the present; when she wasn't reading old volumes in the library, she walked around in a daze, her head spinning with dreams of *antiquity*.

  타마샤는 현대사는 정말로 거들떠보지도 않을 정도로 고대사에 관해 공부하는 것을 아주 좋아했다. 도서관에서 낡은 장서들을 읽고 있지 않을 때, 그녀는 머릿속으로 고대에 관한 꿈을 꾸면서 멍한 상태로 걸어 다녔다.

Overpriced chairs and other furniture from the olden days are called antiques. Objects or ideas that are too old-fashioned to be of use anymore are said to be *antiquated*[æntikwèitid]. (Don't throw them out, though; sell them to an *antiques* dealer.)

옛날부터 전해오는 것으로 비싼 가격이 매겨진 의자나 가구들을 '골동품'이라고 부른다. 너무나 유행에 뒤떨어져서 더 이상 쓸모가 없는 물건이나 사상을 antiquated(낡고 고풍스러운)이라고 표현한다. (그렇다고 해도 그것들을 버리지 마라. 골동품 업자에게 그것들을 팔아라.)

A person who studies ancient things is called an *antiquary*[æntikwèri] or, less correctly, an *antiquarian*[æntikwéəriən].

골동품 연구가를 antiquary 또는 antiquarian(정확하지 않은 표현)이라고 부른다.

▶ 이 단어들의 발음에 주의할 것.

APERTURE [æpərtʃər] n an opening 구멍

- Macon's underpants were plainly visible through the *aperture* that suddenly appeared along the rear seam of his uniform.

  마꽁의 유니폼 엉덩이의 솔기가 갑자기 벌어져 틈이 생기면서 그 구멍을 통해 그의 속옷이 분명하게 보였다.

The opening inside a camera's lens is called its *aperture*. A photographer controls the amount of light that strikes the film by adjusting the size of the *aperture*.

카메라 렌즈 안의 구멍을 렌즈의 aperture(구경)라고 부른다. 사진사들은 aperture의 크기를 조절해서 필름에 들어오는 빛의 양을 조절한다.

APEX [éipeks] n highest point 정점, 극치

A mountain's summit is also its *apex*.

'산의 정상'도 apex라는 단어를 사용한다.

- Jerry's score of 162, though poor by most standards, was the *apex* of his achievement in bowling; it was the best score he earned in thirty years.

  대부분의 평균에서 한참 모자라기는 해도, 162라는 제리의 점수는 그가 볼링에서 이뤄낸 최고의 절정이었다. 그것은 제리가 삼십 년 동안 골프를 치면서 얻은 최고의 점수였다.

- Mary Anne was at the *apex* of her career; she was the president of her own company, and everyone in her industry looked up to her.

  메리 앤은 그녀의 생애 최고의 정점에 올랐다. 그녀는 자신의 회사의 회장이 되었을 뿐만 아니라 그녀가 종사하는 산업 내의 모든 사람들로부터 존경을 받았다.

APOGEE [ǽpədʒìː] n the most distant point in the orbit of the moon or of an artificial satellite
달이나 인공위성의 궤도에서 가장 멀리 있는 지점, 원지점

Apogee is derived from Greek words meaning away from the earth. The *apogee* of the moon's orbit is the point at which the moon is farthest from the earth. The word can also be used figuratively, in which case it usually means pretty much the same thing as apex.

apogee는 지구로부터 멀리 있음을 의미하는 그리스 어에서 유래한 단어이다. 달 궤도의 apogee란 달이 지구로부터 가장 멀리 떨어지게 되는 지점이다. apogee는 비유적인 의미로도 쓰일 수 있는데, 그럴 경우 대체로 '절정'이나 '극치'와 거의 같은 뜻으로 사용된다.

- Though Mary Anne was at the *apogee* of her career, she didn't feel that her life was a success since she no longer seemed to be learning new skills.

  비록 메리 앤이 그녀의 일에서 정점에 있지만 그녀는 더 이상 새로운 기술을 배울 수 없을 것 같아서 그녀의 삶이 성공이라고 느껴지지 않았다.

The opposite of *apogee* is *perigee* [péridʒìː], which is derived from Greek words meaning near the Earth.

apogee의 반대말은 '지구에서 가까운 지점'을 의미하는 그리스 어에서 유래한 perigee이다.

- At *perigee*, the satellite was faintly visible on the Earth to anyone with a good pair of binoculars.

  인공위성이 근지점에 있게 되면, 지구 위에 있는 누구라도 품질 좋은 쌍안경으로 그 인공위성을 어렴풋하게 볼 수 있었다.

In careful usage, moons and other objects orbiting planets other than the Earth do not have *apogees* and *perigees*.

좀 더 엄밀하게 쓰자면, 지구가 아닌 다른 행성 주위를 도는 달과 기타 물체에 대해서는 '원지점'과 '근지점'이라는 말을 쓰지 않는다.

APOPLEXY [ǽpəplèksi] n stroke (that is, numbness and paralysis resulting from the sudden loss of blood flow to the brain)
뇌졸중(즉, 뇌로 들어가는 피의 흐름이 갑작스럽게 방해받아 생긴 감각 상실과 마비 증상), 발작

This word turns up repeatedly in old novels. Nowadays, its use is mostly figurative. If I say that I gave my boss *apoplexy* when I told him that I was going to take the rest of the day off, I mean that he became so angry that he seemed to be in danger of exploding.

apoplexy는 오래된 소설 속에서 반복적으로 나타난다. 오늘날 apoplexy는 거의 대부분 비유적인 의미로 사용한다. 내가 조퇴해야겠다고 사장에게 말해서 사장에게 apoplexy를 주었다고 말한다면, 그것은 폭발할 지경에 이를 정도로 사장을 화나게 했다는 의미이다.

To suffer from *apoplexy*, whether literally or figuratively, is to be *apoplectic* [æpəplέktik].

글자 그대로의 의미이건 비유적인 의미이건, '뇌졸중(혹은 발작)으로 고통 받는'을 apoplectic이라고 한다.

- The principal was *apoplectic* when he discovered that the tenth graders had torn up all the answer sheets for the previous day's SAT; he was so angry that his face turned bright red.

  전날 치른 SAT 답안지를 10학년 학생들이 모두 찢어 버렸다는 사실을 알게 된 교장은 발작을 일으킨 듯 몹시 흥분했다. 그는 몹시 화가 나서 얼굴이 발개졌다.

▶ 이 단어들의 발음에 주의할 것.

APOSTASY [əpǽstəsi] n abandonment or rejection of faith or loyalty
신념이나 충성심의 포기, 또는 거부

- The congregation was appalled by the *apostasy* of its former priest, who had left the church in order to found a new religion based on winning number combinations in the state lottery.
  주 복권의 당첨 번호 조합에 기초한 새로운 종교를 설립하기 위하여 교회를 떠나 버린 전임 목사의 배신행위는 신도들을 놀라게 했다.

- The president was hurt by the *apostasy* of his closest advisers, most of whom had decided to cooperate with the special prosecutor by testifying against him.
  대통령은 자신에게 불리한 증언을 함으로써 특별 검사에게 협력하기로 결정한, 절친했던 참모진들의 배신행위에 상처를 받았다.

A person who commits *apostasy* is called an *apostate*[əpǽsteit].
배신행위를 저지르는 사람을 apostate라고 부른다.

- In the cathedral of English literature, Professor Hanratty was an *apostate*; he thought that Shakespeare was nothing more than an untalented old hack.
  영문학계에서 핸러티 교수는 배신자였다. 그는 셰익스피어를 그저 재능 없는 늙은 퇴물에 지나지 않는다고 생각했다.

▶ 이 단어들의 발음에 주의할 것.

APPALLING [əpɔ́:liŋ] adj causing horror or consternation 공포나 전율을 일으키는

- Austin's table manners were *appalling*; he chewed with his mouth wide open, and he picked his teeth with the tip of his knife while he ate.
  오스틴의 식사 예절은 소름끼치는 것이었다. 그는 입을 벌린 채로 음식을 씹었을 뿐만 아니라, 식사를 하는 중에 나이프 끝으로 이를 쑤시기도 했다.

The word *appall* comes from a French word meaning to make pale. To be *appalled* is to be so horrified that one loses the color in one's cheeks.
appall이라는 단어는 '창백하게 만드는'이라는 뜻의 프랑스 어에서 유래한 말이다. appalled는 너무나 놀라서 얼굴의 색깔까지 변해 버린이라는 뜻이다.

APPARITION [æpəríʃən] n a ghost or ghostly object 유령, 유령 같은 것

- Barb said that she had seen an *apparition* and that she was pretty sure that it had been the ghost of President Grant, but it turned out to be nothing more than a sheet flapping on the clothesline.
  바브는 유령을 본 적이 있으며, 그것은 그랜트 대통령의 유령임이 틀림없다고 말했다. 그러나 그것은 빨랫줄에서 펄럭이던 홑이불에 지나지 않은 것으로 드러났다.

- The bubbling oasis on the horizon was merely an *apparition*; there was nothing there but more burning sand.
  지평선 위로 방울방울 솟아나는 오아시스는 단지 신기루였을 뿐이다. 그곳에는 뜨거운 모래 말고는 아무것도 없었다.

APPELLATION [æpəléiʃən] n a name 명칭, 이름

- Percival had a highly singular *appellation*; that is, he had an unusual name.
  퍼시발은 아주 희귀한 이름을 갖고 있었다. 즉, 그는 유별난 이름을 갖고 있었다.

Match each word in the first column with its definition in the second column.
Check your answers in the back of the book.

1. anthology	a. causing horror
2. anthropomorphic	b. opening
3. antipodal	c. exactly opposite
4. antiquity	d. abandonment of faith
5. aperture	e. ascribing human characteristics to nonhumans
6. apex	f. highest point
7. apogee	g. stroke
8. apoplexy	h. ancientness
9. apostasy	i. literary collection
10. appalling	j. most distant point of orbit

APPENDAGE [əpéndidʒ] n **something added on to something else;**
a supplement 다른 어떤 것에 덧붙여진 것, 부속물; 추가, 보충

To *append* is to add something on to something else. Your *appendix* [əpéndiks], if you still
have one, is a small, apparently useless organ attached (or *appended*) to your intestine. You
have no more than one *appendix*, but you have several *appendages*, including your arms
and legs. Your arms and legs are *appended* to the trunk of your body.

append는 어떤 것을 다른 것에 덧붙이다'라는 뜻이다. 여러분이 appendix를 아직도 몸에 지니고 있다면 그것은 창자에 붙어 있는
작고 명백히 쓸모없는 조직인 '맹장'을 의미할 것이다. 여러분의 appendix(맹장)는 단 한 개뿐이다. 그러나 팔과 다리를 비롯해서
appendage(부속 기관)들은 여러 개 있다. 여러분의 팔과 다리는 몸통에 붙어 있는(appended) 것들이다.

- Beth's husband never seemed to be more than an arm's length away from her. He
  seemed less like a spouse than like an *appendage*.

  베스의 남편은 그녀로부터 결코 팔 길이 이상 더 멀리 떨어지지 않는 것 같았다. 그는 배우자라기보다는 마치 부속 기관 같았다.

- Billy created a model of a spider with two extra *appendages*; the spider had ten
  legs instead of eight.

  빌리는 여덟 개가 아니라 열 개의 다리를 가진 두 개의 추가 부속 기관을 가진 모형 거미를 만들었다.

APPORTION [əpɔ́:rʃən] v to distribute proportionally; to divide into portions
비례에 따라 분배하다; 몫으로 나누다

- There was nothing to eat except one hot dog, so Mr. Lucas carefully *apportioned* it among the eight famished campers.

  핫도그 한 개 말고는 먹을 것이 아무것도 없었다. 그래서 루카스 씨는 여덟 명의 굶주린 야영객들을 위해 신중하게 핫도그를 배분했다.

- Because the property had been *apportioned* equally among Mr. Smith's children, none had enough land on which to build a house.

  토지는 스미스 씨의 아홉 자녀들에게 균등하게 분배되었기 때문에, 누구도 집을 지을 만한 충분한 땅을 갖지 못했다.

- The grant money was *apportioned* in such a way that the wealthy schools received a great deal while the poor ones received almost nothing.

  정부 보조금은 가난한 학교에는 거의 지급되지 않은 반면에 부유한 학교에는 상당히 많은 돈을 지급하는 방식으로 할당되었다.

APPOSITE [ǽpəzit] adj distinctly suitable; pertinent
의심할 나위 없이 적절한; 꼭 들어맞는

▶ 발음에 주의할 것.

- The appearance of the mayor at the dedication ceremony was accidental but *apposite*; his great-grandfather had donated the land on which the statue had been erected.

  개관식에 시장이 나타난 것은 우연이긴 했지만 적절한 일이었다. 그의 증조부가 동상이 세워진 땅을 기증했던 것이다.

- At the end of the discussion, the moderator made an *apposite* remark that seemed to bring the entire disagreement to a happy conclusion.

  토론의 끝에, 의장은 지금까지의 모든 논쟁을 만족스러운 결론으로 이끄는 아주 적절한 말을 한마디 했다.

APPRAISE [əpréiz] v to estimate the value or quality of; to judge
~의 가치나 질을 평가하다; 감정하다

- When we had the beautiful old ring *appraised* by a jeweler, we were surprised to learn that the large diamond in its center was actually made of glass.

  보석상에게 오래된 아름다운 반지의 감정을 의뢰했을 때 우리는 반지의 중심부에 있는 커다란 다이아몬드가 실제로는 유리로 만들어졌다는 사실을 알게 되고 모두 놀랐다.

- The general coldly *appraised* the behavior of his officers and found it to be wanting.

  장군은 자신의 부하 장교들의 행동을 냉정하게 평가해 보고 기준에 모자란다는 결론을 내렸다.

An act of *appraising* is called an appraisal [əpréizəl].

appraising하는 것을 appraisal(평가, 사정)라고 한다.

- It is a good idea to seek an independent *appraisal* of an old painting before bidding many millions of dollars for it in an auction.

  경매에서 옛 그림에 대해 수백만 달러의 가격으로 입찰하기 전에 그림을 독자적으로 평가해 보는 것은 좋은 생각이다.

APPRISE [əpráiz] v to give notice to; to inform ~에게 통지를 보내다; 알리다

Be careful not to confuse this word with *appraise*. They don't mean the same thing, even though there's only one letter's difference between them.

apprise를 appraise(평가하다)와 혼동하지 않도록 주의한다. 단지 한 글자밖에 다르지 않지만, 두 단어는 결코 같은 의미가 아니다.

- The policeman *apprised* the suspect of his right to remain silent, but the suspect was so intoxicated that he didn't seem to notice.

  경찰은 용의자에게 묵비권을 행사할 수 있다고 알려 주었지만, 용의자는 워낙 만취 상태여서 제대로 듣지 못한 것 같았다.

- The president's advisers had fully *apprised* him of the worsening situation in the Middle East, and now he was ready to act.

  대통령의 참모진들은 악화되고 있는 중동의 상황을 대통령에게 충분히 알려 주었고, 이제 그는 행동할 준비가 되었다.

APPURTENANCE [əpə́:rtənəns] n something extra; an appendage; an accessory 여분의 것; 부속물; 부속품

▶ 발음에 주의할 것.

- The salary wasn't much, but the *appurtenances* were terrific; as superintendent of the luxury apartment building, Joe got to live in a beautiful apartment and had free access to the tennis courts and swimming pool.

  봉급은 많지 않았지만, 부수적인 이익이 대단히 많았다. 그 호화 아파트의 관리인으로서, 조는 멋진 아파트에 살 수 있었고 테니스 코트와 수영장에 자유롭게 출입할 수 있었다.

APROPOS [æprəpóu] adj appropriate; coming at the right time 적절한; 정확한 때에 맞춰 오는

This word is close in meaning to *appropriate* [əpróupriət], to which it is closely related.

apropos는 매우 밀접한 관련이 있는 단어 appropriate(적절한)과 의미상 아주 비슷하다.

- Susan's loving toast at the wedding dinner was *apropos*; the clown suit she wore while making it was not.

  결혼 피로연에서의 수잔의 애정 어린 축배는 아주 시기적절했다. 반면에 그녀가 입고 있는 어릿광대 옷은 축배를 하기에는 적절치 못했다.

- The professor's speech was about endangered species, and the luncheon menu was perversely *apropos*; Bengal-tiger burgers and ostrich-egg omelets.

  교수의 강연은 멸종 위기에 처한 동물에 관한 내용이었는데, 점심 메뉴는 그 반대로 적절치 못한 것이었다. 벵골 호랑이 고기 햄버거와 타조 알 오믈렛이 점심 메뉴였다.

▶ 반의어는 malapropos(시기가 부적절한)이다. malapropism(말의 우스꽝스러운 오용)을 참조할 것.

APT [æpt] adj appropriate; having a tendency to; likely 적절한; ~하는 경향이 있는; ~할 것 같은

- The headmaster's harsh remarks about the importance of honesty were *apt*; the entire senior class had just been caught cheating on an exam.

  정직의 중요성에 관한 교장의 호된 훈시는 아주 적절했다. 전체 상급 학년 학생들이 시험에서 부정행위를 하다 발각되었던 것이다.

- Charlie is so skinny that he is *apt* to begin shivering the moment he steps out of the swimming pool.

  찰리는 워낙 비쩍 말라서 수영장 밖으로 나오자마자 몸을 벌벌 떨기 시작할 것 같다.

- If Ellen insults me again, I'm *apt* to leave the room.

  엘렌이 다시 한 번 나를 모욕한다면, 나는 방을 떠날 것 같다.

▶ apt, apropos, apposite는 모두 비슷한 의미이다. 각 단어의 뜻과 예문들을 주의 깊게 살펴보기 바란다.

QUICK QUIZ

Match each word in the first column with its definition in the second column. Check your answers in the back of the book. Note that "something extra" is the answer for two questions.

1. apparition	a. something extra (2)
2. appellation	b. give notice to
3. appendage	c. ghost
4. apportion	d. likely
5. appraise	e. distribute proportionally
6. apprise	f. appropriate
7. appurtenance	g. name
8. apropos	h. estimate the value of
9. apposite	i. distinctly suitable
10. apt	

ARCADE [ɑːrkéid] n a passageway defined by a series of arches; a covered passageway with shops on either side; an area filled with coin-operated games

일련의 아치가 세워진 통로; 양쪽이 상점으로 되어 있는 지붕을 덮은 통로; 동전 투입식 게임기가 설치되어 있는 지역

In the most precise usage, an *arcade* is an area flanked by arches in the same way that a colonnade is an area flanked by columns. In fact, an *arcade* can be a colonnade, if the arches are supported by columns.

가장 정확한 의미로 말하자면, 콜로네이드가 측면에 기둥을 세운 복도 같은 곳을 의미하듯이 arcade(아케이드)는 측면을 반원형의 둥근 천장으로 만든 곳을 의미한다. 사실상, 반원형의 천장이 기둥으로 받혀 있는 형태라면, arcade는 콜로네이드도 될 수 있다.

- The new building consisted of a number of small *arcades* radiating like the spokes of a wheel from a large plaza containing a fountain.

  새로 생긴 건물은 분수가 있는 커다란 광장으로부터 수레바퀴의 바퀴살 모양으로 뻗어 있는 수많은 작은 아케이드로 구성되어 있었다.

- The penny *arcade* was misnamed, since none of the games there cost less than a quarter.

  25센트 이하로 할 수 있는 게임기는 아케이드에 설치되어 있지 않기 때문에 페니 아케이드는 틀린 명칭이었다.

ARCHIPELAGO [àːrkəpéləgòu] n a large group of islands
섬들이 많이 모여 있는 것, 군도

- Sumatra, Borneo, and the Philippines are among the numerous island nations that constitute the Malay *Archipelago*.

  수마트라와 보르네오와 필리핀은 말레이 군도를 구성하는 수많은 섬나라들 사이에 있다.

- The disgruntled taxpayer declared himself king of an uninhabited *archipelago* in the South Pacific, but his new country disappeared twice each day at high tide.

  세금 문제에 불만이 많았던 납세자는 자신이 남태평양에 있는 무인도의 왕임을 선언했지만 그의 새로운 왕국은 밀물 때가 되면 하루에 두 번씩 사라졌다.

- The children lay on their backs in the field and gazed up with wonder at the shimmering *archipelago* of the Milky Way.

  아이들은 들판에 등을 대고 누워 희미하게 반짝이는 은하수의 별무리를 감탄의 눈으로 바라보았다.

ARCHIVES [áːrkɑivz] n a place where historical documents or materials are stored; the documents or materials themselves
역사적인 기록이나 자료들이 저장되어 있는 곳, 기록 보관소; 보관된 문서나 자료

In careful usage, this word is always plural.

엄밀하게 사용하자면, archives는 언제나 복수형으로 쓰인다.

- The historical society's *archives* were a mess; boxes of valuable documents had simply been dumped on the floor, and none of the society's records were in chronological order.

  역사학회의 기록 보관소는 뒤죽박죽이었다. 귀중한 문서들이 들어 있는 상자는 마룻바닥에 아무렇게나 버려져 있었고 학회의 기록 문서도 연대순으로 되어 있는 것이 하나도 없었다.

- The curator was so protective of the university's *archives* that he hovered behind the researcher and moaned every time he turned a page in one of the ancient volumes.

  그 관리자는 대학의 문서들을 워낙 아끼고 보호했기 때문에, 조사원의 뒤를 졸졸 따라다니면서 조사원이 고서적의 한 페이지를 넘길 때마다 끙 하고 신음 소리를 냈다.

Archive can also be a verb. To *archive* computer data is to transfer them(in careful usage, data is plural) onto disks or tapes and store them in a safe spot.

archive는 동사로도 쓰인다. to archive computer data는 컴퓨터 데이터(엄밀히 따지자면 data는 복수이다)를 디스크나 테이프로 옮겨서 안전한 곳에 저장하다라는 뜻이다.

A person who *archives* things in *archives* is called an *archivist*[áːrkəvist]. Things that have to do with *archives* are said to be *archival*[áːrkáivəl]. This word has other uses as well. In the world of photocopying, for example, a copy that doesn't deteriorate over time is said to be *archival*.

archives에서 '문서나 기록을 보관하는 사람'을 archivist라 한다. archives와 관계가 있는 것들을 archival(고문서의, 기록 보관소의)이라 한다. archival은 다른 뜻으로도 쓰인다. 예를 들면, 사진 복사 계통에서는 시간이 지나도 질이 떨어지지 않는 복사본에 대해서 archival이라고 한다.

- A Xerox copy is *archival*; a copy made on heat-sensitive paper by a facsimile machine is not.

  제록스로 한 복사물은 오래 보존된다. 팩시밀리에 쓰이는 감열용지에 의한 사본은 그렇지 않다.

▸ 이 단어들의 발음에 주의할 것.

ARID [ǽrid] adj very dry; lacking life, interest, or imagination
메마른; 생명, 흥미, 상상력 등이 부족한

- When the loggers had finished, what had once been a lush forest was now an *arid* wasteland.

  벌목이 끝나자, 한때 울창한 삼림이었던 곳이 이제는 생명력이 없는 황무지로 변해 버렸다.

- The professor was not known for having a sense of humor. His philosophical writings were so *arid* that a reader could almost hear the pages crackle as he turned them.

  그 교수는 유머 감각으로 유명한 사람은 아니었다. 그의 철학에 관한 저서들은 워낙 재미가 없고 무미건조해서 독자들이 책장을 넘길 때 책장이 바스락거리는 소리를 들을 수 있을 정도였다. (주: 내용이 무미건조하다는 것을 책장이 건조해서 바스락거린다는 식으로 은유적으로 표현함)

ARMAMENT [ɑ́ːrməmənt] n implements of war; the process of arming for war
전쟁 물자, 군비; 전쟁에 대비해 무장을 갖춤

This word is often used in the plural: *armaments*. The word *arms* can be used to mean weapons. To arm a gun is to load it and ready it for fire.

armament는 종종 복수형 armaments로 사용된다. 단어 arms는 '무기'라는 의미로도 사용될 수 있다. to arm a gun은 탄알을 장전하고 발사할 준비를 하다'라는 뜻이다.

- In the sorry history of the relationship between the two nations, argument led inexorably to *armament*.

  두 국가 간의 유감스러운 역사적 관계 속에서, 논쟁은 가차 없이 무장 대치로 이어졌다.

- Sarah had dreams of being a distinguished professor of mathematics, but midway through graduate school she decided that she just didn't have the intellectual *armament*, and she became a waitress instead.

  사라는 저명한 수학 교수가 되겠다는 꿈을 갖고 있었다. 그러나 대학원 과정에서, 그녀는 자신이 그 분야에 관한 지식으로 무장되어 있지 않다는 결론을 내렸다. 그래서 그녀는 교수 대신 웨이트리스가 되었다.

- The megalomaniacal leader spent so much on *armaments* that there was little left to spend on food, so his superbly equipped soldiers had to beg in order to eat.

  과대망상증이 있는 그 지도자는 군비 확충에 너무나 많은 돈을 써 버린 나머지 식량 준비에 쓸 돈은 거의 남아 있지 않게 되었고, 뛰어난 장비를 갖춘 그의 병사들은 먹을 것을 위해 구걸을 해야만 했다.

ARMISTICE [áːrmistis] n truce 휴전

- *Armistice* Day (the original name of Veterans Day) commemorated the end of the First World War.

  휴전 기념일('재향 군인의 날'의 원래 명칭)은 1차 세계 대전의 종식을 기념하는 날이었다.

- The warring commanders negotiated a brief *armistice* so that dead and wounded soldiers could be removed from the battlefield.

  전쟁을 수행 중인 사령관들은 부상자와 전사자를 전투 지역에서 이송하기 위하여 단기간의 휴전을 협정했다.

ARRAIGN [əréin] v to bring to court to answer an indictment; to accuse
법정에 소환하여 기소된 내용을 묻다; 비난하다

- The suspect was indicted on Monday, *arraigned* on Tuesday, tried on Wednesday, and sentenced on Thursday.

  용의자는 월요일에 기소되어 화요일에 법정에 소환되었고, 수요일에 재판을 받아 목요일에 형을 선고받았다.

- The editorial in the student newspaper *arraigned* the administration for permitting the vandals to escape prosecution.

  학생 신문의 사설은 공공 기물을 파손한 범인을 기소하지 않은 학교 당국을 규탄하는 내용을 실었다.

▶ 명사형은 arraignment(비난, 규탄)이다.

- At his *arraignment* in federal court, Harry entered a plea of not guilty to the charges that had been brought against him.

  연방 법원의 심문에서 해리는 자신이 고발당한 내용에 대해 무죄임을 주장하는 탄원을 시작했다.

ARRANT [ǽrənt] adj utter; unmitigated; bad   대단한; 완화되지 않은; 아주 나쁜

This word is often followed by either nonsense or fool. *Arrant* nonsense is complete, total, no-doubt-about-it nonsense. An *arrant* fool is an absolute fool.

arrant는 빈번하게 nonsense나 fool이라는 단어와 함께 나온다. arrant nonsense는 '완전히 절대적으로 의심할 바 없이 말도 안 되는 어리석은 짓'이라는 뜻이다. arrant fool는 '순전히 형편없는 바보'라는 뜻이다.

Arrant should not be confused with *errant*[érənt], which means wandering or straying or in error. An *errant* fool is a fool who doesn't know where he's going.

'정처 없이 돌아다니는', '길을 잃고 헤매는', '실수하는'을 뜻하는 errant와 혼동하지 마라. errant fool은 '자신이 가고 있는 곳이 어디인지 모르는 어리석은 사람'을 의미한다.

ARREARS [əríərz] n the state of being in debt; unpaid debts
빚이 남아 있는 상태; 지불되지 않은 부채

- Amanda was several months in *arrears* with the rent on her apartment, and her landlord threatened to evict her.

  아만다가 아파트 집세를 여러 달째 못 내고 있었으므로 집주인은 집을 비워 달라고 그녀를 위협했다.

- After Jason settled his *arrears* at the club, the committee voted to restore his membership.

  제이슨이 밀린 클럽 회비를 모두 결제하고 난 후에야, 클럽 위원회는 그의 회원 자격 회복 문제에 대하여 표결에 들어갔다.

ARSENAL [ɑ́ːrsnəl] n a collection of armaments; a facility for storing or producing armament; a supply of anything useful
군수 물자를 모아놓은 것; 군수 물자를 생산, 또는 비축해 두는 시설; 물자 보급

▶ 발음에 주의할 것. 두 음절이다.

- The nation's nuclear *arsenal* is large enough to destroy the world several times over.

  그 나라의 핵무기 비축량은 온 세상을 여러 번 파괴하고도 남을 만큼 많았다.

- For obvious reasons, smoking was not permitted inside the *arsenal*.

  명백한 이유들 때문에 무기고 안에서는 흡연이 금지되어 있었다.

- Jeremy had an *arsenal* of power tools that he used in staging remodeling assaults against his house.

  제레미는 집을 개조하는 데 사용했던 전동 도구 창고를 갖고 있었다.

ARTICULATE [ɑ́ːrtíkjəlit] v to pronounce clearly; to express clearly
또렷하게 발음하다; 명료하게 표현하다

- Sissy had a lisp and could not *articulate* the s sound; she called herself Thithy.

  시시는 혀가 짧아 s 발음을 또렷하게 하지 못했다. 그녀는 자신의 이름을 티티라고 불렀다.

- Saeed had no trouble *articulating* his needs; he had typed up a long list of toys that he wanted for Christmas, and he handed it to Santa Claus.

  사이드는 자신의 요구를 분명히 표현하는 데 어려움이 없었다. 그는 크리스마스 선물로 받고 싶은 장난감의 목록을 모두 작성하여 타이프로 친 다음 산타클로스에게 건넸다.

Articulate [ɑ́ːrtíkjəlit] can also be an adjective. An *articulate* person is one who is good at *articulating*.

articulate는 형용사로도 쓰인다. articulate person이란 발음을 또렷하게 잘하는 사람'이다.

▶ 이 단어들의 발음에 주의할 것.

Match each word in the first column with its definition in the second column. Check your answers in the back of the book.

1. arcade	a. where documents are stored
2. archipelago	b. utter
3. archives	c. implements of war
4. arid	d. unpaid debts
5. armament	e. accuse
6. armistice	f. group of islands
7. arraign	g. very dry
8. arrant	h. truce
9. arrears	i. arched passageway
10. arsenal	j. supply of something useful

ARTISAN [ɑ́ːrtizən] n a person skilled in a craft 특별한 기술에 뛰어난 사람

- The little bowl—which the Andersons' dog knocked off the table and broke into a million pieces—had been meticulously handmade by a charming old *artisan* who had used a glazing technique passed down for generations.

  그 작은 사발은 앤더슨네 강아지가 탁자를 쓰러뜨리는 바람에 산산조각이 나 버렸는데 그것은 신기에 가까운 기술을 가진 늙은 장인이 여러 세대를 거쳐 전수된 유약칠 기술을 사용하여 손으로 직접 세심하게 만들어 낸 것이었다.

ASCERTAIN [æsərtéin] v to determine with certainty; to find out definitely
확실하게 정하다; 명확하게 알아내다

▶ 발음에 주의할 것.

- With a quick flick of his tongue, Wendell *ascertained* that the pie that had just landed on his face was indeed lemon meringue.

  웬델은 잽싸게 혀를 내밀어 맛을 보고는 방금 얼굴에 떨어진 파이가 정말로 레몬 머랭이라는 것을 명확히 알았다.

- The police tried to trace the phone call, but they were unable to *ascertain* the exact location of the caller.

  경찰은 전화 통화를 추적하고자 했다. 그러나 그들은 전화 거는 사람의 정확한 위치를 확인할 수가 없었다.

- Larry believed his wife was seeing another man; the private detective *ascertained* that that was the case.

  래리는 자신의 아내가 다른 남자를 만나고 있다고 믿고 있었다. 사립 탐정은 그의 믿음이 사실임을 확인시켜 주었다.

ASCRIBE [əskráib] v to credit to or assign; to attribute
~에게 공로를 돌리다, ~의 탓으로 하다; ~의 것으로 생각하다

- Mary was a bit of a nut; she *ascribed* powerful healing properties to the gravel in her driveway.

  메리는 약간 괴짜였다. 그녀는 자기 집 앞 자동차 진출입로의 자갈에 강력한 질병 치유 효능이 있다고 생각했다.

- When the scholar *ascribed* the unsigned limerick to Shakespeare, his colleagues did not believe him.

  그 학자는 서명이 없는 그 오행시가 셰익스피어의 것이라고 생각했지만, 동료학자들은 그의 생각을 믿지 않았다.

ASKANCE [əskǽns] adv with suspicion or disapproval 의심스럽게, 비난하며

- When Herman said that he had repaired the car by pouring apple cider into its gas tank, Jerry looked at him *askance*.

  헤르만이 고장 난 차의 연료 탱크에 사과술을 부어 넣어서 차를 수리했다고 말을 하자, 제리는 의심스러운 눈초리로 쳐다보았다.

- The substitute teacher looked *askance* at her students when they insisted that it was the school's policy to award an A to any student who asked for one.

  학생이 원하기만 하면 누구에게나 A 학점을 주는 것이 이 학교의 방침이라고 학생들이 주장하자, 대리로 오신 선생님은 자기 반 학생들을 비난의 눈초리로 쳐다보았다.

ASPERSION [əspə́:rʒən] n a slanderous or damning remark 비방하거나 매도하는 표현

To cast *aspersions* is to utter highly critical or derogatory remarks.

to cast aspersions는 '심한 비난의 말이나 명예를 손상하는 욕설을 퍼뜨리다'이다.

To call someone a cold-blooded murderer is to cast an *aspersion* on that person's character.

누군가를 피도 눈물도 없는 살인자라고 부르는 것은 그 사람의 인격에 대해서 aspersion을 던지는 것이다.

- The local candidate had no legitimate criticisms to make of his opponent's record, so he resorted to *aspersions*.

  지역구 후보자는 상대 후보의 경력에 대해 적법하게 흠잡을 내용이 없었다. 그래서 그는 중상모략에 의존할 수밖에 없었다.

ASSAIL [əséil] v to attack vigorously 맹렬히 공격하다

- With a series of bitter editorials, the newspaper *assailed* the group's efforts to provide free cosmetic surgery for wealthy people with double chins.

  그 신문은 신랄한 논조가 담긴 일련의 사설을 통해서 이중 턱을 가진 부자들에게 무료 성형 수술을 해 주고자 하는 그 단체의 움직임에 대해 맹렬히 비난했다.

- We hid behind the big maple tree and *assailed* passing cars with salvos of snowballs.

  우리는 커다란 단풍나무 뒤로 숨어서 지나가는 차를 향해 눈덩이를 만들어 일제히 공격했다.

An attacker is sometimes called an *assailant*[əséilənt], especially by police officers on television shows.

특히 텔레비전 프로그램에서 경찰들은 때때로 '공격을 가한 사람'을 가리켜 assailant라고 부르기도 한다.

ASSERT [əsə́ːrt] v to claim strongly; to affirm 강력하게 주장하다; 단언하다

- The defendant continued to *assert* that he was innocent, despite the fact that the police had found a clear videotape of the crime, recovered a revolver with his fingerprints on it, and found all the stolen money in the trunk of his car.

  피고인은 경찰이 범죄 행위가 담긴 비디오테이프와 그의 지문이 묻어 있는 권총을 찾아냈으며, 도난당한 돈을 그의 자동차 트렁크에서 모두 발견했음에도 불구하고 자신이 무죄라고 계속해서 주장했다.

- When Buzz *asserted* that the UFO was a hoax, the little green creature pulled out a ray-gun and incinerated him.

  UFO는 단지 속임수일 뿐이라고 버즈가 열변을 토하고 있을 때, 그 작은 녹색의 생명체가 광선총을 발사해 그를 재로 만들었다.

To *assert* yourself is to express yourself boldly.

to assert yourself는 '스스로의 주장을 대담하게 드러내고 표현하다'라는 뜻이다.

- Mildred always lost arguments because she was too timid to *assert* herself.

  밀드리드는 너무나 소심해서 자신의 주장을 잘 드러내지 못했기 때문에 논쟁에서 지기만 했다.

ASSESS [əsés] v to evaluate; to estimate; to appraise
(세금 등을) 사정하다; 평가하다; 값을 매기다

- When seven thugs carrying baseball bats began walking across the street toward her car, Dolores quickly *assessed* the situation and drove away at about a hundred miles per hour.

  야구 방망이를 든 일곱 명의 괴한들이 도로를 가로질러 그녀의 차를 향해서 걷기 시작하자 돌로레스는 재빨리 상황을 따져 보고는 거의 시속 백 마일로 운전해 도망쳤다.

- *Assessing* the damage caused by the storm was difficult because the storm had washed away all the roads, making it nearly impossible to enter the area.

  이번 폭풍우에 의한 피해 상황을 집계하는 일은 폭풍우가 모든 도로를 휩쓸고 가 버려서 그 지역으로 들어가는 것이 거의 불가능했기 때문에 쉽지가 않았다.

- After *assessing* his chances in the election—only his parents would promise to vote for him—the candidate dropped out of the race.

  선거에서의 당선 가망성을 평가해 보고 난 후, 그에게 투표한다고 약속한 사람은 오로지 부모님뿐이었으므로 그는 후보직을 사퇴했다.

To *reassess* is to rethink or reevaluate something.

reassess는 '재고하다', '다시 평가하다'라는 뜻이다.

ASTRINGENT [əstríndʒənt] adj harsh; severe; withering 엄한; 호된; 위축시키는

- Edmund's *astringent* review enumerated so many dreadful flaws in the new book that the book quickly disappeared from the best-seller list.

  에드먼드가 새로 출간된 책에 드러난 많은 결함들을 가차 없는 비평문으로 일일이 열거해서 결국 그 책은 베스트셀러 목록에서 급속히 사라졌다.

- The coach's remarks to the team after losing the game were *astringent* but apparently effective: The team won the next three games in a row.

  경기에 지고 난 후 팀원들에게 해 준 코치의 훈시는 매우 호됐지만 확실히 효과는 있었다. 팀은 그 뒤로 연속해서 세 경기에 승리했다.

Astringent is related to *stringent*, which means strict.

astringent는 '엄격한'이라는 뜻을 가진 stringent와 관련이 있다.

▶ 명사형은 astringency(엄함)이다.

QUICK QUIZ

Match each word in the first column with its definition in the second column. Check your answers in the back of the book.

1. articulate	a. person skilled in a craft
2. artisan	b. slanderous remark
3. ascertain	c. credit to
4. ascribe	d. claim strongly
5. askance	e. harsh
6. aspersion	f. pronounce clearly
7. assail	g. with suspicion
8. assert	h. evaluate
9. assess	i. attack vigorously
10. astringent	j. determine with certainty

ASYLUM [əsáiləm] n **a mental hospital or similar institution; refuge; a place of safety** 정신 병원이나 그와 유사한 시설; 피난처; 보호 시설

- After Dr. Jones incorrectly diagnosed her nail-biting as the symptom of a severe mental illness, Stella was confined in a lunatic *asylum* for thirty-seven years.

  존스 박사가 스텔라의 손톱 깨무는 버릇을 심각한 정신 질환의 징후라고 잘못된 진단을 내린 이후로, 그녀는 37년 동안이나 정신병 환자 수용소에 갇혀 있었다.

- "The woods are my *asylum*," Marjorie said. "I go there to escape the insanity of the world."

  "숲은 나의 피난처랍니다. 세상의 광기로부터 도망치기 위해 그리로 가죠."라고 마조리가 말했다.

- The United States granted *asylum* to the political dissidents from a foreign country, thus permitting them to remain in the United States and not forcing them to return to their native country, where they certainly would have been imprisoned.

  미국은 외국으로부터 들어오는 정치적 망명자들에게 피난처를 제공했다. 그들이 돌아간다면 감옥에 갇히게 될 것임이 분명한 본국으로 강제로 추방하지 않고 그들이 미국 내에 남아 있을 수 있도록 허용했다.

ATONE [ətóun]　v　to make amends　보상하다, 속죄하다

The verb *atone* is followed by the preposition "for." To *atone* for your sins is to do something that makes up for the fact that you committed them in the first place.

atone이라는 동사는 전치사 for와 함께 쓰인다. to atone for your sins는 네가 애초에 죄를 저질렀다는 사실을 속죄하다'라는 뜻이다.

- The pianist *atoned* for his past failures by winning every award at the international competition.

  그 피아니스트는 국제 대회의 모든 상을 휩쓸어서 과거의 실패를 만회했다.

- In the view of the victim's family, nothing the murderer did could *atone* for the crime he had committed.

  희생자의 가족들 관점에서 보면, 그 살인자가 자신이 저지른 죄를 보상할 길은 아무것도 없었다.

▶ 명사형은 atonement(보상, 속죄)이다.

- The thief donated his ill-gotten cash to the orphanage as an atonement for stealing from the bank.

  그 강도는 은행을 턴 속죄로서 부정하게 얻은 현금을 고아원에 기부했다.

ATROPHY [ǽtrəfi]　v　to wither away; to decline from disuse
　　　　　시들다; 사용하지 않아 쇠퇴하다

- The weightlifter's right arm was much thinner and less bulgy than his left; it had *atrophied* severely during the six weeks it had been in a cast.

  그 역도 선수의 오른팔은 왼팔보다 훨씬 더 가늘고 알통이 없었다. 깁스를 하고 있었던 지난 6주 동안 그의 오른팔은 심각하게 쇠약해졌던 것이다.

- The students' interest in algebra had *atrophied* to the point at which they could scarcely keep their eyes open in class.

  대수학에 대한 학생들의 관심도는 수업 시간에 거의 눈을 뜨고 있지 않을 정도로까지 감퇴되었다.

▶ 반의어는 hypertrophy[haipə́:rtrəfi] (비대, 이상 발달)이다.

- Weightlifting makes a muscle grow, or experience *hypertrophy*.

  역도는 근육의 발달을 도와주기도 하고, 이상 발달을 초래하기도 한다.

▶ 이 단어들의 발음에 주의할 것.

ATTEST [ətést]　v　to give proof of; to declare to be true or correct; to give
　　　　　testimony　입증하다; 사실이거나 옳다고 선언하다; 증언하다

- Helen's skillful guitar playing *attested* to the endless hours she had spent practicing.

  헬렌의 뛰어난 기타 연주 솜씨는 그녀가 연습에 들인 무수한 시간들을 입증하는 것이었다.

To *attest* to something is to testify or bear witness.

to attest to something은 '~에 증언하거나 증인이 되다'라는 의미이다.

- At the parole hearing, the police officer *attested* to Henry's eagerness to rob more banks, and the judge sent Henry back to prison for at least another year.

  가석방 청문회에서 경찰은 은행을 더 많이 털고자 했던 헨리의 야욕에 대해 증언했다. 적어도 다음해까지는 감옥에 있도록 판사는 헨리를 돌려보냈다.

ATTRIBUTE [ǽtrəbjùːt] v to credit to or assign; to ascribe
~의 탓으로 돌리다; (공로를) ~에 돌리다

- Sally *attributed* her success as a student to the fact that she always watched television while doing her homework. She said that watching *Scooby-Doo* made it easier to concentrate on her arithmetic. Sally's parents were not convinced by this *attribution*.

  샐리는 학생으로서 자신의 뛰어난 성적은 항상 텔레비전을 보면서 숙제를 한 덕분이라고 생각했다. 그녀는 Scooby-Doo라는 프로그램을 보면서 하면 계산 문제에 더 쉽게 집중할 수 있었다고 얘기했다. 샐리의 부모는 이러한 원인 분석을 확신하지 못했다.

- The scientist, who was always making excuses, *attributed* the failure of his experiment to the fact that it had been raining that day in Phoenix, Arizona.

  항상 변명만 늘어놓던 과학자는 자신의 실험이 실패한 이유를 애리조나 주 피닉스에서 실험하던 그날 비가 온 탓으로 돌렸다.

Attribute [ǽtrəbjùːt] can also be a noun, in which case it means a characteristic or a distinctive feature.

attribute는 명사로 쓰일 경우 '특징이나 남들과 구별되는 모양'을 의미한다.

- Great big arms and legs are among the *attributes* of many professional football players.

  별나게 큰 팔과 다리는 대다수 프로 풋볼 선수들의 특징 중 하나이다.

▶ 이 단어들의 발음에 주의할 것.

AUGUR [ɔ́ːgər] v to serve as an omen or be a sign; to predict or foretell
예시로 나타나다, 징조가 되다; 예언하다, 예시하다

- The many mistakes made by the dancers during dress rehearsal did not *augur* well for their performance later that night.

  무대 총연습 시간에 무용수들이 저지른 수많은 실수는 나중에 열린 그날 밤 공연의 불길한 징조였다.

- The eleven touchdowns and four field goals scored in the first quarter *augured* victory for the high school football team.

  첫 번째 쿼터에서 기록한 열한 번의 터치다운과 네 번의 필드골은 그 고등학교 풋볼 팀의 승리의 징조가 되었다.

The act of auguring is called *augury* [ɔ́ːgjəri].

명사형 augury는 '전조', '점(占)'이라는 뜻이다.

- Elizabeth believed that most of the market consultants had no solid basis for their predictions, and that financial *augury* as practiced by them was mere hocus-pocus.

  엘리자베스는 대부분의 컨설턴트가 시장 예측을 위해 믿을 만한 기초 자료들을 가지고 있지 않을 뿐만 아니라 금융 상황에 대한 예견도 그저 남을 속이기 위한 속임수에 지나지 않는다고 믿고 있었다.

AUGUST [ɔːgʌ́st] adj inspiring admiration or awe 감탄이나 경외감을 불러일으키는

- The prince's funeral was dignified and *august*; the wagon with his coffin was drawn by a dozen black horses, and the road on which they walked was covered with rose petals.

  왕자의 장례식은 품위 있고 존엄했다. 열두 마리의 검은 말들이 그의 관을 실은 마차를 끌고 있었고, 행렬이 지나가는 길은 장미 꽃잎으로 덮여 있었다.

- The queen's *august* manner and regal bearing caused everyone in the room to fall silent the moment she entered.

  여왕의 위엄 있는 태도와 왕족다운 몸짓은 그녀가 방에 들어서자 모든 사람들을 침묵하게 만들었다.

AUXPICES [ɔ́ːspisiz] n protection; support; sponsorship 보호; 원조; 후원

You will find *auspice* in the dictionary, but this word is almost always used in the plural, and it is usually preceded by the words "under the."

사전에서 auspice라는 단어를 찾을 수는 있겠지만, auspices는 거의 언제나 복수의 형태로 쓰인다. 그리고 대개 "under the"라는 말이 앞에 붙어서 나온다.

- The fund-raising event was conducted under the *auspices* of the local volunteer organization, whose members sold tickets, parked cars, and cleaned up afterward.

  기금 마련 행사는 지역 자원봉사 조직의 도움으로 치러졌다. 봉사 단체의 회원들은 티켓을 팔고, 주차 안내를 하고, 행사가 끝난 후 청소를 했다.

The adjective *auspicious* [ɔːspíʃəs] is closely related to *auspices*, but the most common meanings of the two words have little in common. *Auspicious* means promising, favorable, or fortunate. Weddings and political conventions are often referred to as *auspicious* occasions.

형용사 auspicious는 auspices와 밀접한 관계가 있다. 그러나 두 단어의 가장 일반적인 의미로만 따진다면 거의 공통점이 없다. auspicious는 '유망한', '순조로운', '상서로운' 등의 뜻을 갖고 있다. 결혼식이나 정치 집회는 종종 auspicious occasion(경사스러운 행사)으로 일컬어진다.

- The bright cloudless sky was an *auspicious* start to a full day of mountain hiking.

  구름 한 점 없이 밝은 하늘은 하루 꼬박 걸리는 등산의 순조로운 시작이었다.

- Harry and Bob hoped to play golf that morning, but the dark clouds, gale-force winds, and six inches of snow were *inauspicious*.

  해리와 밥은 그날 아침 골프를 치기로 했었다. 그러나 잔뜩 찌푸린 하늘과 거친 바람과 6인치나 쌓인 눈은 불길했다.

AUXILIARY [ɔːgzíljəri] adj secondary; additional; giving assistance or aid
2차적인; 부가적인; 보조, 또는 도움이 되는

▶ 발음에 주의할 것.

- When Sam's car broke down, he had to switch to an *auxiliary* power source; that is, he had to get out and push.

  샘의 차가 고장 났을 때 그는 보조 동력으로 바꿔야만 했다. 다시 말해서, 그는 밖으로 나와 차를 밀어야만 했던 것이다.

- The spouses of the firefighters established an *auxiliary* organization whose purpose was to raise money for the fire department.

  소방수들의 부인들은 소방대원들을 위한 모금 활동을 목적으로 하는 보조 조직을 설립했다.

AVAIL [əvéil] v to help; to be of use; to serve 돕다; 유익하다; 봉사하다

- My preparation did not *avail* me on the test; the examination covered a chapter other than the one that I had studied. I could also say that my preparation *availed* me nothing, or that it was of no *avail*. In the second example, I would be using *avail* as a noun.

  시험에 대비한 준비가 나에게 아무런 도움이 되지 못했다. 시험은 내가 미리 공부했던 단원이 아닌 곳에서 출제되었다. 또는 다음과 같이 말할 수도 있다. 예습은 나를 전혀 돕지 못했다. 혹은 예습은 전혀 쓸모가 없었다. 두 번째 예문은 avail을 명사로 사용한 것이다.

To be *availing* is to be helpful or of use. To be *unavailing* is to be unhelpful or of no use.

availing은 '도움이 되거나 쓸모가 있는'의 의미이다. unavailing은 '유익하지 못하고 쓸모가 없는'의 뜻이다.

- The rescue workers tried to revive the drowning victim, but their efforts were *unavailing*, and the doctor pronounced him dead.

  구조대원들은 물에 빠진 조난자를 살리려고 애를 썼다. 그러나 그들의 노력은 헛수고가 되어버렸고, 의사는 조난자가 이미 사망했다고 진단했다.

AVANT-GARDE [əvà:nt gá:rd] n the vanguard; members of a group, especially of a literary or artistic one, who are at the cutting edge of their field

전위적인 사람들; 특히 문학이나 미술에서, 자기 분야에서 최첨단의 위치에 서 있는 사람들

- When his Off-off-off-off-Broadway play moved to Broadway, Harold was thrust against his will from the *avant-garde* to the establishment.

  그의 진정한 비주류 비상업적 연극이 브로드웨이에 입성하게 되자, 해럴드는 자신의 의지와는 상관없이 전위적인 예술가에서 기성 연극인으로 떠밀려졌다.

▶ avant-garde는 형용사로도 쓰인다.

- The *avant-garde* literary magazine was filled with empty pages to convey the futility of literary expression.

  전위적인 그 문학잡지는 문학적 표현의 공허함을 전달하기 위해 아무것도 쓰여 있지 않은 백지로 되어 있었다.

AVERSION [əvə́:rʒən] n a strong feeling of dislike 혐오

- Many children have a powerful *aversion* to vegetables. In fact, many of them believe that broccoli is poisonous.

  많은 아이들이 채소에 대해 심한 혐오감을 갖고 있다. 그런 아이들의 대다수는 브로콜리에 독이 들어있다고 믿고 있다.

- I knew that it would be in my best financial interest to make friends with the generous, gullible millionaire, but I could not overcome my initial *aversion* to his habit of sucking his thumb in public.

  인심이 후하고 남의 말에 잘 속는 백만장자와 친해지는 것이 나의 경제적 이익을 위해서는 최선이라는 것을 나도 알고 있었다. 그러나 공공장소에서 엄지를 빠는 그의 버릇에 대한 혐오감을 극복할 수가 없었다.

▶ 형용사형은 averse[əvə́:rs] (싫어하는)이다.

- I am *averse* to the idea of letting children sit in front of the television like zombies from morning to night.

  나는 아이들을 좀비처럼 아침부터 밤까지 텔레비전 앞에만 앉아 있게 두려는 생각을 아주 끔찍이 싫어한다.

Many people confuse *averse* with *adverse* [ædvə́:rs], but they are not the same word. Adverse means unfavorable. A field-hockey game played on a muddy field in pouring rain would be a field-hockey game played under *adverse* conditions.

대다수의 사람들이 averse와 adverse를 혼동하는 경향이 있다. 그러나 그 두 단어는 같은 단어가 아니다. adverse는 '호의적이지 않은', '불운한'이라는 의미이다. 비가 쏟아지는 가운데 진흙탕이 된 운동장에서 벌어진 필드하키 경기는 좋지 않은 조건에서 치러지는 경기라고 말할 수 있다.

▶ 명사형은 adversity(역경)이다.

AVERT [əvə́:rt] v to turn away; to prevent 돌리다; 막다

- Devi *averted* her eyes and pretended not to see Doug slip on the ice so he wouldn't be embarrassed.

  데비는 더그가 얼음 위에서 넘어진 것을 창피해 하지 않도록 못 본체 하며 눈을 다른 곳으로 돌렸다.

- The company temporarily *averted* disaster by stealing several million dollars from the employees' pension fund.

  회사는 종업원들의 연금 기금에서 수백 만 달러를 횡령하여 우선 임시로나마 회사의 큰 손실을 막았다.

AVID [ǽvid] adj eager; enthusiastic 열망하는; 열광적인

- Eloise is an *avid* bridge player; she would rather play bridge than eat.

  엘로이즈는 열렬한 브리지(카드놀이) 놀이의 추종자이다. 그녀는 먹는 것보다도 브리지 놀이를 더 좋아한다.

▶ 명사형은 avidity[əvídəti] (욕망, 갈망)이다.

To be *avid* about playing bridge is to play bridge with *avidity*.

브리지 놀이에 열광적이라는 것은 욕망을 가지고 브리지 놀이를 한다는 것이다.

QUICK QUIZ

Match each word in the first column with its definition in the second column. Check your answers in the back of the book.

1. asylum	a. refuge
2. atone	b. strong feeling of dislike
3. atrophy	c. give proof of
4. attest	d. turn away
5. attribute	e. make amends
6. augur	f. credit to
7. august	g. help
8. auspices	h. wither away
9. auxiliary	i. inspiring awe
10. avail	j. vanguard
11. avant-garde	k. secondary
12. aversion	l. eager
13. avert	m. protection
14. avid	n. serve as an omen

B

BACCHANAL [bǽkənəl] **n** a party animal; a drunken reveler; a drunken revelry or orgy
떠들썩한 파티만 찾아다니는 사람; 술에 취해 흥청대는 사람; 술에 취해 흥청대기, 또는 떠들썩한 술잔치

▸ 발음에 주의할 것.

Bacchus [bǽkəs] was the Greek god of wine and fertility. To be a *Bacchanal* is to act like Bacchus. People often use *bacchanal* as a word for the sort of social gathering that Bacchus would have enjoyed.

bacchus는 술과 비옥함을 의미하는 그리스의 신이었다. bacchanal은 바커스 신처럼 행동하는' 것을 의미한다. 사람들은 바커스 신이라도 즐겼을 것이라고 생각되는 그러한 유의 사회적 모임에 흔히 baccus를 사용한다.

- The fraternity was shut down by the university after a three-day *bacchanal* that left a dozen students in the infirmary.

  남학생 사교 클럽은 십 수 명의 학생이 병원에 실려 가는 사태를 낳은 사흘간의 떠들썩한 파티가 끝난 후 대학 측에 의해 폐쇄되었다.

A good word for such a party would be *bacchanalia* [bǽkənéiliə].

이와 같은 떠들썩한 파티에 딱 들어맞는 단어가 bacchanalia(바커스 축제)일 것이다.

BALEFUL [béilfəl] **adj** menacing; threatening **위협하는; 협박하는**

Almost every time you see this word, it will be followed by the word "glance". A *baleful* glance is a look that could kill. Other things can be *baleful*, too.

여러분이 baleful을 접할 때는 거의 언제나 glance라는 단어와 함께일 것이다. baleful glance는 살인이라도 할 수 있을 것 같은 위협적인 눈길을 의미한다. 다른 것들도 위협적일 수 있다.

- The students responded to the professor's feeble joke by sitting in *baleful* silence.

  교수의 썰렁한 농담에 학생들은 싸늘한 침묵으로 응답했다.

BALK [bɔːk] **v** to abruptly refuse (to do something); to stop short **단호하게 거부하다; 잠깐 멈추다**

▸ 발음에 주의할 것. 여기서 l은 묵음이다.

- Susan had said she would be happy to help out with the charity event, but she *balked* at the idea of sitting on a flagpole for a month.

  수잔은 자선 행사에 도움이 될 수 있다면 행복할 것이라고 이야기했지만 한 달 동안 깃대 위에 앉아 있어 달라는 의견에는 단호하게 거절했다.

- Vernon *balked* when the instructor told him to do a belly-flop from the high diving board; he did not want to do it.

  버논은 수영 강사가 높은 다이빙 보드에서 배치기로 수영장에 뛰어들라고 말했을 때 단호하게 거부했다. 그는 그렇게 하고 싶지 않았다.

In baseball, a *balk* occurs when a pitcher begins the pitching motion, but then interrupts it to do something else, such as attempt to throw out a runner leading off from first base. In baseball, a *balk* is illegal.

야구에서의 balk(보크)는, 투수가 투구 동작을 시작했음에도 불구하고 투구가 아닌 다른 동작, 예를 들어 일루에서 달릴 준비를 하고 있는 주자를 잡기 위해 견제구를 시도하는 것과 같은 동작을 하기 위하여 투구 행위를 중단하는 것을 의미한다. 야구에서의 balk(보크)는 규칙에 어긋나는 것이다.

BALLYHOO [bǽlihù:] n sensational advertising or promotion; uproar
인기 위주의 과대광고나 판촉 활동; 야단법석

This is an informal word of unknown though distinctly American origin.

ballyhoo는 분명히 미국에서 시작된 것이기는 하지만 잘 알려지지 않은 구어체의 표현이다.

- Behind the *ballyhoo* created by the fifty-million-dollar promotional campaign, there was nothing but a crummy movie that no one really wanted to see.

  오천만 달러를 투자한 대대적이고 떠들썩한 선전용 행사 뒤에는, 아무도 보려 하지 않는 저질의 싸구려 영화만 남아 있을 뿐이었다.

- The public relations director could think of no legitimate case to make for her client, so she resorted to *ballyhoo*.

  공보 활동 담당관은 고객의 요구에 맞출 수 있는 적절한 방법을 생각해낼 수가 없었다. 그래서 그녀는 엉터리 과대 선전에 의존했다.

- The candidate tried to give his speech, but his words could not be heard above the *ballyhoo* on the convention floor.

  그 후보자는 연설을 하려고 했지만, 집회가 열리고 있는 강당에 울리는 떠들썩한 선전 소리에 묻혀 그의 말은 들리지가 않았다.

BALM [bɑːm] n something that heals or soothes 낫게 하거나 완화하는 것, 진통제

- After Ted had suffered through the endless concert by the New York Philharmonic Orchestra, the sound of the Guns N'Roses album played at full volume on his Walkman was a *balm* to his ears.

  뉴욕 필하모닉 오케스트라의 끝없는 콘서트로 고통 받은 후 워크맨을 통해서 최대 음량으로 듣는 건스 앤 로지스의 음악은 테드의 귀에 위안이 되었다. (주: 건스 앤 로지스는 80년대에 등장하여 90년대까지 활약한 정통 록음악을 하는 헤비메탈 그룹으로 호전적인 가사와 마약 중독 등 악동적인 이미지로 유명하다.)

Balmy [bɑ́:mi] weather is mild, pleasant, wonderful weather. In slang usage, a *balmy* person is someone who is eccentric or foolish.

balmy weather는 '포근하고 상쾌하고 기분 좋은 날씨'를 의미한다. 속어적 쓰임으로 balmy person은 '괴벽스럽거나 멍청한 사람'을 의미한다.

▶ 이 단어들의 발음에 주의할 것. 여기서 l은 묵음이다.

BANDY [bǽndi] v to toss back and forth; to exchange 이리저리 흔들다; 교환하다

- Isadora sat on the hillside all day, eating M & Ms and watching the wind *bandy* the leaves on the trees.

  이사도라는 엠 앤 엠즈 초콜릿을 먹으면서 나뭇잎을 이리저리 흔드는 바람을 바라보며 산언덕에 하루 종일 앉아 있었다.

- The enemies *bandied* insults for a few minutes and then jumped on each other and began to fight.

  그 적대자들은 수분 동안 서로 욕설을 주고받았다. 그러고 나서 서로에게 달려들어 싸우기 시작했다.

BANTER [bǽntər] n an exchange of good-humored or mildly teasing remarks
기분 좋은 농담이나 짓궂지만 유화적인 표현의 교환

- The handsome young teacher fell into easy *banter* with his students, who were not much younger than he.

  젊고 잘생긴 선생님은 자신보다 그다지 어리지 않은 학생들과 부드러운 농담을 곧잘 했다.

- Phoebe was interested in the news, but she hated the phony *banter* of the correspondents.

  피비는 그 뉴스에 흥미를 갖고 있었지만, 특파원의 거짓으로 꾸민 농담은 싫어했다.

▶ banter는 '농담하다' 라는 뜻의 동사로도 쓰인다.

- To *banter* with someone is to converse using *banter*.

  누군가와 농담한다는 것은 농담을 이용해 대화하는 것이다.

BAROQUE [bəróuk] adj extravagantly ornate; flamboyant in style
지나치게 장식이 많고 화려한; 화려한 스타일의

In the study of art, architecture, and music, *baroque*, or *Baroque*, refers to a highly exuberant and ornate style that flourished in Europe during the 17th and early 18th centuries. Except when used in this historical sense, the word now is almost always pejorative.

미술, 건축, 음악 등의 영역에 있어서, baroque(바로크)는 17세기에서 18세기까지 유럽에서 번성했던 대단히 화려하고 장식이 많은 스타일을 의미한다. 이러한 역사적 의미로 쓰이는 경우를 제외하면, 오늘날 baroque는 거의 언제나 멸시적인 의미로 쓰인다.

- Devins's writing style was a little *baroque* for my taste; he used so many fancy adjectives and adverbs that it was hard to tell what he was trying to say.

  내가 보기에 데빈의 문체는 다소 꾸밈이 많고 화려했다. 그는 너무나 많은 미사여구를 동원해서 그가 진정으로 말하려고 하는 바가 무엇인지 알 수가 없을 정도였다.

BARRAGE [bərá:ʒ] n a concentrated outpouring of artillery fire, or of anything else 대포나 미사일 기타 등등의 집중 사격

- To keep the enemy soldiers from advancing up the mountain, the commander directed a steady *barrage* against the slope just above them.

  적군이 산으로 진격해 올라오지 못하도록 하기 위해서 지휘관은 적군 바로 위의 경사를 이룬 지점에 계속적인 집중 사격을 지시했다.

- Rhoda's new paintings—which consisted of bacon fat dribbled on the bottoms of old skillets—were met by a *barrage* of negative reviews.

  로디의 낡은 냄비 바닥에 흥건한 베이컨 기름으로 구성되어 있는 새로운 그림들은 집중적인 혹평을 받았다.

▶ barrage는 동사로도 쓰인다.

- At the impromptu press conference, eager reporters *barraged* the Pentagon spokesman with questions.

  즉석에서 마련된 기자 회견에서, 안달이 난 기자들은 국방성 대변인에게 연달아 질문 공세를 펼쳤다.

BAUBLE [bɔ́:bl] n a gaudy trinket; a small, inexpensive ornament
저속하고 값싼 물건; 작고 비싸지 않은 장신구

- The children thought they had discovered buried treasure, but the old chest turned out to contain nothing but cheap costume jewelry and other *baubles*.
  아이들은 자신들이 땅속에 묻혀 있는 보물을 발견했다고 생각했지만 그 낡은 상자 안에는 값싼 옛날 옷 장신구들과 저속한 싸구려 물건들만 들어 있음이 밝혀졌다.

- Sally tried to buy Harry's affection by showering him with *baubles*, but Harry held out for diamonds.
  샐리는 작고 비싸지 않은 장신구들을 계속 보내서 해리의 환심을 사려고 애썼지만, 해리는 강경하게 다이아몬드를 요구했다.

QUICK QUIZ

Match each word in the first column with its definition in the second column. Check your answers in the back of the book.

1. bacchanal	a. extravagantly ornate
2. baleful	b. menacing
3. balk	c. toss back and forth
4. ballyhoo	d. sensational advertising
5. balm	e. outpouring of artillery fire
6. bandy	f. exchange of teasing remarks
7. banter	g. party animal
8. baroque	h. gaudy trinket
9. barrage	i. abruptly refuse
10. bauble	j. something that heals

BEDLAM [bédləm] n noisy uproar and chaos; a place characterized by noisy uproar and chaos 야단법석과 무질서; 떠들썩함과 혼란이 있는 곳

In medieval London, there was a lunatic asylum called St. Mary of Bethlehem, popularly known as *Bedlam*. If a teacher says that there is *bedlam* in her classroom, she means that her students are acting like lunatics.
중세 시대의 런던에는 세간에 Bedlam으로 알려진 '베들레헴의 성모'라는 이름의 정신 이상자 수용 시설이 있었다. 선생님이 그녀의 교실 안에 bedlam이 있다고 말한다면, 그것은 학생들이 미치광이처럼 법석을 떤다는 의미인 것이다.

- A few seconds after Enron announced that it was going out of business, there was *bedlam* on the floor of the New York Stock Exchange.
  엔론이 사업을 그만두겠다고 발표하자마자 뉴욕 증권 거래소에는 큰 소동이 일어났다.

BEGRUDGE [bigrʌ́dʒ] v to envy another's possession or enjoyment of something; to be reluctant to give, or to give grudgingly
타인의 재산이나 권리를 부러워하다, 시기하다; 내주기 싫어하다, 마지못해 할 수 없이 내주다

- The famous author *begrudged* his daughter her success as a writer; he couldn't believe that she made the best-seller's list.
  그 유명 작가는 딸의 작가로서의 성공을 부러워했다. 그는 딸이 베스트셀러 목록에 올라 있다는 것을 믿을 수가 없었다.

BEHEST [bihést] n command; order 명령; 지시

- The president was impeached after the panel discovered that the illegal acts had been committed at his *behest*.
  불법적인 행위들이 대통령의 지시에 의해 저질러졌다고 배심원단이 알아내자 대통령은 탄핵을 받았다.

- At my *behest*, my son cleaned up his room.
  나의 명령으로 아들은 자신의 방을 깨끗이 청소했다.

BEMOAN [bimóun] v to mourn about; to lament 슬퍼하다; 애도하다

- West *bemoaned* the D he had received on his chemistry exam, but he didn't study any harder for future tests.
  웨스트는 화학 시험에서 D 학점을 받게 되어 애석해 했지만 다음 시험을 위해 더 열심히 공부하지는 않았다.

- Rather than *bemoaning* the cruelty and injustice of their fate, the hostages quietly dug a tunnel under the prison wall and escaped.
  인질들은 잔인하고 불공정한 자신들의 운명을 한탄만 하고 있는 것이 아니라 침착하게 감옥 담 밑으로 굴을 파서 밖으로 도망쳤다.

BENEDICTION [bènidíkʃən] n a blessing; an utterance of good wishes
축복의 말; 행운을 바라는 말

In certain church services, a *benediction* is a particular kind of blessing. In secular usage, the word has a more general meaning.
어떤 교회 예배 시간의 benediction은 특별한 의미의 '축복'을 의미한다. 그러나 종교 외적인 의미로 benediction이 사용될 때는 좀 더 일반적인 의미로 쓰인다.

- Jack and Jill were married without their parents' *benediction*; in fact, their parents had no idea that Jack and Jill had married.
  잭과 질은 부모님의 축복 없이 결혼했다. 사실 그들의 부모님은 잭과 질이 결혼했다는 것조차도 알지 못했다.

The opposite of *benediction* is *malediction*[mæ̀lidíkʃən], which means curse or slander.
반의어는 malediction(저주, 욕)이다.

- Despite the near-universal *malediction* of the critics, the sequel to *Gone with the Wind* became a huge bestseller.
  '바람과 함께 사라지다'의 후편은 거의 보편적인 비평가들의 혹평에도 불구하고 대형 베스트셀러가 되었다.

BENIGHTED [bináitid] adj ignorant; unenlightened 무지한; 계몽되지 않은

To be *benighted* is to be intellectually in the dark—to be lost in intellectual nighttime.

benighted는 '지적으로 암흑 속에 있는', '무지몽매한'의 의미이다.

- Not one of Mr. Emerson's *benighted* students could say with certainty in which century the Second World War had occurred.

  에머슨 선생님 반의 낙제생들 중에는 제2차 세계 대전이 몇 세기에 발발했는지 자신 있게 말할 수 있는 학생이 하나도 없었다.

BESTOW [bistóu] v to present as a gift; to confer 선물로 주다; 수여하다

This word is usually used with 'on' or 'upon.'

bestow는 일반적으로 on이나 upon 등과 함께 쓰인다.

- Mary Agnes had *bestowed* upon all her children a powerful hatred for vegetables of any kind.

  메리 애그니스는 아이들에게 어떤 종류의 채소에 대해서도 강한 혐오를 갖게 해 주었다.

- Life had *bestowed* much good fortune on Lester; in his mind, however, that did not make up for the fact that he had never won more than a few dollars in the lottery.

  레스터의 삶에는 많은 행운이 따라 주었다. 그러나 그는 그러한 행운도 복권에서 겨우 몇 달러 이상은 얻지 못했다는 사실을 만회할 수는 없다고 생각했다.

BILIOUS [bíljəs] adj ill-tempered; cranky 성미가 까다로운; 괴팍한

▶ 발음에 주의할 것. 두 음절이다.

Bilious is derived from *bile*, a greenish yellow liquid excreted by the liver. In the Middle Ages, *bile* was one of several "humors" that were thought to govern human emotion. In those days, anger and crankiness were held to be the result of an excess of *bile*. *Bilious* today can be used in a specific medical sense to refer to excretions of the liver or to particular medical conditions involving those same secretions, but it is usually used in a figurative sense that dates back to medieval beliefs about humors.

bilious는 간에서 분비되는 초록빛이 도는 노란색의 액체를 가리키는 bile(담즙)이라는 단어에서 파생한 것이다. bile은 중세 시대에는 인간의 감정을 지배하는 것으로 여겨진 여러 "체액들" 중의 하나였다. 그 당시에는, 노여움이나 괴팍스러움이 bile이 과다하게 분비된 결과라고 생각했다. 오늘날 bilious는 간의 분비액들이나 그러한 분비액을 포함한 특수한 의학적 상태를 지칭하기 위해 의학용 전문 용어로 사용될 수 있다. 그러나 일반적으로는 중세 시대로 거슬러 올라가 인간의 성질을 비유적으로 표현하는 의미로 쓰인다.

- The new dean's *bilious* remarks about members of the faculty quickly made her one of the least popular figures on campus.

  신임 학장은 교직원에 대해 괴팍한 말들을 해대서 대학 내에서 가장 인기 없는 인물이 되었다.

- The speaker was taken aback by the *biliousness* of the audience; every question from the floor had had a nasty tone, and none of his jokes had gotten any laughs.

  강사는 청중들의 분노에 깜짝 놀랐다. 강연장에서 들려오는 질문은 모두 악의적인 것뿐이었고, 그의 농담에는 아무도 웃지 않았다.

- Norbert's wardrobe was distinctly *bilious*; almost every garment he owned was either yellow or green.

  노버트의 옷장 안은 정말로 담즙통 같았다. 그가 소유한 옷들은 거의 모두 노란색 아니면 녹색이었다.

BIVOUAC [bívuæ̀k] n a temporary encampment, especially of soldiers
임시 야영지, 특히 군대의 캠프

▶ 발음에 주의할 것.

- The tents and campfires of the soldiers' *bivouac* could be seen from the top of a nearby mountain, and the enemy commander launched a devastating barrage.

  임시 야영지에 설치된 병사들의 텐트와 모닥불은 가까운 산꼭대기에서 발각될 수 있었다. 그래서 적군의 지휘관은 무자비한 공격을 시작했다.

Bivouac can also be a verb, and it can be used to refer to people other than soldiers.

bivouac는 동사로도 쓰이는데, 그럴 경우 군인들이 아닌 일반 사람들과 관련하여 사용된다.

- Prevented by darkness from returning to their base camp, the climbers were forced to *bivouac* halfway up the sheer rock wall.

  칠흑 같은 어둠 때문에 베이스캠프로 돌아올 수가 없었으므로 등산을 하던 사람들은 가파른 암벽을 중간쯤 올라간 곳에서 야영을 할 수밖에 없었다.

BLANCH [blæntʃ] v to turn pale; to cause to turn pale 창백해지다; 하얗게 질리게 하다

- Margaret *blanched* when Jacob told her their vacation house was haunted.

  휴가를 보낼 집이 귀신 나오는 흉가라고 제이콥이 전해 주자 마가렛은 하얗게 질렸다.

- The hot, dry summer had left the leaves on the trees looking *blanched* and dry.

  뜨겁고 메마른 여름 때문에 나뭇잎들이 허옇고 건조하게 보이게 되었다.

QUICK QUIZ

Match each word in the first column with its definition in the second column. Check your answers in the back of the book.

1. bedlam	a. blessing
2. begrudge	b. command
3. behest	c. noisy uproar
4. bemoan	d. ignorant
5. benediction	e. present as a gift
6. benighted	f. envy
7. bestow	g. ill-tempered
8. bilious	h. turn pale
9. bivouac	i. temporary encampment
10. blanch	j. mourn about

BLAND [blænd] adj mild; tasteless; dull; unlively 순한; 맛없는; 무미건조한; 생동감이 없는

- George ate only *bland* foods because he believed that anything with too much flavor in it would make him tense and excitable.

  조지는 지나치게 강한 향신료가 들어 있는 음식들은 그를 긴장시키고 흥분하게 만든다고 믿고 있었기 때문에 오로지 순한 음식만 먹었다.

- After the censors had finished with it, the formerly X-rated movie was so *bland* and unexciting that no one went to see it.

  검열을 받고 난 후 이전에 X등급을 받았던 영화는 너무나 재미없게 되고 자극적인 부분도 사라져 아무도 그 영화를 보러 가지 않았다.

- Harriet's new boyfriend was *bland* in the extreme, but that was probably a good thing since her previous one was a circus performer.

  해리엇의 새로운 남자 친구는 극도로 순한 사람이었다. 그러나 그것은 어쩌면 잘된 일일 것이다. 왜냐하면 그녀의 전 남자 친구는 서커스 광대였다.

BLANDISHMENT [blǽndiʃmənt] n flattery 아첨, 아양, 감언

▶ 이 단어는 흔히 복수형으로 사용된다.

- Angela was impervious to the *blandishments* of her employees; no matter how much they flattered her, she refused to give them raises.

  엔젤라는 종업원들의 아첨이 잘 통하지 않는 사람이었다. 종업원들이 아무리 그녀에게 알랑거려도 엔젤라는 급료를 인상해 주지 않았다.

BLISS [blis] n perfect contentment; extreme joy 다시없는 만족; 최고의 행복

- After spending his vacation in a crowded hotel with throngs of noisy conventioneers, Peter found that returning to work was *bliss*.

  소란스러운 대회 참가자들로 붐비고 있는 복잡한 호텔에서 휴가를 보내고 난 후, 피터는 오히려 일하러 귀환하는 것이 다시없는 기쁨임을 깨닫게 되었다.

- Paul and Mary naively expected that every moment of their married life would be *bliss*; rapidly, however, they discovered that they were no different from anyone else.

  폴과 메리는 그저 단순하게 결혼만 하면 모든 순간순간이 천국일 것이라고 생각했었다. 그러나 그들도 다른 사람과 다르지 않다는 것을 깨닫는 데는 그리 오래 걸리지 않았다.

Anything that promotes feelings of *bliss* can said to be *blissful*. A *blissful* vacation would be one that made you feel serenely and supremely content.

bliss의 감정을 증진시키는 것들을 blissful(더없이 행복한)이라고 말할 수 있다. 천국과도 같은 휴가란 너에게 편안하고 다시없는 만족을 느끼게 해 주는 그런 휴가일 것이다.

BLUSTER [blʌ́stər] v to roar; to be loud; to be tumultuous
으르렁거리다; 큰소리를 지르다; 사납게 굴다

- The cold winter wind *blustered* all day long, rattling the windows and chilling everyone to the bone.

  차가운 겨울바람이 창문을 흔들며 사람들의 뼛속까지 오싹하게 하면서 하루 종일 거세게 불고 있었다.

A day during which the wind *blusters* would be a *blustery*[blʌstəri] day.
바람이 사납게 부는 날을 blustery day(바람이 거센 날)라고 한다.

- The golfers happily blamed all their bad shots on the *blustery* weather.

  그 골퍼들은 공이 잘 맞지 않는 것을 기꺼이 바람이 거세게 불던 날씨 탓으로 돌렸다.

▶ bluster는 명사로도 사용된다.

- Sadie was so used to her mother's angry shouting that she was able to tune out the *bluster* and get along with her work.

  사디는 엄마가 화나서 소리 지르는 것에 워낙 익숙했기 때문에 엄마의 고함 소리에는 아랑곳하지 않고 자신의 일을 할 수가 있었다.

BOMBAST [bámbæst] n pompous or pretentious speech or writing
과시하거나 잘난 척하는 말이나 글, 허풍, 호언장담

- If you stripped away the *bombast* from the candidate's campaign speeches, you would find nothing but misconceptions and lies.

  그 후보자의 선거 연설에서 허풍이나 허세를 제거한다면, 잘못된 생각과 거짓말을 제외하고는 아무것도 남아 있지 않다는 것을 알게 될 것이다.

- The megazine writer resorted to *bombast* whenever his deadline was looming; thoughtful opinions required time and reflection, but he could become pompous almost as rapidly as he could type.

  그 잡지 기자는 데드라인이 임박하면 언제나 겉치레뿐인 글에 의존했다. 사려 깊은 의견들은 충분한 시간과 심사숙고를 필요로 했지만 허세로 가득 찬 글은 거의 타이프를 칠 수 있는 속도만큼 빠르게 쓸 수 있었다.

▶ 형용사형은 bombastic[bambǽstik] (과장한)이다.

BON VIVANT [bóun viːváːnt] n a person who enjoys good food, good drink, and luxurious living
맛있는 음식과 좋은 술, 쾌락적인 삶을 즐기는 사람

▶ 이 단어는 프랑스식 표현이다. 외래어의 발음에 주의할 것.

- Jacques played the *bon vivant* when he was with his friends, but when he was alone he was a drudge and a workaholic.

  자크는 친구들과 함께 있을 때는 유쾌하고 삶을 즐기는 사람인 척했다. 그러나 혼자가 되면 그는 단조로운 사람이자 일 중독자가 되었다.

BONA FIDE [bóunəfàid] adj sincere; done or made in good faith; authentic; genuine 성실한; 선의를 가지고 하는; 믿을 만한; 진실한

▶ 외래어의 발음에 주의할 것.

- The signature on the painting appeared to be *bona fide*; it really did seem to be Van Gogh's.

  그림에 나타난 서명은 진짜인 것 같았다. 그것은 정말로 반 고흐의 서명처럼 보였다.

BOON [buːn] v a blessing; a benefit 은혜; 이익

- Construction of the nuclear-waste incinerator was a *boon* for the impoverished town; the fees the town earned enabled it to repair its schools and rebuild its roads.

  핵폐기물 소각로의 건설은 가난했던 그 도시에 이익을 가져다주었다. 그 도시는 거기에서 벌어들이는 수입으로 학교를 보수하고 도로를 개축할 수 있게 되었다.

- The company car that came with Sam's new job turned out not to be the *boon* it had first appeared to be; Sam quickly realized that he was expected to spend almost all his time in it, driving from one appointment to another.

  샘의 새로운 직장에 딸려 있는 회사 차는 처음 생각했던 것만큼 이익이 되지 못하는 것으로 드러났다. 한 지점에서 다른 곳으로 운전할 때, 거의 모든 시간을 차 속에서 보내게 될 것이라는 것을 샘은 재빨리 알아차렸다.

BOOR [buər] v a rude or churlish person 거칠고 천한 사람

A *boor* is not necessarily a *bore*. Don't confuse these two words.

boor가 반드시 bore(따분한 사람)를 의미하는 것은 아니다. 두 단어를 혼동하지 말 것.

- The *boor* at the next table kept climbing up on his chair and shouting at the waitress.

  옆 테이블의 천박한 사람은 의자 위에 올라가 여자 종업원을 향해 소리를 질러댔다.

▶ 형용사형은 boorish[búəriʃ](천박한)이다.

- "Don't be *boorish*," Sue admonished Charles at the prom after he had insulted the chaperone and eaten his dinner with his fingers.

  무도회에서 찰리가 감독관을 모욕하고 손가락으로 저녁을 먹어 버리자 수는 "촌스럽게 굴지 마라."라고 충고했다.

BOOTY [búːti] n goods taken from an enemy in war; plunder; stolen or confiscated goods
전쟁에서 적으로부터 얻은 물건들, 전리품; 약탈한 물건; 장물이나 몰수한 물건들

- The principal's desk was filled with *booty*, including squirt guns, chewing gum, slingshots, and candy.

  교장의 책상 위에는 물총을 비롯하여 껌, 새총, 사탕 등과 같은 학생들로부터 몰수한 물건들이 수북이 쌓여 있었다.

- The gear of the returning soldiers was so loaded down with *booty* that the commanding officer had to issue weight restrictions.

  귀환하는 병사들의 마차에는 너무나 많은 전리품이 실려 있어서, 지휘관은 무게를 제한하는 조치를 취해야만 했다.

Match each word in the first column with its definition in the second column. Check your answers in the back of the book.

1. bland	a. pompous speech
2. blandishment	b. one who lives luxuriously
3. bliss	c. mild
4. bluster	d. plunder
5. bombast	e. flattery
6. bon vivant	f. rude person
7. bona fide	g. perfect contentment
8. boon	h. sincere
9. boor	i. roar
10. booty	j. blessing

BOTCH [bɑtʃ] v to bungle; to ruin through poor or clumsy effort 서투르게 일하다; 형편없거나 서투른 솜씨로 일을 망치다

- Melvin *botched* his science project by pouring Coca-Cola into his ant farm.
  멜빈은 연구 중이던 개미 농장에 콜라를 쏟는 바람에 과학 숙제를 망쳐 버렸다.

- The carpenter had *botched* his repair of our old porch, and the whole thing came crashing down when Aunt Sylvia stepped on it.
  목수가 우리 집의 낡은 현관을 수리한 솜씨는 형편없었다. 그래서 실비아 숙모가 현관 바닥에 발을 내딛는 순간, 현관 전체가 무너져 내렸다.

BRACING [bréisiŋ] adj invigorating 기운을 돋우는

- Before breakfast every morning, Lulu enjoyed a *bracing* swim in the Arctic Ocean.
  매일 아침 식사를 하기 전에 루루는 북극해에서 기운을 돋우는 수영을 즐겼다.

- Andrew found the intellectual vigor of his students to be positively *bracing*.
  앤드류는 자신의 제자들에게서 정말로 기운을 북돋아 주는 지적 열의를 느꼈다.

- A *bracing* wind was blowing across the bay, causing Sally's sailboat to move so swiftly that she had difficulty controlling it.
  상쾌한 바람이 작은 만을 가로질러 불어와서 샐리의 요트가 갑자기 움직이게 되었기 때문에 그녀는 요트를 조종하느라 애를 먹었다.

BRANDISH [brǽndiʃ] v to wave or display threateningly
위협적으로 흔들어 보이거나 드러내다

- *Brandishing* a knife, the robber told the frightened storekeeper to hand over all the money in the cash register.
  강도는 겁먹은 상점 주인에게 위협적으로 칼을 휘두르며 금전 등록기 안에 들어 있는 돈을 몽땅 내놓으라고 말했다.

- I returned to the garage *brandishing* a flyswatter, but the swarming insects were undeterred, and they continued to go about their business.
  나는 차고로 돌아와서 위협적으로 파리채를 휘둘렀지만, 몰려드는 벌레들을 막지 못했다. 벌레들은 여전히 저 하고 싶은 대로 계속 돌아다녔다.

BRAVADO [brəváːdou] n a false show or ostentatious show of bravery or
defiance   뽐내기, 또는 용감함이나 반항심으로 허세 부리기

- The commander's speech was the product not of bravery but of *bravado*; as soon as the soldiers left the room, he collapsed in tears.
  사령관의 말은 용감함의 소산이라기보다는 허세였을 뿐이었다. 병사들이 방을 나서자마자 그는 무너져 내려 눈물을 흘렸다.

- With almost unbelievable *bravado*, the defendant stood before the judge and told her that he had no idea how his fingerprints had gotten on the murder weapon.
  피고인은 믿기 어려운 허세를 부리며 판사 앞에 바로 서서 자신의 지문이 어떻게 살인에 사용된 무기에서 나오게 되었는지 모르겠다고 당당하게 말했다.

BRAWN [brɔːn] n big muscles; great strength   근육; 대단한 힘

- All the other boys in the class thought it extremely unfair that Sean had both brains and *brawn*.
  그 학급의 나머지 모든 학생들은 션이 두뇌와 힘을 모두 갖고 있다는 사실이 정말로 공평하지 않다고 생각했다.

- The old horse didn't have the *brawn* to pull the cart up the side of the steep hill.
  말이 늙어 힘이 없었기 때문에 경사가 급한 언덕으로 수레를 끌 수가 없었다.

▶ 형용사형은 brawny[brɔ́ːni] (근육이 잘 발달한, 건강한)이다.

- The members of the football team were so *brawny* that each one needed two seats on the airplane in order to sit comfortably.
  풋볼 팀 선수들은 근골이 우람하고 건장해서 비행기에서 편안하게 앉기 위해서는 좌석이 두 개씩 필요했다.

BRAZEN [bréizən] adj impudent; bold 뻔뻔스러운; 대담한, 철면피한

Brazen comes from a word meaning brass. To be *brazen* is to be as bold as brass. (*Brazen* can also be used to refer to things that really are made of brass, or that have characteristics similar to those of brass. For example, the sound of a trumpet might be said to be *brazen*.)

brazen은 놋쇠를 의미하는 단어에서 파생한 것이다. brazen은 놋쇠만큼이나 '뻔뻔한'이라는 의미이다. (brazen은 실제로 놋쇠로 만들어진 물건이나 놋쇠(황동)와 유사한 성질을 가진 물체를 의미하기도 한다. 예를 들면, 트럼펫의 소리는 황동으로 만들어진 금관 악기류처럼 요란한 소리가 날 것이다.)

- The students' *brazen* response to their teacher's request was to stand up and walk out of the classroom.

  선생님의 요구에 대한 그 학생들의 뻔뻔스러운 반응은 일어나서 교실을 나가는 것이었다.

- The infantry made a *brazen* charge into the heart of the enemy position.

  보병 연대는 적의 진지의 심장부를 향해 대담하게 진군을 시작했다.

BREACH [bri:ʧ] n a violation; a gap or break 침해; 틈새, 갈라진 틈

Breach is closely related to break, a word with which it shares much meaning.

breach는 break와 밀접한 관련이 있는 단어로 여러 의미를 공유하고 있다.

- Most of the senators weren't particularly bothered by the fact that one of their colleagues had been taking bribes, but they viewed his getting caught as an indefensible *breach* of acceptable behavior.

  대부분의 상원 의원은 그들의 동료 한 사람이 뇌물을 받았다는 사실에 특별히 신경을 쓰지 않았다. 그러나 그가 체포된 것은 용인될 수 있는 행위에 대한 변호의 여지가 없는 침해로 받아들였다.

- At first, the water trickled slowly through the *breach* in the dam, but it gradually gathered force, and soon both the dam and the town below it had been washed away.

  처음에는 댐의 갈라진 틈을 통해서 물이 느린 속도로 새어 나왔지만 점차로 힘을 받으면서 곧이어 댐과 아래 마을은 물에 휩쓸려 내려갔다.

BRINK [briŋk] n edge 가장자리, 테두리

- The mother became very nervous when she saw her toddler dancing along the *brink* of the cliff.

  아기가 낭떠러지 가장자리를 따라가며 춤을 추고 있는 것을 본 아기 엄마는 매우 불안해했다.

- The sputtering engine sent the airliner on a steep downward course that brought it to the *brink* of disaster; then the pilot woke up and pulled back on the throttle.

  엔진이 푸드득 소리를 내며 꺼지면서 여객기는 대형 사고가 나기 직전까지 가파르게 하강하기 시작했다. 그때서야 조종사가 깨어나 조절판을 뒤로 잡아당겼다.

Brinkmanship (often also *brinksmanship*) is a political term describing an effort by one country or official to gain an advantage over another by appearing willing to push a dangerous situation to the *brink*, such as by resorting to nuclear weapons. To engage in *brinkmanship* is to appear willing to risk the destruction of the world rather than to lose a particular conflict.

brinkmanship(종종 brinksmanship이라고도 한다. 극단정책)이란 한 국가나 관계 당국이 상대편을 이기고 이익을 얻기 위해서 자발적으로 위험한 상황을 brink(벼랑 끝)까지 몰고 가는 행동을 나타내는 정치 용어이다. 예를 들면, 핵무기라는 수단에 의지하는 것과 같은 것들이다. brinkmanship(극단 정책)을 취하는 것은 특정한 분쟁에서 지기보다는 오히려 기꺼이 세계의 멸망을 감수하겠다는 의미가 있는 것이다.

BRISTLE [brísl] v to stiffen with anger; to act in a way suggestive of an animal whose hair is standing on end; to appear in some way similar to hair standing on end

화가 나서 뻣뻣해지다; 비유적인 의미로 동물의 털이 뻣뻣하게 곤두선 것 같은 행동을 하다; 머리카락이 곤두서는 것처럼 보이다

Bristles are short, stiff hairs. A *bristle* brush is a brush made out of short, stiff hairs from the backs of pigs or other animals. When a pig *bristles*, it makes the short, stiff hairs on its back stand up. When a person *bristles*, he or she acts in a way that is reminiscent of a *bristling* pig.

bristles는 '짧고 뻣뻣한 털'을 가리킨다. bristle brush는 돼지나 여타 다른 동물의 등에서 얻은 '짧고 뻣뻣한 털로 만든 솔'이다. 돼지가 bristle(화가 나다)하면, 등에 난 짧고 억센 털을 곤두세운다. 사람이 bristle(화가 나다)하면, 성이 나서 bristling pig(털이 곤두선 돼지)를 연상시키는 듯한 행동을 한다.

- Arnie is the sensitive type; he *bristled* when I told him his storytelling was merely okay.

  아니는 민감한 타입의 사람이다. 내가 그의 이야기가 그냥 괜찮았다고 말했더니, 그는 화가 나서 머리칼이 곤두선 것 같았다.

- The lightning bolt was so close it made my hair *bristle*.

  번개가 아주 가까운 곳에서 쳤으므로 나는 머리카락이 곤두서는 것 같았다.

- The captured vessel *bristled* with antennae, strongly suggesting that it was a spy ship, as the government contended, and not a fishing boat, as the government continued to claim.

  나포된 배에 달려 있는 안테나는 정부가 계속해서 주장하는 대로 그 배가 고깃배가 아니라 정찰선일 가능성을 강력히 시사하는 것이었다.

BROMIDE [bróumaid] n a dull, obvious, overfamiliar saying; a cliché

재미없고, 너무 뻔하며, 지나치게 익숙한 표현; 진부한 표현

Bromide also refers to certain compounds containing the element *bromine* [bróumi:n]. Potassium *bromide* is a substance that was once used as a sedative. A *bromide* is a statement that is so boring and obvious that it threatens to sedate the listener.

bromide는 또한 원소 bromine(브롬)이 들어 있는 화합물을 가리킬 때도 쓰인다. potassium bromide(브롬화칼륨)는 한때 진정제로 사용된 적이 있었던 물질이다. bromide는 너무 지루하고 내용이 뻔해서 듣는 사람을 늘어지게 만드는 '말'을 의미한다.

- Mr. Patel seemed to speak exclusively in *bromides*. When you hand him his change, he says, "A penny saved is a penny earned." When he asks for help, he says, "Many hands make light work."

  파텔 씨는 오로지 진부한 표현만 쓰는 것 같았다. 그에게 잔돈을 거슬러주면, "한 푼을 아끼면 한 푼을 번 것이지요."라고 말한다. 그는 도움을 청할 때도, "일손이 많으면, 일이 빠른 법이지요."라고 말한다.

BROUHAHA [brú:ha:ha:] n uproar; hubbub 소동; 왁자지껄, 소란

- The *brouhaha* arising from the party downstairs kept the children awake for hours.

  아래층에서 들려오는 파티의 소란스러움 때문에 아이들은 몇 시간째 잠을 못 자고 깨어 있었다.

BRUSQUE [brʌsk] adj abrupt in manner; blunt 태도가 퉁명스러운; 무뚝뚝한

- The critic's review of the new play was short and *brusque*; he wrote, "It stinks."
  새로 공연된 연극에 대한 평론가의 비평은 짧고 퉁명스러웠다. 그는 '연극이 형편없다'라고 잘라 말했다.

- Samantha felt that the waiter had been *brusque* when he told her to put on shoes before entering the restaurant, so she spoke to the manager and had the waiter fired.
  사만다는 식당에 들어서기 전에 신발을 신으라고 말하는 웨이터의 태도가 상당히 퉁명스럽다는 느낌을 받았다. 그래서 매니저를 불러 그 웨이터를 해고시키게 했다

BUFFOON [bəfúːn] n a joker, especially one who is coarse or acts like an clown 익살꾼, 특히 저속하거나 광대같이 행동을 하는 사람

- Maria seems to go out only with *buffoons*; her last boyfriend entertained us at Thanksgiving by standing on the table and reciting dirty limericks.
  마리아는 오로지 익살꾼들하고만 사귀는 것 같다. 그녀의 최근 남자 친구는 추수 감사절 파티에서 테이블 위에 올라가 저속한 오행시를 읊어서 우리를 즐겁게 해 주었다.

- Orville put on women's clothing and pretended to be Pippi Longstocking; he figured that someone at the wedding reception had to play the *buffoon* and that he might as well be the one.
  오빌은 여자 옷을 입고는 삐삐 롱스타킹 흉내를 냈다. 그는 결혼 피로연에서 누군가는 익살스러운 역할을 맡아야만 하므로 자신이 그 역할을 하는 것이 좋겠다고 생각했다.

BULWARK [búlwərk] n a wall used as a defensive fortification; anything used as the main defense against anything else 방어를 강화하기 위해 사용된 성벽; 어떤 것을 차단하기 위해 사용된 것

- The civilians used bulldozers to create an earthen *bulwark* around their town, but the attacking soldiers used larger bulldozers to destroy it.
  시민들은 도시를 둘러싸는 흙벽을 짓기 위해 불도저를 사용했다. 그러나 공격을 감행한 군인들은 그 흙벽을 무너뜨리기 위해 더 큰 불도저를 사용했다.

- As a *bulwark* against Billy, I turned off my phone, but he foiled me by coming over to my house and talking to me in person.
  빌리를 막기 위한 방편으로 나는 전화기를 꺼 놓았다. 그러나 그는 우리 집으로 달려와서 내 눈 앞에서 직접 말하는 방법으로 나를 어쩔 수 없게 만들었다.

- The Bill of Rights is the *bulwark* of American liberty.
  권리 장전은 미국 국민의 자유를 수호하는 것이다.

The *bulwarks* of a ship are the parts of the ship's sides that extend above the main deck.
배의 bulwarks(현장)은 가운데 갑판 위에 펼쳐져 있는 배의 양쪽 측면의 일부분'을 가리킨다.

BYZANTINE [bízəntìːn] adj extremely intricate or complicated in structure; having to do with the Byzantine Empire 구조가 매우 복잡하고 뒤얽혀 있는; 비잔티움(동로마 제국)과 관계가 있는

The *Byzantine* Empire consisted of remnants of the Roman Empire bordering on the Mediterranean Sea, and it lasted from roughly the middle of the 5th century until the middle of the 15th century. Its principal city was Constantinople, which is now Istanbul,

Turkey. *Byzantine* architecture was (and is) characterized by domes, spires, minarets, round arches, and elaborate mosaics. When used in this precise historical sense, the word is always capitalized; when used in its figurative meaning, it often is not.

Byzantine Empire(동로마 제국)는 지중해 연안의 로마 제국의 남은 영토들로 성립되었으며, 대략 5세기 중엽부터 15세기 중엽까지 지속되었다. 지금은 터키의 이스탄불이 된 콘스탄티노플이 당시 Byzantine Empire의 수도였다. Byzantine의 건축 양식은 둥근 지붕과 첨탑, 회교 사원의 뾰족탑, 둥근 아치, 정교한 모자이크 등이 특징이었다. (오늘날에도 그렇다.) byzantine을 정확히 역사적인 의미로 사용할 때는 언제나 첫 글자를 대문자로 써야만 한다. 비유적인 의미로 사용할 때는 그렇지 않다.

- Angela couldn't follow the book's *byzantine* plot, so she read the first and last chapters and tried to guess what happened in the middle parts.

  안젤라는 미로처럼 복잡한 그 책의 줄거리를 따라갈 수가 없었다. 그래서 그녀는 첫 장과 마지막 장만 읽고 중간 부분에 어떤 일이 일어났는지 추측하려고 했다.

- The emperor's bodyguards uncovered a *byzantine* scheme in which his minister of defense had planned to kill him by infusing his cologne with poison.

  황제의 경호원들은 향수에 독을 주입해서 왕을 살해하려는 계획을 세운 국방장관의 치밀한 음모를 밝혀냈다.

▶ byzantine은 여러 가지로 다르게 발음되기도 하며, 잘못 발음하기도 한다. 이 책에서는 우선적으로 많이 쓰이는 발음을 택했다.

QUICK QUIZ

Match each word in the first column with its definition in the second column. Check your answers in the back of the book.

1. botch
2. bracing
3. brandish
4. bravado
5. brawn
6. brazen
7. breach
8. brink
9. bristle
10. bromide
11. brouhaha
12. brusque
13. buffoon
14. bulwark
15. byzantine

a. ostentatious show of bravery
b. stiffen with anger
c. invigorating
d. defensive fortification
e. extremely intricate in structure
f. bungle
g. dull saying
h. joker
i. display threateningly
j. violation
k. abrupt in manner
l. edge
m. impudent
n. uproar
o. big muscles

C

CABAL [kəbǽl]   n   a group of conspirators; the acts of such a group; a clique
         공모자들; 그들이 꾸민 음모; 도당

▶ 발음에 주의할 것.

- The despised new dictator had been a part of the *cabal* that for years had plotted the overthrow of the kindly old king.
  새로 등장한 멸시받는 독재자는 온화했던 전 국왕을 몰아내기 위해 수년 동안 음모를 꾸며 왔던 패거리의 일원이었다.

- The high-level *cabal* against the company's president accelerated rapidly and resulted in her ouster.
  사장을 상대로 한 고단수 음모는 점차 빠르게 속도가 붙었으며, 결국 그녀를 축출할 수 있었다.

- Winifred wanted to be popular and go to parties on weekends, but she was never able to penetrate the *cabal* that controlled the limited supply of fun at her high school.
  위니프레드는 인기를 많이 얻어서 주말마다 파티에 가고 싶었다. 그러나 고등학교에서 열리는 소수의 재미있는 파티에 참가할 기회를 장악하고 있는 패거리 속에 끼어들 수가 없었다.

CACHE [kæʃ]   n   a hiding place; the things hidden in a secret place
         은닉처; 비밀 장소에 숨겨둔 물건

▶ 이 단어는 '숨기다'라는 의미의 프랑스 어에서 유래한 것이다.

- The taxi driver kept his cash in a *cache* behind his CD player. Unfortunately, a robber who had merely intended to steal the CD player discovered the *cache* and also stole the cash.
  택시 운전사는 CD 플레이어 뒤의 비밀 장소에 현금을 숨겨 두었다. 불행히도 단순히 CD 플레이어만을 훔치러 들어왔던 도둑이 그 비밀 장소를 발견하게 되었고 현금마저 훔쳐가 버렸다.

- The bandits had a *cache* of weapons near their hideout in the mountains.
  산적들에게는 그 산맥에 있는 은신처 근처에 무기를 감춰두는 비밀 장소가 있었다.

CALAMITY [kəlǽməti] n a disaster 재난, 불행

- Trouble always seemed to follow Martha Jane Canary. That's why she was known as *Calamity* Jane.
  불행은 항상 마사 제인 캐너리를 따라다니는 것 같았다. 그것이 그녀가 '불행의 화신 제인'이라고 알려진 이유였다.

- During the first few months we lived in our house, we suffered one *calamity* after another: First the furnace exploded; then the washing machine stopped working; then the roof began to leak.
  우리 집에 살던 초기 몇 달 동안 우리는 계속되는 재난으로 고통을 겪었다. 맨 처음에 아궁이가 폭발했고 그 다음엔 세탁기가 작동을 멈췄다. 그러더니 지붕마저 새기 시작했다.

- Misfortune quickly turned into *calamity* when the burning car set off the hydrogen bomb.
  불이 붙은 차량이 수소 폭탄을 폭발시키자 불행은 급속하게 재난으로 바뀌었다.

CALLOUS [kǽləs] adj insensitive; emotionally hardened 무감각한; 감정이 무딘

- The *callous* biology teacher gave a B to the whining student, even though he swore that such a low grade would keep him out of medical school.
  둔감한 생물 선생님은 그렇게 낮은 학점을 받게 되면 의과 대학에서 쫓겨날 수밖에 없다고 하소연을 했음에도 불구하고 푸념을 늘어놓던 학생에게 B 학점 을 주었다.

- Living in Arizona for ten years has made Sally so *callous* that she isn't even moved by the most beautiful sunset over the Grand Canyon.
  10년 동안 애리조나에 살면서, 샐리는 너무나 무감각해져서 그랜드 캐니언 너머의 최고로 아름다운 노을을 보고도 감동조차 받지 않는다.

A *callus* [kǽləs] is a patch of thickened or roughened skin. A *callous* person is someone who has a metaphorical *callus* covering his or her emotions.
callus는 두껍고 거칠어진 피부 조각, 즉 '굳은살'을 의미한다. callous person이란 비유적인 의미로 마음이 두껍고 거친 막으로 덮혀 있는 사람'을 의미한다.

CALUMNY [kǽləmni] n slander; a maliciously false statement
중상, 비방; 악의적인 거짓말

- The candidate resorted to *calumny* whenever he couldn't think of anything merely mean to say about his opponent.
  그 후보자는 상대 후보에 대해서 흠잡을 점을 생각해 낼 수 없을 때마다 언제나 악의적인 비방에 의존했다.

- When Mr. McCoy could no longer withstand the *calumnies* of his accusers, he told them the truth: The thief was actually his brother.
  맥코이 씨는 자신을 비난하는 사람들의 악의적인 거짓말을 더 이상 참아낼 수 없을 때, 그 도둑이 사실은 그의 형이라고 진실을 말했다.

▶ 동사형은 calumniate [kəlʌ́mnièit] (비장하다)이다.

- The newspaper editorial writer had already *calumniated* everyone in town, so he started again from the top of the list.
  논설위원은 이미 그 도시의 모든 사람을 비방했던 터라 인명부의 처음으로 돌아가 다시 비방하기 시작했다.

▶ 이 단어들의 발음에 주의할 것.

CANON [kǽnən] n a rule or law, especially a religious one; a body of rules or laws; an official set of holy books; an authoritative list; the set of works by an author that are accepted as authentic
규칙이나 법, 특히 종교상의 법규; 법률이나 규칙들; 공인된 성서들; 위작이 아닌 권위를 인정받은 작품 목록; 진짜임을 인정받은 작가의 작품들

- Timothy tried to live in accordance with the *canons* of fairness, honesty, and responsibility that his parents laid down for their children.

  티모시는 부모님이 자식들을 위해 정하신 공정함과 정직, 책임감이라는 삶의 규범을 지키며 살기 위해 노력했다.

- *Brigadoon* is part of Shakespeare's *canon*.

  'Brigadoon'은 셰익스피어의 작품 중 하나이다.

Canon also has some specific meanings and usages within the Roman Catholic church.

canon은 또한 가톨릭교회 내에서 특별한 의미와 쓰임이 있다.

CANT [kænt] n insincere or hypocritical speech 거짓이나 위선적인 말

- The political candidate resorted to *cant* whenever he was asked about any of the substantial issues of the campaign.

  그 정당의 후보는 선거 유세에서 본질적인 문제에 대해서 질문을 받게 되면 언제나 거짓으로 일관했다.

CANVASS [kǽnvəs] v to seek votes or opinions; to conduct a survey
투표나 의견 등을 부탁하다; 조사하다

▶ 철자에 주의할 것.

This is not the same word as *canvas*, the rough cotton cloth that circus tents, among other things, used to be made of.

canvass는 무엇보다도 곡예단의 텐트를 만들던 거칠고 두꺼운 면으로 된 천을 의미하는 canvas(캔버스)와 같은 단어가 아니다.

- In the last few days before the election, the campaign volunteers spread out to *canvass* in key districts.

  선거가 있기 전 마지막 며칠 동안, 선거 운동 자원봉사자들은 중요한 지역을 다니며 유세를 펼쳤다.

- The polling organization *canvassed* consumers to find out which brand of drain cleaner made them feel most optimistic about the global economy.

  조사 기관은 소비자들에게 세계 경제적 측면에서 볼 때 가장 낙관적인 하수 정화제는 어떤 제품인지 찾아내려고 여론 조사를 했다.

Canvass can also be a noun. A *canvass* is an act of canvassing.

canvass는 '여론 조사'나 '선거 유세'를 의미하는 명사로도 쓰인다.

- After an exhaustive *canvass* of consumers, the polling organization discovered that Sludge-X made consumers feel most optimistic about the global economy.

  철저한 소비자 여론 조사를 거친 후, 조사 기관은 소비자들이 슬러지-X가 세계 경제에서 가장 유망할 것이라고 생각한다는 결론을 얻었다.

CAPACIOUS [kəpéiʃəs] adj spacious; roomy; commodious 드넓은; 넓은; 널찍한

Something that is *capacious* has a large capacity.

capacious는 '용량(capacity)'이 큰 것을 의미한다.

- Holly had a *capacious* mouth into which she poured the contents of a family-sized box of Milk Duds.

  홀리는 입이 아주 커서 대형 박스의 더즈 우유를 한 번에 다 쏟아 넣을 수 있었다.

- The Stones' house was *capacious* but not particularly gracious; it felt and looked like the inside of a barn.

  스톤 씨네 집은 아주 널찍했지만, 별반 품위는 없었다. 그 집의 내부는 마치 헛간처럼 보였다.

- Arnold's memory for insults was *capacious*; he could remember every nasty thing that anyone had ever said about him.

  아놀드는 모욕을 받은 일에 대한 기억을 많이 담고 있어서 누군가가 그에 대하여 불쾌한 얘기를 한 것은 모두 다 기억할 수 있었다.

CAPITAL [kǽpitəl] n the town or city that is the seat of government; money, equipment, and property owned by a business; wealth used in creating more wealth
정부가 위치하고 있는 도시, 수도; 자금, 설비, 회사가 정당하게 소유하고 있는 것들, 자산; 더 많은 부를 창출하기 위해 사용되는 재화, 자본

- Austin is the official *capital* of Texas; it is also the self-proclaimed live music *capital* of the world.

  오스틴은 텍사스의 공식적인 주도이자, 또한 자칭 세계적인 라이브 음악의 수도이다.

- Ivan inherited his family's business, but then, through foolish management, exhausted its *capital* and drove it into bankruptcy.

  이반은 기업을 물려받았지만, 부실한 경영으로 재산을 모두 탕진하고 파산 지경에 이르렀다.

- Orson wanted to buy a professional football team, but he was unable to come up with the necessary *capital*; in fact, he was able to raise only $400.

  오손은 프로 풋볼 팀을 매입하기를 원했지만 부족한 자금을 다 채울 수가 없었다. 사실 그는 겨우 400달러밖에 모으지 못했다.

- The Sterns didn't have much money, so they invested human *capital*; they built it themselves.

  스턴 씨네 사람들은 재산이 많지 않았다. 그래서 그들은 인적 자원에 투자를 했다. 그들은 스스로 일어섰다.

Don't confuse this word with *capitol*, which is the building legislatures meet in.

capital을 '의회 의사당'을 가리키는 capitol과 혼동하지 마라.

CAPTIVATE [kǽptəvèit] v to fascinate; to enchant; to enrapture
매혹하다; 요술을 걸어 사로잡다; 황홀하게 하다

- The magician *captivated* the children by making their parents disappear in a big ball of blue smoke.

  마술사는 푸른 연기가 나는 커다란 공 속으로 부모들을 사라지게 해서 아이들의 마음을 사로잡았다.

- Frank wasn't *captivating* when Melinda came to call on him; he was wearing Ninja Turtle pajamas, and he hadn't brushed his teeth.

  멜린다가 프랭크를 방문했을 때, 그는 매력적인 모습이 아니었다. 그는 닌자 거북이 잠옷을 입고 있었을 뿐만 아니라 이도 닦지 않은 상태였다.

CARCINOGENIC [kὰːrsənoudʒénik] adj causing cancer 발암성의

- **The tobacco industry has long denied that cigarette smoke is *carcinogenic*.**
  담배 회사들은 담배 연기가 암을 유발한다는 사실을 오랫동안 부인해 왔다.

An agent that causes cancer is a *carcinogen*[kɑːrsínədʒən].
암을 유발하는 인자가 carcinogen(발암성 물질)이다.

- **The water flowing out of the chemical factory's waste pipe was black, bubbling, and undoubtedly loaded with *carcinogens*.**
  화학 공장의 하수관을 통해 배출되는 폐수는 시커멓고 거품이 일었으며, 의심의 여지없이 발암성 물질이 포함되어 있었다.

▶ 이 단어들의 발음에 주의할 것.

QUICK QUIZ

Match each word in the first column with its definition in the second column. Check your answers in the back of the book.

I.	cabal	a.	slander
2.	cache	b.	rule or law
3.	calamity	c.	hiding place
4.	callous	d.	seek votes or opinions
5.	calumny	e.	seat of government
6.	canon	f.	hypocritical speech
7.	cant	g.	roomy
8.	canvass	h.	group of conspirators
9.	capacious	i.	insensitive
I0.	capital	j.	disaster

CARDINAL [kɑ́ːrdənl] adj most important; chief 가장 중요한; 최고의, 제1위의

▶ 발음에 주의할 것. 두 음절이다.

- **The *cardinal* rule at our school is simple: no chewing gum in the building.**
  우리 학교에서 가장 중요한 규칙은 단순한 것이다. 건물 내에서 껌을 씹지 말 것.

- **The "*cardinal* virtues" are said to be fortitude, justice, prudence, and temperance.**
  "가장 중요한 덕목"은 불굴의 의지, 정의, 신중한 태도, 절제이다.

CAREEN [kəríːn] v to swerve; to move rapidly without control; to lean to one side 빗나가다; 통제를 벗어나 빠르게 움직이다; 한쪽으로 기울다

- The drunk driver's automobile bounced off several lampposts as it *careened* along the waterfront, eventually running off the end of the pier and plunging into the harbor.

  만취한 운전자의 자동차는 해안을 따라서 통제할 수 없는 상태로 질주하다가 몇 개의 가로등 기둥을 들이받고 튕겨져 나왔으며, 결국 방파제 끝까지 달려 항구로 뛰어들었다.

- The ship *careened* heavily in the storm, causing all of the cargo in its hold to shift to one side.

  배는 폭풍 속에서 심하게 기울어져서 배에 실려 있던 모든 짐들이 한쪽으로 쏠렸다.

CARTOGRAPHY [kɑːrtágrəfi] n the art of making maps and charts 지도와 도표를 만드는 기술

- The United States Department of State employs a large *cartography* department because the boundaries of the world's countries are constantly changing and maps must constantly be updated and redrawn.

  전 세계의 국가 간의 경계선은 끊임없이 변하고 있고, 그에 따라 지도도 지속적으로 갱신되고 새롭게 다시 그려야 하기 때문에 미국무성 안에는 규모가 큰 지도 제작국이 있다.

A person who makes maps or charts is called a *cartographer*[kɑːrtágrəfər].

지도나 도표를 만드는 사람'을 cartographer라 한다.

CASCADE [kæskéid] n a waterfall; anything resembling a waterfall 폭포; 폭포를 닮은 것

- Water from the burst main created a *cascade* that flowed over the embankment and into our living room.

  파열된 수도 본관에서 쏟아진 물이 폭포를 이루어 흘러넘치다가 둑을 넘어 우리 집 거실까지 들이닥쳤다.

- When the young star of the movie stubbed his toe while putting on his ostrich-skin cowboy boots, his fans responded with a *cascade* of get-well cards.

  그 영화의 젊은 배우는 타조 가죽으로 만든 카우보이 부츠를 신고 있다가 돌부리에 발끝을 채였다. 그러자 그의 팬들에게서 치유를 기원하는 카드가 폭포처럼 쏟아졌다.

▶ cascade는 동사로도 쓰인다.

- Silver dollars *cascaded* from the slot machine when Christine said the magic word that she had learned in *Word Smart*.

  크리스틴이 〈워드스마트〉에서 배운 마법의 주문을 말하자 슬롯머신에서 은화가 폭포처럼 쏟아졌다.

CATACLYSM [kǽtəklìzəm] n a violent upheaval; an earthquake; a horrible flood 극심한 사회 변동; 지각 변동; 무서운 대홍수

- The government's attempts at economic reform initiated a *cataclysm* that left the country's structure in ruins.

  경제 개혁을 추진하고자 하는 정부는 국가의 조직을 완전히 해체하는 정치적 대변혁부터 시작했다.

- The earthquake's epicenter was in midtown Manhattan, but the effects of the *cataclysm* could be felt as far away as Chicago.

  지진의 진원지는 맨해튼의 중간 지구였다. 그러나 지진의 진동은 시카고같이 먼 곳에서도 느낄 수 있었다.

- Suddenly, the sky opened, and the clouds unleashed a *cataclysm* that nearly washed away the town.

  갑자기 하늘이 열리고, 구름이 갈라지더니 대홍수가 일어나 마을을 거의 휩쓸고 가 버렸다.

▶ 형용사형은 cataclysmic[kæ̀təklízmik] (격변하는)이다.

- Early on Tuesday morning, fans were still celebrating the team's *cataclysmic* 105-7 defeat of the Tigers.

  화요일 아침 일찍, 팬들은 여전히 타이거즈 팀을 105대 7의 경이적인 점수로 이긴 것에 대해서 축하하고 있었다.

CAUCUS [kɔ́ːkəs] n a meeting of the members of a political party or political faction; a political group whose members have common interests or goals

정당이나 정치적 파벌의 구성원들의 모임; 공통의 이해관계를 갖고 있거나 같은 목표를 가진 정치인들의 모임

- In some states, delegates to political conventions are elected; in other states, they are selected in *caucuses*.

  어떤 주에서는 정당 대회에 보낼 대의원을 투표로 선출한다. 반면 다른 주에서는 대의원을 간부 회의에서 지명한다.

- The women in the state legislature joined together in an informal women's *caucus* in order to increase their influence on equal pay issues.

  주 의회의 여성 의원들은 동일 임금 문제에 대하여 그들의 영향력을 높이기 위하여 비공식적인 여성 의원들의 모임을 만들어 힘을 합쳤다.

This word can also be a verb. To *caucus* is to hold a *caucus*.

caucus는 '모임을 개최하다'라는 뜻의 동사로도 쓰인다.

- The members of the *caucus caucused* for several days in the hope of agreeing on a new method for selecting new members of the *caucus*. They couldn't agree, so they disbanded.

  간부 회의의 구성원들은 새로운 회원의 선출 방법을 새롭게 바꾸는 문제에 관한 합의를 이루기 위해 며칠 동안 모임을 열었다. 결국 그들은 합의를 이루지 못한 채 해산했다.

CAVALIER [kæ̀vəlíər] adj arrogant; haughty; carefree; casual

거만한; 건방진; 태평스러운, 무관심한; 무심결의

- The vain actor was so *cavalier* that he either didn't notice or didn't care that he had broken Loretta's heart.

  자만심이 강한 그 배우는 너무나 거만해서 자신이 로레타의 마음을 상하게 했다는 사실을 아예 몰랐거나 전혀 신경 쓰지 않았다.

- Mrs. Perkins felt that her daughter and son-in-law were somewhat *cavalier* about their housework; she objected, for example, to the fact that they seldom did any laundry, preferring to root around in the laundry hamper for something clean enough to wear again.

  퍼킨스 부인은 딸과 사위가 그들의 집안일에 다소 무관심하다고 생각했다. 예를 들면 딸과 사위가 세탁물 바구니 속을 온통 헤집어 다시 입을 수 있을 만한 옷가지를 찾아내는 것을 더 좋아하고, 빨래는 거의 하지 않는다는 사실을 부인은 못마땅하게 여겼다.

CAVIL [kævəl] v to quibble; to raise trivial objections   흠잡다; 하찮은 이의를 제기하다

- Writing the organization's new by-laws would have been much simpler if it hadn't been the chairman's habit to *cavil* about every point raised.

  제기되는 모든 문제마다 시시콜콜 토를 다는 버릇을 가진 의장만 아니었으면, 그 협회의 새로운 내부 세칙을 작성하는 일은 훨씬 더 간단했을 것이다.

- The lawyer believed that he was raising important objections, but the judge felt that he was merely *caviling* and she told him to kept quiet.

  변호사는 자신이 중요한 이의 제기를 하고 있다고 확신했다. 그러나 판사는 변호사가 단지 괜한 트집을 잡고 있다고 생각했고 마침내 변호사에게 조용히 해 달라고 말했다.

▶ cavil은 명사로도 쓰인다.

- The critic raised a few *cavils* about the author's writing style, but on the whole the review was favorable.

  평론가는 작가의 문체에 대해서 약간의 트집을 잡았다. 그러나 전체적으로 비평은 우호적이었다.

CHAFF [tʃæf] n worthless stuff   가치 없는 물건

In agricultural usage, *chaff* is the husk left over after grain has been threshed. Outside of a wheat farm, *chaff* is any worthless stuff, especially any worthless stuff left over after valuable stuff has been separated out or removed.

농업과 관련해서 chaff는 탈곡을 하고 남은 '곡물의 껍데기'를 의미한다. 밀 농장을 벗어나면 chaff는 쓸모없는 허접쓰레기, 특히 가치가 있는 것은 분리되거나 제거되고 난 후에 남아 있는 '쓸모없는 것'을 의미한다.

- Any car in which young children regularly ride gradually fills up with crumbs, Cheerios, gum wrappers, bits of paper, and other *chaff*.

  아이들이 정기적으로 타는 차는 점차 빵 부스러기, 치리어스 과자 부스러기, 껌 종이, 종잇조각들과 그 밖의 여러 가지 허접쓰레기들로 가득 차게 된다.

- The mountain of crumpled paper on which Harry lay snoring was the *chaff* he had produced in his effort to write a term paper.

  해리가 위에 누워서 코를 골며 잠을 잔 산더미 같은 구겨진 종이들은 그가 학기 리포트를 쓰기 위해 낑낑대면서 만들어낸 쓰레기였다.

Match each word in the first column with its definition in the second column.
Check your answers in the back of the book.

1. captivate	a. violent upheaval
2. carcinogenic	b. swerve
3. cardinal	c. political meeting
4. careen	d. waterfall
5. cartography	e. fascinate
6. cascade	f. quibble
7. cataclysm	g. most important
8. caucus	h. art of making maps
9. cavalier	i. arrogant
10. cavil	j. causing cancer

CHAMELEON [kəmíːliən] n a highly changeable person
대단히 변덕이 심한 사람, 카멜레온

In the reptile world, a *chameleon* is a lizard that can change its color to match its surroundings. In the human world, a *chameleon* is a person who changes his or her opinions or emotions to reflect those of the people around him or her.

파충류 중에서 카멜레온은 '주변 환경에 맞춰 몸의 색깔을 변화시키는 능력을 가진 도마뱀'을 일컫는다. 인간의 영역에서 카멜레온은 '주변 사람들의 영향을 받아 자신의 의견이나 감정을 자주 바꾸는 사람'을 가리킨다.

- Rita was a social *chameleon*; when she was with her swimming-team friends, she made fun of the students on the yearbook staff, and when she was with her yearbook friends, she made fun of the students on the swimming team.

  리타는 사교계의 카멜레온이었다. 그녀는 수영을 함께 하는 친구들과 있을 때는 연감을 만드는 친구들을 놀림거리로 삼았다. 반대로 연감을 함께 만드는 학생들과 있을 때는 수영반의 친구들을 흉보았다.

CHAMPION [tʃǽmpiən] v to defend; to support 옹호하다; 지지하다

- During his campaign, the governor had *championed* a lot of causes that he promptly forgot about once he was elected.

  선거 유세 기간 내내 주지사는 일단 선출되기만 하면 그 즉시 모두 잊어버릴 공약들을 역설하고 다녔다.

CHANNEL [tʃǽnl] v to direct; to cause to follow a certain path
관심 등을 어떠한 방향으로 돌리다; 어떤 길로 따르도록 유도하다

- When the dean asked Eddie to explain how he had managed to earn three Ds and a C minus during the previous semester, Eddie said, "Well, you know what can happen when you *channel* all your efforts into one course."

  학과장이 에디에게 어쩌다가 지난 학기의 학점을 D 세 개와 C- 하나를 받게 되었는지 설명해 보라고 요구하자 "모든 노력을 한 과목에만 쏟게 되면 어떻게 되는지 잘 아시면서 그러세요." 하고 에디가 대답했다.

- Young people arrested for painting graffiti on subway cars were placed in a rehabilitation program that attempted to *channel* their artistic abilities into socially acceptable pursuits, such as painting the interiors of subway-station bathrooms.

  지하철에 낙서를 한 죄로 체포된 젊은이들은 지하철역의 화장실 내부를 치장하는 일처럼, 사회적으로 용인된 활동에 예술적 재능을 쏟을 수 있게 하기 위하여 마련된 사회 복귀 프로그램 처분을 받았다.

CHASTE [tʃeist] adj pure and unadorned; abstaining from sex
순결하고 꾸밈이 없는; 섹스를 삼가는

- The novel's author had a *chaste* but powerful writing style; he used few adjectives and even fewer big words, but he nonetheless succeeded in creating a vivid and stirring portrait of a fascinating world.

  그 소설의 저자는 간결하지만 힘 있는 문체를 구사했다. 그는 형용사를 거의 사용하지 않았으며 더구나 거창한 단어들은 사용하지 않았지만, 그럼에도 불구하고 생생하고 환상적인 세계를 창조하는 데 성공했다.

- Felix enjoyed *Cinderella,* but he found the movie a bit *chaste* for his liking.

  펠릭스는 '신데렐라'를 보았지만, 그의 기호에 비하자면 그 영화는 다소 순수했다.

▸ 명사형은 chastity [tʃǽstəti] (순결)이다.

- Rick chose to live a life of *chastity* by becoming a monk.

  릭은 수도승으로서의 순결한 삶을 선택했다.

CHERUB [tʃérəb] n a cute chubby-cheeked child; a kind of angel
토실토실한 뺨을 가진 귀여운 아이; 일종의 천사

- The bank robber had the face of a *cherub* and the arrest record of a hardened criminal.

  은행 강도는 뺨이 토실토실한 아주 귀여운 얼굴을 하고 있었지만, 상습적인 범행으로 체포 기록을 지니고 있었다.

▸ 형용사형은 cherubic [tʃərúːbik] (천사의)이다.

Religiously speaking, a *cherub* is an angel of the sort you see depicted on valentines and Christmas cards: a small child, with wings and no clothes. In careful usage, the correct plural is *cherubim* [tʃérəbim], but most people just say *cherubs.*

종교적인 의미로 말할 때, cherub은 밸런타인데이나 크리스마스카드에서 그림으로 볼 수 있는 일종의 '천사'이다. 날개를 달고 옷은 입지 않은 채로 나오는 작은 아이의 모습을 한 천사. 문법적으로 세밀하게 따지면, 올바른 복수형은 cherubim이지만 대부분의 사람들은 그저 cherubs라고 쓴다.

▸ 이 단어들의 발음에 주의할 것.

CHORTLE [tʃɔ́:rtl] v to chuckle with glee 좋아서 낄낄 웃다

A *chortle* is a cross between a chuckle and a snort. The word was coined by Lewis Carroll in *Through the Looking Glass*.

chortle은 싱글싱글 웃는 것과 코로 씩씩거리는 것의 중간인 '깔깔 웃음'이다. chortle은 루이스 캐럴이 '거울 나라의 앨리스'라는 책에서 처음 사용한 것이다.

- The toddler *chortled* as he arranged his gleaming Christmas presents on the living-room couch.

  아기는 거실 소파 위에 놓여 있는 반짝거리는 크리스마스 선물을 늘어놓으며 좋아서 낄낄 웃었다.

- The children were supposed to be asleep, but I could tell that they were reading their new joke book because I could hear them *chortling* through the door.

  아이들은 자기로 되어 있었지만 문틈으로 낄낄거리는 소리가 들리는 것으로 보건대, 자지 않고 새로 나온 우스개 책을 읽고 있다는 것을 분명히 알 수 있었다.

▸ chortle은 명사로도 쓰인다.

- Professor Smith meant his lecture to be serious, but the class responded only with *chortles*.

  스미스 교수는 강의를 진지하게 한다고 했지만, 학생들은 그저 낄낄거리는 웃음으로 응답했다.

CHURL [tʃə́:rl] n a rude person; a boor 무례하고 거친 사람; 촌뜨기

- Too much wine made Rex act like a *churl*; he thumped his forefinger on the waiter's chest and demanded to speak to the manager.

  렉스는 와인을 너무 많이 마신 탓으로 무례한 사람처럼 행동했다. 그는 집게손가락으로 웨이터의 가슴을 치는 지배인과 얘기하게 해 줄 것을 요구했다.

▸ 형용사형은 churlish [tʃə́:rliʃ] (무례한)이다. churlish의 명사형은 churlishness(무례함)이다.

- Rex's *churlish* behavior toward the waiter made him unwelcome at the restaurant.

  웨이터에게 한 무례한 행동 때문에 그 식당은 렉스를 달가워하지 않았다.

- Everyone was appalled by Rex's *churlishness*.

  모든 사람들이 렉스의 거친 행동 때문에 겁을 먹었다.

CHUTZPAH [hútspə] n brazenness; audacity 뻔뻔함; 무모한 짓

▸ 발음에 주의할 것.

This slang word comes from the Yiddish.

이 속어는 유럽과 미국의 유대인들이 많이 쓰는 이디시 말에서 유래한 것이다.

- The bank manager had so much *chutzpah* that during a recent robbery, he asked the stick-up men to sign a receipt for the money they were taking. And they did it!

  은행 지점장은 워낙 무모한 사람이라 최근 강도가 들었을 때, 총을 들고 있는 강도들에게 훔쳐 가는 돈에 대한 영수증에 사인해 줄 것을 부탁했다. 그런데 강도들은 놀랍게도 사인을 해 주었다!

CIPHER [sáifər] n zero; a nobody; a code; the solution to a code
영(0); 무명인; 암호; 암호 해독

- The big red *cipher* at the top of his paper told Harold that he hadn't done a good job on his algebra exam.

  시험지의 상단에 빨간 글씨로 크게 적혀 있는 00라는 숫자는 해롤드가 대수학 시험에서 좋은 성적을 얻지 못했다는 사실을 알려 주고 있었다.

- Michael was a *cipher*; after he had transferred to a new school, no one could remember what he looked like.

  마이클은 보잘것없는 사람이었다. 마이클이 다른 학교로 전학한 뒤에, 그가 어떻게 생겼는지 기억하는 사람은 아무도 없었다.

- Heather loved codes, and she quickly figured out the simple *cipher* that the older girls had used to write one another secret messages about boys.

  헤더는 암호를 좋아했다. 그녀는 다른 나이 든 소녀들이 소년들에 관해 서로 비밀 쪽지를 주고받는 데 사용한 간단한 암호를 순식간에 해석해냈다.

To *decipher* [disáifər] a coded message is to decode it. To *encipher* [ensáifər] a message is to put it into code.

동사 decipher는 암호를 해독하다이고, encipher는 메시지를 암호로 바꾸다이다.

- Boris's emotions were hard to *decipher*; the expression on his face never gave one a clue as to what he was feeling or thinking.

  보리스의 감정은 해독하기가 어려웠다. 보리스의 얼굴에 나타난 표정은 그의 감정이나 생각을 알 수 있는 실마리를 결코 주지 않았다.

CIRCUMNAVIGATE [sə̀ːrkəmnǽvəgeit] v to sail or travel all the way around
일주 여행을 하거나 항해하다

- Magellan's crew was the first to *circumnavigate* the globe.

  마젤란의 승무원들은 세계 일주 항해를 한 최초의 사람들이었다.

- *Circumnavigating* their block took the little boys most of the morning because they stopped in nearly every yard to play with their new action figures.

  남자아이들은 그들이 맡은 구역을 다 돌아보는 데 그날 아침의 대부분을 허비했다. 왜냐하면 아이들은 새 전투 인형을 가지고 노느라 거의 10야드마다 멈춰 섰기 때문이었다.

▶ circumnavigate는 비유적인 의미로도 사용된다.

- Jefferson skillfully *circumnavigated* the subject of his retirement; in his hour-long speech, he talked about everything but it.

  제퍼슨은 자신의 은퇴라는 주제에 대해서 기술적으로 피해 갔다. 그는 한 시간에 걸친 연설에서 그 문제를 제외한 모든 것들을 이야기했다.

CITADEL [sítədl] n a fortress defending a city; a stronghold; a bulwark
도시를 방어하기 위한 요새; 성채; 보루

- From the *citadel* on top of the hill, the king's soldiers could fire down on the troops attacking the city.

  언덕 꼭대기의 요새에서 왕의 군사들은 도시를 공격해 오는 적군에게 포격을 가할 수 있었다.

- The president viewed the university as a *citadel* of learning, as a fortress against the forces of ignorance.

  대학 총장은 대학이야말로 무지라는 폭력에 대항할 수 있는 요새, 지식의 보루라고 생각했다.

Match each word in the first column with its definition in the second column. Check your answers in the back of the book.

1. chaff	a. worthless stuff
2. chameleon	b. highly changeable person
3. champion	c. chuckle with glee
4. channel	d. pure and unadorned
5. chaste	e. zero
6. cherub	f. supercute child
7. chortle	g. direct
8. churl	h. brazenness
9. chutzpah	i. defend
10. cipher	j. rude person

CLANDESTINE [klændéstin] adj concealed or secret, usually for an evil or subversive purpose
대체로 사악하거나 파괴적인 목적을 위해 은밀하고 비밀리에 진행되는

▶ 발음에 주의할 것.

- The meetings held by the terrorists were not as *clandestine* as they imagined; their meeting room had been bugged by the CIA.

  테러리스트들의 회합은 그들이 생각하는 것만큼 그렇게 비밀리에 진행되지는 못했다. 이미 CIA가 비밀 회합이 열리고 있는 방에 도청 장치를 해 놓았던 것이다.

- Unable to persuade Congress to back the cause, the White House conducted a *clandestine* fund-raising campaign to raise money for the revolutionary faction.

  그 안건을 지지하도록 의회를 설득할 수 없었기 때문에, 백악관은 혁명 정당을 위한 기금을 마련하기 위해 비밀리에 모금 행사를 열었다.

CLASSIC [klǽsik] adj top-notch; of the highest quality; serving as a standard or model 최고의; 최고의 질을 갖춘; 모범이나 기준이 되는

- The baseball game was a *classic* contest; it was one of the finest games I have ever seen.

  그 경기는 최고의 야구 경기였다. 내가 지금까지 본 가장 멋진 경기 중의 하나였다.

- Little Rudolph is a *classic* example of what happens when parents give a child anything he wants; he is a whining, wheedling, annoying little brat.

  루돌프라는 꼬마는 부모들이 아이가 원하는 것이라면 무엇이든지 해 주었을 때 어떻게 되는가를 보여 주는 전형적인 본보기이다. 그 아이는 칭얼대고 거짓말하는 성가신 애물단지이다.

▶ classic은 명사로도 쓰인다.

- *The Adventures of Huckleberry Finn* is an American *classic*; many readers view it as the Great American Novel.

  '허클베리 핀의 모험'은 미국의 고전이다. 많은 독자들이 이 책을 전미 최고의 소설이라고 생각하고 있다.

The adjective *classical* is closely related but usually distinct in meaning. *Classical* literature is the literature of ancient Greece and Rome. Ancient Greek and Latin are *classical* languages. *Classical* history is the history of ancient Greece and Rome. The *neoclassical* period in American architecture was a period in which American builders were heavily influenced by the architecture of ancient Greece and Rome. (The Parthenon is a *classic* example of *classical* architecture.)

형용사 classical은 밀접한 관련이 있는 단어이기는 하지만, 대개의 경우 다른 의미로 사용된다. classical literature는 고대 그리스 로마의 문학이다. 고대 그리스 어와 라틴 어는 classical languages(고전어)이다. classical history는 고대 그리스 로마의 역사이다. 미국 건축에 있어서 neoclassical period(신고전주의 시대)란 미국의 건축가들이 고대 그리스 로마의 건축 양식에서 많은 영향을 받은 시기를 가리킨다. (파르테논 신전은 classic(고전적인) 건축 양식의 classical(전형적인) 예이다.)

In music, *classical* refers to European music of the second half of the 18th century. Mozart is an example of a *classical* composer.

음악 분야에서의 classical(고전주의의)이라 함은 18세기 후반의 유럽 음악을 가리킨다. classical(고전 음악의) 작곡자로는 모차르트가 있다.

When people in an academic setting refer to "the *classics*," they are almost always referring to the literature and languages of ancient Greece and Rome. A *classics* major is a student who concentrates in that literature and those languages.

사람들이 학문의 영역에서 'the classics(고전)'를 언급할 때는 거의 언제나 고대 그리스 로마의 언어와 문학을 이야기하는 것이다. classics major(고전 전공자)는 고대 그리스 로마의 문학과 그에 쓰인 언어를 전공하는 학생을 일컫는다.

CLEAVE [kli:v] v to cling; to split 집착하다, 붙다; 쪼개다, 나누다

This fascinating word can be its own opposite. When one thing *cleaves* to another, they stick together closely. But when you split them apart, you can also be said to be *cleaving* them (as with a *cleaver*).

이 매력적인 단어는 자신의 반대 의미도 될 수 있다. 한 사물이 다른 사물에 대하여 cleave라고 했을 때는 두 사물이 '서로 밀접하게 붙다'라는 의미이다. 그러나 두 사물을 '쪼개서 분리하다'라고 할 때에도 역시 (쪼개는 도구를 가지고) cleave를 사용할 수 있다.

- When a child is frightened, it *cleaves* to its parent, and no one is able to *cleave* them.

  아이는 겁을 먹게 되면 부모에게 달라붙는다. 부모와 아이를 떼어 놓을 수 있는 사람은 아무도 없다.

- The streamlined front of the automobile is designed to *cleave* the air, reducing wind resistance.

  앞부분을 유선형으로 만든 자동차는 바람의 저항을 줄이기 위해 공기를 가르며 나갈 수 있도록 고안된 것이다.

- The explorers had powerful machetes, but the jungle was so dense that they were unable to *cleave* a path through it.

  탐험가들에게는 잘 드는 칼이 있었지만, 밀림이 워낙 무성해서 길을 헤치며 나아갈 수가 없었다.

Something that has been split is *cleft*[kleft].

갈라진 틈, 쪼개진 조각'을 의미하는 명사는 cleft이다.

CLIMATIC [klɑimǽtik] adj having to do with the climate 기후와 관련된

- The buildup of carbon dioxide in the atmosphere appears to be causing pronounced *climatic* changes all over the world.

  대기 중의 이산화탄소의 증가가 전 세계에 걸쳐 일어나고 있는 뚜렷한 기후 변화의 원인으로 보인다.

▸ climax(절정)의 형용사형인 climactic[klɑimǽktik]과 혼동하지 말 것.

CLOISTER [klɔ́istər] n a covered walk, with columns on one side, that runs along the perimeter of a courtyard, especially in a convent or monastery; a convent or monastery; a tranquil, secluded place

안뜰의 주위를 따라서 이어지는, 한쪽에는 기둥이 나열해 있으며, 특히 수녀원이나 수도원에 있는 복도, 회랑; 수녀원, 수도원; 조용하고 외딴 곳에 있는 장소

In its first two meanings, this word is of interest primarily to people who are interested in convents and monasteries. More generally the word is used in connection with places that suggest the tranquil seclusion of a convent or monastery.

앞의 두 가지 의미로 볼 때, 주로 수녀원이나 수도원에 관심을 갖고 있는 사람들이 cloister에 흥미가 있을 것이다. 좀 더 일반적인 의미로 보면, cloister는 조용하고 외진 곳에 있는 수도원이나 수녀원을 연상시키는 장소와 관련지어서 쓰인다.

- Virginia viewed her office as a *cloister* to which she could withdraw from the chaos of the production line.

  버지니아는 사무실을 혼란스러운 생산 라인으로부터 떠나 있을 수 있는 은둔지라고 생각했다.

- The little clearing in the woods was Billy's *cloister*; he went there to meditate and recharge his mental batteries.

  숲 속에 있는 작은 개간지는 빌리의 은둔지가 되었다. 그는 거기에 들어가 묵상을 하고 정신적 에너지를 재충전했다.

▸ cloister가 동사로 쓰이면 '격리하여 외진 곳에 가두다'라는 뜻이다.

- After his hectic week, David *cloistered* himself on the golf course for the entire three-day weekend.

  데이비드는 열광적인 한 주를 보내고 난 뒤 주말의 사흘 동안을 온전히 골프 코스에 갇혀 있었다.

▸ 형용사형은 cloistral[klɔ́istrəl](은둔한)이다.

CLONE [kloun] n an exact duplicate; an organism genetically identical to another 완벽한 복제; 유전 공학에 의해 다른 것과 똑같게 만들어낸 유기체

- The new store was a *clone* of the old one; even the sales clerks looked the same.

  새로 연 가게는 이전 가게와 똑같았다. 심지어 점원조차도 같은 사람인 것 같았다.

- Margaret's daughter Eloise looked so much like her that Eloise seemed less like her child than like her *clone*.

  마가렛의 딸인 엘로이즈는 엄마와 너무나 똑같이 생겨서 딸이 아니라 마가렛의 복제 인간처럼 보였다.

- Identical twins are *clones*.

  일란성 쌍둥이는 똑같이 생겼다.

▸ clone은 '완전히 똑같은 복제품을 만들다'라는 뜻의 동사로도 쓰인다.

- Isaac spent his life trying to find a way to *clone* himself, because he believed that the world would be a better, more interesting place if it were filled with Isaacs.

  이삭은 자신을 복제하는 방법을 찾고자 일생을 바쳤다. 세상이 이삭이라는 인간으로 가득 찬다면, 더 재미있고 더 행복해질 것이라고 생각했기 때문이었다.

CLOUT [klɑut] n a blow; influence 때림, 강타; 영향

- When Winnona kept jumping higher and higher on the bed despite her father's warnings, her collision with the ceiling gave her a clout on the head that made her see stars.

  위노나가 아빠의 경고에도 불구하고 침대에서 점점 더 높이 점프를 계속했을 때, 천장에 머리를 심하게 부딪쳤고 별이 보였다.

- Jim has a lot of *clout* at the bank, perhaps because his father is the president.

  짐은 그 은행에 많은 영향력을 행사하고 있다. 아마도 그의 아버지가 은행장이기 때문일 것이다.

CLOY [klɔi] v to cause to feel too full, especially when indulging in something overly sweet; to become wearisome through excess
지나치게 많은 것처럼 느끼게 만들다, 특히 지나치게 단것을 탐닉했을 때 물리게 하다; 과잉으로 물리고 지루하게 되다

- After a few bites, the delicious dessert began to *cloy*, and Leo thought that he was going to be sick.

  몇 입 먹고 나니 맛있는 디저트도 물리기 시작했다. 그래서 레오는 구역질이 날 것 같다는 생각이 들었다.

- The new perfume was *cloying*; it smelled good at first, but soon the fragrance began to seem almost suffocating.

  새로 가져온 향수는 지겨워졌다. 처음에는 향이 좋았지만, 곧 그 향기에 숨이 막힐 것 같았다.

CODDLE [kɑ́dl] v to baby 응석을 받아주다

- Old Mrs. Smythe had dozens of cats, and she *coddled* them all by feeding them fresh cream, liver, and chocolate pudding.

  노령의 스미스 부인은 수십 마리의 고양이를 키우고 있었다. 그녀는 고양이들에게 신선한 크림과 간과 초콜릿 푸딩까지 먹이로 줘가며 귀하게 키웠다.

- Mr. Katz *coddled* his new employees because he didn't want them to quit as a group on the day before Christmas, as his previous employees had done.

  카츠 씨는 새로 온 종업원들의 요구를 다 받아주었다. 전에 있던 종업원들이 그랬던 것처럼 크리스마스 전날에 새로 온 종업원들이 단체로 그만두게 되는 사태가 일어나는 것을 원하지 않았기 때문이다.

Match each word in the first column with its definition in the second column.
Check your answers in the back of the book.

1. circumnavigate	a. having to do with the climate
2. citadel	b. blow
3. clandestine	c. cling
4. classic	d. sail all the way around
5. cleave	e. covered walk
6. climatic	f. secret
7. cloister	g. fortress defending a city
8. clone	h. exact duplicate
9. clout	i. top-notch
10. cloy	j. cause to feel too full

COGITATE [kádʒitèit] v to ponder; to meditate; to think carefully about
숙고하다; 명상하다; ~에 대하여 신중하게 생각하다

- When the professor had a particularly difficult problem to solve, he would climb a tree with a bag of jellybeans and *cogitate* until he had a solution.

  교수님은 특별히 해결해야 할 어려운 문제가 있을 때면, 젤리 사탕이 들어 있는 가방을 메고 나무에 올라가 해결책이 생길 때까지 명상을 하곤 했다.

- Jerry claimed that he was *cogitating*, but most people I know don't snore when they *cogitate*.

  제리는 명상을 하고 있었노라고 주장했다. 하지만 내가 아는 한 대부분의 사람들은 명상을 할 때 코를 골지는 않는다.

▶ 명사형은 cogitation[kàdʒitéiʃən](사고, 숙고)이다.

- *Cogitation* was apparently painful to Rebecca; whenever she thought carefully about something, her eyes squinted, her hands shook, and she broke into a sweat.

  명상은 레베카에게는 확실히 괴로운 일인 것 같았다. 그녀는 뭔가에 대해서 골똘히 생각하려고 하면 언제나 눈은 사시가 되고 손은 떨리면서 갑자기 땀이 나기 시작했다.

COHORT [kóuhɔːrt] n a group 무리, 집단

In ancient Rome, a *cohort* was a military division of several hundred soldiers. In careful modern usage, *cohort* often retains a shade of this original meaning.

고대 로마에서의 cohort는 수백 명의 병사들을 군사적으로 구분한 것이다. 주의 깊은 현대 어법에서도 cohort는 이러한 본래의 의미를 유지하고 있다.

- The IRS office was surrounded by a *cohort* of disgruntled taxpayers demanding the head of the lead agent.

  국세청 사무실은 불만에 가득 차서 고위급 책임자를 요구하는 납세자의 무리에 둘러싸여 있었다.

Cohort is increasingly used to mean companion or accomplice, but many careful speakers and writers would consider this to be careless usage. An example: The armed robber and his *cohort* were both sentenced to hundreds of years in prison.

cohort는 점차로 '동료'나 '공범'을 가리키는 말로 사용되고 있다. 그러나 많은 수의 신중한 사람들은 말을 하거나 글을 쓸 때 이것을 부주의한 용법으로 간주할 것이다. 예: 무장 강도와 그의 공범은 둘 다 수백 년의 징역형을 선고받았다.

COMMEMORATE [kəmémərèit] v to honor the memory of; to serve as a memorial to ~을 기념하다; ~의 기념이 되다

- The big statue in the village square *commemorates* the founding of the town 250 years ago.

  마을 광장에 있는 커다란 동상은 250년 전 그 촌락을 건설한 것을 기념하는 것이다.

- The members of the senior class painted a mural on the cafeteria wall to *commemorate* their graduation.

  상급생들은 자신들의 졸업을 기념하여 식당 벽에 벽화를 그렸다.

▶ 명사형은 commemoration[kəmèməréiʃən] (기념)이다.

- The *commemoration* for the new building lasted so long that the weary participants forgot what they were supposed to be *commemorating*.

  새 건물에 대한 기념식은 너무 길어져서 따분해진 참석자들은 자신들이 무엇을 축하하러 모였는지조차 잊어버렸다.

COMMISERATE [kəmízərèit] v to express sorrow or sympathy for; to sympathize with; to pity 애도나 동정을 표하다; 동정하다; 불쌍히 여기다

To *commiserate* with someone is to "share the misery" of that person.

commiserate with는 누군가의 '불행을 함께 나누다'라는 뜻이다.

- My grandmother *commiserated* with me when I told her about the terrible day I had had at school.

  내가 학교에서 보냈던 끔찍한 하루에 대해서 할머니께 얘기하자 할머니는 내게 동정을 보내셨다.

- In the aftermath of the flood, the mayor was quick to *commiserate* but slow to offer any aid.

  홍수가 끝난 직후에 시장은 재빠르게 애도의 표시를 했다. 그러나 원조를 제공하는 일은 늦었다.

- The other members of the tennis team *commiserated* with their captain after his humiliating loss in the finals of the tournament.

  테니스 팀의 주장이 토너먼트 결승전에서 굴욕적인 패배를 하고 난 후, 팀 내의 다른 선수들은 그에게 동정을 보냈다.

▶ 명사형은 commiseration[kəmìzəréiʃən] (위로의 표현)이다.

- The new widow was weary of the *commiseration* of her friends and eager to get on with her life.

  최근 남편을 잃은 미망인은 친구들의 동정에 이골이 났다. 그녀는 자신의 삶을 영위하고 싶었다.

▶ 이 단어들의 발음에 주의할 것.

COMMODIOUS [kəmóudiəs] adj spacious; roomy; capacious
드넓은; 넓은; 용량이 큰

▶ 발음에 주의할 것.

- The rooms in the old hotel were so *commodious* that Sheila nearly got lost on her way to the bathroom.

  낡은 그 호텔의 방들은 너무나 넓어서 실라는 화장실 가는 길도 잃어버릴 정도였다.

- The millionaire's house was *commodious* but not particularly attractive; the big rooms were filled with ugly furniture.

  백만장자의 집은 대단히 넓기는 했으나, 특별히 사람의 마음을 끄는 데는 없었다. 큰 방들은 볼품없는 가구들로 채워져 있었다.

COMPATIBLE [kəmpǽtəbl] adj harmonious; capable of functioning, working, or living together in harmony; consistent
조화된; 기능이나 작업, 생존을 위해 함께 조화를 이룰 수 있는; 모순 없이 일관된

- My college roommate and I were completely *compatible*; we both liked to leave the lights and television on when we slept, and we both smoked cigars.

  대학 룸메이트와 나는 완벽하게 조화를 이루고 있었다. 우리는 둘 다 잠을 잘 때 불과 텔레비전을 켜놓는 것을 좋아했으며, 둘 다 시가를 피웠다.

- Urban's new computer was not *compatible* with his old printer; when he hooked the two of them together, they both exploded.

  어반의 새 컴퓨터는 구형의 프린터에는 작동하지 않았다. 그가 둘을 함께 연결하자 폭발해 버렸다.

▶ 반의어는 incompatible[inkəmpǽtəbl] (양립할 수 없는)이다.

- Ken and Gina got divorced because they had decided, after thirty-five years of marriage and seven children, that they were simply *incompatible*.

  켄과 지나는 35년간의 결혼 생활에 일곱 명의 자녀를 둔 뒤, 성격이 맞지 않는다고 판단해서 이혼을 하게 되었다.

▶ 명사형은 compatibility(양립 가능성)이다.

COMPETENT [kámpitənt] adj capable; qualified 능력이 있는; 자질을 갖춘

- The plumber Melody hired to fix her leaky pipes was not *competent*; when the plumber had finished, the pipes were leakier than they had been before.

  새고 있는 파이프를 수리하기 위해 멜로디가 고용한 배관공은 능력이 없는 사람이었다. 그가 일을 마치고 난 후 파이프는 수리하기 전보다 누수가 더 많이 일어났다.

- Peter is a *competent* student but not an exceptional one; he earns average grades and he never makes observations that cause his teachers to gasp with wonder.

  피터는 유능한 학생이기는 하지만 뛰어난 학생은 아니다. 그는 평균 정도의 성적만을 받고, 선생님들을 놀라게 할 만한 관찰력을 보여 주지도 못한다.

- I didn't feel *competent* to rebuild my car's engine, so I let a trained mechanic do the job.

  나는 자동차 엔진을 개조하는 일에 별로 소질이 없는 것 같았다. 그래서 나는 숙련된 정비사에게 그 일을 맡겼다.

▶ 반의어는 incompetent(무능한)이다. 명사형은 competence[kámpitəns] (능숙함)이다.

COMPILE [kəmpáil] v to gather together; to gather together into a book
함께 모으다; 함께 모아 책으로 만들다

- At the end of a long career, the company president *compiled* his thoughts about business in a booklet that was distributed to all the company's employees.

  오랜 직장 생활 끝에, 회사의 사장은 비즈니스에 관한 자신의 생각들을 모아 작은 책으로 펴내서 회사의 모든 직원들에게 배포했다.

- In a dozen years in the big leagues, the pitcher *compiled* a record of victories that placed him in contention for a spot in the Hall of Fame.

  12년 동안의 빅 리그에서, 그 투수는 명예의 전당에 이름이 올라갈 수 있을 만한 승리의 기록을 세웠다.

The result of an act of *compiling* is a *compilation* [kàmpəléiʃən].

'편집해서 만들어낸 물건'을 compilation이라 한다.

- At the end of the semester, the second-grade teacher sent each child home with a *compilation* of his or her classroom work.

  학기 마지막에 2학년 담임 선생님은 아이들이 학교에서 공부한 내용물을 편집해서 아이들의 가정으로 보냈다.

COMPLY [kəmplái] v to act or be in accordance (with) ~에 따르다, ~대로 행동하다

- The doctor *complied* with my wishes and told me that I had to stay in bed all day eating ice cream and watching TV.

  의사는 내가 원하는 대로 침대에 누워 하루 종일 아이스크림을 먹으며 텔레비전을 보고 있어야만 한다고 말했다.

- The company's most successful salesman refused to *comply* with a rule requiring all men to wear neckties, so the company changed the rule.

  회사에서 가장 성공한 세일즈맨은 모든 남성은 넥타이를 매야 한다는 필수 규정에 따르기를 거부했다. 그래서 회사는 규칙을 바꾸었다.

▶ 명사형은 compliance[kəmpláiəns] (준수)이다.

- The Internal Revenue Service doesn't have the resources to audit every tax return; for the most part, it depends on the voluntary *compliance* of taxpayers.

  국세청은 모든 세제 수입을 회계할 수 있는 자료를 가지고 있지 않다. 대부분의 경우엔 납세자의 자발적인 협력에 의존한다.

Match each word in the first column with its definition in the second column. Check your answers in the back of the book.

1.	coddle	a.	spacious
2.	cogitate	b.	honor the memory of
3.	cohort	c.	harmonious
4.	commemorate	d.	ponder
5.	commiserate	e.	capable
6.	commodious	f.	baby
7.	compatible	g.	gather together
8.	competent	h.	group
9.	compile	i.	act in accordance
10.	comply	j.	express sorrow for

COMPOSED [kəmpóuzd] adj calm; tranquil 침착한; 평온한

- The defendant was eerily *composed* when the judge read the jury's guilty verdict; he seemed to almost welcome his conviction.

  판사가 배심원들의 유죄 평결을 읽는 동안 피고인은 무서울 정도로 침착했다. 그는 거의 자신의 유죄 판결을 환영하는 것처럼 보였다.

- Billy's mother somehow managed to remain *composed* in the ticket line at Disneyland, despite the fact that Billy was clinging to her leg and crying at the top of his lungs.

  빌리가 엄마의 다리에 매달려서 목청이 터져라 큰 소리로 울어댔음에도 불구하고, 빌리의 엄마는 디즈니랜드 입장권을 사는 줄에 서서 평정을 유지하고 있었다.

▶ 명사형은 composure[kəmpóuʒər] (평정)이다.

- The judges were most impressed by the young dancer's *composure*; despite the pressure of the nationally televised recital, she remained calm and finished her routine without making a single error.

  심사위원들은 젊은 무용수의 침착함에 대단히 깊은 인상을 받았다. 전국적으로 방송되는 공연이라는 중압감에도 불구하고, 그녀는 평정을 유지하며 단 한 번의 실수도 없이 모든 과정을 끝마쳤다.

COMPROMISE [kámprəmàiz] n a settlement of differences in which each side gives up something

각자가 조금씩 양보하여 서로의 이견을 조정하는 것, 타협, 절충안

- Bill and Phil couldn't settle their argument about the composition of the moon, so they agreed to a *compromise*; on evenly numbered days they would believe that it was made of green cheese, and on oddly numbered days they would believe that it was made of Ivory soap.

  빌과 필은 달의 구성 성분에 대한 논쟁에서 결론을 내지 못하고 있었다. 그래서 그들은 타협점을 찾았다. 짝수 날에는 달이 푸른색의 치즈로 만들어졌다고 생각하고, 홀수 날에는 달이 아이보리 비누로 만들어졌다고 생각하기로 결정한 것이다.

▶ compromise는 동사로도 쓰인다. compromise=make a compromise(타협하다)

- Even after a year of negotiations, the leaders of the two warring countries refused to *compromise*; each wished to be viewed as the victor in their dispute.

  일 년간이나 협상을 진행한 후에도, 교전 당사국의 지도자들은 타협에 이르지 못했다. 두 나라는 모두 이 분쟁에서 승자로 인식되기를 원했다.

To *compromise* can also mean to abandon or give up. To *compromise* one's principles is to do something in violation of one's principles.

compromise는 또한 abandon(그만두다), give up(포기하다)의 의미도 있다. to compromise one's principles는 '자신의 원리원칙을 침해하는 일을 하다'라는 뜻이다.

- Sally chose detention for violating her high school's dress code rather than *compromise* her belief in freedom of expression.

  샐리는 고등학교의 복장 규정을 위반한 벌로, 표현의 자유에 대한 자신의 신념을 버리기보다는 차라리 근신처분을 택했다.

COMPUNCTION [kəmpʌ́ŋkʃən] n remorse; a feeling of uneasiness at doing something wrong

후회; 잘못된 일을 한 것에 대해 느끼는 불편한 감정, 양심의 가책

- Mrs. Riley had no *compunction* about overeating if she thought that her meal was low in fat.

  라일리 부인은 그녀의 식사가 저지방 식단이라고 생각하면 과식을 해도 양심의 가책을 느끼지 않았다.

- The bank robber was absolutely without *compunction*; he filled his satchel with cash as calmly as if he had been filling it with groceries.

  은행 강도는 아주 뻔뻔스러웠다. 그는 마치 상점에서 식료품을 주워 담는 것처럼 태연하게 은행의 현금을 그의 가방 속에다 집어넣었다.

CONCAVE [kánkéiv] adj curved inward, like the inside of a circle or a sphere

오목한, 구나 원의 안쪽 같은

If you cut a volleyball in half, the inside surface of each half would be *concave*. The outside surface of each half would be *convex* [kɑnvéks]. It's easy to keep these two words straight. A *concave* surface goes in, the way a cave does. A *convex* surface goes out, in a way that will vex you if you don't remember the part about the cave.

배구공을 반으로 잘라 보면, 각각의 안쪽 표면은 concave(오목한)일 것이다. 각각의 바깥쪽 표면은 convex(볼록한)일 것이다. 이 두 개의 단어는 곧바로 기억하기가 쉽다. 동굴이 그러하듯이 concave surface(오목한 표현)는 '안으로 들어간' 것이다. 만약 동굴의 바깥 부분을 기억하지 못한다면 그 사실은 당신을 초조하게 만들(vex) 것이므로 convex surface(볼록한 표면)는 밖으로 볼록한이라는 뜻이다.

- A big optical telescope is likely to have both a *concave* reflective surface and a number of *convex* lenses.

  대형 광학 망원경은 오목한 반사면과 다수의 볼록 렌즈를 둘 다 가지고 있기 마련이다.

CONCEDE [kənsíːd] v to acknowledge as true or right; to grant or yield
사실이라고, 혹은 정당하다고 인정하다; 시인하다, 양보하다

- The candidate *conceded* the election shortly before midnight, after it had become abundantly clear that his opponent was going to win by a landslide.

  상대 후보가 압도적인 차이로 당선될 것이라는 사실이 확실해지고 난 뒤, 그 후보는 자정 직전에 선거 결과를 인정했다.

- Jerry refused to *concede* defeat, even though his football team was losing 63-14.

  제리네 팀이 풋볼 경기에서 63대 14로 지고 있었음에도 불구하고 제리는 패배를 인정하지 않았다.

▶ 명사형은 concession[kənséʃən] (인정)이다.

- Despite his *concession* that he didn't know what he was talking about, Harry continued to argue his point as strongly as before.

  자신이 무슨 이야기를 하고 있는지도 모르겠다고 스스로 인정했음에도 불구하고, 해리는 이전만큼 강하게 계속해서 자신의 입장을 주장했다.

CONCENTRIC [kənséntrik] adj having the same center   같은 중심을 갖고 있는

- The inner and outer edges of a doughnut are *concentric* circles. So are the rings on an archery target.

  도넛의 안쪽 원과 바깥쪽 테두리는 중심이 같은 원이다. 양궁의 표적에 있는 원들도 마찬가지이다.

CONCERT [kánsəːrt] n combined action; agreement   연합을 이룬 행위; 협약

- By acting in *concert*, the three boys were able to lift the rock that none of them had been able to lift while acting alone.

  세 소년이 서로 힘을 합침으로서, 혼자서 할 때는 아무도 들 수 없었던 바위를 들 수 있게 되었다.

A *concerted*[kənsəːrtid] effort is one made by individuals acting in *concert*.
concerted effort는 개인들이 서로 concert(협조)하여 만든 것, 즉 '협력'을 의미한다.

CONCOCT [kankákt] v to create by mixing ingredients; to devise
원료를 서로 섞어 만들어내다; 고안하다

- Using only the entirely unexciting groceries she found in the refrigerator, the master chef *concocted* a fabulous seven-course meal that left her guests shaking their heads.

  대가 주방장은 냉장고에서 찾아낸 아주 하찮은 식료품만을 사용하여 믿을 수 없을 만큼 굉장한 일곱 가지 코스 요리를 만들어내서, 그녀의 손님들은 고개를 저었다.

- Because so many of the streets were flooded from the rains, Sylvia had to *concoct* an elaborate plan to drive to the supermarket and back.

  많은 도로들이 비에 침수되어, 실비아는 슈퍼마켓까지 운전해서 갔다가 돌아올 정교한 계획을 짜야 했다.

A *concoction*[kankákʃən] is something that has been *concocted*.
명사 concoction은 '혼합하여 만들어진 물질'을 의미한다.

- After proudly announcing that they had made dessert, the children brought in an unsettling *concoction* that appeared to contain nothing edible.

  디저트를 다 만들었다고 의기양양하게 알리고 나서, 아이들은 먹을 수 있는 것은 조금도 들어 있지 않은 것처럼 보이는 불안한 혼합물을 가져왔다.

CONCOMITANT [kənkámitənt] adj following from; accompanying; going along with
결과로 따라오는; 붙어 나오는; 동반하는

▶ 발음에 주의할 것.

- Derek Jeter's success on the baseball field, and the *concomitant* increase in the size of his bank account, made him the envy of all professional baseball players.

  데릭 지터는 야구장에서의 승리와 그에 부수적으로 따라오는 은행 계좌의 예금 증가 덕분에 모든 프로 야구 선수들로부터 부러움을 샀다.

- Along with his large cash donation, the philanthropist made a *concomitant* promise to support the new library with smaller gifts in the coming years.

  많은 양의 현금을 기부함과 동시에, 그 자선 사업가는 앞으로는 적은 규모이지만 새 도서관을 지원하겠다는 부수적인 약속을 했다.

CONFEDERATE [kənfédərət] n an ally; an accomplice 동맹자, 동맹국; 공모자

- The rebels had few *confederates* in the countryside; as a result, they were never able to field much of an army.

  그 마을에는 반란군들의 동맹군이 거의 없었다. 그 결과, 그들은 많은 수의 군대를 전투에 배치할 수가 없었다.

- It took the police several months to track down the embezzler's *confederates*, but they were eventually able to arrest most of them.

  횡령사건의 공모자들을 추적하는 데 여러 달이 걸렸지만, 경찰은 결국 공모자 대부분을 체포할 수 있었다.

▶ 명사형은 confederation[kənfèdəréiʃən](연합)이다.

The *Confederacy*[kənfédərəsi], formally known as the Confederate States of America, was the *confederation* of eleven southern states that seceded from the United States of America in 1860 and 1861, precipitating the Civil War.

미국의 남부동맹으로 알려진 Confederacy는, 1860과 1861년에 미연방에서 탈퇴하여 남북전쟁을 촉발시킨 남부 11개 주의 confederation(연합)을 의미한다.

▶ confederate는 동사가 되면 [kənfédəreit]로 발음된다.

CONFER [kənfɔ́:r] v to exchange ideas; to consult with; to bestow
생각을 교환하다; 협의하다; 주다, 수여하다

- The referees *conferred* briefly before ruling that the pass had been incomplete and that no touchdown had been scored.

  심판들은 잠깐 동안 의견을 교환한 뒤 패스가 불완전했기 때문에 터치다운을 점수로 인정하지 않는다는 판정을 내렸다.

- I told the salesman that I needed to *confer* with my wife by telephone before signing a formal agreement to buy the old ocean liner.

  나는 중고 원양 여객선을 구입하는 정식 계약서에 사인하기 전에 아내와 통화를 해서 협의할 필요가 있다고 세일즈맨에게 이야기했다.

- The administration decided to *confer* an honorary degree upon the old millionaire because it hoped doing so would cause him to leave a large donation to the university in his will.

  대학 당국은 고령의 백만장자에게 명예 학위를 수여할 것을 결정했다. 그렇게 하면 백만장자가 유언장을 통해 많은 기부금을 대학에 남겨 주게 될 것이라는 기대 때문이었다.

A *conference* [kάnfərəns] is a meeting at which people *confer*.

명사형 conference는 '협의하기 위해 모인 모임'을 의미한다.

QUICK QUIZ

Match each word in the first column with its definition in the second column. Check your answers in the back of the book.

1. composed	a. ally
2. compromise	b. acknowledge as true
3. compunction	c. having the same center
4. concave	d. settlement of differences
5. concentric	e. following from
6. concert	f. combined action
7. concede	g. curved inward
8. concoct	h. calm
9. concomitant	i. create by mixing ingredients
10. confederate	j. remorse

CONFIDANT [kὰnfidǽnt] n a person with whom secrets or private thoughts are shared 비밀이나 사적인 생각들을 나눌 수 있는 사람

A *confidant* is a person in whom one can *confide* [kənfάid].

confidant는 '신뢰할 수 있는 사람'이다.

- Sally's brother was also her *confidant*; when she had a problem that she felt she could discuss with no one else, she called him.

  샐리의 오빠는 그녀에게 절친한 친구와도 같은 존재였다. 그녀는 의논할 만한 사람이 아무도 없다고 생각되는 문제가 생기면 오빠에게 전화를 했다.

▶ confidant의 여성형은 confidante이고 발음은 동일하다.

CONFIGURATION [kənfígjəréiʃən] n arrangement 배치, 배열

- The *configuration* of the seats was such that no one in the audience had a clear view of the stage.

  객석에서는 무대가 제대로 보이는 사람이 아무도 없을 정도로 좌석 배치가 엉망이었다.

- My wife and I loved the exterior of the house, but we hated the *configuration* of the rooms.

  아내와 나는 집의 외관이 아주 마음에 들었다. 그러나 방의 배치는 끔찍하게 싫었다.

- By slightly altering the *configuration* of chips on the motherboard of his laptop computer, Zach was able to turn it into a combination of death ray and time machine.

  휴대용 컴퓨터의 마더보드에서 칩의 배열을 조금만 바꾸는 방법으로, 자크는 타임머신과 살인 광선이 결합된 기계를 만들어낼 수 있었다.

To *configure* is to arrange.

동사 configure는 arrange(배열하다, 정돈하다)의 뜻이다.

CONFLAGRATION [kànfləgréiʃən] n a large fire 대형 화재

- The smoldering rags in the dumpster ignited the drums of explosive chemicals, and the small fire rapidly became a *conflagration* that enveloped the entire block.

  쓰레기장의 버려진 옷가지에서 검은 연기가 나더니 폭발성 화학 물질이 담겨 있는 드럼통으로 불이 붙었다. 그렇게 시작한 작은 불은 삽시간에 그 구획 전체로 번져 대형 화재로 바뀌었다.

CONFLUENCE [kánfluəns] n a flowing together 합류

▶ 발음에 주의할 것.

- St. Louis is situated at the *confluence* of the Missouri and Mississippi rivers.

  세인트루이스는 미주리 강과 미시시피 강이 합류하는 지점에 위치해 있다.

- Pier's new book, *Angling in the Kitchen*, represented the *confluence* of his two main interests in life, fishing and cooking.

  피어의 새 책 '주방에서 낚시하기'는 낚시와 요리라는 그의 두 가지 주요한 관심사를 접목한 것이었다.

CONFOUND [kɑnfáund] v to bewilder; to amaze; to throw into confusion
당황하게 하다; 놀라게 하다; 당황하게 만들다

- The team's inability to score *confounded* the coach, who had expected an easy victory.

  그 팀은 점수를 내지 못해서 쉽게 승리할 것이라고 생각하고 있었던 코치를 당황하게 만들었다.

- Allen's failure to understand his computer continues to *confound* his efforts to become computer-literate.

  컴퓨터를 공부하는 데 있어서의 거듭된 실패가 컴퓨터에 익숙해지려는 알렌의 노력을 꺾어 버린다.

CONGEAL [kəndʒíːl] v to solidify; to jell 응고시키다; 젤리 모양으로 굳어지다

- The bacon grease *congealed* into a smooth white mass when we put the skillet in the freezer.
  베이컨 기름은 냄비를 냉장고에 넣자 부드럽고 하얀 덩어리로 굳었다.

- It took several years for my ideas about invisibility to *congeal* to the point at which I could begin manufacturing and marketing vanishing pills.
  투명성에 관한 아이디어가 안 보이게 하는 약의 제조와 마케팅을 시작할 수 있는 있을 만큼 구체화되는 데는 수년이 걸렸다.

CONJUGAL [kándʒəgəl] adj having to do with marriage 결혼의

▶ 발음에 주의할 것.

- After twenty-eight years of *conjugal* bliss, May divorced Ben when Ben suddenly confessed that he never liked the way she flossed her teeth.
  28년간의 다시없는 행복한 결혼 생활을 하고 나서, 벤이 갑자기 메이가 치실을 사용하여 이 닦는 것을 아주 싫어한다고 고백하자 그들은 이혼하게 되었다.

CONNIVE [kənáiv] v to conspire; to aid or encourage a wrong by feigning ignorance of it 공모하다; 모른 척 묵인함으로써 나쁜 일을 돕거나 격려하다

- An investigation revealed that virtually the entire police department had been *conniving* with the neighborhood drug dealers, giving them immunity in exchange for a cut of the profits.
  조사 결과 이익의 일부를 나눠주는 조건으로 눈감아 줌으로써 사실상 경찰국 전체가 인근의 마약업자들과 공모했음이 드러났다.

▶ 명사형은 connivance[kənáivəns] (묵인)이다.

CONSERVATORY [kənsə́ːrvətɔ̀ːri] n a greenhouse, usually one attached to another structure; a music or drama school 일반적으로 다른 구조물에 부속되어 있는, 온실; 음악 학교나 연극 학교

- On sunny mornings, Mrs. Klein liked to have breakfast in the *conservatory*, surrounded by her orchids and miniature palm trees.
  햇볕이 좋은 아침이면, 클라인 여사는 온실에서 난초와 야자수 분재에 둘러싸여 아침을 먹는 것을 좋아했다.

- After college, Hugo spent six years studying the violin at a Viennese *conservatory*.
  대학을 졸업한 후, 휴고는 비엔나의 음악 학교에서 6년 동안 바이올린을 공부했다.

CONSIGN [kənsáin] v to hand over; to assign; to entrust; to banish 건네주다; 할당하다; 맡기다; 내쫓다

- Upon her retirement, Dinah *consigned* to her coworkers the contents of her desk.
  퇴임을 앞두고 디나는 자신의 책상에 있는 물건을 동료들에게 넘겨주었다.

- Two decades after Frank's death, most critics *consigned* his novels to the literary trash heap.
  프랭크가 죽은 지 20년 뒤 대부분의 평론가들은 그의 작품을 문학의 쓰레기로 취급했다.

▶ 명사형은 consignment[kənsáinmənt] (위탁 판매)이다.

- **The bookstore owner was waiting anxiously for the publisher to send her a new** *consignment* **of books; with no books to sell, she had little to do at work all day.**
  서점 주인은 출판업자가 위탁 판매하는 신간을 보내주기를 애타게 기다리고 있었다. 판매할 책이 없었기 때문에 그녀는 하루 종일 거의 아무것도 하지 않고 있었다.

QUICK QUIZ

Match each word in the first column with its definition in the second column. Check your answers in the back of the book.

1. confer	a. solidify
2. confidant	b. having to do with marriage
3. configuration	c. greenhouse
4. conflagration	d. arrangement
5. confluence	e. large fire
6. confound	f. person with whom secrets are shared
7. congeal	g. conspire
8. conjugal	h. exchange ideas
9. connive	i. bewilder
10. conservatory	j. flowing together

CONSOLIDATE [kənsálidèit] v to combine or bring together; to solidify; to strengthen 합병하다, 함께 모으다; 결속하다; 강화하다

- **The new chairman tried to** *consolidate* **the company's disparate operations into a single unit that would be easier to manage.**
  새로 부임한 회장은 회사의 서로 다른 부서를 경영을 용이하게 해 줄 하나의 단일체제로 통합하려고 했다.

- **I** *consolidated* **the money in my many bank accounts by withdrawing it from all of them and putting it in a box that I kept under my bed.**
  나는 여러 은행에 나눠져 있는 계좌에서 돈을 모두 인출해서 침대 밑에 있는 상자에 넣어둠으로써 모든 은행 계좌를 통합 정리했다.

- **The baseball team** *consolidated* **its hold on first place by winning all of its remaining games.**
  그 야구팀은 남아 있는 모든 경기에 승리함으로써 1위 자리를 굳건히 하였다.

CONSPICUOUS [kənspíkjuəs] adj easily seen; impossible to miss
쉽게 보이는; (두드러져) 놓치기 어려운

- There was a *conspicuous* absence of good food at the terrible party, and many of the guests went out to a restaurant afterward.

  그 끔찍한 파티에는 먹을 만한 음식이 없다는 것이 확실히 보였다. 손님들 중 많은 수는 파티가 끝난 후에 식당을 찾아갔다.

- The former president made a *conspicuous* display of his gleaming wristwatch; he had just signed a promotional contract with the watch's manufacturer.

  전 회장은 번쩍거리는 손목시계를 눈에 띄게 보이고 다녔다. 그는 지금 막 시계업자와 판촉 계약을 맺었던 것이다.

- *Conspicuous* consumption is a variety of showing off that consists of making a public display of buying and using a lot of expensive stuff.

  과시적 소비란 비싼 물건들을 많이 사들이고 소비하는 것을 여러 사람들에게 보이고 싶어하는 현시 욕구의 한 형태이다.

▶ 반의어는 inconspicuous(눈에 잘 안 띄는)이다.

CONSTERNATION [kànstərnéiʃən] n sudden confusion 깜짝 놀람, 대경실색

- The *consternation* of the children during the fire drill was evident in their faces; their eyes were wide with fear and uncertainty.

  아이들은 화재 훈련 도중 아주 많이 놀랐다는 것이 얼굴에 역력했다. 아이들의 눈은 공포와 불안으로 커져 있었다.

CONSTITUENCY [kənstítʃuənsi] n the group of voters represented by a politician; a group of supporters for anything
정치가에 의해 대변되는 투표자 그룹, 유권자; 어떤 일에 대한 지지자 그룹

- The ninety-year-old candidate did most of his campaigning on college campuses, even though his natural *constituency* was the town's large population of senior citizens.

  본래 그의 유권자들은 그 도시의 대부분을 차지하는 장년층 시민들이었지만, 90살이나 먹은 후보자는 대부분의 선거 유세를 대학 내에서 했다.

- The company's president failed to build a *constituency* on the board to support his plan to raise his salary by 300 percent.

  회사의 사장은 중역회의에서 자신의 월급을 300퍼센트 인상하려는 계획을 지지해 줄 동조자를 얻는 데 실패했다.

A *constituency* is made up of *constituents* [kənstítʃuənt].

constituency(선거권자)는 constituents(유권자들)로 구성된다.

- The senator never forgot who had elected him; he spent most of his time in Washington doing favors for his *constituents*.

  상원 의원은 누가 자신을 뽑아 주었는지 결코 잊지 않았다. 그는 유권자들의 청을 들어주느라 워싱턴에서 대부분의 시간을 보내고 있었다.

CONTEMPT [kəntémpt] n **disdain; disgrace** 경멸; 불명예, 망신

- The lawyer's *contempt* for the judge was clear; when she said "Your honor," she had both thumbs in her ears and was twiddling her fingers at him.

  변호사가 판사를 경멸하고 있음은 분명했다. 그녀는 "존경하는 판사님"이라고 말하면서, 양쪽 엄지손가락을 귀에 꽂은 채로 판사를 향해 손가락들을 빙빙 돌려 보였다.

- I have nothing but *contempt* for people who say one thing and do another.

  나는 말과 행동이 다른 사람들을 단지 경멸할 뿐이다.

- The dishonest storekeeper was held in *contempt* by the townspeople, virtually all of whom began shopping somewhere else.

  정직하지 못한 가게 주인은 마을 사람들에게서 멸시를 받고 있었다. 거의 모든 이들이 다른 곳에서 쇼핑하기 시작했다.

You will often find this word used in a legal context in the phrase *contempt of court*. Someone is typically charged with contempt of court for being disrespectful of the judge or rules of legal procedure.

comtempt는 종종 법률 관련 용어 contempt of court, 즉 '법정 모독'이라는 말로 쓰인다. 판사나 법적 절차 규칙을 경멸해서 법정을 모욕하는 사람들에게 일반적으로 쓰인다.

CONTINUUM [kəntínjuəm] n **a continuous whole without clear division into parts** 부분으로 뚜렷이 구분되지 않는 연속체

▶ 철자에 주의할 것.

- The spectrum of visible light is a *continuum* in which each color blends into its neighbors.

  가시광선의 스펙트럼은 각각의 색깔이 이웃하고 있는 색깔과 섞여 있는 연속체이다.

- Einstein's theory of relativity holds that space and time are not distinct dimensions but inseparable aspects of a *continuum*.

  아인슈타인의 상대성 이론은 공간과 시간이 뚜렷이 구분되는 것이 아니라 분리되지 않는 연속체의 속성을 가지고 있다는 내용을 담고 있다.

CONTRABAND [kántrəbæ̀nd] n **smuggled goods** 밀수입된 물건들

- The military police looked for *contraband* in the luggage of the returning soldiers, and they found plenty of it, including captured enemy weapons and illegal drugs.

  헌병대는 밀수품을 찾기 위해 귀국하는 군인들의 짐을 조사했다. 그리하여 포획한 적군의 무기와 불법 마약을 포함하여 많은 양의 밀수품을 찾아냈다.

- The head of the dormitory classified all candy as *contraband* and then went from room to room confiscating it, so that he could eat it himself.

  기숙사의 사감은 모든 사탕을 금지 품목으로 분류했다. 그러고 나서 자신이 혼자 다 먹기 위해 방마다 다니며 사탕을 압수했다.

CONTRETEMPS [kántrətɑːn] v **an embarrassing occurrence; a mishap** 당황하게 만드는 사건의 발생; 불상사

▶ 발음에 주의할 것.

- Newell lost his job over a little *contretemps* involving an office party, the photocopier, and his rear end.

  뉴엘은 사무실 파티와 복사기, 그의 엉덩이를 포함하는 다소 뜻밖의 일로 직장을 잃게 되었다.

CONTUMELY [kántʃuməli] n rudeness; insolence; arrogance
무례함; 건방짐; 오만불손

- In the opinion of the teacher, the student's sticking out his tongue during the Pledge of Allegiance was unforgivable *contumely.*

  선생님의 의견에 따르면, 충성에 대한 서약을 하는 도중 혀를 내민 학생의 태도는 용서받을 수 없는 오만불손한 행동이었다.

▸ 형용사형은 contumelious[kàntəmíːliəs] (오만불손한)이다.

- The *contumelious* prisoners stuck out their tongues at their jailers.

  무례하기 짝이 없는 죄수들은 교도관들을 향해 혀를 날름거렸다.

▸ 이 단어들의 발음에 주의할 것.

QUICK QUIZ

Match each word in the first column with its definition in the second column. Check your answers in the back of the book.

1. consign	a. combine
2. consolidate	b. embarrassing occurrence
3. conspicuous	c. continuous whole
4. consternation	d. hand over
5. constituency	e. group of voters
6. contempt	f. smuggled goods
7. continuum	g. disdain
8. contraband	h. sudden confusion
9. contretemps	i. rudeness
10. contumely	j. easily seen

CONUNDRUM [kənʌ́ndrəm] v a puzzle or problem without a solution
수수께끼, 답이 없는 문제

▸ 발음에 주의할 것.

- What to do about the dirty dishes piling up in the sink was a *conundrum* that the four roommates could not even begin to solve.

  싱크대에 잔뜩 쌓여 있는 더러운 접시들을 어떻게 할 것인가 하는 문제는 네 명의 룸메이트가 해결할 시도조차 해 볼 수 없는 난제였다.

- English grammar was a *conundrum* to Marcia; she just couldn't figure out how to put two words together.

  마셔에게 있어 영어 문법은 해답이 없는 문제였다. 그녀는 도무지 두 단어를 어떻게 묶어야 할지 알 수가 없었다.

CONVENE [kənvíːn] v to gather together; to assemble; to meet
모으다; 소집하다; 회합하다

- For their annual meeting, the members of the physicians' organization *convened* on the first tee of the seaside golf course.
  내과 의사 협회의 회원들은 연례 회의를 위해 바닷가의 골프장에서 첫 번째 공을 치는 자리에 모여들었다.

- Mr. Jenkins *convened* the workers in the cafeteria to tell them they had all been fired.
  젠킨 씨는 노동자들을 카페테리아로 소집했다. 그들이 모두 해고되었다는 말을 하기 위해서였다.

A *convention* is an event at which people *convene* for the purpose of exchanging information, learning new skills, eating rich food, and going shopping.
convention은 정보를 교환하고, 새로운 기술을 배우며, 좋은 음식을 먹고, 쇼핑을 하는 등의 일을 목적으로 하여 '사람들이 convene (회합하다)하여 벌이는 행사'이다.

CONVERSANT [kənvə́ːrsənt] adj familiar; experienced ~에 정통한; 경험이 많은

- After just two days on the job, Gloria was not yet *conversant* with the many rules laid down by her new employer.
  업무를 맡은 지 이틀밖에 안 되었기 때문에, 글로리아는 새 고용주가 정한 수많은 규칙에 아직 익숙해지지가 않았다.

- Several weeks' worth of watching the sports channel had made Omar *conversant* with the rules of football, even though he had never played the game himself.
  수주에 달하는 기간 동안 집중적으로 스포츠 채널을 시청한 덕분에 오마르는 결코 풋볼 경기를 해 본 적이 없었음에도 불구하고 풋볼 경기 규칙에 정통하게 되었다.

CONVERSE [kənvə́ːrs] n the opposite 반대

- Freddy followed not the rule but its *converse*; that is, he did the opposite of what he was supposed to do.
  프레디는 규칙을 따르지 않고 반대로 행동했다. 다시 말해서 그는 하기로 되어 있는 일을 반대로 했던 것이다.

CONVEY [kənvéi] v to transport; to conduct; to communicate
운송하다; 전도하다; 전달하다

- The train *conveyed* us across the border in the middle of the night.
  기차는 한밤중에 국경을 가로질러 우리를 실어 날랐다.

- The red pipes *convey* the hot water, and the blue ones *convey* the cold.
  붉은 파이프는 온수를 운반하며, 푸른 파이프는 냉수를 운반한다.

- The look on my mother's face is impossible for me to *convey*; her expression is indescribable.
  엄마의 얼굴에 드러난 표정을 나는 잘 전달할 수 없다. 그녀의 표정은 뭐라 말할 수 없이 막연하다.

A *conveyance* [kənvéiəns] is an act of transporting or a means of transporting, expecially a vehicle. A bus is a public *conveyance*.
conveyance는 '수송', 특히 '운송 수단에 의한 수송'을 의미한다. 버스는 대중적인 conveyance(운송 수단)이다.

CONVICTION [kənvíkʃən] n strong belief; a determination of guilt 확신; 유죄 판결

- It is Terence's *conviction* that the earth is the center of the universe, but Terence's *conviction* is wrong.

  지구가 우주의 중심이라는 것은 테렌스의 신념이다. 그러나 그의 확신은 잘못된 것이다.

- Ever since his *conviction* for first-degree murder, Lester has been spending quite a bit of time in jail.

  일급 살인에 관한 유죄 판결을 받은 이래로, 레스터는 상당히 긴 시간을 감옥에서 보내고 있다.

CONVOLUTION [kànvəlúːʃən] n a twist or turn; the act of twisting or turning
꼬인 것, 둘둘 말린 것; 꼬임, 회전

- I couldn't follow all the *convolutions* in the plot of the murder mystery; every character seemed to have a dozen identities, and every occurrence turned out to be something other than what it had appeared to be at first.

  나는 살인을 다룬 추리소설의 얽히고설킨 구성을 따라갈 수가 없었다. 모든 등장인물은 십여 가지 이상의 다른 정체성을 갖고 있는 것처럼 보였고, 모든 사건은 처음에 짐작했던 것과는 다른 것으로 밝혀졌다.

- Locked within the *convolutions* of a DNA molecule is the secret of life.

  DNA 나선 구조 안에 고정되어 있는 미립자는 생명의 비밀이다.

A *convoluted* plot is a plot that has lots of twists and turns. A *convoluted* argument is one that is so complex that it is difficult to follow, just as a twisted path would be hard to follow. If you have a simple story to tell, don't *convolute* [kánvəlùːt] it by making it more complicated than it needs to be.

convoluted plot은 얽히고설킴이 많은 복잡한 구성이다. convoluted argument는 다니기 어려운 꼬불꼬불한 길처럼 너무나 복잡해서 따라가기 어려운 논법을 의미한다. 여러분이 간단한 이야기 한 편을 하고자 한다면, 필요 이상으로 이야기를 더 복잡하게 만들어서 뒤죽박죽을 만들지 말기 바란다.

COPIOUS [kóupiəs] adj abundant; plentiful 풍부한; 많은

- Minor head injuries sometimes produce *copious* amounts of blood because there are many blood vessels in the scalp.

  두피에는 많은 혈관이 있기 때문에 머리를 조금만 다쳐도 때때로 많은 양의 출혈을 동반한다.

- The *copious* harvest ensured that the villagers would survive another winter; there would be plenty of food for all.

  풍작은 마을 사람들에게 다가오는 겨울을 무사히 넘길 수 있다는 확신을 주었다. 그들 모두에게 식량은 충분할 것이다.

CORDIAL [kɔ́ːrdʒəl] adj gracious; warm; sincere 친절한; 따뜻한; 충심의

▶ 발음에 주의할 것.

- We received a *cordial* welcome from our host, who was clearly delighted that my wife and I had come to spend several months with him.

  우리들은 초대한 사람으로부터 진심에서 우러나온 환영을 받았다. 그는 나와 아내가 그와 함께 몇 달을 보내러 왔다는 사실을 정말로 기뻐했다.

- The police officer was *cordial*; he smiled and shook my hand before he led me off to jail.

  그 경찰관은 친절했다. 그는 나를 감옥으로 데려가기 전에 미소를 지으며 나와 악수를 했다.

▶ 부사형은 cordially[kɔ́ːrdʒəli](다정하게), 명사형은 cordiality[kɔ̀ːrdʒiǽləti](진심, 충정)이다.

COROLLARY [kɔ́ːrəlèri] n a proposition that follows easily and obviously from another; a natural consequence or conclusion
다른 것으로부터 쉽고도 명백하게 이끌어낼 수 있는 명제, 추론; 당연한 결론, 명백한 결말

▶ 발음에 주의할 것.

- A *corollary* of Susannah's rule that her children would be responsible for the cleanliness of their rooms was that their rooms were always filthy.

  아이들이 자신의 방을 깨끗이 청소할 책임이 있다는 수잔나의 규칙으로 인한 당연한 결과는 아이들의 방이 언제나 더럽다는 것이었다.

CORPOREAL [kɔːrpɔ́ːriəl] adj material; tangible; having substance, like the body 물질적인; 유형의; 신체처럼 실체가 있는

- Steve was mildly crazy; he believed that at night his thoughts became *corporeal* and wandered around his house eating potato chips and doing laundry.

  스티브는 약간 미쳐 있었다. 그는 자신이 상상한 것들이 밤이 되면 실체가 되어 빨래를 하고 포테이토칩을 먹으면서 집 주변을 돌아다닌다고 믿었다.

This word is often confused with *corporal*[kɔ́ːrpərəl], which means having to do with the body. Beating a criminal is *corporal* punishment. Someone who has a lot of body is fat or *corpulent*[kɔ́ːrpjələnt]. A body of people is called *corps*[kɔːr], like the army corps.

corporeal는 '육체(몸)에 관한' 의미를 갖고 있는 corporal이라는 단어와 자주 혼동된다. 범죄자를 때리는 것, 즉 태형은 corporal punishment이다. 몸에 살이 많은 사람은 비만한, 또는 corpulent(뚱뚱한)인 사람이다. 사람들의 조직체는 군대의 군단(army corps)과 마찬가지로 corps라는 용어를 사용한다.

▶ 이 단어들의 발음에 주의할 것.

Match each word in the first column with its definition in the second column.
Check your answers in the back of the book.

1.	conundrum	a.	twist or turn
2.	convene	b.	puzzle
3.	conversant	c.	familiar
4.	converse	d.	natural consequence
5.	convey	e.	transport
6.	conviction	f.	strong belief
7.	convolution	g.	gracious
8.	copious	h.	opposite
9.	cordial	i.	gather together
10.	corollary	j.	abundant

CORRELATION [kɔ̀:rəléiʃən] n a mutual relation between two or more things
두 개 이상의 사물에서의 상호관계

- The *correlation* between cigarette smoking and lung cancer has been established to the satisfaction of everyone except the manufacturers of cigarettes.
  흡연과 폐암과의 상관관계는 담배 제조업자들을 제외한 모든 사람들이 만족할 만한 수준으로 밝혀졌다.

- There is a strong *correlation* between the quality of a football team and the number of games that it wins in a season. That is, the quality of a football team and its number of victories are strongly *correlated*.
  어느 풋볼 팀의 자질과 한 시즌 내에서 승리를 거두는 경기 횟수 사이에는 밀접한 상관관계가 있다. 다시 말해서, 한 풋볼 팀의 자질과 그들의 승리 횟수는 밀접하게 연관되어 있는 것이다.

CORROSIVE [kəróusiv] adj eating away; destructive 먹어 들어가는, 부식성의; 파괴적인

- Mary Ellen's chutney contained some *corrosive* ingredient that burned a hole in Jeremy's plate.
  메리 엘런의 처트니(주: 달콤하고 시큼한 인도의 조미료)에는 제레미의 접시에 구멍이 나게 한 부식성 재료가 들어 있었다.

- Large quantities of money have a *corrosive* effect on the morals of many people.
  아주 많은 양의 돈은 사람들의 도덕성을 파괴하는 결과를 낳는다.

A *corrosive* substance is one that *corrodes* something else.
corrosive substance는 다른 것을 '부식시키는' 물질'이다.

CORRUGATED [kɔ́:rəgèitid] adj shaped with folds or waves
주름 모양이나 물결 모양인

Corrugated sheet metal is sheet metal that has been shaped so that it has ridges and valleys, like a ridged potato chip. Corduroy pants could be said to be *corrugated*. Much of the paperboard used in making cardboard cartons is *corrugated*.

corrugated sheet metal은 포테이토칩처럼 봉우리와 계곡이 있도록 '(올록볼록하게) 모양을 만든 철판'을 의미한다. 코르덴 바지는 corrugated (올록볼록하게 물결 모양이 들어 있는)인 것이다. 마분지 상자를 만드는 데 쓰이는 대부분의 판지는 (골판지로) 물결 모양이 있다.

COTERIE [kóutəri] n a group of close associates; a circle (of friends or associates)
가깝게 친목을 나누는 그룹; 동아리(친구나 모임의)

- The visiting poet-in-residence quickly developed a large *coterie* of student admirers, all of whom hoped that the visitor would be able to help them find publishers for their poems.

  상주 시인이 대학을 방문하자 그의 시를 좋아하는 많은 학생들이 금세 생겨났다. 그들은 그 시인이 그들의 시를 출판해 줄 사람을 찾을 수 있도록 도와주기를 기대했다.

- In Mary's opinion, if you weren't a part of her *coterie*, then you weren't anybody at all.

  메리가 생각하기에, 그녀의 친구들 중의 하나가 아니라면 그 사람은 아무런 의미도 없는 사람이었다.

COWER [káuər] v to shrink away or huddle up in fear   움츠러들다, 두려움으로 위축되다

- The sound of her boss's footsteps in the hallway made Leah *cower* behind her desk like a wounded animal.

  복도에서 들려오는 사장의 발걸음 소리 때문에 리아는 상처 입은 짐승처럼 책상 뒤로 움츠러들었다.

- When Tyson turned on the lights, he found the children *cowering* behind the couch; the movie on TV had scared the wits out of them.

  타이슨은 불을 켜고 나서, 소파 뒤에 웅크리고 있는 아이들을 발견했다. 텔레비전에서 아이들의 혼을 빼놓을 정도로 무서운 영화가 방영되었던 것이다.

- In the morning, the children found their new puppy *cowering* in the corner of his box, afraid of his new environment.

  그날 아침, 아이들은 새로 온 강아지가 낯선 환경에 두려움을 느끼고 자신의 상자 구석에서 움츠러들어 있는 것을 발견했다.

CRASS [kræs] adj extremely unrefined; gross; stupid
지독히도 세련되지 못한; 둔감한; 어리석은

- Sending a get-well card to the man who had just died was a pretty *crass* gesture, in the opinion of his widow.

  이미 죽은 사람에게 쾌유를 비는 카드를 보내는 것은 미망인의 입장에서 보면 아주 둔감한 짓이었다.

- The seventh-grade mixer was spoiled by the *crassness* of the seventh-grade boys, who shouted rude remarks at the girls and then ran off to hide in the restroom.

  7학년들의 친목회는 소녀들의 어리석은 행동 때문에 망치게 되었다. 소년들은 소녀들에게 큰 소리로 거친 말을 내뱉고는 화장실로 도망가 숨어 버렸다.

CRAVEN [kréivən] adj cowardly 겁이 많은

- The *craven* soldier turned his back on his wounded comrade and ran for the safety of the trenches.

  비겁한 병사는 상처 입은 전우에게서 등을 돌렸다. 그리고 안전한 참호를 향해 달려갔다.

- The second-grade bully was full of bluster when the kindergartners were on the playground, but he became quite *craven* when the third graders came out for their recess.

  유치원생들이 운동장에서 놀고 있을 때, 2학년생 싸움대장이 나타나 행패를 부렸다. 그러나 쉬는 시간에 3학년 학생들이 나타나자 그는 상당히 겁을 먹었다.

CRESCENDO [kriʃéndou] n a gradual increase in the volume of a sound; a gradual increase in the intensity of anything 점차 소리의 크기를 증대시키는 것; 세기가 점진적으로 증가함

- The concert ended with a stirring *crescendo* that began with a single note from a single violin and built up to a thunderous roar from every instrument in the orchestra.

  연주회는 바이올린 독주의 단음에서 시작해서 오케스트라의 모든 악기가 우레와 같은 굉음으로 고조되며 격정적인 크레센도로 막을 내렸다.

- The fund-raising campaign built slowly to a *crescendo* of giving that pushed the total well beyond the original goal.

  기금 마련 행사의 열기가 서서히 달아오르자 모금 총액이 원래의 목표액을 넘어서게 되었다.

CRESTFALLEN [kréstfɔːlən] adj dejected; dispirited 풀이 죽은; 의기소침한

Your *crest*[krest] is the highest point of your body—your head. When your *crest* falls—when your head is drooping—you are dejected or dispirited. You are *crestfallen*.

crest는 신체 중에서 가장 높이 있는 부분, 즉 머리를 의미한다. crest가 땅으로 떨어졌다고 하면 머리가 축 늘어졌다, 즉 풀이 죽었거나 의기소침하다는 뜻이다. crestfallen(맥이 빠진) 상태인 것이다.

- The big red F on her science paper left Zoe *crestfallen*, until she realized that the F stood for "Fantastic."

  조는 시험지에 쓰여 있는 F가 Fantastic(멋지다)을 의미한다는 것을 알기 전까지 과학 시험지에 빨간색으로 커다랗게 적혀 있는 F라는 글씨 때문에 풀이 죽어 있었다.

- I was *crestfallen* when I opened my Christmas presents; all I got were underwear and socks.

  나는 크리스마스 선물을 열어보고는 실망했다. 내가 받은 것은 모두 속옷 아니면 양말이었다.

CREVICE [krévis] n a narrow split, crack, or fissure 좁은 틈, 갈라진 금, 찢어진 틈

- The winning lottery ticket I had found on the sidewalk fell into a *crevice* between the two buildings, and I never saw it again.

  인도를 걷다가 발견한 당첨 복권은 두 빌딩 사이의 좁은 틈으로 떨어져서 나는 다시는 그 돈을 보지 못했다.

A large *crevice* in a glacier on the earth's surface is usually called a *crevasse*[krəvǽs]. The tiny crack in a rock face from which a mountain climber hangs by his fingernails is a *crevice*; the deep crack in a glacier into which a mountain climber falls, never to be seen again, is a *crevasse*.

지구의 표면에 있는 빙하에서 large crevice(대단히 깊고 큰 틈)를 흔히 crevasse라고 부른다. 등산가들이 손톱을 넣어 겨우 매달릴 수 있는 정도인 바위 표면의 작은 균열은 crevice라고 한다. 등산가들이 빠져서 결코 살아 나오지 못하는 빙하의 깊은 균열은 crevasse라고 한다.

QUICK QUIZ

Match each word in the first column with its definition in the second column. Check your answers in the back of the book.

1. corporeal	a. destructive
2. correlation	b. cowardly
3. corrosive	c. mutual relation
4. corrugated	d. gradual increase in volume
5. coterie	e. tangible
6. cower	f. dejected
7. crass	g. extremely unrefined
8. craven	h. group of close associates
9. crescendo	i. shaped with folds
10. crestfallen	j. huddle in fear

CRINGE [krindʒ] v to shrink back with fear; to cower; to be servile 겁이 나서 움츠리다; 위축되다; 비굴하게 굴다

- Alison *cringed* when the doctor came striding toward her with an long hypodermic needle in his hand.
  앨리슨은 의사가 긴 주사 바늘을 손에 들고 성큼성큼 그녀에게로 걸어오자 겁이 나서 움츠렸다.

- The *cringing* jester eventually began to annoy the king, who told the jester to stop fawning.
  알랑거리던 어릿광대는 결국 왕을 화나게 만들었다. 왕은 알랑거림을 멈추라고 명령했다.

CRITIQUE [kritíːk] n a critical review 비평가의 평론

- The reviewer's brutal *critique* of my latest book made me reluctant ever to pick up a pen again.
  나의 최근 작품에 대한 그 평론가의 잔인한 비평 때문에 다시는 펜을 들고 싶은 마음이 없어졌다.

- Lloyd liked to help out around the kitchen by offering concise *critiques* of nearly every move his wife made.
  로이드는 주방을 어슬렁거리며 아내가 하는 거의 모든 움직임마다 짤막한 비평을 하는 방법으로 아내를 도와주는 것을 좋아했다.

▶ critique는 동사로도 쓰인다.

- The art teacher *critiqued* the students' projects in front of the entire class, making some of the students feel utterly miserable.

  미술 선생님은 전체 학생들 앞에서 학생들의 과제물을 평가했다. 학생들 중 몇몇은 아주 비참한 기분을 맛보아야 했다.

Critique is neutral—it doesn't necessarily have a negative connotation, though it is related to several words that typically do. A *critic* is one who expresses an opinion, often unfavorable, which is also called being *critical*.

critique는 중립적인 의미이다. 몇몇 단어들이 부정적인 의미와 관련이 있기는 하지만 반드시 부정적인 의미를 가지고 있는 것은 아니다. critic(비평가)은 종종 'critical(비판적인)'이거나 호의적이지 않은 의견을 내는 사람'을 일컫는다.

CRUX [krʌks] n the central point; the essence   중심점, 급소; 본질

The *crux* of an argument is the crucial part of it. *Crux* and *crucial* are related words.

논쟁의 crux(요지)란 '가장 중요한 핵심사항'을 일컫는다. crux와 crucial은 서로 관련 있는 단어이다.

Often when you see this word, it will be followed by "*of the matter.*" The *crux* of the matter is the heart of the matter.

crux를 접하는 경우의 대부분 of the matter라는 어구가 따라올 것이다. 문제의 crux(급소)라는 말은 문제의 '핵심'을 일컫는다.

- Building a lot of atom bombs and dropping them on the capital was the *crux* of the renegade general's plan to topple the existing government.

  현 정부의 전복을 꾀하는 반역 장군의 계획의 핵심은 다량의 원자폭탄을 만들어 수도에 투하하는 것이었다.

CUISINE [kwizíːn] n a style of cooking   요리법

Cuisine is the French word for kitchen and cooking.

cuisine은 '주방'과 '요리'를 의미하는 프랑스 어이다.

A restaurant advertising French *cuisine* is a restaurant that serves food prepared in a French style. A restaurant advertising Italian *cuisine* is slightly absurd, since *cuisine* is French not Italian, but this usage is very common and everyone understands it.

French cuisine(프랑스식 요리)이라고 광고하는 레스토랑은 프랑스식으로 준비된 요리를 제공한다. Italian cuisine(이태리식 요리)라고 선전하는 레스토랑은 다소 부조리한 경우이다. cuisine이라는 단어는 이탈리아 어가 아니고 프랑스 어이기 때문이다. 그러나 이러한 어법은 매우 흔하게 사용되며, 모든 사람들이 그렇게 받아들이고 있다.

CULL [kʌl] v to pick out from among many; to select; to collect
많은 것 중에서 뽑아내다; 고르다; 모으다

- The farmer *culled* the very best raspberries from his new crop and sold them for twenty-five cents apiece.

  농부는 새로 수확한 농작물 중에서 최고의 나무딸기를 골라냈다. 그리고 한 개당 25센트씩을 받고 팔았다.

- The poet *culled* a few of his favorite poems from among his collected works and had them printed in a special edition.

  시인은 자신의 작품집 중에서 가장 좋아하는 시들을 추려내서 특별판을 출간했다.

- On the first day of school, the veteran teacher *culled* the troublemakers from her classroom and had them assigned to other teachers.

  학기가 시작된 첫날, 경험이 많은 선생님은 노련하게 자신의 반의 말썽꾸러기들을 가려냈다. 그리고 그 아이들은 다른 선생님들에게 맡겼다.

CURB [kəːrb] v to restrain or control 억제하다, 통제하다

- The best way I've found to *curb* my appetite is to eat a couple of pints of coffee ice cream; once I've done that, I'm not hungry anymore.

  내가 발견한 식욕을 억제하는 가장 좋은 방법은 1파인트짜리 커피 아이스크림 두 통을 먹는 것이다. 일단 그렇게 먹고 나면 더 이상 배가 고프지 않게 된다. (주: 파인트는 액체나 고체의 단위, 액체는 약 0.47리터, 고체는 0.55리터 정도)

- The scout leader did his best to *curb* the young scouts' natural tendency to beat up one another.

  스카우트의 인솔자는 나이 어린 스카우트 단원들이 서로 때리며 싸우려고 하는 본성적인 충동을 통제하느라 나름의 최선을 다했다.

A *curb* is something that curbs. The *curb* on a street is a barrier that *curbs* cars from driving onto the sidewalk.

curb는 명사로 쓰이면 '재갈'이나 '구속하는 것'을 의미한다. 거리에 설치된 인도와 차도 사이의 curb(연석)는 차가 인도로 뛰어드는 것을 막기 위한 장애물이다.

CURMUDGEON [kəːrmʌ́dʒən] n a difficult, bad-tempered person
까다롭고 심술궂은 사람

▶ 발음에 주의할 것.

- Old age had turned kindly old Mr. Green into a *curmudgeon*; he never seemed to see anything that didn't displease him, and he always had something nasty to say to the people who came to visit.

  친절한 사람이었던 그린 씨는 나이가 들어감에 따라 심술궂은 사람으로 변해 갔다. 그는 모든 것이 마음에 들지 않는 것 같았다. 그리고 언제나 손님으로 온 사람들에게 불쾌한 말을 해야 직성이 풀렸다.

The words "old" and *curmudgeon* often appear together. Sometimes *curmudgeon* is used affectionately, as when we refer to an elderly person who is humorously grumpy from the aches and pains of life.

흔히 old와 curmudgeon은 함께 붙어 다닌다. 때때로 삶의 고통과 시련에서 얻은 해학적인 심술궂음을 가진 연장자를 언급할 때처럼 curmudgeon은 애정이 담긴 표현으로 쓰이기도 한다.

▶ 형용사형은 curmudgeonly(심술궂은)이다.

CURSORY [kə́ːrsəri] adj quick and unthorough; hasty; superficial
서두르며 마구잡이식인; 조급한; 천박한, 피상적인

- Stan had a photographic memory; after giving the book just a *cursory* glance, he knew the entire thing by heart.

  스탠은 사진 같은 세밀한 기억력을 갖고 있었다. 책을 그냥 한 번 빠르게 보기만 해도, 그는 모든 내용을 암기했다.

- The painter prepared the exterior of the house in such a *cursory* manner before painting it that all of the new paint peeled off almost immediately.

  칠장이는 집의 외관을 칠하기 전에 워낙 서두르느라 철저하게 준비를 하지 못했기 때문에 새로 칠한 페인트는 칠하기가 무섭게 곧 벗겨져 버렸다.

- The doctor was so *cursory* in his examination that he failed to notice the large tumor at the base of the patient's spine.

  의사는 진찰을 워낙 소홀하게 대강대강 했기 때문에, 환자의 척추에 생긴 커다란 종양을 발견하지 못했다.

Match each word in the first column with its definition in the second column. Check your answers in the back of the book.

1. crevice		a.	restrain
2. cringe		b.	pick out from among many
3. critique		c.	critical review
4. crux		d.	style of cooking
5. cuisine		e.	shrink back with fear
6. cull		f.	central point
7. curb		g.	narrow split
8. curmudgeon		h.	quick and unthorough
9. cursory		i.	difficult, bad-tempered person

D

DEBASE [dibéis] v to lower in quality or value; to degrade
품질이나 가치를 떨어뜨리다; 지위를 낮추다

- To deprive a single person of his or her constitutional rights *debases* the liberty of us all.
  어떤 한 사람에게서 헌법에 보장된 권리를 박탈하는 것은 우리 모두의 자유를 훼손하는 것이다.

- The high school teacher's reputation as a great educator was *debased* when it was discovered that his students' test scores dropped by five points after they utilized his test-taking strategies.
  그 고등학교 교사의 훌륭한 교육자로서의 명성은 학생들이 그의 시험 보는 법 전략을 썼음에도 불구하고 5점이나 떨어졌다는 것이 밝혀졌을 때 실추되었다.

▶ 명사형은 debasement(저하)이다. abase(낮추다, 굴욕감을 느끼게 하다)를 참조할 것.

DEBUNK [di:bʌ́ŋk] v to expose the nonsense of ~이 거짓임을 폭로하다

- The reporter's careful exposé *debunked* the company's claim that it had not been dumping radioactive waste into the Hudson River.
  기자는 신중한 폭로 기사에서 방사성 폐기물을 허드슨 강에 투기하지 않았다는 회사의 주장이 허위임을 폭로했다.

- Paul's reputation as a philanthropist was a towering lie just waiting to be *debunked*.
  박애주의자로 이름난 폴의 명성은 단지 진실이 폭로되기를 기다리고 있는 높다란 거짓의 탑일 뿐이었다.

Bunk, by the way, is nonsense or meaningless talk.
bunk는 터무니없는 말이나 '의미 없는 말'을 의미한다.

DECREE [dikrí:] n an official order, usually having the force of law
공식적인 명령, 특히 법의 강제성이 있는 명령

- The crazy king's latest *decree* forbade the wearing of hats and the eating of asparagus.
  미치광이 왕이 최근 공표한 법령은 모자를 쓰는 것과 아스파라거스를 먹는 것을 금지하고 있었다.

To *decree* something is to declare it formally and officially.
decree는 동사로 쓰이면 '(형식을 갖춰) 공식적으로 선언하다'라는 의미이다.

- In a last-ditch attempt to win favor among wealthy voters, the president *decreed* that thenceforth only poor people would have to pay taxes.
  부유한 유권자들의 마음을 얻기 위한 마지막 시도로, 대통령은 이다음부터 가난한 사람들만 세금을 내야 할 것이라고 공식적으로 공표했다.

DECRY [dikrái] v to put down; to denounce 가치를 내리다; 비난하다

▶ 이 단어의 의미를 주의 깊게 볼 것.

- The newspaper editorial *decried* efforts by the police chief to root out corruption in the police department, saying that the chief was himself corrupt and could not be trusted.

  그 신문은 사설에서 경찰국장 자신이 부패한 인물이며 신뢰할 수 없는 사람이라는 말로, 경찰국 내의 부패를 뿌리 뽑으려는 국장의 노력을 비난했다.

- The environmental organization quickly issued a report *decrying* the large mining company's plan to reduce the entire mountain to rubble in its search for uranium.

  환경 단체는 대형 광산 회사가 우라늄을 찾기 위해 온 산을 조각조각 부수려는 계획을 갖고 있음을 비난하는 보고서를 냈다.

DEEM [di:m] v to judge; to consider 판단하다; 고찰하다, 여기다

- Mother *deemed* it unwise to lure the bear into the house by smearing honey on the front steps.

  엄마는 현관 계단에 꿀을 발라서 곰을 집 안으로 유인하는 것은 현명한 방법이 아니라고 생각했다.

- My paper was *deemed* to be inadequate by my teacher, and he gave it a failing grade.

  선생님은 내 논문이 불충분하다고 판단하셨고, 낙제점을 주었다.

- After taking but a single bite, Angus *deemed* the meal to be delectable.

  단지 한 입만 먹어 보고도, 앵거스는 그 음식이 아주 맛있다고 판단했다.

DEFICIT [défisit] n a shortage, especially of money 부족, 특히 돈의 부족

- The national *deficit* is the amount by which the nation's revenues fall short of its expenditures.

  국가의 재정 적자는 국가 전체의 세입이 세출보다 부족한 만큼의 양이다.

- Frank had forgotten to eat lunch; he made up the *deficit* at dinner by eating seconds of everything.

  프랭크는 점심 먹는 것을 잊어버렸다. 그는 저녁 식사 자리에서 모든 음식을 두 번씩 청해 먹음으로써 부족했던 양을 보충했다.

- Unexpectedly large legal fees left the company with a *deficit* in its operating budget.

  뜻밖에도 거액의 법률 비용이 드는 바람에, 회사는 경영 예산에서 적자를 안게 되었다.

▶ deficit의 동의어는 deficiency(결핍), defect(결함)이다.

DEFILE [difáil] v to make filthy or foul; to desecrate
더럽히다, 불결하게 만들다; ~의 신성을 더럽히다

- The snowy field was so beautiful that I hated to *defile* it by driving across it.

  눈 덮인 들판은 너무나 아름다워서 차를 몰아 가로지르며 들판을 더럽히는 것이 너무나 싫었다.

- In the night, vandals *defiled* the painting behind the altar by covering it with spray paint.

  한밤중에 공공 기물 파손자들은 제단 뒤의 그림에다 스프레이로 온통 색칠을 해놓아 신성을 모독했다.

DEFT [deft] adj skillful 솜씨 좋은, 숙련된

- The store detective was so *deft* in his capture of the shoplifter that none of the customers was aware of what was going on.

  매장 감시원은 상점의 좀도둑을 잡는 데는 워낙 솜씨가 좋은 사람이라 손님들은 무슨 일이 진행되고 있는지도 알지 못했다.

- In one *deft* move, the shortstop scooped the ball out of the dirt and flipped it to the second baseman.

  유격수는 한 번의 능숙한 동작으로, 진흙탕에서 공을 건져내어 이루수에게 휙 던졌다.

DEFUNCT [difʌ́ŋkt] adj no longer in effect; no longer in existence
더 이상 효력이 없는; 더 이상 존재하지 않는

- Most of the businesses in the oldest section of downtown were now *defunct*; the new specialty stores on the other side of the river had put them out of business.

  도심지의 가장 오래된 상업 지구에 있던 상점들의 대부분은 이제 남아 있지 않았다. 강의 다른 한편에 등장한 전문점들이 그들이 문을 닫게 만들었던 것이다.

- My already limited interest in cutting the grass was just about *defunct* by the time the grass was actually ready to cut, so I never got around to doing it.

  원래 잔디 깎기에는 흥미가 없는 데다 깎아야 할 만큼 잔디가 자랐을 때에는 그나마도 아예 관심이 없어져 버려서, 나는 잔디를 깎지 않고 내버려 두었다.

- The long spell of extremely hot weather left my entire garden *defunct*.

  아주 무더운 날씨가 오래 계속되자 정원 전체가 죽어 버렸다.

▶ defunct는 function(기능)이라는 단어와 관계가 있다.

DEGRADE [digréid] v to lower in dignity or status; to corrupt; to deteriorate
품격이나 지위를 떨어뜨리다; 타락시키다; 악화시키다

- Being made to perform menial duties at the behest of overbearing male senior partners clearly *degrades* the law firm's female associates.

  고압적인 태도를 가진 선배 남자 동료들의 명령으로 시시한 업무나 하는 것은 법률회사 내의 여성 동료들의 지위를 떨어뜨리는 일이다.

- The former bank president felt *degraded* to work as a teller, but he was unable to find any other job. The former bank president felt that working as a teller was *degrading*.

  전 은행장은 출납계원으로 일하게 되자 자신의 위신이 떨어졌다고 느꼈으나, 다른 직업을 구할 수가 없었다. 전 은행장은 출납계원으로 일하는 것은 품위가 떨어지는 일이라고 생각했다.

- The secret potion had *degraded* over the years to the point at which it was no longer capable of turning a person into a frog.

  비밀의 물약은 해가 지날수록 더 이상 사람을 개구리로 변화시킬 수 없는 지경으로까지 나빠졌다.

▶ 명사형은 degradation[dègrədéiʃən] (비하, 수모)이다.

▶ 이 단어들의 발음에 주의할 것.

Match each word in the first column with its definition in the second column.
Check your answers in the back of the book.

1. debase	a. judge
2. debunk	b. shortage
3. decree	c. official order
4. decry	d. expose the nonsense of
5. deem	e. skillful
6. deficit	f. make filthy
7. defile	g. degrade
8. deft	h. no longer in effect
9. defunct	i. lower in dignity
10. degrade	j. denounce

DEIGN [dein] v to condescend; to think it in accordance with one's dignity (to do something) 자신을 낮추다; 상대방의 품위(행동하는 것)에 맞추어 생각하다

- When I asked the prince whether he would be willing to lend me five bucks for the rest of the day, he did not *deign* to make a reply.

  내가 왕자에게 그날 하루 동안 5달러만 빌려줄 수 없겠느냐고 부탁을 하자, 그는 대답조차도 하지 않았다.

DEITY [díːəti] n a god or goddess 신, 여신

- Members of the ancient tribe believed that the big spruce tree in the middle of the forest was an angry *deity* that punished them by ruining crops and bringing bad weather.

  고대 부족사람들은 숲의 한가운데 있는 거대한 전나무가 농작물을 황폐화시키고 악천후를 일으켜서 자신들을 혼내 주려고 하는 신의 분노라고 생각했다.

- Many of Elvis's fans view him as a *deity*; a few even believe that listening to his records can cure cancer.

  많은 엘비스의 팬들은 그를 신이라고 생각한다. 심지어 몇몇 사람들은 그의 레코드를 들으면 암도 고칠 수 있다고 믿는다.

▶ 동사형은 deify[díːəfɑi] (신격화하다)이다.

- Sasha *deified* money; the "almighty dollar" was her god.

  사샤는 돈을 신성시했다. "전지전능한 돈"이 그녀에겐 신이었다.

126

DEJECTED [didʒéktid] adj depressed; disheartened 의기소침한; 낙심한

- Barney was *dejected* when he heard that Fred had gone to the lodge without him, but he cheered up later when Betty made him some brownies.

  프레드가 자신을 놔두고 오두막으로 가 버렸다는 소식을 듣고 바니는 풀이 죽었다. 그러나 나중에 베티가 브라우니를 만들어 주자 기분이 좋아졌다.

- The members of the losing field-hockey team looked *dejected*; their heads were bowed, and they were dragging their sticks.

  지고 있는 필드하키 팀 선수들은 풀이 죽은 듯이 보였다. 고개를 숙인 채로, 선수들은 하키 스틱을 질질 끌고 있었다.

▶ 명사형은 dejection[didʒékʃən] (낙담)이다.

Rejection often causes *dejection*.

거절은 흔히 dejection을 야기한다.

DELECTABLE [diléktəbl] adj delightful; delicious 즐거운; 맛있는

- Vince's success as a writer was made all the more *delectable* to him by the failure of his closest rival.

  작가로서 성공한 빈스는 가장 가까운 경쟁자의 실패를 통해 한결 더 큰 기쁨을 맛보았다.

- The Christmas turkey looked *delectable* from a distance, but it was so dry and leathery that it was nearly impossible to eat.

  크리스마스의 칠면조 요리는 멀리서 볼 때는 맛있는 것 같았다. 그러나 칠면조는 너무나 말라붙고 가죽같이 질겨서 거의 먹을 수 없을 정도였다.

DELINQUENT [dilíŋkwənt] adj neglecting a duty or law; late in payment
직무나 법을 태만히 하는; 체납된

- The *delinquent* father failed to show up for visits with his children from his first marriage.

  아버지로서의 직분을 태만히 하는 그는 첫 번째 결혼에서 얻은 아이들을 보는 자리에 나타나지 않았다.

- The city's motor vehicle bureau decided to impound the cars of drivers who had been *delinquent* in paying their traffic tickets.

  그 도시의 자동차 관련 기관은 교통 위반 벌금을 체납하고 있는 운전자들의 차를 압류한다는 결정을 내렸다.

- The telephone company charges a late fee for customers who are *delinquent* in paying their bills.

  전화회사는 전화요금을 체납한 소비자들에게 연체료를 물린다.

▶ delinquent는 명사로도 쓰인다.

A person who fails to pay his or her taxes is a tax *delinquent* and is subject to prosecution. A juvenile *delinquent* is a young person who habitually breaks the law.

세금을 내지 못한 '체납자'를 a tax delinquent라고 하며 기소 처분을 받게 된다. juvenile delinquent란 상습적으로 법을 위반하는 미성년자, 즉 '소년범'을 뜻한다.

DELVE [delv] v to search or study intensively 집중적으로 찾거나 탐구하다

Delve originally meant to dig, and you occasionally find the word still used in this way. A miner might be said to *delve* the earth for ore, for example. In its modern meaning, *delve* means to dig metaphorically. To *delve* into a subject is to dig deeply into it—not with a shovel, but with your mind.

delve는 원래 땅을 파다(dig)'라는 의미였으며, 지금도 간혹 그런 의미로 쓰인 경우를 볼 수 있다. 예를 들면, 광부는 광석을 캐기 위해 delve한다고 표현할 수 있다. 근래에 오면 delve는 비유적인 의미로 쓰인다. 한 가지 주제를 delve한다는 말은 삽이 아니라 정신적으로 문제를 깊게 파헤치다, 즉 탐구하다'라는 의미이다.

- Janice was afraid to *delve* into her childhood memories because she was afraid of what she might remember.

  제니스는 자신이 기억해낼 것에 대해 두려워하고 있었으므로, 유년 시절의 추억 속으로 깊이 들어가는 것을 겁내고 있었다.

DEMEANOR [dimí:nər] n behavior; manner 행동; 태도

- You could tell by Barclay's *demeanor* that he was a jerk; he picked his nose two nostrils at a time, and he snorted loudly whenever he heard or saw something that he didn't like.

  여러분도 바클레이의 행동을 보면, 그가 어리석은 사람이라는 것을 알 수 있을 것이다. 그는 콧구멍 두 개를 동시에 후볐으며 싫어하는 것을 보거나 듣게 되면 언제나 큰 소리로 콧김을 내뿜었다.

- The substitute teacher was thrilled by the demeanor of the children until she realized that they had glued her to her coffee mug to her table.

  대리 교사는 아이들이 접착제로 그녀의 커피 잔을 테이블에 붙여 놓았다는 사실을 깨닫기 전까지 아이들의 행동을 보며 짜릿한 흥분을 느끼고 있었다.

▶ 동사형 demean[dimí:n] (위신을 떨어뜨리다), 형용사형 demeaning(비하하는)과 혼동하지 말 것.

To *demean* something is to lower its dignity or stature.

demean은 어떤 것의 가치나 품격을 떨어뜨리다'라는 뜻이다.

DEMISE [dimáiz] n death 사망, 서거

- Aunt Isabel was grief-stricken about the *demise* of her favorite rose bush; that plant was the only friend she had ever had.

  이자벨 숙모는 가장 좋아하던 장미나무가 죽어 버려서 비탄에 잠겼다. 그 나무는 숙모에게 지금까지 유일한 친구였다.

- Ever since the legislature had passed an income tax, Senator Jones had been working to bring about its *demise*.

  입법부가 소득세법을 통과시킨 이래로 지금까지 존스 상원 의원은 그 법안의 폐기를 이끌어내기 위해 일해 왔다.

- Oscar's arrest for possession of cocaine led quickly to the *demise* of his law practice.

  코카인 소지죄로 체포된 오스카는 곧바로 변호사직을 그만두어야 했다.

DEMOGRAPHY [dimágrəfi] v the statistical study of characteristics of populations 인구에 관련된 통계학

The prefix *demo-* means people or population. Therefore, *democracy* is rule by the people. The suffix *-graphy* refers to a written record. Therefore, *demography* is the study of characteristics shared by groups of people. When a magazine announces that 75 percent of its readers drink Scotch and that 53 percent of them earn more than $100,000 per year, it is referring to the results of a *demographic* [dìːməgrǽfik] study. The characteristics measured in such a study are referred to as the *demographics* of the group being studied.

접두사 demo-는 사람들이나 주민을 일컫는다. 그러므로 democracy(민주주의)는 국민에 의한 통치체제이다. 접미사 -graphy는 쓰여진 기록(학문)을 나타낸다. 그러므로 demography는 '사람들의 집단에서 공유되는 특질을 연구하는 학문'이다. 한 잡지사가 독자층의 75%가 스카치를 마시며, 53%가 매년 10만 달러 이상의 소득을 올리는 사람이라고 발표를 한다면, 이는 demographic(인구 통계학적) 연구의 결과를 언급하고 있는 것이다. 그 같은 연구에서 측정된 수치는 조사 대상이 된 그룹의 demographics(인구 통계)라고 일컬어진다.

- Computers have made it possible for companies to learn quite a bit about the *demographics* of their customers, such as how old they are, how much money they make, how many children they have, and what other products they buy.

  컴퓨터는 각종 회사들이 그들의 고객에 관한 통계 조사, 즉 고객들의 연령 분포는 어떻게 되며 소득은 얼마인지, 자녀들은 몇 명이나 있는지, 다른 어떤 상품을 구입하는지 등을 아주 쉽게 할 수 있도록 하는 데 큰 기여를 했다.

▶ demographer[dimágrəfər]는 '인구 통계학자'이다.

▶ 이 단어들의 발음에 주의할 것.

DEMUR [dimə́ːr] v to object; to take exception 반대하다; 이의를 제기하다

- Diego *demurred* when I suggested that he eat the entire plate of "seriously spicy" chicken wings at Fred's Diner.

  디에고는 프레드의 식사에서 내가 '엄청나게 매운' 치킨 윙을 전부 먹기를 제안했지만 반대했다.

▶ 다음에 제시된 demure[dimjúər] (얌전한)라는 단어와 혼동하지 말 것.

QUICK QUIZ

Match each word in the first column with its definition in the second column. Check your answers in the back of the book.

1. deign	a. delightful
2. deity	b. death
3. dejected	c. god or goddess
4. delectable	d. take exception
5. delinquent	e. study of population characteristics
6. delve	f. depressed
7. demeanor	g. search intensively
8. demise	h. behavior
9. demography	i. condescend
10. demur	j. neglecting a duty

DEMURE [dimjúər] adj shy; reserved; sedate   숨기 없는; 수줍은; 침착한

▶ 이 단어를 demur(반대하다)와 혼동하지 말 것.

- Jenna was a *demure* child; she sat quietly next to her mother with her hands folded in her lap.

  제나는 숨기 없는 아이였다. 그녀는 두 손을 얌전히 무릎에 포개놓은 채로 엄마 옆에 조용히 앉아 있었다.

DENOMINATION [dinàmənéiʃən] n a classification; a category name
분류; 범주별 명명

Religious *denominations* are religious groups consisting of a number of related congregations. Episcopalians and Methodists represent two distinct Christian *denominations*.

종교의 denominations(분파들)는 수많은 관련 종교 모임으로 구성되어 있는 종교상의 파벌이다. 감독 교회와 감리 교회는 서로 다른 두 개의 기독교 denominations이다.

Denomination is often used in connection with currency. When a bank robber demands bills in small *denominations*, he or she is demanding bills with low face values: ones, fives, and tens.

denomination는 통화와 관계된 단어로 쓰이는 일이 종종 있다. 은행 강도가 액면 금액이 작은 denominations(지폐)를 요구한다면, 그는 지폐에 표시된 가치 금액이 낮은 현찰, 즉 1달러나 5달러, 10달러를 원하고 있는 것이다.

DENOTE [dinóut] v to signify; to indicate; to mark   나타내다; 가리키다; 표시하다

- Blue stains in the sink *denote* acidic water in the pipes.

  싱크대에 있는 파란색의 얼룩은 파이프 속에 산성 용액이 있음을 의미한다.

- The doll's name—Baby Wet 'n' Mess—*denotes* exactly what it does.

  Baby Wet 'n' Mess(기저귀를 적셔 엉망이 된 아기)라는 이름은 그 인형이 어떤 것인지 정확하게 나타내고 있다.

DENOUNCE [dináuns] v to condemn   비난하다

- The president publicly *denounced*, but privately celebrated, the illegal activities of the director of the Central Intelligence Agency.

  대통령은 CIA 국장의 불법적인 활동을 공개적으로 비난했다. 하지만 사적인 자리에서는 칭찬을 했다.

- In order to avoid being sent to jail, the political prisoner *denounced* the cause in which he believed.

  감옥에 가는 것을 피하기 위해서 정치범은 자신이 믿고 있던 이념을 비난했다.

▶ 명사형은 denunciation[dinÀnsiéiʃən] (맹렬한 비난)이다.

DEPICT [dipíkt] v to portray, especially in a picture; to describe
묘사하다, 특히 그림으로; 설명하다

If you think you see the same root as in *picture*, you're right. To *depict* is to draw a *picture* in someone's mind.

picture(그림)와 같은 어근이 보이는 것 같다면, 그게 맞다. depict은 마음속으로 picture를 그리는 것이다.

- The enormous mural *depicts* various incidents from the Bible.

  거대한 벽화는 성서에 나타난 다양한 사건을 묘사하고 있다.

- The candidate's brochures accurately *depicted* his opponent as a swindler and a charlatan, but his television commercials were distorted.

  그 후보자의 선거 팸플릿은 상대 후보를 사기꾼이자 협잡꾼으로 세밀하게 묘사했다. 그러나 그의 텔레비전 광고는 왜곡되었다.

▶ 명사형은 depiction(묘사, 서술)이다.

- The author's *depiction*[dipíkʃən] of New York was not believable to anyone who has ever been to the city; for one thing, she described the Empire State Building as being seven stories tall.

  뉴욕에 대한 작가의 서술은 그 도시에 가 본 적이 있는 사람들에게는 별로 신뢰감을 주지 못했다. 한 가지 예를 들자면, 그녀는 엠파이어 스테이트 빌딩을 7층 높이라고 서술하고 있었다.

DEPLETE [diplí:t] v to decrease the supply of; to exhaust; to use up
～의 공급을 감소시키다; 고갈시키다; 다 써 버리다

- After three years of careless spending, the young heir had *depleted* his inheritance to the point at which he was nearly in danger of having to work for a living. He regretted this *depletion*.

  3년 동안 경솔하게 되는 대로 돈을 소비하고 나자, 젊은 상속인은 생활비를 벌기 위하여 일을 해야만 하는 지경에 이를 정도로 물려받은 유산을 거의 모두 탕진해 버렸다. 그는 이런 식의 탕진을 후회했다.

- Irresponsible harvesting has seriously *depleted* the nation's stock of old-growth trees.

  무책임한 벌목으로 그 나라의 수령이 높은 나무들은 바닥이 나 버렸다.

- Illness has *depleted* Simone's strength to the point at which she could barely stand without assistance.

  도움 없이는 거의 서 있지도 못할 정도로 병이 시몬의 기운을 다 소진시켰다.

Replete means full. The noun is *repletion*[riplí:ʃən].

replete는 '충만한'의 의미로, 명사형은 repletion(충만, 충실)이다.

- Ozzy's stomach was *replete* after consuming eleven pints of chocolate-chip ice cream.

  초콜릿 칩이 들어 있는 아이스크림을 11파인트나 먹었더니, 오지의 위가 가득 찼다.

DEPLORE [diplɔ́:r] v to regret; to condemn; to lament   한탄하다; 비난하다; 비탄하다

- It is one thing to *deplore* waste; actually learning to be less wasteful is another.

  낭비를 개탄할 수는 있다. 그러나 실제로 절약하는 습관을 배우는 것은 별개의 문제이다.

- Maria claimed to *deplore* the commercialization of Christmas, but she did spend several thousand dollars on Christmas presents for each of her children.

  마리아는 크리스마스의 상업화를 비난하는 주장을 펼쳤다. 그러나 그녀도 아이들을 위한 크리스마스 선물을 사느라 수천 달러를 써 버렸다.

DEPLOY [diplɔ́i] v to station soldiers or armaments strategically; to arrange strategically 군인이나 군 장비를 전략적으로 배치하다; 전략적으로 배열하다

- The Soviet soldiers were *deployed* along the border of Afghanistan, ready to attack.
  소련 군인들은 공격 태세를 갖추어 아프가니스탄 국경에 배치되었다.

- The United States has nuclear missiles *deployed* all over Europe.
  미국은 유럽 전역을 포괄하는 핵미사일을 배치했다.

- At the banquet, the hostess *deployed* her army of waiters around the garden, hoping that none of the guests would have to wait more than a few seconds to receive a full glass of champagne.
  연회를 베풀면서, 안주인은 정원 주변에 시중드는 사람을 여러 명 배치했다. 그녀는 한 잔의 샴페인을 얻기 위해 수초 이상 기다려야 하는 불편을 겪는 손님들이 하나도 없기를 바랐던 것이다.

DEPOSE [dipóuz] v to remove from office or position of power 권력의 직위나 임무를 빼앗다

- The disgruntled generals *deposed* the king and then took him out to the courtyard and shot him.
  불만을 가진 장성들이 국왕을 자리에서 물러나게 하고 마당으로 끌고 가서 총살했다.

DEPREDATE [dépridèit] v to prey upon; to plunder 착취하다; 약탈하다

A *predator* is someone who preys on others. To *depredate* is to take what belongs to others, by violence if necessary.
predator는 다른 사람들을 착취하는 사람이다. depredate는 자신에게 필요하다면 폭력적인 방법을 사용하여 남의 소유물을 가져가다라는 뜻이다.

- The greedy broker *depredated* his elderly clients, stealing many millions of dollars before he was finally caught and sent to jail.
  탐욕스러운 주식 중개인은 마침내 들통이 나서 감옥에 보내지기 전까지 나이가 지긋한 고객들의 돈을 수백만 달러나 약탈했다.

▶ 명사형은 depredation[dèpridéiʃən] (약탈), predation[prideíʃən] (포식)이다.

- Despite the frequent *depredations* of the enemy soldiers, the villagers rebuilt their homes and went on with their lives.
  적군의 빈번한 약탈 행위에도 불구하고, 마을 사람들은 다시 집을 고치고 그들의 본래의 삶을 계속 영위했다.

▶ 이 단어들의 발음에 주의할 것.

DERELICT [dérəlikt] adj neglectful; delinquent; deserted 태만한; 직무 태만의; 버림받은

- The crack-addicted mother was *derelict* in her duty to her children; they were running around on the city streets in filthy clothes.
  마약에 중독되어 있던 엄마는 자녀들을 돌봐야 하는 자신의 의무를 태만히 했다. 아이들은 더러운 옷을 입은 채로 도심의 길거리를 뛰어다니고 있었다. (주: crack은 탄산수소나트륨과 물을 가하여 가열해서 만든 강력 코카인)

- Navigation was made difficult by the rotting hulls of the *derelict* ships that were scattered around the bay.
  만 주변에 흩어져서 버려진 채로 썩고 있는 배들 때문에 항해가 힘들었다.

▶ derelict는 명사로도 쓰인다.

- The only car in sight was a rusty *derelict* that had been stripped to its chassis by vandals.

    눈에 보이는 것이라곤 약탈자들에 의해서 내부 기계들이 모두 제거되고 차체만 남은 녹슨 폐차 한 대뿐이었다.

QUICK QUIZ 28▶

Match each word in the first column with its definition in the second column.
Check your answers in the back of the book.

1. demure   a. decrease the supply of
2. denomination   b. condemn
3. denote   c. arrange strategically
4. denounce   d. classification
5. depict   e. prey upon
6. deplete   f. portray
7. deplore   g. signify
8. deploy   h. remove from office
9. depose   i. shy
10. depredate   j. lament

DESIST [dizíst] v to stop doing (something) ~을 그만두다

- For several hours, I *desisted* from eating any of the pumpkin pie, but then I weakened and ate three pieces.

    몇 시간 동안 나는 호박 파이를 하나도 먹지 않고 버티고 있었다. 그러나 이내 나는 약해져서 호박 파이를 세 조각 먹었다.

- The judge issued a cease-and-*desist* order that forbade Mr. Jones to paint obscene words on the garage door of his neighbor's house.

    판사는 존스 씨에게 이웃집의 차고 문에 음란한 말을 써놓지 말 것을 명령하는 정지 명령을 내렸다.

DEVOUT [diváut] adj deeply religious; fervent 신앙심이 깊은; 열렬한

- Mary was such a *devout* Catholic that she decided to become a nun and spend the rest of her life in a convent.

    메리는 워낙 독실한 가톨릭 신자였으므로, 남은 인생을 수녀가 되어 수녀원에서 보내기로 마음먹었다.

- Bill is a *devout* procrastinator; he never does anything today that he can put off until tomorrow—or, better yet, the day after that.

    빌은 진정으로 모든 일을 지연시킬 수 있는 사람이다. 그는 아무 일도 하지 않으면서 내일까지, 더욱 더 좋은 것은 그 다음날까지라도 연기시킬 수 있다.

Devout is relate to *devoted*. Someone who is *devoted* to something is a *devotee*.

devout는 devoted(헌신하다)와 관계가 있다. 어떤 일에 헌신적으로 몰두하는 사람을 가리켜 devotee라 한다.

DIATRIBE [dáiətràib] n a bitter, abusive denunciation 신랄하고 독설로 가득한 비난, 비평

- Arnold's review of Norman Mailer's new book rapidly turned into a *diatribe* against Mailer's writing.

  노먼 메일러의 새 책에 대한 아놀드의 평론은 순식간에 메일러의 작품에 대한 신랄하고 독설이 가득한 비난으로 변해 버렸다.

- The essay was more of a *diatribe* than a critique; you could almost hear the sputtering of the author as you read it.

  그 에세이는 비평이라기보다는 독설로 가득한 비난에 가까웠다. 여러분도 그 글을 읽다 보면, 침 튀기며 떠들어대는 저자의 흥분된 목소리가 들리는 듯할 것이다.

DICHOTOMY [daikátəmi] n division into two parts, especially contradictory ones 둘로, 특히 상반되는 것으로 나뉨, 분열

- There has always been a *dichotomy* between what Harry says and what he does; he says one thing and does the other.

  해리의 말과 행동은 항상 양극단을 달려 왔다. 그는 말과 행동이 다른 사람이다.

- Linda could never resolve the *dichotomy* between her desire to help other people and her desire to make lots and lots of money, so she decided just to make lots and lots of money.

  린다는 남을 돕고 싶어하는 마음과 아주 많은 돈을 벌고 싶은 욕심으로 양분된 희망을 해결하지 못하고 있었다. 결국 그녀는 많은 돈을 버는 쪽으로 마음을 굳혔다.

DIFFUSE [difjú:s] v to cause to spread out; to cause to disperse; to disseminate 널리 퍼지게 하다; 흩어지게 하다; 퍼뜨리다

- The tear gas *diffused* across the campus; students as far away as the library reported that their eyes were stinging.

  최루 가스가 대학 내에 널리 퍼졌다. 도서관처럼 먼 곳에 있던 학생들도 눈이 매웠다고 알려 왔다.

▶ 형용사형은 diffuse[difjú:s] (널리 퍼진)이다.

- Resistance to the proposition was so *diffuse* that the opposition movement was never able to develop any momentum.

  그 계획안에 반대하는 사람들은 워낙 이곳저곳에 흩어져 있어서, 반대 운동이 하나의 세력으로 발전할 수가 없었다.

▶ 명사형은 diffusion(방산)이다.

DILAPIDATED [dilǽpidèitid] adj broken-down; fallen into ruin 무너진; 황폐한

This word comes from a Latin word meaning to pelt with stones.

dilapidated는 '돌을 던지다'라는 의미의 라틴 어에서 유래한 말이다.

A *dilapidated* house is one that is in such a state of ruin that it appears to have been attacked or pelted with stones.

dilapidated house는 마치 돌로 두들겨 맞거나 공격을 받은 것처럼 보일 정도로 파괴되고 황폐화된 상태의 집을 일컫는다.

- Our car was so *dilapidated* that you could see the pavement whizzing past through the big holes in the rusty floor.

  우리 차는 녹슨 바닥에 있는 커다란 구멍을 통해서 도로가 윙 소리를 내며 지나가는 것을 볼 수 있을 정도로 낡은 폐물이었다.

DILATE [dailéit] v to make larger; to become larger; to speak or write at length
넓히다; 확장되다; 상세하게 쓰거나 말하다

- Before examining my eyes, the doctor gave me some eyedrops that *dilated* my pupils.

  눈을 검사하기 전에 의사는 동공을 확장시키는 안약을 내 눈에 떨어뜨려 주었다.

- The pores in the skin *dilated* in hot weather to cool the skin.

  피부의 털구멍은 날씨가 더워지면 피부를 시원하게 만들기 위해 확장된다.

- The evening speaker *dilated* on his subject for so long that most of the people in the audience fell asleep.

  저녁 모임의 연설자가 자신의 주제에 대해 너무나 오랫동안 상세하게 설명을 하는 바람에 참석했던 사람들의 대부분은 잠이 들어 버렸다.

▶ 명사형은 dilation(확장, 팽창)이다.

DILEMMA [díléma] n a situation in which one must choose between two equally attractive choices; any problem or predicament
똑같이 매력적인 두 개의 일을 두고 하나만 선택해야 하는 상황, 진퇴양난, 딜레마; 골칫거리, 궁지

Dilemma comes from Greek words meaning double proposition. In careful usage, the word retains this sense and is used only when the choice is between two things. In less formal usage, though, the word is used to mean any problem or predicament. If you are stuck on the "horns of a *dilemma*," you are having trouble choosing between two equally attractive choices.

dilemma는 '두 가지 제안'을 의미하는 그리스 어에서 유래한 단어이다. 정확한 어법에서는, 이러한 의미를 유지하면서 두 가지 중에서 하나를 선택해야 하는 경우에만 사용된다. 공식적인 어법을 벗어나면, dilemma는 어떠한 난제나 '궁지에 몰려있는 상황'을 의미하기도 한다. 만약 여러분이 horns of a dilemma(딜레마의 뿔)에 빠져 있다면, '똑같이 매력적인 두 가지의 기회 중에서 하나를 선택해야 하는 문제'에 봉착하고 있다는 의미이다. (주: horns of a dilemma란 어느 한쪽을 택해도 불리한 양도 논법의 뿔)

- Freddy wanted both a new car and a new boat, but had only enough money to buy one of them; he solved his *dilemma* by buying the car and charging the boat.

  프레디는 새 차와 새 보트 모두 갖고 싶었다. 그러나 그는 한 가지밖에 살 수 없는 정도의 돈만 있었다. 그는 자동차를 현금으로 사고, 보트는 외상으로 구입하는 방법으로 딜레마를 해결했다.

▶ dilemma는 guandary의 동의어이다.

DIMINUTION [dìmənjúːʃən] n the act or process of diminishing; reduction
줄이는 과정이나 감소정책; 삭감, 축소

- The process was so gradual that Basil didn't notice the *diminution* of his eyesight; it seemed to him that he had simply woken up blind one morning.

  시력이 점점 약해지는 과정은 너무나 점진적으로 일어나서 바질 자신은 깨닫지 못하고 있었다. 그에게는 정말로 어느 날 아침 일어나 보니 눈이 보이지 않게 된 것 같았다.

- The *diminution* of the value of savings means that I am not as wealthy as I used to be.

  저축액의 가치 하락은 내가 이전만큼 부자가 아니라는 사실을 의미한다.

Diminutive[dimíjutiv] means very small.

diminutive는 '매우 작은'이라는 뜻의 형용사이다.

- The giant's wife was surprisingly *diminutive*; when she stood beside her husband, she looked like his child.

  그 거인의 아내는 의외로 아주 작았다. 그녀가 남편 옆에 서면, 마치 아내가 아니라 딸인 것처럼 보였다.

▶ 이 단어들의 철자와 발음에 주의할 것.

QUICK QUIZ

Match each word in the first column with its definition in the second column. Check your answers in the back of the book.

1. derelict	a. division into two parts
2. desist	b. cause to spread out
3. devout	c. stop doing
4. diatribe	d. reduction
5. dichotomy	e. predicament
6. diffuse	f. deeply religious
7. dilapidated	g. make larger
8. dilate	h. broken-down
9. dilemma	i. neglectful
10. diminution	j. bitter denunciation

DIRE [dáiər] adj disastrous; desperate 비참한; 절망적인

- The tornado struck the center of town, with *dire* results; nearly every building was flattened, and all the beer poured into the streets.

  토네이도가 비참한 결과를 남기며 도시 한가운데를 휩쓸고 지나갔다. 거의 모든 빌딩들이 부서졌으며, 거리에는 온통 맥주가 쏟아져 있었다.

- The family's situation was quite *dire*; they had no clothes, no food, and no shelter.

  가족의 상황은 너무나 절망적이었다. 그들은 입을 것도, 먹을 것도, 쉴 곳도 없었다.

DIRGE [dəːrdʒ] n a funeral song 장송곡

A *dirge* is a mournful song played at your funeral with the intention of making everyone who knew you feel terribly sad.

dirge는 죽은 이를 알고 있는 모든 사람들을 매우 슬프게 만들려는 의도로 장례식에서 연주되는 애도의 노래이다.

- Johann's new composition was so *dirgelike* that it sounded like it ought to be played at a funeral.

  조앤의 새로운 작품은 매우 장송곡 같아서 마치 장례식에서 연주해야만 될 것 같다.

DISAFFECT [dìsəfékt] v to cause to lose affection; to estrange; to alienate
호의를 잃게 만들다; 사람을 멀어지게 하다; 소원하게 만들다

▶ 이 단어의 의미를 주의 깊게 볼 것.

- With years of nitpicking, pestering, and faultfinding, Amanda *disaffected* her children.

  수년간에 걸쳐 사소한 것에 야단치고 들볶고 흠잡기를 일삼더니, 아만다는 아이들과 멀어지게 되었다.

- My students' nasty comments did not *disaffect* me; I gave them all A's anyway, to show them that I loved them.

  나의 제자들은 추잡한 말들을 했지만, 나는 불만을 갖지 않았다. 그러나 나는 내가 아이들을 사랑하고 있다는 것을 보여주기 위해 모두 A 학점을 주었다.

Disaffection[dìsəfékʃən] is the loss of affection—easy to remember. To be *disaffected* is to be no longer content or no longer loyal.

disaffection은 '애정의 상실', '민심 이탈'이라는 뜻이다. disaffected는 '더 이상 만족하지 않는', '더 이상 충실한 마음이 없는'의 뜻이다.

- The assassination attempt was made by a *disaffected* civil servant who felt that the government had ruined his life.

  정부가 자신의 삶을 황폐화시켰다고 생각하며 정부에 불만을 품은 공무원이 암살 사건을 기도했다.

DISARRAY [dìsəréi] n disorder; confusion 무질서; 혼란

An *array* is an orderly arrangement of objects or people. *Disarray* is the breakdown of that order.

array는 '사람이나 사물이 질서 있게 정돈된 것'을 의미하고, disarray는 '그러한 질서가 붕괴된 것'을 의미한다.

- My children played in my office for several hours yesterday, and they left the place in *disarray*, with papers and supplies scattered everywhere.

  아이들이 어제 내 사무실에서 몇 시간 놀았다. 아이들은 서류들과 물품을 여기저기 흩뜨려 놓아 사무실을 난장판으로 만들어 놓고 가 버렸다.

- The entire company had been in *disarray* ever since federal officers had arrested most of the vice presidents.

  회사 전체는 연방경찰이 대부분의 부사장들을 체포한 뒤로 혼란에 휩싸였다.

To *disarray* something is to throw it into *disarray*.

disarray는 'disarray(혼란)하게 하다'라는 뜻의 동사로도 쓰인다.

- The intermittent artillery bombardment *disarrayed* the soldiers, making it impossible for them to organize a counterattack.

  간헐적으로 계속되는 포병대의 포격은 군인들이 반격을 조직하는 것을 방해함으로써 병사들을 혼란스럽게 만들었다.

DISCLAIM [diskléim] v to deny any claim to; to renounce
~하는 주장을 부인하다; 포기하다

- The mayor publicly *disclaimed* any personal interest in his brother's concrete company, even though he was a major stockholder.

  시장은 형이 운영하는 콘크리트 회사의 대주주임에도 불구하고, 사적인 이해관계가 있다는 주장을 공식적으로 부인했다.

A disclaimer[diskléimər] is an act or statement that disclaims. An advertisement that makes a bold claim in large type ("Cures cancer!") will often also make a meek *disclaimer* in tiny type ("Except in living things") in order to keep it from violating truth-in-advertising laws.

disclaimer는 '부인', '기권'이라는 뜻이다. 큰 활자를 써서 대담한 주장을 하는 광고("암을 치료합니다!")는 흔히 작은 글씨로 부드럽게 앞 내용을 disclaimer(부인)하는 글("살아 있는 생명체를 제외하고")을 써서 광고의 진실성에 관한 법률을 위반하지 않으려 한다.

DISCOMFIT [diskʌmfit] v to frustrate; to confuse 좌절시키다; 당황하게 하다

- Sheila was *discomfited* by her secretary's apparent inability to type, write a grammatical sentence, answer the telephone, or recite the alphabet; in fact, she began to think that he might not be fully qualified for the job.

  셰일라는 비서가 정말로 타이프를 칠 줄도 모르고, 문법에 맞는 문장도 쓸 줄 모르며, 전화 응대법도 모르고, 심지어 알파벳조차도 외우지 못한다는 사실에 좌절했다. 실제로 그녀는 그가 비서직에 전혀 맞지 않을지도 모른다고 생각하기 시작했다.

To *discomfit* is not the same as to *discomfort*[diskʌmfərt], which means to make uncomfortable or to make uneasy, although the two words are used more or less interchangeably by many, many people.

비록 수많은 사람들이 discomfit와 discomfort를 어느 정도 상호 대체하여 사용하고 있는 것이 사실이기는 하지만, discomfit이 discomfort(불안하게 하다)와 같은 의미를 담고 있는 것은 아니다.

DISCONCERT [dìskənsɔ́:rt] v to upset; to ruffle; to perturb
계획을 뒤집다; 교란하다; 혼란시키다

- Professor Jones used to *disconcert* his students by scrunching up his face and plugging his ears when one of them would begin to say something.

  존스 교수는 한 학생이 무엇인가를 말하기 시작하면, 귀를 틀어막고 얼굴을 긁어 대서 언제나 학생들을 당황하게 만들곤 했다.

- The jet's engine was making a *disconcerting* sound that reminded me of the sound of an old boot bouncing around inside a clothes dryer; I was worried that we were going to crash.

  제트기의 엔진은 빨래 건조기 안에서 낡은 부츠가 이리저리로 부딪치는 소리를 연상시키며 마음을 혼란스럽게 만드는 소음을 내었다. 나는 우리 비행기가 추락하지나 않을까 걱정되었다.

- The boos of the audience did not *disconcert* Bob; he droned on with his endless, boring speech regardless.

  관중들의 야유 소리도 밥을 당황하게 만들지는 못했다. 그는 아무런 상관도 하지 않고, 낮은 목소리로 지루하고 끝이 없는 연설을 계속했다.

If you think of a *concert* as an event in which musicians play together, it makes sense that *disconcert* means to cause to come apart.

concert가 뮤지션들이 '함께' 연주하는 것이라고 생각하면, disconcert는 '흩어 놓다'의 의미라는 것이 연상될 것이다.

DISCOURSE [dískɔ:rs] n spoken or written expression in words; conversation
언어로 쓰이거나 말하는 표현; 대화

- The level of *discourse* inside the dining hall was surprisingly high; the students were discussing not drugs or sex but philosophy.

  식당에서 오가는 대화는 의외로 수준이 높았다. 학생들은 마약이나 섹스가 아니라 철학에 대해서 논하고 있었다.

- The company's imposing president was not one for *discourse*; when he opened his mouth, it was to issue a command.

  인상적인 그 회사의 사장은 대화에는 적합하지 못한 사람이었다. 그가 한 번 입을 열 때는 언제나 명령을 내리는 것이었다.

- There is no more *discourse* in American society anymore; there is only television.

  미국 사회에는 더 이상 대화라는 것이 존재하지 않는다. 단지 텔레비전만이 있을 뿐이다.

▶ discursive(광범위한)를 참조할 것.

DISCREPANCY [diskrépənsi] n difference; inconsistency 차이; 불일치

- There was a slight *discrepancy* between the amount of money that was supposed to be in the account and the amount of money that actually was; gradually the accountant concluded that Logan had stolen seven million dollars.

  계좌에 남아 있을 것이라고 생각했던 돈의 양과 실제 계좌에 들어 있는 금액 사이에는 약간의 차이가 있었다. 회계사는 일을 진행하면서 로건이 7백만 달러를 훔쳤다는 결론을 얻었다.

▶ 형용사형은 discrepant[diskrépənt] (모순된)이다.

DISCURSIVE [diskə́:rsiv] adj rambling from one topic to another, usually aimlessly
대개 별다른 목적도 없이 다른 주제를 왔다 갔다 하며 두서가 없는

- Betty is an extremely *discursive* writer; she can't write about one thing without being reminded of another, and she can't write about that without being reminded of something else altogether.

  베티는 매우 산만하게 글을 쓴다. 그녀는 어떤 일에 대해서 글을 쓰면서, 언제나 또 다른 것을 생각한다. 그녀는 다른 것을 함께 생각하지 않고, 어떤 일에 대해서 글을 쓰는 법이 없었다.

- My mother's letter was long and *discursive*; if she had a point, she never got to it.

  엄마의 편지는 길고 두서가 없었다. 말하고 싶은 요점이 있다고 해도, 그녀는 결코 요점에 근접하지 못했다.

Match each word in the first column with its definition in the second column.
Check your answers in the back of the book.

1. dire	a. renounce
2. dirge	b. cause to lose affection
3. disaffect	c. perturb
4. disarray	d. frustrate
5. disclaim	e. disorder
6. discomfit	f. difference
7. disconcert	g. funeral song
8. discourse	h. aimlessly rambling
9. discrepancy	i. conversation
10. discursive	j. disastrous

DISGRUNTLE [disgrʌ́ntl] v to make sulky and dissatisfied; to discontent
기분을 상하게 하다, 불만을 품게 하다; 비위를 거스르다

- Eileen had such a nasty disposition that she tended to *disgruntle* anyone who worked for her.
  에일린은 워낙 심술궂은 사람이라 그녀를 위해 일하는 사람들의 기분을 상하게 하는 경향이 있었다.

▶ 형용사형 disgruntled(언짢은)는 discontented, dissatisfied와 같은 뜻이다.

- The children were *disgruntled* by the lumps of coal in their Christmas stockings.
  아이들은 크리스마스 양말에 석탄 덩어리만 들어 있는 것을 보고 뿌루퉁해졌다.

- The rotten eggs on Alice's doorstep were placed there by a *disgruntled* former employee.
  앨리스의 현관 계단에 놓인 썩은 달걀들은 불만을 품은 전 종업원이 거기에 가져다 놓은 것이었다.

DISINFORMATION [disìnfərméiʃən] n false information purposely disseminated, usually by a government, for the purpose of creating a false impression
의도적으로 흘린 그릇된 정보, 대개 정부가 그릇된 인상을 낳을 목적으로 흘리는 정보

- The CIA conducted a *disinformation* campaign in which it tried to persuade the people of Cuba that Fidel Castro was really a woman.
  CIA는 피델 카스트로가 사실은 여자라는 것을 쿠바 국민들에게 믿게 할 목적으로 거짓정보를 흘리는 작전을 수행했다.

- The government hoped to weaken the revolutionary movement by leaking *disinformation* about it to the local press.
  정부는 지역 신문에 거짓 정보를 흘리는 방법으로 혁명 운동의 세력이 약해지기를 기대했다.

DISMAL [dízməl] adj dreary; causing gloom; causing dread
음울한; 우울하게 만드는; 두려움을 유발하는

- The weather has been *dismal* ever since our vacation began; a cold wind has been blowing, and it has rained almost every day.

  휴가가 시작된 이래로 날씨가 계속 음산했다. 차가운 바람이 계속 불고 거의 매일 비가 왔다.

- The new television show received *dismal* ratings and was canceled before its third episode had aired.

  새 텔레비전 쇼는 시청률이 저조했다. 그래서 3회가 방송되기도 전에 프로그램이 취소되었다.

- The view from the top of the hill was *dismal*; every house in the valley had been destroyed by the flood.

  언덕 위에서 바라다 보이는 풍경은 황량했다. 골짜기의 집들은 모두 홍수에 휩쓸려 파괴되었다.

DISMAY [disméi] v to fill with dread; to discourage greatly; to perturb
공포로 질리게 하다; 크게 낙담시키다; 혼란하게 하다

- The carnage in the field *dismayed* the soldiers, and they stood frozen in their steps.

  전장의 대학살은 군인들을 공포에 떨게 했다. 그들은 제자리에서 얼어붙은 채로 서 있었다.

- Peter *dismayed* his children by criticizing nearly everything they did and never finding anything nice to say about their schoolwork.

  피터는 아이들이 하는 모든 일에 대해서 비판만 하고, 학교 공부에 대해서도 좋은 말을 해 주는 법이 없이 자녀들을 낙심하게 만들었다.

- The new police officer has a *dismaying* tendency to help himself to the money in the cash registers of the stores on his beat.

  신임 경찰관은 담당 구역 내에 있는 상점의 금전 등록기에서 스스로 돈을 직접 가져가는 황당한 버릇이 있었다.

As a noun, *dismay* means dread, anxiety, or sudden disappointment.

명사 dismay는 '공포', '불안', '뜻밖의 실망'이라는 뜻이 있다.

DISPASSIONATE [dispǽʃənit] adj unaffected by passion; impartial; calm
감정에 좌우되지 않는; 공명정대한; 침착한

Impassioned[impǽʃənd] means passionate, emotional, all worked up. To be *dispassionate* is to be cool and objective, to not let judgment be affected by emotions.

impassioned는 '정열적인', '감동적인', '흥분으로 가득한'의 뜻이다. dispassionate은 냉정하고 객관적이며 판단력이 감정에 의해 흔들리지 않는 것이다.

- The prosecutor's *dispassionate* enumeration of the defendant's terrible crimes had a far more devastating effect on the jury than a passionate, highly emotional speech would have had.

  검사는 침착하게 피고의 끔찍한 범죄 행위를 일일이 열거했다. 그것이 감정이 고조되어 격렬하게 열변을 토하는 것보다 훨씬 더 배심원들의 마음을 파고드는 효과가 있었다.

- The judge had no interest in either side of the dispute; she was a *dispassionate* observer.

  판사는 양측의 논의에서 어느 편에도 개인적인 이해관계를 갖고 있지 않았다. 그녀는 공명정대한 관찰자였다.

- Larry's *dispassionate* manner often fooled people into thinking he did not care.

  래리의 침착한 태도 때문에 사람들은 그가 무관심하다고 생각하는 오해를 하곤 했다.

Impassive[impǽsiv] is a related word that means revealing no emotions, or expressionless.
impassive는 '감정을 드러내지 않은', '무표정한'이라는 뜻이다.

▶ 이 단어들의 철자와 발음에 주의할 것.

DISPERSE [dispə́:rs] v to scatter; to spread widely; to disseminate
흩뿌리다; 넓게 퍼지다; 퍼뜨리다

- The crowd *dispersed* after the chief of police announced that he would order his officers to open fire if everyone didn't go home.
  군중들은 집으로 돌아가지 않으면 무차별적인 발포 명령을 내릴 것이라는 경찰서장의 발표가 있자 이리저리 흩어졌다.

- Engineers from the oil company tried to use chemical solvents to *disperse* the oil slick formed when the tanker ran aground on the reef and split in two.
  석유 회사에서 온 기술자는 유조선이 암초에 부딪혀 좌초된 뒤 두 조각이 나 버리자, 유출된 기름 막을 분해하기 위해 화학 용해제를 사용하려고 했다.

- When the seed pod of a milkweed plant dries and breaks apart, the wind *disperses* the seeds inside, and new milkweed plants sprout all over the countryside.
  유액을 분비하는 식물의 씨앗 꼬투리가 마르거나 쪼개지면, 바람은 그 씨앗을 널리 퍼뜨린다. 그리고 지역 전체에 퍼져 새로운 유액 분비 식물의 싹이 트게 된다.

▶ 명사형은 dispersion[dispə́:rʒən] (확산, 분산)이다.

- The fluffy part of a milkweed seed facilitates its *dispersion* by the wind.
  유액 분비 식물의 씨앗의 보풀보풀한 부분은 바람이 씨앗을 흩어지게 하는 작용을 용이하게 한다.

DISPIRIT [dispírit] v to discourage; to dishearten; to lose spirit
낙담시키다; 실망하게 만들다; 기를 꺾어 놓다

- The coach tried not to let the team's one thousandth consecutive defeat *dispirit* him, but somehow he couldn't help but feel discouraged.
  코치는 천 번이나 계속된 패배로 자신의 사기가 꺾이지 않도록 애를 썼다. 그러나 그도 다소 낙심하게 되는 것은 어쩔 수가 없었다.

- The campers looked tired and *dispirited*; it had rained all night, and their sleeping bags had all washed away.
  야영객들은 피곤하고 풀이 죽은 듯이 보였다. 밤새도록 비가 내려 침낭이란 침낭은 다 쓸려가 버렸기 때문이다.

DISPOSITION [dìspəzíʃən] n characteristic attitude; state of mind; inclination;
arrangement 독특한 성향; 정신 상태; 경향, 기질; 배열

- Mary Lou had always had a sweet *disposition*; even when she was a baby, she smiled almost constantly and never complained.
  메리 루는 언제나 상냥한 성격이었다. 심지어 아기 때조차도 그녀는 언제나 방글거리고 짜증을 내는 법이 없었다.

- My natural *disposition* is to play golf all the time and not care about anything or anyone else. I am *disposed*[dispóuzd] to play golf all the time.
  나는 언제나 골프 치는 것을 좋아하며, 다른 일이나 다른 사람에게는 관심이 없는 편이다. 나는 항상 골프를 쳤으면 좋겠다.

- The seemingly random *disposition* of buildings on the campus suggested that no one had given much thought to how the campus ought to be laid out.

  대학 내의 건물들이 마구잡이로 배치가 되어 있다는 것은 대학 교정이 어떻게 배치되어야 하는가에 대해서 깊이 생각한 사람이 아무도 없다는 사실을 말해 주었다.

Predisposition is an attitude or state of mind beforehand.

predisposition은 '(이미 가지고 있는) 정신 상태'나 '성향'이다.

- The heavy-metal music of the warm-up band, the Snakeheads, did not favorably *predispose* the audience to enjoy the Barry Manilow concert.

  '스네이크 헤드'라는 신인 밴드의 헤비메탈 음악은 배리 매닐로우 콘서트를 보러 온 관중들에게 우호적인 인상을 심어 주지 못했다.

DISPROPORTIONATE [dìsprəpɔ́ːrʃənət] adj out of proportion; too much or too little 균형이 맞지 않는; 너무 많거나 너무 적은

- Jenn's division of the candy was *disproportionate*; she gave herself more than she gave me.

  젠이 배분한 사탕은 균형이 맞지 않았다. 그녀는 나보다 더 많은 사탕을 가져갔다.

- My mother seemed to be devoting a *disproportionate* amount of her attention to my brother, so I sat down in the middle of the kitchen floor and began to scream my head off.

  엄마는 형에게 지나치게 많은 애정을 쏟고 있는 것 같았다. 그래서 나는 부엌 한가운데 주저앉아 있는 힘껏 소리를 질렀다.

▶ 반의어는 proportionate(균형 잡힌)이다.

DISQUIET [diskwáiət] v to make uneasy 불안하게 하다

▶ 이 단어의 의미를 주의 깊게 볼 것.

- The movie's graphic depiction of childbirth *disquieted* the children, who had been expecting a story about a stork.

  황새에 관한 이야기일 것이라고 생각했던 아이들은 영화의 생생한 출산 장면을 보고 불안해했다.
  (주: 아이를 다리 밑에서 주워 온다는 우리의 말처럼 미국에서는 황새가 갓난아이를 날라 온다고 아이들에게 이야기해 줌)

- The silence in the boss's office was *disquieting*; everyone was afraid that it was the calm before the storm.

  사장실이 조용한 것이 아무래도 불안했다. 사람들은 그것이 폭풍 전의 고요함이라고 겁먹고 있었다.

Disquiet can also be used as a noun meaning unease or nervousness.

disquiet는 '불안'이나 '신경과민'을 의미하는 명사로도 쓰인다.

Match each word in the first column with its definition in the second column.
Check your answers in the back of the book.

1. disgruntle	a. scatter
2. disinformation	b. impartial
3. dismal	c. dreary
4. dismay	d. discourage
5. dispassionate	e. false information purposely disseminated
6. disperse	f. characteristic attitude
7. dispirit	g. out of proportion
8. disposition	h. make sulky
9. disproportionate	i. fill with dread
10. disquiet	j. make uneasy

DISSEMBLE [disémbl] v to conceal the real nature of; to act or speak falsely in order to deceive
진짜 본성을 숨기다; 속이기 위해 거짓된 행동이나 말을 하다

▶ 철자와 의미, 발음에 주의할 것.

- Anne successfully *dissembled* her hatred for Beth; in fact, Beth viewed Anne as her best friend.
  앤은 베스에 대한 증오를 용케도 숨기고 있었다. 사실 베스는 앤을 가장 좋은 친구라고 여겼다.

- When asked by young children about Santa Claus, parents are allowed to *dissemble*.
  어린아이들에게서 산타클로스에 관한 질문을 받았을 때, 부모들은 거짓말을 해도 좋다.

To *dissemble* is not the same thing as to *disassemble*, which means to take apart.
dissemble은 '해체하다', '분리하다'라는 뜻인 disassemble의 동의어가 아니다.

DISSENT [disént] v to disagree; to withhold approval 의견이 다르다; 찬성을 보류하다

- The chief justice *dissented* from the opinion signed by the other justices; in fact, he thought their opinion was crazy.
  재판장은 다른 판사들이 서명한 의견에 동의하지 않았다. 사실 그는 그들의 의견이 비정상적이라고 생각했다.

- Jim and Bob say I'm a jerk; I *dissent*.
  짐과 밥은 나를 세상물정 모르는 바보라고 말한다. 나는 그렇게 생각하지 않는다.

▶ '반대하는 사람'을 dissenter라고 한다.

- The meeting had lasted so long that when I moved that it be adjourned, there were no *dissenters*.

  회의는 너무나 오랫동안 질질 끌고 있어서 내가 휴회하고 다음으로 연기하자고 했을 때 반대하는 사람이 아무도 없었다.

▶ dissent는 명사로도 쓰인다.

- The *dissent* of a single board member was enough to overturn any proposal; every board member had absolute veto power.

  평의회에서는 단 한 명의 반대로도 어떤 계획안을 번복하는 것이 가능했다. 평의회의 모든 의원들은 절대적인 거부권을 행사할 수 있었다.

▶ dissent와 관계있는 단어로 consent(동의), assent(찬성) 등이 있다.

DISSERVICE [dissə́ːrvis] n a harmful action; an ill turn 해를 끼치는 행위; 나쁜 짓

▶ 이 단어의 의미를 주의 깊게 볼 것.

- Inez did a *disservice* to her parents by informing the police that they were growing marijuana in their garden.

  이네즈는 정원에다 대마초를 재배하고 있다는 이유로 부모를 경찰에 신고하는 몹쓸 짓을 저질렀다.

- The reviewer did a grave *disservice* to the author by inaccurately describing what his book was about.

  그 평론가는 작가의 책에 대하여 정확하지 않은 내용을 서술함으로써 그에게 중대한 해를 끼쳤다.

DISSIDENT [dísidənt] n a person who disagrees or dissents 의견을 달리하는 사람

- The old Soviet regime usually responded to *dissidents* by imprisoning them.

  구 소비에트 정권은 일반적으로 반체제 인사들을 감옥에 집어넣는 것으로 대응했다.

- The plan to build a nuclear power plant in town was put on hold by a group of *dissidents* who lay down in the road in front of the bulldozers.

  도시에 원자력 시설을 건설하려는 계획은 일단의 반대자들이 도로의 불도저 앞에 드러누움으로써 보류되었다.

▶ dissident는 형용사로도 쓰인다.

A *dissident* writer is a writer who is a *dissident*.

dissident writer는 '의견이 다른 작가'이다.

DISSUADE [diswéid] v to persuade not to ~하지 않도록 설득하다

▶ 반의어는 persuade(설득하다)이다.

- The 100 degree heat and the 100 percent relative humidity did not *dissuade* me from playing tennis all afternoon.

  100도 정도 되는 고온과 100%라는 상대 습도도 내가 오후 내내 테니스 치는 것을 막지는 못했다.

▶ dissuasion[diswéiʒən]과 persuasion은 서로 반의어이다.

- Gentle *dissuasion* is usually more effective than hitting a person over the head with a two-by-four.

  점잖게 하지 말라고 타이르는 것이 대개는 막대기로 사람의 머리를 때리는 것보다 더 효과적이다.

DISTINCT [distíŋkt] adj separate; different; clear and unmistakable
별개의; 서로 다른; 분명하고 혼동할 우려가 없는

- The professor was able to identify eleven *distinct* species of ants in the corner of his backyard.

  교수는 뒷마당 구석에서 열한 종의 서로 다른 개미들을 확인할 수 있었다.

- The twins were identical, but the personality of each was *distinct* from that of the other.

  그 쌍둥이는 일란성이었다. 그러나 각각의 성격은 상대방과 확연히 달랐다.

To make a *distinction* [distíŋkʃən] between two things is to notice what makes each of them distinct from the other. A *distinction* can also be a distinguishing characteristic.

make a distinction은 두 가지 서로 다른 사물을 구별하여 인식할 수 있다는 의미이다. distinction은 다른 것과 구별되는 특질을 의미하기도 한다.

- Alan, Alex, and Albert had the *distinction* of being the only triplets in the entire school system.

  앨런과 알렉스와 앨버트의 특이한 점은 학교 전체를 통틀어 유일한 세쌍둥이라는 것이다.

▸ 반의어는 indistinct(또렷하지 않은)이다.

DIURNAL [daiə́:rnl] adj occurring every day; occurring during the daytime
날마다 일어나는; 낮 동안에 활동하는

▸ 반의어는 nocturnal(야행성의)이다.

A *nocturnal* animal is one that is active primarily during the night; a *diurnal* animal is one that is active primarily during the day.

nocturnal animal은 밤에 주로 활동하는 야행성 동물이다. diurnal animal은 주로 낮에 활동하는 동물이다.

- The rising of the sun is a *diurnal* occurrence; it happens every day.

  일출은 날마다 일어나는 현상이다. 그것은 매일 반복된다.

DIVINE [diváin] v to intuit; to prophesy 직관으로 알아내다; 예언하다

▸ 이 단어의 어법에 주의할 것.

- I used all of my best mind-reading skills, but I could not *divine* what Lester was thinking.

  나는 내가 가진 독심술을 모두 이용했지만, 레스터가 무슨 생각을 하고 있는지 알아낼 수가 없었다.

- The law firm made a great deal of money helping its clients *divine* the meaning of obscure federal regulations.

  법률 회사는 손님들이 모호한 연방 법규의 의미를 해독하도록 도와줌으로써 많은 돈을 벌었다.

▸ 명사형은 divination(예언, 점)이다.

DIVULGE [diváldʒ] v to reveal, especially to reveal something that has been a secret 드러내다, 특히 비밀로 남겨졌던 일을 알리다

- The secret agent had to promise not to *divulge* the contents of the government files, but the information in the files was so fascinating that he told everyone he knew.

첩보원은 정부의 비밀 파일 내용을 누설하지 않겠다고 약속을 해야만 했다. 그러나 파일에 담긴 정보가 너무나 재미있어서 그는 자신이 알고 있는 모든 사람들에게 말해 버렸다.

- We begged and pleaded, but we couldn't persuade Lester to *divulge* the secret of his chocolate-chip cookies.

아무리 간청도 하고 애원도 해 보았지만, 우리는 레스터가 초콜릿 칩 쿠키의 비밀을 공개하도록 설득하는 데 실패했다.

DOCUMENT [dákjəmənt] v to support with evidence, especially written evidence 증거, 특히 문서 형태로 쓰인 증거로 사실을 뒷받침하다

▶ 이 단어의 어법에 주의할 것.

- Arnold *documented* his record-breaking car trip around the world by taking a photograph of himself and his car every hundred miles.

아놀드는 백 마일마다 자신과 자동차의 사진을 찍어 사상 유례가 없는 자동차 세계 일주 여행의 증거로 삼았다.

- The scientist made a lot of headlines by announcing that he had been taken aboard a flying saucer, but he was unable to *document* his claim, and his colleagues didn't believe him.

그 과학자는 비행접시에 납치된 적이 있었다고 발표를 해서 수많은 신문의 헤드라인을 장식했다. 그러나 그는 자신의 주장을 뒷받침할 만한 증거를 제시하지는 못했다. 그의 동료들도 그를 믿지 않았다.

- The first *documented* use of the invention occurred in 1978, according to the encyclopedia.

백과사전에 의하면, 그 발명품의 사용을 뒷받침할 수 있는 첫 번째 증거는 1978년에 있었다.

QUICK QUIZ

Match each word in the first column with its definition in the second column. Check your answers in the back of the book.

1. dissemble	a. disagree
2. dissent	b. support with evidence
3. disservice	c. conceal the real nature of
4. dissident	d. reveal
5. dissuade	e. person who disagrees
6. distinct	f. intuit
7. diurnal	g. persuade not to
8. divine	h. occurring every day
9. divulge	i. harmful action
10. document	j. separate

DOLDRUMS [dóuldrəmz] n low spirits; a state of inactivity
침울한 정신 상태; 무기력 상태

▶ 이 단어는 복수의 형태를 취하고 있지만 단수 취급한다. 더구나 항상 정관사 the와 함께 나온다.

To sailors, the *doldrums* is an ocean area near the equator where there is very little wind. A sailing ship in the *doldrums* is likely to be moving very slowly or not moving at all. To the rest of us, the *doldrums* is a state of mind comparable to that frustratingly calm weather near the equator.

배를 타는 사람들에게 있어, doldrums(무풍지대)는 바람이 거의 없는 적도 부근의 해양을 일컫는다. doldrums(무풍지대)에서 돛을 달고 항해하는 선박은 아주 천천히 움직이게 되거나 아예 움직이지도 않게 된다. 우리 같은 대부분의 사람들에게 있어, doldrums(정체 또는 침체 상태)라는 것은 적도 부근의 좌절감을 줄 만큼 '잔잔한 날씨와 같은 마음의 상태'를 비유해서 일컫는 말이다.

- Meredith has been in the *doldrums* ever since her pet bees flew away; she mopes around the house and never wants to do anything.

  메러디스는 애완용 벌이 날아가 버리고 난 뒤로 계속해서 침울해 했다. 그녀는 맥없이 집 주변을 돌아다니며 아무것도 하지 않으려 한다.

DOLEFUL [dóulfəl] adj sorrowful; filled with grief 슬픈; 비탄에 잠긴

- A long, *doleful* procession followed the horse-drawn hearse as it wound slowly through the village.

  장의 마차가 마을을 천천히 돌아나가자 길고 슬픔에 잠긴 행렬이 그 뒤를 따랐다.

- Aunt Gladys said she loved the pencil holder that her niece had made her for Christmas, but the *doleful* expression on her face told a different story.

  글래디스 숙모는 조카딸이 크리스마스 선물로 만들어 준 연필꽂이를 아주 좋아한다고 말했다. 그러나 그녀의 얼굴에 나타난 슬픈 표정은 다른 얘기를 하고 있었다.

▶ 서로 바꿔 쓸 수 있는 단어로 dolorous[dóulərəs] (비통한)가 있다.

DOLT [doult] n a stupid person; a dunce 멍청이; 열등생

- "*Dolts* and idiots." said Mrs. Wier when her husband asked her to describe her new students.

  위어 선생님은 남편이 새로 맡은 제자들에 대해서 물어보았을 때 '멍청이와 지진아들.'이라고 대답했다.

▶ 형용사형은 doltish[dóultiʃ](멍청한)이다.

- The farmer's *doltish*[dóultiʃ] son rode the cows and milked the horses.

  농부의 멍청한 아들은 소를 타고 다니고 말 젖을 짰다.

DOTAGE [dóutidʒ] n senility; foolish affection 망령; 어리석은 애정

To *dote*[dout] on something is to be foolishly or excessively affectionate toward it. For some reason, old people are thought to be especially prone to doing this. That's why *dotage* almost always applies to old people.

dote on은 '~에 대해 어리석을 정도로 지나치게 애정을 갖다'라는 뜻이다. 어떤 이유 때문인지 나이가 많은 사람들은 특히 이와 같은 행동에 빠지기 쉽다고 생각된다. dotage가 거의 언제나 나이가 많은 사람에게 일어나는 것이 그 때문이다.

- My grandmother is in her *dotage*; she spends all day in bed watching soap operas and combing the hair on an old doll she had as a little girl.

  나의 할머니는 노망이 들었다. 할머니는 연속극을 보고 어릴 적 가지고 놀았던 낡은 인형의 머리를 빗어 주면서 하루 종일 침대에 누워 계신다.

A senile person is sometimes called a *dotard*[dóutərd].

노망한 늙은이를 dotard라고 부른다.

DOUBLE ENTENDRE [dʌ́bl ɑːntɑ́ːndrə] n a word or phrase having a double meaning, especially when the second meaning is risqué

두 가지 의미를 담고 있는 단어나 어구, 특히 두 번째 의미는 외설적인 것

▶ 프랑스 어 표현이므로 발음에 주의할 것.

- The class president's speech was filled with *double entendres* that only the students understood; the teachers were left to scratch their heads as the students were doubled over with laughter.

  반장의 말에는 학생들만이 알아들을 수 있는 중의적인 단어나 어구가 매우 많았다. 선생님들은 학생들이 몸을 웅크리며 웃는 동안 그저 머리만 긁적이고 계셨다.

DOUR [dɑuər] adj forbidding; severe; gloomy 험악한; 엄격한; 음울한

▶ 발음에 주의할 것.

- The Latin teacher was a *dour* old man who never had a kind word for anyone, even in Latin.

  라틴 어 선생님은 어느 누구에게도, 심지어 라틴 어로조차도 친절한 말을 하는 법이 없는 엄격한 노인이었다.

- The police officer *dourly* insisted on giving me a traffic ticket, even though I promised to repair my rear headlight.

  내가 뒤쪽 헤드라이트를 고치겠다고 약속했는데도 경찰관은 험악하게 교통 위반 딱지를 떼겠다고 고집했다.

DOWNCAST [dáunkæst] adj directed downward; dejected 아래로 향한; 풀이 죽은

- The children's *downcast* faces indicated that they were sad that Santa Claus had brought them nothing for Christmas.

  아이들의 의기소침한 얼굴에서, 산타클로스가 아무런 크리스마스 선물도 가져다주지 않았다는 것을 슬퍼하고 있음을 알 수 있었다.

- The entire audience seemed *downcast* by the end of the depressing movie.

  침울한 영화가 끝나자 모든 관객들도 기분이 우울한 듯 보였다.

- My six-week struggle with the flu had left me feeling *downcast* and weak.

  독감에 6주간이나 시달리고 나서 나는 허약해지고 침울해졌다.

DOWNPLAY [dáunplèi] v to minimize; to represent as being insignificant
과소평가하다; 하찮게 여기다

- The doctor had tried hard to *downplay* the risks involved in the operation, but Harry knew that having his kidney replaced was not minor surgery.

  의사는 수술에서 일어날 수 있는 위험을 무시하려고 애를 썼다. 그러나 신장을 건드리는 것은 손쉬운 수술이 아니라는 것을 해리도 알고 있었다.

- The parents tried to *downplay* Christmas because their daughter was very young and they didn't want her to become so excited that she wouldn't be able to sleep.

  부모는 딸이 아직 어리고, 또 너무 흥분해서 잠도 못 자는 것이 아닌가 하는 생각에 크리스마스를 무시하려고 했다.

- Superman *downplayed* his role in rescuing the children, but everyone knew what he had done.

  슈퍼맨은 아이들을 구하는 데 있어서 자신이 별로 큰 역할을 하지 않았다고 말했다. 그러나 모든 사람들이 그가 한 일을 알고 있었다.

DRACONIAN [dreikóuniən] adj harsh; severe; cruel 엄격한; 가혹한; 잔혹한

This word is often capitalized. It is derived from the name of Draco, an Athenian official who created a notoriously harsh code of laws. Because of this history, the word is most often used to describe laws, rules, punishments, and so forth.

draconian은 흔히 대문자로 시작한다. 이는 매우 가혹한 법률을 만든 것으로 악명 높은 아테네의 관리, 드레이코의 이름에서 유래한 것이다. 이러한 역사적 배경 때문에 draconian은 흔히 법이나 규칙, 형벌 등에 관해 설명할 때 자주 쓰인다.

- The judge was known for handing down *draconian* sentences; he had once sentenced a shoplifter to life in prison without parole.

  그 판사는 가혹한 판결을 내리기로 유명했다. 그는 언젠가는 단순한 좀도둑에게 가석방 없이 감옥에서 평생을 보내라고 판결을 한 적도 있었다.

- Mrs. Jefferson is a *draconian* grader; her favorite grade is D, and she has never given an A in her entire life.

  제퍼슨 부인은 학점을 가혹하게 주는 사람이다. 그녀가 흔히 주는 학점은 D이며, 전 생애를 통틀어 한 번도 A 학점을 준 적이 없었다.

DROLL [droul] adj humorous; amusing in an odd, often understated, way
우스운; 기묘하고, 종종 줄여 말하는 방식으로 재미있는

This word is slightly stilted, and it is not a perfect substitute for funny in every situation. The Three Stooges, for example, are not *droll*.

droll은 다소 과장의 의미가 있으며, 모든 상황에서 funny(웃긴)라는 단어를 완벽하게 대체할 수 있는 것은 아니다. 예를 들면, The Three Stooges라는 TV프로그램을 droll이라고 말하지는 않는다.

- The children entertained the dinner guests with a *droll* rendition of their parents' style of arguing.

  아이들은 부모님이 논쟁하는 모습을 익살스럽게 연출하여 만찬에 모인 손님들을 즐겁게 해 주었다.

- The speaker's attempts to be *droll* were met with a chilly silence from the audience.

  연설자는 사람들을 웃기려고 농담을 했지만, 관객들은 냉랭한 침묵으로 응답할 뿐이었다.

This word is used frequently in classic English literature. For more vocabulary derived from the classics, see Chapter 10 at the end of this book.

droll은 고전적인 영문학에서 자주 쓰인다. 고전 문학에서 유래한 더 많은 어휘들을 PART C의 10. Classic Literature(고전 문학)에 정리해 두었다.

DROSS [drɔːs] n worthless stuff, especially worthless stuff arising from the production of valuable stuff
쓸모없는 것, 특히 가치가 있는 상품의 생산에서 부수적으로 생기는 가치 없는 것

In metal smelting, the *dross* is the crud floating on top of the metal once it is molten. Outside of this precise technical meaning, the word is used figuratively to describe any comparably worthless stuff.

금속을 제련하는 데 있어서 dross는 1차 제련했을 때 '용해된 주철 표면에 뜨는 불순물'을 의미한다. 이러한 기술적인 의미에서 벗어나면, dross는 비유적으로 비교적 가치 없는 물건을 가리킬 때 사용된다.

- Hilary's new novel contains three or four good paragraphs; the rest is *dross*.

  힐러리의 새로운 소설에서 서너 개의 단락은 좋지만 나머지는 보잘것없다.

- The living room was filled with the *dross* of Christmas: mounds of wrapping paper and ribbon, empty boxes, and toys that no one would ever play with.

  거실에는 크리스마스의 잔해로 가득했다. 산더미 같은 포장지와 리본, 빈 상자, 그리고 아무도 갖고 놀 것 같지 않은 장난감들이 있다.

DURESS [djuərés] n coercion; compulsion by force or threat
강압; 힘이나 협박으로 강제함

▶ 발음에 주의할 것. 이 단어는 흔히 under와 함께 쓰인다.

- Mrs. Maloney was under *duress* when she bought her son a candy bar; the nasty little boy was screaming and crying.

  맬로니 부인은 아들에게 협박을 받아 어쩔 수 없이 막대사탕을 사 주었다. 심술궂은 아들이 소리를 지르고 울었던 것이다.

- The court determined that the old man had been under *duress* when he signed his new will, in which he left all his money to his lawyer; in fact, the court determined that the lawyer had held a gun to the old man's head while he signed it.

  재판은 그 노인이 협박을 받고 어쩔 수 없이 자신의 모든 재산을 변호사에게 남긴다는 새로운 유언장에 서명을 했다고 결론 내렸다. 사실 법정은 변호사가 노인의 머리에 총구를 들이대고 사인을 강요했다고 판단했다.

Match each word in the first column with its definition in the second column. Check your answers in the back of the book.

1. doldrums		a. forbidding
2. doleful		b. humorous
3. dolt		c. senility
4. dotage		d. double meaning
5. double entendre		e. stupid person
6. dour		f. harsh
7. downcast		g. worthless stuff
8. downplay		h. coercion
9. draconian		i. minimize
10. droll		j. sorrowful
11. dross		k. low spirits
12. duress		l. dejected

E

EBB [eb] v to diminish; to recede   줄다; 감퇴하다

Ebb comes from an old word meaning low tide, and it is still used in this way. When a tide ebbs, it pulls back or goes down. Other things can *ebb*, too.

ebb는 '썰물'을 의미하는 고어에서 유래한 것이다. 그리고 여전히 같은 의미로 사용되고 있다. 조수가 ebb한다는 표현은 물이 빠지거나 수위가 내려간다는 의미이다. 다른 것들도 줄어들 수 있다.

- My interest *ebbed* quickly when my date began to describe the joys of stamp collecting.

  데이트 상대가 우표 수집의 재미에 대해 설명하기 시작하자 흥미가 급속도로 없어졌다.

- The team's enthusiasm for the game *ebbed* as the other team ran up the score.

  그 팀의 경기에 대한 열정은 상대 팀이 점수를 올리자 식어 버렸다.

▶ 반의어는 flood(홍수) 또는 flow(밀물)이다.

- On a typical trading day, the Dow Jones Industrial Average *ebbs* and flows in a seemingly haphazard way.

  일상적으로 다우존스 지수는 겉으로는 우연에 의한 것처럼 보이는 방식으로 등락을 거듭한다.

ECCLESIASTICAL [iklì:ziǽstikəl] adj **having to do with the church**   교회의

- The priest had few *ecclesiastical* duties because he had neither a church nor a congregation.

  그 신부는 교회를 담당하지도 않고, 집회도 열지 않았기 때문에 성직의 의무를 거의 갖고 있지 않았다.

- The large steeple rising from the roof gave the new house an oddly *ecclesiastical* feel.

  지붕 위에 솟아 있는 커다란 첨탑은 새 집이 기묘한 교회 같다는 느낌을 주었다.

ECLIPSE [iklíps] v to block the light of; to overshadow; to reduce the significance of; to surpass
~의 빛을 가로막다; 그늘지게 하다; ~의 의미를 축소하다; 능가하다

In an *eclipse* of the moon, the sun, earth, and moon are arranged in such a way that the earth prevents the light of the sun from falling on the moon. In an *eclipse* of the sun, the moon passes directly between the earth and the sun, preventing the light of the sun from falling on the earth. In the first instance, the earth is said to *eclipse* the moon; in the second instance, the moon is said to *eclipse* the sun.

eclipse of the moon(월식)이 일어날 때는, 태양과 지구와 달이 일렬로 늘어서 지구가 태양의 빛을 가로막음으로써 빛이 달까지 닿지 않게 된다. eclipse of the sun(일식)은 달이 태양과 지구 사이를 직접 지나감으로써 태양의 빛이 지구에 닿는 것을 막는다. 첫 번째 사례에서는 지구가 달을 그늘지게 하는 것이고, 두 번째 사례에서는 달이 태양을 그늘지게 하는 것이다.

▶ eclipse는 비유적인 의미로도 쓰일 수 있다.

- Lois's fame *eclipsed* that of her brother, Louis, who made fewer movies and was a worse actor.
  로이스의 명성은 오빠인 루이스의 명성을 능가했다. 루이스는 영화 출연 편수도 더 적고, 연기도 더 못하는 배우였다.

- The spelling team's glorious victory in the state spelling championship was *eclipsed* by the arrest of their captain on charges of possessing cocaine.
  주 철자법 대회 결승전에서 그 팀이 거둔 영광스러운 승리는 주장이 코카인 소지죄로 기소되어 체포되는 바람에 그 빛을 잃었다.

ECOSYSTEM [ékousìstəm] n a community of organisms and the physical environment in which they live
유기체 집단과 그들이 살아가는 자연의 환경, 생태계

▶ 발음에 주의할 것. 첫 음절에서 'ek' 대신에 'eek'로 발음될 수도 있다.

- The big muddy swamp is a complex *ecosystem* in which the fate of each species is inextricably linked with the fate of many others.
  크고 질펀한 늪지대는 각각의 생명체의 운명이 다른 많은 생명체들의 운명과 복잡하게 뒤얽혀 있는 복합 생태계이다.

Ecology is the science of the relationships between organisms and their environment.
ecology(생태학)는 생명체와 그들의 환경 사이의 연관 관계를 연구하는 학문이다.

▶ 형용사형은 ecological[èkəládʒikəl] (생태계의)이다.

EDICT [íːdikt] n an official decree 공식적인 포고, 칙령

- The new king celebrated his rise to power by issuing hundreds of *edicts* governing everything from curbside parking to the wearing of hats.
  새로 등극한 왕은 가두 주차장 설치에서 모자 착용에 이르기까지 모든 것을 관장하는 수백 개의 칙령을 선포함으로써 자신이 권좌에 오른 것을 기념했다.

- By presidential *edict*, all government offices were closed for the holiday.
  대통령령에 의해 모든 정부 기구는 휴일에 문을 닫았다.

EDIFICE [édəfis] n a big, imposing building 크고 인상적인 건물

- Mr. and Mrs. Stevens had originally intended to build a comfortable little cottage in which to spend their golden years, but one thing led to another and they ended up building a sprawling *edifice* that dwarfed all other structures in the area.

  스티븐스 부부는 처음에는 노후를 보낼 작고 편안한 시골집을 지으려고 했었다. 그러나 하나를 만들면 또 다른 것이 부족한 것 같아, 결국 집은 보기 흉하게 커다란 건물이 되어, 그 지역의 다른 구조물들은 모두 난쟁이처럼 보이게 만들었다.

An architect who designs massive or grandiose buildings is sometimes said to have an "*edifice* complex."

거대하고 웅장한 건물을 설계하는 건축가는 간혹 "edifice complex(거대 건물 콤플렉스)"를 갖고 있다고 일컬어진다.

EFFECTUAL [ifékt∫uəl] adj effective; adequate 효과적인, 유능한; 알맞은

- Polly is an *effectual* teacher, but she is not a masterful one; her students come away from her class with a solid understanding of the subject but with little else.

  폴리는 유능한 선생님이긴 하지만 능수능란한 사람은 아니다. 그녀의 수업을 듣는 학생들은 그 과목에 대한 알찬 이해를 얻기는 하지만, 다른 것은 얻은 것이 거의 없는 채로 교실을 나온다.

- Even with all her years of experience, Mrs. Jones had not yet hit on an *effectual* method of getting her children to go to bed.

  수년간에 걸친 경험에도 불구하고, 존스 부인은 아직도 아이들을 잠자리에 들게 만드는 효과적인 방법을 찾지 못했다.

▶ 반의어는 ineffectual[ìnifékt∫uəl] (비효과적인)이다.

- The plumber tried several techniques for stopping a leak, all of them *ineffectual*.

  배관공은 누수를 막기 위해 몇 가지 기술을 동원했다. 그러나 모두 효과가 없었다.

EFFICACY [éfəkəsi] n effectiveness 유효성

- Federal law requires manufacturers to demonstrate both the safety and the *efficacy* of new drugs. The manufacturers must prove that the new drugs are *efficacious*[èfəkéi∫əs].

  연방법은 새로운 약의 효능과 안전성을 입증할 것을 제조업자들에게 요구하고 있다. 제조업자들은 반드시 새로 개발된 약이 치료 효능이 있다는 것을 증명해야만 한다.

EFFIGY [éfidʒi] n a likeness of someone, especially one used in expressing hatred for the person of whom it is a likeness
누군가를 닮게 만든 것, 특히 그 사람과 똑같이 만들어서 증오를 표현하는 데 사용하는 것

- The company's founder had been dead for many years, but the employees still passed under his gaze because his *effigy* had been carved in the side of the building.

  회사의 설립자는 이미 수년 전에 죽었지만, 직원들은 아직도 그의 눈길을 받으며 지나다녔다. 그의 초상이 건물 측면에 새겨져 있기 때문이었다.

- The members of the senior class hanged the principal in *effigy*; they made a dummy out of some old burlap bags and strung it up in the tree beside the parking lot.

  고학년 학생들은 교장의 형상을 만들어 목을 매달았다. 그들은 낡은 마대자루를 모아 인체 모형을 만들고 줄을 묶어 주차장 옆에 있는 나무에 매달았다.

This word is often heard in the clichéd phrase *burned an effigy*, as in, "The chief of staff was so unpopular that White House staffers openly *burned an effigy* of him at the holiday party."

effigy는 진부한 표현인 'burned an effigy(화형식을 거행했다)'에서 자주 들을 수 있는데, "직원들 대표는 너무 인기가 없어서 백악관 직원들은 휴일 파티에서 공개적으로 그의 화형식을 거행했다."처럼 쓸 수 있다.

ELATION [iléiʃən] n a feeling of great joy 대단히 기분 좋게 느낌, 의기양양

- A tide of *elation* swept over the crowd as the clock ticked down to zero and it became clear that the college's team really had made it to the quarterfinals of the countywide tiddlywinks competition.

  시계가 0을 가리키고 그 대학 팀이 정말로 전국 원반 튕기기 경기 준준결승까지 올라갔다는 것이 확정되자 관중석에는 기쁨의 열기가 넘쳤다.

- Harry's brother's *elation* at having defeated him in the golf match was almost more than Harry could bear.

  골프 시합에서 해리를 이겼다고 의기양양해진 형의 모습은 해리가 참고 볼 수 없는 정도였다.

▶ 형용사형은 elated(의기양양한)이다.

- After rowing across the Pacific Ocean in a bathtub, I felt positively *elated*; I also felt a little tired.

  목욕통을 타고 태평양을 횡단한 후에 나는 정말로 우쭐해졌고 또한 약간 피곤했다.

QUICK QUIZ 34

Match each word in the first column with its definition in the second column. Check your answers in the back of the book.

1. ebb	a. official decree
2. ecclesiastical	b. feeling of great joy
3. eclipse	c. having to do with the church
4. ecosystem	d. big, imposing building
5. edict	e. likeness of someone
6. edifice	f. surpass
7. effectual	g. effective
8. efficacy	h. effectiveness
9. effigy	i. diminish
10. elation	j. organisms and their environment

ELECTORATE [ilέktərit] n the body of people entitled to vote in an election; the voters
선거에서 투표를 할 자격이 있는 사람 전체, 유권자; 투표자

- In order to be elected, a candidate usually has to make a lot of wild, irresponsible promises to the *electorate*.

  선거에 당선되기 위해서 후보자는 대개 유권자들에게 떠들썩하고 무책임한 공약들을 많이 내놓아야 한다.

- The losing candidate attributed her loss not to any fault in herself but to the fickleness of the *electorate*.

  선거에서 패배한 후보자는 실패를 자기가 가진 결함 탓이 아니라 유권자의 변덕 탓으로 돌렸다.

▶ 형용사형은 electoral[ilέktərəl](선거의)이다.

▶ 이 단어들의 발음에 주의할 것.

ELEGY [éliʤi] n a mournful poem or other piece of writing; a mournful piece of music 슬픈 시, 슬픈 글; 슬픈 음악

- Most critics agreed that Stan's best poem was an *elegy* he wrote following the death of his pet pigeon.

  대부분의 평론가들이 스탠의 최고의 시는 애완용 비둘기가 죽은 뒤에 쓴 비가라는 사실에 동의했다.

- My new book is an *elegy* to the good old days—the days before everything became so terrible.

  나의 새 책은 좋았던 옛 시절, 모든 것이 그토록 끔찍하게 변하기 전의 그 시절에 대한 비가이다.

▶ 형용사형은 elegiac[èləʤáiək](비가의)이다.

- The little article in the newspaper about Frank's retirement had an *elegiac* tone that Frank found disconcerting.

  신문에 실린 프랭크의 퇴직에 관한 작은 기사는 프랭크가 당혹스러울 정도로 슬퍼하는 듯한 논조였다.

ELITE [eilíːt] n the best or most select group 최고의 그룹, 극상의 사람들

- Alison is a member of bowling's *elite*; she bowls like a champion with both her right hand and her left.

  앨리슨은 뛰어난 볼링 솜씨를 가지고 있다. 그녀는 양손을 모두 사용하며 챔피언 같은 볼링 실력을 보인다.

- As captain of the football team, Bobby was part of the high school's *elite*, and he never let you forget it.

  풋볼 팀의 주장으로서 바비는 그 학교 엘리트의 일원이었으며, 남들이 그 사실을 잊지 못하게 했다.

▶ elite는 형용사로도 쓰인다.

- The presidential palace was defended by an *elite* corps of soldiers known to be loyal to the president.

  대통령궁은 충성심이 강하다고 알려진 정예 부대의 군인들이 호위하고 있었다.

To be an *elitist*[ilíːtist] is to be a snob; to be *elitist* is to be snobby.

elitist(엘리트주의자)는 '속물'이다. 엘리트주의자가 된다는 것은 속물적이 된다는 것이다.

ELOCUTION [èləkjú:ʃən] n the art of public speaking   대중 웅변술

- The mayor was long on *elocution* but short on execution; he was better at making promises than at carrying them out.

  시장은 웅변은 길고 실행은 짧았다. 그는 공약을 실행하는 것보다는 공약 자체를 남발하는 것을 더 잘했다.

- Professor Jefferson might have become president of the university if he had had even rudimentary skills of *elocution*.

  제퍼슨 교수는 기본적인 웅변술만 갖추었더라면 대학의 총장이 될 수도 있었을 것이다.

- In *elocution* class, Father Ficks learned not to yell, "SHADUPP!" when he heard whispering in the congregation.

  웅변 수업 시간에 픽스 신부님은 교회 목회 시간에 속삭이는 소리를 듣더라도 '입다아악쳐'라고 소리치지 말라고 배웠다.

A *locution*[loukjú:ʃən] is a particular word or phrase. Someone who speaks well is *eloquent*[éləkwənt].

locution은 '특별한 단어나 어구'를 의미한다. eloquent는 '연설을 잘하는'이라는 뜻이다.

EMACIATE [iméiʃièit] v to make extremely thin through starvation or illness
기아나 병 때문에 매우 마르게 만들다

- A dozen years in a foreign prison had *emaciated* poor old George, who had once weighed more than three hundred pounds but now weighed less than ninety.

  불쌍하고 늙어 버린 조지는 12년간의 외국 감옥 생활로 매우 말랐다. 그는 한때 300파운드 이상 나갔지만, 이제는 90파운드도 되지 않았다.

▶ 명사형은 emaciation[imèiʃiéiʃən] (쇠약함, 수척함)이다.

- The saddest thing to see in the refugee camp was the *emaciation* of the children, some of whom had not had a real meal in many weeks.

  난민 수용소를 돌아보며 가장 슬펐던 일은 바싹 마른 아이들이었다. 몇몇 아이들은 몇 주 동안 음식다운 음식이라곤 먹어 보지 못했다.

▶ 이 단어들의 발음에 주의할 것.

EMANATE [émənèit] v to come forth; to issue   나오다; 분출하다

- Contradictory orders *emanated* from many offices in the government building, leaving the distinct impression that no one was in charge.

  정부 청사 안의 많은 기구에서 서로 반대되는 지시 사항이 나와서 책임자가 없다는 분명한 인상을 주었다.

- The dreadful sound *emanating* from the house up the street turned out to be not that of a cat being strangled but that of a violin being played by someone who didn't know how to play it.

  거리 위쪽에 위치한 집으로부터 흘러나온 끔찍한 소리는 목이 졸리고 있는 고양이의 소리가 아니라 아직 연주하는 방법도 모르는 누군가가 바이올린을 켜고 있는 소리인 것으로 밝혀졌다.

▶ 명사형은 emanation[èmənéiʃən] (발산)이다.

- The mystic claimed to be receiving mental *emanations* from the ghost of Alexander's long-dead aunt.

  그 신비주의자는 오래 전에 죽은 알렉산더의 숙모의 영혼으로부터 정신적 감응을 받고 있다고 주장했다.

EMANCIPATE [imǽnsəpèit] v to liberate; to free from bondage or restraint
석방하다; 구속이나 속박으로부터 자유롭게 해 주다

- Refrigerators, microwave ovens, and automatic dishwashers have *emancipated* modern homemakers from much of the drudgery of meal preparation and cleanup.
  냉장고, 전자레인지, 자동 식기세척기 덕분에 현대의 주부들은 식사 준비와 청소라는 고역으로부터 해방되었다.

- My personal computer has *emancipated* me from my office; I am now able to work out of my home.
  컴퓨터 덕분에 나는 사무실에서 해방되었다. 나는 지금 내 집 밖에서도 업무 처리를 할 수 있다.

▶ 명사형은 emancipation[imǽnsəpéiʃən] (해방)이다.

- President Lincoln announced that he had *emancipated* the slaves in his Emancipation Proclamation.
  링컨 대통령은 노예 해방 선언을 통해 노예들이 해방되었음을 천명했다.

EMBARGO [imbá:rgou] n a government order suspending foreign trade; a government order suspending the movement of freight-carrying ships in and out of the country's ports
외국과의 교역을 중지하라는 정부의 명령; 항구를 통해 화물선이 들어오고 나가는 것을 중지하라는 정부의 명령

- For many years, there has been an *embargo* in the United States on cigars produced in Cuba.
  수년 동안 미국은 쿠바에서 생산되는 시가에 대해 통상금지 조치를 취해 왔다.

- Jerry imposed a household *embargo* on rented movies; for the next six months, he said, no rented movies would be allowed in the house.
  제리는 가족들이 영화를 빌려 보는 것에 대해 금지 조치를 내렸다. 그는 이후 6개월 동안 집에서는 영화를 빌려 보는 것이 허락되지 않을 것이라고 말했다.

▶ 유의어 sanction(승인)의 두 번째 뜻을 참조할 것.

EMBELLISH [imbéliʃ] v to adorn; to beautify by adding ornaments; to add fanciful or fictitious details to
장식하다; 장식을 더해 아름답게 만들다; 기발하거나 꾸민 세부 묘사를 더하다

A *belle* is a beautiful young woman. To *embellish* is to make beautiful or to adorn.
belle은 젊고 아름다운 여성을 의미한다. embellish는 '아름답게 만들다' 또는 '치장하다'는 뜻이다.

Note that the word can have negative connotations, as when a person adds false facts to a story.
embellish는 이야기에 거짓을 보태 꾸며내는 사람처럼 부정적인 의미로도 쓰일 수 있음을 기억하라.

- Cynthia *embellished* her plain white wedding gown by gluing zirconium crystals to it.
  신시아는 평범한 흰색의 웨딩 가운에 지르코늄 결정체들을 붙여서 예쁘게 장식을 했다.

- Hugh could never leave well enough alone; when he told a story, he liked to *embellish* it with facts that he had made up.

  휴는 기왕에 들은 얘기를 그대로 두는 법이 없었다. 그가 이야기를 할 때면 자신이 꾸며낸 이야기로 덧붙이고 윤색하기를 좋아했다.

- Edward was guilty of *embellishing* his résumé by adding a college degree that he had not earned and a great deal of job experience that he had not had.

  에드워드는 실제로는 받아 보지 못한 대학 졸업장과 풍부한 업무 경험을 첨가해서 자신의 이력서를 꾸며내는 죄를 저질렀다.

EMBODY [embádi] v to personify; to give physical form to
구체화하다; 물리적인 형태를 주다

- Kindly old Mr. Benson perfectly *embodied* the loving philosophy that he taught.

  친절한 노인인 벤슨 씨는 그가 가르치는 사랑의 철학을 구체적으로 구현했다.

- The members of the club were a bunch of scoundrels who came nowhere near *embodying* the principles upon which their club had been founded.

  그 클럽의 회원들은 건달들 여럿으로, 클럽이 설립되었던 취지를 제대로 구현하고 있는 사람은 아무도 없었다.

▶ 명사형은 embodiment(전형)이다.

QUICK QUIZ

Match each word in the first column with its definition in the second column. Check your answers in the back of the book.

1. electorate	a. art of public speaking
2. elegy	b. body of voters
3. elite	c. government order suspending trade
4. elocution	d. adorn
5. emaciate	e. personify
6. emanate	f. mournful poem
7. emancipate	g. liberate
8. embargo	h. most select group
9. embellish	i. make extremely thin
10. embody	j. come forth

EMBROIL [imbrɔ́il] v to involve in conflict; to throw into disorder
분쟁에 관련시키다; 혼란스러운 상황에 빠뜨리다

- For the last twenty years, Mr. and Mrs. Brown have been *embroiled* in a legal battle with the city over the camels in their backyard.

  지난 20년 동안 브라운 부부는 뒷마당에서 낙타를 키우는 문제 때문에 시를 상대로 한 법적 분쟁에 휘말려 있었다.

- Fighting and shouting *embroiled* the classroom, leading the teacher to walk out of the room.

  교실 안은 싸움질과 고함 소리로 난장판이었고 선생님은 교실 밖으로 나갔다.

An *imbroglio* [imbróuljou] is a confused, difficult, or embarrassing situation.

imbroglio는 '혼란스럽고, 어렵고, 어쩔 줄 모르는 상황'이다.

EMBRYONIC [èmbriánik] adj undeveloped; rudimentary 미개발의; 형성기의, 초보의

An *embryo* [émbriou] is any unborn animal or unformed plant that is in the very earliest stages of development. *Embryonic* can be used to describe such an undeveloped organism, but it also has a broader meaning.

embryo는 아직 태어나지 않은 동물이나 발생의 초기 단계에 있어서 형태를 다 갖추지 않은 식물을 의미한다. embryonic은 덜 자란 유기체로 묘사될 수도 있지만, 더 폭넓은 의미를 지닐 수도 있다.

- The plans for the new building are pretty *embryonic* at this point; they consist of a single sketch on the back of a cocktail napkin.

  새로운 건물에 대한 계획안은 지금 시점에서는 아직 초기 단계이다. 계획안은 칵테일 받침 냅킨의 뒷면에 그린 한 장의 밑그림이 전부이다.

- Our fund-raising campaign has passed the *embryonic* stage, but it still hasn't officially gotten under way.

  우리의 기금 마련 행사는 초기 단계를 지났다. 그러나 공식적으로는 여전히 진행이 안 되고 있다.

EMISSARY [émisèri] n a messenger or representative sent to represent
another 사자, 대표로 파견된 대리인

To *emit* is to send out. An *emission* is something sent out. An *emissary* person sent out as a messenger or representative.

emit는 '보내다'라는 뜻이다. emission은 '보내진 것'을 의미한다. emissary person은 '메신저나 대표로 보내진 사람'을 뜻한다.

- The king was unable to attend the wedding, but he sent an *emissary*: his brother.

  왕은 결혼식에 참석할 수가 없었다. 그래서 그는 대리인인 그의 형을 보냈다.

- The surrender of the defeated country was negotiated by *emissaries* from the two warring sides.

  두 교전 당사국에서 파견된 밀사들이 패배한 나라의 항복에 관한 문제를 협상했다.

- The company's president couldn't stand to fire an employee two days before his pension would have taken effect, so he sent an *emissary* to do it instead.

  그 회사의 사장은 연금이 개시되기 이틀 전에 종업원을 해고하는 짓을 할 수가 없었다. 그래서 그는 자기 대신에 대리인을 시켜 그 일을 하도록 했다.

EMPATHY [émpəθi] n identification with the feelings or thoughts of another
다른 사람의 생각이나 감정과 동일화되는 것, 감정 이입

- Shannon felt a great deal of *empathy* for Bill's suffering; she knew just how he felt.

  섀넌은 빌의 고통을 아주 깊게 공감할 수 있었다. 그녀는 그가 어떻게 느끼는지 알고 있었다.

▶ 동사형은 empathize[émpəθàiz](공감하다)이고, 형용사형은 empathic[empǽθik](감정 이입의)이다.

- Samuel's tendency to *empathize* with creeps may arise from the fact that Samuel himself is a creep.

  좀도둑들에게 공감을 하는 사무엘의 성향은 해리 자신이 바로 좀도둑이라는 사실에서 기인한 것일 수 있다.

This word is sometimes confused with *sympathy*, which is compassion or shared feeling, and *apathy*[ǽpəθi], which means indifference or lack of feeling. *Empathy* goes a bit further than *sympathy*; both words mean that you understand someone's pain or sorrow, but *empathy* indicates that you also feel the pain yourself.

empathy는 간혹 '동정'이나 '공감'을 뜻하는 sympathy와 혼동되기도 한다. 또한 '무관심'이나 '냉담함'을 의미하는 apathy와 혼동하는 일도 종종 있다. empathy는 sympathy보다 의미가 조금 더 강하다. 둘 다 상대방의 고통이나 슬픔을 이해하는 것이지만, empathy는 당신도 그 고통을 느끼고 있음을 보여 주는 것이다.

EMPOWER [impáuər] v to give power or authority to; to enable
권한이나 권력을 부여하다; 가능하게 하다

- The city council *empowered* the dog catcher to do whatever he wanted to with the dogs he caught.

  시의회는 개 잡는 사냥꾼에게 그가 잡은 개를 마음대로 처분할 수 있도록 했다.

- In several states, legislatures have *empowered* notaries to perform marriages.

  몇몇 주에서는 입법으로 공증인에게 결혼식을 주관할 수 있는 권한을 부여했다.

- The sheriff formed a posse and *empowered* it to arrest the fugitive.

  보안관은 민병대를 조직하고 탈주자를 체포할 수 있는 권한을 부여했다.

ENDEAR [indíər] v to make dear; to make beloved   귀염 받게 하다; 사랑받게 하다

- Merv *endeared* himself to Oprah by sending her a big box of chocolates on her birthday.

  머브는 오프라의 생일에 큰 초콜릿 한 상자를 선물로 보냄으로써 그녀의 사랑을 받게 되었다.

- I did not *endear* myself to my teacher when I put thumbtacks on the seat of her chair.

  나는 선생님의 의자에 압정을 올려놓았기 때문에 귀염을 받지 못했다.

- Edgar has the *endearing*[indíəriŋ] habit of giving hundred-dollar bills to people he meets.

  에드가는 만나는 사람들에게 100달러짜리 지폐를 주는 귀여운 습관이 있다.

An *endearment*[indíərmənt] is an expression of affection.

명사형 endearment는 '애정의 표시'를 의미한다.

- "My little pumpkin" is the *endearment* Arnold Schwarzenegger's mother uses for her little boy.

  "작은 내 호박"은 아놀드 슈왈제네거의 엄마가 어린 아들을 부르는 애칭이다.

ENGAGING [ingéidʒiŋ] adj charming; pleasing; attractive
매력적인; 애교 있는; 사람의 마음을 끄는

- Susan was an *engaging* dinner companion; she was lively, funny, and utterly charming.

  수잔은 식사를 같이 하기에 매력적인 사람이었다. 그녀는 생기가 넘치고 재미있으며 아주 매력적이었다.

- The book I was reading wasn't terribly *engaging*; in fact, it was one of those books that is hard to pick up.

  내가 읽고 있던 책은 지독하게도 사람의 마음을 끄는 데가 없었다. 사실 그 책은 선택하기 힘든 그런 책들 중의 하나였다.

ENMITY [énməti] n deep hatred; animosity; ill will 깊은 증오; 원한; 악의

▶ 발음에 주의할 것.

Enmity is what enemies feel toward each other. If this word reminds you of the word enemy, you have a built-in mnemonic.

enmity는 서로 적인 사람들이 상대방에 대하여 느끼는 감정이다. enemy라는 단어를 떠올린다면 머릿속에 연상 기호를 가지고 있는 것이다.

- The *enmity* between George and Ed was so strong that the two of them could not be in a room together.

  조지와 에드 사이의 적의는 너무나 깊어서 두 사람이 한 방에 있을 수조차 없었다.

- There was long-standing *enmity* between students at the college and residents of the town.

  그 도시의 주민과 대학의 학생들 간에는 아주 오래된 원한 같은 것이 있었다.

ENNUI [ɑːŋwíː] n boredom; listless lack of interest 권태; 흥미 없고 활기가 없는 생활

▶ 발음에 주의할 것.

Ennui is the French word for boredom. Studying French vocabulary words fills some people with *ennui*.

ennui는 '권태(boredom)'라는 뜻의 프랑스 어이다. 프랑스 어 어휘를 공부하는 것은 어떤 사람들에게는 ennui(따분)인 일이 될 것이다.

- The children were excited to open their Christmas presents, but within a few hours an air of *ennui* had settled on the house, and the children were sprawled on the living room floor, wishing vaguely that they had something interesting to do.

  아이들은 흥분으로 들떠서 크리스마스 선물을 개봉했지만, 시간이 얼마 흐르기도 전에 집 안에는 따분한 기운이 내려앉았다. 아이들은 거실 바닥에 팔다리를 쭉 펴고 드러누워 뭔가 재미있는 일이라도 했으면 좋겠다고 막연히 생각했다.

- The playwright's only real talent was for engendering *ennui* in the audiences of his plays.

  그 극작가의 진짜 유일한 재능은 그의 연극을 관람하는 관객에게 따분함을 선사한다는 것이었다.

ENSUE [insjú:] v to follow immediately afterward; to result
~뒤에 즉시 연달아 일어나다; 결과로써 생기다

- Janet called Debbie a liar, and a screaming fight *ensued*.

  자넷이 데비를 거짓말쟁이라고 부르자, 곧이어 소리를 지르는 싸움이 뒤를 이었다.

- I tried to talk my professor into changing my D into an A, but nothing *ensued* from our conversation.

  나는 교수님께 D 학점을 A로 바꿔 달라고 부탁을 해 보았지만, 우리의 대화로 달라진 것은 아무것도 없었다.

QUICK QUIZ

Match each word in the first column with its definition in the second column. Check your answers in the back of the book.

1. embroil	a. charming
2. embryonic	b. messenger or representative
3. emissary	c. make dear
4. empathy	d. involve in conflict
5. empower	e. identification with feelings
6. endear	f. boredom
7. engaging	g. undeveloped
8. enmity	h. give authority
9. ennui	i. follow immediately afterward
10. ensue	j. deep hatred

ENTAIL [intéil] v to have as a necessary consequence; to involve
필연적인 결과로써 수반하다; 포함하다

- Painting turned out to *entail* a lot more work than I had originally thought; I discovered that you can't simply take a gallon of paint and heave it against the side of your house.

  페인트 작업은 내가 처음에 생각했던 것보다 훨씬 더 많은 노동이 필요했던 것으로 드러났다. 단순히 1갤런의 페인트를 가져와 집 벽면에 대고 쏟아붓기만 하면 되는 것이 아니라는 것을 알게 되었다.

- Peter was glad to have the prize money, but winning it had *entailed* so much work that he wasn't sure the whole thing had been worth it.

  피터는 상금을 받게 되어 기뻤다. 그러나 상금을 획득하는 것은 너무나 힘든 노력의 결과이기 때문에, 그는 그것이 정말 그럴 만한 가치가 있는 일이었는지 확신을 가질 수가 없었다.

- Mr. Eanes hired me so quickly that I hadn't really had a chance to find out what the job would *entail*.

  이언스 씨가 워낙 급하게 나를 채용하는 바람에, 나는 그 업무가 어떤 일을 포함하고 있는 지 알아볼 기회조차 없었다.

ENTITY [éntəti] n something that exists; a distinct thing
존재하는 것; 개별적인 것, 실체

- The air force officer found an *entity* in the cockpit of the crashed spacecraft, but he had no idea what it was.

  공군 장교는 폭발한 우주선의 조종실에서 어떤 물체를 발견했다. 그러나 그는 그것이 무엇인지 알지 못했다.

- The identity card had been issued by a bureaucratic *entity* called the Office of Identification

  신분증은 신분증 발급처라고 불리는 관료 기관에서 발행되었다.

- Mark set up his new company as a separate *entity*; it had no connection with his old company.

  마크는 분리 독립된 형태로 새 회사를 설립했다. 그 회사는 그의 전 회사와는 아무 관계가 없었다.

▶ 반의어는 nonentity(보잘것없는 사람)이다.

ENTREAT [intríːt] v to ask earnestly; to beg; to plead
진정으로 부탁하다; 간청하다; 탄원하다

- The frog *entreated* the wizard to turn him back into a prince, but the wizard said that he would have to remain a frog a little bit longer.

  개구리는 마법사에게 자신을 도로 왕자로 변하게 해 달라고 간청했다. 그러나 마법사는 왕자가 조금 더 오래 개구리로 남아 있어야 한다고 말했다.

- My nephew *entreated* me for money for most of a year, and in the end I gave him a few hundred dollars.

  내 조카는 거의 일 년 동안이나 나에게 돈을 달라고 간청을 했다. 결국 나는 조카에게 몇 백 달러의 돈을 주고 말았다.

▶ 명사형은 entreaty[intríːti] (간청, 애원)이다.

- My mother was deaf to my *entreaties*; she made me attend my cousin's wedding even though I repeatedly begged her not to.

  우리 엄마는 나의 간청을 들은 척도 안 했다. 내가 계속해서 빌고 빌었지만, 결국 사촌의 결혼식에 참석하게 만들었다.

ENTREPRENEUR [àːntrəprənə́ːr] n an independent business person; one who starts, runs, and assumes the risk of operating an independent business enterprise
자영업자; 독립적 기업을 설립하고 운영하며 위험 부담도 끌어안는 사람, 기업가

- Owen left his job at Apple to become an *entrepreneur*; he started his own computer company to make specialized computers for bookies.

  오웬은 독립적인 기업가가 되기 위해 직장인 애플을 떠났다. 그는 마권 업자들을 위한 전문 컴퓨터를 만드는 자신의 회사를 차렸다.

- A majority of beginning business school students say they would like to become *entrepreneurs*, but most of them end up taking high-paying jobs with consulting firms or investment banks.

  창업 스쿨의 대다수 학생들은 기업가가 되고 싶다고 얘기한다. 그러나 그들 중 대부분은 결국 컨설팅 회사나 투자 은행에서 높은 급료를 받는 직업을 얻는다.

▶ 형용사형은 entrepreneurial [ù:ntrəprənə́:riəl] (기업가의)이다.

- **Hector** started his own jewelry business, but he had so little *entrepreneurial* ability that he soon was bankrupt.

  헥터는 보석을 취급하는 자신의 회사를 차렸다. 그러나 그는 기업가의 자질이 부족한 탓에 곧 파산하고 말았다.

▶ 이 단어들의 발음에 주의할 것.

ENUMERATE [inʤú:mərèit] v to name one by one; to list
일일이 이름을 부르다; 열거하다

- When I asked Beverly what she didn't like about me, she *enumerated* so many flaws that I eventually had to ask her to stop.

  비벌리에게 나의 어떤 점이 좋지 않느냐고 물었을 때, 그녀가 너무나 많은 결점을 일일이 나열하는 바람에 나는 결국 그만하라고 부탁을 해야만 했다.

- After the doctor from the public health department had *enumerated* all the dreadful sounding diseases that were rampant in the water park, I decided I didn't want to visit it after all.

  보건소에서 나온 의사가 워터파크에서 창궐해 무섭게 번지고 있는 질병들을 모두 일일이 나열하자, 나는 결국 그곳에 가고 싶지 않다고 결정했다.

Things too numerous to be listed one by one are *innumerable* [inʤú:mərəbl].

너무 많아서 일일이 셀 수 없는' 것은 innumerable이다.

ENVISION [invíʒən] v to imagine; to foresee 상상하다; 예견하다

- Perry's teachers *envisioned* great things for him, so they were a little surprised when he decided to become a professional gambler.

  페리의 선생님들은 그가 대단한 인물이 될 것이라고 상상했다. 그래서 페리가 프로 도박사가 되겠다고 했을 때 다소 놀랐다.

This word is different from, but means pretty much exactly the same thing, as *envisage* [invíziʤ]. The two can be used interchangeably, although *envisage* is perhaps a bit more stilted.

envision은 envisage(마음에 그리다, 직시하다)라는 단어와 다르긴 하지만 상당히 비슷한 의미를 갖고 있다. 비록 envisage가 조금 더 과장의 의미가 있긴 하지만, 두 단어는 서로 바꿔 쓸 수 있다.

EPICURE [épəkjùər] n a person with refined taste in wine and food
와인과 음식에 세련된 기호를 가지고 있는 사람, 미식가

Epicurus was a Greek philosopher of the 4th century B.C. who believed that pleasure (rather than, say, truth or beauty) was the highest good. The philosophical system he devised is known as Epicureanism. A teeny shadow of Epicurus is retained in our word *epicure*, since an *epicure* is someone who takes an almost philosophical sort of pleasure from fine food and drink.

에피쿠로스는 기원전 4세기 경, 쾌락(말하자면 진실이나 아름다움보다도 오히려)이 최고의 선이라고 믿었던 그리스의 철학자이다. 그가 창안한 철학 체계는 에피쿠로스 학파(쾌락주의)로 알려져 있다. 에피쿠로스의 잔영이 오늘날 epicure라는 단어에 아주 조금 남아 있다. epicure는 맛있는 음식과 술로부터 철학적 의미의 즐거움을 얻는 사람'을 가리키는 단어이기 때문이다.

- Ann dreaded the thought of cooking for William, who was a well-known *epicure* and would undoubtedly be hard to please.

  윌리엄은 워낙 유명한 미식가인 데다가 그를 만족시키기가 어렵다는 것은 너무나 분명했으므로 앤은 그를 위해 요리를 할 생각에 두렵기만 했다.

▸ 형용사형은 epicurean[epikjúriːən] (쾌락주의의)이다.

EPILOGUE [épəlɔ̀ːg] n an afterword; a short concluding chapter of a book; a short speech at the end of a play
후기; 책에서 짧게 쓴 맺음말; 연극의 말미에 하는 짧은 말

In the theater, an *epilogue* is a short speech, sometimes in verse, that is spoken directly to the audience at the end of a play. In classical drama, the character who makes this concluding speech is called *Epilogue*. Likewise, a *prologue* [próulɔːg] is a short speech, sometimes in verse, that is spoken directly to the audience at the beginning of a play. A *prologue* sets up the play; an *epilogue* sums it up. *Epilogue* is also (and more commonly) used outside the theater.

연극에서 epilogue는 연극이 끝날 무렵에 관객들을 향해 직접적으로 하는 짧은 말이나 간혹 행해지는 시를 의미하는 말이다. 고전극에서는 이러한 '끝맺음' 말을 하는 배우'를 Epilogue라고 불렀다. 마찬가지로 prologue는 연극의 초반에 관객에게 직접적으로 전달하는 짧은 말이나 시구를 의미한다. prologue가 연극의 시작을 열면, epilogue가 그것을 요약 정리한다. epilogue는 또한 (더 흔하게) 연극 외적으로 사용된다.

- In a brief *epilogue*, the author described what had happened to all the book's main characters in the months since the story had taken place.

  작가는 간단한 후기에서, 처음 사건이 벌어지기 시작한 다음부터 몇 달 동안 주요 등장인물들에게 일어났던 일들을 설명했다.

EPOCH [épək] n an era; a distinctive period of time   시대; 특별한 일이 있었던 시대

Don't confuse *epoch* with *epic*, which is a long poem or story.

서사시를 의미하는 epic과 혼동하지 마라.

- The coach's retirement ended a glorious *epoch* in the history of the university's football team.

  코치의 퇴직으로 대학의 풋볼 팀의 역사상 영광스러웠던 한 시대를 마감하게 되었다.

The adjective is *epochal* [épəkəl]. An *epochal* event is an extremely important one—the sort of significant event that might define an *epoch*.

형용사형은 epochal이다. epochal event는 아주 중요하고 epoch(신기원)로 정의될 수 있을 만큼 의미가 있는 사건을 뜻한다.

- The British Open ended with an *epochal* confrontation between Jack Nicklaus and Tom Watson, the two best golfers in the world at that time.

  브리티시 오픈은 당시 세계 최고의 두 골퍼, 잭 니클라우스와 탐 왓슨의 획기적인 대결로 막을 내렸다.

▸ 이 단어들의 발음에 주의할 것.

EQUESTRIAN [ikwéstriən] adj having to do with horseback riding   승마의

Equus, a famous play by Peter Shaffer, portrays a troubled stable boy and his relationship with horses. *Equine* [íːkwɑin] means horselike or relating to horses.

피터 쉐퍼의 유명한 연극, Equus(에쿠스)는 말썽 많은 마구간 소년과 말들과의 관계를 그리고 있다. equine은 '말 같은', '말에 관한'이라는 뜻이다.

- I've never enjoyed the *equestrian* events in the Olympics because I think people look silly sitting on the backs of horses.

  나는 사람들이 말 등에 올라타고 있는 모습이 어리석어 보인다고 생각했기 때문에 올림픽에서 승마 경기를 본 적이 한 번도 없었다.

- Billy was very small but he had no *equestrian* skills, so he didn't make much of a jockey.

  빌리는 체구는 매우 작았지만 승마 기술이 없었다. 그래서 그는 썩 훌륭한 기수가 되지는 못했다.

Equestrian can also be used as a noun meaning one who rides on horseback.

equestrian은 명사로도 쓰이는데 이때는 기수를 의미한다.

▶ 이 단어들의 발음에 주의할 것.

QUICK QUIZ

Match each word in the first column with its definition in the second column. Check your answers in the back of the book.

1. entail	a. having to do with horseback riding
2. entity	b. era
3. entreat	c. independent businessperson
4. entrepreneur	d. imagine
5. enumerate	e. something that exists
6. envision	f. person with refined taste
7. epicure	g. plead
8. epilogue	h. afterword
9. epoch	i. have as a necessary consequence
10. equestrian	j. name one by one

ESTIMABLE [éstəməbl] adj worthy of admiration; capable of being estimated
존경할 만한; 평가할 수 있는

- The prosecutor was an *estimable* opponent, but Perry Mason always won his cases.

  그 검사는 존경할 만한 적수이기는 했으나, 페리 메이슨은 항상 소송을 승리로 이끌었다.

- He swallowed a hundred goldfish, ate a hundred hot dogs in an hour, and drank a dozen beers, among other *estimable* achievements.

  존경할 만한 그의 업적 중에는 한 시간 동안 백 마리의 금붕어를 꿀꺽하고, 백 개의 핫도그를 먹었으며, 열두 병의 맥주를 마신 일도 있었다.

- The distance to the green was not *estimable* from where the golfers stood because they could not see the flag.

  골퍼들이 서있는 곳에서 그린까지의 거리는 가늠하기가 힘들었다. 그들에게는 (홀컵의) 깃발이 보이지 않았기 때문이었다.

Something that cannot be estimated is *inestimable* [inéstəməbl].

'측정할 수 없는'을 의미하는 형용사형은 inestimable이다.

- The precise age of the dead man was *inestimable* because the corpse had thoroughly decomposed.

  시체가 완전히 부패했기 때문에 사망한 사람의 정확한 나이는 측정할 수가 없었다.

▶ 이 단어들의 발음과 의미에 주의할 것.

ESTRANGE [istréindʒ] v to make unfriendly or hostile; to cause to feel removed from
소원하게, 또는 적대적으로 만들다; 멀어진 느낌을 갖게 하다

- Tereza's *estranged* husband had been making unkind comments about her ever since the couple had separated.

  테레자와 사이가 멀어진 남편은 부부가 별거에 들어간 이후로 그녀에 대해서 나쁜 말을 하고 다녔다.

- Isaac had expected to enjoy his twenty-fifth reunion, but once there he found that he felt oddly *estranged* from his old university; he just didn't feel that he was a part of it anymore.

  이삭은 25회 동창회를 즐길 기대감에 부풀어 있었다. 그러나 일단 그곳에 가서는 그는 옛 대학 친구들에게서 기묘한 거리감을 느꼈다. 그는 더 이상 그 동창회의 한 구성원으로 느껴지지가 않았다.

ETHICS [éθiks] adj moral standards governing behavior
행위를 통제하는 도덕적 기준, 윤리

- Irene didn't think much of the *ethics* of most politicians; she figured they were all taking bribes.

  아이린은 대부분의 정치가들이 그다지 윤리적인 사람이 아니라고 생각했다. 그녀는 그들이 모두 뇌물의 기회를 노리는 사람이라고 이해했다.

- The dentist's habit of stealing the gold dentalwork of his patients was widely considered to be a gross violation of dental *ethics*.

  금으로 된 환자들의 치아 장치를 훔치는 습관을 가진 치과 의사는 치과계의 윤리를 위반한 추잡한 사람으로 널리 알려지게 되었다.

▶ 형용사형은 ethical [éθikəl] (윤리적인)이다.

Stealing gold dentalwork is not *ethical* behavior. It is *unethical* [ʌnéθikəl] behavior.

금으로 된 치아 장치를 훔치는 것은 ethical behavior(도덕적인 행동)이 아니다. 그것은 unethical behavior(비도덕적인 행동)이다.

EULOGY [júːlədʒi] n a spoken or written tribute to a person, especially a person who has just died
어떤 사람에게 말이나 글로 하는 칭송, 특히 이제 막 죽은 사람에 대한 찬사

- The *eulogy* Michael delivered at his father's funeral was so moving that it brought tears to the eyes of everyone present.

  아버지의 장례식에서 마이클이 읽은 헌사는 너무나 감동적이어서 참석한 사람들을 모두 눈물짓게 만들었다.

- Mildred was made distinctly uncomfortable by Merle's *eulogy*; she didn't appreciate Merle pointing out her late father's flaws.

  멀리의 칭찬은 의심할 바 없이 밀드리드를 불편하게 만들었다. 그녀는 멀리가 그녀의 선친의 흠을 콕 집어 말하는 것이 전혀 고맙지 않았다.

▶ 동사형은 eulogize[júːlədʒàiz](칭송하다)이다. 애절한 노래나 시를 의미하는 elegy와 헷갈리지 말자. 유의어로 panegyric 참고.

EVINCE [ivíns]   v to demonstrate convincingly; to prove
수긍이 가도록 보여주다; 증명하다

- Oscar's acceptance speech at the awards ceremony *evinced* an almost unbearable degree of smugness and self-regard.

  수상식에서 들려준 오스카의 수락 연설은 거의 참을 수 없을 정도로 잘난 척하는 태도와 오만함을 드러냈다.

- The soldiers *evinced* great courage, but their mission was hopeless, and they were rapidly defeated.

  군인들은 대단한 용기를 보여 주었지만, 그들의 임무는 절망적이었고 그들은 순식간에 패배했다.

EVOKE [ivóuk]   v to summon forth; to draw forth; to awaken; to produce or
suggest 앞으로 불러내다; 끌어내다; 깨우다; 만들어내다, 제안하다

- The car trip with our children *evoked* many memories of similar car trips I had taken with my own parents when I was a child.

  아이들과 함께 하는 자동차 여행은 내가 어렸을 때 부모님과 함께 하던 자동차 여행에 대한 기억을 많이 생각나게 했다.

- Professor Herman tried repeatedly but was unable to *evoke* any but the most meager response from his students.

  허먼 교수는 반복해서 설명했지만, 학생들에게서는 아주 썰렁한 반응만 돌아올 뿐, 분위기를 환기시킬 수가 없었다.

- Paula's Christmas photographs *evoked* both the magic and the crassness of the holiday.

  폴라의 크리스마스 사진은 성스러운 크리스마스 휴일의 마력과 볼썽사나움을 동시에 상기시켰다.

▶ 명사형은 evocation[èvəkéiʃən](환기, 불러냄)이다.

A visit to the house in which one grew up often leads to the *evocation* of old memories.

자신이 성장했던 옛 집으로의 방문은 오래된 기억을 evocation(환기)시킨다.

▶ 형용사형은 evocative[ivákətiv](환기시키는)이다.

- The old novel was highly *evocative* of its era; when you read it, you felt as though you had been transported a hundred years into the past.

  오래된 그 소설은 당시의 시대를 잘 그려내고 있었다. 그 책을 읽게 된다면, 마치 백년을 건너뛰어 과거로 이동한 것 같은 느낌을 받을 것이다.

▶ 이후에 나오는 invoke(간청하다)와 혼동하지 말 것.

EXCISE [éksɑiz] v to remove by cutting, or as if by cutting
잘라서 혹은 자른 것처럼 제거하다, 삭제하다

- Tevy's editor at the publishing house *excised* all of the obscene parts from his novel, leaving it just eleven pages long.
  출판사에서 테비의 편집자는 소설을 편집하는 과정에서 단 11페이지만 남기고 외설적인 부분을 모두 삭제했다.

- The surgeon used a little pair of snippers to *excise* Alice's extra fingers.
  외과 의사는 앨리스의 필요 없는 손가락을 절단하기 위해 작고 날카로운 가위를 사용했다.

▶ 명사형은 excision(삭제, 적출)이다.

- The *excision* [eksíʒən] of Dirk's lungs left him extremely short of breath.
  더크는 폐 절단 수술을 받고 호흡이 극도로 짧아졌다.

EXEMPT [igzémpt] adj excused; not subject to   면제된, 용서를 받은; ~을 면한

- Certain kinds of nonprofit organizations are *exempt* from taxation.
  어떤 종류의 비영리 단체들은 세금을 면제받는다.

- David was *exempt* from jury duty because he was self-employed.
  데이비드는 자영업자였기 때문에 배심원의 의무에서 면제되었다.

▶ exempt는 '면제하다'라는 뜻의 동사로도 쓰인다.

- Doug's flat feet and legal blindness *exempted* him from military service.
  더그는 평발이고 법이 정하는 문맹이기 때문에 병역의 의무에서 면제되었다.

Exemption [igzémpʃən] is the state of being *exempt*. An *exemption* is an act of *exempting*.
명사형은 exemption으로 면제받은 상태 혹은 면제를 주는 행위 자체를 일컫는다.

EXHUME [igzú:m] v to unbury; to dig out of the ground   발굴하다; 땅에서 파내다

- Grave robbers once *exhumed* freshly buried bodies in order to sell them to physicians and medical students.
  언젠가 도굴꾼들이 매장된 지 얼마 안 되는 시신들을 내과 의사나 의과 대학생들에게 팔아먹기 위해 묘를 파헤친 적이 있었다.

- Researchers *exhumed* the body of President Garfield to determine whether or not he had been poisoned to death.
  조사자들은 가필드 대통령의 독살 여부를 판단하기 위해 그의 시신을 무덤에서 파냈다.

- While working in his garden, Wallace *exhumed* an old chest filled with gold coins and other treasure.
  월리스는 정원에서 일을 하다가 금화와 각종 보물이 가득 들어 있는 오래된 상자를 하나 발굴하게 되었다.

▶ 관련 단어로 posthumous(사후의)를 참조할 것.

EXODUS [éksədəs] n a mass departure or journey away 집단 탈출, 집단 여행

▶ 발음에 주의할 것.

Exodus is the second book of the Bible. It contains an account of the *Exodus*, the flight of Moses and the Israelites from Egypt. When the word refers to either the book of the Bible or the flight of Moses, it is capitalized. When the word refers to any other mass departure, it is not.

Exodus(출애굽)는 성경 제2권이다. 그 안에는 이집트를 떠나는 모세와 이스라엘 민족의 대이동을 의미하는 Exodus에 관한 이야기가 나온다. 이처럼 성서 중의 한 권이나 모세의 대이동을 말할 때는 첫 글자를 대문자로 써야 한다. 그 외에 '집단 이동'이나 '탈출'을 의미할 때는 대문자로 시작하지 않는다.

- Theodore's boring slide show provoked an immediate *exodus* from the auditorium.
  테오도르의 따분하기 그지없는 슬라이드 전시는 곧 강당을 빠져나가는 관객들의 대이동을 야기했다.

- City planners were at a loss to explain the recent *exodus* of small businesses from the heart of the city.
  도시 계획자들은 최근 벌어지고 있는 도심에서 벗어나는 소기업들의 대이동을 어떻게 설명해야 할지 몰랐다.

QUICK QUIZ 38

Match each word in the first column with its definition in the second column. Check your answers in the back of the book.

1. estimable	a. summon forth
2. estrange	b. remove by cutting
3. ethics	c. excused
4. eulogy	d. spoken or written tribute
5. evince	e. unbury
6. evoke	f. mass departure
7. excise	g. demonstrate convincingly
8. exempt	h. moral standards
9. exhume	i. make hostile
10. exodus	j. worthy of admiration

EXORBITANT [igzɔ́:rbitənt] adj excessively costly; excessive 엄청나게 비싼; 과도한

This word literally means out of orbit. Prices are *exorbitant* when they get sky-high.

exorbitant는 문자 그대로 orbit(궤도)을 벗어났다는 의미이다. 천정부지로 가격이 오르면, 가격이 exorbitant(엄청나게 비싼)인 것이다.

- Meals at the new restaurant were *exorbitant*; a garden salad cost seventy-five dollars.
  새로운 레스토랑의 음식 값은 터무니없이 비쌌다. 가든 샐러드 한 접시에 75달러나 되었다.

- The better business bureau cited the discount electronic store for putting an *exorbitant* mark-up the new smartphones.

  상업 개선 협회는 그 전자제품 할인 매장이 신상 휴대폰들의 가격을 터무니없이 올렸다고 지적했다.

- The author was *exorbitant* in his use of big words; nearly every page in the book sent me to the dictionary.

  작가는 거창한 단어들을 엄청 많이 사용했다. 그의 책을 보려면 모든 페이지마다 사전을 찾아야 했다.

EXPIATE [ékspièit] v to make amends for; to atone for   보상하다; 속죄하다

- The convicted murderer attempted to *expiate* his crime by making pot holders for the family of his victim.

  기소된 살인자는 희생자의 가족에게 삼발이를 만들어 줌으로써 자신의 죄를 속죄하고자 했다.

▶ 명사형은 expiation[èkspiéiʃən] (속죄)이다.

- Wendell performed many hours of community service in *expiation* of what he believed to be his sins as a corporate lawyer.

  웬델은 회사의 변호사로서 자신이 잘못했다고 생각하는 과실을 속죄하는 마음으로 많은 시간을 사회봉사에 할애했다.

EXPLICATE [éksplǝkèit] v to make a detailed explanation of the meaning of
~의 의미에 대해 상세한 설명을 하다

- The professor's attempt to *explicate* the ancient text left his students more confused than they had been before the class began.

  교수는 고대의 원본을 상세하게 설명하려고 했지만, 학생들은 수업을 듣기 전보다 더 혼란스러워졌다.

▶ 명사형은 explication[èkspiéiʃən] (설명)이다.

- *Explication* of difficult poems was one of the principal activities in the English class.

  어려운 시에 대한 해설은 영어 수업 시간의 주요한 활동 중 하나였다.

Something that cannot be explained is *inexplicable*.

inexplicable은 '설명할 수 없는'이라는 뜻이다.

EXPOSITION [èkspǝzíʃən] n explanation; a large public exhibition
설명; 대규모의 전시회, 박람회

- The master plumber's *exposition* of modern plumbing technique was so riveting that many of the young apprentice plumbers in the audience forgot to take notes.

  현대 배관 기술에 관한 일급 배관공의 설명은 너무나 매혹적이어서 강의를 듣던 젊은 수습 배관공들의 대다수는 필기를 하는 것조차도 잊고 있었다.

- Charlie was overwhelmed by the new fishing equipment he saw displayed and demonstrated at the international fishing *exposition*.

  찰리는 국제 낚시 박람회에서 전시하여 선전하고 있는 새로운 낚시 도구를 보고는 놀라움을 금치 못했다.

To *expound* is to give an exposition.

expound는 '상세한 설명을 하다'라는 뜻이다.

▶ 형용사형은 expository[ikspázitɔ̀:ri] (설명적인)이다.

EXPOSTULATE [ikspάstʃəlèit] v **to reason with someone in order to warn or dissuade**
경고하거나 단념시키기 위하여 누군가를 설득하다, 따지다, 훈계하다

- When I told my mother that I was going to live in a barrel on the bottom of the sea, she *expostulated* at great length, hoping she could persuade me to stay at home.
  바다의 바닥에 내려가 둥그런 통 안에서 살 계획이라고 엄마께 말씀드렸더니, 엄마는 나를 집에 있도록 설득하기 위해 아주 오랜 시간에 걸쳐 훈계를 하셨다.

EXPUNGE [ikspΛ́ndʒ] v **to erase; to eliminate any trace of**
삭제하다; ~의 흔적을 제거하다

- Vernon's conviction for shoplifting was *expunged* from his criminal record when lightning struck the police computer.
  좀도둑질에 대한 버논의 유죄 판결은 번개가 경찰서 컴퓨터를 망가뜨리는 바람에 범죄 기록에서 삭제되었다.

- The blow to Wyman's head *expunged* his memory of who he was and where he had come from.
  와이먼은 머리에 가해진 충격으로 그는 자신이 누구이며 어디서 왔는지에 대한 기억을 모두 잃어버렸다.

- It took Zelda five years and several lawsuits to *expunge* the unfavorable rating from her credit report.
  젤다는 자신의 신용 기록에서 불량 거래자라는 등급을 삭제하는 데 5년이나 걸려 여러 번의 민사 소송을 치렀다.

EXQUISITE [íkskwizit] adj **extraordinarily fine or beautiful; intense**
아주 훌륭한, 아주 아름다운; 격렬한

▶ 발음에 주의할 것.

- While we had cocktails on the porch, we watched an *exquisite* sunset that filled the entire sky with vivid oranges and reds.
  베란다에서 칵테일을 마시다가 우리는 선명한 오렌지 빛과 붉은 빛이 온통 하늘을 수놓는 아주 아름다운 일몰을 보게 되었다.

- The weather was *exquisite*; the sun was shining and the breeze was cool.
  날씨는 더할 나위 없이 좋았다. 태양은 빛나고 산들바람은 상쾌했다.

- Pouring the urn of hot coffee down the front of his shirt left Chester in *exquisite* agony.
  뜨거운 커피 주전자를 그의 셔츠 앞자락에 쏟았기 때문에, 체스터는 격렬한 고통을 느꼈다.

EXTANT [ékstənt] adj **still in existence** 여전히 현존하는

- Paul rounded up all *extant* copies of his embarrassing first novel and had them destroyed.
  폴은 부끄러운 자신의 첫 소설의 남아 있는 사본을 모두 끌어모았다. 그리고 그것들을 모두 파기해 버렸다.

- So many copies of the lithograph were *extant* that none of them had much value.
  그 석판화의 복사본은 아직도 너무나 많이 남아 있었기 때문에 그다지 가치가 없었다.

EXTORT [ikstɔ́ːrt] v to obtain through force, threat, or illicit means
폭력이나 위협, 불법적인 수단을 통해서 얻다

The root "tort" means to twist. To *extort* is to twist someone's arm to get something.
'tort'라는 어근은 '비틀다'의 의미가 있다. extort는 뭔가를 얻기 위해 누군가의 팔을 비틀다'이다.

- Josie *extorted* an A from her teacher by threatening to reveal publicly that he gave all the athletes As on their final exams.
  조시는 기말고사에서 선생님이 모든 운동부 학생들에게 A를 줬다는 사실을 공개적으로 폭로하겠다고 협박을 해서 A를 얻어 냈다.

▸ 명사형은 extortion[ikstɔ́ːrʃən] (강탈)이다.

- Joe's conviction for *extortion* was viewed as an impressive qualification by the mobsters for whom he now worked.
  강도 행각에 대한 조의 유죄 판결은 그가 현재 몸담고 있는 갱단들의 세계에서는 감동적인 자격증으로 여겨졌다.

▸ tortuous(구불구불한)를 참조할 것.

EXTREMITY [ikstréməti] n the outermost point or edge; the greatest degree; grave danger; a limb or appendage of the body
가장 멀리 있는 지점, 혹은 가장자리; 가장 최고의 등급; 심각한 위험; 신체의 팔다리나 부속 기관

- The explorers traveled to the *extremity* of the glacier then fell off.
  탐험가들은 빙하의 끝까지 갔다. 그리고 추락했다.

- Even in the *extremity* of his despair, he never lost his love for tennis.
  지독한 절망에 시달리면서도, 그는 결코 테니스에 대한 사랑을 잃어버리지 않았다.

- Ruth was at her best in *extremity*; great danger awakened all her best instincts.
  루스는 궁지에 몰리자 최고의 능력을 발휘했다. 심각한 위험이 그녀의 최고의 잠재 능력을 일깨웠다.

- During extremely cold weather, blood leaves the *extremities* to retain heat in the vital organs.
  극도로 추운 날씨에서는, 피는 생명 유지에 중요한 기관들에 열을 유지하기 위하여 팔다리를 방치한다.

EXUBERANT [igzjúːbərənt] adj highly joyous or enthusiastic; overflowing; lavish 대단히 즐겁고 열광적인; 넘쳐흐르는; 풍부한

- The children's *exuberant* welcome brought tears of joy to the eyes of the grumpy visitor.

  아이들의 열광적인 환영에 심술궂은 성격의 손님 눈에도 기쁨의 눈물이 맺혔다.

- Quentin was nearly a hundred years old, but he was still in *exuberant* health; he walked twelve miles every morning and lifted weights every evening.

  퀜틴은 거의 백 살이나 먹었지만, 여전히 기력이 넘쳐흘렀다. 그는 매일 아침 12마일이나 걸었으며, 밤마다 역기로 운동을 했다.

- The flowers in Mary's garden were *exuberantly* [igzúːbərəntli] colorful; her yard contained more bright colors than a box of crayons.

  메리의 정원에 핀 꽃들은 화려한 색깔을 자랑했다. 그녀의 정원은 크레파스의 색깔보다도 더 선명한 빛깔을 갖고 있었다.

▶ 명사형은 exuberance[igzjúːbərəns] (풍부)이다.

- The *exuberance* of her young students was like a tonic to the jaded old teacher.

  어린 학생들의 생기발랄함은 늙고 지친 선생님에게는 청량제와 같았다.

QUICK QUIZ

Match each word in the first column with its definition in the second column. Check your answers in the back of the book.

1. exorbitant		a. excessively costly
2. expiate		b. highly joyous
3. explicate		c. make amends for
4. exposition		d. outermost point
5. expostulate		e. make a detailed explanation of
6. expunge		f. obtain through force
7. exquisite		g. explanation
8. extant		h. still in existence
9. extort		i. reason in order to dissuade
10. extremity		j. extraordinarily fine
11. exuberant		k. erase

F

FACADE [fæsáːd] n the front of a building; the false front of a building; the false front or misleading appearance of anything
건물의 전면; 건물의 그릇된 모습; 사물의 그릇된 인상을 주는 허울뿐인 외관

▶ 발음에 주의할 것. 이 단어는 종종 façade라고 쓰기도 한다.

- The building's *facade* was covered with so many intricate carvings that visitors often had trouble finding the front door.
  그 건물의 외관은 너무나 복잡한 조각물로 덮여 있어서, 방문자들은 종종 현관을 찾지 못해 애를 먹었다.

- What appeared to be a bank at the end of the street was really a plywood *facade* that had been erected as a set for the motion picture.
  도로 끝에 은행처럼 보이는 것은 사실은 영화를 찍기 위해서 세트장으로 만든, 합판으로 만든 건물이었다.

- Gretchen's kindness is just a *facade*; she is really a hostile, scheming bully.
  그레첸의 상냥함은 단지 겉으로만 그럴 뿐이다. 그녀는 사실 적개심이 많은 교활한 불한당이다.

FACET [fǽsit] n any of the flat, polished surfaces of a cut gem; aspect
깎은 보석의 평평하고 광택이 있는 단면; 면

- Karen loved to admire the tiny reflections of her face in the *facets* of the diamonds in her engagement ring.
  카렌은 약혼반지에 있는 다이아몬드의 깎은 면에 작게 투영된 자신의 얼굴을 황홀하게 바라보는 것을 좋아했다.

- The two most important *facets* of Dan's personality were niceness and meanness.
  댄의 성격에서 가장 중요한 두 가지 측면은 친절함과 야비함이었다.

Anything that has many *facets* can be said to be *multifaceted*[mʌ̀ltifǽsitid].
다면적인 성격을 가지고 있는'의 뜻의 형용사형은 multifaceted이다.

- Lonnie is a *multifaceted* performer; she can tell jokes, sing songs, juggle bowling balls, and dance.
  로니는 여러 가지 재능이 있는 연기자이다. 그녀는 코미디도 하고, 노래도 부르며, 볼링공으로 저글링도 하고 춤도 춘다.

FALLACY [fǽləsi] n a false notion or belief; a misconception
그릇된 생각이나 믿음; 오해

- Peter clung to the *fallacy* that he was a brilliant writer, despite the fact that everything he had ever written had been rejected by every publisher to whom he had sent it.

  피터는 지금까지 자신이 집필한 모든 작품들이 출판사로부터 투고한 족족 거부를 당했음에도 불구하고, 자신이 뛰어난 작가라는 그릇된 생각을 고집했다.

- That electricity is a liquid was but one of the many *fallacies* spread by the incompetent science teacher.

  전기가 액체라는 것은 그 무능한 과학 선생님이 퍼뜨리는 많은 오해 중의 하나일 뿐이었다.

▶ 형용사형은 fallacious[fəléiʃəs] (잘못된)이다.

FATHOM [fǽðəm] v to understand; to penetrate the meaning of
이해하다; ~의미를 꿰뚫다

At sea, a *fathom* is a measure of depth equal to six feet. *Fathoming*, at sea, is measuring the depth of the water, usually by dropping a weighted line over the side of a boat. On land, to *fathom* is to do the rough figurative equivalent of measuring the depth of water.

바다에서 fathom은 깊이를 측정하는 단위로 6피트와 같다. fathoming은 바다에서 쓰일 때는 '수심을 측정하는' 것이며, 대개 배 위에서 추를 매달은 줄을 바다 밑으로 떨어뜨려 수심을 잰다. 육지에서라면 fathom은 비유적인 의미로 수심을 측정하는 것처럼 '속을 알다'라는 의미이다.

- I sat through the entire physics lecture, but I couldn't even begin to *fathom* what the professor was talking about.

  물리학 강의 시간 내내 앉아 있었지만, 나는 교수가 얘기하고 있는 것을 조금도 이해할 수가 없었다.

- Arthur hid his emotions behind a blank expression that was impossible to *fathom*.

  아서는 도저히 꿰뚫어 볼 수 없는 무표정으로 자신의 감정을 숨겼다.

FAUX [fou] adj false 모조의, 가짜의

▶ 이 단어의 프랑스식 발음에 주의할 것.

Faux marble is wood painted to look like marble. A *faux pas*[fou pɑ:] literally means false step, but is used to mean an embarrassing social mistake.

faux marble은 대리석처럼 보이도록 색깔을 입힌 나무이다. faux pas는 문자 그대로는 '잘못된 발걸음'의 뜻이지만, 난처한 사교적 실수'라는 뜻으로 쓰인다.

- Susannah's necklace is made of *faux* pearls, as the mugger found out when he got to the pawn shop.

  강도는 수잔나의 목걸이가 모조 진주로 만들어졌다는 것을 전당포에 가져가서야 알았다.

- At the royal banquet, Derik committed the minor *faux pas* of eating salad with the wrong fork.

  왕궁 연회에서 데릭은 샐러드를 먹을 때 잘못된 포크를 사용하는 난처한 실수를 저질렀다.

FAWN [fɔːn] v to exhibit affection; to seek favor through flattery; to kiss up to someone 호의를 보이다; 아첨을 해서 애정을 구하다; 누군가에게 아첨하다

- The old women *fawned* over the new baby, pinching its cheeks and making little gurgling sounds.
  나이가 많은 여자들은 아이의 볼을 꼬집기도 하고 작은 소리로 까꿍 소리를 내며 새로운 아기에게 관심을 보였다.

- The king could not see through the *fawning* of his court; he thought all the counts and dukes really liked him.
  왕은 궁정 사람들의 아첨을 제대로 꿰뚫어 볼 수가 없었다. 그는 백작과 공작들이 정말로 자신을 사랑하고 있다고 생각했다.

FEIGN [fein] v to make a false representation of; to pretend
거짓 표현을 하다, 가장하다; ~인 체하다

- Ike *feigned* illness at work in order to spend the day at the circus.
  아이크는 서커스를 보러 가기 위해 작업 중 아픈 척을 했다.

- The children *feigned* sleep in the hope of catching a glimpse of Santa Claus.
  아이들은 산타클로스의 모습을 보기 위해 자는 척했다.

- Agony of the sort that Frances exhibited cannot be *feigned*; she had obviously been genuinely hurt.
  프란시스가 보여 준 그러한 모습의 고통은 결코 거짓일 리가 없다. 그녀는 정말로 심각한 상처를 입었다.

A *feigning* motion, gesture, or action is a *feint* [feint], which can also be used as a verb.
feigning(가장하여 남을 속이는) 동작이나 제스처, 행동을 feint라고 한다. 이것은 동사로도 쓰인다.

- The boxer *feinted* with his right hand and then knocked out his distracted opponent with his left.
  그 권투 선수는 오른손을 쓰는 척했다. 그러나 다음 순간, 속아 넘어간 상대 선수를 왼손으로 KO시켰다.

FESTER [féstər] v to generate pus; to decay; to cause increasing irritation or bitterness 곪다; 부패하다; 짜증 또는 억울함을 증가시키다

- Mr. Baker had allowed the wound on his arm to *fester* for so long that it now required surgery.
  베이커 씨는 팔에 난 상처가 다 곪도록 너무나 오래 동안 방치해 두어서 이제는 수술을 해야 할 판이었다.

- For many years, resentment had *festered* beneath the surface of the apparently happy organization.
  여러 해 동안, 겉으로 드러난 화목함 밑으로 조직 내의 적개심은 썩어 문드러지고 있었다.

FETISH [fétiʃ] n an object of obsessive reverence, attention, or interest
도가 지나친 경외감이나 애정, 관심의 대상물

- Jeff had made a *fetish* of cleaning his garage; he even waxed the concrete floor.
  제프는 지나칠 정도로 차고를 깨끗이 하는 데에 집착했다. 그는 심지어 콘크리트 바닥까지 왁스로 닦았다.

- Clown shoes were Harriet's *fetish*; whenever she saw a pair, she had to buy it.
  해리엇의 성적 대상물은 어릿광대의 신발이었다. 한 켤레의 신발을 보고 있을 때면, 그녀는 사야만 했다.

Though many people associate the word *fetish* with an object of sexual desire (and that is one definition), the original meaning is actually a religious one. A *fetish* was an object that was worshipped because it was believed to have magical powers or because it was believed to be the incarnation of a particular spirit, similar to an idol.

비록 많은 사람들이 fetish를 '성적 욕망의 대상'으로 연상하지만 (물론 이런 의미도 있지만) 원래 의미는 종교적인 것이다. fetish는 그것이 신비한 힘이 있거나 특별한 정신, 혹은 우상의 환생이라고 믿어지기 때문에 '숭배 받는 대상'이다.

FIASCO [fiǽskou] n a complete failure or disaster; an incredible screwup
완전한 실패, 큰 재난; 믿어지지 않는 중대한 실수

▶ 발음에 주의할 것. 복수형은 fiascoes이다.

- The tag sale was a *fiasco*; it poured down rain all morning, and nobody showed up.
  차고에서 여는 벼룩시장은 완전히 실패였다. 아침 내내 비가 쏟아졌으므로 아무도 구경하러 오지 않았다.

- The birthday party turned into a *fiasco* when the candles on the cake exploded.
  케이크의 초가 폭발하는 바람에 생일 파티는 엄청난 재난으로 변했다.

FIAT [fíət] n an arbitrary decree or order 독단적인 법령이나 명령

▶ 발음에 주의할 것.

- The value of the country's currency was set not by the market but by executive *fiat*.
  그 나라의 통화 가치는 시장이 아니라 행정부의 독단적인 명령에 의해서 결정되었다.

- The president of the company ruled by *fiat*; there was no such thing as a discussion of policy, and disagreements were not allowed.
  그 회사의 사장은 독단적인 명령으로 경영을 해 나갔다. 정책 토론 같은 것은 있지도 않았을 뿐더러 이의를 제기하는 것도 허용되지 않았다.

FICKLE [fíkl] adj likely to change for no good reason
별다른 이유도 없이 잘 변하는, 변덕스러운

- Cats are *fickle*: One day they love you; the next day they hiss at you.
  고양이들은 변덕스럽다. 오늘은 당신을 좋아하다가도, 다음날에는 당신에게 하악질을 할지도 모른다.

- The weather had been *fickle* all day: One moment the sun was shining; the next it was pouring down rain.
  하루 종일 날씨가 변덕을 부렸다. 잠깐 해가 비치더니, 다음 순간 비가 쏟아지기 시작했다.

- The Taylors were so *fickle* that their architect finally told them he would quit the job if they made any more changes in the plans for their new house.
  테일러 씨 가족들이 너무나 변덕을 부렸기 때문에, 새 집을 짓기 위해 고용된 건축가는 마침내 설계도를 더 이상 바꾸면 아예 집 짓는 일을 그만두겠다고 말했다.

Match each word in the first column with its definition in the second column. Check your answers in the back of the book.

1. facade	a. object of obsessive reverence
2. facet	b. exhibit affection
3. fallacy	c. complete failure
4. fathom	d. make a false representation of
5. faux	e. front of a building
6. fawn	f. decay
7. feign	g. arbitrary decree
8. fester	h. misconception
9. fetish	i. penetrate the meaning of
10. fiasco	j. likely to change for no good reason
11. fiat	k. aspect
12. fickle	l. false

FIGMENT [fígmənt] n something made up or invented; a fabrication
지어내거나 꾸며낸 것; 거짓말, 지어낸 이야기

- The three-year-old told his mother there were skeletons under his bed, but they turned out to be just a *figment* of his overactive imagination.

  세 살짜리 꼬마가 자기 침대 밑에 해골들이 있다고 엄마에게 얘기했다. 그러나 그것들은 모두 아이의 지나친 상상력이 만들어 낸 허구에 지나지 않는 것으로 밝혀졌다.

- These French-speaking hummingbirds inside my head—are they real, or are they a *figment*?

  내 머리 안에서 프랑스 어로 말하는 벌새들, 그들의 존재는 진짜일까? 허구일까?

FISCAL [fískəl] adj pertaining to financial matters; monetary
재정 문제에 관한; 재정의, 회계의

- Having no sense of *fiscal* responsibility, he was happy to waste his salary on a life-size plastic flamingo with diamond eyes.

  재정 문제에 관한 책임감이란 없었기 때문에, 그는 다이아몬드로 눈을 만든 실물 크기의 홍학 모형을 사는 데 월급을 다 쓰면서도 그저 행복하기만 했다.

- A *fiscal* year is any twelve-month period established for accounting purposes.

  회계 연도는 회계를 목적으로 하여 확립된 12개월간을 의미한다.

- Scrooge Enterprises begins its *fiscal* year on December 25 to make sure that no one takes Christmas Day off.

  스크루지 기업은 크리스마스 날 아무도 놀지 못하게 하려는 방편으로 회계 연도를 12월 25일에 시작한다.

FLEDGLING [flédʒliŋ] adj inexperienced or immature 경험이 없는, 미숙한

A *fledgling* bird is one still too young to fly; once its wing feathers have grown in, it is said to be *fledged*.

fledgling bird는 날기에는 아직 너무 어린 새이다. 새의 날개 깃털이 다 자라게 되면, 이제 새는 날 수 있는 fledged(성숙한)인 새가 되었다고 말한다.

- Lucy was still a *fledgling* caterer when her deviled eggs gave the whole party food poisoning.

  겨자를 발라 구운 계란으로 파티의 음식을 모두 못 쓰게 만들어 버린 것을 보니 루시는 아직 초보 케이터러(요리 조달자)였다.

Full-fledged means complete, full-grown.

full-fledged는 '완전하게 성숙한'이라는 의미이다.

- Now that Lucy is a *full-fledged* gourmet chef, her deviled eggs poison only a couple of people annually.

  루시의 겨자를 발라 구운 계란에 질겁하는 사람도 매년 두 사람밖에 없을 정도이니. 그녀도 이제 맛을 잘 아는 완벽한 요리 조달자이다.

FLIPPANT [flípənt] adj frivolously disrespectful; saucy; pert; flip
경박한; 건방진; 방자한; 무례한

- I like to make *flippant* remarks in church to see how many old ladies will turn around and glare at me.

  나는 교회에서 무례한 말을 하고 얼마나 많은 할머니들이 얼굴을 돌려 나를 쳐다보는지 알아보는 것을 좋아한다.

▶ 명사형은 flippancy[flípənsi] (경솔)이다.

- The *flippancy* of the second graders was almost more than the substitute teacher could stand.

  2학년 학생들의 버릇없는 행동은 그 임시 교사가 도저히 참을 수 없을 정도였다.

FLORID [flɔ́:rid] adj ruddy; flushed; red-faced 불그스레한; 홍조를 띤; 얼굴을 붉히는

- Ike's *florid* complexion is the result of drinking a keg of beer and eating ten pounds of lard every day.

  아이크의 붉어진 얼굴빛은 날마다 한 통의 맥주와 10파운드의 돼지기름을 먹어댄 결과이다.

Florid is related to floral and florist, so it also means excessively flowery, overdramatic, or ornate.

florid는 floral(꽃그림의)과 florist(꽃집 주인)와 관련된 단어로, '지나치게 꽃이 많고 극적이며 장식적으로 화려하게 꾸민' 것을 의미한다.

- My brother is still making fun of that *florid* love poem Ted sent me.

  오빠는 여전히 테드가 나에게 보낸 미사여구의 사랑시를 놀리고 있다.

FODDER [fάdər] n coarse food for livestock; raw material
가축에게 주는 거친 음식, 사료; 가공하지 않은 날것의 재료

- The cattle for some reason don't like their new *fodder*, which is made of ground-up fish bones and cabbage.

  소들은 어떤 이유 때문인지 가루로 만든 생선 가시와 양배추로 만든 새로운 사료를 좋아하지 않는다.

- Estelle was less embarrassed than usual when her father acted stupidly in public because his behavior was *fodder* for her new stand-up comedy routine.

  에스텔은 아버지가 다른 사람들 앞에서 바보 같은 행동을 했는데도 평소보다 놀라지 않았다. 아버지의 행동은 그녀가 하는 재담 코미디 연기를 위한 새로운 재료가 되었기 때문이었다.

▶ fodder와 food는 같은 어근을 가지고 있다.

FOLLY [fάli] n foolishness; insanity; imprudence   어리석음; 미친 짓; 경솔함

- You don't seem to understand what *folly* it would be to design a paper raincoat.

  너는 종이로 된 비옷을 만든다는 것이 얼마나 어리석은 일인지 잘 모르고 있는 것 같다.

- The policeman tried to convince Buddy of the *folly* of running away from home; he explained to him that his bed at home was more comfortable than a sidewalk, and that his mother's cooking was better than no cooking at all.

  경찰은 버디에게 집에서 도망치는 것이 얼마나 어리석은 일인지를 납득시키려고 애를 썼다. 그는 집 안에 있는 침대가 길거리보다 더 편안하며, 그의 엄마의 요리가 전혀 먹을 요리가 없는 것보다 낫다는 것을 버디에게 설명했다.

▶ folly와 fool은 같은 어근에서 유래한 것이다.

FORAY [fɔ́:rei] n a quick raid or attack; an initial venture
빠른 습격이나 공격; 새로운 것에 대한 최초의 도전

▶ 발음에 주의할 것.

- The minute Shelly left for the party, her younger sisters made a *foray* on her makeup; they ended up smearing her lipstick all over their faces.

  셸리가 파티에 가자마자 곧 여동생들은 그녀의 화장품에 손대기 시작했다. 그들은 마침내 언니의 립스틱으로 얼굴을 온통 문질렀다.

- My *foray* into the world of advertising convinced me that my soul is much too sensitive for such a sleazy business.

  광고 시장으로의 진출을 통해서, 나는 그처럼 타락한 사업을 하기에는 나의 영혼이 너무나도 섬세하다는 것을 확인할 수 있었다.

- The young soldier's ill-fated *foray* into the woods ended with his capture by an enemy patrol.

  젊은 병사는 처음으로 그 숲에 들어갔지만, 불행하게도 적군의 경비병에게 체포되고 말았다.

FOREBODE [fɔːrbóud] v to be an omen of; to predict; to foretell
예시하다; 예견하다; 예언하다

- The baby's purple face, quivering chin, and clenched fists *forebode* a temper tantrum.

  아기의 자줏빛 얼굴과 떨리는 턱, 움켜쥔 주먹은 울화통을 터뜨릴 것이라는 것을 말해 준다.

Sometimes to *forebode* means to predict or *prophesy* [práfəsài].

때때로 forebode는 '예언하다', '앞일을 예견하다'를 의미한다.

- Bea *forebodes* tragedy every time she gazes into her crystal ball, unless the person paying for her fortune-telling wants only the good news.

  베아는 그녀의 점에 돈을 지불하는 사람이 오로지 좋은 소식만을 원하는 것이 아니라면, 언제나 수정 구슬을 들여다보면서 비극만을 예언한다.

A *foreboding* is the feeling that something awful is about to happen.

foreboding은 어떤 두려운 일이 막 일어날 것 같은 느낌, 즉 '예감'이다.

- When Rafi saw the killer shark leap toward him with a gun under one fin and a knife under the other, he had a *foreboding* that something not particularly pleasant was about to happen to him.

  라피는 한쪽 지느러미에는 총을, 다른 쪽에는 칼을 숨긴 식인 상어가 자신을 향해 달려드는 것을 보았을 때, 뭔가 좋지 못한 일이 막 일어나려고 한다는 불길한 예감이 들었다.

▶ bode(징조가 되다)와 forebode는 동의어이다.

FORECLOSE [fɔːrklóuz] v to deprive a mortgagor of his or her right to redeem a property; to shut out or exclude
재산을 되찾을 수 있는 저당자의 권리를 박탈하다; 들어오지 못하게 하다, 배제하다

- If you don't make the mortgage payments on your house, the bank may *foreclose* on the loan, take possession of the house, and sell it in order to raise the money you owe.

  만약 여러분이 주택을 담보로 얻은 대출금을 갚지 않는다면, 은행은 대출금에 대한 권리를 박탈하고 집에 대한 소유권을 가져가서, 여러분이 빚진 돈을 회수하기 위해 그 집을 팔아 버릴 것이다.

- Even though he never made a single payment on his house, Tom still can't understand why the bank *foreclosed* on the mortgage.

  톰은 집을 담보로 한 대출금을 단 한 번도 갚지 않았으면서도, 왜 은행이 저당물에 대하여 권리를 박탈했는지 여전히 이해하지 못하고 있다.

- When Tom developed an allergy to it, he was *foreclosed* from eating his favorite food, corn on the cob.

  톰의 알레르기가 점점 심해지자, 그는 그가 가장 좋아하는 음식인 옥수수 통구이를 못 먹게 되었다.

▶ 명사형은 foreclosure [fɔːrklóuʒər] (압류)이다.

Match each word in the first column with its definition in the second column. Check your answers in the back of the book.

1. figment		a. foolishness
2. fiscal		b. inexperienced
3. fledgling		c. something made up
4. flippant		d. raw material
5. florid		e. quick raid
6. fodder		f. monetary
7. folly		g. flushed
8. foray		h. be an omen of
9. forebode		i. frivolously disrespectful
10. foreclose		j. shut out

FORENSIC [fərénsik] adj **related to or used in courts of law**
법정에서 사용되는, 법에 관계된

▶ 발음에 주의할 것.

- Before seeking an indictment, the prosecutor needed a report from the *forensic* laboratory, which he felt certain would show that the dead man had been strangled with his belt.

  기소에 앞서 검사에게는 법의학 실험실에서 온 보고서가 필요했다. 그 보고서가 사망한 사람이 자신의 허리띠로 목이 졸렸다는 사실을 알려줄 것이라고 검사는 확신했다.

Forensics can also be the study or practice of debate.

forensics는 '토론 연습'이라는 뜻도 있다.

- Because she likes to argue, Brooke assumed she would be the star of the *forensics* team; however, she soon found that the competition involved much more than shouting.

  브룩은 논쟁을 좋아해서 법정 팀의 스타가 될 것이라고 확신했지만, 경쟁이 소리 지르는 것 이상을 수반한다는 것을 곧 알게 되었다.

FORESTALL [fɔːrstɔ́ːl] v to thwart, prevent, or hinder something from
happening; to head off
훼방 놓다, 방해하다, 어떤 일이 일어나는 것을 미리 손써서 막다; 가로막다

- To *forestall* embarrassing questions about her haircut, Ann decided to wear a bag over her head until the hair grew in.

  그녀의 머리 모양에 대한 곤란한 질문들을 피하기 위해서, 앤은 머리가 자랄 때까지 머리에 자루를 쓰고 다니기로 결심했다.

- Let's *forestall* a depressing January by not spending any money on Christmas presents this year.

  올해는 크리스마스 선물에 한 푼도 쓰지 않는 방법으로 우울한 1월이 되는 것을 막아 보자.

FORSWEAR [fɔːrswέər] v to retract, renounce or recant; to take back
취소하다, 단념하다, 철회하다; 되돌아가다

- The thief had previously testified that he had been in Florida during the theft, but a stern glance from the judge quickly made him *forswear* that testimony.

  절도범은 절도 사건이 있던 시간에 자신은 플로리다에 있었다고 이미 증언했다. 그러나 판사가 준엄하게 한 번 쳐다보자 재빨리 자신의 증언을 철회했다.

- For my New Year's resolution, I decided to *forswear* both tobacco and alcohol; then I lit a cigar and opened a bottle of champagne to celebrate the new me.

  새해의 각오로서, 나는 담배와 술 모두를 끊기로 결심했다. 그러고 나서 새로 태어나는 나를 기념하기 위해 샴페인을 따고 담배에 불을 붙였다.

- *Forswear* your gluttonous ways! Go on a diet!

  게걸스럽게 먹는 습관을 버려라! 다이어트를 시작하라!

FORTE [fɔːrt] n a person's strong point, special talent, or specialty
개인의 강점, 특별한 재능, 특기

- Lulu doesn't have a *forte*; she doesn't do anything particularly well.

  루루는 특기가 없다. 그녀는 특별히 잘하는 게 아무것도 없다.

- Uncle Joe likes to knit, but his real *forte* is needlepoint.

  조 삼촌은 털실 뜨개질을 좋아한다. 그러나 그의 진짜 특기는 바느질이다.

FORTHRIGHT [fɔ́ːrθràit] adj frank; outspoken; going straight to the point
솔직한; 거리낌 없이 말하는; 직설적인

- When the minister asked Lucy whether or not she would take Clay as her lawfully wedded husband, she answered with a *forthright*, "No!"

  목사가 합법적인 결혼으로 클레이를 남편으로서 받아들일지 루시에게 물었을 때, 그녀는 솔직하게 "아니요!"라고 대답했다.

- I know I asked for your honest opinion on my dress, but I didn't expect you to be that *forthright*.

  내 옷에 대한 너의 솔직한 의견을 듣고 싶다고 했던 것은 사실이다. 그러나 네가 그렇게 직설적으로 얘기하리라고는 생각 못했다.

FOSTER [fɔ́ːstər] v to encourage; to promote the development of
육성하다; ~의 발달을 촉진하다

- Growing up next door to a circus *fostered* my love of elephants.
  서커스단 바로 이웃에서 성장했기 때문에 나는 코끼리를 사랑하게 되었다.

- By refusing to be pressured into burning its "controversial" books, the library will *foster* new ideas instead of smothering them.
  '물의를 일으키고 있는' 책들을 불태우라는 압력을 거부함으로써 도서관은 새로운 생각들을 억누르는 대신 오히려 장려할 것이다.

- The wolves who raised me lovingly *fostered* my ability to run on my hands and knees.
  애정으로 나를 길러 준 늑대들이 양손과 무릎으로 달릴 수 있는 능력을 길러 주었다.

FRAGMENTARY [frǽgməntèri] adj incomplete; disconnected; made up of
fragments 불완전한; 따로 떨어진; 파편으로 이루어진

- Since the coup leaders refuse to allow the press into the country, our information is still *fragmentary* at this point.
  쿠데타의 지도자들이 외국 기자들의 입국을 허락하지 않기 때문에 지금 시점에서 우리의 정보는 여전히 불완전하고 단편적이다.

- She has only a *fragmentary* knowledge of our national anthem; she can sing the first, fifth, and eleventh lines, and that's all.
  그녀는 우리의 국가를 부분적으로만 알고 있다. 그녀는 첫 번째, 다섯 번째, 열한 번째 소절만 노래할 수 있다. 그것이 전부이다.

To *fragment* [frǽgmént] is to break into pieces.
동사 fragment는 '여러 조각으로 부수다'라는 뜻이다.

▶ 동사의 발음에 주의할 것.

Fragmented means split up or divided. *Fragmentary* and *fragmented* are not quite synonyms.
형용사 fragmented는 '쪼개진, 나뉜'이라는 뜻이다. fragmentary와 fragmented(분열된)는 동의어가 아니다.

FRUITFUL [frúːtfəl] adj productive; producing good or abundant results;
successful 생산적인; 좋은 또는 풍부한 결과를 낳는; 성공적인

▶ 발음에 주의할 것.

- The collaboration between the songwriter and the lyricist proved so *fruitful* that last year they won a Tony for Best Musical.
  작곡가와 작사자의 협력은 아주 성공적이어서 지난해 토니상의 최고 뮤지컬 상을 받았다.

- Our brainstorming session was very *fruitful*; we figured out how to achieve world peace and came up with a way to convert old socks into clean energy.
  아이디어 개발 회의는 아주 성과가 좋았다. 우리는 세계 평화를 쟁취할 수 있는 방법을 마련했고, 낡은 양말을 청정에너지로 전환할 수 있는 방법을 제출했다.

Fruitless [frú:tlis] means unproductive, pointless, or unrewarding. A cherry tree without any cherries is *fruitless* in both the literal and the figurative sense of the word. A *fruitless* search turns up nothing.

fruitless는 '쓸모없는', '무의미한', '보답이 없는', '수확이 없는'이라는 뜻이다. 버찌가 열리지 않는 벚나무는 글자 그대로, 또 비유적인 의미에서도 fruitless(결실이 없는)이다. fruitless search(결실을 맺지 못한 탐구)는 아무것도 찾아내지 못한 것이다.

To reach *fruition* [fru:íʃən] is to accomplish or fulfill what has been sought or striven for.

fruition(결실)에 이른다는 것은 노력하여 찾고 있거나 추구하고 있던 목표를 '성취' 또는 '완수'한다는 의미이다.

- The *fruition* of all Diana's dreams arrived when Charles asked her to be his wife.

  찰스가 다이애나에게 구혼했을 때, 그녀의 모든 꿈들은 실현되었다.

FUEL [fjú:əl] v to stimulate; to ignite; to kindle, as if providing with fuel
자극하다; ~에 불을 붙이다; 연료를 제공함으로써 타오르게 하다

- Her older sister's sarcasm only *fueled* Wendy's desire to live several thousand miles away.

  언니의 빈정거림은 단지 수천 마일 떨어진 먼 곳에서 살고 싶다는 웬디의 갈망을 자극할 뿐이었다.

- Juan *fueled* Juana's suspicions by telling her out of the blue that he was not planning a surprise party for her.

  후안은 후아나에게 그녀를 위한 깜짝 파티를 계획하고 있지 않다고 느닷없이 말하는 바람에 해리엇의 의심만 증폭시켰다.

- The taunts of the opposing quarterback backfired by *fueling* our team's quest for victory.

  상대편 쿼터백의 조롱 작전은 우리 선수들의 승리에 대한 의지를 불붙게 해서 오히려 실패로 돌아갔다.

FULMINATE [fʌlmənèit] v to denounce vigorously; to protest vehemently against something
격렬하게 비난하다; 무엇인가를 반대하여 격렬하게 항의하다

- In every sermon, the bishop *fulminates* against the evils of miniskirts, saying that they are the sort of skirt that the devil would wear.

  설교 때마다 매번 주교는 미니스커트의 사악함에 대해 맹렬히 비난을 퍼붓는다. 그는 미니스커트야말로 악마가 입을 종류의 치마라고 말한다.

- The old man never actually went after any of his numerous enemies; he just sat in his room *fulminating*.

  노인은 수많은 자신의 적들 중 누구도 실제로 뒤쫓지는 않았다. 그는 단지 방 안에 앉아 맹렬히 비난을 퍼부을 뿐이었다.

- The principal's *fulminations* [fʌlmənéiʃəns] had no effect on the naughty sophomores; they went right on smoking cigarettes and blowing their smoke in his face.

  교장의 성난 부르짖음도 말썽꾸러기 2학년생들에게는 효과가 없었다. 그들은 곧장 담배를 피우더니 교장의 얼굴에다 담배 연기를 내뿜었다.

▸ fulmination은 diatribe와 동의어이다.

Match each word in the first column with its definition in the second column. Check your answers in the back of the book.

1. forensic	a. used in courts of law
2. forestall	b. outspoken
3. forswear	c. special talent
4. forte	d. thwart
5. forthright	e. stimulate
6. foster	f. encourage
7. fragmentary	g. retract
8. fruitful	h. productive
9. fuel	i. denounce vigorously
10. fulminate	j. incomplete

G

GAFFE [gæf] n **a social blunder; an embarrassing mistake; a faux pas**
사교상의 큰 실수; 난처한 실수; 과실, 실책

- In some cultures, burping after you eat is considered a sign that you liked the meal. In our culture, it's considered a *gaffe*.

  어떤 문화권에서는 식사 후의 트림을 당신이 음식을 잘 먹었다는 신호로 받아들인다. 우리 문화권에서는 그러한 모습을 난처한 실수로 여긴다.

- You commit a *gaffe* when you ask a man if he's wearing a toupee.

  남자에게 가발을 썼느냐고 묻는다면, 그것은 대단히 실례를 범하는 것이다.

- Michael Kinsley defines a politician's *gaffe* as "the inadvertent telling of the truth."

  마이클 킨슬리는 정치가의 실수를 "정치가가 부지불식중에 진실을 말하는 것"이라고 정의한다.

GALVANIZE [gǽlvənàiz] v **to startle into sudden activity; to revitalize**
놀라게 해서 갑자기 활기를 띠게 하다; 소생시키다

- The student council president hoped his speech would *galvanize* the student body into rebelling against standardized tests. But his speech was not as *galvanic* [gælvǽnik] as he would have liked, and his listeners continued to doze in their seats.

  학생회장은 자신의 연설이 학생들의 기운을 북돋아 규격화된 시험에 반대하는 저항 운동을 일으키기를 원했다. 그러나 그의 연설은 그가 원했던 만큼 활력을 주지 못했으며, 연설을 듣는 학생들은 자리에서 계속 졸기만 했다.

- Dullsville was a sleepy little town until its residents were *galvanized* by the discovery that they all knew how to whistle really well.

  주민들이 모두 휘파람을 정말로 잘 분다는 사실을 알게 되어 활력을 찾기 전까지 덜스빌은 생기 없는 작은 마을에 불과했다.

To *galvanize* something is literally to cover it in zinc, which protects it and makes it stronger. But its figurative definition is much more common in everyday speech.

galvanize는 글자 그대로는 어떤 것을 보호하고 더 강하게 하기 위해서 '아연 도금하다'라는 뜻이다. 하지만 비유적인 의미가 평소에 훨씬 많이 쓰인다.

GAMBIT [gǽmbit] n **a scheme to gain an advantage; a ploy**
유리한 입장에 서기 위한 책략; 계획

- Bobby's opening *gambit* at the chess tournament allowed him to take control of the game from the beginning.

  바비는 체스 선수권 대회에서 경기 초반 첫 수로 인해, 시작부터 경기의 주도권을 잡게 되었다.

- Meg's *gambit* to get a new car consisted of telling her father that everyone else in her class had a new car.

  새 차를 얻기 위한 메그의 술책은 아빠에게 자신의 반 아이들은 모두 새 차를 갖고 있다고 말하는 것이었다.

- My young son said he wanted a drink of water, but I knew that his request was merely a *gambit* to stay up later.

  어린 아들은 물을 마시고 싶다고 말했지만, 나는 아들의 부탁이 순전히 더 늦게까지 자지 않고 있으려는 술책이라는 것을 알고 있었었다.

GAMUT [gǽmət] n the full range (of something) 전 범위

- The baby's emotions run the *gamut* from all-out shrieking to contented cooing.

  아이의 감정은 전력을 다해 소리를 지르는 것부터 시작해서 만족한 옹알이에 이르기까지 갖은 표현을 다 한다.

- Charlotte's professor said that her essay covered the *gamut* of literary mistakes, from bad spelling to outright plagiarism.

  샬롯의 교수는 그녀의 수필이 철자법이 틀린 것부터 시작해서 공공연한 표절에 이르기까지 온갖 문학적 오류로 가득하다고 말했다.

GARNER [gáːrnər] v to gather; to acquire; to earn 모으다; 획득하다; 얻다

- Steve continues to *garner* varsity letters, a fact that will no doubt *garner* him a reputation as a great athlete.

  스티브는 대학 팀의 초청장을 계속해서 획득하고 있다. 그러한 사실은 의심할 바 없이 그에게 최고의 선수라는 명예를 얻게 해 줄 것이다.

- Mary's articles about toxic waste *garnered* her a Pulitzer Prize.

  메리는 유독성 폐기물에 관한 기사로 퓰리처상을 수상했다.

GASTRONOMY [gæstránəmi] n the art of eating well 잘 먹는 기술, 미식

- The restaurant's new French chef is so well versed in *gastronomy* that she can make a pile of hay taste good. In fact, I believe that hay is what she served us for dinner last night.

  레스토랑의 프랑스 인 새 주방장은 미식에 관해 대단히 조예가 깊은 사람이라 건초 더미라 하더라도 맛있는 것으로 만들어낼 수 있다. 사실 나는 지난밤에 그녀가 우리에게 저녁 식사로 제공했던 것이 건초라고 믿고 있다.

- I have never eaten a better meal. It is a *gastronomic* [gæstránámik] miracle.

  나는 이보다 더 좋은 음식을 먹어 본 적이 없다. 그것은 요리법의 기적이다.

GENERIC [dʒenérik] adj general; common; not protected by trademark
전반적인; 공통적인; 특정 상표로 보호되지 않는

- The machinery Pedro used to make his great discovery was entirely *generic*; anyone with access to a hardware store could have done what he did.

  페드로가 그의 위대한 발명품을 만드는 데 사용한 기계는 아주 흔한 것이었다. 철물점에 갈 수 있는 사람은 누구나 그가 발명한 것을 발명할 수 있었을 것이다.

- The year after he graduated from college, Paul moved to New York and wrote a *generic* first novel in which a young man graduates from college, moves to New York, and writes his first novel.

  폴은 대학을 졸업한 해에 뉴욕으로 이사를 갔으며, 대학을 졸업한 젊은이가 뉴욕으로 이사 가서 자신의 첫 번째 소설을 쓴다는 상식적인 내용의 첫 소설을 썼다.

- Instead of buying expensive name-brand cigarettes, Rachel buys a *generic* brand and thus ruins her health at far less expense.

  값이 비싼 유명 상표의 담배를 사는 대신에 레이첼은 상표가 없는 담배를 산다. 훨씬 적은 비용으로 건강을 망치는 것이다.

GENESIS [dʒénisis] n origin; creation; beginning 기원; 창조; 시작

Genesis is the name of the first book of the Bible. It concerns the *genesis* of the world, and in it Adam and Eve realize that it is never wise to listen to the advice of serpents.

Genesis(창세기)는 성경의 첫 번째 권의 명칭이다. 창세기는 천지 창조에 관한 이야기를 다루고 있으며, 아담과 이브가 뱀의 말을 듣는 것이 결코 현명하지 못하다는 것을 깨닫는 내용이 들어 있다.

- It's hard to believe that the *Boeing 747* has its *genesis* in the flimsy contraption built by the Wright brothers.

  보잉 747 여객기의 기원이 라이트 형제가 만든 보잘것없는 기계였다는 사실은 믿기가 힘들 정도이다.

GENOCIDE [dʒénəsàid] n the extermination of a national, racial, or religious group 민족이나 인종, 종교적 단체에 대한 말살

- Hitler's policy of *genocide* made him one of the most hated men in history.

  히틀러는 인종 말살 정책으로 인류 역사상 가장 미움을 받는 사람 중의 하나가 되었다.

When a word ends with the suffix "cide," it generally has to do with some form of murder. *Homicide* [hámisàid] means murder; *matricide* [mǽtrəsàid] means mother-murder; *patricide* [pǽtrəsàid] means father-murder; *suicide* [súːəsàid] means self-murder. An *insecticide* [inséktəsàid] is a substance that "murders" insects.

접미사 "cide"로 끝나는 단어는 일반적으로 살인의 형태와 관련이 있는 경우가 많다. homicide는 '살인'을 의미한다. matricide는 '어머니를 살해하는 것'을 의미하고 patricide는 '아버지를 살해하는 것'을 의미하며, suicide는 '자살'이라는 뜻이다. insecticide는 곤충을 죽이는 물질, 즉 '살충제'를 의미한다.

GERMANE [dʒəːrméin] adj applicable; pertinent; relevant 적절한; 꼭 들어맞는; 관련된

- "Whether or not your mother and I give you too small an allowance," said Cleo's father sternly, "is not *germane* to my suggestion that you clean up your room more often."

  "엄마와 내가 너에게 너무 적은 용돈을 주는지 아닌지는, 네가 좀 더 자주 네 방을 청소한다는 내 말과는 별 관계가 없다."라고 클레오의 아버지는 엄격하게 말했다.

- One of the many *germane* points he raised during his speech was that someone is going to have to pay for all these improvements.

  연설을 하는 도중 그가 제기한 여러 가지 적절한 요점 중의 하나는 이 모든 진보에 대해 누군가는 그 대가를 지불해야 한다는 것이었다.

- Claiming that Arnold's comments were not *germane* to the discussion at hand, the president of the company told him to sit down and remain silent.

  아놀드의 견해는 그 논쟁과는 직접적인 관련이 없었다고 소리치면서, 사장은 그에게 앉아서 조용히 있으라고 말했다.

QUICK QUIZ

Match each word in the first column with its definition in the second column.
Check your answers in the back of the book.

1. gaffe	a. full range
2. galvanize	b. gather
3. gambit	c. startle into sudden activity
4. gamut	d. art of eating well
5. garner	e. social blunder
6. gastronomy	f. extermination of a national, racial, or religious group
7. generic	g. origin
8. genesis	h. scheme to gain an advantage
9. genocide	i. common
10. germane	j. applicable

GHASTLY [gǽstli] adj shockingly horrible; frightful; ghostlike
엄청나게 무서운; 무시무시한; 귀신 같은

- The most *ghastly* crime ever recorded in these parts was committed by One-Eye Sam, and it was too *horrifying* to describe.

  이곳에서 지금까지 기록된 가장 무시무시한 범죄는 애꾸눈 샘이 저지른 것이다. 그 범죄는 너무나 끔찍해서 입에 담기도 무섭다.

- You have a rather *ghastly* color all of a sudden. Have you just spotted One-Eye Sam?

  너 갑자기 파랗게 질려 있어. 애꾸눈 샘이라도 본 거니?

GRATIS [grǽitis] adj free of charge 무료로, 무료의

- Since Gary drove his car through the Whitney's plateglass living room window, he provided her with a new one, *gratis*.

  게리는 자동차를 운전하다가 휘트니네 거실 창문 판유리를 깨뜨렸기 때문에, 한 푼도 받지 않고 새 유리로 갈아 주었다.

- I tried to pay for the little mint on my pillow, but the chambermaid explained that it was *gratis*.

  나는 베개 값으로 약간의 돈을 지불하려고 했으나, 호텔 종업원은 그 베개가 무료라고 말해 주었다.

- When the waiter told Herbert that the drink was *gratis*, Herbert started to shout. He said, "I didn't order any damned *gratis*. I want some brandy, and I want it now!"

  웨이터가 와서 이 음료는 무료라고 말하자, 허버트는 소리치기 시작했다. '난 빌어먹을 무료를 주문한 적이 없단 말이오. 나는 브랜디를 마시고 싶소. 그것도 지금 당장!'이라고 허버트가 말했다.

194

If something *gratis* is freely given, then it makes sense that a *gratuity* is an amount that is paid by choice, and that *gratuitous* violence in a movie is violence that is unwarranted, or not essential to the plot.

만약 gratis인 것이 대량으로 주어졌다면, 그것은 gratuity(팁)가 선택에 의해 주어졌다고 하는 게 맞다. 그리고 gratuitous violence(이유 없는 폭력)가 영화에서 나온다면 그것은 '부당한 것'이거나 '줄거리와 별로 상관없는 것'이다.

GRIEVOUS [grí:vəs] adj tragic; agonizing; severe   비극적인; 괴로운; 통렬한

- When Sarah found out that Thomas didn't have her money, she threatened to do him *grievous* harm.

  토마스가 사라의 돈을 가지고 있지 않다는 것을 사라가 알았을 때, 그녀는 그에게 심각한 해를 끼치겠다고 협박했다.

- The memory of all the times I've yelled at my children is *grievous* to me.

  아이들에게 호통치던 때의 기억이 나를 괴롭게 한다.

GRIMACE [griméis] v to make an ugly, disapproving facial expression
추하고 못마땅한 표정을 짓다

- Don't *grimace*, Daniel, or your face will freeze that way!

  다니엘, 얼굴을 찌푸리지 마라. 그렇지 않으면 얼굴이 그런 모양으로 굳어져 버릴 거야!

- Tom couldn't help *grimacing* when he heard that the Pettibones were coming over for supper; he had hated the Pettibones ever since they had borrowed his riding lawn mower and ridden it into the lake.

  페티본가 사람들이 저녁 식사에 올 것이라는 얘기를 듣고, 톰은 얼굴을 찌푸리지 않을 수 없었다. 페티본가 사람들이 자동 잔디 깎기 기계를 빌려가서 호수에 처박아 버린 뒤로 톰은 그들을 증오해 왔다.

The expression on the face of a person who is grimacing is called a *grimace*.

grimace는 명사로도 쓰이며, 얼굴에 나타난 찌푸린 표정을 의미한다.

- The *grimace* on the face of the judge when Lila played her violin did not bode well for her chances in the competition.

  리라가 바이올린 연주를 할 때, 심사위원의 얼굴에 나타난 찌푸린 표정은 경연대회에서 좋은 성적을 낼 가망이 없다는 것을 의미하는 것이었다.

GUISE [gɑiz] n appearance; semblance   외형; 모습, 변장, 가장

- Every night the emperor enters the princess's room in the *guise* of a nightingale, and every night the princess opens her window and shoos him out.

  황제는 매일 밤 나이팅게일이라는 새의 모습을 하고 공주의 방으로 찾아가고, 공주는 매일 밤 창문을 열어 그를 쉬이 하고 쫓아낸다.

A *guise* can also mean a false appearance or a pretense.

guise는 '거짓된 모습'이나 '변장'을 의미하기도 한다.

- How was I supposed to know that I couldn't trust Hortense? She had the *guise* of an angel!

  어떻게 오르탕스를 믿지 않을 수 있다고 생각했겠는가? 그녀는 천사로 가장하고 있었는데!

Match each word in the first column with its definition in the second column. Check your answers in the back of the book.

1. ghastly   a. free of charge
2. gratis   b. shockingly horrible
3. grievous   c. make an ugly face
4. grimace   d. tragic
5. guise   e. appearance

H

HABITUATE [həbítʃuèit] **v to train; to accustom to a situation**
길들이다; 상황에 익숙해지게 하다

- Putting a clock in a puppy's bed is supposed to help *habituate* it to its new home, but most puppies become homesick anyway.
  강아지의 침대에 시계를 놓아두면 새로운 집에 길들이는 데 도움이 된다고 알려져 있다. 그러나 대부분의 강아지들은 그렇게 하더라도 향수병에 걸린다.

- The best way to *habituate* yourself to daily exercise is to work out first thing in the morning.
  매일 매일 운동하는 습관을 들이는 가장 좋은 방법은 아침에 일어나자마자 제일 먼저 운동부터 하는 것이다.

If you are a frequent visitor to a place, you may be said to be a *habitué* [həbítʃuèi] of that place.
만약 어떤 장소에 아주 빈번하게 찾아가는 사람이 있다면 그런 사람을 habitué라고 부른다.

- Alice is a *habitué* of both the bar at the end of her street and the gutter in front of it.
  앨리스는 골목 끝과 그 앞의 빈민가에 있는 술집의 단골이다.

▶ habitué의 악센트에 주의할 것.

HALCYON [hǽlsiən] **adj peaceful; carefree; serene** 평화스러운; 태평한; 조용한

▶ 발음에 주의할 것.

- Why does everyone talk about the *halcyon* days of youth? Most of the kids I know don't exactly live serene, carefree lives.
  왜 사람들은 자신의 평화로운 젊은 날에 대해 얘기하는가? 내가 아는 대부분의 아이들은 반드시 조용하고 평화로운 삶을 사는 것이 아니다.

- These *halcyon* skies are a good harbinger of a pleasant vacation.
  평화로운 하늘은 즐거운 휴가가 되리라는 신호이다.

HARASS [hərǽs] v to attack repeatedly; to torment or pester
반복적으로 괴롭히다; 고통을 주다, 못살게 굴다

- The unruly students so *harassed* their uncoordinated physical education teacher that she finally went crazy and quit.

  말썽꾸러기 학생들이 그들과 조화되지 않는 체육 선생님을 너무나도 괴롭힌 나머지, 결국 선생님은 격분해서 학교를 그만두었다.

- Warren's female employees are victims of sexual *harassment*[hǽrəsmənt]. If People outside his company ever find out about Warren's record of sexual *harassment*, he'll never be able to get another job. Good!

  워렌의 여직원들은 성희롱의 희생자이다. 회사의 외부 사람들이 워렌의 성희롱에 관한 이야기를 알게 된다면, 그는 더 이상 다른 직업을 얻을 수는 없을 것이다. 당연하다!

HARBINGER [hɑ́:rbindʒər] n a precursor; an indication; an omen   선구자; 징후; 조짐

▶ 발음에 주의할 것.

- When a toilet overflows, it is usually a *harbinger* of plumbing problems to come.

  화장실이 넘친다면, 그것은 대개 배관 설비에 문제가 생길 것이라는 징후이다.

- Priscilla found a silver dollar on the floor, and she viewed it as a *harbinger* of the good luck she was certain to have on the slot machines that night.

  프리실라는 마룻바닥에서 은화를 발견했다. 그녀는 그 사실을 그날 밤 슬롯머신에서 얻게 될 확실한 행운의 조짐이라고 생각했다.

- The vultures circling overhead were viewed as a *harbinger* of doom by the starving, thirst-stricken settlers trying to claw their way across the sweltering desert floor several hundred feet below.

  머리 위에서 회전하고 있는 대머리 수리들은 수백 피트 아래의 찌는 듯한 사막 바닥을 필사적으로 손으로 헤치며 건너가려고 애쓰고 있는, 굶주리고 목마른 개척자들에게 나쁜 운명의 징후로 여겨졌다.

HARP [hɑ:rp] v to repeat tediously; to go on and on about something
지루하게 되풀이하다; 뭔가를 계속해서 반복하다

- "Will you quit *harping* on my hair?" Tim shouted at his mother. "I don't have to get it cut if I don't want to!"

  "머리에 대한 잔소리 좀 그만할 수 없나요?" 팀이 엄마에게 소리쳤다. "원하지 않는 한 머리를 꼭 잘라야 할 필요는 없단 말이에요!"

Don't confuse *harp* with *carp* [kɑ:rp]. Carping is complaining excessively or finding unreasonable fault with something. If you were to complain that someone had been *harping* on something when they actually hadn't been, you would be carping.

harp와 carp를 혼동하지 마라. carping은 '과도한 불평'이나 '이유 없이 트집을 잡는 것'이다. 실제로는 그렇지 않은데 누군가가 반복해서 지루하게 되풀이한다고 불평을 한다면, 여러분은 괜한 트집을 잡는 것이다.

HARRY [hǽri] v to harass; to annoy 괴롭히다; 성가시게 굴다

- The soldiers vowed to *harry* their opponents until they finally surrendered the town.

  병사들은 그 도시를 기어이 함락시킬 때까지 적들을 끝까지 괴롭힐 것을 맹세했다.

▸ 형용사형은 harried(곤란을 겪는)이다.

- No wonder that mother has a *harried* look. She's been taking care of six children all day.

  엄마가 엉망인 모습으로 있는 것도 그리 놀랄 일은 아니다. 그녀는 하루 종일 여섯 아이들을 돌보고 있는 중이다.

HEINOUS [héinəs] adj shockingly evil; abominable; atrocious
지독하게 사악한; 혐오스러운; 극악한

▸ 발음에 주의할 것.

- Bruno is a *heinous* villain; his crimes are so horrible that people burst into tears at the mere sound of his name.

  브루노는 극악무도한 악당이다. 그의 범죄 행위는 너무도 끔찍해서 사람들은 단지 그의 이름만 들어도 울음을 터트린다.

- Gertrude's treatment of her cat was *heinous*; she fed him dry food for nearly every meal, and she never gave him any chicken livers.

  거트루드가 고양이를 다루는 법은 잔인하기 짝이 없었다. 그녀는 매번 끼니때마다 고양이에게 마른 음식을 먹였으며, 닭고기 간 같은 것은 한 번도 준 적이 없었다.

HERALD [hérəld] n a royal proclaimer; a harbinger 왕의 전달자; 선구자

- The queen sent a *herald* to proclaim victory.

  여왕은 승리를 선언하도록 전령사를 보냈다.

- A robin is sometimes viewed as a *herald* of spring; its song announces that winter has finally ended.

  개똥지빠귀는 때때로 봄의 전령사로 여겨진다. 개똥지빠귀의 노래는 겨울이 마침내 물러갔음을 알리는 것이다.

To *herald* something is to be a herald of it, to proclaim news of it, to announce it, to proclaim it.

herald는 '선언하다', '공표하다', '소식을 전하다'라는 뜻의 동사로도 쓰인다.

- The members of the football team *heralded* their victory through the town by honking their car horns continuously while driving slowly up and down the street for several hours.

  풋볼 팀 선수들은 몇 시간 동안이나 위아래 모든 도로를 천천히 달리면서 계속해서 차 경적을 울려대며 온 시가지에 승리의 소식을 전했다.

HOARY [hɔ́:ri] adj gray or white with age; ancient; stale
나이 들어 회백색이 된; 고색창연한; 진부한

- The dog's *hoary* muzzle and clouded eyes betrayed her advanced age.

  회백색의 주둥이와 흐릿한 눈은 그 개가 나이가 많다는 것을 은연중에 드러내고 있었다.

- The college's philosophy department was a bit on the *hoary* side; the average age of those professors must have been at least seventy-five.

  그 대학의 철학과는 교수들이 좀 늙은 편이었다. 교수들의 평균 연령이 적어도 75세는 되었음에 틀림없었다.

- Don't you think that joke's getting a little *hoary*? You must have told it twenty times at this party alone.

  그 농담, 좀 진부하다고 생각하지 않니? 오늘 파티에서만 스무 번이나 얘기한 것 같은데.

HOMAGE [ɑ́midʒ] n reverence; respect 경의; 존경

▶ 발음에 주의할 것. h는 묵음이다.

- Every year, thousands of tourists travel to Graceland to pay *homage* to Elvis Presley; thousands more stay home and pay *homage* to him in their local supermarkets and pizza parlors, where they catch glimpses of him ducking into the men's room or peering through the windows.

  매년 수천 명의 관광객들이 엘비스 프레슬리에게 경의를 표하기 위하여 그레이스 랜드를 방문한다. 그보다 더 많은 사람들은 집을 떠나지 않고도 자기 동네의 슈퍼마켓이나 피자 가게에서 엘비스에게 경의를 표한다. 그곳에서 사람들은 엘비스가 화장실을 들락거리거나 창문을 통해서 안을 들여다보는 모습을 목격하곤 한다.

- Sanford erected the new office building in *homage* to himself; he had a statue of himself installed in the lobby, and he commissioned a big sign proclaiming the building's name: the Sanford Building.

  샌포드는 자신을 기념하기 위해 새로운 사무용 빌딩을 세웠다. 그는 로비에 자신의 동상을 설치하고, 건물의 이름인 샌포드 빌딩을 알리는 커다란 현판을 달았다.

HUBRIS [hjúː:bris] n arrogance; excessive pride 오만; 지나친 자만

▶ 발음에 주의할 것.

- If you're ever assigned to write an essay about why the hero of a play comes to a tragic end, it's a safe bet to say that it was *hubris* that brought about his downfall.

  왜 연극의 주인공이 비극적 결말을 맞이해야 하는지에 대해서 평론을 쓰는 숙제를 받았다면, 그의 몰락을 가져온 것은 오만함이었다고 말하는 것이 가장 안전한 대답이 될 것이다.

- Steven has a serious case of *hubris*; he's always claiming to be the handsomest man on the beach when he's really a ninety-seven-pound weakling.

  스티븐은 심각할 정도로 자만심이 강한 성격이다. 실제로는 97파운드의 약골이면서 그는 항상 자신이 해변 최고의 매력적이고 잘생긴 사람이라고 주장한다.

HYPOCRISY [hipάkrəsi] n insincerity; two-facedness 불성실; 두 얼굴을 가짐, 위선

- The candidate's most obvious qualification for office was his *hypocrisy*; he gave speeches in praise of "family values," even though his own family was in a shambles.

  직책에 대한 그 후보의 두드러진 자질은 바로 그의 위선이었다. 자신의 가족은 황폐해졌음에도 불구하고, 그는 가족의 가치를 찬양하는 연설을 했다.

- Oki despises *hypocrisy* so much that she sometimes goes too far in the other direction. When Julia asked whether Oki liked her new dress, Oki replied, "No. I think it's ugly."

  오키는 워낙 위선을 혐오하기 때문에 때때로 그 반대의 극단으로 치닫곤 한다. 줄리아가 자신의 새 옷이 어떠냐고 물었을 때, 오키는 "별로, 옷이 형편없는걸." 하고 대답했다.

A person who practices *hypocrisy* is a *hypocrite* [hípəkrit]. A *hypocrite* is a person who says one thing and does another.

hypocrisy를 실행하는 사람을 hypocrite(위선자)이라고 한다. hypocrite은 말과 행동이 다른 사람이다.

▶ 형용사형은 hypocritical [hìpəkrítikəl] (위선의)이다.

It's *hypocritical* to praise someone for her honesty and then call her a liar behind her back.

본인 앞에서는 정직하다고 칭찬해 놓고 그가 없는 곳에서는 거짓말쟁이라고 욕하는 것은 hypocritical(위선적)이다.

▶ 이 단어들의 발음에 주의할 것.

QUICK QUIZ

Match each word in the first column with its definition in the second column. Check your answers in the back of the book. Note that "attack repeatedly" is the answer for two questions.

1. habituate		a. arrogance
2. halcyon		b. peaceful
3. harass		c. royal proclaimer
4. harbinger		d. insincerity
5. harp		e. gray or white with age
6. harry		f. attack repeatedly (2)
7. heinous		g. reverence
8. herald		h. repeat tediously
9. hoary		i. accustom to a situation
10. homage		j. shockingly evil
11. hubris		k. precursor
12. hypocrisy		

I

IDIOM [ídiəm] n an expression whose meaning is different from the literal meaning
of the words; a language or dialect used by a group of people
문자 그대로의 의미와는 다른 의미를 담고 있는 표현, 관용어; 특정한 사람들이 사용하는
말이나 방언

It's sometimes hard for foreigners to grasp all the *idioms* we use in English. They have
special trouble with expressions like "letting the cat out of the bag." To let the cat out of
the bag is to give away a secret, not to let a cat out of a bag. The expression is an *idiom*,
not a literal statement of fact. Other languages have *idioms*, too. In French. "my little
cabbage" is a term of endearment.

외국인이 우리가 영어에서 사용하는 idiom(관용어)들을 모두 이해한다는 것은 어려운 일이다. 그들은 'letting the cat out of the
bag' 같은 표현을 만나면 특히 어려움을 겪는다. 이것은 고양이를 가방 밖으로 나오게 하는 것이 아니라 비밀을 누설하다'라는 뜻이다.
이러한 표현을 idiom이라 하는데, 문자 그대로의 의미와는 관계가 없다. 다른 언어에도 idioms들은 많이 있다. 프랑스 어에서 'my little
cabbage"는 친밀감을 표시하는 용어이다.

This word can also be used to refer to a language, dialect, or even jargon spoken by a
group of people.
idiom은 특정 사람들이 말하는 language(언어), dialect(사투리), 심지어 jargon(은어)을 가리키는 것으로 사용되기도 한다.

- Jerry didn't get along very well with the people in the computer department
  because he didn't understand their *idiom*.
  제리는 컴퓨터과 사람들이 쓰는 독특한 언어들을 잘 알지 못하기 때문에 그들과 그다지 친하게 지내지 못했다.

▶ 형용사형은 idiomatic(관용구가 든)이다.

- This rule of grammar may seem peculiar to everyone else in the country because
  it is only *idiomatic* to the people living in that small region.
  이 문법 규칙은 한정된 작은 지역에서만 관용적으로 쓰이기 때문에 다른 사람들에게는 특이하게 보일 수도 있다.

IMBUE [imbjú:] v to inspire; to permeate or tinge
(감정 등을) 불어넣다; 스며들다, 물들이다

- Was it the young poet's brilliant writing or his dashing appearance that *imbued* the
  girls with such a love of poetry?
  소녀들에게 그처럼 시를 사랑하는 마음을 불어넣어 준 것은 젊은 시인의 훌륭한 작품 때문인가, 아니면 그의 화려한 용모
  때문인가?

- Henrietta soaked her white dress in a bathtub of tea to *imbue* it with a subtle tan color.

  헨리에타는 하얀색의 옷을 신비한 황갈색으로 물들이기 위해 홍차가 들어 있는 욕조에 넣었다.

▶ imbue는 infuse와 동의어이다.

IMPASSE [ímpæs] n a deadlock; a situation from which there is no escape
막다른 골목; 더 이상 도망갈 데 없는 상황, 난국

- After arguing all day, the jury was forced to admit they had reached an *impasse*; they had examined and reexamined the evidence, but they still could not reach a unanimous verdict.

  하루 종일 토론을 한 후에, 배심원단은 그들이 막다른 골목에 다다랐다는 것을 받아들이지 않을 수 없었다. 그들은 증거를 가지고 검토에 검토를 거듭했지만, 만장일치의 평결을 내릴 수가 없었다.

- We seem to have reached an *impasse*. You want to spend the money on a pair of hockey skates for yourself, while I want to donate it to charity.

  우리는 막다른 골목에 몰린 것 같다. 너는 하키용 스케이트를 사는 데 돈을 쓰기를 원하지만, 나는 그 돈을 자선 단체에 기부했으면 한다.

IMPEACH [impíːtʃ] v to accuse or indict; to challenge; call into question
비난하다, 기소하다; 이의를 제기하다; 의심을 품다

- Congress is still trying to decide whether to *impeach* the president for spilling fingerpaint in the Oval Office.

  의회는 대통령 집무실에서 물감을 엎지른 일에 대하여 대통령을 탄핵할 것인지 결론을 내리기 위해 여전히 고심하고 있다.

To *impeach* a political figure is not to throw the person out of office; it is to accuse him or her of an offense for which he or she will be thrown out of office if found guilty. President Clinton was *impeached*, but he was not convicted. Had President Nixon been *impeached*, he would have been tried by the Senate. If found guilty, he would have been given the boot. Instead, realizing the jig was up, he resigned.

정치인을 impeach(탄핵하다)하는 것은 그를 직책에서 내쫓는 것이 아니라 유죄가 분명하다면 직책에서 쫓겨날 만한 위법 사실에 대해 그 죄를 추궁하는 것이다. 클린턴 대통령은 탄핵을 받았지만 그의 유죄가 입증되지 않았다. 닉슨 대통령이 탄핵을 받았더라면, 상원에서 심리 절차를 거쳤을 것이다. 유죄가 인정이 되었더라면, 그는 해임되었을 것이다. 그러나 닉슨 대통령은 모든 것이 다 끝났다는 사실을 깨닫고 나서 스스로 사임했다.

Impeach also has a meaning that has nothing to do with removing political figures from office.

impeach는 정치적인 인물을 직책에서 제거하는 것과는 관계가 없는 의미도 담고 있다.

- It's not fair to *impeach* my morals just because I use swear words every once in a while.

  단지 가끔씩 신의 이름을 더럽히는 욕을 사용한다는 이유로 나의 도덕성을 비난하는 것은 옳지 못하다.

To be *unimpeachable* is to be above suspicion or impossible to discredit.

unimpeachable은 '의심의 여지가 없는', '비난할 수 없는'이라는 뜻이다.

- If the president proves to be a man of *unimpeachable* honor, he will not be impeached.

  대통령이 비난받을 여지가 없는 명예로운 사람으로 판명된다면, 그는 탄핵을 받지 않을 것이다.

IMPECUNIOUS [ìmpəkjúːniəs] adj without money; penniless 돈이 없는; 무일푼의

- Can you lend me five million dollars? I find myself momentarily *impecunious*.
  내게 오백만 달러를 빌려 주시겠습니까? 제가 당장은 무일푼이라서 말이죠.

- When his dream of making a fortune selling talking T-shirts evaporated, Arthur was left *impecunious*.
  말하는 티셔츠를 팔아서 부자가 되겠다는 꿈이 산산조각 났을 때 아서는 무일푼이 되었다.

The word *pecuniary* [pikjúːnièri] means relating to money. To *peculate* [pékjəlèit] is to embezzle or steal money.
pecuniary는 '돈과 관련이 있는'의 의미이다. peculate는 '공금을 횡령하거나 돈을 훔치다'라는 뜻이다.

IMPEDE [impíːd] v to obstruct or interfere with; to delay
방해하다, 훼방 놓다; 지체시키다

- The faster I try to pick up the house, the more the cat *impedes* me; he sees me scurrying around, and thinking I want to play, he runs up and winds himself around my ankles.
  내가 집을 빨리 치우려 하면 할수록 고양이는 점점 더 나를 방해한다. 내가 허둥대는 모습을 보고 고양이는 내가 놀고 싶어한다고 생각하는지 내게로 달려와 발목에 몸을 감는다.

- The fact that the little boy is missing all his front teeth *impedes* his speaking clearly.
  소년은 앞니가 전부 빠져서 분명하게 발음하는 데 방해를 받고 있다.

Something that *impedes* is an *impediment* [impédəmənt].
명사형 impediment는 '장애물'이라는 뜻이다.

- Irene's inability to learn foreign languages was a definite *impediment* to her mastery of French literature.
  아이린이 외국어를 배울 수 없는 것은 프랑스 문학을 숙달하는 데 명확한 장애가 되었다.

IMPENDING [impéndiŋ] adj approaching; imminent; looming
가까이 다가와 있는; 임박한; 불안한 일이 다가오는

- Jim's *impending* fiftieth birthday filled him with gloom; he was starting to feel old.
  오십 번째 생일이 다가오면서 짐은 우울한 기분이 되었다. 그는 자신이 늙었다는 것을 깨닫기 시작했다.

- The scowl on her husband's face alerted Claire to an *impending* argument.
  남편의 얼굴에 나타난 험악한 표정은 클레어에게 곧 터질 싸움을 경고하는 듯했다.

- The reporter didn't seem to notice his rapidly *impending* deadline; he poked around in his office as if he had all the time in the world.
  기자는 빠르게 다가오는 마감 시간을 전혀 깨닫지 못하는 것 같았다. 그는 마치 세상의 모든 시간을 다 가지고 있는 듯이 사무실에서 어슬렁거렸다.

▸ 동사형은 impend(임박하다)이다.

IMPENETRABLE [impénitrəbl] adj incapable of being penetrated; impervious; incomprehensible
꿰뚫을 수 없는; 통과시키지 않는; 이해할 수 없는

- The fortress on the top of the hill was *impenetrable* to the poorly armed soldiers; although they tried for days, they were unable to break through its thick stone walls.

  언덕 위에 있는 요새는 무장이 완벽하지 않은 병사들이 뚫고 들어갈 수가 없었다. 며칠 동안 계속 시도를 했지만, 그들은 요새의 두터운 돌담을 깨뜨릴 수가 없었다.

- For obvious reasons, knights in the Middle Ages hoped that their armor would be *impenetrable*.

  몇 가지 분명한 이유 때문에, 중세의 기사들은 그들의 갑옷이 절대 뚫을 수 없는 것이기를 원했다.

- This essay is utterly *impenetrable*. There isn't one word in it that makes sense to me.

  이 에세이는 전혀 이해할 수가 없다. 내가 보기에 이 글에는 이치에 합당한 말이 하나도 없다.

- I was unable to guess what Bob was thinking; as usual, his expression was *impenetrable*.

  밥이 무엇을 생각하고 있는지 짐작조차 할 수 없었다. 여느 때처럼 그의 표정은 이해하기가 힘들었다.

▶ impenetrable은 impregnable(난공불락의)과 동의어이다.

IMPERATIVE [impérətiv] adj completely necessary; vitally important
반드시 필요한; 너무나 중요한

- The children couldn't quite accept the idea that cleaning up the playroom was *imperative*; they said they didn't mind wading through the toys strewn on the floor, even if they did occasionally fall down and hurt themselves.

  놀이방을 청소하는 것이 반드시 해야만 하는 일이라는 생각을 아이들은 정말로 수긍할 수가 없었다. 아이들은 종종 넘어지고 다치기도 하지만, 바닥에 잔뜩 흩어져 있는 장난감 사이를 걸어 다니는 일에 별로 개의치 않는다고 말했다.

This word can also be used as a noun, in which case it means a command, order, or requirement. A doctor has a moral *imperative* to help sick people instead of playing golf—unless, of course, it's his day off, or the people aren't very sick.

imperative는 명사로 쓰일 경우, 명령이나 '지시', '요구', '의무', '책임' 등을 의미한다. 의사는 골프를 치기보다는 아픈 사람을 돌보아야 한다는 도덕적 의무를 가지고 있다. 물론 비번이거나 사람들이 그다지 아프지 않다면 그렇지 않겠지만 말이다.

IMPETUOUS [impétʃuəs] adj rash; overimpulsive; headlong
성급한; 지나치게 충동적인; 경솔한

▶ 발음에 주의할 것.

- Jeremy is so *impetuous* that he ran out and bought an engagement ring for a girl who smiled at him in the subway.

  제레미는 지하철에서 자신을 보고 미소 짓던 소녀를 위해 약혼반지를 사러 달려 나갔을 정도로 성격이 급하다.

- Olive's decision to drive her car into the lake to see whether it would float was an *impetuous* one that she regretted as soon as water began to seep into the passenger compartment.

  차가 호수에서 뜰 수 있는지를 알기 위해 차를 몰고 호수로 달려 나가려는 올리브의 결심은 너무나 충동적인 것이었다. 그녀는 좌석으로 물이 스며들기 시작하자마자 곧 자신의 경솔함을 후회했다.

Match each word in the first column with its definition in the second column. Check your answers in the back of the book.

1. idiom
2. imbue
3. impasse
4. impeach
5. impecunious
6. impede
7. impending
8. impenetrable
9. imperative
10. impetuous

a. accuse
b. approaching
c. nonliteral expression
d. obstruct
e. without money
f. inspire
g. rash
h. completely necessary
I. deadlock
j. impervious

IMPLICATION [ìmpləkéiʃən] n **something implied or suggested; ramification**
함축되거나 암시된 것; 지류

• When you said I looked healthy, was that really meant as an *implication* that I've put on weight?
나보고 건강해 보인다고 말한 것, 사실은 내가 뚱뚱하다는 것을 암시하는 말이었니?

• A 100 percent cut in our school budget would have troubling *implications*; I simply don't think the children would receive a good education if they didn't have teachers, books, or a school.
학교 예산이 100% 삭감되었다는 것은 곤란한 의미를 담고 있다. 나는 아이들이 선생님이나 책, 학교 등이 없어도 좋은 교육을 받을 수 있다고는 생각하지 않는다.

▶ intimation은 implication의 동의어이다.

▶ 동사형 imply는 뭔가를 '제안하다'라는 뜻이다.

• When Peter's girlfriend said, "My, you certainly know how to drive a car fast, don't you?" in a trembling voice, she was *implying* that Peter was really going too fast.
피터의 여자 친구가 '너 정말로 차를 빠르게 운전하는 법을 알고 있구나. 그렇지 않니?'라고 떨리는 목소리로 말했을 때 그녀가 암시하는 것은 피터가 너무 빨리 달리고 있다는 것이었다.

To *imply* something is not at all the same thing as to *infer* [infɔ́:r] it, even though many people use these two words interchangeably. To *infer* is to figure out what is being *implied*. The act of inferring is an *inference* [ínfərəns].
imply(암시하다)라는 것은 어떤 일에 대해서 추측한다(infer)는 것은 결코 아니다. 그럼에도 많은 사람들은 이 두 단어를 상호 대체하여 사용하기도 한다. infer는 암시된 내용을 이해하다'라는 뜻이다. infer하는 것을 inference(추론)라고 한다.

• Peter was so proud of his driving that he did not *infer* the meaning of his girlfriend's *implication*.
피터는 자신의 운전 솜씨가 너무나 자랑스러웠기 때문에 여자 친구가 암시하는 내용의 진짜 의미를 이해하고 있지 못했다.

IMPORTUNE [ìmpɔːrtjúːn] v to urge with annoying persistence; to trouble
성가시게 고집을 부려 재촉하다; 괴롭히다

- "I hate to *importune* you once again," said the woman next door, "but may I please borrow some sugar, eggs, milk, flour, butter, jam, and soup?"

  이웃집 여자가 "다시 한번 당신을 괴롭히고 싶지는 않아요. 그러나 제발 부탁이니, 설탕과 계란과 우유와 밀가루와 버터와 잼과 수프 좀 빌려 주시겠어요?"라고 말했다.

- The ceaseless *importuning* of her children finally drove Sophie over the brink; she stuffed the entire brood in the car and left them with her mother-in-law.

  아이들이 끊임없이 졸라대는 통에, 소피는 마침내 벼랑 끝까지 몰렸다. 그녀는 아이들을 모두 차에 넣은 뒤 그녀의 시어머니와 함께 버려 두었다.

▸ 형용사형은 importunate[impɔ́ːrtʃənit] (성가시게 조르는)이다.

- Leslie's *importunate* boyfriend called her day and night to ask her if she still loves him; after the hundredth such phone call, she understandably decided that she did not.

  귀찮게 추근거리는 레슬리의 남자 친구는 그녀에게 밤낮으로 전화를 걸어, 아직도 자신을 사랑하고 있는지 묻는다. 그런 전화가 백 번째 온 뒤에, 그녀는 당연하게도 자신이 남자 친구를 사랑하지 않는다는 결론을 내렸다.

▸ 이 단어들의 철자와 발음에 주의할 것.

IMPOVERISH [impávəriʃ] v to reduce to poverty; to make destitute
곤궁하게 하다; 가난하게 만들다

- Mr. DeZinno spent every penny he had on lottery tickets, none of which was a winner; he *impoverished* himself in his effort to become rich.

  드지노 씨는 갖고 있던 돈을 모두 복권을 사는 데 써 버렸다. 당첨된 복권은 하나도 없었다. 그는 부자가 되고 싶어 한 행동 때문에 오히려 가난해졌다.

- The ravages of the tornado *impoverished* many families in our town and placed a heavy strain on our local government's already limited resources.

  토네이도의 파괴력은 우리 시의 많은 가정을 빈곤의 경지로 몰아넣었으며, 이미 제한된 자치 정부의 재원에 큰 부담을 안겨 주었다.

▸ 명사형 impoverishment[impávəriʃmənt]는 가난하거나 곤궁하게 되는 것, 즉 '빈곤화'를 의미한다.

- The Great Depression led to the *impoverishment* of many formerly well-off families in America.

  미국의 대공황은 이전에는 부유했던 많은 가정들을 빈곤층으로 만들었다.

IMPREGNABLE [imprégnəbl] adj unconquerable; able to withstand attack; impenetrable
난공불락의; 공격을 견뎌낼 수 있는; 뚫고 들어갈 수 없는

- Again and again, the army unsuccessfully attacked the fortress, only to conclude that it was *impregnable*.

  다시 또 계속해서 군대는 그 요새를 공격했지만 실패만 거듭하고, 결국 그 요새는 함락시킬 수 없다는 결론을 내렸다.

- There's no point in trying to change Mr. Roberts's attitude about hairstyles; you will find that his belief in a link between long hair and communism is utterly *impregnable*.

  헤어스타일에 대한 로버트 씨의 태도를 변화시키려고 애쓰는 것은 쓸데없는 짓이다. 긴 머리와 공산주의가 관련이 있다고 생각하는 그의 신념은 정말로 견고하다는 것을 당신도 알게 될 것이다.

- Thanks to repeated applications of Turtle Wax, my car's finish is *impregnable*; the rain and snow bounce right off it.

  거북이표 왁스를 반복해서 칠해 준 덕분에, 내 차는 무엇에도 상하지 않을 만큼 손질이 잘 되어 있다. 비와 눈이 곧바로 튕겨 나갈 정도다.

IMPRESARIO [ìmprisá:rìou] n a person who manages public entertainments (especially operas, but other events as well)
공연 행사를 주관하는 사람(특히 오페라, 다른 행사도 마찬가지)

- Monsieur Clovis, the *impresario* of the Little Rock Operetta House, is as temperamental as some of his singers; if he doesn't get his way, he holds his breath until he turns blue.

  Little Rock Operetta House의 감독인 클로비스 씨는 몇몇 가수들만큼이나 성격이 급하다. 그는 자기가 원하는 방법대로 되지 않으면, 얼굴이 파랗게 되도록 숨을 쉬지 못한다.

- Val calls himself an *impresario*, but he is really just a lazy guy who likes to hang around rock concerts making a nuisance of himself.

  발은 자신을 감독이라고 말하지만, 사실 그는 단지 남에게 폐나 끼치며 록 콘서트 주변을 배회하기를 즐기는 게으른 사람일 뿐이다.

IMPROMPTU [imprámptju:] adj done without preparation, on the spur of the moment 사전 준비 없이 이루어지는, 즉흥적인

- When Dimitri's mother-in-law dropped in without warning, he prepared her an *impromptu* meal of the foods he had on hand—coffee and tomato sauce.

  디미트리의 장모가 예고도 없이 불시에 방문하자, 디미트리는 마침 가지고 있는 커피와 토마토소스로 즉석에서 음식을 만들어 대접했다.

- The actress did her best to pretend her award acceptance speech was *impromptu*, but everyone could see the notes tucked into her dress.

  여배우는 수상 소감을 즉석에서 하는 것처럼 보이기 위해 최선을 다했다. 그러나 소감을 메모한 노트가 그녀의 드레스 안에 있다는 것을 누구나 알 수 있었다.

IMPROVISE [ímprəvàiz] v to perform without preparation; to make do with whatever materials are available
준비 없이 즉석에서 연주하다; 이용할 수 있는 재료는 무엇이나 이용해서 일을 하다

- Forced to land on a deserted island, the shipwrecked sailors *improvised* a shelter out of driftwood and sand.

  어쩔 수 없이 무인도에 정박을 해서, 난파한 배의 선원들은 떠 내려오는 나무와 모래를 이용해서 즉석에서 오두막을 지었다.

- When the choir soloist forgot the last verse of the hymn, she hastily *improvised* a version of her own.

  성가대의 독창자는 찬송가의 마지막 가사를 잊어버리자, 재빨리 즉석에서 독자적으로 가사를 지어 불렀다.

Improvisation [impràvəzéiʃən] is the act or an instance of *improvising*.
improvisation은 '즉석에서 지어낸 상황이나 행동'을 의미한다.

- The forgetful choir soloist fortunately had a knack for *improvisation*.
곡을 잊어버린 성가대 독창자는 다행히도 즉석에서 가사를 지어낼 수 있는 솜씨가 있었다.

IMPUNITY [impjúːnəti] n freedom from punishment or harm 처벌이나 해를 입지 않음

- Babies can mash food into their hair with *impunity*; no one gets angry at them because babies aren't expected to be polite.
아기들은 음식을 짓이겨 머리에 발라 놓아도 벌을 받지 않는다. 아기들이 예의 바르게 행동할 것이라고 기대하지 않기 때문에 사람들은 아무도 아기에게 화를 내지 않는다.

INADVERTENT [inədvə́ːrtənt] adj unintentional; heedless; not planned
고의가 아닌; 부주의한; 계획적이지 않은

- Paula's snub of Lauren was entirely *inadvertent*; she hadn't meant to turn up her nose and treat Lauren as though she were a piece of furniture.
폴라가 로렌을 푸대접한 것은 정말이지 고의가 아니었다. 그녀는 콧대를 세우려는 것도 아니었고, 로렌을 마치 가구인 양 모른 척하려던 것도 아니었다.

- Isabelle's *inadvertent* laughter during the sad part of the movie was a great embarrassment to her date.
이사벨은 영화가 슬픈 장면인데도 부주의하게 웃음을 터뜨려서 데이트 상대를 난처하게 만들었다.

- While ironing a shirt, Steven *inadvertently* scorched one sleeve; it was really the collar that he had meant to scorch.
셔츠를 다림질하면서 스티븐은 의도와는 다르게 한쪽 소매를 태웠다. 그가 정말로 태우려고 했던 것은 사실은 깃이었다.

INALIENABLE [inéiljənəbl] adj sacred; incapable of being transferred, lost, or
taken away 신성한; 양도하거나 잃어버리거나 빼앗길 수 없는

- In my household, we believe that people are born with an *inalienable* right to have dessert after meals.
우리 집안에서는 누구나 식사 후에 디저트를 먹을 수 있는 신성한 권리를 가지고 태어났다고 믿고 있다.

- According to the religion Jack founded, all left-handed people have an *inalienable* right to spend eternity in paradise; needless to say, Jack is left-handed.
잭이 설립한 종교에 의하면, 모든 왼손잡이들은 천국에서 영원을 누릴 수 있는 불가침의 권리를 가지고 있다. 말할 필요도 없이 잭은 왼손잡이이다.

Match each word in the first column with its definition in the second column. Check your answers in the back of the book.

1. implication	a. unintentional
2. importune	b. urge with annoying persistence
3. impoverish	c. person who manages public entertainments
4. impregnable	d. something suggested
5. impresario	e. freedom from punishment
6. impromptu	f. unconquerable
7. improvise	g. done on the spur of the moment
8. impunity	h. unassailable
9. inadvertent	i. reduce to poverty
10. inalienable	j. perform without preparation

INCARNATION [ìnkɑːɾnéiʃən] n embodiment 구체화

- Nina is the *incarnation* of virtue; she has never done anything wrong since she was born.

  니나는 미덕의 화신이다. 그녀는 태어났을 때부터 지금까지 옳지 않은 일이라는 것을 해 본 적이 없다.

- Nina's brother Ian, however, is so evil that some people consider him the devil *incarnate*[inkɑːɾnit]. That is, they consider him to be the embodiment of the devil, or the devil in human form.

  그러나 니나의 오빠인 이안은 너무나 사악해서 어떤 사람들은 그를 악마가 사람의 모습을 하고 나타난 것이라고 생각한다. 다시 말해서 사람들은 그를 악마의 화신, 즉 인간의 형상을 한 악마일 것이라고 생각한다.

If you believe in *reincarnation*[rìːinkɑːɾnéiʃən], you believe that after your body dies, your soul will return to earth in another body, perhaps that of a housefly. In such a case, you would be said to have been *reincarnated*[rìːinkɑːɾneitid], regrettably, as a housefly.

만일 여러분이 reincarnation(환생)을 믿는다면, 혹여 그것이 집파리 같은 것일지라도 육체가 죽은 후에 영혼은 다른 육체를 빌어 이 세상에 다시 오게 된다는 설을 믿는 것이다. 그런 경우에는 유감스럽긴 하지만, 여러분은 집파리로 reincarnate(환생하다)되었다고 말할 수 있을 것이다.

▶ 이 단어들의 발음에 주의할 것.

INCENDIARY [inséndièri] adj used for setting property on fire; tending to arouse passion or anger; inflammatory
자산을 방화하는 데 사용된; 열정이나 분노를 일으키는 경향이 있는; 선동적인

- Although the inspector from the arson squad found a scorched *incendiary* device in the gutted basement of the burned-down house, the neighbors insisted that the fire was accidental.

  화재 감식반에서 조사원이 나와 불에 타서 재가 되어 버린 집의 파괴된 지하실에서 검게 그을린 방화 장치를 발견했음에도 불구하고, 이웃 주민들은 화재가 실화였다고 주장했다.

- The lyrics of the heavy-metal star's songs are so *incendiary* that his fans routinely trash the auditorium during his performances.

  그 헤비메탈 가수가 부르는 노래의 내용은 너무나 선동적이어서 그의 팬들은 공연이 진행되는 동안 상습적으로 공연장을 무차별 파괴한다.

- On July 3, the newspaper published an *incendiary* editorial urging readers to celebrate the nation's birthday by setting flags on fire.

  7월 3일에 그 신문은 국기를 태우는 행위를 통해 독립 기념일을 기념할 것을 독자들에게 촉구하는 선동적인 사설을 실었다.

▸ 동사형 incense[inséns]는 '성나게 만들다'라는 뜻이다.

INCLINATION [ìnklənéiʃən] n tendency; preference; liking 경향; 선호; 애호

- My natural *inclination* at the end of a tiring morning is to take a long nap rather than a brisk walk, even though I know that the walk would be more likely than the nap to make me feel better. It could also be said that I have a *disinclination*[disìnklənéiʃən] to take walks.

  피곤한 아침의 말미에 나는 활기 있게 산책을 하기보다는 선잠이라도 더 오래 자려는 경향이 있다. 물론 나도 선잠보다는 신책을 하는 것이 기분을 더 좋게 할 수 있다는 것을 알고는 있다. 또한 나는 산책하는 것을 싫어하는 경향이 있다고 말할 수도 있을 것이다.

- Nudists have an *inclination* to ridicule people who wear clothes, while people who wear clothes have the same *inclination* toward nudists.

  나체주의자들은 옷을 입는 사람들을 비웃는 경향이 있다. 반면에 옷을 입고 사는 사람들도 나체주의자들에 대하여 같은 태도를 보인다.

▸ 형용사형은 inclined[inkláind](하고 싶은)이다.

- I am *inclined* to postpone my study of vocabulary in order to take a nap right now.

  나는 지금 낮잠을 자기 위해서 어휘 공부는 뒤로 미루고 싶다.

If you picture someone physically learning, or *inclining*, toward something, you have a built-in memory device for this word.

어떤 사람이 뭔가에 대해 몸으로 체득하거나 incline(기울이다)하는 것을 상상한다면, 당신은 머릿속에 이 단어에 대한 기억 장치가 있는 것이다.

INCULCATE [inkálkeit] v to instill or implant by repeated suggestions or admonitions 반복되는 암시나 훈계로 (사상 등을) 주입하거나 심다

▸ 발음에 주의할 것.

- It took ten years, but at last we've managed to *inculcate* in our daughter the habit of shaking hands.

  십 년이 걸리기는 했지만, 마침내 우리는 우리 딸에게 악수하는 습관을 심어 줄 수 있게 되었다.

- The preacher who believes that stern sermons will *inculcate* morals in his congregation frequently finds that people stop coming to church at all.

  엄격한 설교가 신도들에게 도덕성을 심어 줄 것이라고 믿는 그 전도사는 사람들이 전혀 교회에 나오지 않는 것을 자주 발견하게 된다.

INCUMBENT [inkʌ́mbənt] adj currently holding an office; obligatory
현재 직책을 맡고 있는; 의무적인

- The *incumbent* dog warden would love to surrender his job to someone else, but no one else is running for the job.

  현직 개 관리인은 다른 사람에게 그 일을 넘기고 싶어 하지만 아무도 그 일에 지원하려고 하지 않는다.

- An *incumbent* senator usually has a distinct advantage over any opponent because being in office makes it easier for him or her to raise the millions of dollars needed to finance a modern political campaign.

  현직 상원 의원은 일반적으로 다른 상대 후보를 능가하는 명백한 이점이 있다. 왜냐하면, 오늘날과 같은 현대적인 선거 운동의 시대에 꼭 필요한 수백만 달러의 자금을 모금하는 데 있어서 현직에 있는 사람이 더 유리하기 때문이다.

▶ incumbent는 명사로도 쓰인다.

In a political race, the *incumbent* is the candidate who already holds the office. When *incumbent* means obligatory, it is usually followed by upon.

정치권의 선거에 있어서 incumbent는 이미 그 직책을 맡고 있는 후보자, 즉 '현직자'를 의미한다. incumbent가 obligatory(의무를 가진)의 뜻일 경우, 대개 upon과 함께 나온다.

- It is *incumbent* upon me, as Lord High Suzerain of the Universe, to look out for the welfare of all life forms.

  세상의 창조주 하나님으로서, 모든 생명체의 행복에 주의를 기울이는 것은 나의 의무이다.

INCURSION [inkə́:rʒən] n a hostile invasion; a raid   적국의 침입; 습격

- After repeated *incursions* into the town, the enemy soldiers finally realized that the townspeople would never surrender.

  적국의 병사들은 반복적인 침략을 거듭한 후에 결국은 시민들이 결코 항복하지 않을 것이라는 사실을 깨달았다.

- Todd's midnight *incursions* on the refrigerator usually meant that at breakfast time no one else in the family had anything to eat.

  토드가 한밤중에 수차례에 걸쳐서 냉장고를 습격하고 나면, 그것은 다음날 아침 식사에 가족들이 먹을 음식이 하나도 남아 있지 않는다는 것을 의미했다.

INDICT [indáit] v to charge with a crime; to accuse of wrongdoing
범죄 행위로 기소하다; 나쁜 행위에 대하여 고발하다

▶ 철자와 발음에 주의할 것.

- After a five-day water fight, the entire freshman dorm was *indicted* on a charge of damaging property.

  5일간에 걸친 물싸움을 벌인 후에, 모든 신입생 기숙사 생도들은 기물을 파손한 죄로 기소되었다.

- The mob boss had been *indicted* many times, but he had never been convicted because his high-priced lawyers had always been able to talk circles around the district attorney.

  폭력단의 두목은 여러 번 기소되었지만 비싼 돈을 받고 일하는 그의 변호사들이 지방 검찰보다 몇 배는 말을 더 잘했기 때문에 항상 유죄 판결을 면할 수 있었다.

▶ 명사형은 indictment[indáitmənt] (기소)이다.

- The broken fishbowl and missing fish were a clear *indictment* of the cat.

  깨진 어항과 어디론가 없어진 물고기는 고양이의 범행이라는 명백한 증거였다.

INDUCE [indjúːs] v to persuade; to influence; to cause
설득하다; 영향을 미치다; 야기하다

- "Could I *induce* you to read one more chapter?" the little boy asked his father at bedtime; the father was so astonished that his little boy understood such a big, important-sounding word that he quickly complied with the request.

  "한 단원 더 읽어 줄 수 있으시겠어요?" 작은 소년이 잠자리에서 아빠에게 부탁했다. 아버지는 자신의 어린 아들이 그토록 점잖고 중요한 의미를 갖는 단어를 이해하고 있다는 것에 너무나 놀라서 재빨리 아이의 요청에 응해 주었다.

Something that persuades is an *inducement*.

inducement(유인책)는 '설득해서 유인함'이라는 뜻이다.

- The dusty, neglected-looking mannequins in the store window were hardly an *inducement* to shop there.

  상점 창문에 있는 먼지 끼고 볼썽사나운 그 마네킹은 그곳에서 쇼핑하도록 유인하는 역할을 거의 하지 못했다.

INELUCTABLE [inilʌ́ktəbl] adj inescapable; incapable of being resisted or avoided 피할 수 없는; 저항하거나 도망갈 수 없는

- The overmatched opposing football team could not halt our *ineluctable* progress down the field, and we easily scored a touchdown.

  풋볼 경기에서 실력이 한참 모자라는 상대 팀은 운동장을 내달리는 우리 팀의 불가항력적인 공격을 막을 수가 없었다. 우리는 쉽게 터치다운에 성공해 점수를 올렸다.

- If you keep waving that sword around in this crowded room, I'm afraid a tragedy will be *ineluctable*.

  네가 사람들로 붐비는 이 방에서 계속 그 검을 휘두른다면, 불가피하게 비극적인 상황이 발생할 수도 있어 걱정이 된다.

- With slow but *ineluctable* progress, a wave of molasses crept across the room, silently engulfing the guests at the cocktail party.

  천천히, 그러나 불가항력적인 진행 속도로 당밀의 물결이 방 안에 슬며시 퍼져, 칵테일파티를 즐기고 있던 손님들을 조용히 삼켜 버렸다.

INERADICABLE [ìnirǽdəkəbl] adj incapable of being removed or destroyed or eradicated 제거하거나 파괴하거나 근절할 수 없는

- The subway officials did their best to scrub the graffiti off the trains, but the paint the vandals had used proved to be *ineradicable*; not even cleaning fluid would remove it.

  지하철 직원들은 열차에 그려진 낙서들을 지우려고 갖은 애를 다 썼다. 그러나 무뢰한들이 사용한 페인트는 제거가 불가능한 것으로 밝혀졌다. 클리닝 용액으로도 낙서를 지울 수가 없었다.

- Tim wore saddle shoes and yellow socks on the first day of high school, garnering himself an *ineradicable* reputation as a nerd.

  고등학교에 처음 가던 날 팀은 끈을 매게 되어 있는 새들 슈즈와 노란 양말을 신었고, 그로 인해 괴짜라는 씻을 수 없는 불명예를 얻게 되었다.

NFLAMMATORY [inflǽmətɔ̀:ri] adj **fiery; tending to arouse passion or anger; incendiary 불같은; 열정이나 분노를 일으키는; 선동적인**

- Maxine's *inflammatory* speech about animal rights made her listeners so angry that they ran out of the building and began ripping the fur coats off passersby.

  동물의 권리에 관한 맥신의 불같은 연설에 너무나 격앙되어서, 청중들은 건물 밖으로 뛰쳐나가 지나가는 사람의 모피 코트를 벗겨 버리기 시작했다.

Inflammatory should not be confused with *inflammable* [inflǽməbl] or *flammable*, both of which mean capable of literally bursting into flames. An angry speech is *inflammatory*, but fortunately it is not *inflammable*. (In careful usage, *inflammable* is preferred; *flammable* was coined to prevent people from thinking that things labeled *inflammable* were incapable of catching on fire.)

inflammatory는 inflammable이나 flammable과 혼동하지 말아야 한다. 뒤의 두 단어는 모두 문자 그대로 '쉽게 불이 붙는'이라는 뜻이다. 분노에 가득 찬 연설은 inflammatory(선동적인)이지만, 다행히도 inflammable(인화성이 있는)인 것이 아니므로 화재가 나는 것은 아니다. (좀 더 정확한 어법에서는, inflammable을 더 많이 사용한다. flammable(타기 쉬운)은 사람들이 inflammable이라는 표가 붙은 물건을 불이 붙지 않는다는 뜻으로 오해하지 않도록 하기 위해 만들어진 신조어이다.)

▶ 동사형은 inflame [infléim] (흥분시키다)이다.

QUICK QUIZ

Match each word in the first column with its definition in the second column. Check your answers in the back of the book.

1. incarnation	a. hostile invasion
2. incendiary	b. instill
3. inclination	c. used for setting properly on fire
4. inculcate	d. currently holding office
5. incumbent	e. charge with a crime
6. incursion	f. tendency
7. indict	g. embodiment
8. induce	h. persuade
9. ineluctable	i. incapable of being removed
10. ineradicable	j. inescapable

INFLUX [ínflʌks] n inflow; arrival of large numbers of people or things;
inundation 유입; 많은 수의 사람들이나 사물이 밀어닥치는 것, 쇄도; 범람

- The *influx* of ugly clothes in the stores this fall can only mean that fashion designers have lost their minds once again.
이번 가을 상점마다 추한 모양의 옷이 범람하는 것은 단지 패션 디자이너들이 다시 한번 미쳐 버렸다는 의미일 것이다.

- Heavy spring rains brought an *influx* of mud to people's basements.
집중적으로 쏟아진 봄비 때문에 집집마다 지하실에 진흙탕이 유입되었다.

If you see the two words *in flux*, the meaning is quite different. *In flux* means in a state of change.
두 단어로 된 in flux는 완전히 다른 의미이다. in flux는 '끊임없이 변화하는'이라는 의미이다.

INFRACTION [infrǽkʃən] n violation; infringement; the breaking of a law
위반; 위배; 법을 어기는 것, 위법

To *fracture* is to break. An *infraction* is breaking a rule or law.
fracture는 '깨다'라는 뜻이며, infraction은 법이나 규칙을 깨는 행위, 즉 '위반'을 의미한다.

- "I'm warning you, Prudence," said the headmistress. "Even the slightest *infraction* of school rules will get you expelled."
"프루던스, 너에게 경고한다. 아주 조금이라도 학교 규칙을 위반할 경우에는 퇴학당할 것이다."라고 여교장이 말했다.

- Driving seventy miles an hour in a thirty-mile-an-hour zone is what Fred would call a minor *infraction* of the traffic laws, but the policeman did not agree, and Fred's license was suspended for a year.
시속 30마일로 운전해야 하는 지역에서 시속 70마일로 운전하는 것에 대해 프레드는 교통 법규를 크게 위반한 것은 아니라고 말했지만 경찰은 그 말에 동의하지 않았다. 프레드는 일 년간의 면허 정지 처분을 받았다.

INFRASTRUCTURE [ínfrəstrʌ̀ktʃər] n the basic framework of a system;
foundation 조직의 기본적인 구성; 기초, 토대

- The country's political *infrastructure* was so corrupt that most of the citizens welcomed the coup.
그 나라의 정치 구조는 너무나 부패한 탓에 대부분의 시민들은 쿠데타를 환영했다.

- When people talk about "the nation's crumbling *infrastructure*," they are usually referring to deteriorating highways, crumbling bridges, poorly maintained public buildings, and other neglected public resources.
사람들이 "붕괴되고 있는 국가의 기간 시설"에 대해서 이야기하고 있다면, 그들이 얘기하고 있는 것은 대개 열악한 고속도로, 붕괴되는 교량, 불완전한 공공시설, 그 외에 낙후된 공공 자원에 관한 것이다.

INFRINGE [infríndʒ] v to violate; to encroach or trespass
위반하다; 침해하거나 침입하다

- The court ruled that the ugly color of Zeke's neighbor's house did not *infringe* on any of Zeke's legal rights as a property owner.
법정은 제크의 이웃이 자신의 집에 불쾌한 색깔을 칠한 것은 사적 재산 소유자로서의 제크의 법적 권리를 침해한 일이 아니라는 판결을 내렸다.

- Whenever Patrick comes into her room, Liz always shouts, "Mom! He's *infringing* on my personal space!"

  패트릭이 리즈의 방으로 들어가기만 하면 리즈는 언제나 "엄마! 패트릭이 나의 사적인 공간에 침입해요!"라고 소리친다.

명사형은 infringement(위반)이다.

- It is a clear *infringement* of copyright to photocopy the entire text of a book and sell copies to other people.

  책의 전체 내용을 복사해서 다른 사람들에게 파는 행위는 명백하게 저작권을 침해하는 것이다.

INFUSE [infjúːz] v to introduce into; to instill; to imbue
~에 불어넣다; 주입시키다; 물들이다

- Everyone in the wedding party was nervous until the subtle harmonies of the string quartet *infused* them with a sense of tranquillity; of course, they had also drunk quite a bit of champagne.

  현악 4중주의 매력적인 화음이 사람들에게 평온한 감정을 불어넣어 주기 전까지 결혼 피로연에 참석한 모든 사람들은 예민해져 있었다. 물론 그들은 샴페인을 꽤 마시기도 했다.

- The couple's redecoration job somehow managed to *infuse* the whole house with garishness; before, only the kitchen had been garish.

  집을 새로 장식하는 두 사람의 작업은 그럭저럭 집 전체에 화려함이 스며들게 했다. 전에는 겨우 부엌만이 화려함을 갖추고 있었다.

▶ 명사형은 infusion(투입)이다.

- Whenever I have a cough, my grandmother steeps an *infusion* of herbs that cures me right away.

  내가 기침을 할 때마다 할머니는 언제나 허브를 우려낸 물에 담뿍 적셔 주시는데, 그러면 곧 낫게 된다.

INGRATIATE [ingréiʃièit] v to work to make yourself liked
자신을 좋아하게 만들기 위해 (남에게) 뭔가를 하다, 환심을 사다

- Putting tacks on people's chairs isn't exactly the best way to *ingratiate* yourself with them.

  사람들의 의자에 압정을 놓아두는 일은 결단코 그 사람들의 환심을 살 수 있는 최선의 방법이 아니다.

- Licking the hands of the people he met did not *ingratiate* Rashid with most of the guests at the cocktail party, although he did make quite a favorable impression on the poodle.

  만나는 사람마다 손을 핥는 라시드의 행동은, 비록 라시드가 푸들에게는 상당히 좋은 인상을 주었다고는 해도 칵테일파티에 모인 대부분의 손님들의 환심을 살 수 없었다.

▶ 명사형은 ingratiation[ingrèiʃiéiʃən] (영합)이다.

- Bella's attempts at *ingratiation* were unsuccessful; her teacher could tell she was being insincere when she told him how nice he looked.

  남들에게 잘 보이려고 하는 벨라의 시도는 실패로 끝났다. 벨라가 선생님께 아주 멋져 보인다고 말을 했을 때, 선생님은 그녀가 거짓말을 하고 있다는 것을 알아차렸다.

- "That's the loveliest, most flattering dress I've ever seen you wear, Miss Ford," the class goody-goody told the teacher *ingratiatingly*.

  "포드 선생님, 내가 지금까지 본 선생님의 옷 중에서 그 옷이 가장 사랑스럽고, 가장 실물을 돋보이게 하는 옷이네요." 착한 체하는 학생이 선생님에게 아양을 떨며 말했다.

INIMICAL [inímikəl] adj unfavorable; harmful; detrimental; hostile
호의적이지 않은; 해로운; 불리한; 적대적인

- All that makeup you wear is *inimical* to a clear complexion; it smothers your pores and prevents your skin from breathing.

  네가 하고 있는 모든 화장법은 깨끗한 얼굴빛과는 어울리지 않는다. 화장은 털구멍을 막히게 해서 피부가 숨 쉬는 것을 방해한다.

- The reviews of his exhibition were so *inimical* that Charles never sculpted again.

  전시회에 관한 비평이 너무나 적대적이었기 때문에, 찰스는 다시는 조각을 하지 않았다.

▶ 관련 단어인 enemy에서 철자가 i로 바뀌면서 달라지는 발음에 주의할 것.

INIMITABLE [inímitəbl] adj impossible to imitate; incomparable; matchless; the best 흉내 낼 수 없는; 비길 데 없는; 상대할 수 없는; 최고의

▶ 발음에 주의할 것.

- Dressed in a lampshade and a few pieces of tinsel, Frances managed to carry off the evening in her usual *inimitable* style.

  반짝이는 작은 조각을 장식한 갓 모양의 드레스를 입고, 프란시스는 평소와 같은 흉내 낼 수 없는 스타일로 그 밤을 성공적으로 보냈다.

- Fred's dancing style is so *inimitable* that anyone who follows his act looks like a drunk elephant by comparison.

  프레드의 춤추는 스타일은 워낙 비길 데 없이 뛰어나다. 그에 비하면, 그의 동작을 따라 하는 사람들은 모두 술 취한 코끼리 같다.

INNUENDO [injuéndou] n an insinuation; a sly hint 풍자; 교활한 말

- I resent your *innuendo* that I'm not capable of finishing what I start.

  내가 시작한 것을 끝내지도 못한다는 너의 빈정거림에 분개할 뿐이다.

- Oscar tried to hint that he wanted a new fishing pole for his birthday, but Maxine didn't pick up on the *innuendo*, and she gave him a bowling ball instead.

  오스카는 생일에 새로운 낚싯대를 받고 싶다는 것을 넌지시 알리려고 애를 썼다. 그러나 맥신은 속뜻을 감춘 그 말을 이해하지 못했다. 대신 그녀는 오스카에게 볼링공을 사 주었다.

▶ 복수형은 innuendos이다.

- Although his opponent never actually said Senator Hill cheated on his wife, the public *innuendos* were enough to ruin Hill's chances for reelection.

  비록 상대 후보가 힐 상원 의원이 아내를 속였다는 얘기를 실제로 한 적은 없었다고 해도, 그 일을 암시하는 공공연한 말들은 힐의 재선 가능성을 깎아먹기에 충분했다.

INQUISITION [inkwizíʃən] n ruthless questioning; an official investigation characterized by cruelty
무자비한 심문; 무자비한 성격의 공식적인 조사

- I keep telling you that I got home late because I missed the bus! What is this, some kind of *inquisition*?

  내가 집에 늦게 온 이유는 버스를 놓쳤기 때문이라고 계속해서 말하지 않는가! 도대체, 이것은 일종의 심문인가?

- During the Spanish *Inquisition*, people were substantially better off if they were not found to be heretics. The Spanish *inquisitors* weren't fond of heresy.

  스페인의 종교 재판 동안 사람들은 이교도였다는 것만 밝혀지지 않는다면 대체로 더 잘 살게 되었다. 스페인의 종교 재판관은 이교를 인정하지 않았다.

An *inquisitive* [inkwízitiv] person is a person who has a lot of questions. This word does not connote cruelty or ruthlessness. When a five-year-old asks where babies come from, he is being *inquisitive*; he is not behaving like an *inquisitor*.

inquisitive person은 '호기심이 많은 사람'을 의미한다. 이 단어에는 잔혹함이나 무자비함 같은 뜻을 내포하고 있지 않다. 다섯 살짜리 꼬마가 아기는 어디서 오느냐고 묻는다면, 그 아이는 inquisitive(호기심이 많은)인 것이다. inquisitor(심문자)처럼 행동하고 있는 것이 아니다.

QUICK QUIZ

Match each word in the first column with its definition in the second column. Check your answers in the back of the book.

1. inflammatory	a. basic framework of a system
2. influx	b. violate
3. infraction	c. tending to arouse passion or anger
4. infrastructure	d. violation
5. infringe	e. insinuation
6. infuse	f. harmful
7. ingratiate	g. inflow
8. inimical	h. work to make yourself liked
9. inimitable	i. introduce into
10. innuendo	j. impossible to imitate

INSOUCIANT [insú:siənt] adj **nonchalant; lighthearted; carefree**
무관심한; 태평한; 걱정이 없는

▶ 발음에 주의할 것.

- Sebastian delighted in observing the *insouciant* play of children, but he didn't want any children of his own.

  세바스찬은 태평스럽게 놀고 있는 아이들의 모습을 보면 마음이 즐거웠다. 그러나 그는 자신의 아이를 갖고 싶지는 않았다.

- She is so charmingly *insouciant*, with her constant tap dancing and her little snatches of song, that no one can stand to be in the same room with her. Her *insouciance* [insú:siəns] drives people crazy.

  그녀는 이상할 정도로 무신경해서, 계속해서 탭댄스를 추어대고 짧은 노래들을 불러대는 통에, 더 이상 아무도 그녀와 함께 같은 공간에 있는 것을 참아낼 수가 없다. 그녀의 무신경은 사람들을 미치게 만든다.

- "I don't care whether you marry me or not," Mike said *insouciantly*. "I've decided to join the circus anyway."

  "네가 나와 결혼하든지 안 하든지 신경 쓰지 않아. 어쨌든 서커스단에 입단하기로 결정했으니까."라고 마이크가 무신경하게 말했다.

INSUFFERABLE [insʌ́fərəbl] adj unbearable; intolerable 참을 수 없는; 견딜 수 없는

▶ 발음에 주의할 것.

- The smell of cigar smoke in this room is absolutely *insufferable*; I'm afraid I'll suffocate if I remain here for another minute.

  이 방의 담배 연기 냄새는 정말이지 참을 수 없다. 여기에 몇 분이라도 더 있다가는 숨 막힐까 걱정된다.

- Gretchen's husband is an *insufferable* boor; he chews with his mouth open and wipes his nose on the tablecloth.

  그레첸의 남편은 참을 수 없을 정도로 촌뜨기이다. 그는 입을 벌리고 음식을 씹기도 하고, 테이블보로 코를 닦기도 한다.

INSUPERABLE [insú:pərəbl] adj unable to be overcome; insurmountable; overwhelming
극복할 수 없는; 이겨낼 수 없는; 저항할 수 없는

▶ 발음에 주의할 것.

- There are a number of *insuperable* obstacles in my way, beginning with that mile-high boulder directly in my path.

  내가 가는 길에는 바로 앞에 1마일 높이의 암석부터 시작해서 극복하기 힘든 수많은 장애물이 놓여 있다.

- Against seemingly *insuperable* odds, the neighborhood touch-football team made it all the way to the Super Bowl.

  도저히 극복할 수 없을 것 같던 실력 차이를 딛고, 마을의 터치 풋볼 팀은 슈퍼볼까지 진출했다.

- Henry believes that no task is *insuperable*; the key to success, he says, is to break the task into manageable steps.

  헨리는 극복할 수 없는 일이란 없다고 믿는다. 그의 말에 의하면, 성공의 열쇠는 어려운 일을 가능한 단계로 나누어서 하면 된다는 것이다.

INSURRECTION [insərékʃən] n an act of open rebellion against authority; a revolt 권력에 대항하는 공개된 반란; 폭동

- When their mother denied them TV privileges for a week, the Eisenman twins organized an *insurrection* in which they stormed the den, dragged the TV into their bedroom, and barred the door.

  엄마가 일주일 동안 TV를 볼 수 있는 권한을 빼앗자, 아이즈먼 쌍둥이들은 반란군을 조직하여 소굴(TV가 있는 곳)을 공격했다. 그리고 TV를 자기들의 방으로 끌고 와서 문을 잠가 버렸다.

INTEGRAL [íntəgrəl] adj essential; indispensable 본질적인; 필수 불가결한

- Knitting needles are an *integral* part of knitting a sweater. So is wool.

  뜨개질용 바늘은 스웨터를 짜는 데 있어서 꼭 필요한 요소이다. 털실도 마찬가지이다.

- After opening the case, Harry discovered why his new computer didn't work: Several *integral* parts, including the microprocessor, were missing.

  뚜껑을 열어 보고 나서 해리는 새 컴퓨터가 작동하지 않은 이유를 알아냈다. 중앙 처리 장치를 포함하여 몇 가지 꼭 필요한 부분들이 없었던 것이다.

Integral is related to *integrate*, which means to make whole, and *integer*, which is a whole number. *Integral* sometimes also means whole, fulfilled, or perfect.

integral은 '모아서 전체를 만들다'라는 의미의 integrate, '완전수'를 의미하는 integer와 관련이 있다. integral은 때때로 '전체의'나 '완전한', '완벽한'을 뜻하기도 한다.

- For me, no day is *integral* unless I can eat chocolate at some point during it.

  나에게 있어 하루 중 어느 때라도 초콜릿을 먹지 않으면 완전한 날이 아니다.

INTERIM [íntərim] n meantime; an intervening time; a temporary arrangement
한동안; 중간의 시기; 일시적인 조치

▶ 발음에 주의할 것.

- Miss Streisand will not be able to give singing lessons until her laryngitis is better. In the *interim*, Miss Midler will give lessons instead.

  스트레이샌드 선생님은 후두염이 낫기 전에는 음악 수업을 할 수 없을 것이다. 그동안 미들러 선생님이 대신 수업을 진행할 것이다.

▶ interim는 형용사로도 쓰인다.

- The *interim* professor had an easier time with the unruly students than did his predecessor because he carried a large club to class with him every day.

  임시로 강의를 맡은 교수님은 전임자보다 통제가 힘든 말썽꾸러기 학생들과 더 쉽게 잘 지내셨다. 그가 매일 수업에 들어올 때 커다란 곤봉을 가지고 들어왔기 때문이었다.

INTERLOPER [ìntərlóupər] n intruder; trespasser; unwanted person
침입자; 불법 침입자; 원하지 않았던 사람

- I love deer in the wild, but when they get into my backyard I can't help thinking of them as *interlopers*.

  나는 야생의 사슴을 좋아한다. 그러나 사슴들이 우리 마당에 들어올 때는 나도 그들을 침입자로 생각하지 않을 수 없다.

- The year-round residents of the resort town viewed summertime visitors as *interlopers* who contributed nothing to the town except traffic jams and trash.

  휴양 도시에서 일 년 내내 살고 있는 주민들은 여름휴가기의 방문객들을 교통 체증과 쓰레기만 야기하는, 도시에 아무런 도움도 되지 않는 침입자라고 생각했다.

INTERLUDE [íntərljùːd] n an intervening episode; an intermission; a pause
중간에 삽입되어 있는 에피소드; 휴식 시간; 일시 중지

- Wasn't that a pleasant *interlude*? I just love getting away from my office and shooting the rapids for an hour or two.

  그것은 재미있는 휴식이 아니었는가? 나는 사무실을 벗어나 한 시간이나 두 시간쯤 급류 타는 것을 너무 좋아한다.

- "Clara's *Interlude*" is a musical piece written by—who else?—Clara.

  "클라라의 간주곡"은 누구도 아닌 클라라가 쓴 음악 소품곡이다.

- Miss Prince's School for Young Ladies is so genteel that during games they call halftime "the *interlude.*"

  젊은 여성을 위한 미스 프린스의 수업은 너무나 고상한 척하는 터라 경기 중간의 하프타임도 "막간(the interlude)"이라고 부른다.

▸ prelude(서곡, 전주곡)를 참조할 것.

INTERMINABLE [intə́:rmənəbl] adj seemingly unending; tediously long
끝이 없는 것 같은; 지루할 정도로 긴

To *terminate* is to end, as in the movie Terminator. *Interminable* means unending.

terminate는 영화 Terminator(터미네이터)에서처럼 '끝내다'라는 뜻이다. interminable은 '끝나지 않는'이라는 의미이다.

- The meeting was supposed to be short, but Ted's *interminable* lists of statistics dragged it out for three hours.

  회의는 짧게 할 예정이었다. 그러나 테드가 끝없이 긴 통계 자료를 가져와서 회의를 세 시간 동안 질질 끌었다.

- Winter must seem *interminable* in Moscow; the weather usually starts getting cold in September and doesn't warm up until April.

  모스크바에서는 겨울이 한없이 지루하게 계속되는 것 같다. 대개 9월에 추위가 시작돼서 4월까지는 좀처럼 따뜻해지지 않는다.

NTERMITTENT [ìntərmítənt] adj occasional; repeatedly starting and stopping; recurrent
이따금씩 진행되는; 작동과 중지를 반복하는; 정기적으로 재발하는

- The *intermittent* hooting of an owl outside my window made it hard for me to sleep last night; every time I would begin to drop off, the owl would start up again.

  창밖으로 이따금씩 들리는 올빼미의 울음소리 때문에 지난밤에는 잠을 자기가 힘들었다. 잠이 들려고 할 때마다 올빼미는 다시 울기 시작하곤 했다.

- *Intermittent* rain showers throughout the day kept the lawn too wet for croquet.

  하루 종일 간헐적으로 퍼부어 대던 소나기가 크로켓을 할 수 없을 정도로 잔디밭을 적셔 놓았다.

- Alan's three-year-old is only *intermittently* polite to grown-ups; sometimes he answers the questions they ask him, and sometimes he throws blocks at them.

  앨런의 세 살짜리 아이는 단지 이따금씩만 어른들에게 예의를 차린다. 때때로 아이는 어른들의 질문에 대답을 하기도 하지만, 더러는 블록 장난감을 던지기도 한다.

INTERSPERSE [ìntərspə́:rs] v to place at intervals; to scatter among
간격을 두고 놓아두다; 여기저기 뿌려 두다

- When I plant a row of tomatoes, I always *intersperse* a few marigold plants because even a scattering of marigolds helps to keep pests away.

  나는 토마토를 줄지어 심을 때, 사이사이에 항상 금잔화를 조금 심어 둔다. 드문드문 심어진 금잔화라도 해충을 쫓아내는 데 도움이 되기 때문이다.

- The wildly unpredictable company had had periods of enormous profitability *interspersed* with periods of near-bankruptcy.

  대강의 예측도 할 수 없는 그 회사는 막대한 수익을 올렸던 시기가 있었지만, 간간이 파산할 지경으로 몰린 시기도 있었다.

- The place mats are made of straw *interspersed* with ribbon.

  그 식탁용 접시받침들은 간간이 매듭이 있는 짚으로 만들어져 있다.

Match each word in the first column with its definition in the second column. Check your answers in the back of the book.

1. inquisition	a. nonchalant
2. insouciant	b. unbearable
3. insufferable	c. unable to be overcome
4. insuperable	d. act of open rebellion
5. insurrection	e. intruder
6. integral	f. seemingly unending
7. interim	g. meantime
8. interloper	h. ruthless questioning
9. interlude	i. essential
10. interminable	j. intervening episode

INTERVENE [ìntərvíːn] v **to come between opposing groups; to mediate; to take place; to occur between times**
서로 적대하고 있는 그룹 사이에 끼어들다; 중재하다; 일어나다, 발생하다; 두 시간대 사이에 일어나다

- Barry and his sister might have argued all day if their mother hadn't *intervened*; she stepped between them and told them she would knock their heads together if they didn't stop bickering.

  배리와 그의 여동생은 엄마가 끼어들지 않았더라면 하루 종일 싸우고 있었을 것이다. 엄마는 둘 사이에 들어와서, 둘 다 말다툼을 그만두지 않는다면 서로의 머리를 부딪치게 할 것이라고 말했다.

- Don't hesitate to *intervene* if you see a cat creeping toward a bird; the cat is up to no good, and the bird will thank you for butting in.

  고양이가 새를 향해 천천히 기어가고 있는 것을 보게 된다면, 망설이지 말고 끼어들어라. 그 고양이는 좋지 않은 일을 하려고 하는 중이므로 새는 당신의 간섭에 감사할 것이다.

- Al and Mike were having a pretty good time in their sailboat until the hurricane *intervened*.

  알과 마이크는 허리케인이 발생하기 전까지 요트를 타고 아주 즐거운 시간을 보내고 있었다.

- So much had happened to Debbie in the *intervening* years that she felt a little nervous on her way to her twenty-fifth high school reunion.

  몇 년 사이에 데비에게 너무나 많은 일들이 일어나서, 그녀는 25회 고등학교 동창회로 가는 길이 다소 불안했다.

INTIMATE [íntəmeit] v to hint or imply 넌지시 알리거나 암시하다

▶ 발음에 주의할 것. 형용사형은 "[íntəmət]"로 발음된다.

- Rosie said she was fine, but her slumped, defeated-looking posture *intimated* otherwise.

  로지는 괜찮다고 말했지만, 그녀의 구부정하고 좌절한 듯한 자세는 괜찮지 않다는 것을 은연중에 보여 주었다.

- Are you *intimating* that I'm not strong enough to lift these measly little barbells?

  작고 하찮은 이 바벨도 들어 올리지 못할 만큼 내가 힘이 없다는 것을 암시하는 것이니?

INTRICATE [íntrəkit] adj complicated; sophisticated; having many parts or facets 복잡한; 정교한; 여러 부분, 여러 면이 존재하는

- It's always a mistake to put off assembling *intricate* toys until Christmas Eve.

  크리스마스이브까지 복잡한 장난감을 조립하는 것을 미루는 것은 항상 잘못된 일이다.

- The details of the agreement were so *intricate* that it took four lawyers an entire year to work them out.

  협정의 세부 조항은 너무나 복잡해서 네 명의 변호사가 그것을 이해하는 데 꼬박 일 년이 걸렸다.

- The *intricately* carved prism cast a beautiful rainbow across the ceiling.

  여러 면으로 깎아 만든 프리즘은 천장을 가로질러 아름다운 무지갯빛을 만들어냈다.

▶ 명사형은 intricacy[íntrəkəsi] (복잡함)이다.

INTRIGUE [íntri:g] n a secret scheme; a crafty plot 음모; 간사한 계획

▶ 발음에 주의할 것. 동사는 [intrí:g]로 발음된다.

- When the king learned of the duke's *intrigue* against him, he had the duke thrown into the dungeon.

  왕에게 반기를 들려는 공작의 음모를 알게 되자, 왕은 공작을 지하 감옥에 가둬 버렸다.

- Monica loves *intrigue*; she's never happier than when she's reading a long, complicated spy story.

  모니카는 복잡한 음모를 좋아한다. 그녀는 복잡하고 긴 탐정소설을 읽고 있을 때보다 더 행복한 적이 결코 없다.

INVIDIOUS [invídiəs] adj causing envy or resentment; offensively harmful 질투나 원한을 사는; 불쾌할 정도로 해로운

- Under the guise of paying them a compliment, Stephanie made an *invidious* comparison between the two girls, causing them to feel jealous of each other instead of flattered.

  겉으로는 그들을 칭찬하는 것처럼 가장해서, 스테파니는 중간에서 두 소녀를 불쾌할 정도로 비교했다. 그리하여 두 소녀가 우쭐해지는 기분을 갖는 대신 서로를 질투하게 만들었다.

- The racist candidate brought the crowd's simmering hatred to a boil with an *invidious* speech in which he referred to whites as "the master race."

  인종 차별주의자인 후보는 백인을 "지배 종족"이라고 표현하며 불쾌한 연설을 함으로써 폭발 직전의 군중들의 증오를 끓어 넘치게 만들었다.

INVIOLATE [inváiələt] adj free from injury; pure 상해를 입지 않는; 순수한

▶ 의미와 발음에 주의할 것.

- The tiny church remained *inviolate* throughout the entire war; although bombs dropped all around it, not a stone in its facade was harmed.

  그 작은 교회는 전쟁 기간 내내 손상을 입지 않고 남아 있었다. 비록 교회 주변으로 폭탄들이 많이 떨어지기는 했지만, 교회 내에 있는 돌 하나도 손상되지 않았다.

- Her morals are *inviolate* even after years in college; in fact, she was a senior before she even saw a keg of beer.

  대학에서 수년을 지낸 후에도 그녀의 도덕성은 순수하다. 사실 그녀가 맥주 통을 구경하게 된 것도 4학년이 되고 난 이후였다.

A related word is *inviolable* [inváiələbl], which means unassailable or incapable of being violated.

관련 단어 inviolable은 '불가침의', '거역할 수 없는'이라는 뜻이다.

- There's no such thing as an *inviolable* chain e-mail; sooner or later, someone always breaks the chain.

  거역할 수 없는 연쇄 이메일(주: 행운의 편지 같은 것) 같은 것은 존재하지 않는다. 늘 조만간에 누군가가 그 연쇄 고리를 깨기 마련이다.

INVOKE [invóuk] v to entreat or pray for; to call on as in prayer; to declare to be in effect
간청하다, 기원하다; 기도로써 간청하다; 효력이 발생함을 선포하다

- Oops! I just spilled cake mix all over my mother's new kitchen carpet. I'd better go *invoke* her forgiveness.

  아이고! 나는 지금 엄마의 새 부엌 카펫 위에 케이크 반죽을 쏟았다. 엄마에게 용서를 빌러 가는 것이 좋을 것 같다.

- This drought has lasted for so long that I'm just about ready to *invoke* the Rain God.

  이번 가뭄은 너무나 오랫동안 지속되어서, 나는 비의 신께 언제라도 기도로써 간청할 준비가 되어 있다.

- The legislature passed a law restricting the size of the state's deficit, but it then neglected to *invoke* it when the deficit soared above the limit.

  입법부는 주 정부의 적자 규모를 제한하는 법률을 통과시켰다. 그러나 재정 적자가 한계점 이상으로 늘어났을 때, 정작 법을 적용하는 일에는 소홀했다.

▶ 명사형은 invocation [invəkéiʃən] (단원)이다.

IRIDESCENT [ìridésənt] adj displaying glowing, changing colors
강렬한 빛을 드러내는, 색깔을 바꾸는

This word is related to iris, the colored part of your eye.

iridescent는 '눈의 색깔이 있는 부분'을 가리키는 iris(홍채)와 관련이 있다.

- It's strange to think that plain old gasoline can create such a lovely *iridescent* sheen on the water's surface.

  평범하고 오래된 석유가 물 표면에서 그토록 멋지고 강렬한 빛깔의 광채를 만들어낼 수 있다고 생각하면 참으로 기묘한 일이다.

- An appraiser judges the quality of an opal by its color and *iridescence* [ìridésəns] more than by its size.

  감정사는 크기보다는 색깔과 광채를 보고서 오팔의 품질을 평가한다.

Match each word in the first column with its definition in the second column. Check your answers in the back of the book.

1. intermittent	a. secret scheme
2. intersperse	b. displaying glowing, changing colors
3. intervene	c. pray for
4. intimate	d. complicated
5. intricate	e. hint
6. intrigue	f. come between opposing groups
7. invidious	g. occasional
8. inviolate	h. causing resentment
9. invoke	i. place at intervals
10. iridescent	j. free from injury

J

JARGON [dʒá:rgən] n the specialized language or vocabulary of a particular
job or trade; meaningless or pretentious language;
a local dialect or idiom or vernacular
특별한 직업이나 업종에서 쓰는 전문화된 언어나 어휘; 무의미하거나 겉치레의
말; 방언, 관용어, 전문 용어

- This contract is full of legal *jargon*; there are so many heretofores and
whereinafters that I can't figure out where I'm supposed to sign it.

  이 계약서는 전문적인 법률어로 되어 있다. '지금까지는(heretofores)'과 '그 이후(whereinafters)' 같은 전문어가 워낙 많아서
  나는 어디에 사인을 해야 할지 알 수 없을 정도다.

- Ever since she went into therapy, Liz has been talking about "healingness" and
"connectedness" and spouting so much other self-help *jargon* that it's sometimes
hard to listen to her.

  치료를 시작한 이래로 리즈는 '치료'와 '연관성'에 대해서 계속 이야기하고 있으며, 그 외에도 자신만이 아는 전문적인 언어를
  워낙 많이 늘어놓기 때문에 때때로 그녀의 말을 알아듣기가 힘들다.

- If you pad a term paper with big words and convoluted phrases, your professor
may say you've been writing *jargon*.

  만약 네가 학기말 보고서에 허풍 섞인 말과 복잡한 문구를 넣어 길게 늘어놓는다면, 교수는 네가 횡설수설하고 있다고 말할지도
  모른다.

- When he visited a tiny island off the coast of France, Phil commented, "I've studied
French for twenty years, but I'll be damned if I can make out a word of the *jargon*
on this island."

  프랑스 연안의 작은 섬을 방문했을 때, 필은 "나는 20년 동안이나 프랑스 어를 공부했다. 그런데도 이 섬에서 쓰는 사투리는 한
  마디도 이해할 수 없다."라고 언급했다.

JAUNT [dʒɔ:nt] n a short pleasure trip 짧고 유쾌한 여행, 소풍

- My uncle never stays home for long; he's always taking off on *jaunts* to hot new
vacation spots.

  우리 삼촌은 결코 장시간 집에 머무르는 법이 없다. 그는 항상 최신의 새로운 휴양지를 찾아 짧은 여행을 떠난다.

▶ jaunt는 동사로도 쓰인다.

- If my uncle keeps *jaunting* off to all these hot new vacation spots, he'll spend all the
money I'm hoping to inherit from him.

  우리 삼촌이 이 모든 최신의 새로운 휴가 장소들을 계속해서 여행한다면, 그는 내가 유산으로 받을 것이라고 기대했던 돈을 다
  써 버릴 것이다.

Jaunty[dʒɔ́ːnti] means lighthearted, sprightly, or dapper.

jaunty는 '근심 걱정 없이 마음이 편한', '유쾌한', '활기가 넘치는'이라는 의미이다.

- The happy young girl walked down the street with a *jaunty* step.

  행복한 소녀는 경쾌한 발걸음으로 거리를 활보했다.

JINGOISM [dʒíŋgouìzəm] n belligerent, chauvinistic patriotism; war-mongering
호전적이고 국수주의적인 애국심; 전쟁 도발

- The president's aggressive foreign policy betrays the *jingoism* that hides below his genial surface.

  대통령의 공격적인 외교 정책은 그의 온화한 얼굴 밑으로 숨기고 있는 광신적 애국심을 은연중에 드러내는 것이다.

- The skinheads marched down the street, chanting, "Foreigners Go Home!" and other *jingoistic* [dʒìŋgouístik] slogans.

  스킨헤드족은 "외국인은 물러가라!"는 말과 그 외 다른 국수주의적인 슬로건을 되풀이하며 거리 행진을 벌였다.

JOCULAR [dʒákjələr] adj humorous; jolly; fond of joking
익살스러운; 명랑한; 농담을 좋아하는

- Even her husband's *jocular* mood doesn't cheer up Angela on her birthday.

  안젤라의 생일에 남편의 익살스러운 분위기도 그녀를 즐겁게 하지는 못한다.

- Annabelle's *jocular* nature was evident in the grin that was almost always on her face.

  애너벨의 쾌활한 본성은 거의 언제나 그녀의 얼굴에서 떠나지 않는 싱긋 웃음에 분명히 드러났다.

The meaning of *jocund*[dʒákənd] is similar to that of *jocular*, but it is not exactly the same. *Jocund* means cheerful, merry, or pleasant rather than overtly funny.

jocund의 뜻은 jocular와 유사하지만 정확히 같은 의미는 아니다. jocund는 명백하게 웃기는 것이라기보다는 '유쾌한', '즐거운', '쾌활한'이라는 뜻이다.

Jocose[dʒoukóus] is another word with a similar meaning; it is slightly stronger than *jocular*. (The root of *jocose* derives from the Latin for "joke," while the root of *jocular* derives from the Latin for "little joke.") A *jocose* man might be considered funnier than a *jocular* man, but both would give a party a *jocund* atmosphere.

jocose도 비슷한 의미의 단어로 jocular보다 조금 더 강한 의미이다. (jocular가 little joke를 의미하는 라틴 어에서 유래한 반면에, jocose는 joke를 의미하는 라틴 어에서 유래한 것이다.) jocose man(익살맞은 사람)은 jocular man(웃긴 사람)보다 더 웃기다고 여겨진다. 그러나 둘 다 파티에 jocund(명랑한)인 분위기를 가져온다.

▶ 이 단어들의 발음에 주의할 것.

JUBILATION [dʒùːbəléiʃən] n exultant joy 큰 기쁨, 환희

- In an excess of *jubilation* at the good news, Rebecca flung her arms around a total stranger.

  좋은 소식을 듣고 지나치게 환호를 하다가, 레베카는 전혀 모르는 사람을 얼싸안았다.

- The *jubilation* of the crowd was palpable when the mayor announced that the rich old lady had given the town seven million dollars toward the construction of a new zoo.

  시장이 부자인 노부인이 새로운 동물원을 건설할 7백만 달러를 시에 기부했다는 소식을 발표하자, 군중들이 기뻐하는 것은 누가 보아도 알 수 있었다.

▶ 형용사형은 jubilant[dʒúːbələnt] (환호하는, 기쁨에 넘치는)이다.

New Year's Eve parties are supposed to be *jubilant*.
새해를 맞이하는 전날 밤 파티는 jubilant(기쁨에 넘치는)일 것이다.

A *jubilant* celebration, especially one connected with an important anniversary, is a *jubilee*[dʒuːbəlíː].
jubilant celebration(축하 축제), 특히 중요한 기념일과 관계된 축제를 jubilee(기념 축제)라고 한다.

JUNCTION [dʒʌ́ŋkʃən] n convergence; linkup; the act or state of being joined together 합류점; 연결; 연합

- I was supposed to turn left after the *junction* of Elm Street and Apple Avenue, but I never found the spot where they intersected.
  나는 엘름가와 애플로가 만나는 지점에서 왼쪽 방향으로 갈 예정이었지만, 그 길들이 교차하는 지점을 찾을 수가 없었다.

- As a child, Tommy spent most of his time at the railroad *junction* hoping he'd spot a passing boxcar he could jump into.
  아이였을 때 토미는 기차선로가 교차하는 지점에서 자신이 뛰어오를 수 있을 만한 화차를 발견하기를 바라면서 대부분의 시간을 보냈다.

Juncture[dʒʌ́ŋktʃər] can mean the same thing as *junction*, but more often it refers to an important point in time or crucial state of affairs.
juncture는 junction과 같은 뜻이기는 하지만, 사건의 중대성이나 시간상으로 중요한 시점을 언급하는 데 더 자주 쓰인다.

- "At this *juncture*, we can't predict when she'll come out of the coma," the doctor said soberly.
  "이 시점에서는 그녀가 언제 혼수상태에서 깨어날 수 있을지 아무도 예측할 수 없습니다."라고 의사가 진지하게 말했다.

Conjunction[kəndʒʌ́ŋkʃən] means concurrence, combination, or union.
conjunction은 '협력', '연합', '결합'을 의미한다.

- The Ham Radio Club and the Chess Club are working in *conjunction* to prepare the second annual Nerds' Jamboree.
  무선 방송 클럽과 체스 클럽은 두 번째 연례 얼간이 대회를 준비하기 위해 협력하여 일하고 있다.

JUNTA [húntə] n a small group ruling a country after a coup d'état 쿠데타 후에 나라를 통치하는 소수의 그룹, 임시 군사 정부

▶ 발음에 주의할 것.

- After the rebels had executed the king, they installed a *junta* of former generals to lead the country until elections could be held.
  왕의 사형을 집행한 후에, 반란군은 새로운 선거가 열릴 수 있을 때까지 나라를 이끌기 위해 전임 장성들을 모아 임시 정부를 구성했다.

- The first thing the *junta* did after seizing power was to mandate ice cream at breakfast.
  임시 군사 정부가 권력을 잡은 후에 처음으로 한 일은 아침 식사로 아이스크림을 지시한 것이었다.

- The president's principal advisers were so secretive and so protective of their access to the president that reporters began referring to them as the *junta*.
  중요한 측근들의 대통령에 대한 접근이 워낙 비밀리에 외부에 알려지지 않고 이루어졌기 때문에 기자들은 그들을 임시 정부라고 부르기 시작했다.

K

KARMA [ká:rmə] n good or bad emanations from someone or something
사람이나 사물에서 나오는 좋거나 나쁜 분위기, 인과응보, 업

In Hindu or Buddhist belief, *karma* has to do with the idea that a person's actions in life determine his or her fate in a future existence.
한두교나 불교에서 karma(업)라고 하는 것은 현세에서의 사람의 행동이 다음 생의 운명을 결정한다는 사상과 관련이 있는 말이다.

- "If you keep on messing up your rooms," the babysitter warned the children, "it will be your *karma* to come back to earth as a pig."
  "네 방을 엉망인 채로 계속 놔둔다면, 다음 세상에서 돼지로 태어나는 것은 바로 너의 업보일 거야."라고 베이비시터가 아이들에게 경고했다.

In popular usage, *karma* is roughly the same thing as vibes.
일반적인 어법에서 karma는 대략적으로 vibes(감정적 반응, 직감적으로 느끼는 분위기 등)와 같은 뜻이다.

- "This house has an evil *karma*," the same babysitter told her charges. "Children who don't go to bed on time end up with a mysterious curse on their heads."
  "이 집은 사악한 기운이 느껴져 자야 할 시간에 잠자리에 들지 않는 아이들은 결국은 머리 위로 알 수 없는 저주가 내릴 거야."라고 베이비시터가 자신이 돌보고 있는 아이들에게 말했다.

▶ 종교와 관련된 더 많은 단어는 부록의 7. Religion(종교)를 참조할 것.

QUICK QUIZ

Match each word in the first column with its definition in the second column. Check your answers in the back of the book.

1. jargon
2. jaunt
3. jingoism
4. jocular
5. jubilation
6. junction
7. junta
8. karma

a. humorous
b. specialized language
c. good or bad emanations
d. belligerent patriotism
e. small ruling group
f. exultant joy
g. short pleasure trip
h. convergence

L

LARCENY [láːrsəni] n theft; robbery 절도; 도둑질

- Bill's ten previous convictions for *larceny* made the judge unwilling to suspend his latest jail sentence.

  빌은 열 번이나 절도죄로 유죄 판결을 받은 적이 있었기 때문에, 판사는 그의 최근 징역형에 대해 집행 유예를 선고하고 싶지 않았다.

- Helping yourself to a few cookies is not exactly *larceny*, but just try explaining that to Aunt Edna, who believes that if people want to eat in her house they should bring their own food.

  쿠키 몇 개 정도 맛보는 것은 엄밀하게 말해서 절도 행위는 아니다. 그러나 사람들이 그녀의 집에서 먹기를 원한다면, 자신의 음식을 가져와서 먹어야 한다고 생각하는 에드나 아줌마에게는 반드시 해명을 해야 한다.

The strict legal definition of *larceny* is theft without breaking in, or without the use of force. *Grand larceny* is major theft.

larceny의 정확한 법률적 정의는 침입하는 행위 없이 무력을 사용하지 않고 '도둑질'을 하는 것을 의미한다. grand larceny는 대형 절도 사건이다.

▸ 형용사형은 larcenous[láːrsənəs] (절도의)이다.

- Amy and Tim felt almost irresistibly *larcenous* as they walked through their rich aunt's house admiring paintings and antiques that they hoped to inherit someday; it was all they could do to keep from backing their car up to the front door and making off with a few pieces of furniture.

  에이미와 팀은 부자인 숙모의 집을 돌아다니다가 언젠가는 그들이 물려받을 것이라고 기대하는 그림들과 골동품들에 감탄하여 훔치고 싶은 억누를 수 없는 충동을 느꼈다. 그들이 할 수 있었던 일은 차를 현관문 앞에 밀리지 않도록 해놓고 몇 가지 가구를 훔쳐 달아나는 것이 고작이었다.

LASCIVIOUS [ləsíviəs] adj lustful; obscene; lewd 호색의; 음란한; 음탕한

▸ 발음에 주의할 것.

- Clarence's *lascivious* comments made his female associates extremely uncomfortable.

  클래런스의 음란한 말들은 여자 동료들을 아주 불편하게 만들었다.

LAVISH [lǽviʃ] v to spend freely or bestow generously; to squander
마음 놓고 돈을 낭비하거나 손 크게 주다; 탕진하다

- My father *lavishes* so many birthday presents on his relatives that they panic when it's time for them to give him something in return.

  아버지는 친척들의 생일에 인심을 후하게 쓰며 너무나 많은 선물을 해서, 친척들은 보답으로 아버지에게 무엇을 주어야 하는 때가 되면 공포를 느낄 정도이다.

- City Hall has *lavished* money on the street-cleaning program, but our streets are dirtier than ever.

  시청은 거리 청소 사업에 많은 돈을 들였다. 그러나 거리는 이전보다 더 더럽다.

▶ lavish는 형용사로도 쓰인다.

- Don't you think Miss Woodstone is a little too *lavish* with her praise? She slathers so much positive reinforcement on her students that they can't take her seriously at all.

  미스 우드스톤이 다소 지나칠 정도로 칭찬을 남발하는 것 같지 않은가? 그녀는 학생들에게 긍정적인 격려를 지나칠 정도로 많이 해서 학생들은 그녀를 전혀 진지하게 받아들이지 못한다.

LAX [læks] adj negligent; lazy; irresponsible   태만한; 게으른; 무책임한

- Mike is a rather *lax* housekeeper; he washes dishes by rinsing them in cold water for a couple of seconds and then waving them gently in the air.

  마이크는 상당히 게으른 가정부이다. 그는 그릇들을 찬물에 2초 동안 헹군 다음 물 밖에서 조용히 한 번 흔들어 주는 방법으로 설거지를 끝낸다.

- I hate to say it, but Carol's standards are too *lax*; anyone who would hire a slob like Mike as a housekeeper can't be serious about wanting a clean house.

  나는 그렇게 말하기는 싫지만, 캐롤의 기준은 너무나 느슨하다. 마이크 같은 지저분한 사람을 가정부로 고용하는 사람이 깨끗한 집을 원한다는 것은 진심일 리가 없다.

▶ 명사형은 laxity[lǽksəti] (부주의)이다.

LAYMAN [léimən] n a nonprofessional; a person who is not a member of the clergy   비전문가; 성직자가 아닌 사람, 평신도

- The surgeon tried to describe the procedure in terms a *layman* could understand, but he used so much medical jargon that I had no idea what he was talking about.

  외과 의사는 비전문가들도 알아들을 수 있는 용어로 경파를 설명하려고 했지만, 그가 전문적인 의학 용어를 너무나 많이 사용했기 때문에, 나는 그가 말하고 있는 내용에 대해 이해하지 못했다.

- Shakira considered herself an excellent painter, but she was distinctly a *layman*; she couldn't make much headway on any canvas that didn't have numbers printed on it.

  샤키라는 자신을 뛰어난 화가라고 생각했지만 그녀는 정말로 아마추어에 지나지 않았다. 그녀는 번호가 인쇄되어 있지 않은 캔버스에서 그다지 나아가지 못했다.

Laymen are known collectively as the *laity*[léiəti].

평신도'나 비전문가'를 집합적으로 일컬을 때는 the laity라고 쓴다.

- The new minister tried hard to involve the *laity* in his services; unfortunately, the last time a *layman* preached a sermon, he spent most of the time talking about his new boat. Perhaps that's just the risk you run when you use a *lay* preacher.

  새로 온 목사는 평신도들을 예배에 참가시키려고 열심히 노력했다. 불행히도 지난번에 평신도가 설교를 했을 때, 그는 대부분의 시간을 자신의 새 보트에 관한 이야기에 할애했다. 아마도 그것이 평신도를 설교자로 세울 때 감수해야 하는 위험일 것이다.

LIAISON [líːəzɑn] n connection; association; alliance; secret love affair
연락; 연합; 동맹, 제휴; 밀통, 간통

▶ 철자와 발음에 주의할 것.

- In her new job as *liaison* between the supervisor and the staff, Anna has to field complaints from both sides.

  감독관과 직원들 사이의 연락을 맡는 새로운 업무에서 애나는 양측의 불평을 처리해야만 한다.

- The condor breeders worked in *liaison* with zoo officials to set up a breeding program in the wild.

  콘도르 사육사는 야생에서 번식할 수 있는 프로그램을 완수하기 위해 동물원 직원들과 제휴하여 일했다.

- You mean you didn't know that the conductor and the first violinist have been having an affair? Believe me, that *liaison* has been going on for years.

  지휘자와 제1바이올린 연주자가 불륜 관계에 있다는 것을 모르고 있었습니까? 내 말을 믿으세요. 그들의 불륜은 이미 수년 동안 계속되고 있는걸요.

LICENTIOUS [lɑisénʃəs] adj lascivious; lewd; promiscuous; amoral
음탕한; 외설의; 난잡한; 도덕관념이 없는

- Barney's reputation as a *licentious* rake makes the mothers of teenage girls lock their doors when he walks down the street.

  바니가 성적으로 방탕하다는 평판이 있어서, 십대의 딸을 가진 엄마들은 바니가 길거리에 나타나기만 해도 문을 잠근다.

- Ashley said the hot new novel was deliciously *licentious*, but I found the sex scenes to be dull and predictable.

  애슐리는 최근에 나온 소설이 외설적인 내용의 재미있는 책이라고 말했다. 그러나 나는 그 책의 성애 장면이 지루하고 평범하다는 것을 알게 되었다.

▶ 명사형은 licentiousness(음탕함, 방탕함)이다.

The Puritans saw *licentiousness* almost everywhere.

청교도들은 거의 모든 곳에서 licentiousness(방탕함)를 보았다.

▶ 이 단어들의 발음에 주의할 것.

LIMPID [límpid] adj transparent; clear; lucid 투명한; 맑은; 명료한, 알기 쉬운

- The river flowing past the chemical plant isn't exactly *limpid*; in fact, it's as opaque as paint, which is apparently one of its principal ingredients.

  화학 공장을 거쳐 흘러가는 강물은 반드시 맑지는 않다. 사실 물은 페인트만큼이나 불투명한데, 그것이 더러운 강물을 구성하는 한 요소이다.

- Theodora's poetry has a *limpid* quality that makes other writers' efforts sound stiff and overformal.

  테오도라의 시는 명료한 특징이 있어서, 다른 작가들의 작품을 경직되고 지나치게 형식 위주의 글인 것처럼 보이게 만든다.

- In bad writing, eyes are often described as "*limpid* pools."

  서투른 글에서, 눈은 흔히 '맑은 호수'라고 묘사된다.

LISTLESS [lístlis] adj sluggish; without energy or enthusiasm 활기가 없는; 힘이나 열정이 없는

- You've been acting *listless* today. Are you sure you're feeling well?

  너는 오늘 활기 없이 움직이더구나. 몸은 괜찮은 거니?

- The children had been dragged to so many museums that by the time they reached the dinosaur exhibit, their response was disappointingly *listless*.

  아이들은 너무나 많은 박물관으로 끌려다녔기 때문에 공룡 전시판에 도착했을 때에는 실망스러울 정도로 무관심한 반응을 보였다.

- Harry's *listless* prose style constantly threatens to put his readers soundly to sleep.

  해리의 단조로운 산문체는 그의 책을 읽는 독자들을 곤한 잠에 빠뜨릴 우려가 끊임없이 있다.

▶ 명사형은 listlessness(무관심)이다.

LITANY [lítəni] n recital or list; tedious recounting 낭송, 목록; 지루하게 나열하는 것

- Ruth's *litany* of complaints about her marriage to Tom is longer than most children's letters to Santa.

  톰과의 결혼에 대해 늘어놓고 있는 루스의 불평은 대부분의 아이들이 산타클로스에게 보내는 편지보다도 더 길다.

- She's so defensive that if she suspects even a hint of criticism, she launches into a *litany* of her accomplishments.

  그녀는 워낙 자신을 변호하는 데 뛰어나서, 어떤 비판의 기색이라도 눈치채게 되면 자신의 재능을 장황하게 설명하기 시작한다.

Match each word in the first column with its definition in the second column. Check your answers in the back of the book. Note that "lewd" is the answer for two questions.

1. larceny	a. negligent
2. lascivious	b. theft
3. lavish	c. connection
4. lax	d. nonprofessional
5. layman	e. to spend freely
6. liaison	f. lewd (2)
7. licentious	g. tedious recounting
8. limpid	h. transparent
9. listless	i. sluggish
10. litany	

LIVID [lívid] **adj** **discolored; black and blue; enraged** 변색된, 퇴색된; 검푸른, 멍든; 격노한

- Proof of George's clumsiness could be seen in his *livid* shins; he bumped into so many things as he walked that his lower legs were deeply bruised.

  조지의 서투름을 드러내는 증거는 멍이든 정강이를 보면 알 수 있었다. 그는 걸을 때마다 워낙 많이 부딪히기 때문에 다리 아래쪽은 심하게 타박상을 입었다.

- When Christopher heard that his dog had chewed up his priceless stamp collection, he became *livid*, and he nearly threw the poor dog through the window.

  크리스토퍼는 자신의 개가 값으로도 환산할 수 없는 귀중한 우표 수집품을 씹었다는 얘기를 듣고 노발대발했다. 그리고는 불쌍한 개를 거의 창문 밖으로 집어던지려 했다.

People often use *livid* to mean pale, which is almost the opposite of what the word really means. When you see a ghost, your face does not become *livid*; it becomes pallid.

livid를 pale(창백한)과 같은 의미로 쓰는 경향이 있다. 이는 그 단어의 실제 의미와 거의 반대되는 의미로 쓰이게 되는 것이다. 유령을 만나게 되면 사람들의 얼굴이 livid(검푸른)가 되지는 않는다. '창백해지는' 것이다.

LOATH [louθ] **adj** **extremely unwilling; reluctant** 매우 싫은; ~하기를 꺼려하는

- Edward was *loath* to stir out of his house on the freezing cold morning, even though he had signed up to take part in the Polar Bear Club's annual swim.

  에드워드는 매년 열리는 북극곰 클럽의 수영 대회에 참가하겠다고 등록을 했었지만, 얼어붙을 듯이 추운 아침이 되자 집 밖으로 나가기가 정말 싫었다.

- I am *loath* to pull my finger out of the dike, because I am afraid that the countryside will flood if I do.

  만일 내가 손가락을 뺀다면 온 마을이 물에 잠길까 봐 걱정이 되기 때문에 둑에서 손가락을 빼낼 수가 없다.

Loath is an adjective that describes a person's mood. *Loathsome* is an adjective to describe someone or something thoroughly disgusting or repellent.

loath는 사람의 감정을 묘사하는 형용사이다. loathsome은 엄청나게 혐오스럽고 역겨운 것을 묘사하는 형용사이다.

- Cold water is so *loathsome* to Edward that no one knows why he even joined the Polar Bear Club.

  에드워드는 차가운 물을 끔찍이도 싫어했기 때문에, 그가 북극곰 클럽에 참가한 이유를 아무도 모른다.

Don't confuse *loath* with *loathe*, which is a verb meaning to despise or hate.

loath와 loathe를 혼동하지 마라. 후자는 '혐오하다', '증오하다'라는 의미의 동사이다.

- I *loathe* eggplant in every form. It is so *loathsome* to me that I won't even look at it.

  나는 어떤 형태로 있건 가지를 무척 싫어한다. 가지는 내게 너무 혐오스러운 것이기 때문에 그것을 보려고 하지도 않을 것이다.

LOBBY [lábi] v to urge legislative action; to exert influence
법률적인 조치를 취하도록 설득하다; 영향력을 행사하다

- The Raisin Growers' Union has been *lobbying* Congress to make raisins the national fruit.

  건포도 재배 협회는 건포도를 국가를 상징하는 과일로 책정하도록 의회에 로비 활동을 해 오고 있다.

- Could I possibly *lobby* you for a moment about the possibility of turning your yard into a parking lot?

  당신네 마당을 주차장으로 전환하는 문제에 대해서 잠시 동안만 당신에게 설명을 해도 되겠습니까?

A person who *lobbies* is a *lobbyist*[lábiist]. A *lobbyist* works for a special interest group, or lobby.

lobbyist는 '로비 활동을 하는 사람'이다. lobbyist는 '특별한 이익 집단이나 압력 단체를 위해서 일하는 사람'이다.

- The *lobbyist* held his thumb up as the senator walked passed him to indicate how the senator was supposed to vote on the bill that was then before the Senate.

  그 로비스트는 당시 상원에 상정된 법안에 대해 어떻게 투표해야 할 것인지를 지시하기 위해서 그 상원 의원이 자신의 앞을 지나쳐 갈 때 엄지손가락을 위로 들었다.

LOUT [laut] n boor; oaf; clod 시골뜨기; 멍청이; 바보

- The visiting professor had been expecting to teach a graduate seminar, but instead he found himself stuck with a class of freshman *louts* who scarcely knew how to write their own names.

  초빙된 교수는 대학원 세미나를 가르치기를 원했지만, 원하는 것과는 달리 자신의 이름 쓰는 법도 제대로 모르는 멍청한 1학년 학생들을 맡게 되었다는 사실을 알게 되었다.

- That stupid *lout* has no idea how to dance. I think he broke my foot when he stepped on it.

  저 멍청한 시골뜨기는 춤추는 법도 모른다. 그가 내 발을 밟았을 때 내 발 뼈가 부러진 것 같다.

▶ 형용사형은 loutish(촌스러운)이다.

- Jake's *loutish* table manners disgust everyone except his seven-year-old nephew, who also prefers to chew with his mouth open.

  제이크의 촌뜨기 같은 식사 태도는 그처럼 입을 벌리고 음식을 씹기 좋아하는 그의 일곱 살 된 조카를 제외하고는 다른 모든 사람들에게 혐오감을 준다.

LUDICROUS [lúːdəkrəs] adj ridiculous; absurd 우스꽝스러운; 어리석은

- It was *ludicrous* for me to have expected my three puppies to behave themselves while I was out; every pair of shoes I own has become a chew toy.

  내가 나가 있는 동안 나의 세 강아지들이 얌전히 있기를 기대한 것은 어리석은 짓이었다. 내 신발들은 전부 개 껌이 되어 버렸다.

- Wear glass slippers to a ball? Why, the idea is *ludicrous*! One false dance step and they would shatter.

  무도회에 유리로 된 덧신을 신는다고? 음, 너무나 어리석은 생각이야! 한번 스텝이 엉키면 신발은 박살이 나고 말 거야.

LYRICAL [lírikəl] adj melodious; songlike; poetic 선율이 있는; 노래 같은; 시적인

Lyrics are the words to a song, but *lyrical* can be used to apply to other things.

lyrics는 노래의 가사이다. 그러나 lyrical은 다른 것에도 적용될 수 있다.

- Even the sound of traffic is *lyrical* to the true city lover.

  심지어 자동차 같은 교통수단의 소리도 진실로 도시를 사랑하는 사람들에게는 노래일 수 있다.

- Albert is almost *lyrical* on the subject of baked turnips, which he prefers to all other foods.

  앨버트는 잘 익은 순무라는 주제에 대해서 거의 시를 만들어낸다. 순무는 그가 다른 어떤 음식보다도 좋아하는 것이다.

- The Jeffersons' *lyrical* description of the two-week vacation in Scotland made the Washingtons want to pack their bags and take off on a Scottish vacation of their own.

  스코틀랜드에서 보낸 2주일간의 휴가에 대한 제퍼슨 가족의 시적인 묘사 때문에, 워싱턴 가족은 자신들 역시 스코틀랜드에서 휴가를 보내기 위해 짐을 꾸려 떠나고 싶어졌다.

QUICK QUIZ 54▶

Match each word in the first column with its definition in the second column. Check your answers in the back of the book.

1. livid		a.	extremely unwilling
2. loath		b.	ridiculous
3. lobby		c.	black and blue
4. lout		d.	oaf
5. ludicrous		e.	melodious
6. lyrical		f.	urge legislative action

M

MALAPROPISM [mǽləprɑpìzəm] **n humorous misuse of a word that sounds similar to the word intended but has a ludicrously different meaning**
발음은 비슷하지만 그 의미가 우스운 뜻을 가진 단어를 의도적으로 잘못 사용하여 익살스럽게 하는 것

In Richard Sheridan's 1775 play, *The Rivals*, a character named Mrs. Malaprop calls someone "the pineapple of politeness" instead of "the pinnacle of politeness." In Mrs. Malaprop's honor, similar verbal boo-boos are known as *malapropisms*. Another master of the *malapropism* was Emily Litella, a character played by Gilda Radner on the television show *Saturday Night Live*, who thought it was ridiculous for people to complain that there was "too much violins" on television. Incidentally, Sheridan derived Mrs. Malaprop's name from *malapropos*, a French import that means not apropos or not appropriate.

리차드 셰리던의 1775년 희곡 '경쟁자들'에 보면, 말라프롭 부인이라는 인물은 어떤 사람을 가리켜 '우아함의 극치'라고 해야 할 것을 '우아함의 파인애플'이라고 부른다.(pinnacle과 pineapple의 발음이 비슷하므로) 말라프롭 부인을 기념하여, 이와 비슷한 말실수를 malapropism이라고 부르게 되었다. 또 다른 단어의 malapropism(오용)의 대가는 Saturday Night Live라는 TV 프로그램에서 질다 래드너가 연기한 에밀리 리텔라는 인물이다. 래드너는 사람들이 TV에 '너무나 많은 바이올린'(violence와 violins의 발음이 비슷하므로)이 있다고 불평하는 것은 웃기는 것이라고 생각했다. 덧붙여 말하자면, 셰리던은 말라프롭 부인의 이름을 적절하지 못하다는 의미를 가진 프랑스 어 malapropos에서 따왔다.

▶ apropos(적절한, 알맞은)를 참조할 것.

MANIA [méiniə] **n crazed, excessive excitement; insanity; delusion**
광적으로, 지나치게 흥분함; 광기; 환상

- At Christmas time, a temporary *mania* descended on our house as Mother spent hour after hour stirring pots on the stove, Father raced around town delivering presents, and we children worked ourselves into a fever of excitement about what we hoped to receive from Santa Claus.

  크리스마스가 되면, 일시적인 광적 흥분이 우리 집을 급습했다. 어머니는 난로 위에 올려놓은 냄비를 몇 시간이고 계속해서 휘젓고, 아버지는 선물을 전달하러 온 마을을 뛰어다녔다. 그리고 우리 아이들은 산타클로스에게 받고 싶은 선물을 생각하며 흥분의 도가니에 빠져들었다.

- Molly's *mania* for cleanliness makes the house uncomfortable—especially since she replaced the bedsheets with plastic dropcloths.

  몰리의 광적인 결벽증은 집을 편안하지 못한 곳으로 만든다. 특히 그녀가 침대 시트를 플라스틱 시트로 교체했기 때문에 더욱 그랬다.

- The *mania* of the Roman emperor Caligula displayed itself in ways that are too unpleasant to talk about.

  로마의 황제 칼리굴라의 광기는 말로 표현할 수도 없을 만큼 역겨운 형태로 펼쳐졌다.

A person with a *mania* is said to be a *maniac* [méiniæk].

mania(광기)를 가지고 있는 '사람'을 maniac이라고 한다.

- Molly, the woman with the *mania* for cleanliness, could also be said to be a *maniac* for cleanliness, or to be a cleanliness maniac.

  몰리는 광적인 결벽증을 가지고 있는 여성으로, 청결함에 대한 편집증 환자 또는 광적인 청결 애호가라고 할 수도 있다.

A *maniac* is often said to be *maniacal* [mənáiəkəl]. A *maniacal* football coach might order his players to sleep with footballs under their pillows, so that they would dream only of football.

maniac은 maniacal(미친 듯한)이라고 표현하기도 한다. maniacal(광적인)인 축구 코치라면 오직 축구에 관한 꿈만 꾸도록 하기 위해 선수들의 베개 밑에 축구공을 넣고 자라고 명령할지도 모른다.

A person with a *mania* can also be said to be *manic* [mǽnik]. A *manic-depressive* is a person who alternates between periods of excessive excitement and deep depression. A *manic* tennis player is one who rushes frantically around the court as though her shoes were on fire.

mania(광기)를 가진 사람을 manic이라고 표현하기도 한다. manic-depressive(조울병 환자)란 '지나친 흥분과 깊은 우울함의 시기가 번갈아 나타나는 사람'이다. manic(광기가 있는)인 테니스 선수는 마치 자신의 신발에 불이라도 붙은 것처럼 코트 위를 미친 것처럼 돌아다니는 사람이다.

▸ 이 단어들의 발음에 주의할 것.

MARGINAL [má:rdʒənəl] **adj** related to or located at the margin or border; at the lower limit of quality; insignificant

변두리 또는 경계에 위치한, 혹은 그에 관계된; 최저 한계에 달하는; 하찮은

- The *marginal* notes in Sue's high school Shakespeare books are really embarrassing to her now, especially the spot in *Romeo and Juliet* where she wrote "How profound!"

  수가 고등학교 시절에 셰익스피어 책의 가장자리에 써넣은 문구들은 오늘날 그녀를 정말로 당황하게 만든다. 특히 "로미오와 줄리엣"에 그녀가 써넣은 "얼마나 심오한가!"라는 글은 더욱 그러하다.

- Mrs. Hoadly manages to eke out a *marginal* existence selling the eggs her three chickens lay.

  호들리 부인은 세 마리의 닭이 낳는 달걀을 팔아서 최저 생활을 근근이 유지하고 있다.

- Sam satisfied the *marginal* requirements for the job, but he certainly didn't bring anything more in the way of talent or initiative.

  샘은 업무에서 요구하는 최소한의 필요조건을 갖추고 있었지만, 재능이나 창의력이라는 부분에서 그 이상이 부족했다.

- The difference in quality between these two hand towels is only *marginal*.

  이 두 개의 손수건의 질적인 차이는 아주 하찮은 것이다.

▸ 부사형은 marginally(아주 조금)이다.

- Arnie was *marginally* better off after he received a ten-dollar-per-week raise.

  아니는 주당 10달러의 급료 인상을 받게 된 이후 생활이 아주 조금 더 나아졌다.

MATERIALISTIC [mətìəriəlístik] adj preoccupied with material things; greedy for possessions
물질적인 것에 몰두하는; 소유욕이 많은

- All young children are innocently *materialistic*; when they see something that looks interesting, they don't see why they shouldn't have it.

  나이가 어린 아기들은 철없이 물욕을 갖는다. 그들은 재미있어 보이는 것을 보게 되면, 그것을 가지면 왜 안 되는지 그 이유를 알지 못한다.

- The *materialistic* bride-to-be registered for wedding presents at every store in town, including the discount pharmacy.

  물질적인 것에 욕심이 많은 예비 신부는 할인 약국을 비롯하여 도시 내의 모든 상점마다 받고 싶은 결혼 선물을 점찍어 두었다.

- People are always going on and on about today's *materialistic* society, but the craving to own more stuff has probably been with us since prehistoric times.

  사람들은 오늘날의 물질적인 사회에 대해 언제나 떠들어대곤 한다. 그러나 더 많은 것을 소유하고자 하는 욕망은 아마도 선사 시대부터 우리와 함께 있었을 것이다.

MAWKISH [mɔ́ːkiʃ] adj overly sentimental; maudlin
지나치게 감상적인(역겨운); 걸핏하면 우는

- It's hard to believe that Trudy's *mawkish* greeting card verses have made her so much money; I guess people really do like their greeting cards to be filled with mushy sentiments.

  트루디의 감성적인 안부 카드 문구들로 그녀가 그렇게 많은 돈을 벌었다는 것은 믿을 수 없다. 나는 사람들이 감상으로 가득한 안부 카드를 정말로 좋아한다고 생각한다.

- I would have liked that movie a lot better if the dog's death scene, in which a long line of candle-bearing mourners winds past the shrouded doghouse, hadn't been so *mawkish*.

  촛불을 든 조문객들이 길게 줄을 서서 수의로 덮은 개집을 돌아나가는 것으로 묘사된 개의 죽음에 관한 장면을 그토록 감상적으로 처리하지 않았더라면, 나는 그 영화를 훨씬 더 좋아했을 것이다.

MEANDER [miǽndər] v to travel along a winding or indirect route; to ramble or stray from the topic
구불구불한 길이나 우회로를 따라가다; 본 주제를 벗어나다, 두서없이 말하다

- Since I hadn't wanted to go to the party in the first place, I just *meandered* through the neighborhood, walking up one street and down another, until I was pretty sure everyone had gone home.

  무엇보다도 나는 파티에 가고 싶지 않았기 때문에, 모든 사람이 집으로 돌아갔을 것이라는 확신이 서게 될 때까지 여기저기를 걸어 다니며 온 동네를 어슬렁거리고 다녔다.

- The river *meanders* across the landscape in a series of gentle curves.

  강은 부드러운 곡선을 그리며 주변의 경치를 가로질러 굽이쳐 흐른다.

- Professor Jones delivered a *meandering* lecture that touched on several hundred distinct topics, including Tina's hairstyle, the disappearance of the dinosaurs, Latin grammar, and quantum mechanics.

  존스 교수는 수백 가지 서로 다른 주제를 언급하면서 강의를 두서없이 했다. 그중에는 티나의 헤어스타일이나 공룡의 멸종, 라틴 어 문법, 양자역학 같은 주제도 들어 있었다.

MEDIUM [míːdiəm] n the means by which something is conveyed or accomplished; a substance through which something is transferred or conveyed; the materials used by an artist
어떤 일을 전달하거나 성과를 내게 하는 수단, 방편, 매체; 어떤 물질이 변환하거나 전달되는 과정을 돕는 물질, 매개물; 화가들이 사용하는 재료

- We are trying to decide whether print or television will be a better *medium* for this advertisement.
  우리는 이번 광고에 더 알맞은 매체로 인쇄물이 좋을지 아니면 텔레비전 방송이 좋을지 결정하기 위해 고심하고 있다.

- Coaxial cable is the *medium* by which cable television programming is distributed to viewers.
  동축 케이블은 유선 방송을 시청자에게 전달하기 위한 수단이다.

- Phil is an unusual artist; his preferred *medium* is sand mixed with corn syrup.
  필은 별난 화가이다. 그가 선호하는 미술 재료는 옥수수 시럽을 섞은 모래이다.

▶ medium의 복수형은 media이다.

When people talk about the *media*, they're usually talking about the communications *media*: television, newspapers, radio, and magazines.
사람들이 media(미디어)에 대해서 얘기를 할 때, 대개 그들이 얘기하는 것은 텔레비전, 신문, 라디오, 잡지 같은 통신 수단으로서의 media(매체)를 의미한다.

- The *media* instantly seized on the trial's lurid details.
  매체들은 재판에서 드러난 소름끼치는 세부 내용들을 즉각적으로 포착했다.

In careful usage, *media* takes a plural verb, even when the word is being used in a collective sense as the rough equivalent of press.
정확한 어법에서 media는 대략적으로 언론처럼 집합명사로 사용될 때도 복수를 취한다.

- The *media* have a responsibility to report the facts fairly and without favor.
  대중매체는 편파적이지 않고 공정하게 진실만을 보도해야 하는 의무가 있다.

MELANCHOLY [mélənkὰli] adj gloomy; depressed and weary
우울한; 의기소침한, 지쳐 있는

- Thomas always walks around with as *melancholy* an expression as he can manage, because he thinks that a gloomy appearance will make him seem mysterious and interesting to girls.
  토마스는 언제나 될 수 있는 한 우울한 얼굴 표정으로 돌아다닌다. 우울한 모습을 하고 있으면 자신이 신비스럽게 보이고 소녀들의 관심을 끌 수 있을 것이라고 생각하기 때문이다.

- The *melancholy* music in the restaurant basically killed what was left of my appetite; the songs made me feel so sad I didn't want to eat.
  우울한 음악이 흐르는 레스토랑이 내게 남아 있던 식욕마저 완전히 앗아갔다. 그 노래들이 나를 너무나 슬프게 해서 음식을 먹고 싶지 않았다.

▶ melancholy는 명사로도 쓰인다.

- The spider webs and dead leaves festooning the wedding cake brought a touch of *melancholy* to the celebration.
  웨딩 케이크에 장식으로 꾸며놓은 거미줄과 말라붙은 잎은 그 결혼식을 우울하게 만들었다.

▶ 형용사 melancholic[mélənkɑ̀:lik](우울한)과 명사 melancholia[mèlənkóuliə](우울증)도 간혹 위의 melancholy 대신에 사용되기도 한다.

▶ 이 단어들의 발음에 주의할 것.

MELEE [méilei] n a brawl; a confused fight or struggle; a violent free-for-all; tumultuous confusion
싸움; 혼란스러운 싸움이나 분쟁; 격렬한 난상 토론; 소란스러운 혼란 상태

▶ 발음에 주의할 것.

- A *melee* broke out on the football field as our defeated players vented their frustrations by sticking their tongues out at the other team's cheerleaders.

  경기에 패한 우리 팀이 좌절감을 발산하느라 상대 팀의 치어리더들에게 혀를 내밀었기 때문에, 풋볼 경기장에는 난투극이 벌어졌다.

- In all the *melee* of shoppers trying to get through the front door of the department store, I got separated from my friend.

  백화점 현관을 통과하려고 애쓰는 쇼핑객들의 혼란한 틈바구니 속에서 나는 내 친구를 잃어버렸다.

MENAGERIE [mənǽdʒəri] n a collection of animals 동물의 무리, 동물원

In olden times, kings kept royal *menageries* of exotic animals. These were the first zoos.

옛날에는 왕들이 이국적인 동물들을 모아놓은 menageries가 있었다. 이것이 바로 최초의 동물원이었다.

- The Petersons have quite a *menagerie* at their house now that both the cat and the dog have had babies.

  이제 개와 고양이가 새끼를 낳았으므로 피터슨네는 집 안에다 아주 상당한 규모의 동물원을 갖게 된 셈이다.

- Doug referred to his office as "the *menagerie*" because his co-workers acted like animals.

  더그는 회사 동료들이 동물처럼 행동하기 때문에 그의 사무실을 '동물원'이라고 부른다.

Match each word in the first column with its definition in the second column. Check your answers in the back of the book.

1. malapropism		a.	travel along a winding route
2. mania		b.	humorous misuse of a word
3. marginal		c.	the means by which something is conveyed
4. materialistic		d.	preoccupied with material things
5. mawkish		e.	crazed excitement
6. meander		f.	gloomy
7. medium		g.	insignificant
8. melancholy		h.	overly sentimental
9. melee		i.	collection of animals
10. menagerie		j.	brawl

MILLENNIUM [miléniəm] n **a period of 1,000 years; a thousandth anniversary**
천년의 시기; 천 번째 기념일

- Purists say that the new *millennium* began in 2001, but the fear of widespread computer problems actually made 2000 the more important new year.

  까다로운 사람들은 새 천년이 2001년부터 시작되었다고 말하지만, 광범위한 컴퓨터 오류에 대한 두려움이 2000년을 더 중요한 해로 만들었다.

- In the first *millennium* after the birth of Christ, humankind made great progress—but pre-sweetened cereals didn't appear until close to the end of the second millennium.

  예수의 탄생 후 첫 천 년 동안 인류는 위대한 발전을 이룩했다. 그러나 설탕을 가미한 시리얼은 두 번째 천 년이 끝나갈 무렵이 되어서야 겨우 나타났다.

▶ 형용사형은 millennial[miléniəl](천 년간의)이다.

MIRE [máiər] n **marshy, mucky ground** 늪지, 더러운 땅

- Walking through the *mire* in stiletto heels is not a good idea; your shoes are liable to become stuck in the muck.

  끝이 뾰족하고 높은 굽의 신발을 신고 더러운 땅을 걷는 것은 좋은 생각이 아니다. 그런 신발은 쓰레기 더미 속에 박히기가 쉽다.

- So many cars had driven in and out of the field that the grass had turned to *mire*.

  워낙 많은 차들이 운동장을 들락날락했기 때문에, 잔디는 이미 진창으로 변했다.

▶ mire는 비유적인 의미나 원래 뜻 그대로의 동사로도 쓰인다.

- The horses were so *mired* in the pasture that they couldn't go another step.

  말들은 목장의 진흙탕에 빠져서 한 발짝도 나갈 수가 없었다.

- I'd love to join you tonight, but I'm afraid I'm *mired* in a sewing project and can't get away.

  오늘 밤 너와 함께 어울리고 싶지만, 나는 재봉 일을 해야 하기 때문에 빠져나갈 수가 없어서 정말이지 유감이다.

A *quagmire* is a swamp or marsh or, figuratively, a complicated predicament.

quagmire는 '늪'이나 '진창', 또는 비유적인 의미로 '헤어날 수 없는 곤경'을 의미한다.

- They say that twenty people sank into the *quagmire* behind Abel's Woods and their bodies were never found.

  아벨의 숲 뒤에 있는 수렁에 스무 명의 사람들이 빠졌으며, 시신은 하나도 발견되지 않았다고 한다.

- Because she was afraid that everyone would hate her if she told the truth, Louise entangled herself in a *quagmire* of lies and half-truths, and everybody hated her.

  그녀가 진실을 말하면 사람들이 모두 자기를 미워할 것이라고 생각했기 때문에, 루이스는 절반의 진실과 거짓의 수렁 속으로 숨어 버렸고, 결국 사람들은 모두 그녀를 미워했다.

MODE [moud] n method of doing; type; manner; fashion   일의 방법; 유형; 방식; 양식

- Lannie's *mode* of economizing is to spend lots of money on top-quality items that she thinks will last longer than cheap ones.

  래니의 절약 방법은 싸구려 물건보다 오래 쓸 수 있을 것이라고 생각되는 최고 품질의 물건에 많은 돈을 지불하는 것이다.

- When a big tree fell across the highway, Draco shifted his Jeep into four-wheel *mode* and took off across country.

  큰 나무가 고속도로 중간에 넘어졌을 때, 드레이코는 자신의 지프차를 사륜구동 방식으로 바꾸어 시골길을 달렸다.

- I'm not interested in dressing in the latest *mode*; a barrel and a pair of flipflops are fashionable enough for me.

  나는 최신 유행의 옷을 입는 데에는 관심이 없다. 기름 한 통(즉, 자동차)과 한 켤레의 고무 슬리퍼면 나로서는 충분히 유행을 따른 것이다.

MODULATE [mádʒəlèit] v to reduce or regulate; to lessen the intensity of
줄이다, 규제하다; ~의 강도를 줄이다

▶ 발음에 주의할 것.

- Please *modulate* your voice, dear! A well-bred young lady doesn't scream obscenities at the top of her lungs.

  목소리 좀 줄여 주세요! 예의 바른 숙녀라면 목청이 터져라 하고 큰 소리로 음담패설을 말하지 않는답니다.

- Milhouse *modulated* his sales pitch when he realized that the hard sell wasn't getting him anywhere.

  밀하우스는 강매를 하는 방법이 어디에서도 통하지 않는다는 것을 알게 되자 자신의 판매 방법을 조절했다.

MOMENTUM [mouméntəm] n force of movement; speed; impetus   추진력; 속도; 힘

- The locomotive's *momentum* carried it through the tunnel and into the railroad terminal.

  기관차의 추진력은 터널을 지나 철도의 마지막 종착역까지 기차를 몰아갔다.

- She starts out small, with just a little whimpering. Then her bad mood picks up *momentum*, and in no time at all she's lying on the floor kicking and screaming.

  그녀는 처음에는 작고 나지막한 흐느낌으로 시작한다. 곧이어 우울한 기분은 추진력을 얻게 되고 얼마 지나지 않아 그녀는 마룻바닥에 누워 발을 구르며 절규하고 있다.

- Even when they're both being driven at the same speed, a big car is harder to stop than a small one because the big car has more *momentum*.

  두 대의 차량이 같은 속도로 달려가고 있다 할지라도, 큰 차는 더 큰 타성을 갖고 있기 때문에 작은 차보다 정지하기가 더 힘들다.

MORATORIUM [mɔ̀ːrətɔ́ːriəm] n a suspension of activity; a period of delay
활동의 중지; 유예 기간

- The president of the beleaguered company declared a *moratorium* on the purchase of office supplies, hoping that the money saved by not buying paper clips might help to keep the company in business a little bit longer.

  곤경에 처한 회사의 사장은 사무용품의 구입에 대해 일시적 정지를 선언했다. 그는 서류용 클립을 구입하지 않음으로써 절약되는 돈이 회사의 경영을 조금이라도 더 연장하는 데 도움이 되기를 원했다.

- The two countries agreed to a *moratorium* on the production of new nuclear weapons while their leaders struggled to work out the terms of a permanent ban.

  지도자들이 핵무기 개발의 지속적인 금지라는 협의안을 내기 위해 애쓰는 동안, 두 나라는 새로운 핵무기의 생산을 잠정 중지하자는 안에 동의했다.

MORES [mɔ́ːreiz] n customary moral standards 관습적인 도덕 기준

▶ 이 단어는 항상 복수형으로 쓰인다. 발음에 주의할 것.

- According to the *mores* of that country, women who wear revealing clothing are lewd and licentious.

  그 나라의 관습에 의하면, 노출이 있는 옷을 입는 여자들은 음탕하고 방종한 것이다.

MOTIF [moutíːf] n a recurring theme or idea 반복적으로 나오는 주제나 사상

- The central *motif* in Barry's first novel seems to be that guys named Barry are too sensitive for other people to appreciate fully.

  배리의 첫 번째 소설의 중심 주제는 배리라는 이름을 가진 남자들은 너무나 섬세해서 다른 사람들이 그들을 완전하게 알 수는 없다는 내용인 것 같다.

- Andrea's new apartment is okay-looking, but it would be more impressive if owls weren't the main decorative *motif*.

  안드레아의 새 아파트는 아주 좋아 보인다. 그러나 아파트 장식의 주요 테마가 올빼미가 아니라면 인상이 더 좋았을 것이다.

MOTLEY [mátli] adj extremely varied or diverse; heterogeneous; multicolored
아주 다양한, 매우 잡다한; 이질적인; 다양한 색깔로 되어 있는

- Louise's friends are a *motley* group of artists, bankers, and sanitation engineers.

  루이스의 친구들은 화가들이나 은행원들, 보건 위생 기술자 등 아주 다양하다.

- One glance at her date's *motley* tuxedo convinced Cathy that she didn't want to go to the prom after all; the jacket looked more like a quilt than like a piece of formal clothing.

데이트 상대의 매우 잡다한 턱시도를 힐끗 한 번 보고 나서, 캐시는 댄스파티에 정말로 가고 싶지 않다는 확신이 들었다. 그의 상의는 정식 야회복이 아니라 누비이불에 더 가까워 보였다.

MUNICIPAL [mjuːnísəpəl] adj pertaining to a city (or town) and its government
시와 시 정부에 소속된

- All the *municipal* swimming pools close after Labor Day because the city doesn't have the staff to keep them open any longer.

  모든 시립 수영장은 노동절 이후에 문을 닫는다. 시에는 더 이상 수영장을 관리할 직원들이 없기 때문이다.

- The town plans to build a *municipal* birdhouse to keep its pigeons off the streets.

  그 도시는 비둘기들이 도로에 나오지 못하도록 하기 위해 시에서 관리하는 새장을 만들 계획이다.

A *municipality*[mjuːnìsəpǽləti] is a distinct city or town, and usually one that has its own government. The government of such a city or town is often referred to as an *municipal* government.

municipality는 자신만의 고유한 행정부를 가지고 있는 별개의 '시'나 '읍' 등을 의미한다. municipal government는 그러한 자치 단체의 '행정부'를 의미한다.

MUSE [mjuːz] v to ponder; to meditate   숙고하다; 묵상하다

- "I wonder whether I'll win the flower-arranging prize," Melanie *mused*, staring pensively at her vaseful of roses and licorice sticks.

  "내가 과연 꽃꽂이 대회에서 우승할 수 있을까." 멜라니는 자신이 장미와 감초 줄기로 장식한 꽃병을 바라보며 깊은 생각에 잠겼다.

- Fred meant to get some work done, but instead he sat at his desk *musing* all afternoon, and then it was time to go home.

  프레드는 몇 가지 처리해야 할 일이 있었지만 오후 내내 명상을 하면서 책상에 앉아 있었다. 그리고 이제 집에 갈 시간이었다.

▶ muse는 명사로도 쓰인다.

In Greek mythology, the nine Muses were patron goddesses of the arts. In modern usage, a *muse* is anyone who inspires an artist's creativity.

그리스 신화에 보면, 아홉 명의 뮤즈 여신은 예술을 보호하는 여신들이었다. 현대 어법에서 muse는 '예술가의 창조에 영감을 불어넣는 누군가'를 일컫는 단어이다.

- "Beatrice, you are my *muse*. You inspire all my best poetry," John said to his pet guinea pig.

  "베아트리체, 당신은 나의 뮤즈요. 그대는 모든 나의 시에 아름다운 숨결을 불어넣는다네." 존은 그의 애완용 기니피그에게 말했다.

To be *bemused* is to be preoccupied or engrossed.

bemused는 '몰두하고 있는', '정신이 팔려 있는'이라는 뜻이다.

- Charlie was too *bemused* to notice that wine from a spilled goblet was dripping into his lap.

  찰리는 너무나 몰두한 나머지 쓰러진 술잔에서 와인이 흘러나와 무릎에 뚝뚝 떨어지고 있다는 사실을 깨닫지 못했다.

MUSTER [mʌ́stər] v to assemble for battle or inspection; to summon up
전투나 점검을 위해 소집하다; 불러내다

- The camp counselor *mustered* the girls in her cabin for bunk inspection. She really had to *muster* up all her courage to do it, because the girls were so rowdy they never did what she told them. Luckily, the cabin passed *muster*; the camp director never noticed the dust under the beds.

  캠프 지도원은 침대 점검을 하기 위해 그녀의 오두막에 소녀들을 소집했다. 사실 그녀는 그 일을 하기 위해서 모든 용기를 다 불러내야만 했다. 소녀들이 너무나 난폭한 탓에 결코 그녀가 지시한 대로 하지 않았기 때문이었다. 다행히도 그 오두막은 점검에 통과했다. 캠프 감독관은 침대 밑의 먼지를 보지 못했다.

"To pass *muster*" is an idiomatic expression that means to be found to be acceptable.

to pass muster는 '만족할 만해서 허락되다'라는 의미의 관용적 표현이다.

MYSTIC [místik] adj otherworldly; mysterious; enigmatic
내세의; 신비한; 수수께끼 같은

- The swirling fog and the looming stalactites gave the cave a *mystic* aura, and we felt as though we'd stumbled into Arthurian times.

  소용돌이치는 안개와 희미하게 보이는 종유석 탓에 동굴에는 신비한 분위기가 감돌았다. 우리는 마치 아서왕의 시대로 걸어 들어간 것 같은 기분이었다.

▶ 동의어는 mystical[místikəl] (신비주의의)이다.

- The faint, far-off trilling of the recorder gave the music a *mystical* quality.

  아득히 멀리서 들려오는 희미한 리코더 소리가 음악에 신비감을 더했다.

▶ mystic은 명사로도 쓰인다.

A *mystic* is a person who has, or seems to have, contact with other worlds.

mystic은 다른 세상과 접촉하는 사람, 즉 '신비주의자'를 의미한다.

- Michaela the *mystic* stared into her clouded crystal ball and remarked, "Time to get out the Windex."

  신비한 힘을 가진 미셸라는 뿌연 수정 구슬을 들여다보았다. 그러고 나서 "윈덱스를 떠나야 할 시간"이라고 말했다.

Mysticism [místisìzəm] is the practice or spiritual discipline of trying to reach or understand God through deep meditation.

mysticism(신비주의적 신앙)은 깊은 명상을 통해 '신에게 도달하거나 신을 이해하려는 훈련'이나 '영적인 수양'을 의미한다.

Match each word in the first column with its definition in the second column. Check your answers in the back of the book.

1. millennium	a. method of doing
2. mire	b. reduce or regulate
3. mode	c. extremely varied
4. modulate	d. force of movement
5. momentum	e. period of one thousand years
6. moratorium	f. recurring theme
7. mores	g. otherworldly
8. motif	h. customary moral standards
9. motley	i. marshy, mucky ground
10. municipal	j. assemble for battle
11. muse	k. ponder
12. muster	l. suspension of activity
13. mystic	m. pertaining to a city or town

N

NEBULOUS [nébjuləs] adj **vague or indistinct; unclear; hazy**
희미한, 불분명한; 명백하지 않은; 흐릿한

- Jake's ideas about a career are a little *nebulous* at this point. He says he wants to have a job that will entitle him to have a telephone on his desk, but that's all he's figured out so far.

  직업에 대한 제이크의 생각은 현재로선 약간 막연하다. 그는 자신의 책상 위에 전화를 둘 수 있는 정도의 지위가 있는 일자리를 원한다고 말한다. 그러나 지금까지 그가 구체화하고 있는 것은 그것이 전부이다.

- The stage lighting was so poor that you could see only a few *nebulous* outlines of the set.

  무대 조명이 너무나 빈약하기 때문에, 겨우 무대 장치의 희미한 윤곽만 볼 수 있었다.

A *nebula* [nébjulə] is a cloud of interstellar gas and dust, and, from our vantage point here on earth, it is just about as *nebulous* as you can get. The plural of *nebula* is *nebulae* [nébjuli:].

nebula(성운)는 별들 사이에 존재하는 가스나 먼지의 뿌연 덩어리이다. 여기 지구의 한 지점에서 그것은 여러분이 보는 것처럼 nebula(뿌옇게 보이는) 이다. 복수형은 nebulae이다.

▶ nebulae의 발음에 주의할 것.

NEMESIS [néməsis] n **unconquerable opponent or rival; one who seeks just compensation or revenge to right a wrong**
극복하기 어려운 상대나 경쟁자; 잘못된 것을 바로잡기 위해 보상이나 복수를 하려고 하는 사람

- In Greek mythology, *Nemesis* was the goddess of divine retribution. If you were due for a punishment, she made sure you got it.

  그리스 신화에서 네메시스는 하늘의 응징을 관장하는 여신이었다. 벌을 받을 만한 일을 했다면, 네메시스는 반드시 응징을 했다.

- Nacho-flavored tortilla chips are the dieter's *nemesis*; one bite, and you don't stop eating till the bag is gone.

  나초 향이 가미된 또띠아 칩은 다이어트를 하는 사람에게는 극복할 수 없는 유혹이다. 한 입만 먹으면 봉지가 바닥날 때까지 멈출 수가 없다.

- Betsy finally met her *nemesis*, in the form of a teacher who wouldn't accept any excuses.

  벳시는 마침내 어떠한 변명도 절대 용납하지 않는 선생님이라는 최고의 강적을 만났다.

NEOPHYTE [níːəfàit] n beginner; novice 초보자; 풋내기

▶ 발음에 주의할 것.

- The student librarian was such a *neophyte* that she reshelved all the books upside down.

  학생 사서는 새로 온 신참이었기 때문에 위에 있는 모든 책을 다시 아래로 내리는 선반 정리를 했다.

- I'm not being fussy. I just don't like the idea of having my cranium sawn open by a *neophyte* surgeon!

  나는 야단법석을 떨고 있는 것이 아니다. 나는 단지 신출내기 외과 의사가 내 두개골을 톱으로 절개한다는 생각이 끔찍할 뿐이다!

The prefix "neo" means new, recent, or revived. A *neologism* [niːálədʒìzəm], for example, is a new word or an old word used in a new way. A *neonate* [níːənèit] is a newborn. *Neoprene* [níːəprìːn] is a new kind of synthetic rubber—or at least it was new when it was invented. (It's the stuff that wet suits are made of.)

"neo"라는 접두사는 '새로운', '최근의', '다시 태어난'을 의미한다. 예를 들면, neologism은 '신조어'나 '새로운 방식으로 쓰이는 옛말'을 뜻한다. neonate는 '신생아'를 의미한다. neoprene은 '신종 합성고무'이다. 적어도 발명 당시에는 새로운 물질이었기 때문이다.(네오프렌은 잠수용 옷을 만드는 재료이다.)

NIRVANA [niərvάːnə] n a blissful, painless, worry-free state
더없이 행복하고 고통 없고 걱정 없는 상태, 해탈

According to Buddhist theology, you reach *nirvana* once you have purged your soul of hatred, passion, and self-delusion. Once you have reached *nirvana*, you will no longer have to undergo the cycle of reincarnation.

불교의 이론에 의하면, 증오와 욕심과 망상의 망령을 버리면 nirvana(열반의 경지)에 이를 수 있다. 한번 nirvana(열반의 경지)에 이르게 되면, 더 이상 윤회의 사슬에 얽매이지 않게 된다.

In common English usage, the word's meaning is looser, and *nirvana* often refers to a mental state rather than a physical one.

일반적인 영어 어법에서, 더 막연한 의미로 사용되어 nirvana는 흔히 육체적인 상태보다는 정신적인 상태를 가리키는 것으로 많이 사용된다.

- Though many thought the band's sound was annoying, listening to it sent me to a state of pure *nirvana*.

  밴드 음악이 짜증난다는 사람들이 많기 하지만, 나는 그것을 듣고 있을 때 순수한 정신적 안정 상태가 된다.

- *Nirvana* for Judy consisted of a hot bubble bath and a hot fudge sundae at the end of a long day.

  주디의 정신적 안정은 긴 하루 끝의 뜨거운 거품 목욕과 핫 퍼지 선디(주: 아이스크림의 일종)를 먹는 것이다.

NOISOME [nɔ́isəm] adj offensive or disgusting; stinking; noxious
불쾌한; 악취가 나는; 유해한

- When I opened the refrigerator after returning from vacation, such a *noisome* odor leaped out at me that I bolted from the apartment.

  휴가를 마치고 돌아와서 냉장고를 열어 보니, 아주 고약한 냄새가 나를 덮쳐서 나는 아파트에서 도망쳐 버렸다.

- The *noisome* brown liquid seeping out of the floor of my bathroom certainly isn't water. At any rate, it doesn't taste like water.

  욕실 바닥에서 새어나오는 고약한 악취가 나는 갈색 액체는 확실히 물은 아니다. 어쨌거나 그것은 물맛도 나지 않는다.

▸ 의미에 주의할 것. noise(소음)와는 아무런 관계가 없다.

NOMADIC [noumǽdik] adj wandering from place to place; without a permanent home
이곳저곳을 옮겨 다니는; 정착하고 사는 집이 없는

A *nomad* [nóumæd] is one of a group of wandering people who move from place to place in search of food and water for themselves and for their animals. The Bedouins, members of various Arab tribes that wander the deserts of North Africa and elsewhere, are *nomads*. To be *nomadic* is to be like a *nomad*.

nomad는 자신들과 가축들이 먹을 식량과 물을 찾아서 이곳저곳을 돌아다니며 생활하는 '유목민'을 말한다. 북아프리카의 사막 지대와 다른 곳을 옮겨 다니는 다양한 아랍 종족 가운데 하나인 베두인족들도 nomads이다. nomadic은 nomad와 같은 것을 말한다.

- Lila spent her senior year living in a tent with a *nomadic* tribe of sheep herders.

  리라는 졸업반 때 양을 치는 유목 민족과 함께 천막에서 생활했다.

- Ever since he graduated from college, my brother has been living a *nomadic* life; his only home is his car, and he moves it every day.

  대학을 졸업한 이후로 형은 방랑 생활을 계속하고 있다. 그의 유일한 집은 자동차이고, 매일 다른 곳으로 옮겨 다닌다.

NOMENCLATURE [nóumənklèitʃər] n a set or system of names; a designation; a terminology 명칭의 체계; 명칭; 용어

- I'd become a botanist in a minute, except that I'd never be able to memorize all that botanic *nomenclature*.

  모든 식물의 학명 체계를 암기할 수 없다는 것만 제외한다면, 나는 언제라도 식물학자가 될 수 있을 것이다.

In the Bible, Adam invented *nomenclature* when he gave all the animals names. You could call him the world's first *nomenclator* [nóumənklèitər]. A *nomenclator* is a giver of names.

성서에 의하면 아담은 모든 동물들에게 이름을 지어줌으로써 nomenclature(명명법)를 만들었다. 우리는 아담을 세계 최초로 nomenclator라고 불러도 좋을 것이다. nomenclator는 '이름을 붙인 사람'이다.

NONCHALANT [nànʃəláːnt] adj indifferent; coolly unconcerned; blasé
무관심한; 냉담하고 관심이 없는; 무감동한

- Omar was acting awfully *nonchalant* for someone who had just been invited to dinner at the White House; he was yawning and using a corner of the invitation to clean his nails.

  오마르는 백악관의 만찬에 지금 막 초대받은 사람치고는 아주 무관심한 것처럼 행동했다. 그는 하품을 하면서 초대장의 귀퉁이로 손톱 소제를 하고 있었다.

- "I don't care that my car was stolen," Blanca said in a *nonchalant* voice. "Daddy will buy me a new one."

  "차를 도둑맞은 사실에 신경 쓰지 않아. 아빠가 새 차를 사주실걸."이라고 블랑카는 아무렇지도 않은 목소리로 말했다.

- Unconcerned with all the worry his disappearance had caused, the cat sat down and *nonchalantly* began to wash his face.

  고양이의 실종 때문에 야기되었던 온갖 걱정에는 나 몰라라 하며, 그 고양이는 주저앉아 무관심하게 세수를 하기 시작했다.

▸ 명사형은 nonchalance[nɑ̀nʃəlɑ́:ns] (냉담)이다.

NULLIFY [nʌ́ləfài] v to repeal; to cancel; to void 무효로 하다; 취소하다; 폐지하다

Null means empty or ineffective. In math a null set is a set without numbers. To *nullify* means to make empty or ineffective.

null은 '아무것도 없는' 또는 '효과가 없는'이라는 의미이다. 수학에서 null set은 하나도 없는 집합, 즉 '공집합'을 뜻한다. nullify는 '무효로 하다', '효력을 없게 만들다'라는 뜻이다.

- A moment after the ceremony, the bride asked a lawyer to *nullify* the prenuptial contract she had signed the day before; she no longer felt that $50,000 a month in alimony would be enough.

  결혼식이 끝나자마자 신부는 변호사에게 전날 서명했던 혼전 계약서를 무효로 하겠다고 말했다. 그녀는 한 달에 5만 달러라는 별거 수당이 충분하지 않다고 마음을 바꼈던 것이다.

- It's hard to believe that Saudi Arabia still hasn't *nullified* the law that prohibits women to drive.

  사우디아라비아가 여성들의 운전을 금지하는 법률을 여전히 폐지하지 않고 있다는 사실은 믿기가 어렵다.

To *annul* is to cancel or make void a marriage or a law.

annul은 '결혼이나 법률을 폐지하거나 취소하다'라는 뜻이다.

QUICK QUIZ 57

Match each word in the first column with its definition in the second column. Check your answers in the back of the book.

1. nebulous	a. wandering from place to place
2. nemesis	b. vague
3. neophyte	c. blissful, worry-free state
4. nirvana	d. system of names
5. noisome	e. downfall
6. nomadic	f. repeal
7. nomenclature	g. indifferent
8. nonchalant	h. beginner
9. nullify	i. offensive or disgusting

O

OBEISANCE [oubéisəns] n **a bow or curtsy; deep reverence**   인사, 절; 깊은 존경

▶ 발음에 주의할 것.

- When the substitute teacher walked into the room, the entire class rose to its feet in mocking *obeisance* to her.

  보조 선생님이 교실로 들어왔을 때 학생들은 그녀를 조롱하는 인사로 일어섰다.

- "You'll have to show me *obeisance* once I'm elected queen of the prom," Diana proclaimed to her servile roommates, who promised that they would.

  "내가 댄스파티의 여왕으로 뽑힌다면, 너희들은 내게 복종하는 모습을 보여 주어야 해."라고 다이애나는 신하가 되겠다고 약속한 룸메이트들에게 공언했다.

▶ 관련 단어로 obedience(복종)와 obey(따르다)가 있다.

OBJECTIVE [əbdʒéktiv] adj **unbiased; unprejudiced**   공평한; 편견이 없는

- It's hard for me to be *objective* about her musical talent because she's my daughter.

  그녀의 음악적 재능을 편견 없이 평가하기란 어려운 일이다. 그녀가 내 딸이기 때문이다.

- Although the judges at the automobile show were supposed to make *objective* decisions, they displayed a definite bias against cars with tacky hood ornaments.

  자동차 쇼의 심사위원들은 공평한 결정을 내리기로 했음에도 불구하고, 보닛을 볼품없이 꾸민 차량에는 명확하게 반감을 드러냈다.

Someone who *objective* is said to have *objectivity*[àbdʒektívəti]. *Objective* can also be a noun, in which case it means goal, destination, or aim.

objective(공평한)인 사람은 objectivity(객관성, 타당성)를 가지고 있다고 한다. objective는 명사로 쓰이는데, 이때는 '목표', '목적지', '의도', '계획' 등을 의미한다.

- My life's one *objective* is to see that my father never embarrasses me in public again.

  내 인생의 한 가지 목표는 아버지가 다시는 다른 사람들 앞에서 나를 면박하는 것을 보지 않게 되는 것이다.

▶ 반대말은 subjective(주관적인)이다.

OBTRUSIVE [əbtrúːsiv] adj interfering; meddlesome; having a tendency to butt in 간섭하는; 지겹게 참견하는; 참견하기 좋아하는

- I like to walk up and down the halls of my dorm checking up on my friends' grades after midterms. People call me *obtrusive*, but I think of myself as caring and interested.

  나는 중간고사가 끝난 후, 내 친구들의 성적을 확인하면서 기숙사 복도를 오르락내리락하기를 좋아한다. 사람들은 나를 주제넘은 참견꾼이라고 부르지만 나는 다정하고 호기심이 많은 사람이라고 생각한다.

- The taste of anchovies would be *obtrusive* in a birthday cake; it would get in the way of the flavor of the cake.

  앤초비 향은 생일 케이크와는 너무 어울리지 않을 것이다. 그것은 생일 케이크의 맛을 방해할 것이다.

▶ 동사형은 obtrude(끼어들다)이고 intrude(침범하다)와 관계가 있다.

OBVIATE [ábvièit] v to make unnecessary; to avert 무용지물로 만들다; (위험 등을) 막다

- Their move to Florida *obviated* the need for heavy winter clothes.

  플로리다로 이사하자 두꺼운 겨울옷들은 필요가 없어졌다.

- My worries about what to do after graduation were *obviated* by my failing three of my final exams.

  졸업 후에 무엇을 할 것인가 하는 걱정은 마지막 시험에서 세 과목이나 낙제하는 바람에 쓸데없는 일이 되었다.

- Robert *obviated* his arrest for tax evasion by handing a blank check to the IRS examiner and telling him to fill in any amount he liked.

  로버트는 국세청 조사원에게 백지 수표를 내밀고 그에게 원하는 액수를 쓰라고 함으로써 탈세 행위에 대한 구속을 피했다.

OCCULT [əkʌ́lt/ákʌlt] adj supernatural; magic; mystical 초자연적인; 마법 같은; 신비로운

- I don't mind having a roommate who's interested in *occult* rituals, but I draw the line at her burning chicken feathers under my bed.

  나는 초자연적인 종교 의식에 관심을 갖고 있는 같은 방 친구에게 그다지 신경 쓰지 않지만, 그녀가 내 침대 밑에서 닭 깃털을 태우는 행위는 인정하지 않는다.

- There's a store on Maple Street called Witch-O-Rama; it sells crystal balls, love potions, and other *occult* supplies.

  메이플가에는 Witch-O-Rama(라마의 마녀)라는 이름의 가게가 있다. 그 가게는 수정 구슬이나 사랑의 묘약, 그 밖의 신비한 물품들을 판다.

▶ occult는 명사로도 쓰인다.

- Marie has been interested in the *occult* ever since her stepmother turned her into a gerbil.

  마리는 계모가 그녀를 게르빌루스쥐로 만들어 버린 이후로 초자연적인 마술에 대해 관심을 갖고 있었다.

ODIOUS [óudiəs] adj hateful; evil; vile 미운; 사악한; 야비한

- Don won the election by stooping to some of the most *odious* tricks in the history of politics.

  돈은 부끄러운 줄도 모르고 정치 역사상 가장 비열한 수법을 몇 가지 동원하여 선거에서 승리하였다.

Odium [óudiəm] is hatred, deep contempt, or disgrace.

odium은 '증오', '깊은 경멸', '불명예'를 의미한다.

ODYSSEY [ádəsi] n a long, difficult journey, usually marked by many changes of fortune 많은 운명의 변화를 겪게 되는 길고 힘든 여행

In Homer's epic poem *The Odyssey*, Odysseus spends ten years struggling to return to his home in Ithaca, and when he finally arrives, only his dog recognizes him. In modern usage, an *odyssey* is any long and difficult journey.

호머의 서사시인 "오디세이"를 보면, 오디세우스는 이타카에 있는 자신의 고향으로 돌아오기 위해 힘든 과정을 거치며 십 년을 보낸다. 그가 마침내 집으로 돌아왔을 때는 오직 그의 개만이 그를 알아본다. 현대 어법에서 odyssey는 '장기간의 힘든 여행'을 의미한다.

- Any adolescent making the *odyssey* into adulthood should have a room of his own, preferably one that's not part of his parents' house.

  어른으로 성장하기 위해 장기간의 방황을 겪는 청소년들은 가급적이면 부모의 집에 속해 있는 방이 아니라 자신만의 공간을 가져야만 할 것이다.

- My quick trip up to the corner hardware store to buy a new shower head turned into a day-long *odyssey* that took me to every plumbing-supply store in the metropolitan area.

  새 샤워 꼭지를 사러 모퉁이의 철물점에 잠깐 다녀오려던 외출은 하루 종일 대도시 전역의 수도관 수리 용품 가게를 모두 뒤지고 다니는 긴 방랑이 되었다.

OLFACTORY [ɑlfǽktəri] adj pertaining to the sense of smell 후각에 관계된

- That stew's appeal is primarily *olfactory*; it smells great, but it doesn't have much taste.

  저 스튜 요리의 매력은 주로 그 냄새에 있다. 냄새는 아주 좋지만 그다지 맛은 좋지 않다.

- I have a very sensitive *olfactory* nerve. I can't be around cigarettes, onions, or people with bad breath.

  나는 상당히 후각 신경이 예민하다. 나는 담배나 양파나 나쁜 냄새가 나는 숨을 쉬는 사람들 근처에는 있을 수가 없다.

For a related word, see our entry for *gustatory*. It's much like *olfactory*, but for the sense of taste.

관련 단어로 gustatory를 참조할 것. 이것은 olfactory와 매우 유사한데, '미각에 관계된'이라는 뜻이다.

OLIGARCHY [áləgà:rki] n government by only a very few people
소수의 사람들에 의해서 통치되는 정권, 과두정치

- They've set up a virtual *oligarchy* in that country; three men are making all the decisions for twenty million people.

  그들은 그 나라에 사실상의 소수 독재 정치를 수립했다. 세 명의 사람이 2천만 국민의 모든 결정권을 행사하고 있다.

- Whenever Rick's parents tell him that they're in charge of the family, he tells them that he can't survive under an *oligarchy*.

  부모님이 가족을 모두 책임지고 있다고 릭에게 말할 때마다, 릭은 부모님에게 독재 정치 밑에서는 살 수 없다고 대꾸한다.

An *oligarch* [áləgà:rk] is one of the few ruling leaders.

oligarch는 '소수의 지배자 중의 어느 한 사람', 즉 '독재자'를 의미한다.

OMINOUS [ámənəs] adj threatening; menacing; portending doom
험악한; 위협적인; 파멸을 예고하는

- The sky looks *ominous* this afternoon; there are black clouds in the west, and I think it is going to rain.

  오늘 오후의 하늘은 험악한 날씨를 예고하는 듯하다. 서쪽 하늘에는 먹구름이 있고, 나는 비가 올 것이라고 생각한다.

- Mrs. Lewis's voice sounded *ominous* when she told the class that it was time for a little test.

  학생들에게 쪽지 시험을 볼 시간이라고 말하는 루이스 선생님의 목소리는 불길한 운명을 예고하는 듯했다.

▶ 관련 단어로 omen(예시, 징조)이 있다.

QUICK QUIZ

Match each word in the first column with its definition in the second column. Check your answers in the back of the book.

1. obeisance	a. make unnecessary
2. objective	b. unbiased
3. obtrusive	c. pertaining to the sense of smell
4. obviate	d. threatening
5. occult	e. deep reverence
6. odious	f. government by only a very few people
7. odyssey	g. interfering
8. olfactory	h. long, difficult journey
9. oligarchy	i. hateful
10. ominous	j. supernatural

OMNISCIENT [ɑmníʃənt] adj all-knowing; having infinite wisdom
모든 것을 다 아는; 무한한 지혜를 가진

Omni- is a prefix meaning all. To be *omnipotent*[ɑmnípətənt] is to be all-powerful. An *omnivorous*[ɑmnívərəs] animal eats all kinds of food, including meat and plants. Something *omnipresent*[ɑ́mnəprèzənt] seems to be everywhere. In March, mud is *omnipresent*.

접두사 omni-는 '모든 것'을 의미한다. omnipotent는 '전능한'이라는 뜻이다. omnivorous animal은 고기와 채소를 포함해서 모든 것을 먹는 '잡식성 동물'을 가리킨다. omnipresent는 '모든 곳에 다 있는'이라는 뜻이다. 3월에는 진흙이 omnipresent이다.

"Sci" is a word root meaning knowledge or knowing. *Prescient*[préʃənt] means knowing beforehand; *nescient*[néʃənt] means not knowing, or ignorant.

'Sci'는 지식, 앎을 의미하는 어근이다. prescient는 '미리 아는'이라는 뜻이며, nescient는 '알 수 없는', '무지한'이라는 뜻이다.

- When Lucy was a small child, she thought her parents were *omniscient*. Now that she's a teenager, she realizes they don't know anything at all.

  루시가 어렸을 때 그녀는 부모님이 모든 것을 다 아는 줄 알았다. 이제 그녀가 십대가 되고 보니 그들은 아무것도 모른다는 것을 깨달았다.

- The novel's narrator has an *omniscient* point of view, so his parts often clue the reader in to things the characters in the story don't know.

  그 소설의 화자는 전지전능한 관점을 가지고 있어서, 그의 파트는 종종 이야기 안의 등장인물들이 모르는 것들에 대해 독자들에게 정보를 제공했다.

▶ 이 단어들의 발음에 주의할 것.

OPPROBRIOUS [əpróubriəs] adj damning; extremely critical; disgraceful
비난하는; 혹독하게 비난하는; 수치스러운

- The principal gave an *opprobrious* lecture about apathy, saying that the students' uncaring attitude was ruining the school.

  교장은 학생들의 무관심이 학교를 망치고 있다는 내용으로 학생들의 무관심에 대해서 혹독하게 비난하는 설교를 했다.

Opprobrium[əpróubriəm] is reproach, scorn, or disgrace.

opprobrium은 '망신'이나 '비난', '불명예'의 뜻이다.

- Penny brought *opprobrium* on herself by robbing the First National Bank and spray painting naughty words on its marble walls.

  페니는 퍼스트 내셔널 은행을 털고 스프레이로 은행 대리석 벽에 외설적인 낙서를 한 것 때문에 비난을 받았다.

▶ 이 단어들의 발음에 주의할 것.

ORDINANCE [ɔ́:rdənəns] n law; regulation; decree 법령; 규칙; 포고

- I'm sorry, but you'll have to put your bathing suit back on; the town passed an *ordinance* against nude swimming at this beach.

  유감스럽게도 여러분은 수영복을 다시 입어야만 할 것이다. 그 도시는 이 해변에서 나체로 수영하는 것을 금지하는 법안을 통과시켰다.

- According to a hundred-year-old local *ordinance*, two or more people standing on a street corner constitutes a riot.

  백 년이나 이어져 온 자치 단체 법령에 의하면, 길모퉁이에 둘 또는 그 이상의 사람들이 모여 있는 것은 소요죄에 해당한다.

Don't confuse *ordinance* with *ordnance* [ɔ́ːrdnəns]. *Ordnance* is military weapons or artillery.
ordinance와 ordnance를 혼동하지 마라. ordnance는 '군대의 무기나 대포'를 일컫는다.

OSCILLATE [ásəlèit] v to swing back and forth; to pulsate; to waver or vacillate between beliefs or ideas
앞뒤로 흔들리다; 진동하다; 종교나 이념의 문제에서 동요하거나 흔들리다

- We watched the hypnotist's pendulum *oscillate* before our eyes, and soon we became sleepy.
  우리는 눈앞에서 진동하고 있는 최면술사의 진자를 쳐다보았다. 그러자 우리는 곧 잠에 빠져들었다.

- Mrs. Johnson can't make up her mind how to raise her children; she *oscillates* between strictness and laxity depending on what kind of mood she's in.
  존슨 부인은 아이들을 어떻게 양육할 것인지 마음을 정하지 못하고 있다. 그녀는 기분에 따라 엄격함과 관대함 사이에서 왔다 갔다 한다.

OSMOSIS [azmóusis] n gradual or subtile absorption 점진적이고 미세한 흡수, 삼투

In science, *osmosis* is the diffusion of a fluid through a membrane. It is *osmosis* that controls the flow of liquids in and out of cells. In general usage, *osmosis* is a figurative instance of absorption.
과학 분야에서의 osmosis는 '유동체가 얇은 막을 통해 퍼지는 것'을 의미한다. '세포를 통한 액체의 흐름을 조절하는 것'도 osmosis이다. 일반적인 어법에서 osmosis는 흡수에 대한 비유적인 예로 쓰인다.

- I learned my job by *osmosis*; I absorbed the knowledge I needed from the people working around me.
  나는 다른 것에서 흡수하는 방법으로 업무를 배웠다. 내 주변의 일하는 사람들에게서 내가 필요로 하는 지식을 흡수했다.

OSTRACIZE [ástrəsàiz] v to shun; to shut out or exclude a person from a group
배척하다; 집단에서 한 사람을 내쫓다, 추방하다

- After she'd tattled to the counselor about her bed being short-sheeted, Tracee was *ostracized* by the other girls in the cabin; they wouldn't speak to her, and they wouldn't let her join in any of their games.
  자신의 침대에 누군가 장난을 쳤다고 지도원에게 고자질하고 난 후, 트레이시는 야영지의 오두막에서 다른 소녀들에게 따돌림을 당했다. 다른 소녀들은 트레이시에게 말도 하지 않으려 했으며, 그녀를 어떤 놀이에도 끼워 주려 하지 않았다.

- That poor old man has been *ostracized* by our town for long enough; I'm going to visit him today.
  그 불쌍한 노인은 우리 마을에서 너무나 오랫동안 배척을 당해왔다. 나는 오늘 그를 방문할 예정이다.

▸ 명사형은 ostracism [ástrəsìzm] (외면, 배척)이다.

- Carl's letter to the editor advocating a cut in the school budget led to his *ostracism* by the educational committee.
  칼은 학교 예산의 삭감을 옹호하는 편지를 편집자에게 보낸 일 때문에 교육위원회에서 추방당했다.

OUST [aust] v to eject; to expel; to banish 축출하다; 내쫓다; 추방하다

- Robbie was *ousted* from the Cub Scouts for forgetting his Cub Scout manual thirty-seven times.

  로비는 컵스카우트 안내서를 서른일곱 번이나 잊어버렸기 때문에 컵스카우트에서 쫓겨났다.(Cub Scout는 Boy Scouts 중의 어린이 단원.)

- If the patrons at O'Reilly's get rowdy, the bartender *ousts* them with a simple foot-to-behind maneuver.

  오릴리에 오는 단골들이 싸움을 하게 되면, 그 집의 바텐더는 돌려차기 한 방으로 손님들을 쫓아낸다.

▶ 명사형은 ouster[áustər] (축출)이다.

- After the president's *ouster* by an angry mob, the vice president moved into his office and lit one of his cigars.

  성난 폭도들에 의해 대통령이 축출된 이후, 부통령은 대통령의 집무실로 들어가 그의 시가를 하나 꺼내 불을 붙였다.

OVERRIDE [óuvərràid] v to overrule; to prevail over 무효로 하다; 압도하다

- The legislature threatened to *override* the governor's veto of the bill creating the state's first income tax.

  입법부는 주 최초의 소득세를 신설하자는 법안에 대해 주지사가 거부권을 행사해도 그 거부권을 무시할 것이라고 큰 소리를 쳤다.

- My mother *overrode* my decision to move into my girlfriend's house.

  어머니는 여자 친구의 집으로 이사하겠다는 내 결정을 무시했다.

- Greed *overrode* common sense yesterday as thousands of frenzied people drove through a major blizzard to catch the post-holiday sales.

  수천 명의 사람들이 휴일이 끝난 후의 세일 판매를 놓치지 않기 위해 심한 눈보라도 마다 않고 미친 듯이 차를 몰고 몰려간 것을 보니, 어제는 탐욕이 상식을 압도한 날이었다.

OVERTURE [óuvərtʃər] n opening move; preliminary offer
개시 동작; 예비로 제시되는 것, 제의

In music, an *overture* is a composition that introduces a larger work, often by weaving together bits and pieces of what is to come. (Most people think it's okay to talk through the *overture*, even though it's not.) Outside of music, the word has a related but distinct meaning.

음악에서 overture는 긴 작품을 소개하는 '전주곡'이다. 흔히 뒤에 나올 곡에서 여러 부분들을 짜 맞추는 것으로 '서곡'이라 한다.(대부분의 사람들은 꼭 그런 것만은 아닌데도 overture부터 시작해야 좋은 것이라고 생각한다.) overture는 음악 분야를 벗어나면 관련은 있지만 전혀 다른 의미를 가지고 있다.

The zoo bought a new male gorilla named Izzy to mate with Sukey, its female gorilla, but Sukey flatly rejected Izzy's romantic *overtures*, and no new gorillas were born.

동물원은 암컷 고릴라인 수키와 짝을 지어 주기 위해 이지라는 이름의 수컷 고릴라를 한 마리 샀다. 그러나 수키는 이지의 구애를 단호하게 거절했고, 새로운 아기 고릴라들은 태어나지 못했다.

- At contract time, management's *overture* to the union was instantly rejected, since the workers had decided to hold out for significantly higher wages.

  협상을 하면서 노조는 경영자 측의 제안을 즉석에서 거부했다. 노동자들이 상당한 수준의 임금 인상안을 계속 고수하기로 결정했기 때문이다.

OXYMORON [àksimɔ́:rɑn] n a figure of speech in which two contradictory words or phrases are used together

두 개의 반대되는 단어나 문구를 동시에 사용하는 말의 표현 기법, 모순 어법

"My girlfriend's sweet cruelty" is an example of an *oxymoron*. Other examples of *oxymorons* are "jumbo shrimp," "fresh-squeezed juice from concentrate," "live recording."

'내 여자 친구의 달콤한 잔인성'이라는 표현은 모순 어법의 한 예이다. 또 다른 예로 "코끼리 새우"나 "농축액에서 새로 짜낸 신선한 주스"나 "생생한 녹음" 등의 표현이 있다.

QUICK QUIZ

Match each word in the first column with its definition in the second column. Check your answers in the back of the book.

1. omniscient	a. exclude from a group
2. opprobrious	b. swing back and forth
3. ordinance	c. eject
4. oscillate	d. damning
5. osmosis	e. gradual or subtle absorption
6. ostracize	f. law
7. oust	g. figure of speech linking two contradictory words or phrases
8. override	h. all-knowing
9. overture	i. opening move
10. oxymoron	j. prevail over

PALATABLE [pǽlətəbl] adj **pleasant to the taste; agreeable to the feelings**
맛이 좋은; 기분이 좋은

- You can certainly drink hot chocolate with lobster soufflé if you want to, but champagne might be a more *palatable* alternative.
  원한다면 바다가재 수플레와 함께 뜨거운 초콜릿을 마셔도 괜찮습니다. 그러나 그것보다는 샴페인이 더 맛이 좋을 것입니다.

- Rather than telling Frank that his essay was worthless, Hilary told him that his essay was not quite worthy of his talents; by diluting her criticism she made it more *palatable* to Frank.
  에세이가 형편없다고 프랭크에게 말하는 대신, 힐러리는 그의 에세이가 그의 재능을 따라가지 못했다고 말했다. 비평의 수위를 낮춤으로써 힐러리는 프랭크의 기분을 한결 좋게 만들었다.

The word *palate* [pǽlit] refers both to the roof of the mouth and, more commonly, to the sense of taste. A gourmet is said to have a finely developed *palate*; someone who finds even the most exotic foods boring is said to have a jaundiced *palate*.
palate라는 단어는 입천장과 함께 좀 더 흔하게 '미각'도 의미한다. 미식가는 정교하게 발달된 palate를 가지고 있다고 할 수 있다. 최고의 이국적인 음식조차도 따분할 뿐이라고 하는 사람은 편견에 치우친 palate를 갖고 있는 사람이다.

PALLOR [pǽlər] n **paleness; whiteness** 창백함; 순백

- Regina's ghostly *pallor* can only mean one thing: She just caught sight of her blind date for the evening.
  유령처럼 창백하게 질린 레지나의 얼굴이 의미하는 것은 오직 한 가지이다. 그녀는 방금 그날 밤의 소개팅 상대를 보았던 것이다.

- The pediatrician was concerned by the child's *pallor* but could find no other symptoms of illness.
  소아과 의사는 아이의 창백한 안색이 걱정되었지만 다른 증상은 발견할 수 없었다.

- In the 19th century, a *pallid* [pǽlid] look was fashionable among European and American women. To maintain an attractive *pallor*, women kept out of the sun and sometimes took drugs to lighten their complexions.
  19세기의 유럽과 미국 여성들에게는 하얀 얼굴이 유행이었다. 매력적인 흰 얼굴을 유지하기 위해서 여성들은 태양을 피했고, 때로는 얼굴색을 밝게 하기 위해 약을 먹기도 했다.

PANDEMIC [pændémik] adj prevalent throughout a large area 전 지역에 널리 퍼진

- The Black Plague was virtually *pandemic* throughout Europe during the 14th century.

  14세기의 전 유럽에 걸쳐 사실상 흑사병이 광범위하게 퍼졌다.

- Cheating was *pandemic* on the campus of the military academy; cadets were carrying more crib sheets than books.

  군사 학교의 캠퍼스에는 부정행위가 널리 퍼져 있었다. 사관생도들은 책보다는 커닝 페이퍼를 더 많이 들고 다녔다.

▶ pandemic은 명사로도 쓰인다. pandemic은 epidemic[èpidémik] (유행성의)보다 규모가 더 큰 것이다.

- The shortage of vaccine turned the winter flu *epidemic* into a *pandemic*.

  백신의 부족으로 동절기 독감이 소규모 유행에서 전 지역으로 확대되었다.

Like the Latin "omni," the Greek prefix "pan" means all. A *panacea*[pænəsí:ə] is a cure for all ills. A *panoramic*[pæ̀nərǽmik] view is one that seems to surround you. The *Pan-American* Games are open to contestants from throughout the Western Hemisphere.

라틴 어 "omni"처럼, 그리스 어 접두어인 "pan"도 '모든'을 의미한다. panacea는 '만병통치약'을, panoramic view는 '우리를 둘러싸고 보이는 전경'을 의미한다. The Pan-American Games(전미 체전)의 문은 서반구 전 지역에서 오는 선수들에게 열려 있다.

A closely related word is *endemic*[endémik], which means peculiar to a particular place or people.

관련 단어로 endemic이 있는데 이는 특정한 장소나 사람에게 고유한, 즉 '풍토성의'를 의미한다.

PANEGYRIC [pæ̀nidʒírik] n elaborate praise; eulogy 공들인 칭찬; 찬양

- As the Soviet official's brief introductory speech turned into a three-hour *panegyric* on the accomplishments of Lenin, the members of the audience began to snooze in their seats.

  소비에트 당국자의 짧은 인사말이 레닌의 업적을 찬양하는 세 시간짜리 연설로 바뀌자 청중들은 의자에 앉아 졸기 시작했다.

- Dan has been in advertising for too long; he can't say he likes something without escalating into *panegyric*.

  댄은 너무나 오랫동안 광고를 해 오고 있다. 그는 무엇인가를 좋아한다고 말하면 결국은 그것에 대한 찬사로 발전시킨다.

- "All these *panegyrics* are embarrassing me," lied the actress at the dinner in her honor.

  "이 모든 찬사는 나를 당황하게 합니다."라고 그녀를 위한 만찬에서 그 여배우는 거짓말을 했다.

PARABLE [pǽrəbl] n religious allegory; fable; morality tale
종교적인 비유; 우화; 교훈적인 이야기

- The story of the tortoise and the hare is a *parable* about the importance of persistent effort.

  토끼와 거북에 관한 이야기는 끊임없는 노력의 중요성에 대해 이야기하는 우화이다.

- Early religious lessons were often given in the form of *parables* because the stories made the lessons easier to understand.

  초기의 종교적인 교훈은 우화의 형태로 많이 이루어졌다. 이는 우화가 종교적인 교훈을 더 쉽게 이해할 수 있게 해 주었기 때문이다.

PARAGON [pǽrəgàn] n a model or pattern of excellence 뛰어난 모범, 혹은 전형

- Irene is a such a *paragon* of virtue that none of her classmates can stand her; they call her a goody-goody.

  아이린은 대단한 도덕적 순결함의 전형이라서 급우들은 그녀를 참을 수가 없다. 그들은 그녀를 독실한 척하는 얼간이라고 부른다.

- The new manual is unusual in the computer world in that it is a *paragon* of clear writing; after reading it, you understand exactly how the software works.

  새 안내서는 컴퓨터 업계에서는 보기 드문 것이다. 그 안내서는 쉬운 글쓰기의 본보기이다. 안내서를 읽고 나면 여러분도 그 소프트웨어가 어떻게 작동하는지 정확하게 이해할 수 있다.

- Mario named his fledgling restaurant *Paragon* Pizza, hoping that the name would make people think his pizzas were better than they actually were.

  마리오는 신장개업한 자신의 레스토랑에 Paragon Pizza라는 이름을 붙였다. 그 이름 덕분에 사람들이 그 집의 피자가 실제보다 더 맛있다고 생각하게 되기를 바랐다.

PARALLEL [pǽrəlèl] adj similar; comparable 비슷한; 대등한

- Before they learn to cooperate, young children often engage in what psychologists call *parallel* play; rather than playing one game together, they play separate games side by side.

  아이들은 협력하는 것을 배우기 전에, 심리학자들이 병렬놀이라고 부르는 놀이 방법에 몰두하는 경향이 있다. 아이들은 한 가지 놀이를 함께 하기보다는 서로 다른 놀이를 하며 따로따로 논다.

- Bill and Martha have *parallel* interests in the yard; Bill's favorite activity is mowing, and Martha's is pruning.

  빌과 마사는 정원에 대해서 비슷한 관심을 가지고 있다. 빌이 좋아하는 것은 잔디 깎기이며, 마사가 좋아하는 것은 가지치기이다.

Parallel can also be a noun, in which case it refers to something identical or similar in essential respects.

parallel은 명사로 쓰일 경우, 본질적인 면에서 볼 때 '동일하거나 비슷한 것'을 의미한다.

- Pessimistic economists sometimes say that there are many disturbing *parallels* between today's economy and the Great Depression of the thirties.

  비관적인 경제학자들은 간혹 오늘날의 경제와 30년대의 대공황 사이에는 무서울 정도로 동일한 면이 많이 있다고 말한다.

▶ parallel은 동사로도 쓰인다.

- To say that two murder cases *parallel* each other is to say that they are similar in many ways.

  두 개의 살인 사건이 서로 닮았다고 말하는 것은 사건의 많은 측면이 비슷하다는 뜻이다.

PARANOIA [pæ̀rənɔ́iə] n a mental illness in which the sufferer believes people are out to get him; unreasonable anxiety
다른 사람들이 자신을 괴롭히려 한다고 생각하는 정신질환, 편집증; 합리적이지 못한 걱정, 망상

- Margaret's *paranoia* has increased to the point at which she won't even set foot out of the house because she is afraid that the people walking by are foreign agents on a mission to assassinate her.

  마가렛의 편집증은 집 밖으로는 한 발짝도 나가지 않으려는 지경에까지 이르렀다. 거리에서 스쳐지나가는 사람들이 자신을 암살하는 임무를 띠고 온 외국의 스파이라고 두려워하기 때문이다.

- Worrying that one is going to die someday is not *paranoia*; it's just worrying, since one really is going to die someday.

  언젠가 죽을지도 모른다고 걱정하는 것은 편집증이 아니다. 실제로 누구나 언젠가는 죽게 되므로 그것은 단지 걱정일 뿐이다.

A person with *paranoia* is said to be *paranoid*[pǽrənɔid]. The word has a precise clinical meaning, but it is often used loosely or figuratively.

형용사형은 paranoid(편집증의, 피해망상의)로, 이 단어는 엄밀하게 의학적인 의미를 가지지만 흔히 비유적으로 사용된다.

- Harry told Sally that she was *paranoid* to believe her dinner guests hated her cooking; in fact, her guests enjoyed her lasagna..

  해리는 저녁 식사에 초대받은 손님들이 샐리가 요리한 음식을 꺼린다고 생각하는 것은 과대망상이라고 그녀에게 말했다. 사실 손님들은 그녀의 라자냐를 맛있게 먹었다.

PARANORMAL [pæ̀rənɔ́ːrməl] adj having to do with an event or events that can't be explained scientifically; supernatural
어떤 사건 등이 과학적으로 설명할 수 없는; 초자연적인, 불가사의한

- Numerous *paranormal* events have occurred in that house since the Austins bought it; last night, an umbrella opened itself and began flying around the room, and just this morning the dining-room table turned into a little man with a long gray beard.

  오스틴네가 그 집을 구입한 이래로 과학적으로는 도저히 설명할 수 없는 사건들이 무수히 일어났다. 지난밤에는 우산이 저절로 펴지더니 방 안을 날아다니기 시작했고, 오늘 아침만 해도 주방의 식탁이 회색의 긴 수염을 기른 작은 난쟁이로 변했다.

Extrasensory perception, clairvoyance, and the ability to bend spoons with one's thoughts are said to be examples of *paranormal* phenomena.

감각적 감지 능력이나 투시력, 염력으로 숟가락을 구부리는 능력 등은 paranormal(과학적으로 설명할 수 없는)인 현상의 예이다.

Paranormal is often a polite synonym for *phony*.

paranormal은 흔히 phony(가짜의)를 고상하게 부를 때도 쓰인다.

PAROXYSM [pǽrəksìzm] n a sudden, violent outburst; a severe attack
갑자기 일어나는 격렬한 폭발; 맹렬한 공격

▶ 발음에 주의할 것.

- Sheldon flew into a *paroxysm* of rage and threw books across the room after finding that his apartment has been burglarized.

  쉘던은 그의 아파트가 도둑맞았다는 것을 알고는 벌컥 격분해서, 책들을 방을 가로질러 집어던졌다.

- Forty years of cigarette smoking had made John prone to agonizing *paroxysms* of coughing.

  40년간 담배를 피운 것 때문에 존은 고통스러운 기침 발작에 시달리기 일쑤였다.

PARTITION [pɑːrtíʃən] n division; dividing wall   분할; 칸막이

- The teacher's *partition* of the class into "smarties" and "dumbies" may not have been educationally sound.

  학생들을 '우수한 아이들'과 '모자라는 아이들'로 구분하는 선생님의 방식은 교육적으로 올바르지 않았을 것이다.

- In the temporary office there were plywood *partitions* rather than real walls between the work areas.

  임시 사무실은 각 부서 간에 진짜 벽이 있는 것이 아니라 베니어합판으로 만들어진 칸막이로 구분을 두었다.

▶ partition은 동사로도 쓰인다. 칸막이를 만들어 어떤 것을 '분할하다'라는 뜻이다.

- After the Second World War, Germany was *partitioned* into two distinct countries, East Germany and West Germany.

  제2차 세계 대전이 끝난 후, 독일은 동독과 서독이라는 두 개의 독립된 나라로 분할되었다.

- Ann and David used a wall of bookcases to *partition* off a study from one corner of their living room.

  앤과 데이비드는 거실 한쪽 구석에서 서재를 분리하기 위해 책장을 벽으로 사용했다.

QUICK QUIZ 60

Match each word in the first column with its definition in the second column. Check your answers in the back of the book.

1. palatable	a. model of excellence
2. pallor	b. pleasant to the taste
3. pandemic	c. supernatural
4. panegyric	d. prevalent throughout a large area
5. parable	e. morality tale
6. paragon	f. sudden, violent outburst
7. parallel	g. paleness
8. paranoia	h. unreasonable anxiety
9. paranormal	i. similar
10. paroxysm	j. elaborate praise

PASTORAL [pǽstərəl] **adj rural; rustic; peaceful and calm, like the country**
시골의; 전원의; 시골처럼 평화롭고 조용한

▶ 발음에 주의할 것.

- When I'm in the city, I long for the *pastoral* life, but the second I get into the country, I almost die of boredom.

  나는 도시에 있을 때에는 전원생활을 그리워한다. 그러나 시골에 가게 되면 곧 나는 지루해서 죽을 지경이다.

- Lyme disease has made people a little less intrigued with living in *pastoral* splendor than they used to be.

  라임 질환 탓에 사람들은 전원의 태양 속에서 사는 것에 대한 관심을 전보다 조금 덜 갖게 되었다.

- Bruce is writing the *pastoral* movement of his symphony now. The harps will symbolize the gentle patter of rain pattering down on the fields and spoiling everyone's vacation.

  브루스는 요즘 그의 교향곡의 전원 악장을 작곡 중이다. 하프는 대지 위에 떨어져서 사람들의 휴가를 망치는 부드러운 빗방울의 후두둑 소리를 상징하게 될 것이다.

▶ 동의어는 halcyon[hǽlsiən](평온한)이다. pastoral이 더 시골 느낌을 가지고 있다.

PATHOS [péiθɑs] n that which makes people feel pity or sorrow
사람들에게 연민이나 슬픔을 느끼게 만드는 것, 파토스

- Laura's dog gets such a look of *pathos* whenever he wants to go for a walk that it's hard for Laura to turn him down.

  로라의 개는 산책이 나가고 싶어지면 너무나 애절한 모습을 보이기 때문에 로라는 거부하기가 어렵다.

- There was an unwitting *pathos* in the way the elderly shopkeeper had tried to spruce up his window display with crude decorations cut from construction paper.

  연세가 있는 상점 주인이 공작용 색판지를 잘라서 만든 볼품없는 장식으로 가게 진열장을 꾸며 보려고 애쓴 것에는 부지중의 비애가 들어 있었다.

Don't confuse *pathos* with *bathos*[béiθɑs]. *Bathos* is trite, insincere, sentimental *pathos*.

pathos와 bathos를 혼동하지 마라. bathos는 진부하고, 성의 없으며, 정에 호소하는 싸구려 정서를 의미한다.

- Terry said the new novel was deeply moving, but I found it to be filled with *bathos*, and I didn't shed a tear.

  테리는 새 소설이 아주 감동적이라고 말했지만 나는 그 책이 값싼 감상으로 가득하다는 것을 알게 되었다. 나는 눈물 한 방울 흘리지 않았다.

▶ 이 단어들의 발음에 주의할 것.

PATINA [pǽtənə/pətí:nə] n surface discoloration caused by age and oxidation
오랜 세월과 산화 작용으로 인한 표면의 변색, 고색

▶ 발음에 주의할 것.

- Antiques dealers don't refer to the tarnish on old silver as tarnish; they call it *patina*, and say that it adds value to the silver.

  골동품 상인들은 오래된 은에 생긴 변색을 변색이라고 말하지 않는다. 그들은 그것을 고색창연한 퇴색이라고 부르며, 그것이 은제품의 가치를 더 높여 준다고 말한다.

- The Statue of Liberty's distinctive green color is due to its *patina*; the statue is made of copper, not cheese.

  자유의 여신상은 치즈가 아니라 구리로 만들어졌기 때문에 오래된 변색으로 인한 특유의 녹색을 띤다.

- Long use and exposure to sunlight give old furniture a *patina* that is impossible to reproduce in modern imitations; the color of a new piece never looks quite as rich and dark as the color of an old one.

  오랫동안 햇빛에 노출되고 오래 사용하게 되면, 고가구는 현대의 모조품에서는 만들어낼 수 없는 고색창연한 모습을 갖게 된다. 새로 만든 가구에서는 오래된 가구의 색깔과 같은 짙고 거무스름한 빛을 절대 볼 수가 없다.

PATRIMONY [pǽtrəmòuni] n an inheritance, especially from a father; a legacy
특히 아버지로부터 물려받은 세습 재산; 유산

- This thorny patch of ground isn't much, but it's my *patrimony*; it's all that my father left to me in his will.
  이 거친 땅 덩어리는 크지는 않지만, 나의 세습 재산이다. 그것이 아버지가 유언을 통해 내게 물려주신 전부이다.

- If Bob keeps spending at this rate, he will have exhausted his entire *patrimony* by the end of the year.
  밥이 지금처럼 계속해서 돈을 낭비한다면, 올해가 가기 전에 아버지로부터 물려받은 재산은 모두 바닥이 나고 말 것이다.

Patronage is a related word that means support (particularly financial support). *Patronage* is given by a *patron*.
patronage는 '후원(정확히는 금전적인 후원)'과 관계있는 단어이다. patron(후원자)으로부터 받는 것이 patronage이다.

PECULIAR [pikjú:ljər] adj unusual; bizarre; individual; belonging to a particular region 비범한; 기괴한; 독특한; 특정 지역에 속한

- There's a *peculiar* smell in this room. Are you wearing perfume made from floor wax and old socks?
  이 방에는 기피한 냄새가 난다. 마루 닦는 왁스와 오래 묵은 양말로 만든 향수라도 사용하니?

- The *peculiar* look in his eye just before he opened the door was what tipped me off to the surprise party awaiting me inside.
  문을 열기 바로 직전에 그의 눈에 드러난 이상한 표정은 안에서 나를 위한 깜짝 파티가 기다리고 있다는 것을 넌지시 암시하는 것이었다.

- That method of cooking shrimp is *peculiar* to this region; it isn't done anywhere else.
  그 새우 요리법은 이 지역에만 있는 독특한 방식이다. 다른 곳에서는 전혀 그렇게 하지 않는다.

- Marlene's way of pronouncing "orange" is *peculiar* to a tiny region in Upstate New York.
  마린느의 "orange" 발음은 뉴욕 주의 북부에 있는 작은 시골 특유의 발음이다.

PEREGRINATION [pèrəgrənéiʃən] n wandering; traveling; expedition
방랑; 여행; 원정

- The baby made a wavering *peregrination* around the room in search of all the raisins she had dropped during her previous wavering *peregrination*.
  아기는 자기가 돌아다니면서 흘린 건포도를 찾아서 뒤뚱거리며 온 방 안을 돌아다녔다.

- Matthew's *peregrinations* across Europe have given him a vaguely continental accent and a walletful of unusable currency.
  유럽 전역을 돌아다닌 여행으로 인해 매튜에게 남은 것은 희미한 유럽 악센트와 지갑의 쓸모없는 화폐이다.

PERPETRATOR [pə́:rpətrèitər] n the one who commits an act 행위를 한 사람

- Police officers sometimes refer to the *perpetrator* of a crime simply as the "perp."

  경찰관들은 때때로 범죄 행위를 저지른 사람을 간단히 줄여서 "perp(범인)"라고 부른다.

- When Miss Walsh found glue on her chair, she speedily apprehended the *perpetrator* and sent him to the principal.

  왈쉬 선생님은 의자에 접착제가 있는 것을 발견하자 재빨리 범인을 붙잡아서 교장 선생님께 보냈다.

- The restaurant critic so disliked his meal at Pierre's restaurant that he referred to Pierre not as the meal's chef but as its *perpetrator*.

  레스토랑 비평가는 피에르의 레스토랑에서 먹은 음식이 너무나 마음에 들지 않았기 때문에 그를 그 음식을 만든 요리사가 아니라 그 음식을 만든 범인이라고 불렀다.

PERPETUATE [pərpét∫uèit] v to make something perpetual; to keep from perishing 영속시키다; 죽지 않게 하다

- By calling his secretary Fluffy, Quentin helped *perpetuate* the stereotype of office personnel as unskilled employees.

  퀸틴은 자신의 비서를 얼간이라고 부름으로써 사무실 직원들은 서툰 사람들이라는 고정 관념이 지속되는 데 일조했다.

- The new forestry bill contained conservation measures intended to help *perpetuate* the nation's timber resources.

  새로운 삼림 법안은 국가의 삼림 자원을 영구적으로 지키기 위한 보존 방법에 대한 내용을 포함하고 있었다.

PERVERSE [pərvə́:rs] adj contrary; stubborn 심술궂은; 완고한

- It is *perverse* of Steve to insist on having the window seat, since looking down from great heights makes him airsick.

  높은 곳에서 아래를 내려다보면 멀미가 나는 데도 불구하고, 창가 자리에 앉겠다고 우기는 걸 보면 스티브는 아주 고집이 세다.

- Ralph takes a *perverse* pleasure in making his garden the ugliest on the block; it pleases him to know that he deeply annoys his neighbors.

  랠프는 동네에서 가장 지저분한 정원을 만들어 놓고는 심술궂게 즐거워한다. 그는 이웃 사람들을 깊이 화나게 만든다는 사실을 알게 되면 즐거워한다.

Match each word in the first column with its definition in the second column.
Check your answers in the back of the book.

1. partition	a. keep from perishing
2. pastoral	b. division
3. pathos	c. rural
4. patina	d. the one who commits the act
5. patrimony	e. stubborn
6. peculiar	f. surface discoloration
7. peregrination	g. wandering
8. perpetrator	h. that which makes people feel pity or sorrow
9. perpetuate	i. unusual
10. perverse	j. inheritance

PHANTASM [fǽntæzm] n apparition; ghost; phantom 도깨비; 유령; 환영

▶ 발음에 주의할 것.

- The fountain that seemed to be gurgling on the horizon turned out to be a *phantasm*; after hours and hours of driving, Meredith was still surrounded by nothing but sand.

  지평선 위로 콸콸 솟아나는 것처럼 보였던 샘물은 환영일 뿐이었다. 차를 몰고 몇 시간을 헤매고 다녔는데도, 메러디스는 여전히 모래 말고는 아무것도 없는 사막 한가운데에 있었다.

- Though Aaron seems confident, fear and insecurity hover in his background like *phantasms* ready to haunt him again at any moment.

  아론은 자신감이 있는 듯 보이지만 언제라도 그를 다시 덮치려고 하는 유령 같은 공포와 불안이 그의 주위를 맴돌고 있다.

PHLEGMATIC [flegmǽtik] adj calm or indifferent; not easily roused to excitement 조용한, 무관심한; 쉽게 흥분하지 않는

Phlegmatic derives from *phlegm* [flem]. According to medieval lore, *phlegm* was one of the four "bodily humors" and caused sluggishness. Nowadays, *phlegm* means mucus, but a *phlegmatic* person is not someone with a runny nose.

phlegmatic은 phlegm(담, 점액)에서 유래한 단어이다. 중세의 민간요법에 의하면, phlegm은 네 가지 '체액' 중의 하나로 기능을 둔화시키는 역할을 했다고 한다. 오늘날에도 phlegm은 '점액'을 의미하기는 하지만, phlegmatic person이라고 하면 '코에서 점액이 흐르고 있는 사람'을 뜻하는 것이 아니다.

- It must be true that opposites attract; Debbie becomes upset at the slightest provocation, while Webbie is so *phlegmatic* that nothing seems to bother him at all.

  서로 반대되는 것끼리 끌어당기는 것은 틀림없는 사실인 것 같다. 데비는 아주 작은 자극에도 화를 내는 반면에, 웨비는 여간해서는 흥분하지 않는 사람이라 그를 성가시게 할 일이라는 것은 아무것도 없어 보인다.

- Vinnie tried to be *phlegmatic* about his eleven last-place finishes on field day, but as soon as he got home, he broke down and cried like a baby.

  비니는 운동회 날 열한 번이나 꼴등으로 들어온 것에 대해서 냉정해지려고 애를 썼다. 그러나 집에 도착하자마자 곧 그는 쓰러져서 아기처럼 울부짖었다.

▸ 동의어 stolid(침착한)를 참조할 것.

PILGRIMAGE [pílgrəmidʒ] n religious or spiritual journey; excursion; peregrination 종교적 여행, 정신적 편력; 여행; 방랑

A *pilgrim* is someone who takes a long journey from home for a religious or spiritual reason. A *pilgrim* makes a *pilgrimage*.

pilgrim은 종교적이거나 정신적인 이유로 집을 떠나서 오랜 여행을 하는 사람을 말한다. pilgrimage는 '순례 여행'이다.

- Every year, thousands of tone-deaf people make a *pilgrimage* to the shrine of St. Piano, hoping that musical ability will be restored to them.

  해마다 수천 명의 음치들이 자신들의 음악적 재능이 돌아오기를 희망하면서 성 피아노의 묘소를 순례한다.

- Someday I'm going to make a *pilgrimage* back to the most important spots of my childhood, beginning with the McDonald's across the street from my old house.

  나는 옛집의 길 건너편에 있는 맥도날드부터 시작해서, 어린 시절의 가장 중요했던 곳으로 언젠가는 순례 여행을 떠날 것이다.

PLACEBO [pləsí:bou] n a fake medication; a fake medication used as a control in tests of the effectiveness of drugs
위약; 약의 유효성 테스트에서 대조 표준으로 사용된 거짓 약물

▸ 발음에 주의할 것.

- Half the subjects in the experiment received the real drug; half were given *placebos*. Of the subjects given *placebos*, 50 percent reported a definite improvement, 30 percent reported a complete cure, and 20 percent said, "Oh, I bet you just gave us a placebo."

  실험 대상자의 반은 진짜 약을 받았다. 나머지 반에게는 가짜 약을 주었다. 가짜 약을 받은 사람의 50%는 뚜렷한 치료 효과가 있었으며, 30%는 완치가 되었고, 나머지 20%는 "당신이 우리에게 가짜 약을 주었다는데 돈을 걸겠소."라고 말했다.

- Mrs. Walters is a total hypochondriac; her doctor prescribes several *placebos* a week just to keep her from calling him so often.

  월터스 부인은 심한 우울증 환자이다. 담당 의사는 단지 그녀의 빈번한 전화를 막기 위해서 일주일에 몇 개의 가짜 약을 처방한다.

PLATONIC [plətánik] adj nonsexual; purely spiritual
성적인 면이 없는; 순수하게 정신적인

Platonic love is love that never gets physical. It is supposed to be free from desire and possessiveness, which is why you hardly ever see it in real life. The word is derived from the name of the Greek philosopher Plato, who believed, among other things, that physical objects are just the impermanent representations of unchanging ideas.

platonic love는 결코 '육체를 탐하지 않는 사랑'이다. 그것은 성욕과 소유욕에서 자유로운 것으로 여겨지는데 실제 삶에서 그러한 사랑을 거의 볼 수 없는 것은 이 때문이다. platonic은 그리스의 철학자, 플라톤의 이름에서 유래한 것이다. 그는 무엇보다도 육체적 대상은 변하지 않는 이성의 일시적인 표현에 지나지 않는다고 믿었다.

- "Let's keep our relationship *platonic* for a while," Ken told his would-be girlfriend. "After all, we only met five minutes ago, and it won't be dark for several hours."

  "당분간 우리의 관계를 순수하게 정신적인 것으로 하자." 켄이 장래 여자 친구에게 말했다. "아무튼 우리는 단지 5분 전에 만났을 뿐이고, 어두워지려면 아직 몇 시간이나 남았으니까."

- Ravi and Gina's marriage is entirely *platonic*; they live in separate cities, and they seldom even speak to each other.

  라비와 지나의 결혼은 전적으로 정신적인 것이다. 그들은 서로 다른 도시에 살고 있고, 서로 말을 하는 일도 거의 없다.

PLAUSIBLE [plɔ́ːzəbl] adj believable; convincing 믿을 수 있는; 설득력 있는, 수긍이 가는

- "You're going to have to come up with a more *plausible* alibi," Doris told her drunken husband sternly after he told her he had been working late and then fell face forward into the living room.

  "당신은 좀 더 설득력 있는 알리바이를 만들어내야 할 거예요." 도리스는 남편이 늦도록 일하고 거실에서 앞으로 엎어졌다고 말하는 것을 듣고 난 후, 술 취한 남편에게 단호하게 말했다.

- Irene's excuse is hardly *plausible*; how could a parakeet chew up someone's homework?

  아이린의 변명은 거의 믿을 수가 없다. 어떻게 잉꼬가 사람의 숙제를 씹어 먹을 수 있었겠는가?

▶ 반의어는 implausible(믿기 어려운)이다.

- The theory that tiny little men move the pictures around inside the television is interesting but *implausible*; for one thing, you never see anyone putting food in a TV.

  아주 작은 사람들이 텔레비전 안에서 사진을 움직인다는 이론은 재미는 있지만 믿기 어려운 이야기이다. 한 가지 예를 들자면, 아무도 텔레비전 안으로 음식을 넣어 주는 것을 본 적이 없다.

▶ 명사형은 plausibility(그럴듯함)이고, 그 반의어는 implausibility(믿기 어려움)이다.

PLIABLE [pláiəbl] adj flexible; easy to bend; easy to convince, persuade, or mold 유연한; 구부리기 쉬운; 납득시키거나 설득하거나 모양을 만들기 쉬운

- If you work the modeling clay until it is *pliable*, you will find that it is easier to mold into shapes.

  만약 여러분이 공작용 찰흙이 유연해질 때까지 작업을 한다면, 형상을 만들기가 더 쉬워진다는 것을 알게 될 것이다.

- The tennis coach preferred working with very young children, because he found them to be more *pliable* than older players, who had often become set in their ways.

  테니스 코치는 아주 어린아이들과 운동하는 것을 더 좋아했다. 흔히 자신의 방식대로 굳어져 있는 어른들보다 아이들이 더 가르치기 쉽다는 것을 알게 되었기 때문이었다.

- Sharon was so *pliable* that she would instantly change her mind whenever anyone disagreed with her.

  샤론은 워낙 남의 말을 잘 따르기 때문에 다른 사람이 자신의 의견과 다를 때는 언제나 즉시 마음을 바꾸곤 했다.

▶ 명사형은 pliability[plàiəbíləti](유연함)이다.

- William's heavy vinyl gloves lost their *pliability* in the cold weather, and he found it difficult to move his fingers.

  윌리엄의 두꺼운 비닐장갑은 추운 날씨 속에서 유연성이 없어졌다. 그는 손가락조차 움직이기 어렵다는 것을 깨달았다.

PLIGHT [plɑit] n a dangerous, distressing or unpleasant situation
위험하고 비참하며 불쾌한 상황, 곤경, 궁상

- Whenever the heroine finds herself in a seemingly hopeless *plight* in an old-fashioned movie—whether it's being tied to railroad tracks or hanging on to a cliff edge—it's pretty certain she'll be rescued soon.

  오래된 옛날 영화를 보면 여자 주인공이 겉으로 드러난 절망적인 곤경에 빠질 때마다, 즉 철도 선로에 묶여 있는 상황이든 절벽에 매달려 있는 상황이든 간에 그녀가 곧 구출될 것임은 너무나 분명하다.

- "What a *plight* you're in," Claudia observed as she watched her sister cowering in a corner surrounded by rabid dogs.

  '너 곤경에 처해 있구나.' 여동생이 광견병에 걸린 개들에게 둘러싸여 구석에서 잔뜩 움츠리고 있는 것을 보고 클라우디아는 말했다.

- Moved by the *plight* of the hostages, the rich man assembled an army of mercenaries to rescue them.

  인질들의 비참한 상황에 연민을 느끼고, 그 부자는 인질들을 구출하기 위해 용병을 모집했다.

PLUNDER [plΛndər] v to loot; to ransack 약탈하다; 빼앗다

- Mrs. Ort told her son to stop *plundering* the refrigerator before he ate up all the food that she had prepared for her guests.

  오트 부인은 아들에게 손님들을 위해서 준비한 음식을 모두 먹어치우기 전에 냉장고 약탈을 그만두라고 말했다.

- The victorious soldiers *plundered* the town until there was nothing left to steal.

  전투에서 승리한 병사들은 그 도시에서 더 이상 훔칠 것이 남아 있지 않을 때까지 약탈을 자행했다.

▸ plunder는 명사로도 쓰인다.

- The pirates' ship was loaded with *plunder*, all of which had been stolen from merchant vessels.

  해적선은 약탈에서 얻은 물건들을 잔뜩 실었다. 그것들은 모두 상인들의 배에서 훔친 것이었다.

PLURALISM [plúərəlìzm] n a condition of society in which distinct groups exist and function together yet retain their own identities
서로 다른 그룹들이 함께 존재하고 맡은 바 기능을 하면서도 자신만의 고유한 정체성을 유지하는 사회 형태, 다원주의

- *Pluralism* is the only hope for American society; our country is made up of too many different kinds of people for a single culture to prevail.

  다원주의는 미국 사회의 유일한 희망이다. 미국은 수많은 서로 다른 인종으로 구성되어 있어서 어느 하나의 문화가 우세를 점할 수 없다.

- Anne's reading habits reflected a healthy *pluralism*; she read all the classics, but she also enjoyed murder mysteries and historical novels.

  앤의 독서 습관은 건전한 다원주의를 반영했다. 그녀는 고전을 모두 읽었고 추리 소설이나 역사 소설도 좋아했다.

▸ 형용사형은 pluralistic[plùərəlístik] (다원론의)이다.

- The members of a *pluralistic* society must accommodate themselves to a broad range of cultural peculiarities.

  다원적 사회의 구성원은 다양한 형태의 독특한 문화에 적응해야 한다.

PONTIFICATE [pɑntífəkit] v to speak pompously or dogmatically
거드름을 피우며 말하다, 독단적으로 말하다

- Whenever my next-door neighbor begins *pontificating* about zoning laws, I quietly tiptoe back inside; I am tired of being lectured by that pompous jerk.

  옆집에 사는 이웃이 도시 계획법에 대하여 거드름을 피우며 말하기 시작하면, 나는 언제나 발뒤꿈치를 들고 조용히 집 안으로 돌아온다. 그 잘난 척하는 멍청이의 설교를 듣는 것은 정말 지겹다.

- Mr. Burgess doesn't so much speak as *pontificate*; he makes even "hello" sound like a proclamation from on high.

  버제스 씨는 거드름을 피우며 말한다. 그가 "이봐요" 하는 말조차도 높은 곳에서 선언하는 것처럼 들린다.

▶ 명사형은 pontification[pɑntìfikéiʃən] (거드름)이다.

QUICK QUIZ

Match each word in the first column with its definition in the second column. Check your answers in the back of the book.

1. phantasm	a.	fake medication
2. phlegmatic	b.	nonsexual
3. pilgrimage	c.	coexistence of distinct groups
4. placebo	d.	religious journey
5. platonic	e.	calm or indifferent
6. plausible	f.	flexible
7. pliable	g.	believable
8. plight	h.	dangerous situation
9. plunder	i.	apparition
10. pluralism	j.	ransack

POROUS [pɔ́:rəs] adj filled with many tiny holes; permeable; absorbent
작은 구멍으로 가득한; 투과할 수 있는; 흡수하는

- You just can't build a *porous* boat and expect it to float.

  구멍이 뚫린 배를 만들어서 그것이 물에 뜨기를 기대할 수는 없다.

- If my socks were not made of a *porous* material, my feet would be soaking wet with perspiration.

  내 양말이 흡수하는 재료로 만들어지지 않았다면, 내 발은 땀으로 흠뻑 젖어 있을 것이다.

- They're advertising a paper towel so *porous* that one sheet can soak up a whole sinkful of water.

  그들은 종이 타월이 워낙 흡수성이 좋아서 한 장만으로도 싱크대 한 통의 물을 다 빨아들일 수 있다고 광고하고 있다.

▶ 명사형은 porousness(침투성) 또는 porosity[pɔːrásəti] (다공성)이다.

- *Porosity* is not a desirable quality in an umbrella.
  다공성은 우산에는 바람직하지 못한 특성이다.

▶ 이 단어들의 발음에 주의할 것.

POSTERITY [pɑstérəti] n future generations; descendants; heirs
미래 세대; 자손; 상속자들

- Richard necessarily paints for *posterity*; nobody alive has any interest in his pictures.
  리차드는 어쩔 수 없이 다음 세대를 위해 그림을 그린다. 동시대의 사람들은 아무도 그의 그림에 관심을 보이지 않는다.

- There's no point in protecting the world's oil reserves for *posterity* if we don't also leave posterity any air to breathe.
  우리가 우리 자손에게 숨 쉴 공기를 남겨 두지 않는다면 자손을 위해 세계의 석유 보유지를 보호한다는 것은 의미 없는 일이다.

- Samantha is saving her diaries for *posterity*; she hopes that her daughters and granddaughters will enjoy them.
  사만다는 후손을 위하여 일기를 보관하고 있다. 그녀는 딸과 손녀들이 그 일기들을 읽어 주기를 바라고 있다.

POSTHUMOUS [pástʃuməs] adj occurring after one's death; published after the death of the author
사후에 발생하는; 저자의 사망 후에 출판된

▶ 발음에 주의할 것.

- The *posthumous* publication of Hemingway novels has become a minor literary industry, even though Hemingway clearly had good reasons for keeping the novels unpublished.
  헤밍웨이의 소설 가운데 사후 출판된 것은 문학계에서 그다지 빛을 보지 못했다. 헤밍웨이가 그 소설들을 출판하지 않은 것에는 분명히 충분한 이유가 있었음에도 불구하고 (후세 사람들이) 출판했던 것이다.

POSTURE [pástʃər] v to act or speak artificially or affectedly
인위적으로나 꾸며서 말하거나 행동하다

▶ 의미에 주의할 것.

- Jessica is always *posturing* about the plight of farm workers, even though she has never set foot on a farm in her life.
  제시카는 태어나서 한 번도 농장에 발을 디뎌 본 적도 없으면서, 언제나 농부들의 고통에 대해서 짐짓 아는 척을 한다.

- The creative writing workshop quickly disintegrated into an orgy of *posturing* by the self-important student poets, all of whom were trying to prove that they were tortured geniuses.
  창작 연구 모임은 곧 오만한 학생 시인들이 허세를 부리는 떠들썩한 난장판으로 변했다. 그들은 모두 자신들의 천재성 때문에 피로움을 받고 있다는 것을 증명하려고 애썼다.

PRATTLE [prǽtl] v to chatter on and on; to babble childishly
계속해서 재잘거리다; 아이처럼 더듬거리다

- Billie Jean *prattles* ceaselessly about the only things that interest her: makeup, shopping, and her weight.

  빌리 진은 화장과 쇼핑과 몸무게같이 오로지 자신이 흥미를 가지고 있는 것에 대해서만 끊임없이 재잘댄다.

▶ prattle은 명사로도 쓰인다.

- A baby's *prattle* is utterly adorable unless you have to listen to it all day long.

  아이의 혀짧배기소리는 하루 종일 그것을 듣고 있어야만 하는 상황이 아니라면 상당히 귀엽다.

PRECARIOUS [prikɛ́əriəs] adj dangerously insecure or unsteady
위태로울 정도로 불확실하거나 불안정한

- The boulder was balanced in a *precarious* position over the lip of the cliff, and it threatened to fall at any moment onto the heads of the heedless skiers below.

  둥근 돌이 절벽 가장자리 끝의 불안정한 지점에 균형을 잡고 놓여 있었다. 그 돌은 절벽 아래에서 스키를 타고 있는 조심성 없는 누군가의 머리 위로 언제라도 떨어질 것처럼 위태롭게 보였다.

- Juliet is earning a *precarious* living as a strolling knife-sharpener; her position would be considerably less *precarious* if more people were interested in having their knives sharpened by someone strolling down the street.

  떠돌이 칼갈이 일을 하는 줄리엣의 수입은 불안정하다. 사람들이 길거리를 다니며 칼 가는 사람에게 자신들의 칼을 갈도록 더 많은 관심을 기울인다면, 그녀의 처지도 불확실함에서 상당히 벗어날 수 있을 것이다.

PRECOCIOUS [prikóuʃəs] adj unusually mature; uncommonly gifted
보통과는 달리 성숙한; 특별히 재능을 부여받은

- The *precocious* child could tie her shoes five minutes after she was born and tap dance before she was a month old.

  상당히 발달이 빠른 그 아기는 태어나서 5분 만에 신발 끈을 묶었으며, 한 달이 되기도 전에 탭댄스를 출 수 있었다.

- Beethoven's father was so proud of his son's *precocious* musical genius that he used to wake the boy up in the middle of the night and make him play the piano for guests.

  베토벤의 아버지는 아들의 천부적인 음악적 재능을 너무나 자랑스러워했다. 그래서 그는 손님들을 위해서 피아노를 치라고 한밤중에도 아들을 깨우곤 했다.

▶ 명사형은 precociousness(조숙) 또는 precocity[prikásəti](조숙)이다.

- Mr. and Mrs. Sherman were alarmed by the *precocity* of their son; at age fourteen, he was busy planning for his retirement.

  쉐르먼 부부는 아들의 조숙함에 놀라고 있었다. 아들은 열네 살에 은퇴를 계획하느라 바빴던 것이다.

PREDECESSOR [prédisèsər] n someone or something that precedes in time
시간적으로 앞선 사람이나 사물, 선배, 전임자

- "My *predecessor* left this office rather messy," Mr. Griggs apologized as he led his associates past a pile of dusty boxes.

  "전임자가 이 사무실을 상당히 지저분하게 사용했어요." 그리스 씨는 동료들을 데리고 먼지투성이 상자 더미 옆을 지나면서 동료들에게 해명을 했다.

- His *predecessor* had been so beloved by the nation that the new president resigned himself to being viewed as inferior.

  전임자가 온 국민들로부터 너무나 많은 사랑을 받았기 때문에, 새로 취임한 대통령은 그보다 모자란 사람으로 취급받는 것을 감수할 수밖에 없었다.

- The new model of the minivan is a wonderful vehicle, but its *predecessor* was riddled with engineering flaws.

  새로운 모델의 미니밴은 굉장히 멋진 차이다. 그러나 전 모델은 기계적 결함이 많이 있었다.

Just as a *predecessor* comes before, a *successor* [səksésər] comes after.

predecessor가 먼저 온 것이라면 successor는 '후에 온 것'이다.

- People who hadn't liked the old minivan were pleased by its *successor* because the manufacturer had eliminated most of the engineering flaws that had plagued the earlier vehicle.

  구형 미니밴을 좋아하지 않았던 사람들은 후에 나온 신형 모델에 만족했다. 제조업자가 이전의 미니밴을 괴롭힌 기계적 결함을 대부분 제거했기 때문이었다.

PREDICAMENT [pridíkəmənt] n a dangerous or unpleasant situation; a dilemma 위험하고 불쾌한 상태; 궁지, 딜레마

- Lisa's kitten is always having to be rescued from one *predicament* or another; yesterday, she got stuck inside a hollow log, and the day before, Lisa closed her in the automatic garage door.

  리사의 새끼 고양이는 계속되는 곤경에서 언제나 구해 주어야만 한다. 어제는 속이 빈 통나무에 끼이기도 했고, 그제는 리사가 자동식 차고 문 안에 고양이를 가두기도 했다.

- "Now, let's see. How will I escape from this *predicament*?" asked Monty as he stared at the tiger charging toward him.

  "자, 생각해 보자. 어떻게 이 곤경에서 빠져나가지?" 몬티는 자신을 향해 달려드는 호랑이를 보며 중얼거렸다.

PREDISPOSE [prì:dispóuz] v to make susceptible; to put in a frame of mind for; to incline toward
~하기 쉽게 만들다; ~을 좋아하도록 하다; ~에 기울게 하다

- The fact that Selma grew up in the desert probably *predisposed* her to working with cactuses.

  사막에서 성장했다는 사실 때문에, 아마도 셀마는 선인장을 관리하는 일을 즐기게 되었을 것이다.

- Since the little boy was used to moving, he arrived in the new neighborhood already *predisposed* to make new friends.

  그 작은 소년은 이사 다니는 것에 익숙했기 때문에 새로운 마을에 도착해서 벌써 새 친구를 쉽게 사귈 수 있었다.

▶ 명사형은 predisposition [prì:dispəzíʃən] (성향)이다.

- Mr. Bigelow had a strong *predisposition* against eating lunch, but when he saw the sumptuous banquet laid out in the conference room, he pushed his way to the head of the line and made a pig of himself.

  비젤로우 씨는 점심을 먹지 않는 고집스러운 성향이 있었다. 그러나 연회장에 차려진 진수성찬을 보고는, 그는 사람들을 밀치고 늘어선 줄의 맨 앞으로 나아가 돼지처럼 먹어댔다.

QUICK QUIZ

Match each word in the first column with its definition in the second column. Check your answers in the back of the book.

1. pontificate	a. occurring after one's death
2. porous	b. future generations
3. posterity	c. unusually mature
4. posthumous	d. filled with many tiny holes
5. posture	e. dangerously insecure
6. prattle	f. chatter on and on
7. precarious	g. speak pompously
8. precocious	h. dangerous situation
9. predecessor	i. speak artificially
10. predicament	j. something that precedes in time

PREDOMINANT [pridámənənt] adj most important; dominant; having power over others

가장 중요한; 지배적인, 유력한; 다른 사람을 지배하는 힘이 있는

- The *predominant* quality of Luther's painting is its boring grayness; he calls it "Fog at Dusk."

  루터의 그림에서 가장 두드러진 특징은 지루하게 만드는 회색이다. 그는 그 색을 "황혼 무렵의 안개"라고 부른다.

- Miranda's speech ranged over many topics, but its *predominant* subject was the need for more vending machines in the student lounge.

  미란다의 연설은 여러 가지 문제를 언급했다. 그러나 연설의 주된 주제는 학생 휴게실에 자동판매기가 더 많이 필요하다는 내용이었다.

- The admiral's audience was composed *predominantly* of penguins; there were a few polar bears here and there, but for the most part it was penguins, penguins, penguins.

  그 해군 장성의 청중들은 펭귄이 압도적인 다수를 차지하고 있었다. 여기저기에 북극곰들이 조금 있었지만, 절대다수를 차지하고 있는 것은 펭귄, 펭귄, 펭귄이었다.

▶ 동사형은 predominate[pridámənèit] (지배적이다)이다.

- Deep discounts *predominated* the week before Christmas as retailers tried frantically to boost sales at the end of a disappointing holiday season.

  소매상인들이 별 볼 일 없는 휴일의 말미에 판매를 촉진하기 위해 몹시 혈안이 되어 있어서 크리스마스 전 주에는 대폭적인 할인 행사가 주를 이뤘다.

▶ 이 단어들의 발음에 주의할 것.

PREGNANT [prégnənt] adj **highly significant; overflowing** 의미심장한; 넘쳐흐르는

Biologically speaking, to be *pregnant* is to carry a developing fetus in one's uterus; outside of this precise usage, the word has a more general, figurative meaning.

생물학적으로 말해서 pregnant는 사람의 자궁 속에 성장 중인 태아를 '임신하고 있는' 상태를 의미한다. 이러한 정확한 의미를 벗어나면, pregnant는 좀 더 일반적이고 비유적인 의미로 사용된다.

- There was a *pregnant* pause in the room as the elves considered the alarming implications of Santa's announcement that from now on all toys would be bought from Toys "R" Us.

  산타가 앞으로는 계속해서 모든 장난감을 토이스알어스 사에서 사겠다고 선언하자, 꼬마 요정들은 이 놀라운 선언이 함축하고 있는 의미를 깊이 생각하느라 방에는 의미심장한 침묵이 감돌았다.

- India's message to her boyfriend contained only one sentence, yet that one sentence was *pregnant* with meaning ("I am *pregnant*").

  남자 친구에게 보낸 인디아의 편지에는 단지 한 문장만 적혀 있었다. 그러나 그 한 문장은 대단히 의미심장한 내용이었다('나 임신했어').

PRELUDE [prélju:d] n **introduction; something that precedes something else** 서론; 다른 것에 앞서 나온 것

▶ 발음에 주의할 것.

- As a *prelude* to her recital, Mrs. Oliver lectured for about an hour on some of the finer points of the composition she was about to sing.

  공연에 들어가기에 앞서 올리버 부인은 이제 부르려고 하는 곡목의 몇 가지 장점에 대해 한 시간이나 설명을 했다.

- Stretching exercises should be a *prelude* to any long bout of exercise; stretching muscles before exerting them helps protect them from injury.

  어떤 운동이든지 오랜 시간 운동을 하기 전에는 준비운동으로 스트레칭 운동이 반드시 필요하다. 힘을 쓰기 전에 근육을 펴 주면 근육의 손상을 막을 수 있다.

PREMEDITATED [pri:médətèitid] adj **planned beforehand; prearranged; plotted** 사전에 계획된; 사전에 협의된; 계획된

To *meditate* is to think long and hard about something. To *premeditate* is to think or plan something carefully before doing it. *Premeditated* murder is considered worse than just killing someone on the spur of the moment because deliberate violence is viewed as being more heinous than spontaneous fury.

meditate는 뭔가에 대해서 '오랫동안 심각하게 생각하다'의 뜻이고, premeditate는 어떤 일을 하기 전에 '용의주도하게 계획을 세우거나 생각하다'라는 뜻이다. Premeditated murder(계획적인 살인)는 순간적인 우발적 충동에 의한 살인보다 더 나쁜 것으로 여겨진다. 계획적인 폭력은 무의식적인 격분보다 더 극악한 것으로 생각되기 때문이다.

- Tomas's seemingly fortuitous rise to the presidency had actually been carefully *premeditated*; for twenty years, he had been quietly sucking up to anyone in the company whom he felt could advance his career.

  겉보기에는 우연인 것 같던 토마스의 시장 승진은 실제로는 용의주도한 사전 계획에 의한 것이었다. 20년 동안 그는 자신의 출세에 도움이 될 것이라고 생각한 회사 내의 사람들에게 보이지 않게 아첨을 떨어 왔던 것이다.

PREPONDERANCE [pripándərəns] n superiority in weight, number, size, extent, influence, etc.; majority; predominance 무게, 수량, 크기, 넓이, 영향력 등등에 있어서의 우세, 우위; 다수, 우위의 세력; 탁월함

- Looking around the well-dressed crowd at the ball, Richard was surprised to notice a *preponderance* of women wearing baseball caps.

  무도회에서 잘 차려입은 사람들을 둘러보다가 리차드는 야구 모자를 쓴 여성들이 대다수라는 것을 발견하고 깜짝 놀랐다.

- The *preponderance* of onions in the stew made us suspect that our host had been trying to save money when he made it because onions were its least expensive ingredient.

  스튜 요리 속에 양파만 잔뜩 있는 것을 보고 우리는 주인이 요리를 하면서 돈을 아끼려고 한 것은 아닌가 하는 생각이 들었다. 양파야말로 가장 싼 재료였기 때문이다.

PRESAGE [présidʒ] v to portend; to foreshadow; to forecast or predict
~의 전조가 되다; 징조를 보이다; 예언하다, 예상하다

▶ 발음에 주의할 것.

- Patty's sullen looks *presage* yet another family battle.

  패티의 부루퉁한 모습은 또 한 번 가족 싸움이 벌어질 징조이다.

- They say a bad dress rehearsal *presages* a good performance, but I have found that often a bad dress rehearsal is followed by an equally bad show.

  총연습에서의 실수는 실제 공연이 성공할 것이라는 징조라고 사람들은 말한다. 그러나 나는 총연습에서의 실수가 실제 공연으로 이어지는 것을 흔히 보아 왔다.

- The meteorologist's record at *presaging* the weather was not impressive; he was correct only about half the time.

  날씨를 예측하는 데 있어 그 기상학자의 기록은 신통치 않았다. 그의 예보는 절반 정도만 맞았다.

PRESENTIMENT [prizéntəmənt] n the feeling that something(especially something bad) is about to happen
어떤 일(특히 나쁜 일)이 곧 닥칠 것 같은 느낌, 육감

- My *presentiment* that I was about to be fired turned out to be incorrect; my boss had asked to see me only because he wanted to tell me that he had given me a raise.

  내가 곧 해고될 것 같은 예감은 틀린 것으로 드러났다. 단지 사장은 나의 급료를 올려 주었다는 얘기를 하고 싶어서 나에게 만나자고 했던 것이었다.

- "I knew the boat would sink," Aunt Louise said triumphantly. "I just had a *presentiment* about it when I saw that leaky bottom."

  "나는 그 배가 가라앉을 것을 알고 있었다." 루이즈 숙모는 의기양양하여 말했다. "바닥이 새는 것을 보고 그런 예감이 들었던 것뿐이야."

PRESUMABLY [prizjú:məbli]   adv probably; the assumption is that; doubtless
아마도; 가정하건대; 아마

- *Presumably* Elsie would have worn her glasses if she had known that her driver's test was today.

  운전면허 시험이 오늘이라는 것을 알았더라면, 엘시는 아마도 안경을 썼을 것이다.

- The gardener said he would come a little early next week, *presumably* to rake up all the dead leaves before mowing.

  아마도 잔디를 깎기 전에 낙엽부터 치워야 할 것 같으므로, 정원사는 다음 주에 조금 일찍 오겠다고 말했다.

PRESUPPOSE [prì:səpóuz]   v to assume beforehand; to take for granted in advance; to require as a prior condition
미리 추정하다; 미리 앞서서 당연한 것으로 생각하다; 전제 조건으로 요구하다

- We mustn't *presuppose* that the new headmaster hates girls just because he's always been in charge of boys' schools before; after all that time spent living with boys, it may actually be boys whom he hates.

  단지 신임 교장이 이전에는 항상 남자 학교만 맡았다는 이유로, 그가 여학생들을 싫어한다고 함부로 추정해서는 안 된다. 남학생들과 생활하고 나서 교장이 정말로 싫어하게 된 것은 남학생일지도 모른다.

- A high score does not *presuppose* good play by either team; sometimes sloppy teams run up a big score through carelessness.

  높은 점수를 보고 어느 한쪽 팀이 아주 좋은 경기를 했다고 함부로 추정해서는 안 된다. 때로는 별 볼 일 없던 팀이 아무 생각 없이 경기를 하다가 높은 점수를 얻기도 한다.

- Because his father is a famous actor, Phil often encounters the *presupposition* that he can act, too.

  아버지가 유명한 배우이기 때문에, 필은 그도 당연히 연기를 할 수 있을 거라는 추측들과 흔히 만나게 된다.

Match each word in the first column with its definition in the second column.
Check your answers in the back of the book.

1. predispose	a. majority
2. predominant	b. portend
3. pregnant	c. most important
4. prelude	d. feeling that something is about to happen
5. premeditated	e. introduction
6. preponderance	f. make susceptible
7. presage	g. planned beforehand
8. presentiment	h. highly significant
9. presumably	i. assume beforehand
10. presuppose	j. probably

PRIMAL [práiməl] adj first; original; of the greatest importance
최초의; 처음의; 가장 중요한

- All of us can trace our ancestry back to one-celled creatures swimming about in a sort of *primal* soup of water, amino acids, gunk, and who knows what else.

  우리 모두는 조상을 밟아 올라가다 보면 물과 아미노산과 끈적끈적한 오물과 그 밖에 다른 것들이 섞인 원시적 형태의 수프 속에서 유영하던 단세포 생물에 이른다.

- The throbbing music engendered a sort of *primal* excitement in the crowd, causing people to bang their chests and jump up and down on their seats.

  역동적인 음악은 군중들에게 원시적 형태의 흥분을 유발해서 사람들이 자기의 가슴을 치며 자리에서 팔짝팔짝 뛰게 만들었다.

- *Primal* among a puppy's needs is access to expensive shoes that it can chew.

  강아지의 욕구 중에서 가장 주요한 욕구는 씹을 수 있는 값비싼 신발에 접근하는 것이다.

PRISTINE [prísti:n] adj perfectly clean and untouched; uncontaminated
매우 깨끗하고 손대지 않은; 오염되지 않은

▶ 발음에 주의할 것.

- We had thought the forest was *pristine* until we spotted the tin cans buried under the moss.

  우리는 이끼 밑에 묻혀 있는 깡통을 발견하기 전까지, 그 숲이 아주 깨끗한 천연의 상태일 거라고 생각했다.

- My mother likes her kitchen so *pristine* that she'd really prefer that no one use it at all.

  어머니는 깨끗한 주방을 너무나 좋아해서 아예 아무도 주방을 사용하지 않는 것을 더 좋아할 정도이다.

- The *pristine* page in his typewriter seemed to taunt the struggling author, who couldn't think of anything whatsoever to write.

  타자기에 걸린 순백의 종이가 무엇을 써야 할지 아무것도 생각나지 않아 발버둥치는 작가를 조롱하는 것처럼 보였다.

PRIVATION [prɑivéiʃən] n lack of comforts or necessities; poverty
편리시설이나 필수품의 부족; 가난

- Oh, come on, Karen! Not having an indoor swimming pool isn't exactly a *privation*, you know!

  자, 캐런! 실내 수영장이 없다는 것은 반드시 가난하다는 것을 의미하는 것은 아니란다. 알겠지!

- In wartime, most people readily accustom themselves to a level of *privation* that they would never accept under ordinary circumstances.

  전쟁 중에는 대부분의 사람들이 보통의 상황이라면 결코 적응하지 못했을 정도의 결핍에도 쉽게 익숙해진다.

- For Owen, the fact that he never had to make his bed more than made up for the numerous *privations* of life in a pup tent.

  오웬에게 있어서는 잠자리를 정리하지 않아도 된다는 사실이 소형 텐트에서 생활하면서 겪는 여러 가지 결핍을 보상해 주고도 남았다.

Deprivation[déprəveiʃən] is the state of being *deprived* of things, especially things important to one's well-being.

명사 deprivation은 특히 인간의 기본적인 복지를 위해서 중요한 것들의 결핍된 상황이다.

▶ 이 단어들의 발음에 주의할 것.

PROCLAIM [proukléim] v to announce; declare; make known
선언하다; 공표하다; 알리다

- "I hereby *proclaim* that today is Hot Dog Day," announced the befuddled governor on the first day of Hot Dog Week.

  "이에 의거하여 선언하노니 오늘은 핫도그의 날이다."라고 엉망으로 취한 주지사가 핫도그 주간의 첫날 이렇게 선언했다.

- The blossoms on the cherry trees *proclaimed* spring from every branch.

  벚나무의 개화는 모든 가지마다에서 봄을 알리고 있었다.

Ordinary people don't usually *proclaim* things, unless they're trying to throw their weight around.

보통의 사람들은 자신의 중요성을 과시하는 경우가 아니라면, 일반적으로 뭔가를 proclaim(선언하다)하지 않는다.

- The king *proclaimed* that taxes would be raised throughout the realm. Mr. Bendel reported the king's *proclamation*[prὰkləméiʃən] to his family.

  왕은 전 왕국에서 세금을 올릴 것이라고 선언했다. 벤들 씨는 왕의 선언 내용을 가족들에게 전했다.

PROCURE [prəkjúər] v to obtain or acquire by special means
특별한 방법으로 조달하다, 획득하다

- It took a lot of effort and know-how to *procure* Oreos at the health spa, but Stuart bribed the chief chef.

  헬스 센터에서 오레오스를 조달하는 데는 많은 노력과 기술이 필요했다. 그러나 스튜어트는 주방장을 뇌물로 매수했다.

- Our efforts to *procure* a thousand cases of champagne in time for the party ended in failure; we were able to find only nine hundred.

  우리는 파티에 사용할 천 상자의 샴페인을 시간 안에 구하기 위해 노력했지만 결국 실패했다. 우리는 단지 900개밖에 못 찾았다.

- The bookstore manager said that the bestseller was sold out, and that additional copies were not *procurable*[proukjúərəbl].

  서점 지배인은 그 베스트셀러가 다 팔렸으며 추가로 나온 책들은 구할 수 없다고 말했다.

▶ 명사형은 procurement(조달, 입수)이다.

- The practical joker seemed listless and depressed while he waited for the novelty company to ship his next *procurement* of exploding cigars.

  짖궂은 장난꾼도 신 고안품 회사가 그의 다음 조달 품목인 폭발하는 시가를 선적하기를 기다리는 동안에는 생기를 잃고 의기소침해진 것 같았다.

PROGENY [prádʒəni] n offspring; descendants   자손; 후예

- Mr. March is rich in nothing but *progeny*; he says he'd rather have a million children than a million dollars.

  마치 씨는 오로지 자손들만 아주 많다. 그는 백만 달러보다 백만 명의 아이들을 갖는 것이 더 낫다고 말한다.

- The first release of the word-processing software was balky and unreliable, but its *progeny* have been quite impressive.

  워드프로세서 소프트웨어가 처음 세상에 나왔을 때는 갑자기 멈추기도 하고 신뢰할 수가 없었다. 그러나 그 후예들은 매우 인상적이었다.

- A single rabbit may be the *progenitor*[proudʒénitər] of hundreds of offspring in his lifetime.

  한 마리의 토끼는 일생 동안 수백 마리의 자손을 둘 수도 있다.

PROPAGATE [prápəgèit] v to reproduce; to multiply; to spread or disseminate   번식하다; 증식시키다; 확장하다, 퍼뜨리다

- It shocked the nation when Tom gave up his career in professional basketball and devoted his life to *propagating* tree fungi.

  톰이 프로 농구 선수 생활을 그만두고 균류 재배에 일생을 바치겠다고 했을 때 온 국민이 충격을 받았다.

- The Cold Sun Society is dedicated to *propagating* the theory that the sun is a huge iceball, and its members wear winter coats all year long to protect them from icy blasts of sunlight.

  Cold Sun Society는 태양이 거대한 얼음 덩어리라는 이론을 전파하는 데 헌신적이다. 그 단체의 회원들은 햇빛의 차가운 바람을 피하기 위해 일 년 내내 겨울 코트를 입고 다닌다.

▶ 명사형은 propagation[pràpəgéiʃən] (번식)이다.

- Because there are so many endangered plants nowadays, many gardeners have become interested in the *propagation* of rare seeds to keep old strains from disappearing.

  오늘날에는 멸종 위기에 처한 식물들이 아주 많기 때문에, 원예가들은 오래된 혈통이 사라지지 않도록 하기 위해서 희귀한 종자의 번식에 많은 관심을 갖게 되었다.

PROPOUND [prəpáund] v to set forth or propose; to offer for consideration
발표하다, 제안하다; 고려해 볼 것을 제의하다

Propound, *propose*, and *proposition* have the same root: a Latin word meaning to set forth.

propound, propose, proposition은 '앞으로 나가다'라는 의미의 라틴 어에 뿌리를 두고 있다.

- "This evening," began the scientist, "I plan to *propound* my hypothesis that trees grow because invisible giants pull them out of the ground."

  과학자가 "오늘밤 나는 나무가 자라는 까닭은 보이지 않는 거인들이 지표면 밖으로 나무를 끌어내기 때문이라는 가설을 제안할 생각입니다."라고 말하기 시작했다.

PROTÉGÉ [próutəʒèi] n a person under the care of someone interested in his welfare or career
자신의 복지나 업무에 관심을 가지고 있는 누군가의 보호를 받고 있는 사람, 피보호자, 부하

▶ 이 단어의 프랑스 어 발음과 철자에 주의할 것.

- "I would like you to meet my *protégé*, Dirk Simpson," said Miss Charlton. "I am training him to manage my estate and will leave the bulk of my fortune to him when I pass away."

  "당신이 나의 심복, 덕 심슨을 만나 보았으면 좋겠습니다. 나는 그에게 내 재산을 관리하도록 훈련시키고 있으며, 내가 죽게 되면 그에게 재산의 대부분을 주려고 합니다."라고 미스 찰튼이 말했다.

- Walter is always approaching important men in the company and asking them to be his mentor. But nowadays most executives don't have time for *protégés*; they're too busy looking after their own jobs.

  월터는 항상 회사 내의 중요한 간부들에게 접근해서 좋은 조언을 해 달라고 부탁한다. 그러나 오늘날의 대부분의 간부들은 부하를 위한 시간을 갖지 못한다. 그들은 자신들의 업무만 따라가기에도 너무 바쁘다.

In careful usage, a female *protégé* is a *protégée*.

좀 더 정확하게 말하면, '여성 피보호자'는 protégée라고 쓴다.

- Under the watchful eye of her mentor, the *protégée* flourished and eventually became the second female executive in the company.

  조언자의 철저한 보살핌 속에서 소녀는 무럭무럭 자라났고 결국 그녀는 회사의 두 번째 여성 경영진이 되었다.

PROTOCOL [próutəkɔ̀:l] n diplomatic etiquette and customs 외교상의 예절이나 관습

▶ 발음에 주의할 것.

- When she was made ambassador to France, she spent months studying French *protocol* before she felt comfortable with her new role.

  그녀는 프랑스로 파견되는 대사가 되자, 새로운 역할이 편안하게 느껴질 때까지 몇 달에 걸쳐 프랑스의 외교상의 예절과 관습을 공부했다.

- It isn't exactly *protocol*, but diplomats' children can generally behave as badly as they want and not get punished for it.

  외교적 관례는 아니지만, 외교관의 자녀들은 자신들이 일반적으로 원하는 만큼 나쁜 짓을 해도 그것으로 처벌받지 않을 수 있다.

Match each word in the first column with its definition in the second column.
Check your answers in the back of the book.

1. primal	a. reproduce
2. pristine	b. set forth
3. privation	c. original
4. proclaim	d. person under the care of someone
5. procure	e. lack of comforts
6. progeny	f. announce
7. propagate	g. diplomatic etiquette
8. propound	h. perfectly clean and untouched
9. protégé	i. offspring
10. protocol	j. obtain by special means

PROVOCATION [pràvəkéiʃən] n the act of provoking; incitement; cause
자극하는 행위; 선동; 원인

- That stupid dog starts barking at any *provocation*, including the sound of a window washer clearing his throat.

  바보 같은 그 개는 창문 청소하는 사람의 헛기침 소리를 비롯해서 어떤 자극에도 짖기 시작한다.

- The police arrested the young man without *provocation*; he had been doing nothing illegal.

  경찰은 정당한 이유도 없이 그 젊은이를 체포했다. 그는 불법적인 일을 한 적이 없었다.

- Despite the bully's *provocations*, Tony refused to be drawn into a fight.

  깡패의 집적거림에도 불구하고, 토니는 싸움에 말려들지 않았다.

To *provoke* [prəvóuk] is to incite someone to anger.

동사형 provoke는 '누군가를 화나게 만들다'라는 뜻이다.

▶ 이 단어들의 발음에 주의할 것.

PROWESS [práuis] n exceptional skill or strength; uncommon bravery
특별한 기술이나 힘; 보기 드문 용감성

- Annie is famous all across the country for her *prowess* on horseback; in fact, some people say she's one of the most talented trick riders in the world.

  애니의 말 타는 솜씨는 그 지역에서 아주 유명하다. 사실 어떤 사람들은 그녀가 세계에서 가장 뛰어난 승마 기술을 가지고 있는 사람 중의 하나라고 말한다.

- Although he boasts of having great *prowess* in the kitchen, Dudley knows how to make nothing but toast.

  더들리는 조리 분야에서 뛰어난 기술을 가지고 있다고 자랑하지만, 사실 그가 할 줄 아는 것이라고는 토스트를 굽는 것뿐이다.

PRURIENT [prúəriənt] adj having lustful thoughts or desires; causing lust
외설적인 생각이나 욕구를 지닌; 성적인 욕구를 야기하는

- Since Miss Goggins was afraid that art books with naked statues in them would appeal to teenagers' *prurient* interests, she had all the art books removed from the library shelves.

  미스 고긴스는 벌거벗은 조각상이 들어 있는 미술 책들이 십대들의 성적인 호기심을 자극할까 봐 걱정이 되었기 때문에 그녀는 도서관 서가에서 모든 미술 책들을 치워 버렸다.

▶ 명사형은 prurience[prúəriəns](호색, 열망)이다.

- Gael's love of exotic foods almost amounted to *prurience*; she eats them with an eagerness that can only be described as lust.

  게일의 외국 음식에 대한 애정은 거의 성적인 열망에 가까울 정도였다. 그녀는 거의 성욕이라고밖에 표현할 수 없는 열정을 가지고 음식들을 먹는다.

▶ 이 단어들의 발음에 주의할 것.

PSEUDONYM [súːdənim] n a false name; an alias   가명; 별명

- Dr. Seuss was the *pseudonym* of Theodor Seuss Geisel.

  세우스 박사는 테오도르 세우스 지젤의 별명이었다.

- The philandering couple used *pseudonyms* when they checked into the hotel for the afternoon because they didn't want anyone to know what they were up to.

  연애 중인 두 연인은 오후에 호텔에 들어갈 때 가명을 사용했다. 다른 사람들이 그들의 일을 알게 되기를 원하지 않았기 때문이었다.

- "I'm going to use a *pseudonym* so as not to attract people's attention when I go out in public," announced the famous actor. "I'll call myself Rumblebumble Wart."

  "나는 대중 앞에 나설 때 사람들의 관심을 끌지 않기 위해서 가명을 사용할 것이다. 덜커덕 윙윙 사마귀'라는 이름을 가명으로 할 것이다."라고 그 유명한 배우가 말했다.

The prefix "pseudo" [súːdou] means false. A *pseudointellectual* is someone who pretends to be interested in intellectual things.

pseudo라는 접두사는 '거짓'을 의미한다. pseudointellectual은 '지적인 일에 관심이 있는 척하는 사람'을 가리키는 말이다.

▶ 이 단어들의 발음에 주의할 것.

PSYCHE [sáiki] n the human soul; the mind; the spirit   인간의 영혼; 마음; 정신

▶ 발음에 주의할 것. 두 음절이다.

- While in medical school, Nancy noticed that she was far more interested in her patients' *psyches* than in their bodies, so she decided to become a psychiatrist.

  의과 대학원에 다니는 동안, 낸시는 환자의 신체보다는 그들의 정신에 훨씬 더 많은 관심이 있다는 것을 깨닫게 되었다. 그래서 그는 정신과 의사가 되기로 마음먹었다.

- Mel has a very fragile *psyche*; when anyone criticizes him, he pouts for days and refuses to eat.

  멜은 매우 상처받기 쉬운 영혼의 소유자이다. 누군가 그를 비난하기라도 하면 그는 며칠 동안 토라져서 먹는 것조차도 거부한다.

PUMMEL [pʌ́məl] v to pound or punch with the fists 주먹으로 난타하다, 치다

- Unable to think of a clever rejoinder to her brother's taunts, Tracy decided to *pummel* him.

  오빠의 조롱에 현명한 대답이 생각나지 않기 때문에 트레이시는 오빠를 주먹으로 때리기로 했다.

- You often have to *pummel* bread dough in order to knead it correctly.

  빵을 만들 때 제대로 반죽하기 위해서는 흔히 반죽을 연달아 쳐 주어야 한다.

- The unprepared football team suffered an embarrassing *pummeling* in the opening round of the state tournament; they lost by a score of 58-0.

  준비가 안 된 그 풋볼 팀은 주 선수권 대회의 첫 번째 경기에서 창피할 정도로 두들겨 맞았다. 58대 0으로 졌다.

PUNCTILIOUS [pʌŋktíliəs] adj meticulously attentive to detail; scrupulously exact 사소한 일에도 세심하게 신경을 쓰는; 꼼꼼하고 정확한

- Mr. Richards's secretary drives him crazy with her *punctilious* habit of going through his correspondence and correcting grammatical errors in the letters people send to him.

  사람들이 자신에게 보내는 편지들을 샅샅이 훑어보고, 문법적 오류를 일일이 교정할 정도로 꼼꼼한 습관을 갖고 있는 비서 때문에 리처드는 미칠 지경이다.

- The prosecutor's *punctilious* recitation of the case against the defendant left the jury no choice but to convict.

  피고인에게 불리한 사건 내용에 대해 검사가 꼼꼼하고 정확하게 진술했기 때문에 배심원단은 유죄를 평결하는 것 말고는 달리 선택할 길이 없었다.

- The new architect was hardly *punctilious*; when he drew the plans for the new skyscraper, he forgot to put in any floors.

  새로 온 건축가는 꼼꼼함이라는 것이 거의 없었다. 새로운 고층 건물의 도면을 그리면서도 건물의 바닥면을 그려 넣는 것을 잊어버렸다.

Punctilious is a more erudite way to say *anal-retentive*.

punctilious는 동의어 anal-retentive보다 학구적인 표현이다.

PUNDIT [pʌ́ndit] n an expert; an authority; a learned person 전문가; 권위자; 학식이 깊은 사람

- I can never decide what the most important issues of the day are, so I let the *pundits* who write the columns on the editorial page tell me.

  나는 그날의 주제를 무엇으로 해야 할지 결정할 수가 없다. 그래서 사설란에 칼럼을 쓰는 전문가에게 조언을 해 달라고 부탁한다.

PUNGENT [pʌ́ndʒənt] adj sharp-tasting or sharp-smelling; acrid; caustic

자극적인 맛 또는 자극적인 냄새가 나는; 신랄한; 통렬한

- Peter's parents are such bland eaters that every time they come to dinner he purposely serves them some incredibly *pungent* dish.

  피터의 부모님은 부드러운 음식만 먹는 사람들이기 때문에 피터는 부모님이 식사를 하실 때 일부러 아주 자극적인 음식을 준비한다.

- The simmering soup gave off a *pungent* aroma that stung the nostrils of the cook.

  부글부글 끓고 있는 수프는 요리사의 코를 찌르는 자극적인 향을 발산했다.

- Rachel's wit is a little too *pungent* for me; there is a tinge of cruelty in the jokes she tells about her friends.

  레이첼의 기지는 내게는 조금 지나칠 정도로 독설적이다. 그녀가 자신의 친구에 대해서 이야기하는 우스갯소리는 조금 잔인한 감이 있다.

PUNITIVE [pjúːnətiv] adj inflicting a punishment 벌을 가하는

▶ 발음에 주의할 것.

- Zoe's father was incredibly *punitive*; once, he grounded her for breathing too loudly.

  조의 아버지는 대단히 가혹했다. 한번은 그녀의 숨소리가 시끄럽다는 이유로 외출금지를 시켰다.

- Claude designs clothes so tight that wearing them is almost *punitive*.

  클라우드는 옷들을 너무 꽉 조이게 디자인하기 때문에 그의 옷을 입는다는 것은 거의 형벌이나 다름없다.

- Todd was ordered to pay a one-thousand-dollar fine plus three thousand dollars in *punitive* damages for having written insulting graffiti on the Purvises' garage door.

  토드는 퍼바이스네 차고 문에 모욕적인 낙서를 한 것에 대해서 천 달러의 벌금과 명예훼손에 따른 보상으로 삼천 달러를 내도록 판결을 받았다.

PURBLIND [pə́ːrblɑ̀ind] adj dim-sighted; practically blind; lacking understanding or imagination

시력이 약한; 거의 소경과 다름없는; 상상력이나 이해력이 부족한

- Surgery is not a job for the *purblind*; last week, the myopic Dr. Jones sewed his watch inside someone's abdomen.

  외과는 시력이 약한 사람에게는 맞는 업종이 아니다. 지난주, 근시인 존스 박사는 어떤 사람의 복부에 자신의 시계를 넣고 꿰맸다.

- "I can no longer live with such a *purblind* woman," moaned the famous tenor. "She actually finds it embarrassing when I break into song in the middle of the street."

  "나는 그렇게 이해력이 부족한 여자와 더 이상 살 수 없어요. 내가 길 한가운데서 노래를 부르기 시작하면 그녀는 정말로 창피하게 여깁니다."라고 유명한 테너는 개탄했다.

PURITANICAL [pjùəritǽnikəl] adj severe and strict about morals
도덕관념이 매우 엄격하고 철저한

In the 16th and 17th centuries, the *Puritans* were a group of Protestants who viewed pleasure and luxury as sinful and adhered strictly to simple and severe religious beliefs. With a capital *P*, *Puritanical* means having to do with the Puritans; with a lower-case *p*, *puritanical* has a broader meaning, and it is almost never a compliment.

16-17세기 puritans(청교도들)은 신교도의 한 분파로 쾌락과 사치를 죄라고 생각하여 단순하고 매우 엄한 종교적 신념을 엄격하게 고수했다. 대문자 P로 시작하는 Puritanical은 '청교도와 관련이 있는'이라는 의미이다. 소문자 p로 시작하는 puritanical은 더 넓은 의미로 사용되며, 이 단어는 그다지 칭찬의 의미가 아니다.

- Ursula's parents are quite *puritanical*; they won't let her talk to boys and won't let her stay out past seven-thirty without a chaperon.

  우르술라의 부모님은 아주 엄격하신 분들이다. 그들은 딸이 남자들과 말도 할 수 없게 하며 7시 반 이후로는 보호자 없이 외출하는 것도 허락하지 않으려 한다.

- Molly was so anxious not to be thought *puritanical* that she told the Hell's Angels she would love to spend the week with them in Las Vegas.

  몰리는 금욕적이라고 생각되는 게 너무나 싫었기 때문에 '지옥의 천사들'이라는 오토바이 폭주족에게 라스베이거스에서 함께 일주일을 보내고 싶다고 말했다.

QUICK QUIZ

Match each word in the first column with its definition in the second column. Check your answers in the back of the book.

1. provocation	a. false name
2. prowess	b. having lustful thoughts or desires
3. prurient	c. dim-sighted
4. pseudonym	d. incitement
5. psyche	e. very severe about morals
6. pummel	f. inflicting a punishment
7. punctilious	g. exceptional skill or strength
8. pundit	h. pound with fists
9. pungent	i. learned person
10. punitive	j. meticulously attentive to detail
11. purblind	k. human soul or mind
12. puritanical	l. sharp-tasting

Q

QUAINT [kweint] adj **pleasantly old-fashioned; picturesque**
유쾌하게 고풍스러운; 멋있어 보이는

- Janet had always longed to live in a *quaint* old cottage, so when she bought her split-level ranch house she glued moss and hollyhocks all over the outside.

  자넷은 항상 예스러운 정취가 있는 낡은 오두막에서 살기를 원했었다. 그래서 난평면(주: 1층과 2층 사이에 중간 2층이 있는 집)의 농가를 사들였을 때, 그녀는 집 바깥 전체에 이끼와 접시꽃을 심었다.

- In this town people have the *quaint* custom of throwing their plates at the hostess when they've finished eating.

  이 도시의 사람들은 식사가 끝나고 나면 초대한 여주인에게 접시를 던지는 기이한 풍습이 있다.

QUANDARY [kwándəri] n **state of perplexity; predicament; dilemma**
당황한 상태; 곤경; 딜레마

▶ 발음에 주의할 것.

- Joe is in a *quandary*; tomorrow he's scheduled to marry three different women in three different towns, and he can't decide whether to try to pull it off or move to another country.

  조는 어찌할 바를 모르고 있다. 그는 내일 서로 다른 세 도시에서 서로 다른 세 명의 여자와 결혼을 하기로 되어 있다. 그는 어떻게 하든 그 일을 무사히 해내야 할지 아니면, 다른 나라로 도망이라도 가야 할지 결정을 내릴 수가 없다.

- "You place me in a *quandary*," observed the professor to his pleading student. "If I don't give you an A, you'll be expelled—even though your work deserves no higher than a D-plus." Then the professor remembered that Candy almost never came to class, and decided he wasn't in much of a *quandary* after all.

  "너는 나를 난처하게 만드는구나. 비록 너의 작품은 D+이상을 받을 만한 가치가 없지만, 그래도 내가 너에게 A학점을 주지 않는다면, 너는 쫓겨날 거야." 교수는 간청하는 학생에게 말했다. 그러고 나서 교수는 캔디가 거의 수업에 들어오지 않았다는 것을 상기하고, 마침내는 더 이상 곤란해 할 필요가 없다는 결론을 내렸다.

QUASI [kwá:zi] adv **almost; near; resembling**   거의; 가까운; 닮은, 유사한
[kwéizai] adj

▶ 이 단어는 항상 다른 단어와 결합하여 사용된다. 발음에 주의할 것.

- She managed to come up with a *quasi-plausible* excuse for being out all night, so the headmistress decided to give her one more chance.

  그녀는 외박을 한 것에 대해서 거의 그럴듯한 변명을 만들어냈다. 그래서 여교장은 그녀에게 한 번 더 기회를 주기로 결정했다.

- Claire makes all her own clothes; as a result, she always looks *quasi-fashionable* instead of truly stylish.

  클레어는 자신의 옷을 모두 손수 만든다. 그렇기 때문에 그녀는 사실 맵시는 없지만 항상 거의 최신 유행에는 맞게 보인다.

- Our invention was a *quasi-success*; it didn't do what we wanted it to do, but it also didn't blow up.

  우리의 발명은 거의 성공한 것이었다. 그것은 우리가 원했던 대로 작동하지는 않았지만, 그렇다고 폭발하지도 않았다.

QUAY [kiː] n a landing on the edge of the water; wharf; pier
물가에 만들어 놓은 상륙장; 부두; 방파제

▶ 발음에 주의할 것.

- The party is being held on the *quay*; that means that at least five people will get pushed into the water at some point during the evening.

  파티는 방파제 위에서 진행 중이다. 그것은 저녁에 적어도 다섯 명의 사람이 물속으로 떠밀려 갈 것이라는 사실을 의미한다.

- The hurricane washed away every boat moored along the *quay*, but the boats that had been pulled onto dry land before the storm were undamaged.

  허리케인은 부두에 정박하고 있던 모든 배들을 쓸어갔다. 그러나 폭풍이 오기 전에 육지 위로 끌어 놓았던 배들은 손상을 입지 않았다.

QUELL [kwel] v to put an end to; to squelch; to suppress
끝을 내다; 진압하다; 억압하다

- Only his girlfriend could *quell* Whit's wrath at not having been chosen for the varsity team.

  오직 여자 친구만이 대학 대표 팀에 발탁되지 못한 윗의 분노를 진정시킬 수 있었다.

- A mutiny arose when the cafeteria ran out of ice cream, but the food service manager *quelled* it by offering chocolate pudding instead.

  카페테리아의 아이스크림이 바닥나자 소동이 일어났다. 그러나 지배인은 아이스크림 대신에 초콜릿 푸딩을 제공하여 소동을 진정시켰다.

QUERY [kwíri] n a question; an inquiry   의문; 질문

- Please save any *queries* for the end of the lecture, or the professor will lose his train of thought and start singing the national anthem.

  강의가 무사히 끝날 수 있도록 질문을 자제해 주세요. 그렇지 않으면 교수님은 생각의 흐름을 놓치고 애국가를 부르기 시작할 수도 있어요.

- The manuscript was so covered with *queries* from her editor that Nancy could see that she had a major revision ahead of time.

  원고에는 편집자가 쓴 질문들이 잔뜩 있어서 낸시는 예정보다 빨리 편집자가 교정을 했다는 사실을 깨달을 수 있었다.

▶ query는 동사이기도 하다.

- "Do you really think the earth is round?" Doug *queried* scornfully.

  "정말로 지구가 둥글다고 생각하니?" 비웃는 표정으로 더그가 물었다.

QUEUE [kjuː] n a line or file 줄, 열

- The British are famous for waiting patiently in long *queues*, while the Germans are notorious for pushing to the head of the line.
  영국 사람들은 긴 줄에서도 느긋하게 기다리는 것으로 유명하다. 반면에 독일인들은 새치기하는 것으로 악명 높다.

▶ queue는 동사로도 쓰인다.

- People were so eager for tickets that they started to *queue* up the night before the box office opened.
  사람들은 너무나 간절히 입장권을 원했기 때문에 매표소가 문을 열기 전날 밤부터 미리 줄을 서기 시작했다.

QUIESCENT [kwaiésənt] adj motionless; at rest; still 정지한; 휴식 중인; 움직이지 않는

- Clear your brain of all irrelevant thoughts; let your mind become *quiescent*. Then, and only then, will you truly be ready to learn why I should take over the world.
  모든 무의미한 생각들을 머릿속에서 지워 버려라. 너의 영혼을 쉬게 하라. 오직 그렇게 했을 때만이 진정으로 내가 세상을 접수해야 하는 이유를 알 준비가 된 것이다.

- Theodore was bubbling over with energy as a young man, but in old age he settled into a peaceful *quiescence*[kwaiésns].
  젊었을 때의 테오도르는 혈기가 넘쳤다. 그러나 나이가 들자 그도 편안한 휴식에 안주했다.

QUINTESSENTIAL [kwintəsénʃəl] adj being the most perfect example of
가장 완벽한 본보기가 되는, 전형의

- Lacey is the *quintessential* volunteer; she works twenty-three hours per day on different charitable causes.
  레이시는 자원봉사자의 전형이다. 그녀는 여러 가지 자선의 명분으로 하루에 스물세 시간씩 일을 한다.

▶ 명사형은 quintessence[kwintésəns] (전형, 진수, 본질)이다.

When you have reduced something to its most pure and concentrated form, you have captured its *quintessence*.
어떤 사물을 가장 순수하고 농축된 형태로 줄였을 때, 우리는 그 사물의 quintessence(진수)를 얻은 것이다.

QUIZZICAL [kwízikəl] adj teasing; mocking; questioning; inquisitive
짓궂은; 조롱하는; 미심쩍어 하는; 캐묻는

▶ 발음에 주의할 것.

In archaic English, to *quiz* someone was to make fun of him or her. Our word *quizzical* often retains vestiges of this meaning.
고대 영어에서 quiz는 다른 사람을 조롱하다라는 의미였다. 여기에 나온 단어 quizzical은 고대에 쓰였던 의미의 흔적이 남아 있는 것이다.

- Josh gave Jennifer's waistline a *quizzical* glance as she reached for her third piece of pie.
  조시는 제니퍼가 세 번째 파이 조각에 손을 뻗는 것을 보고 그녀의 허리선을 조롱하듯이 힐끗 쳐다보았다.

Increasingly in modern usage, *quizzical* also means questioning or inquisitive.

현대 어법에서 갈수록 quizzical은 '미심쩍은'이나 '질문을 많이 하는'이라는 의미로 많이 쓰인다.

- **The policeman's *quizzical* expression hinted that perhaps I hadn't explained very well why I had to speed on the highway.**

  경찰의 미심쩍어 하는 표정을 보고 나는 내가 고속도로에서 과속을 해야 했던 이유를 제대로 설명하지 못했다는 것을 눈치 챘다.

QUOTIDIAN [kwoutídiən] adj daily; everyday; ordinary 매일의; 날마다의; 평범한

- **Having an airplane crash in your backyard isn't exactly a *quotidian* event; in fact, for most people it isn't even a weekly one.**

  뒷마당에 비행기가 추락하는 것은 날마다 일어나는 사건이 아닌 것만은 분명하다. 사실 대부분의 사람들에게 있어서 그 일은 일주일에 한 번 정도 일어날 수 있는 사건도 아니다.

- **Marvin's diary was dull to read; it was filled almost entirely with thoroughly *quotidian* observations about meals and the weather.**

  마빈의 일기는 지루해서 읽을 수가 없었다. 일기는 한결같이 식사와 날씨에 대한 아주 시시한 관찰 내용을 적어 놓은 것이었다.

QUICK QUIZ

Match each word in the first column with its definition in the second column. Check your answers in the back of the book.

1. quaint	a.	pleasantly old-fashioned
2. quandary	b.	question
3. quasi	c.	motionless
4. quay	d.	being the most perfect example of
5. quell	e.	put on end to
6. query	f.	a landing on the edge of the water
7. queue	g.	teasing
8. quiescent	h.	state of perplexity
9. quintessential	i.	daily
10. quizzical	j.	almost
11. quotidian	k.	line

R

RAMPANT [rǽmpənt] adj **widespread; uncontrollable; prevalent; raging**
만연한; 통제할 수 없는; 유행하는; 사나운

* A rumor the princess is expecting triplets is running *rampant* through the village; by noon, everyone in the county will have heard it.
  공주가 세쌍둥이를 임신했다는 소문은 온 마을에 급속도로 퍼지고 있다. 정오가 되면 나라 안의 모든 사람들이 그 소문을 듣게 될 것이다.

* Crime was *rampant* in the high school building; every locker had been broken into.
  고등학교 건물에는 범죄 행위가 만연했다. 모든 사물함은 부서졌다.

* A *rampant* horde of squealing fans swarmed the rock star.
  한 무리의 맹렬하고 요란스러운 팬들이 그 록 가수에게로 몰려들었다.

RAPTURE [rǽptʃər] n **ecstasy; bliss; unequaled joy** **황홀경; 최고의 행복; 다시없는 기쁨**

* Nothing could equal the Americans' *rapture* on spotting a Burger King in Calcutta; they had been terrified that they were going to have to eat unfamiliar food.
  캘커타에서 버거킹을 만났을 때처럼 그 미국 사람들에게 최고의 기쁨을 선사하는 일은 없었다. 그들은 생소한 음식을 먹어야만 한다는 사실에 겁을 먹고 있었던 것이다.

* Winning an Oscar sent Dustin into a state of *rapture.* "I can't believe this is happening to me!" he exclaimed.
  오스카상 수상으로 더스틴은 다시없는 최고의 기쁨을 누렸다. "이런 일이 나에게도 일어나다니 정말 믿을 수 없어요!"라고 그는 큰 소리로 외쳤다.

▶ 형용사형은 rapturous[rǽptʃərəs] (황홀해하는)이다.

* Omar doesn't go in for *rapturous* expressions of affection; a firm handshake and a quick punch on the shoulder is enough for him.
  오마르는 열광적인 애정 표현을 좋아하지 않는다. 그에게는 굳은 악수와 살짝 어깨를 치는 것으로 충분하다.

Rapt is an adjective meaning entranced or ecstatic.
rapt는 '무아경에 빠진', '희열이 넘치는'이라는 의미로 쓰이는 형용사이다.

* The children listened with *rapt* attention to the storyteller; they didn't notice the pony standing in the hallway behind them.
  아이들은 이야기를 해 주는 사람에게 넋이 빠진 채 집중해서 귀를 기울이고 있었다. 아이들은 그들 뒤의 복도에 조랑말이 서 있는 것도 알아채지 못했다.

To be *enraptured*[enrǽptʃərd] is to be enthralled or in a state of rapture.

enraptured는 '황홀경에 빠진', '누군가에게 홀린' 것을 의미한다.

- *Enraptured* by Danielle Steele's thrilling prose style, Frank continued reading until the library was ready to close.

  다니엘 스틸의 스릴 넘치는 문체에 빠져서, 프랭크는 도서관이 문을 닫을 준비를 할 때까지 계속해서 책을 읽었다.

RAREFIED [rɛ́ərəfàid] adj esoteric; interesting to a select group only; exalted; thin 심원한; 오직 선택된 소수만이 흥미를 갖는; 고귀한; 얇은

- Wendell's musical compositions are so *rarefied* that only a few people can really appreciate them.

  웬델의 음악들은 너무나 심오해서 소수의 사람들만이 진짜 가치를 알고 감상할 수 있다.

- Your book is too *rarefied* to reach a mass audience; why don't you take out the Old French epics and throw in a few car chases or something?

  네 저서는 너무나 심오해서 일반 대중에게는 맞지 않아. 옛 프랑스의 영웅담을 빼고 자동차 추격 장면 같은 것들을 넣는 게 어떠니?

- The atmosphere atop Mount Everest was so *rarefied* that the climber could hardly breathe.

  에베레스트 산의 꼭대기는 공기가 희박해서 등산가들은 거의 숨을 쉴 수가 없었다.

▶ 동사형은 rarefy[rɛ́ərəfài](희박해지다, 세련되게 하다)이다. 그래서 rarefied에는 '희박한'이라는 의미도 있다.

▶ 이 단어들의 발음에 주의할 것.

RATIFY [rǽtəfài] v to confirm; to approve something formally 확증하다; 공식적으로 승인하다

- If the latest version of the disarmament treaty isn't *ratified* soon, we must prepare for the possibility of war.

  최근에 벌어지고 있는 군비 축소 협약이 비준을 받지 못한다면, 즉시 우리는 전쟁의 가능성에 대비해야 한다.

- The powerless legislature had no choice but to *ratify* the edicts of the dictator.

  권력이 없는 입법부는 독재자의 명령을 공식적으로 승인하는 것 외에는 달리 선택권이 없었다.

- According to the rules of P.S. 49, the student council president cannot take office until the entire student body has *ratified* his election. That is why P.S. 49 has never had a student council president.

  공립학교 49의 규칙에 의하면, 학생회장은 모든 학생 구성원들이 그의 당선을 인준하기 전에는 업무를 시작할 수 없다. 그것이 공립학교 49가 학생회장을 한 번도 가져 보지 못한 이유이다.

▶ 명사형은 ratification(비준)이다.

▶ 동의어는 sanction(공식적인 승인)의 첫 번째 뜻을 참조할 것.

RATIOCINATION [ræ̀ʃiásənéiʃən] n logical reasoning 논리적인 추론

- Winning the love of Wilma was clearly not a problem that could be solved by *ratiocination* alone; Fred decided to turn off his computer and ask her out.

  윌마의 사랑을 얻는 것은 논리적인 추론에 의해서만 해결될 수 있는 문제가 분명히 아니었다. 프레드는 컴퓨터를 끄고 그녀를 밖으로 불러내기로 결심했다.

▶ 동사형은 ratiocinate [ræ̀ʃiásənèit] (추론하다)이다.

▶ 이 단어들의 발음에 주의할 것.

RATIONALE [ræ̀ʃənǽl] n underlying reason; basis; reasoning
근본적인 이유; 논거; 추론

- "My *rationale* is simple," the doctor explained as he rummaged around in his drawer for a larger spoon. "If one dose of medicine is good, fifty doses must be better."

  "내 논리는 간단합니다. 1회 분량의 약이 효과가 있다면, 50회분의 약은 틀림없이 더 큰 효과가 있다는 것이죠."라고 의사는 서랍 속에서 더 큰 숟가락을 찾으며 말했다.

- Alice's *rationale* for buying a new coat was sound; her old coat had a broken zipper.

  앨리스가 새 코트를 사려는 근본적인 이유는 말이 되었다. 낡은 코트의 지퍼가 고장 났기 때문이다.

To *rationalize* [rǽʃənəlàiz] is to give a reason, but more in the sense of offering an excuse.

동사 rationalize는 '합리화하다'라는 뜻이지만, 변명을 하다'라는 의미를 더 많이 담고 있다.

▶ 이 단어들의 발음에 주의할 것.

RAUCOUS [rɔ́:kəs] adj stridently loud; harsh; rowdy
귀에 거슬리는 소리가 나는; 거친; 떠들썩한

- Crows are my least favorite bird in the early morning; their *raucous* cawing wakes me, and I can't get back to sleep.

  이른 아침의 까마귀는 내가 가장 싫어하는 새이다. 귀에 거슬리는 까마귀의 까악까악 소리는 단잠을 깨우고, 그러고 나면 나는 다시 잠을 이루지 못한다.

- "If you don't stop that *raucous* behavior, I'll—I'll put you in the corner!" said the new teacher in a quavering voice as the students got increasingly rowdy.

  학생들이 점점 소란스러워질 때, 새로 온 선생님은 "거친 행동을 그만두지 않는다면 정말로 구석으로 보내 버릴 거야."라고 떨리는 목소리로 말했다.

- Jed laughed *raucously* when his sister toppled off her chair.

  제드는 여동생이 의자에서 뒤뚱거리다 넘어지자 거칠게 웃음을 터뜨렸다.

REACTIONARY [riǽkʃənèri] adj ultraconservative; right-wing; backward-thinking
극단적 보수주의의; 우익의, 보수적인; 과거 회귀적인 사상의

- Grandpa Gus is so *reactionary* that he doesn't think women should be allowed to vote.

  구스 할아버지는 너무나 보수적이어서 여자들에게는 투표권을 주지 말아야 한다고 생각한다.

- There's no point in proposing a welfare bill as long as this *reactionary* administration remains in power.

  이 보수적인 정권이 계속 권력을 유지하는 한 복지 법안을 제안해 봐야 소용없다.

▶ reactionary는 명사로도 쓰인다.

- I am a *reactionary* on the subject of candy; I believe that the old, established kinds are the best.

  나는 사탕 문제에 관한 한 복고 주의자이다. 나는 옛날 오래 전에 나왔던 사탕이 최고라고 생각한다.

REBUFF [ribʌ́f] v to snub; to reject 상대하지 않다; 거절하다

- Ashley has been trying to tame the squirrels in her yard, but so far they've *rebuffed* her efforts; she hasn't even been able to get them to eat the food she leaves for them on her porch.

  애슐리는 마당에서 다람쥐를 길들이려고 애쓰고 있었다. 그러나 다람쥐들은 지금까지도 그녀의 온갖 노력을 거부하고 있다. 심지어 그녀는 다람쥐를 위해 현관에 내놓은 음식을 먹일 수조차 없었다.

- Don't be surprised if Willie *rebuffs* your advances; if you want him to kiss you, you're just going to have to invest in some false teeth.

  윌리가 너의 구애를 거절하더라도 놀라지 마라. 그가 너에게 키스하기를 바란다면 의치에 투자를 해야만 할 것이다.

▶ rebuff는 명사로도 쓰인다.

- I invited my parents to the Metallica concert, but I met with a horrified *rebuff*; in fact, my parents said they would rather die than go.

  나는 메탈리카의 콘서트에 부모님을 초대했다. 그러나 나는 충격적인 거부 의사에 직면했다. 사실 부모님은 거기에 가느니 차라리 죽는 것이 더 낫겠다고 말했던 것이다.

RECIDIVISM [risídəvìzm] n the act of repeating an offense 상습적인 범법 행위

- There's not much evidence that imprisoning people reforms them; the rate of *recidivism* among released convicts is high.

  범법자를 교도소에 수감하는 것이 그들을 교화시킨다는 증거는 많지 않다. 교도소를 나온 사람들의 재범률은 높다.

A person who repeats an offense is a *recidivist*[risídəvist].

recidivist는 '재차 범법 행위를 저지르는 사람'이다.

- "My son is quite a *recidivist*," Mrs. Korman told her friends ruefully. "Every time I turn my back, he sneaks up to watch more TV."

  "내 아들은 상습범이야. 내가 안 보일 때마다, 그 애는 몰래 텔레비전을 봐."라고 코먼 부인은 친구들에게 애처로이 말했다.

▶ 이 단어들의 발음에 주의할 것.

Match each word in the first column with its definition in the second column.
Check your answers in the back of the book.

1. rampant	a. confirm
2. rapture	b. logical reasoning
3. rarefied	c. ecstasy
4. ratify	d. ultraconservative
5. ratiocination	e. widespread
6. rationale	f. stridently loud
7. raucous	g. esoteric
8. reactionary	h. underlying reason
9. rebuff	i. snub
10. recidivism	j. act of repeating an offense

RECLAIM [rikléim/ri:kléim] v **to make uncultivated areas of land fit for cultivation; to recover usable substances from refuse; to claim again; to demand the restoration of**
미개척지를 농사를 지을 수 있는 땅으로 개간하다; 쓰레기에서 유용한 물질을 다시 찾아내다, 쓰레기를 재활용하다; 다시 요구하다; ~의 회복을 요구하다

- A century ago, turning a swamp into cropland was called *reclaiming* it; now it is called destroying wetlands.
  백 년 전에는 습지를 농경지로 바꾸는 일을 reclaiming(개간하는)이라고 말했다. 오늘날에는 그런 일을 '습지대를 파괴하는' 행위라고 말한다.

- At the recycling facility, massive electromagnets are used to *reclaim* steel and iron from scrap metal.
  거대한 전자석은 재활용 공장에서 고철 더미 속의 강철과 철을 다시 찾아내는 데 사용된다.

- Anthony was able to *reclaim* his briefcase from the lost-and-found after accurately describing its contents to the clerk.
  안토니는 분실물 센터에서 사무원에게 가방의 내용물을 정확하게 설명한 후에, 자신의 서류 가방을 회수할 수 있었다.

▶ 명사형은 reclamation[rèkləméiʃən](개간)이다.

REDEEM [ridíːm] v to buy back; to fulfill; to make up for; to rescue from sin
되사다; 약속 등을 이행하다; 보충하다; 죄로부터 구원하다

- When I heard that my husband had pawned my mink coat in order to buy me a birthday present, I went straight to the pawnshop and *redeemed* it with some money I had been going to spend on a birthday present for him.

  남편이 나에게 생일 선물을 사 주기 위해 내 밍크코트를 저당 잡혔다는 소리를 들었을 때, 나는 곧장 전당포로 달려가 그의 생일 선물을 사기 위해 마련해 두었던 돈을 가지고 코트를 되찾았다.

- The troubled company *redeemed* its employees' shares for fifty cents on the dollar.

  곤경에 처한 회사는 직원들의 주식 지분을 달러당 50센트씩 주고 되사들였다.

- I won't marry you until you *redeem* your promise to build a roof over our heads.

  우리가 살 집을 짓겠다는 약속을 이행하기 전까지는 나는 너와 결혼하지 않을 것이다.

- Barbara will never *redeem* herself in her boss's eyes until she returns every single paper clip she "borrowed."

  바바라는 그녀가 '빌려 쓴' 모든 클립을 마지막 하나까지 반환하기 전에는 사장의 감시의 눈동자에서 벗어나지 못할 것이다.

- Reverend Coe is obsessed with *redeeming* the souls of the people who play cards. His favorite tactic is crashing a bridge party and asking, "Who will bid for the *redemption* [ridémpʃən] of your souls?"

  코에 목사님은 카드놀이를 하는 사람들의 영혼을 구원하는 일에 몰두하고 있다. 그가 가장 많이 쓰는 방법은 카드놀이를 망치고 나서 "당신의 영혼을 구원하는 일에 누가 돈을 거시겠습니까?"라고 묻는 것이다.

Someone who is so evil that they cannot be rescued from sin or wrongdoing is *irredeemable* [ìridíːməbl].

너무나 사악해서 죄나 악행에서 구원받을 수 없는 사람은 irredeemable(구제 불능의)이라고 한다.

REDRESS [ridrés] v to remedy; to make amends for   교정하다; 배상 또는 보상하다

- The head of the environmental group explained that by suing the chemical factory for violating clean air laws, he was using the courts to *redress* a civil wrong.

  환경 단체의 회장은 공해 방지법을 위반한 화학 공장을 고소함으로써 그가 사회의 부정을 바로잡기 위해 법정을 이용하고 있다고 설명했다.

Redress, pronounced [ríːdres], is a noun meaning reparation, compensation, or making amends for a wrong.

redress는 [ríːdres]로 발음하면 '교정, 배상' 등을 의미하는 명사가 된다.

- "Of course, there is no *redress* for what you've suffered," the lawyer told his client, who was wearing a neck brace and pretending to limp. "Still, I think we should ask for seven and a half million dollars and see what happens."

  "물론 당신이 고통 받은 부분에 대한 보상은 없다. 그러나 나는 아직도 우리가 705만 달러를 요구해야 하며, 무슨 일이 일어나는지 지켜보아야 한다고 생각한다."라고 목에 부목을 대고 다리를 저는 척하는 의뢰인에게 변호사가 말했다.

▶ 두 가지 발음에 주의할 것.

REFERENDUM [rèfəréndəm] n a public vote on a measure proposed or passed by a legislature
입법부가 제안하거나 통과시킨 법안에 대한 국민 투표

- At the very last minute, the state legislators snuck a large pay raise for themselves into the appropriations bill, but voters got wind of the scheme and demanded a *referendum*.

  바로 방금 전에, 주 입법부 의원들은 자신들의 급료를 대폭적으로 인상하는 내용을 세출 예산안에 몰래 포함시켰다. 그러나 유권자들은 그들의 음모를 소문으로 듣고 국민 투표에 부칠 것을 요구했다.

▶ referendum과 refer(회부하다)는 밀접한 관련이 있는 단어이다.

In a *referendum*, a bill from the legislature is *referred* to the electorate for approval.

referendum(일반 투표)에서 주 의회로부터 상정된 법안은 승인을 위해 유권자들에게 회부된다.

REFRACTORY [rifrǽktəri] adj disobedient and hard to manage; resisting treatment
순종하지 않아서 다루기 힘든; 치료가 듣지 않는, 난치의

- Bobby is such a *refractory* little boy when it comes to haircuts that he has to be tied up and hoisted into the barber's chair.

  바비는 아주 다루기 힘든 어린아이이다. 머리를 자르려면 단단히 묶어서 이발용 의자에 끌어다 앉혀야 한다.

- The old man viewed all children as drooling, complaining, *refractory* little monsters.

  그 노인은 모든 아이들을 침을 흘리고 불평만 많고 다루기 힘든 작은 괴물이라고 생각했다.

- The doctors prescribed ten antibiotics before finding one that worked on Helen's *refractory* infection.

  의사들은 헬렌의 난치성 감염에 효과가 있는 한 가지 물질을 발견하기 전에 10가지 항생 물질을 처방했다.

REGIME [rəʒíːm] n a governing power; a system of government; a period during which a government is in power
정권; 정부의 체계; 한 정부가 권력을 잡고 있는 기간

- According to rules issued by the new *regime*, anyone caught wearing red shoes will be arrested and thrown into the penitentiary.

  새로운 정권이 발표한 규정에 의하면, 빨간 구두를 신은 사람들은 체포되어 교도소로 보내질 것이라고 한다.

- The older reporters spent much of their time reminiscing bitterly about how much better things had been during the previous *regime*, when the newspaper had been owned by a private family instead of a corporate conglomerate.

  나이가 많은 기자들은 지난 정권 기간 동안 좋은 일들이 얼마나 많았던가에 대해서 씁쓸한 추억에 잠기며 대부분의 시간을 보냈다. 그 당시에는 신문이 지금처럼 집단의 공동 소유가 아니라 한 개인 일가의 소유였던 것이다.

REGIMEN [rédʒəmən] n a regulated course 조정된 섭생, 양생법, 꾸준하고 엄한 훈련

- Mrs. Stewart is having trouble following the new *regimen* her doctor gave her; she can handle the dieting and exercise, but sleeping on a bed of nails is hard for her.

  스튜어트 부인은 의사가 제안한 새로운 양생법을 지키느라 애를 먹고 있다. 그녀는 식이요법과 운동을 조절하는 것은 할 수 있다. 그러나 징이 박힌 침대에서 자는 것만은 견디기가 어렵다.

- It takes most new students a long time to get used to the *regimen* at boarding school; that is why this headmaster doesn't allow children to write letters home until the beginning of the second semester.

  대부분의 새로 온 학생들은 기숙 학교의 관리법에 익숙해지는 데 오랜 시간이 걸린다. 이 학교의 교장이 두 번째 학기가 시작될 때까지 집으로 편지를 쓰지 못하게 하는 것도 그런 이유 때문이다.

REMISSION [rimíʃən] n the temporary or permanent disappearance of a disease; pardon 일시적인 또는 영구적인 질병의 소멸; 용서, 사면

- Isabel's cancer has been in *remission* for several years now—long enough for most people to have trouble remembering the dark period when she was gravely ill.

  이사벨의 암은 지금까지 몇 년 동안 소멸한 상태였다. 그 기간은 그녀가 심각하게 아팠던 우울한 시기가 정말로 있었는지 대부분의 사람들이 기억하기 힘들 정도로 충분히 긴 시간이다.

- The appeals court granted Ronnie a partial *remission* of his crimes; it threw out two of his convictions, but it upheld the third.

  상고심은 로니의 범죄에 대한 부분적인 사면을 인정했다. 법원은 유죄 판결 가운데 두 가지는 원심을 파기하고, 세 번째 것은 판결을 확정지었다.

One of the meanings of *remit* is to send back or pay; a *remission*, then, can also mean payment.

remit의 뜻 중 하나는 '보내다', '송금하다'이다. remission에도 '송금'의 의미가 있다.

- When companies ask for prompt *remissions* of their bills, I just laugh and put the bills away in a drawer.

  회사가 계산서에 대해서 신속한 송금을 요청할 때, 나는 그저 웃기만 한 다음 그 계산서를 서랍에 던져 넣는다.

REMUNERATION [rimjùːnəréiʃən] n payment; recompense 보수, 보상; 보답

▶ 철자와 발음에 주의할 것.

- "You mean you expect *remuneration* for working here?" the magazine editor asked incredulously when the young college graduate inquired as to what sort of salary she might expect to earn as an editorial assistant.

  "여기서 일하면서 보수를 바란다는 의미인가요?" 대학을 졸업한 젊은이가 편집장의 조수로 일하면서 받게 될 급료의 형태에 관하여 물었을 때, 그 잡지사의 편집장은 의심스럽다는 듯이 되물었다.

- There is a strong positive correlation between people's satisfaction with their jobs and their level of *remuneration*; the more they're paid, the better they like their work.

  사람들의 직업에 대한 만족도와 급료 수준 사이에는 아주 밀접한 관련이 있다. 사람들은 보수를 많이 받으면 받을수록 자신들의 직업을 더 많이 좋아한다.

- The firefighter viewed the child's hug as more than adequate *remuneration* for crawling through the burning building to save her.

  아이를 구하기 위해서 불타고 있는 건물을 기어 다녀야 했던 소방수는 아이가 해 준 포옹을 웬만한 보상보다도 더 값진 것이라고 생각했다.

Remuneration may be one way to *redress* a crime.

remuneration은 범죄를 redress(제거하다)하는 한 방법일 것이다.

REND [rend] v to tear; to rip 찢다; 벗겨내다

- A *heart-rending* story is one that is so very terribly sad that it tears a reader's heart in two.

  가슴이 찢어지는 듯한 이야기란 아주 지독히도 슬퍼서 독자의 가슴을 두 갈래로 찢는 슬픈 이야기라는 것이다.

- I realize you're upset about not being invited to the dance, but *rending* your clothing and tearing out your hair is getting a little too emotional, don't you think?

  네가 댄스파티에 초대받지 못해서 화가 나 있다는 것은 알고 있다. 그러나 옷을 찢고, 머리카락을 쥐어뜯는 행동은 다소 지나치게 감정적으로 된 것 같다. 그렇게 생각하지 않니?

Something ripped or torn can be described as *rent*[rent].

해어지거나 찢어진 것은 rent로 묘사할 수 있다.

QUICK QUIZ

Match each word in the first column with its definition in the second column. Check your answers in the back of the book.

1. reclaim	a. remedy
2. redeem	b. disobedient
3. redress	c. public vote
4. referendum	d. make fit for cultivation
5. refractory	e. disappearance of a disease
6. regime	f. regulated course
7. regimen	g. payment
8. remission	h. buy back
9. remuneration	i. rip
10. rend	j. governing power

RENDER [réndər] v to make; to cause to be; to provide; to depict
~하게 하다; ~가 되도록 만들다; 제공하다; 묘사하다

- Steve's funny faces *rendered* his sister incoherent with laughter.

  스티브의 익살맞은 얼굴 표정은 여동생을 가만히 있지 못하고 폭소를 터뜨리게 했다.

- "We can *render* some form of financial assistance, if that is what you desire," the official suggested delicately.

  "우리는 모종의 재정적인 원조를 제공할 수 있습니다. 그것이 당신이 원하는 것이라면요."라고 그 공무원은 부드럽게 제안했다.

- Sitting all night on the bottom of the pond had *rendered* the car useless for almost anything except continuing to sit on the bottom of the pond.

  연못 바닥에 밤새도록 가라앉아 있더니, 차는 그저 연못 바닥에 가라앉아 있는 것 말고는 아무짝에도 쓸모없는 것이 되어 버렸다.

- Benson decided to *render* his mother in oil after determining that watercolor wasn't a substantial enough medium for the portrait of such a sourpuss. Benson's mother was not pleased with his *rendering*.

  수채화는 그처럼 항상 찌푸리고 있는 사람의 초상화를 그리기에는 그다지 좋은 수단은 아니라는 결론을 내린 후에, 벤슨은 어머니를 유화로 표현하기로 결정했다. 벤슨의 어머니는 아들의 표현 방식이 마음에 들지 않았다.

REPARTEE [rèpɔrtíː] n a quick, witty reply; witty, spirited conversation full of quick, witty replies
빠르고 재치 있는 응답; 빠르고 재치 있는 응답으로 가득한 재기 발랄한 대화

▶ 발음에 주의할 것.

- "Toilethead" is four-year-old Max's preferred *repartee* to almost any question.

  '똥통간'은 네 살배기 맥스가 거의 모든 질문에 맞받아서 하는 대답이다.

- When Annette first came to college, she despaired of ever being able to keep up with the *repartee* of the clever upperclassmen, but eventually she, too, got the hang of being insufferable.

  아네트가 처음 대학에 왔을 때, 그녀는 똑똑한 상급생들의 말재간을 따라잡을 수 없다는 사실에 아주 절망적이었다. 그러나 마침내 그녀도 역시 맞받아치는 요령을 터득하게 되었다.

REPLICATE [réplikeit] v to reproduce exactly; to duplicate; to repeat
그대로 재생하다; 복사하다; 되풀이하다

▶ 명사형은 replica[réplikə] (복제품)이다.

- Other scientists were unable to *replicate* Harold's startling experimental results, and in short order Harold was exposed as a fraud.

  다른 과학자들은 해롤드의 놀라운 실험 결과를 완벽하게 재현할 수 없었다. 곧 해롤드는 사기꾼인 것으로 밝혀졌다.

- At his weekend house in the country, Arthur tried to *replicate* the cozy English cottage in which he had been raised; his first step was to replace the asphalt shingles with thatch.

  아서는 그가 어릴 때 살았던 편안하고 작은 영국식 오두막집을 시골에 있는 주말 별장에 그대로 재현하고 싶었다. 그가 제일 먼저 한 일은 아스팔트 재료로 만든 지붕을 짚으로 바꿔 놓은 것이었다.

- Some simple organisms *replicate* by splitting themselves in two.

  단세포 생물은 자신을 둘로 쪼개는 분열을 통해서 복제된다.

REPOSE [ripóuz] n rest; tranquillity; relaxation 휴식; 평정; 휴양

- As Carol struggled to pack the enormous crates, her husband lolled back on the sofa in an attitude of *repose*; as a matter of fact, he was sound asleep.

  캐럴이 수많은 나무 상자를 포장하느라 애를 쓰고 있는데도, 그녀의 남편은 휴식을 취하는 자세로 소파에 축 늘어져 있었다. 사실을 말하자면 그는 깊은 잠에 빠져 있었다.

- "Something attempted, something done, has earned a night's *repose*" is a favorite saying of Ruby's grandmother; it means she's tired and wants to go to bed.

  "하다 만 일이든 다 한 일이든 밤에는 중지하는 법이다."라는 속담은 루비의 할머니가 좋아하는 말이다. 그것은 할머니가 피곤하니까 자고 싶다는 뜻이다.

REPRESS [riprés] v to hold back; to conceal from oneself; to suppress
억누르다; 자신을 감추다; 진압하다

- Stella could not *repress* her feeling of horror at the sight of her neighbor's wallpaper.

  스텔라는 이웃의 벽지를 보고 느낀 혐오감을 감출 수가 없었다.

- The government's crude attempt to *repress* the rebellion in the countryside only made it easier for the rebels to attract new recruits.

  그 지역에 발생한 반란을 정부가 거친 방법으로 진압하려 했기 때문에, 폭도들은 오히려 새로운 동조자를 끌어들이기가 더 쉬워졌다.

- *Repressing* painful memories is often psychologically harmful; the painful memories tend to pop up again when one is least prepared to deal with them.

  고통스러운 기억을 억누르는 것은 종종 정신적인 손상을 부른다. 고통스러운 기억은 그것에 맞설 준비가 거의 되지 않았을 때 다시 터져 나오는 경향이 있다.

▶ 명사형은 repression[ripréʃən] (탄압, 진압)이다.

REPRIMAND [réprəmæ̀nd] n stern reproof; official rebuke
엄한 꾸지람; 공식적인 비난, 견책

- David was relieved to see that the officer intended to give him a verbal *reprimand* instead of a speeding ticket.

  데이비드는 경찰관이 속도위반 딱지를 떼는 대신 말로 야단을 치려는 기색을 보이자 안심이 되었다.

- Otto received his father's *reprimand* in stony silence because he did not want to give that mean old man the satisfaction of seeing his son cry.

  오토는 굳은 침묵으로 아버지의 질책을 받았다. 그토록 비열한 늙은이에게 자식이 우는 꼴을 보는 흡족함을 주고 싶지 않았기 때문이었다.

▶ reprimand는 동사로도 쓰인다.

- Ned's governess threatened to *reprimand* him and his friends if they continued to throw water balloons at the neighbor's house.

  네드의 가정교사는 네드와 친구들이 이웃집에 계속해서 물 풍선을 던진다면 혼내 줄 거라고 위협했다.

REPRISAL [ripráizəl] n retaliation; revenge; counterattack 보복; 복수; 반격

- We knocked over their snowman, and in *reprisal* they spray painted our clubhouse.

  우리가 그들의 눈사람을 쓰러뜨리자, 그에 대한 복수로 그들은 우리의 모임 공간에다 스프레이 칠을 했다.

- The rebels issued a statement announcing that yesterday's kidnapping had been a *reprisal* for last month's bombing of a rebel stronghold.

  반란군은 지난달에 자신들의 본거지를 폭격한 것에 대한 보복으로 어제의 납치가 이루어졌음을 알리는 성명서를 발표했다.

▶ 동사형은 reprise이다.

REPROBATE [réprəbèit] n a depraved, wicked person; a degenerate
타락하고 사악한 사람; 타락자

▶ 발음에 주의할 것.

- My Uncle Bob was a well-known old *reprobate*; he spent most of his time lying drunk in the gutter and shouting obscenities at women and children passing by.

  밥 삼촌은 유명한 난봉꾼이었다. 그는 빈민굴에서 술에 전 채로 지나가는 여자와 아이들에게 음탕한 소리나 질러대면서 인생의 대부분을 보냈다.

- Everyone deplored the *reprobate*'s behavior while he was alive, but now that he's dead everyone wants to read his memoirs.

  그가 살아있는 동안 사람들은 모두 그 난봉꾼의 행실을 개탄했다. 그러나 그가 세상을 떠난 지금 사람들은 그의 회고록을 읽고 싶어한다.

REPUGNANT [ripʌ́gnənt] adj repulsive; offensive; disgusting
불쾌한; 싫은; 혐오스러운

- The thought of striking out on his own is absolutely *repugnant* to Allan; he would much prefer to continue living in his old room, driving his parents' car, and eating meals prepared by his mother.

  앨런은 자기 자신의 힘으로 새로운 길을 개척해야 한다는 생각에 대해 무조건적인 반감을 가지고 있다. 그는 계속해서 자신의 오래된 방에서 살며, 부모님의 차를 빌려 쓰고, 어머니가 준비해 주는 식사를 먹으며 사는 것을 더 좋아할 것이다.

- Even the tiniest lapse in etiquette was *repugnant* to Mrs. Mason; when little Angela picked her nose and wiped it on the tablecloth, Mrs. Mason nearly burst her girdle.

  메이슨 부인은 예절에 어긋나는 아주 작은 실수조차도 싫어했다. 어린 안젤라가 코를 후비고 식탁보에 그것을 닦는 것을 보자, 메이슨 부인은 거의 그 애의 거들을 찢으려 했다.

- Kelly's roommate, a classical music major, found Ashley's love of hip-hop totally *repugnant*.

  고전 음악을 전공하는 켈리의 룸메이트는 켈리가 좋아하는 힙합이 아주 혐오스럽다고 생각했다.

RESIGNATION [rèzignéiʃən] n passive submission; acquiescence
수동적인 순종, 체념; 인종

- No one had expected that Warren would take being kicked off the team with so much *resignation*; he simply hung up his uniform and walked sadly out of the locker room.

  워렌이 그렇게 쉽게 체념하고 그 팀을 떠나리라고는 아무도 생각하지 않았었다. 그는 얌전히 유니폼을 벗어 걸어 놓고는 로커룸을 애처로이 빠져나갔다.

- There was *resignation* in Alex's voice when he announced at long last that there was nothing more that he could do.

  마침내 발표한 연설에서 그가 할 수 있는 일은 더 이상 아무것도 없다고 하는 알렉스의 목소리에 체념이 들어 있었다.

▶ 형용사형은 resigned[rizáind] (받아들이는)이다. 의미에 주의할 것.

- After collecting several hundred rejection slips, Darla finally *resigned* herself to the fact that her novel would never be published.

  수백 개의 거절 통지를 받은 후에, 달라는 마침내 그녀의 소설이 결코 출판될 수 없다는 사실을 받아들였다.

Match each word in the first column with its definition in the second column. Check your answers in the back of the book.

1. render	a.	stern reproof
2. repartee	b.	reproduce exactly
3. replicate	c.	quick, witty reply
4. repose	d.	depraved, wicked person
5. repress	e.	retaliation
6. reprimand	f.	cause to be
7. reprisal	g.	repulsive
8. reprobate	h.	hold back
9. repugnant	i.	passive submission
10. resignation	j.	tranquillity

RESPLENDENT [rispléndənt] adj brilliantly shining; radiant; dazzling
눈부시게 빛나는; 찬란한; 휘황찬란한

- In the morning sunlight, every drop of dew was *resplendent* with color; unfortunately, no one was awake to see it.

  아침의 햇살 속에 이슬방울이 영롱한 빛으로 빛나고 있었다. 불행히도 깨어나서 그것을 본 사람은 아무도 없었다.

- Betsy's gown looked *resplendent* in the candlelight; the gown was made of nylon, and it was so shiny you could practically see your reflection in it.

  벳시의 가운은 촛불 아래서 반짝거리는 것처럼 보였다. 그 가운은 나일론으로 만들어진 것으로 너무나 번쩍거려서 들여다보면 상대방의 모습도 볼 수 있을 정도였다.

RESURRECTION [rèzərékʃən] n return to life; revival 부활; 재생

In Christian belief, the *Resurrection* is Jesus's return to life on the third day after his crucifixion. In general usage, the word refers to any revival.

기독교 신앙에서 Resurrection은 십자가에 못 박힌 예수가 삼일 만에 '부활'하는 것을 의미한다. 일반적인 어법에서는 여러 의미의 '재생'을 뜻한다.

- Polly's tablecloth has undergone quite a *resurrection*; the last time I saw it, she was using it as a dress.

  폴리의 식탁보는 상당한 재생 과정을 거친 것이다. 지난번에 봤을 때 그녀는 그것을 옷으로 이용하고 있었다.

- The new chairman brought about the *resurrection* of the company by firing a few dozen vice presidents and putting a lock on the office supplies.

  신임 회장은 수십 명의 부사장들을 해고하고 모든 사무용품의 사용을 제한함으로써 회사가 다시 부흥하는 계기를 만들었다.

RETORT [ritɔ́:rt] v to make a sharp reply 신랄한 대답을 하다, 말대꾸하다

▶ 발음에 주의할 것.

- "Twinkle, twinkle, little star—what you say is what you are," Leslie *retorted* hotly when her playmate called her a doo-doo brain.

  "반짝반짝 작은 별, 네가 하는 말이 곧 너에게로 가는 거야." 레슬리는 놀이친구가 자신을 똥멍청이라고 부르자 불같이 화가 나서 반박했다.

- When Laurie accused Peggy of being drunk, Peggy *retorted*, "Whoeryooshayingsdrunk?" and fell over on the sidewalk.

  로리가 술에 취한 페기를 비난하자, 페기는 "누가아술이엉 취했다고하는거나~앙!" 하고 맞받아치고 인도에 쓰러져 버렸다.

▶ retort는 명사로도 쓰인다.

- Jeff can never think of a good *retort* when he needs one; the perfect line usually comes to him only later, usually in the middle of the night.

  제프는 반박을 할 필요가 있을 때 적당한 말을 결코 생각해낼 수가 없다. 딱 들어맞는 말은 언제나 뒤늦게, 그것도 대개는 한밤중에 생각이 난다.

RETROSPECT [rétrəspèkt] n looking backward; a review 회고; 반성, 재음미

- In *retrospect*, I was probably out of line when I yelled at my mother for telling me she liked what I was wearing and saying that she hoped I would have a nice day.

  되돌아보면, 내가 입고 있는 옷이 좋다는 말을 하고 즐거운 하루를 보내라는 인사를 하는 엄마를 향해 화를 내며 소리를 질렀을 때는 아마도 내가 제정신이 아니었던 것 같다.

A *retrospective*[rètrəspéktiv] is an exhibition of an artist's work from over a period of years.

retrospective(회고전)란 지난 '수년간에 걸친 화가의 작품을 전시하는 것'이다.

- Seeing an advertisement for a *retrospective* of his films made the director feel old.

  영화 회고전 광고물을 보고서 그 감독은 자신이 늙었다는 것을 실감했다.

Prospect[práspèkt] is the opposit of *retrospect*. A *prospect* is a view—either literal or figurative—that lies before you, or in the future.

prospect는 retrospect의 반의어이다. prospect는 문자 그대로나 비유적인 의미로 당신 앞이나 미래에 놓여 있는 '전망'이다.

- George's heart sings at the *prospect* of being a game-show contestant; he believes that answering questions on television is the true path to enlightenment.

  조지는 게임쇼에 참가한다는 생각에 가슴이 설렌다. 그는 텔레비전에 나가 퀴즈를 푸는 것이 자기 계발의 진정한 길이라고 믿고 있다.

- The Emersons named their new house *Prospect* Point because it offered magnificent views of the surrounding countryside.

  에머슨가 사람들은 새 집을 '전망대'라고 이름을 붙였다. 집에서 보면 주변의 멋진 시골의 풍광이 들어오기 때문이었다.

REVAMP [ri:vǽmp] v to revise; to renovate 교정하다; 혁신하다

- The struggling college's *revamped* curriculum offers such easy electives as Shakespeare's Furniture and Spelling for Spokesmodels.

  산고 끝에 혁신된 교과 과정에는 셰익스피어의 작품집과 말하는 모델을 위한 철자법 같은 쉬운 선택 과목들이 들어 있다.

- Susan is *revamping* her résumé to make it seem more impressive; she's getting rid of the part that describes her work experience, and she's adding a part that is entirely made up.

  수잔은 좀 더 강한 인상을 주기 위해 이력서를 수정하고 있다. 그녀는 자신의 경력을 서술한 부분을 지우고, 대신 완전히 날조한 부분을 첨가하고 있다.

REVEL [révəl] v to enjoy thoroughly; to take delight in; to carouse
한껏 즐기다; ~을 즐기다; 흥청망청 놀다

- Ken is *reveling* in luxury now that he has finally come into his patrimony.

  켄은 마침내 아버지로부터 재산을 물려받게 되었으므로 호화로운 생활을 한껏 즐기고 있다.

- Tammy *reveled* in every bite of the forbidden dessert; it had been so long since she had eaten chocolate cake that she wanted it to last as long as possible.

  태미는 금지된 디저트를 한 입씩 먹을 때마다 한껏 빠져들었다. 그녀는 초콜릿 케이크를 먹어 본 지가 하도 오래되어서 그 맛이 가능한 한 오래도록 지속되기를 원했다.

▸ 명사형은 revelry[révəlri] (흥청대며 놀기)이다.

- The sounds of *revelry* arising from the party below kept the children awake until all of their parents' guests had gone. (To *revel* is not to engage in *revelation*; *revelation* is the noun form of *reveal*.)

  아래층 파티에서 들려오는 떠들썩한 흥청거림 때문에 아이들은 부모님의 손님들이 모두 돌아갈 때까지 깨어 있었다. (revel은 revelation과 관계가 없다. revelation은 reveal의 명사로 '폭로', '뜻밖의 비밀을 누설함'이라는 뜻이다.)

A person who *revels* is a *reveler*[révələr].

revel하는 사람은 reveler(술 마시고 흥청대는 사람)이다.

- Amanda thought that all her guests had gone home, but then she found one last drunken *reveler* snoring in her bedroom closet.

  아만다는 모든 손님들이 집으로 돌아갔다고 생각했다. 그러나 그녀는 침실 벽장에서 술에 취한 마지막 사람 한 명이 코를 끌며 남아 있는 것을 발견했다.

REVILE [riváil] v to scold abusively; to berate; to denounce
욕설을 퍼부으며 꾸짖다; 몹시 꾸짖다; 비난하다

- In Dickens's *Oliver Twist*, poor Oliver is *reviled* for daring to ask for more gruel.

  디킨즈의 소설 "올리버 트위스트"에서, 불쌍한 올리버는 대담하게 오트밀 죽을 조금 더 달라고 했다가 심한 꾸지람을 듣는다.

- The president of the sorority *reviled* the newest member for not wearing enough makeup.

  여성 클럽의 회장은 충분한 화장을 하지 않았다는 이유로 새로 들어온 회원을 무섭게 나무랐다.

REVULSION [riválʃən] n loathing; repugnance; disgust 극도의 혐오감; 반감; 혐오

- The princess pulled back in *revulsion* when she realized that her kiss hadn't turned the frog into a prince after all.

  공주는 자신의 키스가 결국 개구리를 왕자로 변신시키지 못하자 극도의 혐오감을 느끼며 물러났다.

- "Please don't talk about dead lizards while I'm eating," said Sally with *revulsion*.

  "제발, 내가 먹고 있을 때는 죽은 도마뱀에 대해서 이야기하지 마라."라고 샐리가 심한 혐오감을 나타내며 말했다.

▸ revulse라는 단어는 없다.

RHAPSODIZE [rǽpsədàiz] v to speak extremely enthusiastically; to gush
매우 열정적으로 말하다; 신이 나서 떠벌리다

- Danielle *rhapsodized* about the little dog, saying that she had never seen a more beautiful, friendly, fabulous little dog in her entire life.

  다니엘은 그 작은 개에 대해 전 인생을 통틀어 그보다 더 아름답고, 더 친근하고, 더 멋진 개를 본 적이 없다고 열변을 토했다.

- Hugh never has a kind word to say about anything, so when he *rhapsodized* about the new restaurant we figured that we probably ought to try it.

  휴는 결코 어떤 것에 대해 말할 때 좋게 말하는 법이 없다. 그래서 그가 새 레스토랑에 대해 매우 열정적으로 말했을 때 우리는 아마도 거기에 가 봐야 한다고 생각했다.

▸ 형용사형은 rhapsodic[rǽpsádik](열광적인)이다.

- The review of the play was far from *rhapsodic*. In fact, it was so harshly negative that the play closed the next day.

  그 연극에 관한 평은 열광적인 것과는 거리가 있었다. 사실 그 내용은 가혹할 정도로 부정적인 것이어서 연극은 그 다음날 막을 내렸다.

▸ 이 단어들의 발음에 주의할 것.

RIBALD [ríbəld] adj indecent or vulgar; off-color 추잡하거나 저속한; 상스러운

- Most of the songs on that new album have *ribald* lyrics that will give heart attacks to mothers all over the nation.

  새 앨범에 들어 있는 곡들 대부분은 전국의 엄마들이 심장마비를 일으킬 저속한 가사들로 되어 있다.

Ribald language or horsing around is called *ribaldry* [ríbəldri].

ribaldry는 '상스러운 말'이나 '저속한 희롱'을 뜻한다.

- The freshman dormitory was characterized primarily by *ribaldry* and beer.

  상스러운 농담과 맥주는 신입생 기숙사의 기본적인 특징이었다.

▸ 이 단어들의 발음에 주의할 것.

RIFE [rɑif] adj occurring frequently; widespread; common; swarming
자주 발생하는; 만연된; 흔한; 수없이 많은

- Fistfights were *rife* in that part of town, largely because there was an all-night bar in nearly every storefront.

  주먹다짐은 도시의 그 지역에서는 아주 흔한 일이었다. 그것은 주로 거의 모든 길거리에 면한 빌딩의 정면에 밤새도록 영업하는 술집이 있기 때문이었다.

- The committee's planning sessions were *rife* with backstabbing and petty quarrels.

  위원회의 회기 동안에는 상호 비방과 사소한 언쟁들이 만연했다.

- Below decks, this ship is *rife* with rats and other pests.

  이 배의 갑판 아래는 쥐를 비롯한 온갖 해충들이 아주 많이 있다.

RIVET [rívit] v to engross; to hold firmly 몰두시키다; 굳게 유지하다

On a construction site, a *rivet* is a metal pin that is used to fasten things together, and *riveting* is the act of fastening things in this manner. Outside of a construction site, *rivet* means much the same thing, except figuratively.

건설 현장에서 말하는 rivet은 물건들을 함께 붙여 고정시키기 위해 사용되는 '철로 만든 못'을 의미하며, riveting은 위와 같은 방법으로 '사물을 고정시키는 행위'를 말하는 것이다. 건설 현장을 벗어나도 rivet은 비유적인 의미로 쓰이는 경우를 제외하면 거의 같은 의미로 쓰인다.

- After reading the first paragraph, I was *riveted* to the murder mystery until I had finished the final one.

  첫 번째 단락을 읽고 난 후, 나는 마지막 단락을 끝낼 때까지 그 추리 소설에 몰두했다.

- Dr. Connors *riveted* the attention of his audience with a description of his method of turning himself into a lizard.

  라슨 박사는 자신을 도마뱀으로 변하게 하는 비법을 설명함으로써 청중들의 주의를 집중시켰다.

If something *rivets* in this way, it is said to be *riveting*.

어떤 것의 마음을 붙드는 것에도 riveting이라는 표현을 쓴다.

- Shayla has the most *riveting* green eyes I've ever seen—or perhaps those are contact lenses.

  샤일라는 지금까지 내가 보아온 사람 중에 가장 매혹적인(사람의 마음을 끄는) 녹색의 눈동자를 가지고 있다. 진짜가 아니라면, 아마도 그 눈은 콘택트렌즈일 것이다.

The figurative definition of *rivet* is close to *transfix*.

비유적인 의미로 rivet은 transfix와 비슷하다.

ROUT [raut] v to put to flight; to scatter; to cause a huge defeat
패주시키다; 적을 쫓아버리다; 크게 패하게 만들다

- Brighton High School's debate team *routed* the team from Pittsford, leaving the Pittsford captain sobbing among his notecards.

  브라이튼 고등학교의 토론반은 피츠포드에서 온 팀을 대파했다. 그래서 피츠포드 팀의 주장을 메모장들 사이에서 울게 만들었다.

- *Routing* the forces of pestilence and famine turned out to be a bigger job than Mark had anticipated, so he stopped trying and went to law school instead.

  막강한 흑사병과 기아를 물리치는 일은 마크가 일찍이 예상했던 것보다 더 큰 문제였다. 그래서 그는 시도를 그만두고 대신 로스쿨로 갔다.

▶ rout는 명사로도 쓰인다.

- Last week's basketball game was a *rout*, not a contest; our team lost by a margin of more than fifty points.

  지난주의 농구 시합은 경기가 아니라 완전한 패배였다. 우리 팀은 50점 이상 졌다.

RUE [ru:] v to mourn; to regret   슬퍼하다; 후회하다

- I *rue* the day I walked into this place; nothing even remotely good has happened to me since then.

  나는 이곳에 왔던 날을 후회하고 있다. 그때 이후로 나에게는 아주 작은 행운조차도 일어나지 않았다.

- The middle-aged man *rued* his misspent youth—all that time wasted studying, when he could have been meeting girls.

  중년의 남자는 놓쳐 버린 젊은 시절에 공부하느라 보내 버린 그 모든 시간들, 여자들을 만날 수도 있었을 시간들을 후회했다.

▶ 형용사형은 rueful(후회하는)이다.

- It's hard for Howie not to feel *rueful* when he remembers the way he fumbled the ball in the last two seconds of the game, ending his team's thirty-year winning streak.

  경기 종료 마지막 2초를 남겨놓고 공을 실수로 놓친 일이 머리에 떠오를 때면, 호위는 안타까운 마음을 가눌 수가 없다. 그의 실수로 팀은 30년간의 연승 행진의 막을 내린 것이다.

- Whenever Olga's mother gets a *rueful* look in her eye, Olga knows she's about to make some kind of remark about how fast time passes.

  어머니의 눈에 슬픈 기색이 보일 때마다, 올가는 엄마가 세월이 얼마나 빨리 흘러가는지에 대해서 몇 말씀 하려는 신호라는 것을 알고 있다.

QUICK QUIZ

Match each word in the first column with its definition in the second column. Check your answers in the back of the book.

1. resplendent	a. enjoy thoroughly
2. resurrection	b. scold abusively
3. retort	c. brilliantly shining
4. retrospect	d. occurring frequently
5. revamp	e. revise
6. revel	f. looking backward
7. revile	g. engross
8. revulsion	h. mourn
9. rhapsodize	i. make a sharp reply
10. ribald	j. put to flight
11. rife	k. return to life
12. rivet	l. indecent
13. rout	m. speak extremely enthusiastically
14. rue	n. loathing

S

SALLY [sǽli] n a sudden rushing attack; an excursion; an expedition;
a repartee; a clever rejoinder
갑작스러운 돌격; 소풍; 여행; 재치 있는 말대꾸; 답변

- Our cat made a lightning-fast *sally* into the TV room, then dashed out of the house with the parakeet squawking in his mouth.
  우리 집 고양이는 번개처럼 빠른 동작으로 TV가 있는 방으로 가서는 입에 꽥꽥거리는 잉꼬를 물고 집밖으로 달려 나갔다.

- Let's take a little *sally* down Newbury Street; there are some very nice, expensive shops there I've been meaning to peek into.
  뉴베리가로 소풍을 가자. 그곳에는 내가 살짝 들여다보고 싶은 멋지고 값비싼 상점들이 있단다.

- Tony didn't know the answer to the professor's question, but his quick-witted *sally* made the whole class laugh, including the professor.
  토니는 교수가 한 질문의 정답을 알지 못했다. 그러나 재치 있는 답변으로 교수와 모든 학생들을 웃게 만들었다.

▶ sally는 동사로도 쓰인다.

- The first sentence of the mystery is, "One fine morning, Randall Quarry sallied forth from his Yorkshire mansion and was never seen again."
  그 추리 소설의 첫 번째 문장은 이렇게 시작한다. "어느 상쾌한 아침, 랜달 쿼리는 요크셔에 있는 자신의 집에서 뛰쳐나간 뒤 다시는 볼 수 없었다."

SALUTATION [sæ̀ljutéiʃən] n greeting; welcome; opening words of greeting
인사; 환영의 인사말; 인사할 때 처음 쓰는 말

- "Hello, you stinking, stupid swine" is not the sort of warm, supportive *salutation* James had been expecting from his girlfriend.
  "이봐! 비열하고 멍청한 욕심쟁이야."라는 말은 제임스가 여자 친구에게 듣기를 기대했던 따뜻하고 우호적인 인사말과는 거리가 멀다.

- Unable to recognize the man coming toward her, Lila waved her hand in *salutation* and hoped the gesture would fool him into thinking she knew who he was.
  다가오고 있는 사람을 알아볼 수가 없었기 때문에, 리라는 인사의 표현으로 손을 흔들었다. 그녀는 그 손짓으로 자신이 그가 누구인지 알고 있다고 믿게 할 수 있을 것이라고 생각했다.

A *salutatory* [səlú:tətɔ̀:ri] is a welcoming address given to an audience. At a high school commencement, it is the speech given by the *salutatorian* [səlù:tətɔ́:riən], the student with the second-highest grade point average in the graduating class. (The student with the highest average is the valedictorian.)
salutatory는 관객들에게 하는 '인사말'이다. 고등학교 졸업식에서는, 전체 차석을 한 salutatorian(학생 대표)이 인사말로 하는 연설을 말한다.(최고 수석 학생은 valedictorian이다.)

SANCTION [sǽŋkʃən] n official permission or approval; endorsement; penalty; punitive measure   공식적인 승인이나 허가; 승인; 제재; 징벌의 수단

- Without the *sanction* of the historical commission, Cynthia was unable to paint her house purple and put a flashing neon sign over the front door.
  역사 위원회의 승인 없이는 신시아는 자신의 집을 자주색으로 칠하거나 현관에 번쩍거리는 네온사인을 설치할 수 없었다.

- The babysitter wasn't sure whether it was okay for Alex to knock over Andy's block tower, so she called the boys' parents and received their *sanction* first.
  베이비시터는 알렉스가 앤디의 블록 탑을 부셔도 되는지 확신을 할 수가 없었다. 그래서 그녀는 아이들의 부모에게 전화를 걸어 먼저 그들의 허락부터 받았다.

Strangely, *sanction* also has a meaning that is nearly opposite to approval or permission. (*Cleave* is another word that is very nearly its own antonym.)
이상하게도, sanction이라는 단어는 '승인'이나 '허가'라는 의미와 거의 반대되는 개념도 함께 갖고 있다. (cleave도 반대되는 뜻을 동시에 가지고 있는 단어이다.)

- "Unless your puny little nation stops selling poisoned fruit to other nations," the secretary of state threatened, "we'll impose so many *sanctions* on you that you won't know which way is up."
  "당신의 작은 나라가 다른 나라에 유독성 과일을 판매하는 것을 그만두지 않는다면, 우리는 당신네 나라가 어떤 길도 찾을 수 없도록 많은 제재 조치들을 내릴 것이오."라며 국무장관이 위협했다.

- For many years international *sanctions* on South Africa included the banning of its athletes from competing in the Olympics.
  수년 동안 남아프리카에 내려진 국제적 제재 조치는 올림픽 경기에 선수들을 출전하지 못하게 하는 내용도 포함되어 있었다.

▸ sanction는 동사로도 쓰인다.

- The manager of the apartment complex won't *sanction* your flooding the weight room to make a swimming pool.
  아파트 건물의 관리인은 네가 체력 단련실에 물을 채워 수영장으로 만드는 것을 승인하지 않을 것이다.

SARCASM [sá:rkæzəm] n a tone used to convey irony, or the fact that the intended meaning is opposite from the written or spoken one
빈정대는 말투, 또는 의도된 의미가 쓰이거나 말해진 것과 정반대인 것

- Hank believes that *sarcasm* is the key to breaking the ice with girls. "Is that your real hair, or did you just join the circus?" he asked Jeanette.
  행크는 여자들과의 어색함을 녹이는 열쇠는 비꼬는 농담이라고 생각한다. "그거, 너의 진짜 머리 맞아? 아니면, 막 서커스단에 들어간 거니?"라고 행크가 자넷에게 물었다.

▸ 형용사형은 sarcastic [sa:rkǽstik] (빈정대는)이다.

- The mayor was enraged by the *sarcastic* tone of the newspaper's editorial about his arrest for possession of cocaine.
  그가 코카인 소지죄로 체포된 것에 대해서 신문이 빈정대는 투로 사설을 쓰자 시장은 화를 냈다.

- "Nice outfit," Martin said *sarcastically* as he eyed his sister's faded bathrobe, fluffy slippers, and knee-high nylons.
  "멋진 옷이야!" 마틴은 여동생이 빛바랜 목욕용 가운에다 보풀이 일어난 슬리퍼, 무릎까지 오는 나일론 양말을 입은 것을 보고 빈정대듯이 말했다.

SAVANT [sævá:nt] n a scholar; a knowledgeable and learned person
학자; 지식과 학식이 높은 사람

- Bertrand is a real *savant* about architecture. You can't go on a walk without him stopping to point out every architectural point of interest he sees. That's why no one will go on walks with him anymore.

  버트랜드는 건축학 분야의 진정한 학자이다. 그와 함께 걸을 때면 언제나 보는 것마다 흥미 있는 건축학적 요점을 지적하기 위해 멈추곤 한다. 아무도 더 이상 그와 함께 걷지 않는 것이 그 이유다.

- The abbot of the monastery is a great *savant* in the fields of church history and religious art.

  그 수도원의 원장님은 교회의 역사와 종교 미술 분야에 대단히 학식이 높은 사람이다.

Perhaps because *savant* is a French word (it derives from the French *savoir*, to know), it tends to be used in association with more sophisticated feats of knowledge. You're unlikely to hear someone described as a baseball *savant*, for example.

아마도 savant라는 단어가 프랑스 어('알다'라는 뜻을 가진 프랑스 어 savoir)이기 때문에 한 단계 높은 지식의 수준이라는 면과 연관해서 사용되는 경향이 있다. 예를 들면, 누군가 야구계의 학자라는 말을 듣기는 쉽지 않을 것이다.

An *idiot savant* is a person who, though mentally handicapped, has an astonishing mastery of one particular subject.

idiot savant는 지적 장애가 있지만, '특정한 한 가지 주제에 대해서는 놀랄 만한 능력을 가지고 있는 사람'을 일컫는 말이다.

- Ed is an *idiot savant*; he can't speak, read, or dress himself, but he is capable of playing intricate piano pieces after hearing them just once.

  에드는 천치 석학이다. 그는 말할 줄도 읽을 줄도 스스로 옷을 입을 줄도 모르지만, 아무리 난해한 곡도 한 번만 들으면 피아노로 연주할 수 있는 능력이 있다.

Savoir faire [sὲvwɑːrfέər] is a French phrase that has been adopted into English. It is social grace, or the knowledge of what to do and how to behave in any situation.

savoir-faire는 영어에 차용된 프랑스 숙어이다. 이것은 '사교 예절' 또는 '어떤 상황에서 무엇을 하고 어떻게 행동해야 할지를 아는 것'이라는 뜻이다.

- Priscilla very nervous at the diplomat's party, but her instinctive *savoir faire* kept her from making major blunders.

  프리실라는 외교관들의 파티에서 신경이 쓰였지만 그녀의 본능적인 사교술 덕분에 큰 실수를 하지 않고 넘어갔다.

▶ 이 단어들의 발음에 주의할 것.

SCANT [skænt] adj limited; meager; barely sufficient
제한된; 빈약한; 간신히 충족이 되는

- Soap and water are in *scant* supply around here. You'll be able to take a shower only once per month.

  이곳에서는 비누와 물이 제한적으로 공급되고 있다. 한 달에 한 번 정도만 목욕을 할 수 있을 것이다.

- Finding the recipe too bland, she added a *scant* tablespoonful of lemon juice to the mixture.

  요리가 너무 순하고 맛이 없다는 것을 알고서, 그녀는 부족한 레몬주스를 한 스푼 가득 더 섞어 넣었다.

- Mrs. Doudy has rather *scant* knowledge of home economics. She's been teaching her students to hem things with tape and safety pins.

  두디 부인은 가정 경제에 대한 지식이 상당히 부족하다. 그녀는 물건들을 테이프와 안전핀으로 싸 두라고 가르쳐 왔다.

▸ scant는 동사로도 쓰인다.

- Don't *scant* me on mashed potatoes—you know they're my favorite.
  으깬 감자 가지고 나에게 인색하게 굴지 마라. 알다시피 그것은 내가 가장 좋아하는 것이다.

Scant and *scanty*[skǽnti] have similar but not quite identical meanings. *Scant* means barely sufficient in amount, while *scanty* means barely sufficient in number, extent, or quantity.

scant와 scanty는 비슷하긴 하지만 완전히 동일한 의미를 갖고 있지는 않다. scant는 '간신히 합계에 도달하는'의 뜻이지만, 반면에 scanty는 '숫자나 범위, 수량이 간신히 되는'의 뜻이다.

- The beggar has *scant* food and *scanty* clothes.
  그 거지는 먹을 것은 부족하고, 옷은 몇 벌 없다.

SCHISM [sízm] n division; separation; discord or disharmony
분열; 분리; 불화, 부조화

▸ 발음에 주의할 것.

- There's been a *schism* in the ranks of the Flat Earth Society; one faction believes that the earth is flat because it was created that way, while the other faction believes the earth used to be round but was rolled flat by beings from outer space.
  '평평한 지구 학회'의 구성원들 사이에도 불화는 있어 왔다. 한 파벌은 지구는 처음부터 평평하게 만들어졌기 때문에 지금 평평하다고 믿고 있고, 반면에 다른 파벌은 지구가 원래는 둥근 모양이었으나 외계인이 지구를 굴려서 평평하게 만들었다고 믿고 있다.

SCORN [skɔːrn] v to disdain; to find someone or something contemptible
경멸하다; 치사하게 생각하다

- "I *scorn* your sweaty, mindless athletics," said the president of the literary club to the captain of the football team. "I prefer spending a quiet afternoon by myself reading the works of the great poets."
  '땀 냄새 나고 지적인 데라곤 하나도 없는 너의 운동을 경멸해. 나는 혼자서 위대한 시인의 작품이나 읽으면서 조용한 오후를 보내는 것이 더 좋아.'라고 문학부의 회장이 풋볼 팀의 주장에게 말했다.

- Morris *scorns* every kind of cat food except the most expensive brand.
  모리스는 가장 비싼 상표를 제외하고는 모든 종류의 고양이 먹이를 다 싫어한다.

▸ scorn은 명사 혹은 형용사로도 쓰인다.

- "Your clothes are totally pathetic, Dad," said Reba, her voice dripping with scorn. Her father gave her a scornful look and said, "Do you really believe I care what a five-year-old thinks of the way I dress?"
  '아빠의 옷은 너무 우스꽝스러워요.'라고 경멸이 묻어나는 목소리로 레바가 말했다. 그녀의 아빠는 레바에게 비웃는 표정을 보이며 '너 설마 내가 옷 입는 것에 대해서 다섯 살짜리 꼬마의 생각에 신경 쓰리라고 생각하는 것은 아니겠지?'라고 말했다.

SEAMLESS [síːmlis] adj without a seam; without anything to indicate where two things were joined together; smooth
솔기가 없는; 두 부분이 함께 봉합되었다는 표시가 없는; 매끄러운

- After lots of revision, Jennifer succeeded in reworking the two halves of her novel into a *seamless* whole.

  여러 번의 수정을 거친 후에야 제니퍼는 소설의 두 부분을 표 나지 않게 완전한 하나로 개정하는 데 성공했다.

- The most interesting thing Beth said all evening was that her new, *seamless* underpants were considerably less bulky than the kind she had formerly worn.

  베스가 밤새도록 얘기한 것 중에서 가장 재미있는 일은 솔기 없이 매끄러운 그녀의 새 속바지가 이전에 입었던 것보다 상당히 부피가 더 작다는 얘기였다.

- His excuse is *seamless*, I have to admit; I know he's lying, but I can't find a hole in his story.

  그의 변명은 그럴듯하다. 나는 받아들일 수밖에 없다. 나는 그가 거짓말을 하고 있다는 것을 알지만, 그의 변명 속에서 허점을 찾을 수가 없다.

SECEDE [sisíːd] v to withdraw from an alliance 동맹에서 탈퇴하다

- When the southern states *seceded* from the Union, they probably never expected to create quite as much of a ruckus as they did.

  남부의 주들은 미 연방에서 탈퇴하면서, 아마도 그들이 한 일 때문에 그토록 요란한 소동이 일어나리라고는 생각지도 못했을 것이다.

- If taxes keep rising, our state is going to *secede* from the nation and become a tax-free society financed by revenues from bingo and horse racing.

  만약 세금이 계속 인상된다면, 우리 주는 국가에서 탈퇴를 해서 복권과 경마에서 얻어지는 수입으로 재정을 운영하는 비과세 공동체를 만들 것이다.

- When Edward's mother made him clean his room, he *seceded* from his family and moved into the basement, where he could keep things as messy as he wanted.

  어머니가 에드워드에게 방을 청소하라고 시키셨을 때, 그는 가족들에게서 벗어나 지하실로 이사 갔다. 거기서 그는 원하는 만큼 마음대로 지저분하게 늘어놓고 살 수 있었다.

▶ 명사형은 secession[siséʃən] (분리, 독립)이다.

- Edward's mother refused to recognize his *secession*. She made him clean up the basement, too.

  에드워드의 어머니는 그의 독립을 인정하지 않았다. 어머니는 지하실도 깨끗이 청소하라고 시키셨다.

SECLUSION [siklúːʒən] n aloneness; withdrawal from other people
고립; 다른 사람들로부터 벗어남

- The poet spent her final years in *seclusion*, remaining alone in a darkened room and listening to "Stairway to Heaven" over and over again.

  그 시인은 어두운 방에 혼자 앉아서 "천국의 계단"을 반복해서 들으며, 말년을 은둔 생활을 하며 보냈다.

- Some people can study better with other people around, but I need total *seclusion* and an endless supply of coffee.

  어떤 사람들은 다른 사람들과 함께 어울려야 공부를 더 잘할 수 있지만, 나는 완전한 격리와 충분한 커피 공급만 있으면 된다.

- The prisoner was causing so much trouble that his guards agreed it would be best to put him in *seclusion* for the time being.

  그 죄수는 워낙 말썽을 많이 부렸기 때문에, 당분간 독방에 격리 수용하는 것이 최선이라는 생각에 담당 교도관도 동의했다.

▶ 형용사형은 secluded[siklú:did](외딴)이다.

- Roberta lives in a *secluded* house at the end of a dead-end street; the lots on either side of hers are empty.

  로베르타는 막다른 골목 끝에 있는 외딴집에 살고 있다. 그녀의 집 양쪽에 있는 부지는 모두 비어 있다.

▶ 동사형은 seclude[siklú:d] (은둔하다)이다.

QUICK QUIZ

Match each word in the first column with its definition in the second column. Check your answers in the back of the book.

1. sally	a. biting irony
2. salutation	b. scholar
3. sanction	c. sudden rushing attack
4. sarcasm	d. withdraw from an alliance
5. savant	e. smooth
6. scant	f. disdain
7. schism	g. official permission or approval
8. scorn	h. greeting
9. seamless	i. division
10. secede	j. limited

SECT [sekt] n a small religious subgroup or religion; any group with a uniting theme or purpose
종교 내의 작은 소그룹 또는 종파; 같은 주제나 목적으로 모인 그룹

- Jack dropped out of college and joined a religious *sect* whose members were required to live with animals and surrender all their material possessions to the leaders of the *sect*.

  잭은 대학을 중퇴하고, 동물과 생활하며 모든 물질적 재산을 지도자들에게 넘길 것을 요구하는 종교 분파에 합류했다.

- After the schism of 1949, the religious denomination split up into about fifty different *sects*, all of them with near identical beliefs and none of them speaking to the others.

  1949년 분파 독립 이후로, 그 종파는 다시 50개의 서로 다른 분파로 갈라졌다. 그들 모두 거의 동일한 신앙 체계를 가지고 있으면서도 서로 전혀 교류하지 않았다.

Matters pertaining to *sects* are *sectarian*[sektέəriən].

sect들에 관련된 일들은 sectarian(종파의)이다.

- The company was divided by *sectarian* fighting between the research and marketing departments, each of which had its own idea about what the new computer should be able to do.

  회사는 연구부와 마케팅 부서 간에 파벌 싸움으로 나뉘어져 있었다. 그들은 새로운 컴퓨터의 기능에 대해서 각자의 생각을 고집하고 있었다.

To be *sectarian* is also to be single-mindedly devoted to a *sect*. *Nonsectarian* means not pertaining to any particular *sect* or group.

sectarian은 형용사로 쓰이면 '한 sect에 한결같은 마음으로 헌신하는'의 뜻이다. nonsectarian은 '어떠한 특별한 그룹이나 sect(분파)에 소속되지 않는'의 뜻이다.

- Milly has grown so *sectarian* since becoming a Moonie that she can't really talk to you anymore without trying to convert you.

  밀리는 통일교 신자가 된 이후로 당파심이 아주 강한 사람이 되어서, 앞으로는 그녀가 당신에게 이야기를 할 때면 반드시 당신을 개종시키려 할 것이다.

SEDENTARY [sédəntèri] **adj largely confined to sitting down; not physically active** 주로 앉아서 생활하는; 육체적인 움직임이 없는

- Writing is a *sedentary* life; just about the only exercise you get is walking to the mailbox to see whether anyone's sent you a check, and you don't even need to do that often.

  글쓰기는 앉아서 하는 생활이다. 할 수 있는 유일한 운동이라는 것은 단지 누군가가 수표를 보냈는가 알아보기 위해서 우편함까지 걸어가는 것이다. 그런데 그 일은 자주 할 필요는 없는 일이다.

- When people get older, they tend to become more *sedentary*; my octogenarian aunt even uses her car to visit her next-door neighbor.

  사람들은 나이가 들어감에 따라서 점점 더 잘 안 움직이는 경향이 있다. 80대인 우리 숙모만 해도 바로 옆집에 사는 이웃을 방문할 때조차 차를 타고 간다.

- If you want to stay in shape with that *sedentary* job, you'll have to make sure to get lots of exercise in your spare time.

  만약 당신이 앉아서만 일하는 업종에 종사하면서 건강한 몸을 유지하고 싶다면, 여가 시간에 반드시 운동을 많이 해야 할 것이다.

SELF-MADE [self meid] **adj having succeeded in life without help from others** 다른 사람의 도움 없이 성공적인 삶을 사는

- John is a *self-made* man; everything he's accomplished, he's accomplished without benefit of education or support from powerful friends. Like most *self-made* men, John can't stop talking about how much he's managed to accomplish despite his humble origins.

  존은 자수성가한 사람이다. 그가 이룩한 모든 것은 교육의 혜택이나 권력 있는 친구의 도움 없이 이루어낸 것이다. 대부분의 자수성가한 사람들처럼 존도 보잘것없이 시작했음에도 불구하고 자신이 얼마나 많은 것을 이룩했는지 끊임없이 얘기하고자 한다.

- Being a wildly successful *self-made* politician, Maggie had little sympathy with the idea of helping others who hadn't gotten as far as she. "I pulled myself up by my own bootstraps; why can't they?" she would say, staring out her limousine window at the wretched souls living in cardboard boxes on the streets.

  매기는 힘들게 성공한 자수성가형 정치가였기 때문에, 자신보다 못한 사람을 도와주려는 동정심이 거의 없었다. "나는 정말 나 혼자의 힘으로 나 자신을 끌어올렸어. 그들은 왜 그렇게 못하는 거지?"라고 그녀는 길거리에서 판자 상자에 의존해 살고 있는 불쌍한 사람들을 리무진 창밖으로 노려보며 말하곤 했다.

Self-esteem [self istí:m] is the opinion one has of oneself.

self-esteem은 '자존심', '자신에 대한 평가'이다.

- Patty's *self-esteem* is so low that she can't even bring herself to say hello to people in passing because she can't imagine why they would want to talk to her.

  패티는 자신을 너무나 비천하게 생각했기 때문에 지나가는 사람들에게 인사를 하고 싶은 마음이 생기지 않았다. 그들이 왜 그녀와 말을 하고 싶어하는지 상상도 할 수 없었기 때문이었다.

Something is *self-evident* [self évidənt] if it is obvious without needing to be pointed out.

self-evident는 '다시 한 번 지적할 필요도 없이 명백한'이라는 뜻이다.

- Most Americans believe that certain rights, such as the right to speak freely, are *self-evident*.

  대부분의 미국인들은 자유롭게 말하는 것 같은 권리들은 자명하다고 생각한다.

A *self-possessed* [self pəzést] person is one who has good control of his or her feelings.

self-possessed person은 '자신의 감정을 잘 다스릴 줄 아는 사람'이다.

- The only time Valerie's *self-possession* [self pəzéʃən] ever breaks down is when someone in the audience yawns.

  발레리의 침착함이 무너지는 유일한 때는 청중 중 누군가가 하품을 할 때이다.

A *self-righteous* [self ráitʃəs] person is sanctimonious, smug, and intolerant of others, believing that everything he or she does is right.

self-righteous person은 '신성한 체하며, 잘난 체하고, 자신과 다른 것을 참지 못하며, 자신이 하는 것만 옳다고 믿는 '독선적인 사람'이다.

- "It's a good thing some of us have proper respect for others' possessions," said Tiffany *self-righteously* after discovering that her roommate had wiped her nose on the handkerchief that Tiffany had bought.

  "남의 물건에 대해서도 어느 정도는 존중해 줘야 모두에게 좋은 일이지."라고 티파니는 같은 방을 쓰는 친구가 자신이 구입한 손수건에 코를 닦은 것을 알고 독선적으로 말했다.

A *self-satisfied* [self sǽtisfàid] person is, obviously, satisfied—oversatisfied—with himself or herself.

self-satisfied person은 '눈에 띌 정도로 자신에 대해서 만족하고 있는 사람'이다.

- My *self-satisfied* sister announced to my mother that she had done a much better job of making her bed than I had.

  자기만족이 강한 여동생은 침대를 정리하는 일에 있어서 나보다 자신이 훨씬 더 잘했다고 엄마에게 자랑했다.

A *self-starter* [self stá:rtər] takes initiative and doesn't need the help of others to get going.

self-starter는 '솔선해서 하는 것' 또는 '작동을 하는 데 다른 것의 도움이 필요하지 않은 것'이다.

- Sandra is a great *self-starter*. The second the professor gives a paper assignment, she rushes out to the library and checks out all the books she'll need. I'm not a good *self-starter* at all. I prefer to sit around watching TV until the day of the deadline and then ask the professor for an extension.

  샌드라는 대단히 솔선하는 사람이다. 교수가 과제를 내주는 순간 곧장 도서관으로 달려가 필요한 책들을 대출한다. 나는 솔선수범하는 사람이 전혀 아니다. 마감 날이 될 때까지 눌러앉아 TV를 보다가 교수에게 날짜를 연기해 달라고 부탁한다.

SENTENTIOUS [senténʃəs] adj preachy; pompous; excessively moralizing; self-righteous
설교조의; 젠체하는; 지나칠 정도로 도덕적인; 독선적인

- The new headmistress made a *sententious* speech in which she urged the student body to follow her illustrious example.

  신임 여 교장은 학생들에게 자신을 본받을 것을 강조하는 훈시를 했다.

- I can stand a boring lecture, but not a *sententious* one, especially when I know that the professor giving it has absolutely nothing to brag about.

  나는 지루한 강의는 참을 수 있지만 잘난 체하는 강의, 특히 전혀 자랑할 만한 것이 없는 교수가 하는 젠체하는 강의는 참을 수가 없다.

SERENE [səríːn] adj calm; peaceful; tranquil; untroubled
고요한; 평화로운; 조용한; 침착한

- In the lake's *serene* blue depths lie the keys my father hurled off the deck in a fit of temper a couple of days ago after learning that I had totaled his car.

  고요하고 푸른 호수 깊은 곳에, 이틀 전 내가 그의 차를 완전히 박살냈다는 것을 아신 아버지가 갑판에서 홧김에 집어던진 열쇠가 있다.

- "Try to look *serene*, dear," said the pageant director to the girl playing the Virgin Mary. "Mary should not look as though she wants to punch Joseph out."

  "침착하게 보이도록 애 좀 써 봐. 마리아는 요셉에게 주먹이라도 날릴 듯이 쳐다보면 안 되는 거야."라고 야외극 연출자가 동정녀 마리아 역을 맡은 소녀에게 말했다.

▶ 명사형은 serenity[sərénəti](고요함)이다.

- Kelly was a nervous wreck for an hour before the guests arrived, but as soon as the doorbell rang she turned into *serenity* itself.

  켈리는 손님들이 오기 전 한 시간 동안 신경과민이 되었다. 그러나 현관 벨이 울리자마자 곧 그녀는 침착함 그 자체로 변했다.

SERPENTINE [sə́ːrpəntìːn] adj snakelike in either shape or movement; winding, as a snake travels
형태나 움직임이 뱀 같은; 뱀이 지나가는 길처럼 구불구불한

A *serpent*[sə́ːrpənt] is a snake. To be *serpentine* is to be like a *serpent*.

serpent는 뱀이라는 단어이다. serpentine은 'serpent(뱀) 같은'이라는 뜻이다.

- Dan despises interstate highways, preferring to travel on *serpentine* state roads that wind through the hills and valleys.

  댄은 언덕과 계곡을 휘감고 도는 뱀처럼 구불구불한 국도를 여행하는 것을 더 좋아하기 때문에, 각 주를 이어주는 고속도로를 멸시한다.

▶ 동의어는 tortuous(구불구불한)이다.

SHACKLE [ʃǽkl] n a manacle; a restraint 수갑; 속박

- As soon as the bad guys left the room, the clever detective slipped out of his *shackles* by using his teeth to fashion a small key from a ballpoint pen.

  불량배들이 방을 나가자마자, 영리한 탐정은 치아를 사용해서 볼펜을 작은 열쇠로 만들어서 수갑을 풀었다.

- "Throw off the *shackles* of your restrictive upbringing and come skinny-dipping with me!" shouted Andy as he stripped off his clothes and jumped into the pool, but everyone else just stood quietly and stared at him.

  '너를 구속하는 교육의 족쇄를 벗어던져 버리고 나와 함께 맨몸으로 물에 들어가자!'라고 앤디는 옷을 모두 벗고 수영장으로 뛰어들면서 소리쳤다. 그러나 다른 모든 사람들은 말없이 서서 그저 그를 쳐다볼 뿐이었다.

▶ shackle은 동사로도 쓰인다.

- The circus trainer used heavy iron chains to *shackle* his bears when they weren't performing.

  서커스의 조련사는 곰들이 재주 부리는 공연을 하지 않을 때는 무거운 쇠사슬을 이용하여 족쇄를 채워 두었다.

SHIBBOLETH [ʃíbəliθ] n a distinctive word, pronunciation, or behavior that typifies a particular group; a slogan or catchword 특정한 집단을 대표하는 특이한 단어나 발음이나 행동; 슬로건, 표어

- That large government programs are inherently bad is a *shibboleth* of the Republican party.

  큰 정부를 지향하는 것은 본질적으로 좋지 않다는 것이 공화당의 슬로건이다.

A *shibboleth* can also be a common saying that is essentially meaningless.

shibboleth는 본질적으로는 별 의미가 없는 '상식적인 격언'을 의미한다.

- The old housewife's *shibboleth* that being cold makes a person more likely to catch a cold has been discredited by modern medical experts.

  '춥게 하면 사람들이 감기에 더 잘 걸린다'라는 나이 든 주부의 말을 현대의 의료계 전문가들은 신용하지 않았다.

SHREWD [ʃru:d] adj wily; cunning; sly 약삭빠른; 교활한; 음흉한

- Foxes actually are every bit as *shrewd* as they're portrayed to be in folklore; hunters say foxes under pursuit are often able to trick even trained foxhounds into following a false trail.

  여우들은 옛날 얘기에 그려진 것처럼 실제로도 아주 약삭빠른 동물이다. 추격을 받고 있던 여우는 종종 가짜 흔적을 만들어 잘 훈련된 여우 사냥개를 속이는 일도 있다고 사냥꾼들은 말한다.

- There was a *shrewd* look in the old shopkeeper's eye as he watched the city slickers venture into his country store and calculated the percentage by which he would be able to overcharge them for junk that none of the locals would have given a second glance.

  잘 차려입은 도시 사람들이 시골 상점으로 들어오려고 했을 때, 늙은 상점 주인의 눈에는 교활한 기색이 역력했다. 상점 주인은 그 지역 사람들은 누구도 거들떠보지 않았을 허접쓰레기 같은 상품들을 도시 사람들에게 얼마나 바가지를 씌워 팔 수 있을지 계산하고 있었다.

SINGULAR [síŋgjulər] adj exceptional; unique; unusual   예외적인; 특이한; 별난

- Nell has a *singular* talent for getting into trouble; the other morning, she managed to break her leg, insult a woman at the post office, drop some eggs at the grocery store, paint her bedroom green, and cut down the big maple tree in the next-door neighbor's front yard.

  넬은 말썽을 부리는 데는 남다른 재능이 있다. 어느 날 아침에는 다리를 부러뜨렸고, 우체국에서 어떤 여자에게 무례하게 굴었으며, 식품점에서는 계란을 떨어뜨리고, 침실을 녹색 페인트로 칠해 놓고, 옆집 앞마당에 있는 커다란 단풍나무까지 베어 버렸다.

- Theodore's *singular* facility with numbers makes life difficult for his teacher, who finds it embarrassing to be corrected by a first grader.

  테오도르는 숫자에 관한 특별한 재능 때문에 선생님의 생활을 힘들게 만든다. 1학년 학생인 그가 선생님의 잘못을 정정하는 바람에 선생님이 무척 당황하는 것이다.

Singular does not mean single. To be *singular* is to be exceptional; it is not to be alone.

singular는 단 하나를 의미하지 않는다. singular는 '예외적인'이라는 뜻이며, 하나만 있다는 뜻이 아니다.

QUICK QUIZ   73

Match each word in the first column with its definition in the second column. Check your answers in the back of the book.

1. seclusion	a.	wily
2. sect	b.	snakelike
3. sedentary	c.	preachy
4. self-made	d.	calm
5. sententious	e.	largely confined to sitting down
6. serene	f.	having succeeded without help from others
7. serpentine	g.	small religious subgroup
8. shackle	h.	manacle
9. shibboleth	i.	aloneness
10. shrewd	j.	catchword

SKIRMISH [skə́:rmiʃ] n a fight between small numbers of troops; a brief conflict   소수의 군대들이 싸우는 작은 접전; 작은 분쟁

- I was expecting a couple of *skirmishes* during the Scout camp-out—arguments about who got to shower first, and things like that—but not this out-and-out war between the girls in the different patrols.

  스카우트에서 야영 활동을 하는 동안에, 누가 먼저 샤워를 할 것인가 하는 문제나 그와 비슷한 형태의 문제들에 관하여 약간의 사소한 다툼이 있을 것이라는 것은 예상하고 있었다. 그러나 다른 반 여학생들 사이에 있었던 이런 완전한 전쟁은 예상하지 못했었다.

- Soldiers on both sides felt insulted when the CNN reporter referred to their recent battle as a "*skirmish*."

  CNN 기자가 최근의 전투를 "사소한 접전"이라고 말했을 때, 양측의 병사들은 모두 모욕감을 느꼈다.

- A *skirmish* broke out at the hockey game when a player threw a punch at the opposing team's goalie.

  하키 경기 중에 선수가 상대편 골키퍼에게 주먹을 날리는 바람에 작은 다툼이 일어났다.

▶ skirmish는 동사로도 쓰인다.

- The principal *skirmished* with the students over the issue of hair length.

  교장은 머리 길이에 관한 문제로 학생들과 작은 언쟁을 벌였다.

SKITTISH [skítiʃ] adj **nervous; easily startled; jumpy**
신경질적인; 쉽게 놀라는; 신경과민의

- The farm animals all seemed *skittish*, and no wonder—a wolf was walking back and forth outside their pen, reading a cookbook and sharpening his knife.

  농장의 동물들은 모두 신경이 예민해진 것 같았다. 놀랄 일도 아니었던 것이, 늑대 한 마리가 요리 책을 읽으며 칼을 갈면서 축사 앞을 이리저리 돌아다녔다.

- "Why are you so *skittish* tonight?" the babysitter asked the young children. "Is it my pointed teeth, or is it the snake in my knapsack?"

  "오늘 너희들 왜 그렇게 겁을 내는 거지? 내 송곳니 때문이니, 아니면 내 가방 속에 있는 뱀 때문이니?"라고 베이비시터가 아이들에게 물었다.

SLAKE [sleik] v **to quench; to satisfy; to assuage** 불을 끄다; 충족시키다; 진정시키다

- Soda doesn't *slake* your thirst as well as plain old water.

  소다수는 맹물만큼 갈증을 덜어주지는 못한다.

- Irene's thirst for companionship was *slaked* by her next-door neighbor, who spent most of every day drinking coffee with her in her kitchen.

  아이린의 교제에 대한 목마름은 거의 매일 부엌에서 함께 커피를 마시면서 보내는 이웃집 여자로 충족되었다.

- My hairdresser's admiration *slaked* my fear that shaving my head hadn't been the best move.

  머리를 미는 게 최선의 방법이 아니었다는 나의 걱정은 미용사의 칭찬으로 진정되었다.

SOLACE [sáləs] n **consolation; comfort** 위로; 위안

- The broken-hearted country—western singer found *solace* in a bottle of bourbon; then he wrote a song about finding *solace* in a bottle of bourbon.

  비탄에 잠긴 컨트리 가수는 한 병의 버번위스키에서 위안을 찾았다. 곧 그는 버번위스키에서 위안을 찾는다는 내용의 노래를 썼다.

- The Red Sox just lost the pennant, and there is no *solace* for baseball fans in the city of Boston tonight.

  레드삭스 팀은 방금 우승기를 놓쳤다. 오늘 밤 보스턴 시의 야구팬들을 위로할 수 있는 것은 아무것도 없다.

▶ solace는 동사로도 쓰인다.

- I've heard a lot of come-ons in my day, but "May I *solace* you?" has to be a first.
  한창때 나는 수많은 유혹의 말을 들었다. 그러나 "당신을 위로해 줄까요?"라는 말이 최고의 말임에 틀림없다.

SOLIDARITY [sὰlidǽrəti] n sense of unity; a sense of sharing a common goal or attitude
연대감: 공통의 목표나 사고방식을 가지고 있다는 느낌, 결속력

- Working on New Year's Eve wasn't as depressing as Russell had been fearing; there was a sense of *solidarity* in the newsroom that was at least as enjoyable as any New Year's Eve party he had ever been to.
  새해의 전날에 일하는 것은 러셀이 걱정했던 것만큼 그렇게 우울한 일은 아니었다. 편집실에는 함께 일하고 있는 동료들의 연대감이 있었는데 그것은 그가 지금까지 보아 왔던 어떤 새해맞이 파티만큼이나 즐거운 것이었다.

- To promote a sense of *solidarity* among our campers, we make them wear ugly uniforms and wake them up early; they don't have a good time, but they learn to stick together because they hate our rules so much.
  캠프의 구성원들 사이에 결속력을 높이기 위해서 우리는 모두에게 보기 흉한 유니폼을 입게 하고 아침 일찍 일어나게 한다. 그들은 즐거운 시간을 보내지는 못하지만 우리가 만든 규칙들을 너무나 싫어하기 때문에 함께 단결하는 법을 배우게 된다.

- *Solidarity* was an appropriate name for the Polish labor union since it represented a decision by workers to stand up together against their government.
  자유노조는 폴란드 노동조합을 일컫는 고유 명칭이었다. 이 단어는 정부에 대항하여 함께 일어섰던 노동자들의 결단을 표현하게 된 이후로 그렇게 쓰이게 되었다.

SOPHOMORIC [sὰfəmɔ́:rik] adj juvenile; childishly goofy
미숙한, 젊은; 유치하게 얼간이 짓을 하는

- The dean of students suspended the fraternity's privileges because its members had streaked through the library wearing togas, soaped the windows of the administration building, and engaged in other *sophomoric* antics during Parents' Weekend.
  학생부장은 학생 단체의 특권을 정지시켰다. 단체의 회원들이 부모님 참관 수업 일에 예복을 입고 도서관 안을 내달렸으며, 행정본부 건물 유리창에 비누칠을 하고 그 외에도 점잖지 못한 괴상한 행동들을 했기 때문이었다.

- "I expect the best man to be *sophomoric*—but not the groom. Now, give me that slingshot, and leave your poor fiancée alone!" the minister scolded Andy at his wedding rehearsal.
  "나는 신랑 들러리는 까불 수 있다고 생각하지만 신랑은 아니네. 자, 그 새총은 내게 주고, 기엾은 자네 약혼녀를 가만히 내버려 두게."라고 목사는 결혼식 리허설을 하면서 앤디를 꾸짖었다.

- The misbehaving tenth graders didn't mind being called *sophomoric*; after all, they were *sophomores* [sάfəmɔ́:rz].
  품행이 좋지 못한 10학년 학생들은 유치하다는 말을 듣는 것에 개의치 않았다. 결국 그들은 2학년짜리밖에 안 되는 것이었다.

▶ 이 단어들의 발음에 주의할 것.

SORDID [sɔ́:rdid] adj morally vile; filthy; squalid 도덕적으로 타락한; 불결한; 비열한

- "What a *sordid* little story I read in the newspaper this morning," Aunt Helen said to her nephew. "Do you think they'll ever find the man who–" She whispered the rest into his ear so that her impressionable young niece wouldn't hear the terrible things the man had done.

  "오늘 아침 신문에서 읽은 작은 기사는 너무나 부도덕한 이야기이구나."라고 헬렌 숙모는 조카에게 말했다. "그들이 그 남자를 찾을 것이라고 생각하니? 그는 …" 숙모는 감수성이 예민한 어린 조카딸이 그 남자의 끔찍한 행위에 대해서 듣지 못하게 하기 위해서 나머지 얘기를 조카의 귀에 대고 속삭였다.

- For many years, it turned out, Mr. Rubble had been involved in a *sordid* affair with the daughter of Mr. and Mrs. Flintstone.

  수년 동안, 러블 씨가 플린스톤 부부의 딸과 부도덕한 관계를 맺어 왔다는 사실이 밝혀졌다.

- This is just about the most *sordid* cottage I've ever seen. Look at that mold on the walls! Look at the slime on the floor! When I track down that rental agent, I'm going to give her a piece of my mind.

  이 집은 내가 지금까지 보아 온 것 중에서 가장 불결한 별장이다. 벽의 저 곰팡이 좀 봐라! 바닥의 진흙은 또 어떻고! 임대해 준 중개인을 쫓아가서 내 생각을 전해야겠다.

SOVEREIGN [sávərin] n supreme ruler; monarch 최고 통치권자; 군주

- Wouldn't the people in this country be surprised to learn that their *sovereign* is not a human but a mynah bird?

  이 나라의 국민은 그들의 통치권자가 인간이 아니라 한 마리 구관조라는 것을 알게 되면 놀라지 않을까?

Sovereign can also be used as an adjective, in which case it means *principal* or *foremost*.

sovereign은 형용사로 쓰일 경우 principal(주요한)이나 foremost(가장 최고의)라는 뜻으로 쓰인다.

- Getting those kids to school safely should be the bus driver's *sovereign* concern, but I'm afraid he's really more interested in finding a place to stop for a doughnut as soon as he has finished his route.

  아이들이 안전하게 학교에 도착할 수 있도록 하는 것이 스쿨버스 운전사의 가장 중요한 임무가 되어야 한다. 그러나 나는 그가 운행을 마치자마자 도넛을 먹기 위해 차를 세울 곳을 찾는 데만 더 관심을 두고 있는 것은 아닌지 걱정이 된다.

Sovereignty [sávərənti] means supremacy of authority—it's what kings exercise over their kingdoms.

sovereignty는 '최고의 권위'를 의미한다. 왕이 자신의 왕국에 대하여 행사할 수 있는 권한 같은 것이다.

- The disgruntled Californians declared *sovereignty* over some rocks in the middle of the Pacific Ocean and declared their intention of establishing a new nation.

  불만을 품은 캘리포니아 인들은 태평양 한가운데 있는 몇몇 바위섬들에 대해서 주권 통치를 선언하고, 새로운 국가 건설의 의지를 천명했다.

▶ 이 단어들의 발음에 주의할 것.

SPATE [speit] n a sudden outpouring 갑작스러운 범람, 쏟아져 나옴

- Julia has received a *spate* of media coverage in the days since her new movie was released; last week, her picture was on the covers of both *Time and Newsweek*.

  줄리아의 새 영화가 상영되고 난 뒤 요즘 그녀에게 미디어로부터 갑작스러운 관심이 쏟아져 왔다. 지난주, 타임지와 뉴스위크지의 표지에는 그녀의 사진이 실렸다.

- "The recent *spate* of pickpocketing in the area makes me think that Gotham's citizens are ignoring our public awareness ad campaign," bemoaned Police Commissioner Gordon.

  "최근 이 지역에 소매치기가 범람하는 것은 고담 시민들이 우리의 국민 의식 캠페인을 무시한다는 생각이 들게 해."라고 경찰청장 고든이 불만을 토로했다.

In British usage, a *spate* is a literal flood.

영국식 영어에서 spate는 문자 그대로 '홍수'라는 뜻이다.

- When the *spate* had abated, the villagers were horrified to discover how hard it is to remove mud from upholstered furniture.

  홍수의 세력이 약해지면서, 마을 사람들은 집에 설치된 가구에서 진흙을 치우는 것이 쉽지 않은 일이라는 것을 알고 모두 충격을 받았다.

▶ 동의어는 influx(밀어닥침)이다.

QUICK QUIZ

Match each word in the first column with its definition in the second column. Check your answers in the back of the book.

1. singular	a.	consolation
2. skirmish	b.	sudden outpouring
3. skittish	c.	fight between small numbers of troops
4. slake	d.	quench
5. solace	e.	exceptional
6. solidarity	f.	juvenile
7. sophomoric	g.	nervous
8. sordid	h.	sense of unity
9. sovereign	i.	supreme ruler
10. spate	j.	morally vile

SPECIOUS [spíːʃəs] **adj** something that seems correct or appropriate but that lacks real worth; deceptive; misleading; not genuine

옳거나 적절한 것처럼 보이지만 실제로는 가치가 없는, 그럴듯한, 허울 좋은; 현혹시키는; 오해시키는; 진짜가 아닌

- That's *specious* reasoning, Olivia; the fact that both roses and blood are red does not mean that roses contain blood.

  올리비아, 그것은 그럴듯한 추리이기는 해. 그러나 장미와 피가 모두 빨갛다는 사실이 장미에 피가 들어 있다는 것을 의미하지는 않아.

- Medical doctors have long viewed chiropractic as a *specious* discipline, but that attitude has changed somewhat in recent years as a number of careful studies have demonstrated the effectiveness of certain chiropractic techniques.

  의학 박사들은 오랫동안 척추 지압 요법을 겉만 그럴듯한 이론으로 생각했다. 그러나 그러한 태도는 최근 몇몇 신중한 연구들이 확실한 척추 교정 기술의 효과를 입증해서 다소 바뀌었다.

SPECTER [spéktər] n ghost; phantom 유령; 도깨비

- The *specter* of old Miss Shaffer still haunts this house, making mysterious coughing noises and leaving tattered issues of *TV Guide* in unexpected spots.

  노처녀 쉐퍼의 유령이 기묘한 기침 소리를 내거나, 예기치 않은 장소에 너덜너덜해진 TV 가이드 잡지를 놓아두는 등 아직도 이 집에 출몰하고 있다.

- As the girls gazed at him, transfixed with horror, he gradually shriveled up and turned into a *specter* before their eyes. "I told you we shouldn't touch that switch," Suzy snapped at Muffy.

  소녀들은 그를 보자 공포에 질려 그 자리에 얼어붙고 말았다. 그는 점점 줄어들더니 소녀들 앞에서 귀신으로 변했다. "그 스위치를 만지면 안 된다고 내가 말했잖아."라고 수지가 머피에게 퍼부었다.

A *specter* doesn't have to be a literal ghost.

specter는 반드시 글자 그대로의 유령만을 의미하지는 않는다.

- The *specter* of the Great Depression continued to haunt the Reeses, making them reluctant to spend money on anything that seemed even remotely frivolous.

  대공황의 유령이 계속해서 리즈가 사람들을 괴롭혔다. 그들은 조금만 쓸데없다고 보여도 그 물건에 돈을 쓰기를 주저하게 되었다.

To be *spectral* [spéktrəl] is to be ghostly or specterlike.

형용사형 spectral은 '유령이 나올 법한', '유령 같은'이라는 뜻이다.

- The ladies in the Library Club were hoping to give the Halloween funhouse a thoroughly *spectral* atmosphere, but their limited budget permitted them to buy only a couple of rolls of orange and black crepe paper and some candy corn.

  독서 클럽의 여성들은 할로윈 유령의 집을 진짜로 유령이 나올 법한 분위기로 만들고 싶었다. 그러나 예산이 제한되어 있었기 때문에, 그들은 오렌지색과 검은색의 주름 종이 두 롤과 캔디 콘만 조금 살 수 있었다.

SPECTRUM [spéktrəm] n a broad sequence or range of different but related things or ideas
서로 다르지만 관계있는 사물이나 생각들의 연속, 혹은 범위

- The entire *spectrum* of acting theories is represented in this workshop, from the notion that all you have to do to act is act to the belief that you must truly become the character in order to be convincing.

  이번 강습회에서는 연기하기 위해 해야 하는 모든 것이 연기라는 개념에서부터, 설득력을 가지기 위해서는 진정으로 자신이 맡은 인물 그 자체가 되어야만 한다는 신념에 이르기까지, 연기 이론의 모든 것을 배우게 된다.

- If the *spectrum* of political beliefs were an actual line, Rob's views would occupy a point slightly left of center. He's liberal enough to irritate his parents, but too conservative to earn the total trust of his leftist friends.

  정치적 신념의 범위를 구체적인 선으로 표현한다면, 롭의 관점은 중앙에서 약간 왼쪽에 있는 점에 위치할 것이다. 그는 부모님을 초조하게 할 정도로 개방적이고 자유주의적이지만, 충분히 보수적인 면이 있어서 좌파 친구들의 전폭적인 신뢰를 받지는 못한다.

SPURN [spə:rn] v to reject disdainfully; to scorn 경멸하여 거부하다; 경멸하다

- The female peacock *spurned* the male's advances day after day; she took so little notice of him that he might as well have sold his tail feathers and tried to make time with the chickens.

  암컷 공작은 수컷 공작의 구애를 날마다 거부했다. 암컷 공작이 수컷에게 거의 눈길 한 번 주지 않았기 때문에, 수컷은 꼬리 깃털을 팔아 버리고 차라리 암탉들과 데이트하는 것이 더 나을 것 같았다.

- Preschoolers usually *spurn* their parents' attempts to serve them healthy meals; they turn up their noses at nice, wholesome fruits and vegetables and ask where the chips are.

  취학 전의 아이들은 몸에 좋은 음식을 먹이고자 하는 부모들의 의도를 대개 무시하고 거부한다. 아이들은 맛도 좋고, 건강에도 좋은 파일이나 야채에는 콧방귀를 뀌면서 포테이토칩이 있는 곳만 찾아댄다.

- Elizabeth *spurned* Jeff's apologies; she could see that he wasn't sorry at all, and that he was, in fact, on the verge of laughing.

  엘리자베스는 제프의 사과를 무시했다. 그녀는 제프가 전혀 미안해하고 있지 않고 사실은 웃음을 터뜨리기 직전이라는 것을 알 수 있었다.

STALWART [stɔ́:lwərt] adj sturdily built; robust; valiant; unwavering
튼튼한 체격의; 강건한; 용감한; 확고한

- "Don't forget," Elbert droned to Frieda, "that those brawny, *stalwart* youths you seem to admire so much have little to recommend them, intellectually speaking."

  "지적인 면으로 말하자면, 네가 그토록 동경해 마지않는 것 같은 건장하고 힘이 넘치는 저 젊은이들은 다른 사람의 호감을 살 만한 사람들이 아니라는 사실을 잊지 말아라."라고 엘버트가 프리다에게 말했다.

- The chipmunk made a *stalwart* effort to defend her babies from the sallies of the cat, but it was my own efforts with a water pistol that finally drove the attacker away.

  다람쥐는 고양이의 공격에 맞서 새끼들을 지키느라 온갖 노력을 다했다. 그러나 결국 그 공격자를 물러나게 한 것은 내가 열심히 쏘아댄 물총이었다.

- Ernie has been a *stalwart* friend through thick and thin, even when I used to pretend not to recognize him as I passed him in the hall.

  강당에서 내가 그의 옆을 지나치면서 모른 척곤 했는데도, 어니는 시종일관 충실한 친구가 되어 주었다.

STARK [sta:rk] adj utter; unmitigated; harsh; desolate 순전한; 완전한; 엄한; 황량한

- *Stark* terror leaped into the babysitter's eyes when she realized that both the car and the triplets were missing.

  자동차와 세쌍둥이를 잃어버렸다는 사실을 알게 된 베이비시터의 눈에 극심한 공포가 떠올랐다.

- A lump rose in Bly's throat when she saw the view out her apartment window for the first time; the room faced a *stark*, deserted alley whose only adornment was a rusty old fire escape.

  방에서 처음으로 아파트 창밖의 풍경을 내다보았을 때, 블라이는 복받치는 감정으로 목이 메었다. 그 방은 낡고 녹슨 비상구 하나 달랑 있는 황폐하고 인적이 끊긴 골목과 면하고 있었다.

This word can also be an adverb, in which case it means utterly and absolutely.

stark는 부사로 쓰일 경우 '완전히', '절대적으로'라는 뜻이다.

- Billy used to answer the door *stark* naked, just to see what would happen; lots of things happened.

  빌리는 무슨 일이 일어나는지 보기 위해서 완전히 벌거벗고 현관으로 방문객을 맞으러 나가곤 했다. 많은 일들이 일어났다.

- If you play that song one more time, I will go *stark* raving mad, and throw the stereo out the window.

  네가 그 노래를 한 번 더 튼다면, 나는 정말로 완전히 미쳐서 스테레오를 창밖으로 집어던질 것이다.

STINT [stint] v to restrict or hold back on; to be frugal 제한하다, 자제하다; 절약하다

- "Please don't *stint*, ladies," wheedled the con man as he waved his jar around drunkenly. "Every penny you give me goes to support the orphanage."

  "숙녀분들, 돈을 아끼지 마세요. 제게 주시는 모든 돈은 고아원을 돕는 데 쓰입니다."라고 사기꾼이 술에 취해서 항아리를 흔들며 사람들을 속이고 있었다.

- David's eyes glowed as he beheld his hot fudge sundae; the waiter certainly had not *stinted* on the hot fudge, which was flowing out of the bowl and onto the tablecloth.

  자신의 핫 퍼지 선디(주: 아이스크림의 일종)를 보았을 때 데이비드의 눈이 기쁨으로 빛났다. 웨이터는 확실히 핫 퍼지를 아끼지 않고 넣었다. 그것은 잔에서 넘쳐 식탁보에 흘러내렸다.

▶ 형용사형은 stinting(절약하는) 또는 unstinting이다.

When *stint* is used as a noun, it means a period of time spent doing a job or special duty.

stint는 명사로 쓰일 경우, '일정 기간 동안의 특별한 임무나 직업적인 노동'을 의미한다.

- Ed would have done a *stint* in the military, but he didn't like the thought of having to keep his sergeant's shoes polished.

  에드는 군대에서 할당된 일을 했을 것이다. 그러나 그는 하사관의 구두를 번쩍거릴 정도로 닦아 놓아야 한다는 생각은 좋아하지 않았다.

STIPEND [stáipend] n income; allowance; salary 수입; 수당; 봉급

▶ 발음에 주의할 것.

- The *stipend* this university pays its teaching assistants is so low that some of them are forced to rummage for food in the dumpster behind McDonald's.

  이 대학이 조교들에게 지급하는 수당은 너무 낮아서, 강사들 몇몇은 먹을 것을 찾아 맥도널드 뒷골목의 쓰레기통이라도 뒤지지 않으면 안 될 지경이다.

- In addition to his commissions, the salesman received a small *stipend* to cover his travel expenses.

  그 세일즈맨은 판매 수수료에 덧붙여서 교통비로 쓸 수 있는 약간의 수당을 더 받았다.

- An allowance is a *stipend* that a child receives from his or her parents. It is always too small.

  용돈이란 아이가 부모에게서 받은 일종의 수당이다. 용돈은 언제나 너무 적은 법이다.

STOLID [stálid] adj not easily roused to emotion; impassive; apathetic; phlegmatic
감정의 변화가 쉽지 않은, 둔감한; 무감각한; 냉담한; 차분한, 침착한

- Not a ripple of emotion passed across her brother's *stolid* countenance when she told him that his best friend had just asked her to marry him. "That's nice," he said, without looking away from the TV.

  오빠의 가장 친한 친구가 자신에게 구혼을 했다고 여동생이 말을 했는데도 그녀의 오빠의 무감각한 표정에는 아무런 감정의 변화도 나타나지 않았다. 그는 TV에서 눈을 떼지 않은 채 "좋구나."라고 말했다.

- Our local veterinarian no longer treats farm animals because the *stolid* expressions of cows make him feel uneasy and depressed.

  소의 무표정 때문에 불안하고 의기소침해진 우리 동네 수의사는 더 이상 농장의 동물들을 치료하지 않는다.

- In professional football, the *stolid* performers sometimes have longer careers than the flashy superstars, who have a tendency to burn themselves out after a few years.

  프로 축구에서는 때때로 몇 년 안에 자신의 모든 기량을 소진시키는 경향이 있는 화려한 슈퍼스타보다 기복이 없는 선수들이 더 오래 선수 생활을 한다.

STOUT [staut] adj plump; stocky; substantial   포동포동한; 단단한; 내용이 알찬

- Mr. Barton was built a little bit like a beach ball; he was *stout* in the middle and skinny at either end.

  바톤 씨는 비치볼처럼 약간 부풀어 올랐다. 그는 가운데 배 부분은 불룩하고, 양쪽 끝은 살이 없었다.

- Mr. Reardon never goes for a walk without carrying a *stout* stick along; he uses it to steady his balance, knock obstacles out of his path, and scare away dogs and small children.

  레어든 씨는 튼튼한 지팡이를 가지지 않고는 절대 산책을 나가는 법이 없다. 그는 그 지팡이를 균형을 유지하고 길거리에 있는 장애물을 치우며, 개나 아이들을 쫓아버리는 데 사용한다.

Stout also means brave, plucky, or resolute. The "*stout-hearted* men" in the well-known song are courageous men.

stout는 '용감한', '왕성한', '단호한'이라는 뜻도 있다. 유명한 노래에 나오는 'stout-hearted men'은 '용기 있는 남자'를 말한다.

- "I don't mind walking home over Haunted Hill," the little boy said *stoutly*.

  "나는 귀신 나오는 언덕을 지나서 집에 걸어가는 것이 두렵지 않아요." 작은 소년이 용감하게 말했다.

Match each word in the first column with its definition in the second column. Check your answers in the back of the book.

1. specious		a. stocky
2. specter		b. reject
3. spectrum		c. robust
4. spurn		d. restrict
5. stalwart		e. phantom
6. stark		f. desolate
7. stint		g. not easily roused to emotion
8. stipend		h. deceptive
9. stolid		i. broad sequence
10. stout		j. allowance

STRATAGEM [strǽtədʒəm] n **a maneuver designed to outwit an enemy; a scheme; a ruse**
적을 속이기 위한 계획적 조치, 전략; 계략; 책략

- The Pied Piper's *stratagem* was successful; entranced by the sound of his pipe, the rats followed him out of town and never came back.

  피리 부는 사람의 전략은 성공적이었다. 그의 피리 소리에 정신이 나간 쥐들은 그를 따라 마을을 떠나 다시는 돌아오지 않았다.

- Our *stratagem* for replacing the real newspaper with a parody issue involved kidnapping the driver of the delivery truck and taking over the delivery route ourselves.

  진짜 신문 대신에 패러디 간행물을 넣으려는 우리의 계획에는 배달 트럭의 운전사를 납치하여 배달 구역을 넘겨받는 것까지 포함되어 있었다.

- Jordan has devised a little *stratagem* to test whether Easter Bunny really exists; the next time he writes him a letter, he's going to drop it in the mailbox without showing it to his parents first.

  조단은 정말로 부활절 토끼가 있는지 알아보기 위해 약간의 전략을 짰다. 다음에 그가 산타클로스에게 편지를 쓸 때에는 먼저 부모에게 보여 주지 않고 바로 우체통에 넣을 것이다.

To devise *stratagems* toward a particular goal is to develop a *strategy*.

to develop a strategy는 '특별한 목적을 위해 stratagems(전략들)를 짜다'라는 뜻이다.

STUPENDOUS [stʃuːpéndəs] adj remarkable; extraordinary; remarkably large or extraordinarily gigantic
놀랄 만한; 보통이 아닌; 몹시 크거나 기이할 정도로 거대한

- Everyone had told Chet to expect a *stupendous* view from the top of the Empire State Building, but the weather was foggy on the day he visited, and all he could see was clouds.

  엠파이어 스테이트 빌딩 꼭대기에서 보면 놀라운 광경이 보일 것이라고 사람마다 쳇에게 말했다. 그러나 그가 찾아간 날은 안개가 끼어서 그가 볼 수 있었던 것은 구름뿐이었다.

- A *stupendous* pile of laundry awaited Phyllis when she returned from her business trip; she had forgotten to tell her children that they should do their own wash while she was gone.

  필리스가 출장을 마치고 집으로 돌아왔을 때, 그녀를 기다리고 있는 것은 거대한 빨래더미였다. 그녀는 자신이 없는 동안 빨래는 스스로 알아서 해야만 한다고 아이들에게 말하는 것을 잊었던 것이다.

- To climb Mount Everest on a bicycle would be a *stupendous* accomplishment.

  자전거를 타고 에베레스트 산을 오른다면, 그것은 대단한 업적이 될 것이다.

STUPOR [stʃúːpər] n a stunned condition; near-unconsciousness; apathy; inertia 기절한 상태; 거의 의식이 없는 상태, 인사불성; 무감각; 무력증

- After Thanksgiving dinner, we were all too full to do anything except lie around on the floor in a *stupor* and watch the dog walk in circles in front of the fireplace.

  추수감사절 만찬 후에, 우리는 모두 너무나 많이 먹었기 때문에, 무기력하게 마룻바닥에 널브러져 벽난로 앞의 개가 제자리를 맴도는 것을 보는 것 말고는 아무것도 할 수 없었다.

- Polls indicated that the new anchorman was sending viewers into a *stupor* of boredom, so he was quickly replaced by a baton twirler and relegated to doing the weather report.

  새로운 앵커맨은 시청자들을 지루해서 망연자실하게 만든다는 여론조사가 나왔다. 그래서 곧 그는 새로운 인물에게 바통을 넘기고 일기 예보를 하는 자리로 좌천되었다.

▶ 형용사형은 stuporous[stúːpərəs] (인사불성의), 동사형은 stupefy[stúːpəfài] (깜짝 놀라게 하다)이다.

SUBSIDE [səbsáid] v to sink or settle; to diminish; to lessen
가라앉다, 앉다; 감소하다; 줄어들다

- The house's foundation *subsided* to the point at which the first floor windows were in danger of disappearing from view.

  일층 창문이 거의 보이지 않을 지경으로 집의 지반이 가라앉았다.

- Mrs. Bailey eyed her students sternly until their chattering had *subsided* and they were ready to hear her views on linguistic development.

  베일리 여사는 학생들의 재잘거림이 가라앉고 언어의 발달에 관한 그녀의 강의를 들을 준비가 될 때까지 매서운 눈으로 학생들을 쳐다보았다.

- The popular new drug helps anxieties to *subside*, but it does not eliminate them completely.

  인기를 끌고 있는 신종 약품은 불안을 가라앉히는 데는 효과가 있다. 그러나 불안을 완전히 제거하지는 못한다.

- Cornelia's homesickness *subsided* rapidly, and by the end of the first week, she found that she had come to prefer being at camp to being at home.

  코넬리아의 향수병은 급속도로 가라앉았다. 첫 주가 끝날 무렵이 되자 그녀는 집에 있는 것보다 야영에 참가한 것을 더 좋아하게 된 자신을 발견했다.

SUBSIDIARY [səbsídièri] **adj** supplemental; additional; secondary or subordinate 보충하는; 추가된; 보조적인, 부수적인, 하급자의

- The Watsons pay their kids both a weekly allowance and a *subsidiary* sum for doing particular chores; the system worked until the children decided they would rather be broke than do chores.

  왓슨 씨 부부는 아이들에게 일주일에 한 번씩 용돈을 주고 있고, 특별한 집안일을 했을 때는 그 대가로 추가 용돈을 지급한다. 이러한 방식은 아이들이 집안일을 하기보다는 무일푼이 되는 것이 더 낫겠다고 결정할 때까지 운영되었다.

- Poor Carrie doesn't seem to realize that she's stuck in a *subsidiary* position for at least the near future; Mr. Vitale will never promote her unless someone quits, and no one's going to quit with the job market the way it is.

  가엾게도 캐리는 당분간 자신이 보조적인 위치에 머물러 있게 된다는 것을 모르고 있는 듯하다. 비테일 씨는 누군가 그만두지 않는다면 그녀를 결코 승진시키지 않을 것이다. 그리고 인력 시장이 지금과 같다면 아무도 그만두려 하지 않을 것이다.

This word can also be a noun, in which case it often refers to a small company owned by or closely associated with a larger company.

subsidiary는 명사로 쓰일 경우, '큰 회사에 소속되어 있거나 연합하고 있는 업체'를 가리키는 말로 종종 쓰인다.

- Acme Corp's main business is manufacturing boomerangs, but it has *subsidiaries* that make everything from tennis balls to french fries.

  악미 법인의 주요 사업은 부메랑을 제조하는 것이다. 그러나 테니스공에서 감자튀김에 이르기까지 모든 상품을 생산하는 자회사들을 두고 있다.

SUBSIDIZE [sʌ́bsidàiz] **v** to provide financial aid; to make a financial contribution 재정적인 도움을 주다; 재정적인 지원이나 기부를 하다

- The professor's assertion that cigarette smoking can be healthful was discredited when a reporter discovered that the tobacco industry had *subsidized* his research.

  흡연이 건강에 도움이 된다는 교수의 주장은 담배 회사가 그 교수의 연구에 보조금을 지급했다는 사실이 한 기자에 의해 밝혀지면서 불신을 받게 되었다.

- The school lunch program is *subsidized* by the state; the school system is reimbursed by the state for a portion of what it spends on pizza and peach cobbler.

  학교 급식 프로그램은 주 정부의 보조를 받고 있다. 학교는 피자와 복숭아 음료를 사는 데 들이는 돈의 일부를 주 정부로부터 지원받는다.

SUBSTANTIATE [səbstǽnʃièit] **v** to prove; to verify; to confirm 증명하다; 입증하다; 확실하게 하다

- Experts from the transit department were unable to *substantiate* the woman's assertion that little men from the center of the earth had invaded the subway system and were planning to take over the world.

  교통국에서 나온 전문가들은 지구의 중심에서 나온 작은 사람들이 지하철 운영을 방해했으며, 전 세계를 정복하려고 했다는 그 여성의 주장을 입증할 수가 없었다.

- The prosecutor did her best to *substantiate* the charge against the defendant, but it was an uphill job; she couldn't find a single witness willing to testify against him.

  검사는 피고인의 유죄를 입증하려고 최선을 다했으나 그것은 쉽지 않은 일이었다. 그녀는 기꺼이 그의 유죄를 증언해 줄 목격자를 단 한 사람도 찾을 수가 없었다.

- Lawrence's entire scientific career is built on *unsubstantiated* theories; a case in point is his ten-year study of communication between rocks.

  로렌스의 과학적인 경력은 전부 입증되지 않은 이론에 입각해 있다. 그 적절한 사례가 돌들 사이의 의사소통에 관한 그의 십 년간의 연구이다.

Substantial is a related word that means of significant size, worth, or importance. You could say that by *substantiating* something, you make it more *substantial*.

substantial은 크기, 가치, 중요성이 '상당한'의 의미이다. substantiate함으로써 뭔가를 더욱 substantial인 것으로 만든다고 말할 수 있다.

SUBTERFUGE [sʌ́btərfjùːdʒ] n artifice; a trick or stratagem; a ruse
술책; 속임수, 책략; 계략

- Pearl isn't allowed to wear jeans to school, so she has gotten into the habit of leaving a pair of jeans in the bushes behind her house and changing into them in her best friend's garage. This little *subterfuge* is about to be discovered, however, because Pearl's mother is dropping in on the school unexpectedly today to bring her the lunchbox she left at home this morning.

  펄은 학교에 갈 때 청바지를 입는 것이 금지되어 있다. 그래서 그녀는 집 뒤의 나무숲에다 청바지를 감추어 놓고, 가장 친한 친구네 차고에서 바지를 갈아입곤 하는 습관을 갖게 되었다. 그러나 이 작은 속임수는 오늘 아침 펄이 집에 점심 도시락을 두고 가는 바람에 엄마가 도시락을 들고 예기치 않게 학교를 방문할 예정이기에 발각될 처지에 놓였다.

SUFFICE [səfáis] v to be sufficient; to be enough 족하다; 충분하다

- At Thanksgiving dinner, Grandma said that she wasn't very hungry, and that a crust of bread and a few drops of water would *suffice*.

  추수감사절 만찬에서 할머니는 그다지 배가 고프지 않다고 하시면서, 딱딱한 빵 조각과 약간의 물이면 충분하다고 말씀하셨다.

- Instruction in reading and writing alone will not *suffice* to prepare our children for the real world; they must also be given a solid grounding in mathematics, and a passing familiarity with the martial arts.

  읽기와 쓰기 교육만으로는 우리의 아이들이 현실 세계를 준비하는 데 충분하지 않을 것이다. 그들은 수학의 확고한 기초와 무술에 정통하는 법도 배워야 한다.

SUFFRAGE [sʌ́fridʒ] n the right to vote 투표권

- Women who advocated the extension of *suffrage* to women were known as *suffragettes*[sʌ̀frədʒéts].

  투표권을 여성에게로 확장해야 한다는 주장을 한 여성들을 여성 참정권 운동가라고 불렀다.

- Amazing though it seems today, *suffrage* for woman was a hotly contested issue at the beginning of the 20th century. Many men—and many women, for that matter—seriously believed that choosing among political candidates would place too great a strain on women's supposedly feeble intellects, and women were not guaranteed the right to vote until 1920.

  오늘날에는 놀랄 만한 일이겠지만 20세기 초반만 해도 여성의 투표권은 뜨거운 논쟁을 불러일으킨 주제였다. 많은 남성들은, 이 문제에 관한 한 많은 여성들도 마찬가지였겠지만, 정치 지도자를 선택하는 일은 미약할 것으로 여겨지는 여성의 지적 능력이 감당하기에는 너무나 큰 부담이 될 것이라고 굳게 믿고 있었다. 그리하여 여성들은 1920년이 될 때까지 투표권을 보장받지 못했다.

- Universal *suffrage* is the right of all people to vote, regardless of race, sex, ownership of property, and so forth.

  보통 선거권은 인종과 성과 재산 유무 등에 관계없이 누구나 투표할 수 있는 권리를 말한다.

▶ 이 단어들의 발음에 주의할 것.

QUICK QUIZ

Match each word in the first column with its definition in the second column. Check your answers in the back of the book.

1. stratagem	a. prove
2. stupendous	b. stunned condition
3. stupor	c. artifice
4. subside	d. maneuver designed to outwit an enemy
5. subsidiary	e. provide financial aid
6. subsidize	f. remarkable
7. substantiate	g. sink
8. subterfuge	h. supplemental
9. suffice	i. be sufficient
10. suffrage	j. right to vote

SUFFUSE [səfjúːz] v to cover; to overspread; to saturate
뒤덮다; 온통 펼쳐져 있다; 가득 채우다

- A crimson blush *suffused* the timid maiden's ivory cheeks as she realized that she had forgotten to put on clothes before leaving the house.

  집을 떠나기 전에 옷 입는 것을 잊었다는 사실을 깨닫게 되자, 부끄러워서 소녀의 상아빛 뺨이 온통 진홍색으로 물들었다.

- The room that was once filled with dazzling sunbeams is now *suffused* with the ugly grayish light of a fluorescent lamp.

  한때는 눈부신 햇살이 가득했던 방이, 지금은 형광등의 불쾌하고 희끄무레한 빛이 가득 채우고 있다.

- *Suffusing* the meat with a marinade will add flavor, but it won't tenderize the meat.

  매리네이드에 고기를 담뿍 적시면 향이 좋아진다. 그러나 고기를 연하게 하지는 못한다. (주: 매리네이드는 식초와 포도주 향신료를 넣은 액체)

▶ 형용사형은 suffuse[səfjúːs] (퍼지는)이다. 발음이 다른 것에 주의할 것.

SUMPTUOUS [sʌ́mptʃuəs] adj luxurious; splendid; lavish 사치스러운; 화려한; 헤픈

- The walls were covered with *sumptuous* silk tapestries, the floors with the finest Eastern rugs, and   I felt stupid standing there, because I was wearing cutoffs.

  벽에는 화려한 실크 태피스트리가 가득했고, 바닥에는 최고급의 동양식 융단이 깔려 있었다. 나는 무릎에서 대충 자른 청바지를 입고 있었기 때문에 거기에 서 있는 것이 어리석게 느껴졌다.

- A *sumptuous* feast awaited the travelers when they reached the great hall of the king's castle.

  여행자들이 왕의 성에 있는 대형 식당에 들어서자, 호화로운 음식들이 그들을 기다리고 있었다.

SUPERSEDE [sjùːpərsíːd] v to take the place of; to supplant; to make (something) obsolete
~을 대신하다; 대체하다; ~을 폐물로 만들다

▶ 철자에 주의할 것.

- Every few minutes, someone introduces a new antiaging cream that allegedly *supersedes* all the existing antiaging creams on the market; it's a wonder we haven't all turned into babies.

  수분마다 한 번씩, 누군가는 기존에 있던 모든 노화 방지 크림을 대체한다고 주장하는 새로운 노화 방지 크림을 시장에 내놓는다. 우리가 다시 아기로 돌아가지 않은 것이 이상할 뿐이다.

- Your new address list *supersedes* the address list you were given last week, which *superseded* the list of the previous week, and will be *superseded* next week by an updated list to be distributed at that time.

  새로운 주소록은 지난주에 받은 주소록을 무용지물로 만든다. 이것은 그 전 주의 주소록을 폐기하게 했고, 다음 주에 배포되는 최신 개정판 주소록 때문에 다시 폐기될 것이다.

SUPINE [sjuːpáin] adj lying on one's back 등을 바닥에 대고 누운

- Shirley lay *supine* on her deck chair, soaking up the sunshine and, in the process, turning her complexion into leather.

  셜리는 접이의자에 반듯하게 누워서 햇살을 담뿍 받고 있다. 그렇게 하는 동안 그녀의 안색은 가죽처럼 변해 간다.

- When you have both broken legs in traction, you'd better stay *supine* or you'll be awfully uncomfortable.

  부러진 양쪽 다리의 견인 치료에 들어가면, 반듯이 누워 있는 것이 좋다. 그렇지 않으면 대단히 불편할 것이다.

Supine is sometimes used figuratively to describe a person who is inert or inactive. A Chinese legend speaks of a man so *supine* that he starved to death because he couldn't be bothered to turn around a necklace of biscuits his wife had placed around his neck. The opposite of *supine* is *prone* [proun]. To be *prone* is to be lying face down.

supine은 '활동력이 없거나 행동이 느린' 사람을 비유적으로 표현할 때도 쓰인다. 중국의 옛날이야기에 한 남자가 너무 supine(게으른)한 나머지 아내가 그의 목에 걸어 놓은 비스킷 목걸이를 돌리는 것이 귀찮아서 그만 굶어 죽었다는 얘기가 있다. supine의 반의어는 prone이다. prone은 엎드려 누운 것을 말한다.

▶ 이 단어들의 발음에 주의할 것.

SUPPLICATION [sʌ̀pləkéiʃən] n humble prayer; earnest entreaty
겸손한 기도; 진지한 탄원

- It's almost frightening to walk through the streets of any city nowadays, since there are so many people making *supplications* for food or spare change.

  오늘날, 어떤 도시든지 거리를 걸어 다니는 것은 거의 공포에 가까운 일이다. 음식이나 잔돈을 구걸하는 사람들이 너무나 많기 때문이다.

- The priest asked our prayers and *supplications* for the sick and dying of the parish.

  신부님은 우리에게 교구 내의 병들고 죽어 가는 사람들을 위해 기도와 탄원을 해 달라고 부탁했다.

To make a *supplication* is to *supplicate* [sʌ́pləkèit]. A person who does so is a *supplicant* [sʌ́pləkənt].

동사형은 supplicate(탄원하다)이다. supplicant는 탄원하는 사람'이다.

- The king has set aside a part of every day to hear the petitions of his *supplicants*, some of whom have journeyed hundreds of miles in order to ask him favors.

  왕은 탄원하러 온 사람들의 사정을 듣기 위해 날마다 하루 중 약간의 시간을 할애했다. 그들 중에는 왕에게 자신의 청을 부탁하기 위해 수백 마일을 온 사람들도 있었다.

SUPPRESS [səprés] v to overpower; to subdue; to quash
억누르다; 정복하다; 진압하다

- Mom and Dad *suppressed* our brief show of rebellion by threatening to hold our hands in public if we didn't behave.

  엄마와 아빠는 우리가 그만두지 않는다면 사람들 앞에서 손을 묶어 두겠다고 위협해서 우리의 잠깐 동안의 반란군 놀이를 진압하셨다.

- Everyone had expected the Soviet army to *suppress* the uprisings against the coup, but for once the army was behind the populace. The soldiers' refusal to quash the demonstrators effectively ended the coup.

  모든 사람들이 소련의 군대가 쿠데타에 반대하는 폭동을 진압하리라고 예상했지만, 이번 한 번만은 군대도 국민을 지지했다. 시위대 진압을 거부한 군대 덕분에 사실상 쿠데타는 막을 내렸다.

▶ repress(억누르다)를 참조할 것.

SURMISE [sərmáiz] v to conjecture; to guess 추측하다; 추정하다

- From the messages the eight-ball has been sending me, I *surmise* that someone's going to give me a present soon.

  8번 공이 내게로 보내졌다는 메시지를 보고, 나는 누군가가 곧 내게 선물을 보낼 것이라고 추측한다.

- Gazing at the group with a practiced eye, the tour guide *surmised* that 25 percent of the tourists would want to see famous people's houses, 25 percent would want to visit museums and cathedrals, and the remaining 50 percent would spend most of the tour wondering when they would have a chance to go to the bathroom.

  경험이 많은 눈빛으로 사람들을 응시하면서, 여행 안내인은 관광객들의 25%는 유명한 사람들의 생가를 보기를 원할 것이고, 다른 25%는 박물관과 대성당을 보고 싶어하며, 나머지 50%는 언제 욕실에 들어갈 기회가 생길지 궁금해 하면서 여행의 대부분을 보낼 것이라고 추측했다.

This word can also be a noun, in which case it means guess or supposition. As Keats wrote, Cortez's men looked at each other "with a wild *surmise*" when they first saw the Pacific Ocean and realized that they had achieved their goal. Or, rather, they had achieved the goal of Balboa, who, as Keats either didn't know or didn't care, was actually the first European to see the Pacific from this spot.

surmise는 명사로 쓰일 경우 '추측', '가정'의 의미를 갖는다. 키이츠가 썼던 것처럼, 태평양을 처음 보고 코테즈의 부하들은 "황당한 surmise(추측)"를 하며 서로를 바라보았다. 그리고는 목표를 달성했다는 사실을 깨닫게 되었다. 아니 좀 더 정확하게 말하자면, 그들은 키이츠가 알지도 못했고 관심도 없었던, 실제적으로 이 지점에서 태평양을 본 최초의 유럽인이었던 발보아의 목적지에 도달했었던 것이다.

▶ 명사로 쓸 때의 발음은 "[sə́rmɑiz]"이다. 이 단어들의 발음에 주의할 것.

SURREAL [sərí:əl] adj having an unreal, fantastic quality; hallucinatory; dreamlike 실재하지 않는, 환상적인 것의; 환각적인; 꿈같은

- Bob was so tired when he stepped off the train that his first view of India had a faintly *surreal* quality; the swarming crowds, the strange language, and, above all, the cows walking in the streets made him feel as though he'd stumbled into a dream.

  기차에서 내리자 밥은 너무나 피곤했다. 그래서 인도에 대한 그의 첫인상은 희미하고 환상적인 모습이었다. 무수한 사람들, 이질적인 언어, 그리고 무엇보다도 거리를 돌아다니는 소떼는 꿈속에라도 온 듯한 느낌을 갖게 했다.

- *Alice's adventures in Wonderland* were rather *surreal*, perhaps because it turned out (disappointingly) that they actually were part of a dream.

  '이상한 나라의 앨리스'에 나오는 모험은 상당히 비현실적이었다. 아마도 실망스럽긴 하지만 앨리스의 모험이 실제로 꿈이었다는 것이 밝혀졌기 때문일 것이다.

SUSCEPTIBLE [səséptəbl] adj capable of being influenced by something; vulnerable or receptive to
영향 받기 쉬운; 상처 입기 쉬운, 잘 받아들이는

- In *The Wizard of Oz*, the emotionally *susceptible* Tin Man begins to cry every time a remotely sad thought passes through his hollow head.

  "오즈의 마법사"에서 양철 인간은 감성이 풍부해서, 텅 빈 머리에 약간만 슬픈 생각이 떠올라도 언제나 눈물을 터뜨리기 시작한다.

▶ 명사형은 susceptibility[səsèptəbíləti] (영향 받기 쉬움, 걸리기 쉬움)이다.

- Ray's *susceptibility*[səsèptəbíləti] to new fads hasn't diminished in recent years; he now spends much of his time sitting on an aluminum foil mat in order to "metallicize" his joints and ligaments.

  새로운 유행에 민감한 레이의 취향은 최근 몇 년 동안에도 결코 줄어들지 않았다. 그는 요즘 자신의 관절과 인대를 금속화하기 위해 대부분의 시간을 알루미늄박을 입힌 돗자리에 앉아 있는 것으로 보낸다.

SWEEPING [swíːpiŋ] adj far-reaching; extensive; wide-ranging
(효과 등이) 멀리까지 미치는; 광범위한; 대규모의

- The new CEO's promise to bring *sweeping* change to the company basically amounts to him saying, "A lot of you had better be ready to get the ax."

  회사에 대대적인 변화를 가져오겠다고 공언한 신임 최고 경영자의 약속은 본질적으로 다음과 같은 의미이다. "여러분의 대다수는 감원될 준비를 하는 것이 좋을 것이다."

- I wish Matthew wouldn't make such *sweeping* judgments; what gives him the right to decide that an entire continent is in bad taste?

  매튜가 그토록 광범위한 평가를 내리지 않는다면 좋을 텐데. 무엇이 그에게 전체 대륙이 멋이 없다는 결론을 내릴 수 있는 권리를 부여하는 거지?

- The principal's *sweeping* gaze made every kid in the lunchroom tremble.

  교장이 학생들을 쭉 훑어보자 학교 식당에 있던 아이들은 모두 벌벌 떨었다.

SYNTAX [síntæks] n the patterns or rules governing the way grammatical sentences are formed in a given language
주어진 언어에서 문법에 맞는 문장을 만드는 방식을 지배하는 양식이나 규칙

- Poor *syntax* is the same thing as bad grammar, ain't it?

  빈약한 구문론은 서툰 문법과 같다. 그렇지 않은가?

SYSTEMIC [sistémik] adj affecting the entire system, especially the entire body
전체 조직, 특히 몸 전체에 영향을 미치는

- The consultant said that the problem was not isolated to one department, but was *systemic*; that is, it affected the entire company.

  컨설턴트는 문제점이 한 부분에만 있는 것이 아니라 전체에 퍼져 있다고 말했다. 다시 말해서, 회사 전체에 영향을 미치고 있다는 것이었다.

- "*Systemic* circulation" is another term for the circulatory system in vertebrates.

  "체순환"은 척추동물의 혈액 순환 체계를 의미하는 용어이다.

- A *systemic* illness is one that affects the entire body. *Systemic* lupus erythematosus, for example, is an autoimmune disease in which the body essentially becomes allergic to itself.

  전신 질환은 몸 전체에 영향을 미치는 병을 말한다. 예를 들면, 전신성 홍반성 낭창은 몸이 본질적으로 그 자체에 알레르기를 갖게 되는 자기면역성 질병이다.

Don't confuse this word with *systematic*[sìstəmǽtik], which means orderly or meticulous.

systematic과 혼동하지 마라. systematic은 '정돈된'이나 '세심한'이라는 의미이다.

▶ 이 단어들의 발음에 주의할 것.

Match each word in the first column with its definition in the second column. Check your answers in the back of the book.

1. suffuse	a. humble prayer
2. sumptuous	b. overpower
3. supersede	c. lying on the back
4. supine	d. overspread
5. supplication	e. grammar
6. suppress	f. take the place of
7. surmise	g. far-reaching
8. surreal	h. luxurious
9. susceptible	i. hallucinatory
10. sweeping	j. affecting the entire system
11. syntax	k. conjecture
12. systemic	l. capable of being influenced

T

TACTICAL [tǽktikəl] adj **having to do with tactics, especially naval or military tactics; marked by clever tactics or deft maneuvering**
전술의, 특히 해군이나 육군의 전술의; 슬기로운 작전이나 교묘한 조치로 특징지어지는

- The admiral made a *tactical* error when he ordered his men to drag their ships across the desert as part of the surprise attack.
  해군 제독은 부하들에게 기습 공격의 일부로 함선을 사막을 가로질러 끌고 가라는 명령을 내렸다. 이는 전술상의 오류였다.

- "Tell me about that, Georgina," began Mr. Hopp—and then, realizing that the use of her first name so early in the evening had been a *tactical* blunder, he quickly added, "Miss Bringhurst, I mean."
  "조지아나, 그것에 대해서 얘기해 줘."라고 호프 씨가 시작했다. 그러고는 곧 그날 밤 너무나 일찍 그녀의 이름을 부른 것은 전술상의 큰 실수였다는 것을 깨닫고 "내 말은, 미스 브링허스트."라고 재빨리 덧붙였다.

TAINT [teint] n **contaminant; a trace of something spoiled, contaminated, off-flavor, or otherwise offensive**
오염 물질; 망치고 오염되고 향이 없어지고 불쾌한 것의 흔적

- The flavor of the rich, buttery sauce picked up a slight *taint* from the mouse that had fallen into the sauceboat and drowned.
  소스 그릇에 풍덩 빠져 버린 쥐한테서 기름진 버터 소스의 향이 조금 흔적을 남기고 있었다.

- There's a *taint* of madness in that family; they're okay for a generation or two, and then suddenly one of them forsakes the comforts of the family house for the chicken coop.
  그 가문에는 정신착란의 기미가 있다. 한 세대나 두 세대는 괜찮다가도 갑자기 가족 중에서 어느 한 사람이 닭장 때문에 가족이 사는 집의 편안함을 저버리기도 한다.

▶ taint는 동사로도 쓰인다.

- I'm sure my mother-in-law meant well, but as far as I'm concerned her peacemaking efforts are *tainted* by my knowledge that she tried to pay her daughter not to marry me.
  나는 장모가 좋은 사람이라고 확신한다. 그러나 나로서는 그녀가 딸과의 결혼을 반대했었다는 사실을 알고 있기 때문에, 그녀의 우호적인 노력도 오명을 쓸 수밖에 없다.

TEDIUM [tíːdiəm] n dullness; monotony; boredom 지루함; 단조로움; 권태

- Oh, gosh, another evening at Gwen's house—always the same bland food, always the same people with nothing to say, always the same slide show of Gwen's tropical fish! I don't think I can stand the *tedium*.

  어휴, 맙소사, 그웬네 집에서 또 하루저녁이라니. 항상 똑같은 밍밍한 음식에, 아무 할 말도 없는 항상 똑같은 식구들, 그리고 매일 똑같은 열대어의 움직임! 나는 도저히 그 권태로움을 참을 수가 없을 것 같다.

- The initial excitement of summer vacation had gradually turned to *tedium*, and by the end of August, the children were ready to go back to school.

  여름휴가가 시작될 때 가졌던 흥분은 점차 권태로 변해 갔다. 그리고 8월이 끝나갈 무렵에는 아이들도 학교로 돌아갈 준비를 했다.

- Although some find the composer's work brilliant, others find it *tedious* [tíːdiəs]; for example, there is his seven-hour composition in which a single note is played over and over.

  몇몇 사람들은 그 작곡가의 작품이 뛰어나다는 것을 알고 있지만, 다른 사람들은 그의 음악이 지루하다고 생각한다. 예를 들면, 그의 작품에는 한 음표가 계속적으로 반복되는 일곱 시간짜리 음악도 있다.

TEEM [tiːm] v to swarm; to be inundated; to overrun 많이 있다; 충만하다; 넘치다

- When the waiter brought Bob the cheese course, Bob gasped the cheese was *teeming* with maggots.

  웨이터가 치즈 요리를 내왔을 때 밥은 놀라서 숨이 막혔다. 치즈 안에 구더기가 우글거리고 있었다.

- On a clear night high in the mountains, the sky *teems* with stars.

  맑은 날 밤 산 높은 곳에서 보면, 하늘이 수많은 별들로 빛난다.

- We'd better hire some extra security for the concert; it's going to be *teeming* with hopped-up kids, and they'll be furious when they find out that the main act canceled last night.

  콘서트를 위해서 안전 요원을 더 고용하는 것이 좋을 것 같다. 흥분한 아이들도 수없이 많을 것이고, 지난밤에 주요 공연이 취소되었다는 것을 알게 되면 아이들은 사납게 날뛸 것이다.

TEMPORAL [témpərəl] adj pertaining to time; pertaining to life or earthly existence; noneternal; short-lived
시간의; 인생의; 현세에 존재하는; 유한한; 일시적으로 사는

▶ 발음에 주의할 것.

- Jet lag is a kind of *temporal* disorientation; rapid travel across several time zones can throw off a traveler's sense of time.

  시차로 인한 피로는 일종의 일시적인 시간 감각 상실이다. 여러 시간대를 빠른 속도로 여행하게 되면, 여행자의 시간 감각이 흐트러지게 된다.

- Why is it that *temporal* pleasures seem so much more fun than eternal ones? I'd rather eat a hot-fudge sundae than sit on a cloud playing a harp.

  왜 순간의 쾌락이 영원의 쾌락보다 훨씬 더 즐거운 것처럼 보일까? 나는 구름 위에 앉아 하프를 연주하기보다는 맛있는 핫 퍼지 선디(주: 아이스크림의 일종)를 먹겠다.

- As the rich old man approached ninety, he grew less concerned with *temporal* matters and devoted more and more energy to deciding which of his children should be left out of his will.

  상당히 부자인 그 노인은 90살이 가까워오자, 현생의 문제에는 관심을 덜 갖게 되었다. 대신 그는 그의 아이들 중 누구를 유언장에서 제외할 것인지를 결정하는 데 점점 더 많은 힘을 쏟았다.

TEMPORIZE [témpəràiz] v to stall; to cause delay through indecision
교묘하게 시간을 벌다; 우유부단해서 일을 지연시키다

- An important skill required of television newscasters is an ability to *temporize* during technical difficulties so that viewers don't become bored and switch channels.

  텔레비전 뉴스를 방송하는 사람에게 요구되는 중요한 자질은. 기술적인 문제가 생겼을 때 시청자들이 지루해져서 채널을 돌리지 않게 하기 위해 임기응변으로 시간을 벌 수 있는 능력이다.

- The co-op board was afraid to tell the actress flat out that they didn't want her to buy an apartment in their building, so they *temporized* by saying they had to look into some building restrictions first.

  협동조합 간부들은 그 여배우에게 자신들의 건물에 있는 아파트를 구입하지 않기를 바란다는 내용을 솔직히 전달하지 못해 안절부절못했다. 그래서 그들은 먼저 빌딩에 관한 몇 가지 제한 규정을 조사해야만 한다고 말하는 것으로 시간을 벌었다.

- "All right, all right, I'll open the safe for you," Clarence *temporized*, hoping that the police would arrive soon. "But in order to do it, I'll need lots of hot water and some birthday candles."

  "좋아요, 좋아. 당신을 위해서 금고를 열도록 하죠. 그러나 그렇게 하기 위해서는 많은 양의 뜨거운 물과 약간의 생일 양초가 필요합니다."라고 클라렌스는 경찰이 곧 도착하기를 기대하면서 시간을 끌었다.

TEPID [tépid] adj lukewarm; halfhearted   미지근한; 마음이 내키지 않는

- Pizza is best when it's served piping-hot, while some salads taste better *tepid* or at room temperature.

  피자는 갓 구워냈을 때 먹어야 맛이 가장 좋다. 반면에. 어떤 샐러드는 미지근하거나 실내 온도와 같을 때 더 맛이 좋다.

- A baby's bathwater should be *tepid*, not hot; you can test it with your elbow before you put the baby in.

  아기의 목욕물은 뜨겁지 않고 미지근해야만 한다. 아기를 목욕물에 담그기 전에 팔꿈치로 온도를 테스트하면 된다.

- The teacher's praise of Tina's painting was *tepid*, perhaps because Tina's painting was an unflattering caricature of the teacher.

  티나의 그림에 대한 선생님의 칭찬은 미온적이었다. 아마도 티나의 그림이 선생님을 매우 노골적으로 풍자한 만화였기 때문일 것이다.

- "Oh, I guess I'll go to the prom with you," Mona said *tepidly*, "but I reserve the right to change my mind if something better comes along."

  "너와 함께 댄스파티에 갈 수 있을 것이라고 생각해. 하지만 더 좋은 일이 생긴다면 마음을 바꿀 수도 있는 권한이 내게 있는 거야."라고 미온적인 태도로 모나가 말했다.

THESIS [θíːsis] n a theory to be proven; a subject for a composition; a formal paper using original research on a subject
증명되어야 할 이론, 명제; 작문의 주제; 한 가지 주제에 관해 독창적인 연구를 활용한 공식적인 논문, 학위 논문 등

- At the first Conference on Extraterrestrials, Caroline Riggs advanced her controversial *thesis* that aliens operate most of our nation's bowling alleys.

  첫 번째 지구 대기권 밖의 생물에 관한 연구 회의에서. 캐롤라인 리그는 외계인이 우리나라에 있는 볼링장의 대부분을 운영하고 있다는 내용의. 논쟁의 여지가 있는 주제를 내놓았다.

- The *thesis* statement of a written composition is a sentence that states the theme of the composition.

  thesis statement는 '작문의 주제를 언급하는 문장'이다.

- Stu is writing his senior *thesis* on Anglo-Saxon building techniques, a topic he's fairly certain no one else in the senior class will be working on; the *thesis* of his *thesis* is that Anglo-Saxon building techniques were more sophisticated than modern scholars generally believe.

  스투는 앵글로색슨족의 건축 기술에 관한 졸업 논문을 쓰고 있다. 졸업반 학생 중 아무도 이 같은 주제를 다루는 사람이 없다고 그는 분명히 확신하고 있다. 그의 졸업 논문 주제는 앵글로색슨족의 건축 기술이 현대 학자들의 일반적인 생각보다 훨씬 더 기교가 뛰어났다는 것이다.

▶ 복수형은 theses[θíːsiːz]이다.

Antithesis[æntíθəsiːs] is a direct opposite, as in the *antithesis* of good is evil.

'선의 anthesis(반대)는 악'이라는 문구처럼, antithesis는 '정반대'를 의미한다.

▶ 이 단어들의 발음에 주의할 것.

THORNY [θɔ́ːrni] adj full of difficulties; tough; painful   어려운 일이 많은; 곤란한; 괴로운

A rosebush is literally *thorny*; a problem may be figuratively so.

장미 덤불은 문자 그대로 가시가 많다. 곤란한 문제는 비유적인 의미에서 그럴 것이다.

- Before we go any further, we'll have to resolve the *thorny* question of who's going to pay for the next round.

  더 진행하기 전에 우리는 누가 다음에 값을 지불할 것인가 하는 곤란한 문제를 먼저 풀어야만 할 것이다.

- Whether to let children go out alone after dark is a *thorny* topic for the parents of urban teenagers. Is it more important to keep them safe at home or to allow them to develop a sense of independence?

  해가 진 뒤 아이들을 혼자 내보내는 것은 도시에서 십대 자녀를 둔 부모에게는 곤란한 문제이다. 안전하게 아이들을 집에만 묶어 두는 것이 더 중요한가, 아니면 독립심을 기르기 위해 밖으로 나가는 것을 허용하는 것이 더 중요한가?

THRESHOLD [θréʃhould] n the sill of a doorway; a house's or building's entrance; any point of beginning or entering
문지방; 집이나 건물의 출입구; 시작이나 진입하는 시점

- No matter how many times I see home videos of a new groom dropping his bride when he tries to carry her over the *threshold*, I still laugh.

  신부를 안고 문지방을 넘어가려던 새신랑이 신부를 떨어뜨리는 홈 비디오는 아무리 여러 번 봐도 여전히 웃음이 나온다.

- Ambrose hung a sheaf of grain over the *threshold* of his house to keep demons away; to keep burglars away, he put a leghold trap just inside the door.

  앰브로즈는 마귀를 멀리 쫓기 위해 곡물 한 다발을 집 현관 문턱 위에 걸어 두었다. 강도를 쫓기 위한 방법으로 그는 문 바로 안쪽에 다리를 잡는 덫을 설치했다.

- The dean told the new graduates that they stood at the *threshold* of a great adventure; what he didn't say was that for many of them the adventure would be unemployment.

  학장은 새로운 졸업생들은 큰 모험의 세계로 나아가는 문턱에 서 있는 것이라고 말했다. 그가 빼놓고 말하지 않은 것은 그 모험의 세계가 대다수 학생들에게는 실업을 의미한다는 사실이었다.

Match each word in the first column with its definition in the second column. Check your answers in the back of the book.

1. tactical	a.	pertaining to time
2. taint	b.	stall
3. tedium	c.	having to do with tactics
4. teem	d.	dullness
5. temporal	e.	full of difficulties
6. temporize	f.	sill of a doorway
7. tepid	g.	swarm
8. thesis	h.	contaminant
9. thorny	i.	theory to be proven
10. threshold	j.	lukewarm

THROTTLE [θrátl] v to choke; to strangle; to work a fuel lever or feed the flow of fuel to an engine
질식시키다; 목을 조르다; 연료 장치를 작동하다, 엔진에 연료를 공급하다

- "If that cat jumps onto the counter one more time, I'm going to *throttle* her," said Bryce, rising grimly to his feet.

  "그 고양이가 한 번만 더 계산대로 뛰어오르면 목을 졸라 버릴 거야."라고 험악하게 일어서면서 브라이스가 말했다.

- The pilot's frantic *throttling* was to no avail; the engine would not respond because the airplane was out of fuel.

  비행사는 서둘러 연료 공급 장치를 가동시켰지만 소용이 없었다. 그 비행기는 연료가 바닥났기 때문에, 엔진은 좀처럼 가동되지 않았다.

▶ throttle은 명사로도 쓰인다.

A car's *throttle* is its gas pedal. To make a car go faster, you step on the *throttle*. To run an engine at full *throttle* is to run it at full speed. To do anything else at full *throttle* is to do it rapidly and with single-mindedness.

자동차의 연료 공급 장치는 가속기 페달(액셀러레이터)이다. 차를 더 빨리 몰기 위해서는 throttle(가속기 페달)을 밟아야 한다. to run an engine at full throttle은 전속력으로 달리다라는 뜻이다. to do anything else at full throttle은 전력을 다하여 빠르게 일을 하다이다.

- When Nicky has an idea for a poem, she runs to her desk and works at full *throttle* until the poem is finished; she doesn't even stop to answer the phone or go to the bathroom.

  시상이 떠오를 때면, 니키는 책상으로 달려가 다 쓸 때까지 오직 시에만 몰두하며 빠른 속도로 써내려 간다. 그녀는 전화도 받지 않고 화장실에도 가지 않는다.

THWART [θwɔːrt] v to prevent from being accomplished; to frustrate; to hinder 일의 진행을 방해하다; 좌절시키다; 방해하다

- I wanted to do some work today, but it seemed as though fate *thwarted* me at every turn; first someone on the phone tried to sell me a magazine subscription, then my computer's printer broke down, and then I discovered that my favorite movie was on TV.

  오늘 일을 좀 하려고 했지만, 매번 운명이 나를 방해하는 것 같았다. 처음에는 누군가 잡지 정기구독을 권하는 전화를 했었고, 그 다음엔 내 컴퓨터의 프린터가 고장이 났다. 그러고 나자 이번에는 텔레비전에서 내가 좋아하는 영화가 방송 중이라는 사실을 알게 되었다.

- There's no *thwarting* Yogi Bear once he gets it into his mind that he wants a picnic basket; he will sleep till noon, but before it's dark, he'll have every picnic basket that's in Jellystone Park.

  요기 베어가 일단 한번 소풍 바구니가 필요하다는 생각을 마음에 새기면, 그를 방해할 수 있는 것은 아무것도 없다. 그는 정오까지 자겠지만 어두워지기 전까지 젤리스톤 공원에 있는 모든 소풍 바구니를 갖게 될 것이다.

TIMOROUS [tímərəs] adj fearful; easily frightened 겁내는; 쉽게 놀라는

- "Would you mind getting off my foot, sir?" the wizened old lady asked in a tiny, *timorous* voice.

  "선생님, 제 발을 치워도 되겠습니까?"라고 주름진 얼굴의 나이 많은 여자가 작고 겁먹은 듯한 목소리로 말했다.

- On Halloween night, the DeMados decorate their house with skeletons and bats, and *timorous* trick-or-treaters are afraid to approach their door.

  할로윈 날 밤에, 데마도스 씨네는 해골과 박쥐로 집을 장식한다. 그러면 장난을 치며 과자를 얻으러 다니던 겁 많은 아이들은 무서워서 그 집에 오지도 않는다.

- Hannah's *timorous* boyfriend broke up with her by asking her friend Tina to do it for him.

  한나의 소심한 남자 친구는 한나 친구 티나에게 부탁해서 그를 위해 헤어지라고 얘기하게 한 뒤 그녀와 결별하게 되었다.

▶ timorous와 timid(소심한)는 서로 관련이 있는 단어이다.

TITILLATE [títəlèit] v to excite; to stimulate; to tease 흥분시키다; 자극하다; 애타게 하다

- It's really cruel to *titillate* a friend's curiosity by starting to share a choice piece of gossip and then abruptly saying, "No, I really shouldn't spread this around."

  소문의 일부를 함께 나누다가 단호하게 "안 돼. 난 정말로 이 이야기를 널리 퍼뜨리지 말아야 돼."라고 말함으로써 친구의 호기심을 자극하는 것은 정말로 잔인한 짓이다.

- Appetizers are supposed to *titillate* people's appetites, not stuff them to the gills.

  애피타이저는 배를 채우는 것이 아니라 사람들의 식욕을 자극하는 것이어야 한다.

▶ 명사형은 titillation(기분 좋은 자극)이다.

- Despite the *titillation* of the advertising, the movie itself was such a turkey that it failed after the first weekend.

  광고의 자극에도 불구하고, 그 영화는 첫 주말이 지나고 실패했기 때문에 쓸모없는 것이 되었다.

TITULAR [títʃulər] adj in title or name only; nominal 단지 이름뿐인, 명의상의; 명목상의

▶ 발음에 주의할 것.

- The *titular* head of the company is Lord Arden, but the person who's really in charge is his secretary; she tells him whom to hire, whom to fire, and whom to meet for lunch.

  회사의 명목상 사장은 로드 아덴이다. 그러나 실질적 권한을 가지고 있는 사람은 그의 비서이다. 그녀는 그에게 고용이나 해고 문제, 점심에 누구와 함께 식사할 것인가 하는 문제에 대해 알려 준다.

- The family's *titular* breadwinner is my father, but it's Mom's trust fund that actually puts food on the table.

  명목상 가족의 생계를 책임지는 사람은 아버지이다. 그러나 실제적으로 식탁에 음식을 올릴 수 있는 것은 어머니의 신탁 자금 덕분이다.

Titular also means bearing the same name as the title.

titular는 '제목과 같은 이름을 가진'이라는 의미로 쓰이기도 한다.

- Flipper, the *titular* star of the TV show *Flipper*, was in reality a female dolphin named Suzy.

  텔레비전 쇼 '플리퍼'와 같은 이름을 가진 스타 플리퍼는, 사실은 수지라는 이름을 가진 암컷 돌고래였다.

TOIL [tɔil] n hard work; labor; drudgery; exhausting effort 노역; 노동; 고역; 몹시 힘든 노력

- Meeting the manufacturing deadline required weeks of unremitting *toil* from the designers, some of whom worked past midnight nearly every night.

  제조 기일을 맞추기 위해서 디자이너들은 쉬지도 못하고 수주일 동안 계속 힘든 일을 해야 했기 때문에, 그들 중 몇몇은 거의 매일 밤 자정 너머까지 일을 했다.

This word can also be a verb. To *toil* is to engage in hard labor.

toil은 동사로 쓰일 경우 '힘든 노동을 하다'라는 뜻이다.

- "Am I going to have to *toil* in the fields like this all day?" asked Celia plaintively after being asked by her mother to pick some chives from the garden.

  "하루 종일 지금처럼 들판에서 노역을 해야만 하나요?"라고 실리아는 채소밭에서 쪽파를 캐오라는 엄마의 부탁을 받고 애처롭게 물었다.

TORTUOUS [tɔ́ːrtʃuəs] adj winding; twisting; serpentine; full of curves 구불구불한; 비비 꼬인; 뱀처럼 구불구불한; 곡선으로 많이 구부러진

▶ 발음에 주의할 것.

Don't confuse this word with *torturous* [tɔ́ːrtʃərəs]. which means torturing or excruciating. A movie with a *tortuous* plot is one that is hard for a viewer to follow; a movie with a *torturous* plot is one that is agonizing for a viewer to watch.

tortuous를 torturous와 혼동하지 마라. torturous는 '고문하는', '고통스러운'이라는 뜻이다. 전체 구성이 비비 꼬인 영화는 관객들이 따라가기 힘든 영화이다. 고통스러운 구성을 가진 영화는 영화를 보는 관객들을 고통스럽게 만든다는 것이다.

- On the *tortuous* path through the woods to the tent, one or two of the Cub Scouts always managed to get lost.

  막사로 가는 구불구불한 숲길 위에서는 언제나 컵 스카우트의 어린이 단원 한둘이 길을 잃고 헤매기 마련이었다.

- Sybil had to use *tortuous* reasoning to persuade herself that it was really all right to shoplift, but after a bit of mental gymnastics she was able to accomplish the task.

  시빌은 좀도둑질 정도는 정말로 괜찮다고 자신을 납득시키기 위해 비뚤어진 합리화를 이용해야만 했다. 그러나 약간의 정신적인 갈등을 겪은 후 그녀는 그 일을 해낼 수 있었다.

TOXIC [táksik] adj poisonous 유독한

- After the storm, the beach was covered with spilled oil, spent nuclear fuel, contaminated medical supplies, and other *toxic* wastes.

  폭풍이 지나가고 난 후, 해변은 유출된 기름과 핵연료 폐기물과 오염된 의료용품과 그 밖의 유독성 쓰레기들로 가득했다.

- *Toxic* residues from pesticides can remain on or in fruits and vegetables even after they have been washed with soap.

  세제로 씻었다고 할지라도 살충제에 들어 있는 유독성 물질은 파일과 채소의 겉이나 안에 그대로 남아 있을 수 있다.

- It is now clear that cigarettes are *toxic* not only to smokers but also to nonsmokers who breathe in exhaled smoke.

  담배가 흡연가들뿐만 아니라 내뿜어진 담배 연기를 호흡하게 되는 비흡연자들에게도 해롭다는 것은 오늘날 명백한 사실이다.

▶ 명사형은 toxin[táksin](독소)이다.

- Some shellfish contain a *toxin* that can make diners violently ill.

  몇몇 조개에는 사람을 치명적인 병에 걸리게 할 수도 있는 독소가 들어 있다.

TRANSFIX [trænsfíks] v to cause to stand motionless with awe, amazement, or some other strong emotion; to rivet
두려움이나 놀람, 또는 그 밖의 강한 감정으로 사람을 꼼짝 못하게 하다; 시선 등을 고정시키다

- The children stood *transfixed* at the astonishing sight of Mary Poppins rising into the air with her umbrella.

  메리 포핀스가 우산을 타고 하늘로 날아오르는 것을 본 아이들은 놀라서 꼼짝도 못하고 서 있었다.

- The hunter aimed his flashlight at the eyes of the bullfrog, hoping to *transfix* his prey so that it would be easier to catch.

  사냥꾼은 황소개구리를 움직이지 못하게 해서 더 쉽게 잡으려는 생각으로 손전등을 개구리의 눈에다 비추었다.

- The students were *transfixed* with disgust at the sight of their gym teacher setting up square dance equipment.

  학생들은 체육 선생님이 스퀘어 댄스(주: 한 쌍씩 짝을 지어 네 쌍이 마주 보고 추는 춤) 장비를 설치하는 것을 보고 아연실색하여 못 박힌 듯 꼼짝도 하지 않았다.

TRAUMA [trɔ́:mə] n severe shock or distress; a violent wound; a wrenching experience 심한 충격이나 고통; 심한 상처; 고통스러운 경험

- Ella needs some spoiling right now to help her recover from the *trauma* of her parents' divorce.

  엘라는 부모님의 이혼으로 받은 심한 충격에서 회복되기 위해서는 바로 지금 어느 정도의 응석을 받아주는 일이 필요하다.

In medical terms, a *trauma* is a serious wound or shock to the body.

의학적인 용어로 trauma는 신체에 가해진 '심각한 외상'이나 '충격'을 말한다.

- The gunshot victim was hurried to the hospital's new *trauma* center, which was staffed by physicians experienced in treating life-threatening wounds.

  총에 맞은 사람은 새로 지은 병원의 외상 센터로 서둘러 옮겨졌다. 그곳에는 생명에 위협적인 상처를 치료하는 데 경험이 많은 의사들이 포진해 있었다.

▶ 형용사형은 traumatic[trɔ:mǽtik](대단히 충격적인)이다.

- Having their carpets cleaned is a *traumatic* experience for people who believe that their carpets have suffered enough.

  카펫이 형편없이 훼손되었다고 생각하는 사람들에게 카펫을 깨끗이 청소하는 일은 고통스러운 경험이다.

To induce trauma is to *traumatize*[trɔ́:mətàiz].

동사형 traumatize는 '상처를 입히다'라는 뜻이다.

- The fox *traumatized* the hens by sneaking into the henhouse and licking his lips.

  여우는 닭장으로 몰래 들어와 입맛을 다심으로써 닭들에게 정신적 충격을 주었다.

QUICK QUIZ 79

Match each word in the first column with its definition in the second column. Check your answers in the back of the book.

1. throttle	a. severe shock
2. thwart	b. prevent from being accomplished
3. timorous	c. choke
4. titillate	d. poisonous
5. titular	e. in name only
6. toil	f. excite
7. tortuous	g. fearful
8. toxic	h. winding
9. transfix	i. cause to stand motionless
10. trauma	j. hard work

TRAVESTY [trǽvisti] n a grotesque or shameful imitation; a mockery; a perversion
우스꽝스럽거나 졸렬하게 모방한 것; 조롱을 목적으로 한 흉내; 왜곡

- The defense lawyer complained that the continual snickering of the judge had turned his client's trial into a *travesty*, and he demanded that the case be thrown out.

  피고측 변호사는 판사의 계속적인 낄낄거림이 의뢰인의 공판을 웃음거리로 만들었다고 불만을 표시했다. 그리고 그는 재판을 끝낼 것을 요구했다.

- Every year at homecoming, the college glee club puts on a *travesty* of a popular play or movie, and their show is always popular with alumni.

  매년 동창회에서 대학 합창단은 인기 있는 연극이나 영화를 희화한 쇼를 상연한다. 그리고 그들의 쇼는 언제나 동창생들의 환호를 받는다.

TRENCHANT [tréntʃənt] adj concise; effective; caustic   간명한; 효과적인; 신랄한

- The reporter's *trenchant* questions about the national deficit unhinged the White House spokesman, and after stumbling through a halfhearted response, he declared the press conference over.

  기자의 국가 재정 적자에 관한 날카로운 질문은 백악관 대변인을 당황하게 했다. 그래서 내키지 않는 대답으로 말을 더듬거린 후에 대변인은 기자 회견이 모두 끝났다고 선언했다.

- Joellen's presentation was *trenchant* and well researched; that was not surprising since she had paid her clever new assistant to write it.

  조엘렌의 발표문은 간결하고 잘 조사된 것이었다. 그녀가 똑똑한 새 조수를 시켜 발표문을 쓰게 했으니, 그리 놀랄 일도 아니었다.

- As the landlord showed the couple around, Meave managed to sound most appreciative about the new apartment, but her *trenchant* asides to her husband made it clear that she thought the place was a dump.

  집주인이 두 사람에게 집을 구경시키자, 미브는 새 아파트를 입에 침이 마르도록 칭찬했다. 그러나 그녀가 남편에게 한 신랄한 귓속말을 보면, 새 아파트를 지저분한 집으로 생각하는 것이 분명했다.

TRIUMVIRATE [traiʌ́mvərət] n a ruling coalition of three officials; any group of three working jointly
세 명의 관리에 의한 연합 통치, 삼두 정치; 세 명이 함께 일하는 그룹

- The dying emperor appointed a *triumvirate* to succeed him because he said, he wanted to make sure that no single person ever again held all the power in the realm.

  임종을 앞둔 황제는 자신을 계승할 3인의 통치자를 지목했다. 그의 말에 따르면, 황제는 이후에 다시는 단 한 사람이 왕국의 모든 권력을 잡는 일이 없도록 대책을 마련하고 싶었기 때문이다.

- Mother Goose Land is ruled by a *triumvirate* consisting of the butcher, the baker, and the candlestick maker.

  마더 구스랜드는 푸줏간 주인과 빵 굽는 사람과 촛대를 만드는 사람으로 구성된 3인 위원회가 통치하고 있다.

- Those three girls have been a *triumvirate* of best friends ever since the first day of nursery school, when all three of them had potty accidents at once.

  저 세 소녀는 유아원에 들어간 첫날 만난 이래로 가장 친한 친구가 된 삼인조이다. 세 명 모두 그날 동시에 소변을 실수했다.

TRYST [trist] n a secret meeting of lovers 연인들의 비밀스러운 만남, 밀회

- Jane and Greg were always arranging *trysts* that didn't work out; either it rained when they were going to meet under the stars or Greg's parents came home early when they were going to meet in his backyard swimming pool.

  제인과 그레그는 항상 지켜지지 못할 밀회를 약속하곤 했다. 그들이 별빛 아래서 만나자고 하면 비가 왔고, 그레그네 뒷마당의 수영장에서 만나자고 하면 그레그의 부모가 일찍 집으로 돌아오시곤 했다.

- "I'm perfectly happy for alley cats to have a little romance in their lives," groaned Barry, "but why do their *trysts* always have to be under my bedroom window?"

  "도둑고양이들이 자신들의 삶에서 작은 사랑을 나누는 것에 나는 정말이지 아무런 불만도 없어. 하지만 왜 그들은 항상 내 침실 창문 밑에서 밀회를 가져야만 하는 것일까?"라고 배리는 투덜거렸다.

- In romance novels, the characters never have mere dates; they have *trysts*.

  연애 소설을 보면, 주인공들은 단순한 데이트만 즐기지는 않는다. 그들은 밀회를 나눈다.

TUMULT [tjúːməlt] n violent, noisy commotion; uproar; outbreak
격렬하고 소란스러운 소동; 야단법석; 폭동

- In the *tumult* of the rock concert, Bernice was unable to find her dropped contact lens.

  요란한 록 콘서트의 현장에서 버니스는 떨어진 콘택트렌즈를 찾을 수가 없었다.

- Such a *tumult* breaks out when the end-of-school bell rings that the teachers have learned to jump onto their desks to avoid being trampled.

  수업이 끝났음을 알리는 종이 울리면 대단한 소동이 벌어지므로, 선생님들은 밟히지 않으려면 책상 위로 올라가야 한다는 것을 알게 되었다.

▶ 형용사형은 tumultuous[tjumʌ́ltʃuəs] (떠들썩한)이다.

- The fans' *tumultuous* celebration at the end of the football game left the field a muddy mess.

  축구 경기가 끝난 뒤, 팬들의 떠들썩한 축하 때문에 경기장은 진흙으로 엉망진창이 되었다.

▶ 이 단어들의 발음에 주의할 것.

TURBID [tə́ːrbid] adj murky; opaque; unclear 안개 등이 짙은; 불분명한; 명백하지 않은

- The boys were reluctant to jump into the *turbid* water; mud stirred up by the flood had turned the water in their swimming hole the color of chocolate milk.

  소년들은 탁한 물속으로 뛰어드는 것이 너무나 싫었다. 밀물로 진흙이 흘러 들어와 뒤섞이는 바람에 수영할 구덩이의 물이 초콜릿 우유 색깔로 변했던 것이다.

- The air was *turbid* with an oily black smoke that coated everything in soot and made noon look like midnight.

  하늘에는 기름이 있는 검은 연기가 자욱해서 모든 것을 시커멓게 만들고, 정오의 풍경을 한밤중처럼 보이게 했다.

Turbid can also be used figuratively to mean confused or muddled.

turbid는 또한 비유적인 의미로 '혼란스러운'이나 '어리둥절한'이라는 의미이다.

- **The professor was easily able to refute my *turbid* argument in favor of not having a final exam.**

  내가 기말 시험을 치르지 않기 위하여 엉터리 주장을 하자 교수님은 간단히 반박을 할 수 있었다.

▶ 명사형은 turbidity [tə́:rbidəti] (흐림, 혼탁)이다.

TURMOIL [tə́:rmɔil] n state of great confusion or commotion
대단히 혼란스럽거나 동요가 일어난 상태

- **The president's sudden death threw his administration into *turmoil*, as his former deputies and assistants vied with one another for power.**

  대통령의 갑작스러운 죽음으로 정부는 혼란에 빠졌다. 그의 전 보좌관들과 부통령들이 권력을 차지하려고 서로서로 다투었기 때문이었다.

- **"Ever since the baby was born we've been in kind of a *turmoil*," Donna said cheerfully, kicking a pair of dirty socks under the table as she led her visitor on a tour of the house.**

  "아기가 태어난 이래로 우리는 좀 혼란한 상태에서 지내고 있는 셈이죠." 집을 방문한 사람에게 안내를 하는 동안, 도나는 더러운 양말 한 켤레를 탁자 밑으로 차 넣으면서 쾌활하게 말했다.

QUICK QUIZ

Match each word in the first column with its definition in the second column.
Check your answers in the back of the book.

1. travesty	a. secret meeting of lovers
2. trenchant	b. ruling coalition of three
3. triumvirate	c. murky
4. tryst	d concise
5. tumult	e. violent, noisy commotion
6. turbid	f. grotesque imitation
7. turmoil	g. state of great confusion

U

UNCANNY [ʌnkǽni] adj **extraordinary; unimaginable; seemingly supernatural**
비정상적인; 상상조차 할 수 없는; 초자연적인 것으로 보이는

- Jessica has an *uncanny* ability for sniffing out the most expensive item in a store.
  제시카는 상점에서 가장 비싼 물건을 찾아내는 데 비상한 재주가 있다.

- People often say that the similarity between Ted's and Fred's mannerisms is *uncanny*, but since the two men are identical twins who have lived together all their lives, it actually isn't all that unusual.
  테드와 프레드의 버릇이 서로 비슷한 것은 엄청나다고 사람들은 말한다. 그러나 두 사람은 태어난 뒤로 계속해서 함께 살아온 일란성 쌍둥이이기 때문에, 사실 그 일이 반드시 이상한 것만은 아니다.

Uncanny is not the opposite of *canny*, which means artful, wily, or shrewd (and which, by the way, derives from the word *can*).
uncanny는 can에서 파생된 단어 canny(기교 있는, 교활한, 약삭빠른)의 반의어가 아니다.

UNDERLYING [ʌ́ndərlàiiŋ] adj **basic; fundamental; only noticeable under scrutiny**
기초적인; 근본적인; 정밀한 조사를 통해서만 알 수 있는, 잠재적인

- The *underlying* cause of the cult's disintegration was not faithlessness but homesickness on the part of its members.
  광신도들의 붕괴를 가져온 근본적인 원인은 신앙의 상실 때문이 아니라 신도들의 향수병 때문이었다.

- Albert seems dopey at first, but there's a keen intelligence *underlying* those vacuous mannerisms of his.
  앨버트는 처음에 멍청하게 보이지만 그의 멍청한 듯한 행동 뒤에는 예리한 지성이 숨어 있다.

UNDERMINE [ʌ̀ndərmáin] v **to impair; to subvert; to weaken by excavating underneath** 손상시키다; 파괴하다; ~밑을 파서 약화시키다

- The children's adamant refusal to learn French considerably *undermines* their teacher's efforts to teach it to them.
  프랑스 어를 배우지 않겠다는 아이들의 단호한 거절이 프랑스 어를 가르치려는 선생님의 의지를 적지 않게 무너뜨린다.

- The rushing waters of the flood had *undermined* the north end of the foundation, and the house was now leaning in that direction.
  갑자기 밀어닥친 홍수로 북쪽 끝의 지반이 무너졌다. 그래서 이제는 집이 그쪽 방향으로 기울고 있었다.

UNDERPINNING [ˈʌndərpìniŋ] n a system of supports beneath; a foundation or basis 아래에서 받치고 있는 것, 받침대; 토대, 기초

- The *underpinning* of Shing and Dyan's long-lasting marriage was a shared enthusiasm for bowling.

  심과 다이안이 지속적인 결혼 생활을 할 수 있었던 근본 토대는 볼링에 대한 열정을 공유하고 있었기 때문이었다.

- The *underpinnings* of our friendship extend back to childhood, when I helped Kristie sew a purse for her mother.

  우리의 우정의 기초는 어린 시절에서 연유한 것이다. 당시 나는 엄마의 지갑을 꿰매려는 크리스티를 도와주었다.

UNDERSCORE [ˈʌndərskɔ̀ːr] v to underline; to emphasize 밑줄을 긋다; 강조하다

- Heidi was so nervous about the exam that she ended up *underscoring* her entire textbook in yellow marker.

  하이디는 시험 때문에 너무나 신경이 예민해져서 마침내 교과서를 온통 노란 펜으로 밑줄을 그어 놓았다.

- "I hate you!" Ryan shouted. To *underscore* his point, he added, "I think you stink!"

  "당신이 미워!"라고 리안이 소리쳤다. 핵심을 강조하기 위해서 그는 "당신은 역겨워!"라고 덧붙였다.

- Harold's terrible hunger *underscores* the importance of remembering to eat.

  지독한 배고픔이 해럴드에게 먹는 것을 기억하는 일의 중요성을 일깨워준다.

UNDERWRITE [ˈʌndərràit] v to sponsor; to subsidize; to insure 후원하다; 보조금을 지원하다; 보증하다

- There would be no such thing as public television in this country if rich American oil companies were not willing to *underwrite* the rebroadcast of expensive British television shows.

  부유한 미국 석유 회사가 값비싼 영국 텔레비전 프로그램의 중계방송을 지원하지 않으려 한다면, 이 나라에서 공영 텔레비전 방송 같은 것은 더 이상 없을 것이다.

- The local bank agreed to *underwrite* the high school production of *South Pacific*, providing money for props, costumes, and the rental of a theater.

  지역 은행은 소품들과 의상과 극장 임대에 필요한 경비를 제공함으로서 사우스 퍼시픽이라는 고등학교 영화 제작소를 지원하기로 약속했다.

A person or company that *underwrites* something is called an *underwriter*.

underwriter은 '보증인'이라는 뜻이다.

UNILATERAL [jù:nəlǽtərəl] adj involving one side only; done on behalf of one side only; one-sided; not mutual

오직 한편에만 해당되는, 일방적인; 한쪽 편만을 위하여 하는; 한쪽으로 치우친; 상호적이지 않은

- In my family, there was *unilateral* agreement on the subject of curfews; my parents agreed that I should be home by midnight, and I did not.

  야간 외출 금지라는 문제에 대하여 우리 가족은 일방적인 약속을 해 버렸다. 부모님은 내가 자정까지는 집으로 돌아와야 한다고 합의를 보았지만, 나는 합의하지 않았다.

- *Unilateral* disarmament is the decision by one side in a conflict to lay down its arms.

  일방적인 군비 축소는 분쟁의 한쪽 당사자가 군사력을 축소하는 결정을 내리는 것이다.

In law, a *unilateral* contract is a contract in which only one of the signers bears any obligation.

법률에서 unilateral contract(편무 계약)란, 계약서에 서명한 사람들 중 어느 한쪽만이 모든 책임을 지는 계약을 말한다.

As might be expected, *bilateral*[bɑilǽtərəl] means two-sided. In biology, a body whose left and right sides are mirror images of each other is said to exhibit *bilateral* symmetry. People's bodies are not *bilaterally* symmetrical—you have a spleen on only one side of your gut, for example—but worms' bodies are. Good for worms.

짐작했겠지만, bilateral은 양측의라는 뜻이다. 생물학에서는 왼쪽과 오른쪽이 거울에 비친 것처럼 똑같은 신체를 가리켜 좌우 대칭을 보여 준다고 말한다. 사람의 몸은 완전한 좌우 대칭은 아니다. 예를 들면, 비장은 내장 중에서도 어느 한쪽에만 있다. 그러나 벌레의 몸은 좌우 대칭이다. 벌레에겐 잘된 일이다.

As might further be expected, *multilateral*[mʌltilǽtərəl] means many-sided. In a *multilateral* treaty, many nations participate. And *lateral*[lǽtərəl] means of or pertaining to a side.

짐작했던 대로 multilateral은 다방면에 걸쳐 있는'이라는 뜻이다. multilateral treaty는 많은 국가가 참여하는 조약이다. lateral은 '측면의', '측면에 관계된'이라는 뜻이다.

- A *lateral* move in a career is one in which you switch jobs without ascending or descending the corporate hierarchy.

  직업에서의 측면 이동이라는 것은 회사 조직 내에서의 승진이나 좌천 없이 업무를 바꾸는 것이다.

USURY [jú:ʒəri] n lending money at an extremely high rate of interest

고율의 이자로 돈을 빌려 주는 것, 고리대금

- My sister said she would lend me ten dollars if I would clean her room for a week, a bargain that I considered to be *usury*.

  언니는 일주일 동안 자신의 방을 청소해 준다면 10달러를 빌려 주겠다고 말했다. 내 생각에는 상당히 고율의 이자를 받는 거래였다.

A *usurer*[jú:ʒərər] is someone who practices usury.

usurer는 '고리대금업'을 하는 사람'이다.

- Eight-year-old Chuck is quite a little *usurer*; if a kid in his class borrows a dime for milk money, Chuck makes him pay back a quarter the next day.

  여덟 살짜리 소년 척은 아주 어린 고리대금업자이다. 그의 반에서 어떤 아이가 우유 살 돈으로 10센트를 빌리면, 척은 그 다음날 15%를 갚게 만든다.

▶ 형용사형은 usurious[ju:ʒúəriəs](고리대금업의)이다.

▶ 이 단어들의 발음에 주의할 것.

Match each word in the first column with its definition in the second column. Check your answers in the back of the book.

1. uncanny	a. system of supports beneath
2. underlying	b. involving one side only
3. undermine	c. basic
4. underpinning	d. impair
5. underscore	e. sponsor
6. underwrite	f. extraordinary
7. unilateral	g. lending money at extremely high rates
8. usury	h. underline

VACUOUS [vǽkjuəs] adj empty of content; lacking in ideas or intelligence
내용이 없는; 생각이나 지성이 부족한

- I don't think that woman understands a word you're saying; her expression is as *vacuous* as a rabbit's.

  저 여성이 네가 하고 있는 말을 이해하고 있다고는 생각지 않는다. 그녀의 표정은 토끼의 표정처럼 멍하다.

- If Gail has to spend one more hour cooped up with Karen and her *vacuous* observations, she cannot answer for the consequences.

  만약 게일이 카렌의 얼빠진 관찰을 받으며 그녀와 한 시간 더 갇혀 있어야 한다면, 그 결과를 책임질 수 없을 것이다.

Vacuous and *vacant* [véikənt] both refer to emptiness, but not the same kind of emptiness. *Vacant* is generally used to mean literally empty; an apartment with no tenant is *vacant*, not *vacuous*.

vacuous와 vacant는 둘 다 '비어 있는' 것을 의미한다. 그러나 같은 의미의 '비어 있음'이 아니다. vacant는 일반적으로 글자 뜻 그대로 비어 있는 것을 의미한다. 거주자가 없는 아파트를 표현하는 것은 vacant이다.

Similarly, a dull person's thoughts can be *vacuous*, even though his skull is not literally *vacant*. However, a *vacant* expression and a *vacuous* expression are the same thing.

같은 방법으로, 멍청한 사람의 사고를 의미할 때는 그의 뇌가 문자 그대로 vacant(비어 있는)인 것은 아니라 할지라도 vacuous를 쓴다. 그러나 vacant expression과 vacuous expression은 둘 다 '멍청한 표정'을 가리킨다.

VAGARY [vəgɛ́:əri] n whim; unpredictable action; wild notion
변덕; 예측할 수 없는 행동; 괴팍한 생각

- "This meal was a little *vagary* of your father's," said Mrs. Swain grimly as she sat the children down to plates of steak topped with whipped cream.

  "다소 엉뚱한 아빠의 취향이 음식을 이렇게 만들었다." 스웨인 부인은 생크림을 얹은 스테이크 접시 앞으로 아이들을 앉히면서 잔인하게 말했다.

- Thanks to the *vagaries* of fashion, everyone is wearing tennis rackets instead of shoes this summer.

  변덕스러운 유행 탓에, 올 여름에는 사람들이 모두 신발 대신에 테니스 라켓을 신고 있다.

- The *vagaries* of Sean's boss are a little unsettling; one day he'll tell Sean that he is in line to become president of the company, and the next day he'll tell him to scrub the executive washroom.

  션의 회사 사장의 변덕은 다소 그를 불안하게 한다. 어떤 날은 션에게 회사의 회장이 될 가망이 있다고 말하다가도, 그 다음날이면 이사들의 화장실이나 박박 문질러 닦아 놓으라고 말하곤 한다.

- 흔히 복수형 vagaries[véigəriz]로 쓰인다.

- 이 단어들의 발음에 주의할 것.

VANQUISH [vǽŋkwiʃ] v to conquer; to overpower 정복하다; 극복하다

- Nancy finally *vanquished* her nail-biting habit by coating her nails with a distasteful chemical.
  낸시는 손톱에 역겨운 약물을 발라놓는 방법으로 손톱 깨무는 버릇을 이겨냈다.

- "Nyah, nyah, we *vanquished* you!" the unsportsmanlike soldiers sang as their enemies retreated.
  "이야호, 우리가 너희를 이겼다!" 적군이 퇴각하자, 스포츠맨답지 않은 군인들이 노래를 불렀다.

VENEER [vəníər] n facade; coating; outward appearance
겉보기; 겉에 입히는 것; 외부로 드러난 모습

To a woodworker, a *veneer* is a thin sheet or strip of wood that has been sliced or peeled from a larger piece of wood; plywood, for example, is a sandwich of *veneers*.
목수들에게 veneer는 '큰 나무에서 껍질을 벗겨낸 얇은 단판'이나 '얇게 저민 나뭇조각'을 의미한다. 예를 들면, 합판은 베니어판을 여러 겹 붙여 놓은 것이다.

In general usage, a *veneer* is any thin outward surface.
일반적인 용법으로 쓰이면 veneer는 '얇은 바깥 표면'을 의미한다.

- Under her *veneer* of sophistication—acquired, at great expense to her parents, at a Swiss finishing school—Holly is actually a shy, nervous hick.
  스위스 교양 학교에서 부모가 막대한 비용을 들여 얻게 된 홀리의 세련된 겉모습 뒤로는, 사실 수줍음 많고 소심한 시골뜨기의 모습이 있다.

VERDANT [vɔ́:rdənt] adj covered with green plants; leafy; inexperienced
초록의 식물로 덮여 있는; 잎이 무성한; 미숙한

Verdant is derived from the French word for green.
verdant는 '초록'을 의미하는 프랑스 어에서 파생된 단어이다.

- In springtime, the *verdant* hills seem to whisper, "Skip school and come for a walk!"
  "학교는 빠지고 산책하러 가자."라고 봄날의 푸른 언덕이 속삭이는 것 같다.

- When the movie crew reached their destination, they were dismayed to find the landscape still *verdant*; they were supposed to be making a movie about skiing.
  영화 제작팀은 목적지에 도착한 뒤에 경치가 여전히 초록 일색인 것을 보고 실망했다. 그들은 스키에 관한 영화를 만들 예정이었다.

VERGE [vɔːrdʒ] n border; brink; edge 변두리; 가장자리; 가

- On the *verge* of the pond is a mushy spot where it's not safe to skate.
  연못 가장자리에는 스케이트 타기에 안전하지 않은 질척한 곳이 있다.

- Eleanor has been on the *verge* of tears ever since her mother told her that she would not be allowed to attend the prom.
  엘리노어는 댄스파티에 가는 것을 허락하지 않겠다고 어머니가 말한 뒤로 거의 눈물을 쏟으려고 했다.

▶ verge는 동사로도 쓰인다.

- Nick's surly answer *verged* on rudeness, but his father decided not to punish him.

  닉의 퉁명스러운 대답은 거의 무례함에 가까웠다. 그러나 그의 아버지는 그를 벌 주지 않기로 마음먹었다.

To *converge* [kənvə́:rdʒ] is to come together or meet.

converge는 '함께 오거나 만나다'라는 뜻이다.

- The water is churning and frothy at the spot where the two rivers *converge*.

  두 강이 함께 만나는 지점에서는 강물이 부딪히며 거품을 낸다.

To *diverge* [divə́:rdʒ] is to separate.

diverge는 '갈라지다'라는 뜻이다.

- A fork in a road is a place where two roads *diverge*.

  길에 관하여 fork(분기점)라는 말은 '두 갈래 길로 갈라지는 지점'을 말한다.

VERITY [vérəti] n the quality of being true; something true   진실성; 진실한 것

- You could hardly doubt the *verity* of her story, especially when she had documents to prove her point.

  여러분은 그녀가 요점을 증명할 서류를 가지고 있었기 때문에, 그녀의 이야기의 진실성 여부에 의심을 가질 필요가 없다.

Many truth-related words derive from the Latin root *"verus"* which means true. *Verisimilar* [vèrisímələr] means having the appearance of truth, and *verisimilitude* [vèrisimílitjù:d] is the quality of being *verisimilar*.

진실에 관련된 많은 단어들은 '진실하다'는 뜻의 라틴 어 어근인 'verus'에서 파생한 것이다. verisimilar는 '진실의 모습을 한'이고 verisimilitude는 '진실에 가까움'이라는 의미이다.

- The plastics company had found a way to make fake leather of shocking *verisimilitude*.

  플라스틱 회사는 가짜 가죽을 놀랄 만큼 진짜인 것처럼 만드는 방법을 발견했다.

Veracious [vəréiʃəs] means habitually truthful.

veracious는 '습관으로 고정된 진실한'을 의미한다.

- It would be easier to trust Charlotte if she had a reputation for being *veracious*— but she doesn't. In fact, she's been called a liar many times before.

  샬롯이 진실한 성격으로 유명하다면 그녀를 더 쉽게 믿었을 것이다. 그러나 그녀는 진실하지 않다. 사실 그녀는 여러 번 거짓말쟁이로 불린 적이 있다.

To *aver* [əvə́:r] is to state with confidence, as though you know it to be the truth.

aver는 마치 그것이 진실이라는 것을 알고 있는 것처럼 확신을 가지고 주장하다'라는 뜻이다.

- "Yes, that's the man," Charlotte *averred*. "I recognize him for sure."

  "그래요, 바로 저 사람이에요. 확실히 그를 알아볼 수 있어요." 샬롯은 단언했다.

To *verify* [vérəfài] is to prove that something is true, to confirm it.

verify는 그것이 '사실임을 증명하다', '확증을 주다'라는 뜻이다.

- The police were able to *verify* Olin's claim that he had been out of the country at the time of the crime, so they let him go.

  경찰은 범죄가 있던 시간에 외국에 나가 있었다는 올린의 주장을 확인할 수 있었다. 그래서 그는 무죄로 풀려났다.

VIE [vai] v to compete; to contest; to struggle 경쟁하다; 우열을 다투다; 싸우다

- Sheryl *vied* with her best friend for a promotion.

  셰릴은 가장 친한 친구와 승진 경쟁을 했다.

- The two advertising agencies *vied* fiercely for the Lax-Me-Up account, which was worth $100 million a year in billings.

  두 광고 대행사는 연간 1억 달러에 달하는 Lax-Me-Up 광고 수주를 두고 치열한 경쟁을 벌였다.

VIGILANT [vídʒələnt] adj constantly alert; watchful; wary
계속적으로 경계하는; 방심하지 않는; 조심성 있는

- Miss Grimble is *vigilant* against grammatical errors; when she spots a misplaced modifier, she pounces like a tiger.

  미스 그림블은 문법적인 실수를 계속 경계하고 있다. 그녀는 수식어구의 위치라도 잘못된 것을 발견하면 맹렬히 비난한다.

- Dad *vigilantly* guarded the door of the living room to keep the children from seeing the Easter bunny at work.

  아빠는 한창 만들고 있는 부활절 토끼를 아이들이 보는 것을 막기 위해 경계를 늦추지 않고 거실 문을 지키고 있었다.

▶ 명사형은 vigilance[vídʒələns] (경계)이다.

- Distracted by the loud noise in the hallway, the guard let his *vigilance* slip for a moment, and the prisoner quickly escaped.

  복도에서 나는 시끄러운 소음에 마음이 산란해진 교도관은 잠시 경계 임무를 소홀히 했다. 그 사이 그 죄수는 재빨리 탈주했다.

Vigil is a related word that means a period of staying awake or peacefully protesting, as if *vigilantly* standing watch.

vigil은 마치 자지 않고(vigilantly) 불침번을 서는 것처럼 깨어있는 기간이나 평화 시위를 의미하는 단어이다.

VIGNETTE [vinjét] n a small, decorative design or drawing; a short literary
sketch; a brief but expressive scene in a play or movie
장식을 위한 작은 도안이나 그림; 짧은 문학 소품; 연극이나 영화에 있어서 짧지만 표현이 풍부한 장면

▶ 발음에 주의할 것.

- Lauren decorated the top of each thank-you note with a tiny *vignette* of a dolphin leaping gracefully out of the water.

  로렌은 감사장의 상단을 돌고래가 물속에서 우아하게 도약하는 작은 그림으로 장식했다.

- The editor at the publishing company told Mrs. Proutie that the *vignettes* she had written about her garden would be unlikely to sell many more copies if published as a book.

  출판사의 편집장은 프루티 여사가 정원에 대하여 쓴 짧은 글은 책으로 출판된다고 해도 더 많은 판본이 팔리지는 않을 것 같다고 말했다.

- The boring movie was enlivened somewhat by half a dozen sexy *vignettes* sprinkled through it.

  따분한 그 영화는 영화 전반에 걸쳐 몇 번 나오는 성과 관련된 장면 덕분에 약간이나마 생기를 띠게 되었다.

Match each word in the first column with its definition in the second column.
Check your answers in the back of the book.

1. vacuous		a.	whim
2. vagary		b.	border
3. vanquish		c.	conquer
4. veneer		d.	compete
5. verdant		e.	covered with green plants
6. verge		f.	facade
7. verity		g.	empty of content
8. vie		h.	quality of being true
9. vigilant		i.	constantly alert
10. vignette		j.	short literary sketch

VISCOUS [vískəs] adj thick; gluey; sticky 걸쭉한; 들러붙는; 끈적거리는

- I rapidly lost my thirst as I watched the water ooze from the tap in a *viscous*, brownish stream.

  수도꼭지에서 끈적거리며 갈색을 띤 물줄기가 흘러나오자, 나는 순식간에 목마른 것도 잊어버렸다.

- That *viscous* sap dripping from the gash in the trunk of the pine tree may one day harden into amber.

  소나무 줄기의 상처 난 틈에서 떨어지고 있는 끈적끈적한 수액은 언젠가는 딱딱하게 굳어져 호박이 된다.

▸ 명사형은 viscosity[viskásəti] (점도)이다.

- Motor oils are rated according to their *viscosity*; less *viscous* oils are usually used in the winter because cold weather can cause more *viscous* grades to become excessively thick.

  자동차 윤활유는 점도에 따라 등급이 구분된다. 점도가 낮은 오일은 대개 겨울에 사용되는데, 이는 추운 날씨에 점도가 높은 윤활유는 지나칠 정도로 진해질 수 있기 때문이다.

VIVACIOUS [vivéiʃəs] adj lively; animated; full of pep
생기가 넘치는; 활기가 넘치는; 기운이 넘치는

▶ 발음에 주의할 것.

- The eighth-grade girls became bubbly and *vivacious* whenever a cute boy walked by, but as soon as he was out of sight they settled back into their usual grumpy lethargy.

  8학년 소녀들은 귀여운 소년이 옆으로 지나갈 때마다 발랄하고 생기가 넘쳤다. 그러나 그가 눈에 안 보이게 되자마자 곧 평소의 모습대로 뾰로통하고 기운 없는 상태로 돌아갔다.

▶ 명사형은 vivacity[vivǽsəti] (생기, 활기)이다.

- Beatrice's *vivacity* dimmed noticeably when she realized that the news she was waiting for would not be good.

  베아트리스의 쾌활하던 모습은 자신이 기다리던 소식이 좋은 내용이 아니라는 것을 알게 되었을 때 눈에 띄게 줄어들었다.

VOGUE [voug] n fashion; style   유행; 스타일

- Never throw away old clothes; outdated styles inevitably come back in *vogue*.

  오래된 옷들을 버리지 마라. 유행이 지난 것도 언젠가는 다시 유행하기 마련이다.

- *Vogue* is a famous magazine filled with fashion photographs, clothing advertisements, and articles about whatever is in *vogue* at the moment.

  보그는 패션 사진과 의류 광고와 당시에 유행하고 있는 모든 것에 대한 기사를 싣는 유명한 잡지이다.

- The goldfish were sorry to learn that the campus *vogue* for swallowing live goldfish is back.

  금붕어는 살아 있는 금붕어를 삼키는 유행이 대학에 다시 돌아왔다는 것을 알게 되자 슬퍼졌다.

▶ 형용사형은 voguish[vóugiʃ] (유행의)이다.

VOLUMINOUS [vəljúːmənəs] adj large; extensive; having great volume
큰; 광대한; 대단히 양이(또는 권수가) 많은

- Kate frantically searched through her *voluminous* lecture notes for the phone number of the boy sitting next to her.

  케이트는 옆에 앉아 있는 소년의 전화번호를 찾기 위해 여러 권의 강의 노트를 미친 듯이 뒤졌다.

- Hidden in the folds of her *voluminous* skirts are a potted plant, a small child, an electric fan, three pairs of snowshoes, and a bag of breath mints.

  그녀의 폭넓은 치맛자락 안에 숨겨진 것은 화분에 담긴 식물과 작은 꼬마 아이와 전기 프라이팬과 세 켤레의 눈 신과 구취를 제거하는 민트 캔디 한 봉지이다.

- After Stacy's death, Henry burned their *voluminous* correspondence because he didn't want anyone to find out that he and Stacy had been exchanging letters for years.

  스테이시가 죽은 뒤에, 헨리는 그들 사이에 오간 많은 양의 편지를 태웠다. 그와 스테이시가 수년 동안 서로 편지를 주고받아 왔다는 사실을 누군가가 알게 되는 것이 싫었기 때문이었다.

VOLUPTUOUS [vəlʌptʃuəs] adj pleasant to the senses; luxurious; pleasure-seeking; extra full and shapely

감각을 즐겁게 하는; 관능적인 쾌락을 추구하는; 방탕한; 아주 풍만하고 맵시가 있는, 육감적인, 요염한

- The restaurant's most popular dessert is called Sinfully *Voluptuous* Chocolate Torte; each serving contains a pound each of chocolate and butter.

  그 식당에서 가장 인기가 있는 디저트는 '지독하게 관능적인 초콜릿 과자'라는 이름으로 불린다. 그 각각에는 1파운드씩의 초콜릿과 버터가 들어 있다.

- Doreen's figure has passed the point of being *voluptuous* and reached the point of fat.

  도린의 몸매는 풍만하고 육감적으로 보이는 정도를 지나 뚱뚱하다고 말할 만한 정도에 도달했다.

A person addicted to *voluptuous* things is a *voluptuary* [vəlʌptʃuèri].

'관능적인 쾌락을 탐닉하는 사람'을 voluptuary라고 한다.

VORACIOUS [vɔːréiʃəs] adj having a huge appetite; ravenously hungry

대단한 식탐을 가진; 몹시 굶주려 있는

- Whenever he goes skiing, Reed comes home *voracious*; once he even ate an entire uncooked meat loaf that his mother had intended to prepare for dinner.

  스키를 타러 갈 때마다 리드는 언제나 몹시 굶주려서 집에 온다. 한 번은 어머니가 저녁을 위해 준비해 두었던 날고기 덩어리를 전부 다 먹은 적도 있었다.

- The *voracious* lions circling outside her tent made Patty hesitant to step outside.

  텐트 밖에서 몹시 굶주린 사자들이 어슬렁거리고 있었기 때문에, 페티는 밖으로 한 발짝도 못 나가고 있었다.

- Clay is a *voracious* reader; he always has his nose buried in a book.

  클레이는 독서광이다. 그는 항상 책 속에 코를 박고 산다.

QUICK QUIZ

Match each word in the first column with its definition in the second column. Check your answers in the back of the book.

1. viscous	a. having a huge appetite
2. vivacious	b. pleasant to the senses
3. vogue	c. large
4. voluminous	d. fashion
5. voluptuous	e. lively
6. voracious	f. thick

WAFT [wæft] v to float; to drift; to blow 떠돌다; 표류하다; 바람이 불다

- First a gentle little breeze *wafted* through the window, then a typhoon blew the house down.

  처음에는 부드럽고 약한 미풍이 창문을 타고 넘어왔다. 그러나 곧이어 태풍이 불어와 집을 무너뜨렸다.

- Rick closed the kitchen door to keep the smell of popcorn from *wafting* upstairs because he didn't want his sister to know that he was making a snack.

  릭은 팝콘 냄새가 이층으로 흘러가지 않도록 하기 위해 부엌문을 닫았다. 그가 간식거리를 만들고 있다는 것을 여동생에게 들키기 싫었기 때문이었다.

WAIVE [weiv] v to relinquish (a right); to forgo; to put aside for the time being
권리를 포기하다; 보류하다; 당분간 제쳐두다

- The murder suspect *waived* his right to have a lawyer present during his questioning, saying that he had nothing to hide.

  살인 용의자는 감출 것이 아무것도 없다고 말하면서, 심문이 진행되는 동안 변호사를 대동할 수 있는 권리를 포기했다.

▶ 명사형은 waiver[wéivər] (포기)이다.

WAKE [weik] n an all-night vigil kept over a dead body before it is buried; the trail a boat leaves behind it in the water; a track or path left behind something
죽은 사람을 땅에 묻기 전에 그 앞에서 밤을 새워 지키는 것; 배가 지나가면서 뒤에 남기는 흔적; 무언가 지나간 흔적 또는 길

- Ryan's old friends turned his *wake* into a party on the assumption that if he had been present he would have been the first to break out the beer.

  라이언의 오랜 친구들은 라이언이 여기에 있었다면 그가 제일 먼저 축하의 맥주를 꺼냈을 것이라는 가정 아래, 그의 초상 전 밤샘을 파티로 바꾸었다.

- Jonathan loves to stand at the back of the ferry so he can watch the churning, roiling *wake* behind the boat.

  조나단은 거품을 내며 소용돌이치는 배 위로 남은 흔적을 보기 위해서 연락선의 뒷쪽에 서 있는 것을 좋아한다.

- What started out as an honest, pull-no-punches discussion left terribly hurt feelings in its *wake*, and the participants didn't speak to one another for many days afterward.

  정직하고 격렬하지 않은 토론으로 시작되었던 것이 끝나고 난 후에는 깊은 마음의 상처를 남기게 되었다. 참가자들은 그 후로 여러 날 동안 서로에게 말도 걸지 않았다.

WANE [wein] v to decrease in strength or intensity; to fade away; to decline in power 힘이나 강도가 약해지다; 희미해지다; 권력이 쇠퇴하다

- Congressman Boote's political influence *waned* dramatically following his announcement that he had been kidnapped by creatures in a flying saucer.

  비행접시의 외계 생명체에게 납치를 당했었다는 그의 발표와 함께, 하원 의원인 부트의 정치적 영향력은 급속하게 약화되었다.

- A trip to Greece did little to revive Barry's *waning* interest in Greek history; in fact, it strengthened his new conviction that Greece was boring.

  그리스 여행은 배리에게 그리스 역사에 대해 잃어 가던 흥미를 되찾게 하지는 못했다. 사실 이번 여행은 그리스가 따분한 곳이라는 확신을 새롭게 강화시켜 주었다.

▶ 반의어는 wax[wæks] (커지다, 증대하다)이다.

- As the moon grows full, it is said to *wax*; as it turns into a sliver, it is said to *wane*.

  달이 점점 보름달이 되는 것을 '달이 차다'라고 표현하고, 달이 점점 가늘게 변하는 것을 '달이 이지러지다'라고 표현한다.

WARRANT [wɔ́:rənt] v to justify; to provide grounds for; to guarantee 정당화하다; ~에 대한 근거를 대다; 보증하다

- Mac's writing doesn't *warrant* a second glance; it's unreadable garbage.

  맥의 작품은 두 번 볼 만한 이유가 전혀 없다. 그것은 읽을 가치가 없는 쓰레기이다.

- The employment agency *warrants* that its temporary secretaries can type 100 words per minute and that they don't mind making coffee.

  그 직업소개소는 그곳의 임시 비서들이 타이프로 1분에 100단어를 칠 수 있으며, 커피 타는 것도 꺼리지 않는다고 장담한다.

When *warrant* is used as a noun, it means an authorization or official permit.

warrant가 명사로 사용될 경우, '권한'이나 '공식적인 인가'를 의미한다.

- It is illegal for the police to enter someone's home uninvited unless they have a search *warrant*.

  경찰이 수색 영장도 없이, 초대받지도 않고 누군가의 집에 들어가는 것은 불법이다.

A *warranty* [wɔ́:rənti] is a written guarantee.

warranty는 '서면으로 된 보증서'이다.

- Did the store provide any kind of *warranty* with that vacuum cleaner? I hope so because it's already broken.

  상점에서 그 진공청소기에 대해 어떤 종류이든지 보증서를 발급해 주었습니까? 청소기는 이미 고장 났기 때문에 그러기를 바랍니다.

WARY [wέːəri] adj cautious; watchful; careful   조심성 있는; 주의 깊은; 신중한

- Billy Green is *wary* of new babysitters; he hides behind his father's legs and cries when it's time for his parents to go.

  빌리 그린은 새로운 베이비시터들에게 경계심을 품고 있다. 부모들이 나갈 시간이 되자, 그 애는 아버지의 다리 뒤에 숨어 울기 시작한다.

- The mouse cast a *wary* eye out of its hole and, seeing no cat, scampered into the living room.

  쥐는 쥐구멍 바깥을 조심스럽게 내다보더니, 고양이가 보이지 않자 쏜살같이 거실로 뛰어 들어갔다.

- Ann is *wary* about picking up the telephone these days; she is afraid that a collection agency may be on the other end.

  앤은 요즘 전화 받는 일에 상당히 조심하고 있다. 미수금 처리 대행사가 전화를 건 것은 아닌지 걱정이 되기 때문이다.

▸ 동사형은 beware[biwέər](조심하다)이다.

So *beware*.
그러니 조심해라.

WIZENED [wíznd] adj shriveled; withered; shrunken   주름진; 말라빠진; 시든

▸ 발음에 주의할 것.

- The prince was horrified when he lifted his new bride's veil and found not the princess he had been expecting but a *wizened* old crone.

  신부의 베일을 들어 올리고 나서, 왕자는 신부가 자신이 생각했던 공주가 아니라 늙고 쭈글쭈글한 쭈그렁 할망구라는 것을 깨닫고는 너무나 충격을 받았다.

- A few *wizened* apples were all we found on the tree; all the nice ones had already been picked.

  우리가 나무에서 찾아낸 것은 말라빠진 몇 개의 사과뿐이었다. 좋은 사과들은 모두 이미 다 따 가고 없었다.

- Having seen wizards only in the movies, I expected Mervin to be bent and *wizened* with age, but actually he was young and quite attractive.

  영화에서 마법사로 나왔었다는 이유만으로, 나는 멀빈이 늙어서 허리가 굽고 주름졌을 거라 생각했지만 사실 그는 젊고 패 매력적이었다.

WOE [wou] n suffering; affliction; distress   고통; 괴로움; 고뇌

- If I told you all the *woes* that have befallen Karl this year, you'd think I was making them up; no one could have that much bad luck.

  올 한 해 칼에게 밀어닥친 고통을 너에게 모두 말한다면, 너는 내가 지어낸 얘기라고 생각할 것이다. 아무도 그처럼 많은 불행을 경험하지는 못할 것이다.

- Jamie gazed up at his mother with a look of *woe*, pointing to the ant farm he had just dropped on the carpet.

  제이미는 방금 카펫에 떨어뜨린 개미집을 가리키면서 괴로운 얼굴로 엄마를 쳐다보았다.

- "Oh, *woe* is me," moaned Libby. "I'm turning forty tomorrow, and no one has planned a surprise party for me!"

  "아, 슬프구나. 내일이면 마흔 살이 되는데, 아무도 나를 위해 깜짝 파티를 준비하지 않았잖아!"라고 리비가 한탄했다.

▸ 형용사형은 woeful(몹시 슬픔)이다.

WRATH [ræθ] n deep anger; fury 심한 노여움; 격분

- Dawn's *wrath* knew no bounds when she realized that Ron had started the dishwasher during her shower.

  샤워를 하고 있는 동안 론이 식기 세척기를 가동했다는 것을 알게 된 돈의 분노는 끝이 없었다.

- The *wrathful* vampire lurched toward Marlene and bared his pointy fangs.

  몹시 화가 난 흡혈귀는 마를렌을 향해서 비틀거리며 걸어가서 날카로운 송곳니를 드러냈다.

- "Why are you treating me this way?" Catherine demanded *wrathfully*. "I'll bet I'm the only girl in the whole sixth grade who has to pay rent to live in her own house!"

  "왜 나를 이런 식으로 다루는 거죠? 장담하건대, 나는 아마도 자신의 집에 살면서 집세를 내야 하는 유일한 6학년 학생일걸요!"라고 캐서린은 몹시 화가 나서 힐문했다.

Z

ZEITGEIST [tsáigàist] n **the mood or spirit of the times** 시대정신, 시대사조

▸ 발음에 주의할 것.

▸ zeitgeist는 글자 그대로 '시대정신'을 의미하는 독일어이다.

- It's interesting to see how Americans always assume the *zeitgeist* changes automatically with the arrival of a new decade. The eighties were allegedly the decade of greed; then, on the first day of 1990, greed supposedly went out of style, and old-fashioned niceness became the order of the day. What did all those formerly greedy people do with their stuff?

  미국인들이 어떻게 새로운 10년의 도래와 함께 자동적으로 시대정신의 변화를 수용하는지 살펴보는 것은 재미있는 일이다. 알려진 바에 의하면, 80년대는 탐욕의 시대였다. 그 뒤를 이어 1990년의 첫날, 탐욕은 유행을 벗어나게 되고 고풍스러운 친절함이 그날의 새 유행이 되었다. 이전의 탐욕스러운 사람들은 모두 그들의 탐욕을 어떻게 처리했을까?

ZENITH [zí:niθ] n **highest point; peak; pinnacle** 정점; 절정; 꼭대기

- The *zenith* of my career as a singer came when I was asked to give a recital in Carnegie Hall for the royal family, the president, Madonna, and a boy in high school whom I'd always had a crush on; since then, it's all sort of been downhill.

  가수로서의 내 인생의 정점은 카네기 홀에서의 리사이틀을 부탁받았을 때였다. 거기서 나는 왕실 가족과 대통령과 마돈나와 언제나 반해 있었던 한 남자 고등학생을 위해서 공연했다. 그때 이후로, 모든 것이 내리막길이었다.

▸ zenith의 반의어는 apex와 apogee를 참조할 것.

Match each word in the first column with its definition in the second column. Check your answers in the back of the book.

1. waft	a. justify
2. waive	b. cautious
3. wake	c. deep anger
4. wane	d. float
5. warrant	e. suffering
6. wary	f. shriveled
7. wizened	g. spirit of the times
8. woe	h. highest point
9. wrath	i. all-night vigil
10. zeitgeist	j. decrease in strength
11. zenith	k. relinquish

The Final Exam

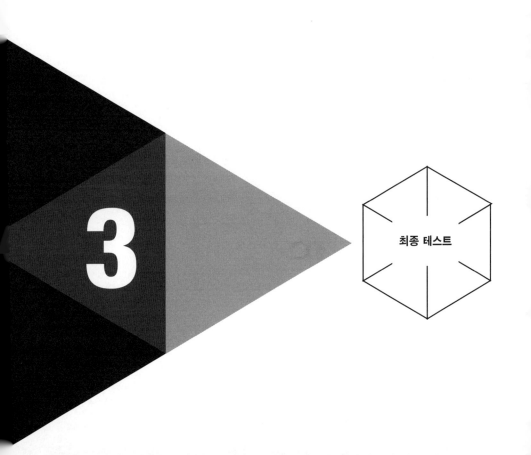

3

최종 테스트

THE FINAL EXAM

다음 테스트는 이 책의 모든 핵심 단어를 포함하고 있다. 답이 틀리면 다시 돌아가 공부하기 바란다. 신중히 생각하고 답을 고를 때 단어의 의미를 곱씹어 보기 바란다.

Final Exam Drill ❶ DEFINITIONS 단어 정의 연결하기

For each question below, match the word on the left with its definition on the right.

1	suffrage	a.	arched passageway
2	bauble	b.	difference
3	enumerate	c.	gaudy trinket
4	arcade	d.	greedy
5	acquisitive	e.	right to vote
6	clandestine	f.	secret
7	shibboleth	g.	name one by one
8	deign	h.	catchword
9	discrepancy	i.	fashion
10	vogue	j.	condescend

Final Exam Drill ❷ ANTONYMS 반의어 찾아 연결하기

For each question below, match the word on the left with the word most nearly its opposite on the right.

1	denunciation	a.	dotage
2	embroil	b.	ingratiate
3	depose	c.	verdant
4	cordial	d.	endearment
5	conspicuous	e.	emancipate
6	contumely	f.	champion
7	alienate	g.	cloistered
8	precocity	h.	abasement
9	stark	i.	effrontery
10	compunction	j.	brusque

Final Exam Drill ❸ DEFINITIONS 단어 정의 연결하기

For each question below, match the word on the left with its definition on the right.

1	regimen	a.	perform without preparation
2	toil	b.	regulated course
3	supine	c.	lying on the back
4	quell	d.	familiar
5	prelude	e.	hard work
6	tumult	f.	introduction
7	impasse	g.	belligerent patriotism
8	jingoism	h.	put an end to
9	improvise	i.	violent, noisy commotion
10	conversant	j.	deadlock

Final Exam Drill ❹ ANTONYMS 반의어 찾아 연결하기

For each question below, match the word on the left with the word most nearly its opposite on the right.

1	explication	a.	depleted
2	wizened	b.	anathema
3	puritanical	c.	expunged
4	appalling	d.	demise
5	dismay	e.	estimable
6	extant	f.	prurient
7	resurrection	g.	corpulent
8	benediction	h.	dissuade
9	induce	i.	exuberance
10	rife	j.	inquisition

Final Exam Drill ❺ PRONUNCIATIONS 알맞은 발음 연결하기

Pronounce each of the following words without looking at column a or column b. Then select the column that comes closer to your pronunciation.

1	vacuity	a.	[vǽkjuːəti]	b.	[vækjúːəti]
2	draconian	a.	[drækóuniən]	b.	[dreikóunìən]
3	tumult	a.	[tΛməlt]	b.	[tjúːməlt]
4	explicable	a.	[eksplíkəbl]	b.	[éksplikəbl]
5	patina	a.	[pətíːnə]	b.	[pǽtənə]
6	presage	a.	[priséi]	b.	[présidʒ]
7	grimace	a.	[griméis]	b.	[gríməs]
8	licentious	a.	[laisénʃəs]	b.	[laiséntiəs]
9	cabal	a.	[kəbǽl]	b.	[kéibl]
10	auxiliary	a.	[ɔːgzíləri]	b.	[ɔːgzíljəri]

Final Exam Drill ❻ ANTONYMS 반의어 찾아 연결하기

For each question below, match the word on the left with the word most nearly its opposite on the right.

1	fledgling	a.	influx
2	advent	b.	defunct
3	integral	c.	aftermath
4	emanation	d.	auxiliary
5	suppress	e.	affiliate
6	aghast	f.	fuel
7	secede	g.	flippant
8	acquit	h.	forestall
9	accede	i.	stupefy
10	galvanize	j.	arraign

Final Exam Drill ❼ DEFINITIONS 단어 정의 연결하기

For each question below, match the word on the left with its definition on the right.

1	antipodal	a.	make filthy
2	partition	b.	division
3	parallel	c.	tedious recounting
4	implication	d.	sink
5	subside	e.	harmful
6	resplendent	f.	exactly opposite
7	inimical	g.	abolish
8	abrogate	h.	something suggested
9	degrade	i.	similar
10	litany	j.	brilliantly shining

Final Exam Drill ❽ ODD ONE OUT 관련 없는 단어 찾기

For each question below, choose the word that is least similar in meaning to the other two.

1	a. lobby	b. abrogate	c. nullify
2	a. pristine	b. nebulous	c. turbid
3	a. quell	b. repress	c. impending
4	a. apparition	b. equestrian	c. phantasm
5	a. obeisance	b. supplication	c. ascertain
6	a. predicament	b. predominant	c. preponderance
7	a. nonchalant	b. nirvana	c. tepid
8	a. karma	b. augur	c. herald
9	a. neophyte	b. pundit	c. fledgling
10	a. elegy	b. dirge	c. impasse

Final Exam Drill ❾ ANTONYMS 반의어 찾아 연결하기

For each question below, match the word on the left with the word most nearly its opposite on the right.

1	slake	a.	emaciate
2	antedate	b.	posturing
3	exodus	c.	ensue
4	impassioned	d.	nebulous
5	drollery	e.	repugnant
6	insouciance	f.	angst
7	distinct	g.	confluence
8	redeeming	h.	consternation
9	cohort	i.	dispassionate
10	forthright	j.	nemesis

Final Exam Drill ❿ DEFINITIONS 단어 정의 연결하기

For each question below, match the word on the left with its definition on the right.

1	deploy	a.	cite
2	consign	b.	line
3	olfactory	c.	hand over
4	adduce	d.	something that heals
5	mode	e.	temporary encampment
6	balm	f.	method of doing
7	bivouac	g.	pertaining to the sense of smell
8	accouterments	h.	trappings
9	queue	i.	reduction
10	diminution	j.	arrange strategically

Final Exam Drill ⓫ ANTONYMS 반의어 찾아 연결하기

For each question below, match the word on the left with the word most nearly its opposite on the right.

1	fallacy	a.	entity
2	insuperable	b.	verity
3	doleful	c.	pluralism
4	porous	d.	superseded
5	chaste	e.	dejected
6	cipher	f.	sordid
7	gratis	g.	exorbitant
8	jubilant	h.	elated
9	bravado	i.	impenetrable
10	solidarity	j.	being demure

Final Exam Drill ⓬ PRONUNCIATIONS 알맞은 발음 연결하기

Pronounce each of the following words without looking at column a or column b. Then select the column that comes closer to your pronunciation.

1	diminution	a. [dìmənjú:ʃən]	b. [dimju:níʃən]
2	insuperable	a. [insʌ́pərəbl]	b. [insú:pərəbl]
3	hypertrophy	a. [hάipətroufi]	b. [haipə́:rtrəfi]
4	triumvirate	a. [traiʌ́mvərət]	b. [traiʌmvάireit]
5	junta	a. [húntə]	b. [dʒʌ́:ntə]
6	bivouac	a. [bívuæ̀k]	b. [bívu:æk]
7	atrophy	a. [ǽtrəfi]	b. [ɑtróufi]
8	wizened	a. [wάizənd]	b. [wíznd]
9	adjunct	a. [ǽddʒəŋkt]	b. [ǽdʒʌŋkt]
10	posthumous	a. [pousthʌ́məs]	b. [pάstʃuməs]

Final Exam Drill ⓭ SYNONYMS 동의어 찾아 연결하기

For each question below, match the word on the left with the word most similar in meaning on the right.

1	capacious	a.	noisome
2	expostulate	b.	propound
3	allegory	c.	nomadic
4	armistice	d.	voluminous
5	citadel	e.	accord
6	spurn	f.	arsenal
7	curb	g.	bulwark
8	armament	h.	rebuff
9	errant	i.	avert
10	odious	j.	parable

Final Exam Drill ⓮ DEFINITIONS 단어 정의 연결하기

For each question below, match the word on the left with its definition on the right.

1	annuity	a.	model of excellence
2	paragon	b.	funeral song
3	engaging	c.	ascribing human characteristics
4	intervene	d.	far-reaching
5	sanction	e.	annual allowance
6	bilious	f.	charming
7	anthropomorphic	g.	person skilled in a craft
8	dirge	h.	come between opposing groups
9	artisan	i.	official permission or approval
10	sweeping	j.	ill-tempered

Final Exam Drill ⓯ SYNONYMS 동의어 찾아 연결하기

For each question below, match the word on the left with the word most similar in meaning on the right.

1	zenith	a.	nescient
2	facade	b.	crescendo
3	spate	c.	surmise
4	purblind	d.	epicurean
5	ascribe	e.	impunity
6	crux	f.	attribute
7	sumptuous	g.	cascade
8	ratiocinate	h.	ribald
9	titillating	i.	motif
10	exemption	j.	facet

Final Exam Drill ⑯ ODD ONE OUT 관련 없는 단어 찾기

For each question below, choose the word that is least similar in meaning to the other two.

1 a. emissary	b. incursion	c. liaison
2 a. generic	b. implication	c. corollary
3 a. dissident	b. posterity	c. refractory
4 a. propound	b. advocate	c. supersede
5 a. fickle	b. downcast	c. doleful
6 a. enumerate	b. litany	c. innuendo
7 a. repartee	b. banter	c. oxymoron
8 a. prurient	b. placebo	c. sordid
9 a. cull	b. scorn	c. spurn
10 a. foray	b. overture	c. menagerie

Final Exam Drill ⑰ DEFINITIONS 단어 정의 연결하기

For each question below, match the word on the left with its definition on the right.

1 avant-garde	a. fake medication
2 underlying	b. unbury
3 invoke	c. summon forth
4 classic	d. vanguard
5 exhume	e. pray for
6 evoke	f. top-notch
7 mire	g. marshy, mucky ground
8 trenchant	h. basic
9 placebo	i. tendency
10 inclination	j. concise

Final Exam Drill ⑱ SYNONYMS 동의어 찾아 연결하기

For each question below, match the word on the left with the word most similar in meaning on the right.

1 abeyance	a. rend
2 melee	b. replica
3 lout	c. cowering
4 fragment	d. cataclysm
5 clone	e. boor
6 craven	f. altercation
7 millennium	g. verge
8 threshold	h. moratorium
9 skirmish	i. disarray
10 conflagration	j. epoch

Final Exam Drill ⑲ PRONUNCIATIONS 알맞은 발음 연결하기

Pronounce each of the following words without looking at column a or column b.
Then select the column that comes closer to your pronunciation.

		a.	b.
1	halcyon	[hǽlsiən]	[hǽlkjən]
2	hubris	[hə́bris]	[hjú:bris]
3	protégé	[próutəʒèi]	[próutidʒ]
4	inviolate	[inváiələt]	[inváiəleit]
5	hypocrisy	[hipá:krəsi]	[háipɔkrisi]
6	rhapsodic	[rǽpsədik]	[ræpsá:dik]
7	motif	[móutif]	[moutí:f]
8	fiasco	[fiǽskou]	[fɑiǽskou]
9	rationale	[rǽʃənəl]	[ræ̀ʃənǽl]
10	fruition	[fru:íʃən]	[fru:íʃən]

Final Exam Drill ⑳ SYNONYMS 동의어 찾아 연결하기

For each question below, match the word on the left with the word most similar in meaning on the right.

1	tryst	a.	reactionary
2	concession	b.	dilemma
3	dissidence	c.	resignation
4	crux	d.	divination
5	conservative	e.	punctilious
6	augury	f.	plight
7	decry	g.	dissent
8	meticulous	h.	abound
9	teem	i.	deplore
10	affliction	j.	liaison

Final Exam Drill ㉑ DEFINITIONS 단어 정의 연결하기

For each question below, match the word on the left with its definition on the right.

1	amid	a.	incitement
2	fiscal	b.	system of names
3	delinquent	c.	largely confined to sitting down
4	double entendre	d.	word made up of initials
5	nomenclature	e.	in the middle of
6	acronym	f.	gray or white with age
7	provocation	g.	monetary
8	concomitant	h.	neglecting a duty
9	sedentary	i.	following from
10	hoary	j.	double meaning

Final Exam Drill ㉒ SYNONYMS 동의어 찾아 연결하기

For each question below, match the word on the left with the word most similar in meaning on the right.

1	uncanny	a.	elocution
2	deft	b.	quaint
3	primal	c.	gambit
4	articulation	d.	forswear
5	peculiar	e.	repartee
6	abjure	f.	inexplicable
7	impassive	g.	presume
8	retort	h.	aboriginal
9	stratagem	i.	canny
10	presuppose	j.	objective

Final Exam Drill ㉓ DEFINITIONS 단어 정의 연결하기

For each question below, match the word on the left with its definition on the right.

1	reprobate	a.	rule or law
2	exposition	b.	make an ugly face
3	rationale	c.	greeting
4	canon	d.	seemingly unending
5	interminable	e.	depraved, wicked person
6	salutation	f.	force of movement
7	ebb	g.	explanation
8	momentum	h.	diminish
9	materialistic	i.	underlying reason
10	grimace	j.	preoccupied with material things

Final Exam Drill ㉔ ODD ONE OUT 관련 없는 단어 찾기

For each question below, choose the word that is least similar in meaning to the other two.

1	a. baroque	b. serene	c. halcyon
2	a. spectrum	b. gamut	c. interim
3	a. stolid	b. avid	c. phlegmatic
4	a. melancholy	b. crestfallen	c. solace
5	a. progeny	b. stratagem	c. gambit
6	a. conundrum	b. jingoism	c. quandary
7	a. harbinger	b. ominous	c. discursive
8	a. diatribe	b. epicure	c. fulminate
9	a. emanate	b. expiate	c. disperse
10	a. inculcate	b. dissent	c. perverse

For each question below, match the word on the left with the word most similar in meaning on the right.

1	lobby	a.	consolidate
2	muster	b.	subsidiary
3	entrepreneurial	c.	advocate
4	ennui	d.	cull
5	serpentine	e.	highest caste
6	elite	f.	self-made
7	adjunct	g.	commiseration
8	pathos	h.	pristine
9	garner	i.	tortuous
10	untainted	j.	doldrums

Final Exam Drill ㉖ PRONUNCIATIONS 알맞은 발음 연결하기

Pronounce each of the following words without looking at column a or column b. Then select the column that comes closer to your pronunciation.

1	bacchanal	a. [bǽkənəl]	b. [bətʃǽnəl]
2	schism	a. [sízm]	b. [skízm]
3	reclamation	a. [rekləméiʃən]	b. [ri:klæméiʃən]
4	punitive	a. [pə́nitiv]	b. [pjú:nətiv]
5	degradation	a. [dègrədéiʃən]	b. [dəgrèidéiʃən]
6	integral	a. [intégrəl]	b. [íntigrəl]
7	ennui	a. [ɑ́:ŋwí:]	b. [enwí]
8	apostasy	a. [ǽpɔsteisi]	b. [əpɑ́stəsi]
9	prescient	a. [prí:siənt]	b. [préʃənt]
10	mores	a. [mɔ:rs]	b. [mɔ́:reiz]

Final Exam Drill ㉗ ANTONYMS 반의어 찾아 연결하기

For each question below, match the word on the left with the word most nearly its opposite on the right.

1	singular	a.	tedious
2	bracing	b.	serenity
3	jaunty	c.	rarefied
4	rampant	d.	hypertrophy
5	festering	e.	anterior
6	attest	f.	generic
7	wane	g.	dismal
8	bedlam	h.	query
9	posterior	i.	wake
10	harbinger	j.	remission

Final Exam Drill ㉘ DEFINITIONS 단어 정의 연결하기

For each question below, match the word on the left with its definition on the right.

1	careen	a.	shockingly horrible
2	discursive	b.	classification
3	apprise	c.	group of close associates
4	sovereign	d.	crazed excitement
5	ghastly	e.	supreme ruler
6	denomination	f.	aimlessly rambling
7	coterie	g.	swerve
8	embargo	h.	display threateningly
9	mania	i.	give notice to
10	brandish	j.	government order suspending trade

Final Exam Drill ㉙ SYNONYMS 동의어 찾아 연결하기

For each question below, match the word on the left with the word most similar in meaning on the right.

1	lascivious	a.	reprimand
2	inflammatory	b.	herald
3	override	c.	occult
4	revile	d.	eclipse
5	perverse	e.	disposition
6	demeanor	f.	prurient
7	harp	g.	cavil
8	mysticism	h.	incendiary
9	apropos	i.	refractory
10	presage	j.	apt

Final Exam Drill ㉚ DEFINITIONS 단어 정의 연결하기

For each question below, match the word on the left with its definition on the right.

1	apposite	a.	political meeting
2	caucus	b.	direct
3	channel	c.	biting irony
4	impresario	d.	pertaining to a city or town
5	commemorate	e.	distinctly suitable
6	archipelago	f.	person who manages public entertainments
7	municipal	g.	honor the memory of
8	sarcasm	h.	group of islands
9	pastoral	i.	rural
10	divulge	j.	reveal

Final Exam Drill ㉛ ANTONYMS 반의어 찾아 연결하기

For each question below, match the word on the left with the word most nearly its opposite on the right.

1	confound	a.	averse
2	genesis	b.	epilogue
3	aver	c.	discourse
4	prattle	d.	premeditated
5	abet	e.	debunk
6	enmity	f.	confederacy
7	avid	g.	throttle
8	inadvertent	h.	vigilant
9	perpetuate	i.	envision
10	impromptu	j.	thwart

Final Exam Drill ㉜ ODD ONE OUT 관련 없는 단어 찾기

For each question below, choose the word that is least similar in meaning to the other two.

1	a. abeyance	b.	fiat	c.	interlude
2	a. pregnant	b.	august	c.	rife
3	a. ennui	b.	listless	c.	ludicrous
4	a. inviolate	b.	licentious	c.	ribald
5	a. timorous	b.	cower	c.	demur
6	a. alienate	b.	mystic	c.	estrange
7	a decry	b.	deplore	c.	depose
8	a. duress	b.	tortuous	c.	convolution
9	a. figment	b.	pungent	c.	trenchant
10	a. harp	b.	transfix	c.	rivet

Final Exam Drill ㉝ PRONUNCIATIONS 알맞은 발음 연결하기

Pronounce each of the following words without looking at column a or column b. Then select the column that comes closer to your pronunciation.

1	foray	a. [fɔ́ːrei]	b.	[fɔːréi]
2	bilious	a. [bíliəs]	b.	[bíljəs]
3	dour	a. [dɑuər]	b.	[duər]
4	deprivation	a. [dèprivéiʃən]	b.	[dəpráivéiʃən]
5	titular	a. [títjuːlər]	b.	[títʃulər]
6	insouciant	a. [insúːsiənt]	b.	[insúːʃiənt]
7	paroxysm	a. [pərɑ́ːksəm]	b.	[pǽrəksìzm]
8	retort	a. [ritɔ́ːrt]	b.	[rítɔːrt]
9	liaison	a. [líːəzɑn]	b.	[liːéizɑn]
10	olfactory	a. [ɑlfǽktəri]	b.	[ɔ́lfæktəri]

Final Exam Drill ❸❹ ANTONYMS 반의어 찾아 연결하기

For each question below, match the word on the left with the word most nearly its opposite on the right.

1	mawkish	a.	convene
2	corrugated	b.	explicable
3	conundrumlike	c.	callous
4	boon	d.	jocular
5	dour	e.	adversity
6	adjourn	f.	concerted
7	embellish	g.	vivacity
8	listlessness	h.	seamless
9	quintessence	i.	dross
10	unilateral	j.	dilapidate

Final Exam Drill ❸❺ DEFINITIONS 단어 정의 연결하기

For each question below, match the word on the left with its definition on the right.

1	canvass	a.	shortage
2	vagary	b.	free from injury
3	inviolate	c.	disaster
4	patrimony	d.	seek votes or opinions
5	revamp	e.	inheritance
6	calamity	f.	whim
7	entreat	g.	revise
8	balk	h.	diplomatic etiquette
9	deficit	i.	ask earnestly
10	protocol	j.	refuse abruptly

Final Exam Drill ❸❻ ANTONYMS 반의어 찾아 연결하기

For each question below, match the word on the left with the word most nearly its opposite on the right.

1	paranoid	a.	ancillary
2	halcyon	b.	harried
3	timorous	c.	waive
4	repose	d.	disquiet
5	impending	e.	brazen
6	assert	f.	stalwart
7	exquisite	g.	botched
8	apoplexy	h.	posthumous
9	embryonic	i.	composure
10	cardinal	j.	retrospective

Final Exam Drill 37 DEFINITIONS 단어 정의 연결하기

For each question below, match the word on the left with its definition on the right.

1	precarious	a.	a landing on the edge of the water
2	duress	b.	float
3	critique	c.	dangerous
4	waft	d.	currently holding office
5	brouhaha	e.	stridently loud
6	muse	f.	reproduce
7	propagate	g.	coercion
8	quay	h.	ponder
9	incumbent	i.	uproar
10	raucous	j.	critical review

Final Exam Drill 38 ANTONYMS 반의어 찾아 연결하기

For each question below, match the word on the left with the word most nearly its opposite on the right.

1	foreclose	a.	infraction
2	sophomoric	b.	opprobrium
3	bland	c.	foster
4	limpid	d.	august
5	obeisance	e.	quiescence
6	conviction	f.	hubris
7	fawning	g.	pungent
8	acclaim	h.	traumatize
9	avail	i.	turbid
10	paroxysm	j.	oscillation

Final Exam Drill 39 PRONUNCIATIONS 알맞은 발음 연결하기

Pronounce each of the following words without looking at column a or column b. Then select the column that comes closer to your pronunciation.

1	satyr	a. [séitər]	b. [sǽtər]
2	quasi	a. [kwéizɑi]	b. [kwɑ́ːzi]
3	exquisite	a. [ekskwízit]	b. [ékskwizit]
4	electoral	a. [iːlektɔ́ːrəl]	b. [iléktərəl]
5	emaciate	a. [iméiʃièit]	b. [iméisiːèit]
6	remuneration	a. [rimjùːnəréiʃən]	b. [riːnùːməréiʃən]
7	crevasse	a. [krəvǽs]	b. [krévəs]
8	pathos	a. [péiθɑs]	b. [pǽθɔs]
9	quay	a. [kiː]	b. [kwei]
10	trauma	a. [trɔ́ːmə]	b. [tráumə]

Final Exam Drill ④⓪ ODD ONE OUT 관련 없는 단어 찾기

For each question below, choose the word that is least similar in meaning to the other two.

1	a. veneer	b. facade	c. queue
2	a. baleful	b. vigilant	c. wary
3	a. enmity	b. exuberant	c. elation
4	a. quiescent	b. pastoral	c. lavish
5	a. apogee	b. aspersion	c. antipodal
6	a. prowess	b. atrophy	c. wizened
7	a. germane	b. converse	c. apposite
8	a. flippant	b. sarcasm	c. eulogy
9	a. embody	b. diffuse	c. propagate
10	a. oligarchy	b. demography	c. triumvirate

Final Exam Drill ④① ANTONYMS 반의어 찾아 연결하기

For each question below, match the word on the left with the word most nearly its opposite on the right.

1	impregnable	a.	homage
2	affront	b.	woe
3	allegiance	c.	aspersion
4	replete	d.	scant
5	copious	e.	vacuous
6	bliss	f.	empower
7	loathe	g.	panegyric
8	eulogy	h.	estrangement
9	diatribe	i.	susceptible
10	nullify	j.	rhapsodize

Final Exam Drill ④② DEFINITIONS 단어 정의 연결하기

For each question below, match the word on the left with its definition on the right.

1	arid	a.	loathing
2	cloy	b.	out of proportion
3	revulsion	c.	cause to feel too full
4	equestrian	d.	very dry
5	chaff	e.	displaying glowing, changing colors
6	inimitable	f.	impair
7	undermine	g.	worthless stuff
8	disproportionate	h.	impossible to imitate
9	devout	i.	having to do with horseback riding
10	iridescent	j.	deeply religious

Final Exam Drill ❸ ANTONYMS 반의어 찾아 연결하기

For each question below, match the word on the left with the word most nearly its opposite on the right.

1	wax	a.	atrophy
2	discretionary	b.	imperative
3	plausible	c.	perigee
4	downplay	d.	insufferable
5	captivate	e.	harass
6	dissembling	f.	aggrandizement
7	compatible	g.	ludicrous
8	diminution	h.	disaffect
9	coddle	i.	ballyhoo
10	apex	j.	forthright

Final Exam Drill ❹ DEFINITIONS 단어 정의 연결하기

For each question below, match the word on the left with its definition on the right.

1	elite	a.	most select group
2	obviate	b.	remove by cutting
3	corrosive	c.	make unnecessary
4	stint	d.	restrict
5	excise	e.	smuggled goods
6	lyrical	f.	melodious
7	contraband	g.	affecting the entire system
8	demographics	h.	study of population characteristics
9	ascertain	i.	determine with certainty
10	systemic	j.	eating away

Final Exam Drill ❺ SYNONYMS 동의어 찾아 연결하기

For each question below, match the word on the left with the word most similar in meaning on the right.

1	interlude	a.	famine
2	toxic	b.	rhapsodic
3	ineluctable	c.	interim
4	elegiac	d.	carcinogenic
5	privation	e.	jocose
6	crevice	f.	booty
7	cabal	g.	oxymoron
8	antithesis	h.	cohort
9	plunder	i.	ineradicable
10	lyrical	j.	aperture

Final Exam Drill ㊻ PRONUNCIATIONS 알맞은 발음 연결하기

Pronounce each of the following words without looking at column a or column b.
Then select the column that comes closer to your pronunciation.

1	psyche	a. [sáiki]	b. [saike]
2	harass	a. [hǽrəs]	b. [hərǽs]
3	ascertain	a. [æsə́rtən]	b. [æsərtéin]
4	antiquity	a. [ǽntaikwiti]	b. [æntíkwəti]
5	calumny	a. [kəlʌ́mni]	b. [kǽləmni]
6	placebo	a. [pléisbou]	b. [pləsí:bou]
7	panegyric	a. [pæ̀nədʒírik]	b. [peingáirik]
8	balm	a. [balm]	b. [bɑ:m]
9	melee	a. [méilei]	b. [míl:li]
10	cordial	a. [kɔ́:rdʒəl]	b. [kɔ́:rdiəl]

Final Exam Drill ㊼ ANTONYMS 동의어 찾아 연결하기

For each question below, match the word on the left with the word most similar in
meaning on the right.

1	pallid	a.	derelict
2	bestow	b.	melancholy
3	ostracize	c.	infringe
4	arrears	d.	blanched
5	accentuate	e.	confer
6	assess	f.	bandy
7	banter	g.	aggrandize
8	breach	h.	rebuff
9	rueful	i.	assay
10	amass	j.	underscore

Final Exam Drill ㊽ ODD ONE OUT 관련 없는 단어 찾기

For each question below, choose the word that is least similar in meaning to the
other two.

1	a. presentiment	b. forebode	c. evince
2	a. puritanical	b. moratorium	c. adjourn
3	a. doldrums	b. raucous	c. stupor
4	a. marginal	b. apex	c. zenith
5	a. chaste	b. reprobate	c. lascivious
6	a. diurnal	b. quotidian	c. singular
7	a. commodious	b. contumely	c. capacious
8	a. privation	b. odious	c. anathema
9	a. blanch	b. pallor	c. mire
10	a. chaff	b. wane	c. dross

Final Exam Drill ㊽ DEFINITIONS 단어 정의 연결하기

For each question below, match the word on the left with its definition on the right.

1	inculcate	a.	causing resentment
2	denote	b.	mournful poem
3	suffice	c.	be sufficient
4	ecosystem	d.	instill
5	referendum	e.	organisms and their environment
6	affidavit	f.	harmful action
7	elegy	g.	signify
8	titular	h.	in name only
9	disservice	i.	public vote
10	invidious	j.	sworn written statement

Final Exam Drill ㊿ SYNONYMS 동의어 찾아 연결하기

For each question below, match the word on the left with the word most similar in meaning on the right.

1	reassess	a.	phlegmatic
2	defile	b.	precocious
3	importune	c.	meditate
4	rout	d.	supplicate
5	vanquish	e.	decree
6	stolid	f.	fiasco
7	electorate	g.	surmount
8	cogitate	h.	constituency
9	shrewd	i.	debase
10	ordinance	j.	reappraise

Final Exam Drill 51 DEFINITIONS 단어 정의 연결하기

For each question below, match the word on the left with its definition on the right.

1	alchemy	a.	envy
2	contretemps	b.	embarrassing occurrence
3	forebode	c.	be an omen of
4	apostasy	d.	with suspicion
5	impoverish	e.	humorous misuse of a word
6	punitive	f.	abandonment of faith
7	askance	g.	reduce to poverty
8	malapropism	h.	seemingly magical transformation
9	habituate	i.	accustom to a situation
10	begrudge	j.	inflicting a punishment

Final Exam Drill 52 SYNONYMS 동의어 찾아 연결하기

For each question below, match the word on the left with the word most similar in meaning on the right.

1	infrastructure	a.	savant
2	baroque	b.	spectrum
3	pundit	c.	underpinning
4	entailment	d.	underwrite
5	subsidize	e.	corollary
6	shackle	f.	appellation
7	gamut	g.	meander
8	pseudonym	h.	convoluted
9	peregrinate	i.	impetuous
10	fickle	j.	impede

Final Exam Drill 53 DEFINITIONS 단어 정의 연결하기

For each question below, match the word on the left with its definition on the right.

1	obtrusive	a.	severe shock
2	overture	b.	interfering
3	trauma	c.	raw material
4	fodder	d.	humorous
5	concoct	e.	collection of animals
6	aggrieve	f.	created by mixing ingredients
7	menagerie	g.	opening move
8	droll	h.	mistreat
9	motley	i.	extremely varied
10	congeal	j.	solidify

Final Exam Drill 54 PRONUNCIATIONS 알맞은 발음 연결하기

Pronounce each of the following words without looking at column a or column b. Then select the column that comes closer to your pronunciation.

1	importune	a. [impɔ́ːrtuːn]	b. [ìmpɔːrtjúːn]
2	ratiocination	a. [ræ̀ʃiousənéiʃən]	b. [reiʃiousineiʃən]
3	bravado	a. [brəvɑ́ːdou]	b. [bréivɑdou]
4	savant	a. [sǽvənt]	b. [sævɑ́ːnt]
5	sophomoric	a. [sɑ̀fmɔ́ːrik]	b. [sɑ̀fəmɔ́ːrik]
6	schematic	a. [skəmǽtik]	b. [skiːmǽtik]
7	inculcate	a. [ínkʌlkeit]	b. [inkʌ́lkeit]
8	vivacity	a. [vivǽsəti]	b. [vaivǽsəti]
9	stipend	a. [stáipend]	b. [stípənd]
10	byzantine	a. [báizæntiːn]	b. [bízəntìːn]

Final Exam Drill ⑮ SYNONYMS 동의어 찾아 연결하기

For each question below, match the word on the left with the word most similar in meaning on the right.

1	dolt	a.	phantom
2	antiquity	b.	transfix
3	rivet	c.	bemoaning
4	odyssey	d.	rapture
5	disgruntled	e.	delectable
6	nirvana	f.	pilgrimage
7	voluptuous	g.	quotidian
8	diurnal	h.	posterity
9	wraith	i.	lavish
10	palatable	j.	buffoon

Final Exam Drill ⑯ ODD ONE OUT 관련 없는 단어 찾기

For each question below, choose the word that is least similar in meaning to the other two.

1	a. modulate	b. influx	c. teem
2	a. cabal	b. junta	c. motley
3	a. altercation	b. melee	c. bombast
4	a. draconian	b. insouciant	c. astringent
5	a. fiasco	b. excise	c. disarray
6	a. conspicuous	b. meticulous	c. punctilious
7	a. entreat	b. imbue	c. importune
8	a. affront	b. attribute	c. ascribe
9	a. incarnation	b. corporeal	c. vagary
10	a. assail	b. barrage	c. cloister

Final Exam Drill ⑰ DEFINITIONS 단어 정의 연결하기

For each question below, match the word on the left with its definition on the right.

1	deity	a.	ignorant
2	figment	b.	seat of government
3	zeitgeist	c.	spacious
4	commodious	d.	something made up
5	fulminate	e.	god or goddess
6	benighted	f.	insignificant
7	ad-lib	g.	spirit of the times
8	marginal	h.	denounce vigorously
9	capital	I.	person with whom secrets are shared
10	confidant	j.	improvise

Final Exam Drill 🔠 SYNONYMS 동의어 찾아 연결하기

For each question below, match the word on the left with the word most similar in meaning on the right.

1	preponderant	a.	incursion
2	mores	b.	depredation
3	extortion	c.	brusque
4	clout	d.	dispirited
5	churl	e.	ethics
6	foray	f.	dominant
7	callous	g.	curmudgeon
8	appurtenance	h.	appendage
9	downcast	i.	impecunious
10	impoverished	j.	prowess

Final Exam Drill 🔠 DEFINITIONS 단어 정의 연결하기

For each question below, match the word on the left with its definition on the right.

1	barrage	a.	beginner
2	neophyte	b.	accumulate
3	medium	c.	highly significant
4	accrue	d.	means by which something is conveyed
5	cant	e.	false information purposely disseminated
6	specious	f.	cautious
7	guise	g.	deceptive
8	wary	h.	outpouring of artillery fire
9	disinformation	i.	appearance
10	pregnant	j.	insincere speech

Final Exam Drill 🔠 SYNONYMS 동의어 찾아 연결하기

For each question below, match the word on the left with the word most similar in meaning on the right.

1	annexation	a.	cache
2	empathy	b.	pontificating
3	allot	c.	osmosis
4	dire	d.	bromide
5	adage	e.	disclaim
6	ratify	f.	crest
7	asylum	g.	apportion
8	sententious	h.	solace
9	apogee	i.	warrant
10	demur	j.	grievous

Final Exam Drill ⑥① PRONUNCIATIONS 알맞은 발음 연결하기

Pronounce each of the following words without looking at column a or column b. Then select the column that comes closer to your pronunciation.

		a.	b.
1	forte	a. [fɔːrtéi]	b. [fɔːrt]
2	vagaries	a. [vəgɛ́əriz]	b. [véigəriz]
3	repartee	a. [rèpərtéi]	b. [rèpərtíː]
4	apostasy	a. [əpástəsi]	b. [ǽpousteisi]
5	epochal	a. [épəkəl]	b. [əpákl]
6	dolorous	a. [dəlɔ́ːrəs]	b. [dóulərəs]
7	heinous	a. [híːnis]	b. [héinəs]
8	jocose	a. [dʒóukous]	b. [dʒoukóus]
9	feign	a. [fiːgən]	b. [fein]
10	obeisance	a. [óubisəns]	b. [oubéisəns]

Final Exam Drill ⑥② SYNONYMS 동의어 찾아 연결하기

For each question below, match the word on the left with the word most similar in meaning on the right.

1	fathom	a.	livid
2	proclaim	b.	underscore
3	compliant	c.	pummel
4	surreal	d.	ominous
5	baleful	e.	arrant
6	cavalier	f.	pliable
7	assail	g.	paranormal
8	heinous	h.	competent
9	bristling	i.	nonchalant
10	effectual	j.	delve

Final Exam Drill ⑥③ DEFINITIONS 단어 정의 연결하기

For each question below, match the word on the left with its definition on the right.

1	edifice	a.	sail all the way around
2	redress	b.	mutual relation
3	circumnavigate	c.	protection
4	auspices	d.	cling
5	cleave	e.	remedy
6	conservatory	f.	having to do with marriage
7	efficacy	g.	big, imposing building
8	conjugal	h.	extermination of a race or religion or people
9	genocide	i.	effectiveness
10	correlation	j.	greenhouse or music school

Final Exam Drill 64 ODD ONE OUT 관련 없는 단어 찾기

For each question below, choose the word that is least similar in meaning to the other two.

1	a. derelict	b. depredate	c. delinquent
2	a. loath	b. aversion	c. rarefied
3	a. vivacious	b. objective	c. dispassionate
4	a. impecunious	b. arrears	c. vacuous
5	a. opprobrious	b. marginal	c. denounce
6	a. verdant	b. meander	c. peregrination
7	a. infrastructure	b. expostulate	c. underpinning
8	a. subterfuge	b. pontificate	c. sententious
9	a. dissemble	b. ebb	c. feign
10	a. degrade	b. defile	c. devout

Final Exam Drill 65 SYNONYMS 동의어 찾아 연결하기

For each question below, match the word on the left with the word most similar in meaning on the right.

1	suffuse	a.	subterfuge
2	intrigue	b.	disperse
3	contempt	c.	gaffe
4	impeach	d.	brink
5	discomfit	e.	wrath
6	sally	f.	disconcert
7	abomination	g.	indict
8	threshold	h.	scorn
9	folly	i.	lax
10	cursory	j.	reprisal

Final Exam Drill 66 DEFINITIONS 단어 정의 연결하기

For each question below, match the word on the left with its definition on the right.

1	bona fide	a.	demonstrate convincingly
2	underpinning	b.	cause to spread out
3	evince	c.	judge
4	emissary	d.	human soul or mind
5	deem	e.	eject
6	diffuse	f.	thick and sticky
7	karma	g.	good or bad emanations
8	viscous	h.	sincere
9	psyche	i.	system of supports beneath
10	oust	j.	messenger or representative

Final Exam Drill 67 SYNONYMS 동의어 찾아 연결하기

For each question below, match the word on the left with the word most similar in meaning on the right.

1	compilation	a.	incarnate
2	astringent	b.	edict
3	fiat	c.	expiate
4	quandary	d.	depict
5	specter	e.	anthology
6	pandemic	f.	draconian
7	corporeal	g.	predicament
8	atone	h.	veneer
9	patina	i.	rampant
10	render	j.	phantasm

Final Exam Drill 68 PRONUNCIATIONS 알맞은 발음 연결하기

Pronounce each of the following words without looking at column a or column b. Then select the column that comes closer to your pronunciation.

1	reprobate	a.	[réprəbèit]	b.	[ri:próubèit]
2	depredation	a.	[dəprèidéiʃən]	b.	[dèprədéiʃən]
3	prophesy	a.	[práfəsài]	b.	[práfəsi]
4	cardinal	a.	[kádənəl]	b.	[ká:rdənl]
5	deity	a.	[déiəti]	b.	[dí:əti]
6	chutzpah	a.	[tʃútzpə]	b.	[hútspə]
7	dissemble	a.	[disémbl]	b.	[disəsémbl]
8	fiat	a.	[fi:ət]	b.	[fáiət]
9	prelude	a.	[prélju:d]	b.	[préilu:d]
10	tryst	a.	[trist]	b.	[trɑist]

Final Exam Drill 69 SYNONYMS 동의어 찾아 연결하기

For each question below, match the word on the left with the word most similar in meaning on the right.

1	oligarchy	a.	dissemble
2	florid	b.	triumvirate
3	feign	c.	substantiate
4	document	d.	intricate
5	usurious	e.	implication
6	stipend	f.	bacchanal
7	prescience	g.	exorbitant
8	gastronomy	h.	remuneration
9	licentious	i.	presentiment
10	innuendo	j.	cuisine

Final Exam Drill 70 DEFINITIONS 단어 정의 연결하기

For each question below, match the word on the left with its definition on the right.

1	chortle	a.	short, literary sketch
2	cherub	b.	hint
3	vignette	c.	full of difficulties
4	access	d.	intruder
5	omniscient	e.	chuckle with glee
6	intimate	f.	accidental
7	interloper	g.	brazenness
8	chutzpah	h.	supercute child
9	adventitious	i.	right to approach
10	thorny	j.	all-knowing

Final Exam Drill 71 SYNONYMS 동의어 찾아 연결하기

For each question below, match the word on the left with the word most similar in meaning on the right.

1	ostracism	a.	tactic
2	brawn	b.	intermittent
3	bluster	c.	bombast
4	idiom	d.	jargon
5	interspersed	e.	omnivorous
6	voracious	f.	infuse
7	imbue	g.	hypertrophy
8	schism	h.	dichotomy
9	embodiment	i.	effigy
10	connivance	j.	seclusion

Final Exam Drill 72 DEFINITIONS 단어 정의 연결하기

For each question below, match the word on the left with its definition on the right.

1	epilogue	a.	pertaining to time
2	modulate	b.	afterword
3	temporal	c.	reduce or regulate
4	cartography	d.	command
5	behest	e.	having to do with the church
6	ecclesiastical	f.	highly changeable person
7	callous	g.	insensitive
8	bon vivant	h.	art of making maps
9	chameleon	i.	one who lives luxuriously
10	travesty	j.	grotesque imitation

The Answers

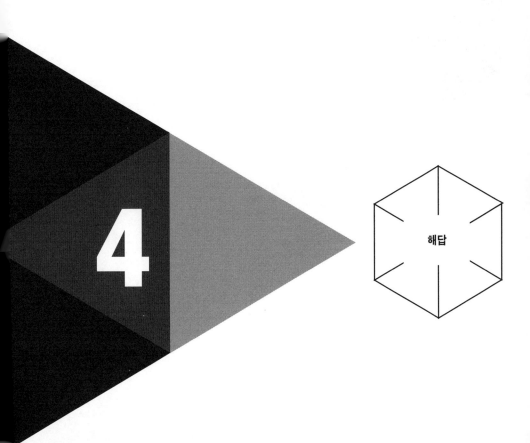

4

해답

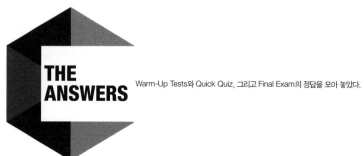

THE
ANSWERS

Warm-Up Tests와 Quick Quiz, 그리고 Final Exam의 정답을 모아 놓았다.

Warm-UP Test 1

All the answers are a.
Sorry about that.

Warm-UP Test 2a

1 b
2 a
3 h
4 c
5 d
6 e
7 f
8 j
9 i
10 g

Warm-UP Test 2b

1 b
2 h
3 d
4 a
5 c
6 g
7 j
8 i
9 e
10 f

Warm-UP Test 2c

1 f
2 c
3 i
4 d
5 a
6 e
7 h
8 b
9 j
10 g

Warm-UP Test 2d

1 b
2 i
3 g
4 h
5 a
6 j
7 c
8 d
9 e
10 f

Warm-UP Test 3

1 arrant
2 averse
3 cache
4 canon
5 canvass
6 careen
7 rationale
8 confidant
9 corporeal
10 demur
11 dissemble
12 systemic
13 importune
14 climatic
15 epoch

Warm-UP Test 4

1 wakes
2 mode
3 patina
4 revel
5 atone
6 arid
7 waive
8 stout
9 mania
10 taint
11 karma
12 stint
13 avid
14 dire
15 dolt
16 abet
17 allot
18 arcade
19 balm
20 scorn
21 louts
22 loathe
23 apt
24 junta
25 spate
26 rife
27 slake

QUICK QUIZ ▶1

1 h
2 a
3 c
4 i
5 g
6 b
7 d
8 e
9 f
10 j

QUICK QUIZ ▶2

1 h
2 c
3 d
4 f
5 a
6 j
7 e
8 b
9 i
10 g

QUICK QUIZ ▶3

1 f
2 j
3 i
4 d
5 b
6 a
7 g
8 c
9 e
10 h

QUICK QUIZ ▶4

1 j
2 a
3 i
4 b
5 e
6 f
7 c
8 g
9 h
10 d

QUICK QUIZ ▶5

1 e
2 h
3 c
4 a
5 f
6 i
7 b
8 d
9 j
10 g

QUICK QUIZ ▶6

1 i
2 e
3 c
4 h
5 b
6 f
7 j
8 g
9 d
10 a

QUICK QUIZ ▶7

1 c
2 g
3 a
4 e
5 h
6 b
7 a
8 f
9 i
10 d

QUICK QUIZ ▶8

1 i
2 f
3 a
4 g
5 c
6 h
7 e
8 b
9 d
10 j

QUICK QUIZ ▶9

1 f
2 a
3 j
4 c
5 g
6 b
7 i
8 d
9 h
10 e

QUICK QUIZ ▶10

1 a
2 e
3 h
4 c
5 f
6 n
7 i
8 m
9 k
10 g
11 j
12 b
13 d
14 l

QUICK QUIZ ▶11

1 g
2 b
3 i
4 d
5 j
6 c
7 f
8 a
9 e
10 h

QUICK QUIZ ▶12

1 c
2 f
3 b
4 j
5 a
6 d
7 e
8 g
9 i
10 h

QUICK QUIZ ▶13

1 c
2 e
3 g
4 i
5 a
6 b
7 h
8 j
9 f
10 d

QUICK QUIZ ▶14

1 f
2 c
3 i
4 a
5 o
6 m
7 j
8 l
9 b
10 g
11 n
12 k
13 h
14 d
15 e

QUICK QUIZ ▶15

1 h
2 c
3 j
4 i
5 a
6 b
7 f
8 d
9 g
10 e

QUICK QUIZ ▶16

1 e
2 j
3 g
4 b
5 h
6 d
7 a
8 c
9 i
10 f

QUICK QUIZ ▶17

1 a
2 b
3 i
4 g
5 d
6 f
7 c
8 j
9 h
10 e

QUICK QUIZ ▶18

1 d
2 g
3 f
4 i
5 c
6 a
7 e
8 h
9 b
10 j

QUICK QUIZ ▶19

1 f
2 d
3 h
4 b
5 j
6 a
7 c
8 e
9 g
10 i

QUICK QUIZ ▶20

1 h
2 d
3 j
4 g
5 c
6 f
7 b
8 i
9 e
10 a

QUICK QUIZ ▶21

1 h
2 f
3 d
4 e
5 j
6 i
7 a
8 b
9 g
10 c

QUICK QUIZ ▶22

1 d
2 a
3 j
4 h

5 e
6 g
7 c
8 f
9 b
10 i

QUICK QUIZ ▶23

1 b
2 i
3 c
4 h
5 e
6 f
7 a
8 j
9 g
10 d

QUICK QUIZ ▶24

1 e
2 c
3 a
4 i
5 h
6 j
7 g
8 b
9 d
10 f

QUICK QUIZ ▶25

1 g
2 e
3 c
4 f
5 d
6 b
7 a
8 i
9 h

QUICK QUIZ ▶26

1 g
2 d
3 c
4 j
5 a
6 b
7 f
8 e
9 h
10 i

QUICK QUIZ ▶27

1 i
2 c
3 f
4 a
5 j
6 g
7 h
8 b
9 e
10 d

QUICK QUIZ ▶28

1 i
2 d
3 g
4 b
5 f
6 a
7 j
8 c
9 h
10 e

QUICK QUIZ ▶29

1 i
2 c
3 f
4 j
5 a
6 b
7 h
8 g
9 e
10 d

QUICK QUIZ ▶30

1 j
2 g
3 b
4 e
5 a
6 d
7 c
8 i
9 f
10 h

QUICK QUIZ ▶31

1 h
2 e
3 c
4 i
5 b

6 a
7 d
8 f
9 g
10 j

QUICK QUIZ ▶32

1 c
2 a
3 i
4 e
5 g
6 j
7 h
8 f
9 d
10 b

QUICK QUIZ ▶33

1 k
2 j
3 e
4 c
5 d
6 a
7 l
8 i
9 f
10 b
11 g
12 h

QUICK QUIZ ▶34

1 i
2 c
3 f
4 j
5 a
6 d
7 g
8 h
9 e
10 b

QUICK QUIZ ▶35

1 b
2 f
3 h
4 a
5 i
6 j
7 g
8 c
9 d
10 e

QUICK QUIZ ▶36

1 d
2 g
3 b
4 e
5 h
6 c
7 a
8 j
9 f
10 i

QUICK QUIZ ▶37

1 i
2 e
3 g
4 c
5 j
6 d
7 f
8 h
9 b
10 a

QUICK QUIZ ▶38

1 j
2 i
3 h
4 d
5 g
6 a
7 b
8 c
9 e
10 f

QUICK QUIZ ▶39

1 a
2 c
3 e
4 g
5 i
6 k
7 j
8 h
9 f
10 d
11 b

QUICK QUIZ ▶40

1 e
2 k
3 h
4 i

5 l
6 b
7 d
8 f
9 a
10 c
11 g
12 j

QUICK QUIZ ▶41

1 c
2 f
3 b
4 i
5 g
6 d
7 a
8 e
9 h
10 j

QUICK QUIZ ▶42

1 a
2 d
3 g
4 c
5 b
6 f
7 j
8 h
9 e
10 i

QUICK QUIZ ▶43

1 e
2 c
3 h
4 a
5 b
6 d
7 i
8 g
9 f
10 j

QUICK QUIZ ▶44

1 b
2 a
3 d
4 c
5 e

QUICK QUIZ ▶45

1 i
2 b
3 f
4 k
5 h
6 f
7 j
8 c
9 e
10 g
11 a
12 d

QUICK QUIZ ▶46

1 c
2 f
3 i
4 a
5 e
6 d
7 b
8 j
9 h
10 g

QUICK QUIZ ▶47

1 d
2 b
3 i
4 f
5 c
6 g
7 j
8 e
9 a
10 h

QUICK QUIZ ▶48

1 g
2 c
3 f
4 b
5 d
6 a
7 e
8 h
9 j
10 i

QUICK QUIZ ▶49

1 c
2 g

3 d
4 a
5 b
6 i
7 h
8 f
9 j
10 e

QUICK QUIZ ▶50

1 h
2 a
3 b
4 c
5 d
6 i
7 g
8 e
9 j
10 f

QUICK QUIZ ▶51

1 g
2 i
3 f
4 e
5 d
6 a
7 h
8 j
9 c
10 b

QUICK QUIZ ▶52

1 b
2 g
3 d
4 a
5 f
6 h
7 e
8 c

QUICK QUIZ ▶53

1 b
2 f
3 e
4 a
5 d
6 c
7 f
8 h
9 i
10 g

QUICK QUIZ ▶54

1 c
2 a
3 f
4 d
5 b
6 e

QUICK QUIZ ▶55

1 b
2 e
3 g
4 d
5 h
6 a
7 c
8 f
9 j
10 i

QUICK QUIZ ▶56

1 e
2 i
3 a
4 b
5 d
6 l
7 h
8 f
9 c
10 m
11 k
12 j
13 g

QUICK QUIZ ▶57

1 b
2 e
3 h
4 c
5 i
6 a
7 d
8 g
9 f

QUICK QUIZ ▶58

1 e
2 b
3 g
4 a
5 j

6 i
7 h
8 c
9 f
10 d

QUICK QUIZ ▶59

1 h
2 d
3 f
4 b
5 e
6 a
7 c
8 j
9 i
10 g

QUICK QUIZ ▶60

1 b
2 g
3 d
4 j
5 e
6 a
7 i
8 h
9 c
10 f

QUICK QUIZ ▶61

1 b
2 c
3 h
4 f
5 j
6 i
7 g
8 d
9 a
10 e

QUICK QUIZ ▶62

1 i
2 e
3 d
4 a
5 b
6 g
7 f
8 h
9 j
10 c

QUICK QUIZ ▶63

1 g
2 d
3 b
4 a
5 i
6 f
7 e
8 c
9 j
10 h

QUICK QUIZ ▶64

1 f
2 c
3 h
4 e
5 g
6 a
7 b
8 d
9 j
10 i

QUICK QUIZ ▶65

1 c
2 h
3 e
4 f
5 j
6 i
7 a
8 b
9 d
10 g

QUICK QUIZ ▶66

1 d
2 g
3 b
4 a
5 k
6 h
7 j
8 i
9 l
10 f
11 c
12 e

QUICK QUIZ ▶67

1 a
2 h
3 j
4 f

5 e
6 b
7 k
8 c
9 d
10 g
11 i

QUICK QUIZ ▶68

1 e
2 c
3 g
4 a
5 b
6 h
7 f
8 d
9 i
10 j

QUICK QUIZ ▶69

1 d
2 h
3 a
4 c
5 b
6 j
7 f
8 e
9 g
10 i

QUICK QUIZ ▶70

1 f
2 c
3 b
4 j
5 h
6 a
7 e
8 d
9 g
10 i

QUICK QUIZ ▶71

1 c
2 k
3 i
4 f
5 e
6 a
7 b
8 n
9 m

10 l
11 d
12 g
13 j
14 h

QUICK QUIZ ▶72

1 c
2 h
3 g
4 a
5 b
6 j
7 i
8 f
9 e
10 d

QUICK QUIZ ▶73

1 i
2 g
3 e
4 f
5 c
6 d
7 b
8 h
9 j
10 a

QUICK QUIZ ▶74

1 e
2 c
3 g
4 d
5 a
6 h
7 f
8 j
9 i
10 b

QUICK QUIZ ▶75

1 h
2 e
3 i
4 b
5 c
6 f
7 d
8 j
9 g
10 a

QUICK QUIZ ▶76

1 d
2 f
3 b
4 g
5 h
6 e
7 a
8 c
9 i
10 j

QUICK QUIZ ▶77

1 d
2 h
3 f
4 c
5 a
6 b
7 k
8 i
9 l
10 g
11 e
12 j

QUICK QUIZ ▶78

1 c
2 h
3 d
4 g
5 a
6 b
7 j
8 i
9 e
10 f

QUICK QUIZ ▶79

1 c
2 b
3 g
4 f
5 e
6 j
7 h
8 d
9 i
10 a

QUICK QUIZ ▶80

1 f
2 d
3 b

4 a
5 e
6 c
7 g

QUICK QUIZ ▶81

1 f
2 c
3 d
4 a
5 h
6 e
7 b
8 g

QUICK QUIZ ▶82

1 g
2 a
3 c
4 f
5 e
6 b
7 h
8 d
9 i
10 j

QUICK QUIZ ▶83

1 f
2 e
3 d
4 c
5 b
6 a

QUICK QUIZ ▶84

1 d
2 k
3 i
4 j
5 a
6 b
7 f
8 e
9 c
10 g
11 h

Final Exam Drill 1

1 e
2 c
3 g
4 a
5 d
6 f
7 h
8 j
9 b
10 i

Final Exam Drill 2

1 d
2 e
3 f
4 j
5 g
6 h
7 b
8 a
9 c
10 i

Final Exam Drill 3

1 b
2 e
3 c
4 h
5 f
6 i
7 j
8 g
9 a
10 d

Final Exam Drill 4

1 j
2 g
3 f
4 e
5 i
6 c
7 d
8 b
9 h
10 a

Final Exam Drill 5

1 b
2 b
3 b
4 b

5 b (a is also
   acceptable)
6 b
7 either is acceptable
8 a
9 a
10 b

Final Exam Drill 6

1 b
2 c
3 d
4 a
5 f
6 g
7 e
8 j
9 h
10 i

Final Exam Drill 7

1 f
2 b
3 i
4 h
5 d
6 j
7 e
8 g
9 a
10 c

Final Exam Drill 8

1 a
2 a
3 c
4 b
5 c
6 a
7 b
8 a
9 b
10 c

Final Exam Drill 9

1 a
2 c
3 g
4 i
5 f
6 h
7 d
8 e
9 j
10 b

Final Exam Drill 10

1 j
2 c
3 g
4 a
5 f
6 d
7 e
8 h
9 b
10 i

Final Exam Drill 11

1 b
2 d
3 h
4 i
5 f
6 a
7 g
8 e
9 j
10 c

Final Exam Drill 12

1 a
2 b
3 b
4 a
5 a (b is marginally
   acceptable)
6 a
7 a
8 b
9 b
10 b

Final Exam Drill 13

1 d
2 b
3 j
4 e
5 g
6 h
7 i
8 f
9 c
10 a

Final Exam Drill 14

1 e
2 a
3 f
4 h

5 i
6 j
7 c
8 b
9 g
10 d

Final Exam Drill 15

1 b
2 j
3 g
4 a
5 f
6 i
7 d
8 c
9 h
10 e

Final Exam Drill 16

1 b
2 a
3 b
4 c
5 a
6 c
7 c
8 b
9 a
10 c

Final Exam Drill 17

1 d
2 h
3 e
4 f
5 b
6 c
7 g
8 j
9 a
10 i

Final Exam Drill 18

1 h
2 i
3 e
4 a
5 b
6 c
7 j
8 g
9 f
10 d

Final Exam Drill 19

1 a
2 b
3 a
4 a
5 a
6 b
7 b
8 a
9 b
10 a

Final Exam Drill 20

1 j
2 c
3 g
4 b
5 a
6 d
7 i
8 e
9 h
10 f

Final Exam Drill 21

1 e
2 g
3 h
4 j
5 b
6 d
7 a
8 i
9 c
10 f

Final Exam Drill 22

1 f
2 i
3 h
4 a
5 b
6 d
7 j
8 e
9 c
10 g

Final Exam Drill 23

1 e
2 g
3 i
4 a
5 d

6 c
7 h
8 f
9 j
10 b

Final Exam Drill 24

1 a
2 c
3 b
4 c
5 a
6 b
7 c
8 b
9 b
10 a

Final Exam Drill 25

1 c
2 a
3 f
4 j
5 i
6 e
7 b
8 g
9 d
10 h

Final Exam Drill 26

1 a
2 a
3 a
4 b
5 a
6 b
7 a
8 b
9 b
10 b

Final Exam Drill 27

1 f
2 a
3 g
4 c
5 j
6 h
7 d
8 b
9 e
10 i

Final Exam Drill 28

1 g
2 f
3 i
4 e
5 a
6 b
7 c
8 j
9 d
10 h

Final Exam Drill 29

1 f
2 h
3 d
4 a
5 i
6 e
7 g
8 c
9 j
10 b

Final Exam Drill 30

1 e
2 a
3 b
4 f
5 g
6 h
7 d
8 c
9 i
10 j

Final Exam Drill 31

1 i
2 b
3 e
4 c
5 j
6 f
7 a
8 h
9 g
10 d

Final Exam Drill 32

1 b
2 b
3 c
4 a
5 c

6 b
7 c
8 a
9 a
10 a

Final Exam Drill 33

1 a
2 b
3 b
4 a
5 b
6 a
7 b
8 a
9 a (b is also
   acceptable)
10 a

Final Exam Drill 34

1 c
2 h
3 b
4 e
5 d
6 a
7 j
8 g
9 i
10 f

Final Exam Drill 35

1 d
2 f
3 b
4 e
5 g
6 c
7 i
8 j
9 a
10 h

Final Exam Drill 36

1 f
2 b
3 e
4 d
5 j
6 c
7 g
8 i
9 h
10 a

Final Exam Drill 37

1 c
2 g
3 j
4 b
5 i
6 h
7 f
8 a
9 d
10 e

Final Exam Drill 38

1 c
2 d
3 g
4 i
5 a
6 j
7 f
8 b
9 h
10 e

Final Exam Drill 39

1 a
2 a
3 b
4 b
5 a
6 a
7 a
8 a
9 a
10 a (b is marginally
   acceptable)

Final Exam Drill 40

1 c
2 a
3 a
4 c
5 b
6 a
7 b
8 c
9 a
10 b

Final Exam Drill 41

1 i
2 a
3 h
4 e

5 d
6 b
7 j
8 c
9 g
10 f

Final Exam Drill 42

1 d
2 c
3 a
4 i
5 g
6 h
7 f
8 b
9 j
10 e

Final Exam Drill 43

1 a
2 b
3 g
4 i
5 h
6 j
7 d
8 f
9 e
10 c

Final Exam Drill 44

1 a
2 c
3 j
4 d
5 b
6 f
7 e
8 h
9 i
10 g

Final Exam Drill 45

1 c
2 d
3 i
4 e
5 a
6 j
7 h
8 g
9 f
10 b

Final Exam Drill 46

1 a
2 a (b is marginally
   acceptable)
3 b
4 b
5 b
6 b
7 a
8 b
9 a
10 a

Final Exam Drill 47

1 d
2 e
3 h
4 a
5 j
6 i
7 f
8 c
9 b
10 g

Final Exam Drill 48

1 c
2 a
3 b
4 a
5 a
6 c
7 b
8 a
9 c
10 b

Final Exam Drill 49

1 d
2 g
3 c
4 e
5 i
6 j
7 b
8 h
9 f
10 a

Final Exam Drill 50

1 j
2 i
3 d
4 f

5 g
6 a
7 h
8 c
9 b
10 e

Final Exam Drill 51

1 h
2 b
3 c
4 f
5 g
6 j
7 d
8 e
9 i
10 a

Final Exam Drill 52

1 c
2 h
3 a
4 e
5 d
6 j
7 b
8 f
9 g
10 i

Final Exam Drill 53

1 b
2 g
3 a
4 c
5 f
6 h
7 e
8 d
9 i
10 j

Final Exam Drill 54

1 b
2 a
3 a
4 b
5 b
6 b
7 b (a is marginally acceptable)
8 a
9 a
10 b

Final Exam Drill 55

1 j
2 h
3 b
4 f
5 c
6 d
7 i
8 g
9 a
10 e

Final Exam Drill 56

1 a
2. c
3 c
4 b
5 b
6 a
7 b
8 a
9 c
10 c

Final Exam Drill 57

1 e
2 d
3 g
4 c
5 h
6 a
7 j
8 f
9 b
10 i

Final Exam Drill 58

1 f
2 e
3 b
4 j
5 g
6 a
7 c
8 h
9 d
10 i

Final Exam Drill 59

1 h
2 a
3 d
4 b
5 j

6 g
7 i
8 f
9 e
10 c

Final Exam Drill 60

1 c
2 h
3 g
4 j
5 d
6 i
7 a
8 b
9 f
10 e

Final Exam Drill 61

1 b
2 a
3 b
4 a
5 a
6 b
7 b
8 b
9 b
10 b

Final Exam Drill 62

1 j
2 b
3 f
4 g
5 d
6 i
7 c
8 e
9 a
10 h

Final Exam Drill 63

1 g
2 e
3 a
4 c
5 d
6 j
7 i
8 f
9 h
10 b

Final Exam Drill 64

1 b
2 c
3 a
4 c
5 b
6 a
7 b
8 a
9 b
10 c

Final Exam Drill 65

1 b
2 a
3 h
4 g
5 f
6 j
7 e
8 d
9 c
10 i

Final Exam Drill 66

1 h
2 i
3 a
4 j
5 c
6 b
7 g
8 f
9 d
10 e

Final Exam Drill 67

1 e
2 f
3 b
4 g
5 j
6 i
7 a
8 c
9 h
10 d

Final Exam Drill 68

1 a
2 b
3 a
4 b
5 b

6 b
7 a
8 b
9 a
10 a

Final Exam Drill 69

1 b
2 d
3 a
4 c
5 g
6 h
7 i
8 j
9 f
10 e

Final Exam Drill 70

1 e
2 h
3 a
4 i
5 j
6 b
7 d
8 g
9 f
10 c

Final Exam Drill 71

1 j
2 g
3 c
4 d
5 b
6 e
7 f
8 h
9 i
10 a

Final Exam Drill 72

1 b
2 c
3 a
4 h
5 d
6 e
7 g
8 i
9 f
10 j

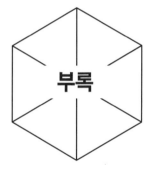

부록

Appendix

1

Vocabulary for the SAT
Continued From Word Smart

SAT 빈출 단어

SAT(미국 대학 입학 자격 시험)에서 가장 많이 출제되는 단어를 빈도순으로 정리한 것이다. 여기에 제시된 단어의 정의는 SAT에서 출제된 용례에 따른 것이기 때문에 사전적 의미나 우리 책에 제시된 정의와 반드시 일치하는 것은 아니다. 잘 익혀 두기 바란다.

abstract	theoretical; lacking substance (the opposite of concrete) 이론적인; 실체가 없는(concrete(구체적인)의 반대말)
acute	sensitive; sharp; discerning 민감한; 예리한; 분별력을 가진
adapted	modified; altered; changed; revised 수정된; 변경된; 변화된; 개정된
admonition	caution; warning; reprimand 주의; 경고; 질책
advocate (n.)	supporter; backer; promoter; campaigner 지지자; 후원자; 장려자; 운동가
advocate (v.)	support; encourage; back; promote 지지하다; 장려하다; 후원하다; 촉진하다
aesthetic	having to do with artistic beauty; artistic (not to be confused with ascetic) 예술적 미와 관련이 있는; 예술적인(ascetic(근본적인)과 혼동하지 말 것)
affluent	rich; wealthy; comfortable; well-off 부자인; 부유한; 안정된; 유복한
alleviate	to relieve, especially pain 특히 고통을 완화시키다
alludes	refers; mentions; indicates; suggests 말하다; 언급하다; 가리키다; 암시하다
amass	to accumulate 쌓다, 모으다
ambition (n.)	drive; determination; motivation; desire 의욕; 결단; 동기; 욕망
ambition (n.)	goal; aim; objective; aspiration; desire 목표; 목표; 목적; 포부; 욕망
ambivalent	simultaneously feeling opposing feelings; uncertain 동시에 반대의 감정을 느끼는; 불확실한
analogy	a comparison 비교
anarchy	absence of government or control; lawlessness; disorder 정부 또는 통제의 부재; 무법; 무질서
anecdote	a short account of an interesting incident 짧은 사건에 대한 짧은 설명
animated	alive; moving 살아 있는; 움직이는
anomaly	something that is abnormal or irregular 비정상적이거나 불규칙한 것
antipathy	opposition; aversion; hostility; antagonism; hatred; dislike 반대; 혐오; 적대감; 적대; 증오; 혐오
apathy	lack of emotion or interest 감정이나 관심의 결여
apparition	ghost; spirit; specter; phantom 유령; 신령; 망령; 환영

appease	to soothe; to pacify by giving in to	달래다; ~에게 양보해서 진정시키다
apprehensive	fearful about the future	미래를 두려워하는
arraying (v.)	arranging; displaying; organizing; exhibiting	배열하다; 드러내다; 정리하다; 전시하다
arraying (v.)	clothing; dressing; attiring; draping	옷을 입다; 옷을 차려 입다; 차려입다; 꾸미다
arrogant	feeling superior to others; snooty	남들보다 우월하다고 느끼는; 잘난 체하는
articulate	speaking clearly and well	똑똑하고 분명하게 말하는
ascending (adj.)	climbing; uphill; rising; mounting	오르는; 오르막의; 상승하는; 올라가는
ascending (v.)	rising; climbing; soaring; arising	오르다; 등반하다; 치솟다; 피어오르다
ascending (v.)	climbing; mounting; scaling; leading 승진하다; (지위 등이) 오르다; 이르다; (어떤 결과에) 도달하다	
ascertain	to determine with certainty	확실하게 밝히다
asymmetric	unequal; uneven; irregular; disproportionate 같지 않은; 고르지 않은; 불규칙한; 불균형의	
atop (prep.)	on; over; above; upon	~위에
attribution	ascription; credit; acknowledgement; provenance 탓으로 함; ~덕분으로 돌리기; 감사; 유래	
authentic	real	진짜의
autocratic	dictatorial; domineering; high-handed; overbearing; bossy 독재적인; 거만한; 독단적인; 고압적인; 거만한	
belittle	to make to seem little	하찮게 만들다
belligerent	combative; quarrelsome; waging war	투쟁적인; 호전적인; 대전
benevolent	kind; good-hearted; generous	친절한; 따뜻한; 관대한
benign	gentle; not harmful; kind; mild	친절한; 해를 입히지 않는; 상냥한; 온화한
besieged (adj.)	overwhelmed; inundated; beleaguered; plagued 압도된; 범람한; 곤경에 처한; 괴로운	
besieged (v.)	surrounded; sieged; encircled; blockaded	둘러싸다; 포위하다; 에워싸다; 봉쇄하다
bias	prejudice; tendency; tilt	편견; 성향; 경사, 기울기
brevity	the quality or state of being brief in duration	지속 시간이 짧은 특성 또는 상태
broached	proposed; presented; submitted; raised; introduced 제안하다; 내놓다; 제출하다; 제기하다; 도입하다	
calibrate	standardize; adjust, regulate; attune; bring into line 표준화하다; 조정하다; 조절하다; 맞추다; 일치시키다	
candidacy	application; contention; entry; submission; candidature 지원; 논쟁; 참가; 제출; 입후보 자격	

candor	completely honest, straightforward 아주 정직하고 솔직한
cloisters	monasteries; abbeys, friaries; convents; walkways; doorways; arches 수도원; 수도원; 수도원; 수도원; 통로; 현관; 아치
clout (n.)	thump; wallop; whack; smack (세게) 치기; 강타; 구타; 찰싹 때리기
clout (n.)	influence; power; pull; authority 영향력; 힘; 당기는 힘; 권위
clout (v.)	hit; strike; thump; bash 때리다
coercive (adj.)	forced; forcible; intimidating; bullying 강압적인; 강제적인; 협박적인; 겁을 주는
colloquial (adj.)	informal; idiomatic; conversational; everyday 비공식적인; 관용적인; 회화체의; 일상적인
commodity	product; service; goods 상품
complacent	satisfied with the current situation and unconcerned with changing it 현재 상황에 만족하고 변화에 무관심한
complementary	balancing; opposite; harmonizing; corresponding; matching 균형 잡힌; 상반하는; 잘 어울리는; 상응하는; 조화되는
compliant	yielding; submissive 말을 잘 듣는; 순종적인
concedes	allows; acknowledges; grants; admits; accepts 허락하다; 인정하다; 승인하다; 허용하다; 받아들이다
concise	brief and to the point; succinct 짧고 적절한; 간결한
condone	to overlook; to permit to happen 묵과하다; 일이 일어나게 놔두다
conducive	favorable; helpful; encouraging; advantageous; beneficial 호의적인; 도움이 되는; 격려하는; 유리한; 이로운
congenial	agreeably suitable; pleasant 기분 좋게 어울리는; 유쾌한
consecrated (adj.)	holy; sacred; sanctified; hallowed; blessed 신성한; 성스러운; 축성된; 신성시되는; 축복 받은
consecrated (v.)	dedicated; devoted; set apart; made holy 바치다; 헌신하다; 구별하다; 신성하게 하다
conspicuous	easy to notice; obvious (antonym: inconspicuous) 눈에 띄기 쉬운; 명백한 (inconspicuous(눈에 띄지 않는)의 반대말)
constisutions	compositions; structures; make-ups; components 구성; 구조; 구성 방식; 구성 요소
construe	interpret; take; read; see; understand 해석하다; 받아들이다; (특정 방식으로) 이해하다; 알다; 이해하다
contempt	reproachful disdain 비난하는 듯한 경멸
contingent (adj.)	depending; liable; reliant; conditional ~을 조건으로 하는; ~하기 쉬운; 의존적인; 조건부의
contingent (n.)	commission; legation; committee; party; group 위임; 사절 파견; 위원회; 정당; 그룹

convened	assembled; summoned; organized; arranged	모으다; 소환하다; 조직하다; 정리하다
conventional	conservative; conformist; straight; predictable; unadventurous; usual 보수적인; 순응적인; 직진하는; 예측 가능한; 모험적이 아닌; 보통의	
correctitude	correct behavior; properness; propriety	올바른 행동; 적절함; 예의 바름
cowed (adj.)	intimidated; browbeaten; scared; frightened	겁에 질린; 위협 받은; 겁 먹은; 무서워하는
cowed (v.)	bullied; scared; frightened; overawed	겁주다; 무섭게 하다; 섬뜩하게 하다; 위압하다
critical (adj.)	dangerous; serious; grave; perilous	위험한; 심각한; 위험이 따르는; 위기에 처한
critical (adj.)	analytical; judicious; diagnostic; detailed	분석적인; 분별력 있는; 진단하는; 상세한
critical (adj.)	significant; decisive; vital; important	중요한; 결정적인; 절대 필요한; 중요한
debilitate	to weaken	약하게 하다
deference	submission or courteous respect	복종 혹은 정중한 존경
denomination	value; quantity; money; coinage	가치; 양; 돈; 동전
denounce	to condemn openly	공개적으로 비난하다
deplete	to use up; to reduce; to lessen	다 써 버리다; 삭감하다; 줄이다
despondent	depressed	우울한
deter	to prevent; to stop; to keep from doing something 방해하다; 멈추게 하다; 어떤 것을 못하게 방해하다	
digress	to go off the subject	주제에서 벗어나다
diligent	hardworking	열심히 일하는
discernment	insight; ability to see things clearly	통찰력; 사물을 명확히 볼 줄 아는 능력
discriminate	to differentiate; to make a clear distinction; to see the difference 구별하다; 분명하게 식별하다; 다른 점을 알아보다	
disdain	to regard with contempt	경멸하다는 태도로 보다
dismay (n.)	disappointment; shock; consternation; apprehension	실망; 충격; 경악; 염려
dismay (v.)	disappoint; shock; sadden; depress; perturb 실망시키다; 충격을 주다; 슬프게 하다; 낙담시키다; 혼란시키다	
disparage	to speak of negatively; to belittle	부정적으로 말하다; 무시하다
dispassionate	without passion; objective; neutral	감정을 갖지 않은; 객관적인; 중립적인
dissent	disagreement	의견 차이, 불일치
distinguish	to tell apart; to cause to stand out	구별하다; 눈에 띄게 하다
diverge	deviate; wander; depart; swerve; separate 빗나가다; 방랑하다; 벗어나다; 일탈하다; 갈라지다	
diverse	varied	다양한

divert	to change the direction of; to alter the course of; to amuse
	방향을 바꾸다; 진로를 수정하다; 즐겁게 하다
dread (n.)	fear; terror; trepidation; anxiety 두려움; 공포; 공포; 불안
dread (v.)	fear; be afraid of; not look forward to 무서워하다; 두려워하다; 기대하지 않다
dreary	dull; boring; monotonous; tedious 따분한; 지루한; 단조로운; 싫증나는
dubious	doubtful; of unlikely authenticity 의심스러운; 확실한 것 같지 않은
earnestness	sincerity; seriousness; solemnity; intensity 성실함; 진지함; 엄숙함; 집중
eccentric	not conventional; a little kooky; irregular 전통적인 것을 벗어난; 다소 괴벽한; 불규칙한
egocentrism	self-absorbed; self-obsessed 자기 도취의; 자기 중심의
elaborate	detailed; careful; thorough 상세한; 신중한; 철저한
eloquent	well-spoken 능변의
empirical	derived from observation or experiment 관찰 혹은 실험에서 얻어진
enacted	passed; ratified; endorsed; decreed; sanctioned
	통과하다; 재가하다; 승인하다; 포고하다; 인가하다
encroach	to make gradual inroads; to trespass 점진적으로 침입하다; 침입하다
endow	award, donate; bestow; give; bequeath
	수여하다; 기부하다; 증여하다; 주다; 유언으로 증여하다
endured	tolerate; suffered; underwent; withstood; sustained; lasted
	참다; 겪다; 견디다; 견뎌내다; 굽히지 않다; 지속하다
engender	produce; cause; create; stimulate; provoke
	생산하다; 야기하다; 창조하다; 자극하다; 선동하다
enhance	to make better; to augment 향상시키다; 증가시키다
entrenched (adj.)	rooted; engrained; fixed; imbedded; embedded
	뿌리 박힌; 뿌리 깊은; 고정된; 깊숙이 박힌; 파묻힌
entrenched (v.)	established; ensconced; cemented 안정시키다; 편히 앉히다; 굳히다
esthetic	artistic; visual; appealing; beautiful 예술적인; 시각적인; 매력적인; 아름다운
fevinced	showed; demonstrated; displayed; revealed; exhibited
	보여주다; 설명하다; 진열하다; 드러내다; 전시하다
evoke	to summon or draw forth 소환하거나 끌어내다
explicit	fully and clearly expressed 완전하고 명확하게 표현된
extraneous	irrelevant; extra; unnecessary; unimportant 관계 없는; 추가의; 불필요한; 하찮은
faculties (n.)	abilites; facilities; talents; aptitudes; knacks 능력; 재능; 재주, 장기; 소질; 솜씨
fanatic	one who is extremely devoted to a cause or idea
	이념이나 사상에 극단적으로 빠져 있는 사람

feasibility (n.)	viability; possibility; probability; likelihood 실현 가능성; 가능성; 가망; 있음직 함	
ferocity (n.)	fierceness; ferociousness; cruelty; wildness; viciousness 사나움; 흉포함; 잔인함; 난폭; 광포함	
fickle	capricious; whimsical; unpredictable 급변하는; 변덕스러운; 예측 불가한	
fiscal (adj.)	economic; financial; monetary 경제의; 재정적인; 재정의	
forum	opportunity; medium; environment, setting; meeting; conference 기회; 매체; 환경; 회의; 회의	
frivolous	not serious; not solemn with levity 사소한; 경솔해서 진지하지 못한	
futile	hopeless; without effect 희망 없는; 효과 없는	
glistening	gleaming; shining; sparkly; glittering 반짝반짝 빛나는	
grave (adj.)	serious; severe; weighty; crucial; critical 진지한; 심각한; 중대한; 중요한; 결정적인	
gullible	overly trusting; willing to believe anything 지나치게 잘 믿는; 아무거나 기꺼이 믿는	
heed	to listen to 귀 기울여 듣다	
hypothetical	uncertain; unproven 확실하지 않은; 증명되지 않은	
ignominious	degrading; disgraceful; dishonorable; shameful 품위를 떨어뜨리는; 수치스러운; 불명예스러운; 부끄러운	
immured	secluded; confined; imprisoned; incarcerated 격리하다; 가두다; 수감하다; 감금하다	
impartial	unbiased; neutral 편파적이지 않은; 중립의	
imperactive	completely necessary 꼭 필요한	
implicit	implied 함축된	
imprudent (adj.)	foolish; impulsive; indiscreet; irresponsible 어리석은; 충동적인; 부주의한; 무책임한	
inability	incapability; incapacity; powerlessness; helplessness 무능; 무능력; 무력; 무력함	
inadvertent	lax; careless; without intention 해이한; 부주의한; 우연한	
incessant	unceasing; never-ending 끊임없는; 영원한	
inclined (adj.)	motivated; persuaded; tending; disposed 의욕적인; 설득하는; ~하는 경향이 있는; ~할 마음이 내키게 하는	
incoherent	jumbled; chaotic; impossible to understand 난잡한; 혼란한; 이해할 수 없는	
inconstancy (n.)	infidelity; faithlessness; fickleness 불신; 충실하지 못함; 변덕스러움	
incredulous	disbelieving; skeptical; unbelieving; doubtful; dubious 믿지 않는; 회의적인; 못 믿겠다는 듯한; 의심하는; 의심을 품은	
indifferent	having no interest or concern 흥미나 걱정이 없는	
indignation	anger aroused by something perceived as unjust 부당하다고 인식되는 것에 의해 야기되는 분노	

414

indulgent	lenient; yielding to desire 너그러운; 욕구를 쉽게 들어주는	
inevitable	unavoidable; bound to happen 피할 수 없는; 반드시 일어나게 되어 있는	
inexorable	unstoppable; inevitable; unavoidable; inescapable 막을 수 없는; 어쩔 수 없는; 피할 수 없는; 불가피한	
ingenious	clever; resourceful; original; inventive 영리한; 지략이 있는; 독창적인; 창의적인	
innate	existing since birth; inborn; inherent 타고난; 선천적인; 고유의	
innovation	the act of introducing something new 새로운 것을 도입하는 일	
insolent	impudent; impertinent; rude; disrespectful 무례한	
instigate	to provoke; to stir up 자극하다; 선동하다	
intermittent	sporadic; recurrent; erratic; irregular; alternating 우발적인; 재발하는; 변덕스러운; 불규칙적인; 교대의	
intuitive	instinctive; spontaneous; innate; natural 본능적인; 자연적인; 타고난; 선천적인	
inversion	overturn; upturn; transposal; downturn 전복; 상승; 전위; 하강	
irksome	annoying; irritating; exasperating; tiresome 성가신; 짜증 나는; 화가 나는; 성가신	
ironic	satiric; unexpected 풍자적인; 예기치 못한	
jeopardy	danger 위험	
keen	intense; strong; acute; deep 강렬한; 강한; 예리한; 깊은	
lacquer	polish; gloss; varnish 윤내다; 광내다; 광택을 내다	
lament	to mourn 애도하다	
lethargy	sluggishness; laziness; drowsiness; indifference 무기력; 나태; 졸음; 무관심	
magnitude	greatness in scale: importance; size; significance 규모의 거대함; 중요성; 크기; 중요	
malicious	deliberately harmful 고의적으로 해로운	
malignity	enmity; evil; hate; ill will; indignity 적개심; 악; 혐오; 악의; 경멸	
malleable	capable of being shaped 형체로 만들어질 수 있는	
mediation	a settlement between conflicting parties 대립하는 당사자들 사이의 합의	
meekness	humbleness; quietness; docility; gentleness 겸손함; 조용함; 온순; 점잖음	
merger	a joining or marriage 합병, 결혼	
mired	delayed; stalled; hindered; stuck 지연하다; 꼼짝 못하게 하다; 방해하다; 꼼짝 못하게 하다	
modest	shy; diffident; unsure; uncertain; ordinary 수줍은; 소심한; 자신 없는; 확신이 없는; 평범한	
monotonous	dull; repetitious; uninteresting; boring 따분한; 반복적인; 재미없는; 지루한	
negligence	carelessness 부주의	

neutral	unbiased; not taking sides; objective 선입견이 없는; 편을 들지 않는; 객관적인
nostalgia	a bittersweet longing for things of the past 과거의 것에 대한 달콤 쌉쌀한 그리움
novel	fresh; original; new 신선한; 창의적인; 새로운
nuisance	irritation; pain; annoyance; pest 짜증나는 것; 고통; 성가심; 성가신 사람
objective	uninfluenced by emotions; a goal 감정에 영향받지 않는; 목표
obscure	not readily noticed; vague 쉽게 알아채지 못하는; 애매한
obstinacy	stubbornness; determination; wrongheadedness, inflexibility 완강함; 결단력; 완고함; 단호한 태도
ominous	menacing; threatening 위협적인; 협박하는
omnipotence	authority; power; supremacy; influence 권위; 권력; 주권; 영향력
opine (v.)	harangue; preach; orate; lecture 열변을 토하다; 설교하다; 연설하다; 강연하다
optimistic	hopeful; positive; bright; cheerful 희망적인; 긍정적인; 밝은; 쾌활한
ornate	decorative; overelaborate; baroque; lavish 장식적인; 지나치게 정교한; 지나치게 화려한; 사치스러운
peripheral	unimportant 중요치 않은
perspective	viewpoint; standpoint; outlook; perception 견해
phenomenon	occurrence; observable fact; experience; happening; incident 사건; 관찰 가능한 사실; 경험; 일
plumes	trails; clouds; spirals; columns 오솔길; 구름; 나선형; 기둥
poignant	moving; emotional; touching; distressing 마음을 뭉클하게 하는; 감정을 자극하는; 감동적인; 애처로운
postulate	assume; guess; hypothesize; suggest 가정하다; 추측하다; 가설을 세우다; 제안하다
practical	applied; real-world; everyday; real; sensible 실제로 적용된; 현실 세계의; 일상의; 진짜의; 실용 위주의
pragmatic	practical; down-to-earth; based on experience rather than theory 실용적인; 현실적인; 이론보다 경험에 기초를 둔
predecessor	someone or something that came before another 전임자 또는 앞선 것
preposterous	outrageous; absurd; ridiculous; ludicrous 아주 별난; 부조리한; 웃기는; 터무니없는
pressed (v.)	surged; crowded; swarmed; clustered 밀어닥치다; 군집하다; 많이 모여들다; 밀집하다
prevade	to be present throughout 도처에 존재하다
probable	likely; credible; possible; feasible 있을 법한; 신뢰할 수 있는; 가능성 있는; 있음직한
procession	march; parade; demonstration; sequence; succession 행진; 퍼레이드; 시위; 연속; 계속

proclaim	announce; declare; state; decree 발표하다; 선언하다; 표명하다; 포고하다
profound	deep; insightful (the opposite of superficial) 심오한; 통찰력이 있는(superficial(피상적인)의 반대말)
profuse	flowing; extravagant 넘치도록 많은; 사치스러운
provocative	giving rise to action or feeling 행동이나 감정을 일으키는
proxy	substitute; alternative; stand-in 대리
prudent	careful; wise 신중한; 현명한
pulpit	podium; dais; stand; platform; stage 연설대; 연단; 연단; 강단; 무대
queer	anomalous; atypical; questionable; remarkable 기묘한; 전형적이 아닌; 미심쩍은; 이상한
ramified	branched; forked; divided; split 가지를 내다; 분기하다; 갈라지다; 쪼개지다
rashly	hastily; impulsively; recklessly; impetuously 성급하게; 충동적으로; 무모하게; 충동적으로
receptive	open; amenable; accessible; interested 개방적인; 순종하는; 접근하기 쉬운; 관심이 있는
reciprocate	to mutually take or give; to respond in kind 상호간에 받거나 주다; 마찬가지로 응답하다
redundant	repetitive; unnecessary; excessively wordy 중복되는; 불필요한; 지나치게 장황한
refute	to disprove; to prove to be false 반박하다; 잘못된 것을 증명하다
rejuvenate	to make young and strong again 다시 젊고 강하게 만들다
relevant	important; pertinent 중요한; 적절한
relish (v.)	enjoy; savor; like; appreciate 즐기다; 음미하다; 좋아하다; 감상하다
reluctant	unwilling; unenthusiastic; disinclined; hesitant 마음 내키지 않는; 열성이 없는; ~ 하고 싶지 않은; 주저하는
reminisce	recall; evoke; recollect; ponder 상기하다; 불러내다; 회상하다; 곰곰이 생각하다
remorse	sadness; regret 비애; 후회
repress	to hold down 억누르다
repudiate	to reject; to deny 거절하다; 부인하다
resignation	unresisting acceptance; submission 저항하지 않는 수용; 복종
retract	to take back; to withdraw; to pull back 철회하다; 뒤로 물리다; 후퇴하다
reverberate	echo; resound; vibrate; resonate 반향을 보이다; 울려 퍼지다; 반향하다; 공명하다
reverence	respect; admiration; worship; awe 존경; 찬양; 숭배; 경외
rigid	unbending; inflexible; severe; strict 구부러지지 않는; 경직된; 엄격한; 엄한
rigorous	strict; harsh; severe 엄격한; 가혹한; 심한
scanty	inadequate; minimal 불충분한; 최소한의

scope	possibility; choice; room; opportunity	가능성; 선택의 범위; 여지; 기회
scrutinize	to examine closely	면밀히 조사하다
scuttling	scurrying; scampering; darting; dashing	허둥지둥하는; 급히 사라지는; 돌진하는; 돌진하는
sheer	pure; utter; absolute; total	순전한; 전적인; 완벽한; 완전한
shuttered	closed; secured; boarded up; covered up	닫다; 안전하게 하다; 판자로 막다; 온통 덮다
skeptical	doubting (antonym: gullible)	의심 많은(gullible(잘 속는)의 반대말)
solemn	serious; grave	진지한; 중대한
sparingly	frugally; carefully; cautiously; scarcely	검소하게; 신중하게; 조심성 있게; 겨우
squander	to waste	낭비하다
stagnation	motionlessness; inactivity	정체; 무기력
static	still; stationary; motionless; inert	정지한; 움직이지 않는; 부동의; 활성이 없는
stringent	strict; restrictive	엄격한; 제한적인
subjugate	conquer; vanquish; subdue; defeat	정복하다; 완파하다; 진압하다; 패배시키다
subordinate	secondary; lesser; minor; subsidiary	보조의; 보다 중요하지 않은; 이류의; 보조적인
substantiate	to support with proof or evidence; verify	증거나 근거로 뒷받침하다; 증명하다
subtle	not obvious; not able to make fine distinctions; ingenious; crafty 분명치 않은; 쉽게 구별할 수 없는; 기발한; 교묘한	
subversion	rebellion; sedition; treason; mutiny	반란; 선동; 반역; 폭동
superficial	on the surface only; shallow; not thorough	단지 표면적인; 얕은; 철저하지 못한
survey (v.)	plot; chart; measure; gauge	측량하다; 도표로 만들다; 재다; 측정하다
symbolic	representative; figurative; emblematic; representational 대표하는; 표상적인; 상징적인; 구상적인	
sympathetic	agreeable; congenial; likeable; affable	동의하는; 마음이 맞는; 호감이 가는; 상냥한
tactful	diplomatic; discreet; sensitive; delicate	외교적인; 사려있는; 민감한; 섬세한
tangible	touchable; palpable	만져서 알 수 있는; 명백한
temperament	nature; character; personality; disposition	본성; 성격; 개성; 성질
temperate	moderate; restrained	자제하는; 삼가는
tenacious	tough; hard to defeat	질긴; 깨부수기 어려운
tentative	experimental; temporary; uncertain	시험적인; 일시적인; 불확실한
theoretical	hypothetical; notional; conjectural; abstract; imaginary 가설의; 개념적인; 추측의; 추상적인; 상상의	
trifling	trivial; petty; insignificant; small	사소한; 보잘것없는; 중요하지 않은; 작은

unadorned	plain; bare; austere; simple 명료한; 꾸밈없는; 간소한; 간단한
undermine	to weaken 약하게 하다
underscore	to put emphasis on 강조하다
undulating (adj.)	rolling; swelling; surging; rippling 넘실대는; 부어오르는; 넘실거리는; 물결치는
unfounded	groundless; unsupported; baseless; unsubstantiated 사실무근의; 입증되지 않은; 기초가 없는; 입증되지 않은
uniform	consistent; unchanging; the same for everyone 일관된; 변화가 없는; 획일화된
unprecedented	happening for the first time; novel; never seen before 처음으로 발생한; 새로운; 전례가 없는
utilitarian	useful; practical; serviceable 유용한; 실용적인; 쓸모 있는
validated	authenticated; legalized; authorized; confirmed 법적으로 입증된; 법률상 인정된; 권위를 부여받은; 확증된
venerable	respected; august; esteemed; revered 존경받는; 위엄있는; 존중받는; 숭배받는
versatility	adaptability; flexibility; resourcefulness 적응성; 융통성; 임기응변의 재능
volatile	quick to evaporate; highly unstable; explosive 휘발성의; 매우 불안정한; 폭발성의
voluntary	willing; unforced 자발적인; 강제에 의한 것이 아닌
willful	deliberate; obstinate; insistent on having one's way 고의적인; 고집이 센; 자신의 방식만을 고집하는

2

Vocabulary
for
the GRE
Continued From
Word Smart

GRE 빈출 단어

GRE는 미국 대학원 입학 능력 시험이다. GRE 중 두 파트는 전적으로 여러분의 어휘 실력에 달려 있다.
GRE 어휘는 SAT 어휘만큼이나 중요하다. 다음에 나오는 리스트는 GRE에 자주 나오는 단어들이다.
또한 GRE에서 자주 다룰 것으로 유력시되는 단어들도 포함시켰다. GRE에서 좋은 성적을 얻기
바란다면, GRE와 SAT 히트 빈출의 어휘들을 모두 잘 알고 있어야만 한다. 하루에 열 단어씩만
암기하라. 어휘에 자신 있다면 상관없지만, 그렇지 않다면 오늘 당장 공부를 시작해야 한다.

GRE

abstruse	hard to understand or grasp 이해하기 어려운
abjure	avoid; shun; reject; abnegate 피하다; 멀리하다; 거절하다; 버리다
acumen	shrewdness; insight; judgment; intelligence 현명함; 통찰력; 판단력; 총명함
acute	sharp; shrewd 날카로운; 예민한
adorn	to lend beauty to 아름다움을 더하다
adroit	skillful; dexterous; clever; shrewd; socially at ease 솜씨 있는; 손재주가 좋은; 재주가 있는; 기민한; 사회적으로 편안한
adverse	unfavorable; antagonistic 호의적이 아닌; 대립하는
aesthetic	having to do with artistic beauty; artistic 예술적 미와 관련이 있는; 예술적인
affectation	unnatural or artificial behavior, usually intended to impress 주로 강한 인상을 남기기 위해 하는 부자연스럽거나 인위적인 행동
alacrity	eagerness; enthusiasm; readiness; quickness 열의; 열정; 준비가 되어 있음; 민첩
altruistic	unselfish; humane; selfless; philanthropic 이타적인; 자비로운; 사심 없는; 박애의
ambiguous	Unclear in meaning; confusing; capable of being interpreted in different ways 의미가 불확실한; 혼동되는; 다른 방식으로 해석될 수 있는
ambivalent	undecided; having opposed feelings simultaneously 미결정의; 동시에 상반된 감정을 가지는 것
ameliorate	to make better or more tolerable 더 좋거나 웬만큼 괜찮게 만드는 것
amenable	agreeable; open; acquiescent; willing; pliable 기꺼이 동의하는; 열려 있는; 잠자코 동의하는; 기꺼이 ~하는; 유순한
anoint	to choose by or as if by divine intervention ~을 통해 선택하다 혹은 신의 개입으로 선택하다
approbation	approval; consent; praise; admiration 승인; 동의; 칭찬; 찬양
appropriation	misuse; fraud; stealing; cheating 오용; 사기 행위; 도용; 속임수
arcane	mysterious; known only to a select few 신비로운; 엄선된 소수에게만 알려진
archaic	extremely old; ancient; outdated 아주 오래된; 고대의; 시대에 뒤진
archetype	model; epitome; prototype; standard 모범; 개요; 전형; 표준

arduous	difficult; hard; laborious; grueling 어려운; 힘든; 힘드는; 녹초로 만드는	
artless	honest or sincere; natural; uncultured and ignorant	
	정직하거나 진실한; 있는 그대로의; 교양 없고 무지한	
ascendancy	supremacy; domination 우위; 지배	
asinine	silly; stupid; foolish; unintelligent 어리석은; 우둔한; 바보 같은; 무지한	
aspiration	a strong desire for high achievement 높은 성취에 대한 강한 열망	
assiduous	hardworking; busy; diligent 열심히 일하는; 바쁜; 근면한	
astonishment	great surprise or amazement 대단히 놀라운 일 또는 놀라움	
audacity	boldness; daring; courage; bravery 대담함; 대담성; 용기; 용감	
augment	to make bigger; to add to; to increase 더 크게 만들다; 추가하다; 늘리다	
austere	unadorned; stern; forbidding; without excess 꾸밈 없는; 엄격한; 험악한; 지나침이 없는	
avarice	greed; excessive love of riches 욕심; 부에 대한 지나친 애착	
aver	avow; state; claim; declare 공언하다; 진술하다; 주장하다; 선언하다	
aversion	a fixed, intense dislike 확고하고 강한 혐오	
banal	unoriginal; ordinary 독창적이 아닌; 평범한	
base	having or showing a lack of decency 예의가 없거나 예의 없음을 보여주는	
beguile	entice; lure; woo; charm; captivate 꾀다; 유혹하다; 구애하다; 매혹하다; 마음을 사로잡다	
belie	to give a false impression of; to contradict 잘못된 인상을 주다; 모순되다	
beneficent	charitable; altruistic; generous; benevolent 자비로운; 이타적인; 관대한; 자비로운	
benevolent	kind; caring; compassionate; generous; beneficent	
	친절한; 자상한; 인정 많은; 관대한; 선을 행하는	
benign	gentle; not harmful; kind; mild 부드러운; 해롭지 않은; 친절한; 온화한	
bent	determined; set; fixed; resolved; decided 결심한	
bolster	boost; strengthen; reinforce; encourage 밀어 주다; 강하게 하다; 강화하다; 격려하다	
bombast	pomposity; pretentiousness; verboseness; grandiloquence	
	과장된 언행; 우쭐댐; 장황함; 호언장담	
boon	a timely blessing or benefit 시기적절한 축복이나 혜택	
bouquet	aroma; nose; scent; fragrance 향기	
bucolic	charmingly rural; rustic; country-like 매력적으로 시골풍인; 시골의; 시골 같은	
buttress (n.)	support; prop; reinforcement; structure 지지; 지주; 강화; 구조	
buttress (v.)	bolster; strengthen; prop up; reinforce 지지하다; 강하게 하다; 받치다; 강화하다	

cacophony	disharmony; harshness; discord; noise; loudness 부조화; 귀에 거슬림; 불일치; 소음; 시끄러움
cajole	coax; persuade; wheedle; entice 구슬리다; 설득하다; 감언이설로 꾀다; 유혹하다
candor	truthfulness; sincere honesty 진실함; 참된 정직함
canny	careful and shrewd 신중하고 약삭빠른
canonize	to treat as sacred; glorify 신성시 여기다; 미화하다
castigation	criticism; rebuke; reprimand; scolding 비판; 비난; 견책; 꾸짖음
catalyst	promoter; facilitator; goad; stimulus 촉진물; 촉진제; 자극물; 자극
caustic	scathing; cutting; sarcastic; unkind 냉혹한; 매서운; 비꼬는; 불친절한
circumspect	careful; cautious; prudent; wary 신중한
clangor	a loud racket; a din 큰 소음; 시끄러운 소리
coalesce	to come together as one; to fuse; to unite 하나로 뭉치다; 융합시키다; 연합하다
collusion	conspiracy; secret cooperation 음모; 비밀스러운 협력
commensurate	equal; proportionate 동등한; 비례한
complaisant	willing; acquiescent; agreeable; amenable 기꺼이 ~하는; 잠자코 동의하는; 상냥한; 순종하는
comprehensive	covering or including everything 모든 것을 포함하거나 포괄하는
concoct	to devise, using skill and intelligence 기술과 지능을 이용해 고안해내다
concomitant	occurring or existing concurrently 동시에 발생하거나 존재하는
confound	to cause to become confused or perplexed 혼란스럽게 하거나 당황하게 만드는 것
conjure	to summon or bring into being as if by magic 마치 마법의 힘으로 한 것처럼 불러내다
construe	to interpret 해석하다
continuity	an uninterrupted succession or flow; a coherent whole 중단되지 않은 연속 혹은 흐름; 일관된 전체
conventional	common; customary; unexceptional 평범한; 습관적인; 예외가 아닌
convoluted	intricate; complex; complicated; longwinded 복잡한; 장황한
cosmopolitan	At home in many places or situations; internationally sophiscated 다양한 장소나 상황에서 편안하게 머무르는; 국제적으로 세련된
covet	to wish for enviously 부러워하며 바라다
cow	to frighten or subdue with threats or a show of force 위협이나 시위로 무섭게 하거나 제압하는 것
craven	cowardly; gutless; spineless; weak 비겁한; 무기력한; 기골이 없는; 약한
credence	acceptance as true or valid 사실이거나 유효한 것으로 받아들여지는 것

cunning	marked by or given to artful subtlety and deceptiveness 교묘하고 미묘한 방식을 사용하여 속임수를 부리는
cursory	hasty; superficial 몹시 서두르는; 피상적인
daft	silly; stupid; foolish; nutty 바보 같은; 멍청한; 어리석은; 미친
daunt	to make fearful; to intimidate 두렵게 하다; 겁먹게 하다
debacle	violent breakdown; sudden overthrow; overwhelming defeat 격렬한 붕괴; 갑작스러운 전복; 압도적인 패배
defiant	boldly resisting 대담하게 저항하는
deflect	to turn aside or cause to turn aside 옆으로 비키거나 옆으로 비키게 하다
delimit	to establish the limits or boundaries of 한계나 경계를 정하다
denigrate	disparage; vilify; degrade; belittle 헐뜯다
derision	scorn; mockery; disdain; ridicule 경멸; 조롱; 업신여김; 조소
derivative	copied or adapted from others 다른 것들로부터 모방되거나 개조된
diatribe	attack; tirade; denunciation; harangue 공격; 긴 공격 연설; 공공연한 비난; 비난
diffidence	reserve; shyness; hesitancy; timidity 자제; 부끄러움; 망설임; 소심함
discomfit	embarrass; unsettle; distress; rattle; fluster 당황하게 하다
disingenuous	dishonest; insincere; untruthful; deceitful 부정직한; 거짓의; 진실이 아닌; 허위의
disparate	different; incompatible; unequal 다른; 상반되는; 동등하지 않은
dispassionate	not influenced by strong feelings or emotions 강력한 기분이나 감정에 영향받지 않는
dissemble	to disguise or conceal behind a false appearance 거짓 외모 뒤에 숨기거나 가장하는 것
disseminate	to spread the seeds of something; to scatter; to make widely known 무언가의 씨앗을 퍼뜨리다; 흩뿌리다; 널리 알려지게 하다
doctrinaire	inflexibly committed to a doctrine or theory without regard to its practicality 실용성을 고려하지 않고 원칙이나 이론에 융통성 없이 전념하는 것
dogmatic	arrogantly assertive of unproven ideas; stubbornly claiming that something (often a system of beliefs) is beyond dispute 입증되지 않은 생각을 거만하게 주장하는; (종종 신념 체계와 같은) 어떤 것은 논쟁의 여지가 없다고 고집스럽게 주장하는
doughty	tough; spirited; feisty; indomitable 강인한; 힘찬; 기운찬; 굴복하지 않는
dubious	full of doubt; uncertain 의심으로 가득 찬; 불확실한
duplicity	the act of being two-faced; double-dealing; deception 두 얼굴의 행위; 이중적인 행위; 기만
dynamism	continuous change, activity, or progress 끊임없는 변화, 행동, 또는 발전
ebullient	boiling; bubbling with excitement; exuberant 끓어오르는; 흥분으로 끓는; 원기 왕성한

eccentric	not conventional; a little kooky; irregular 전통적인 것을 벗어난; 다소 괴벽한; 불규칙한
eclectic	choosing the best from many sources; drawn from many sources 여러 재료에서 최고를 선택한; 여러 재료에서 끌어낸
efficacy	effectiveness 효능
efflorescence	a gradual process of unfolding or developing; the point or time of greatest vigor 열리거나 발전하는 점진적인 과정; 가장 활력이 넘치는 지점 혹은 시대
effrontery	impudence; nerve; cheekiness; boldness 뻔뻔함; 용기; 건방짐; 대담함
egalitarianism	the belief in the social and economic equality of all people 모든 사람들의 사회적, 경제적 평등에 대한 믿음
egoism	the doctrine that human behavior is motivated by self-interesst 인간의 행동은 자기 이익에 의해 동기 부여된다는 교리
eminent	well-known and respected; standing out from all others in quality or accomplishment; outstanding 유명하고 존경 받는; 소질이나 성취에서 다른 모든 것들보다 두드러지는; 눈에 띄는
emollient	soothing; calming; palliative; placative 진정시키는; 가라앉히는; 완화하는; 달래는
engender	cause; provoke; stimulate; bring about 야기시키다; 불러 일으키다; 자극하다; 초래하다
enigma	a mystery 미스터리
enterprise	initiative; innovativeness; creativity; inventiveness 기업심; 혁신성; 창의력; 독창적임
epitome	a brief summary that captures the meaning of the whole; the perfect example of something; a paradigm 전체 의미를 포착한 간략한 요약; 무언가의 완벽한 예시; 모범
equivocal	ambiguous; intentionally confusing; capable of being interpreted in more than one way 모호한; 고의적으로 혼란시키는; 한 가지 이상으로 해석이 가능한
eradicate	eliminate; destroy; exterminate; remove 제거하다; 파괴하다; 근절하다; 제거하다
erroneous	containing or derived from error; mistaken 오류를 포함하거나 오류에서 파생된; 잘못된
erstwhile	in the past; at a former time; formerly 과거에; 이전에; 전에
erudite	scholarly; deeply learned 학술적인; 학식이 깊은
esoteric	obscure; mysterious; abstruse; arcane 애매모호한; 이해할 수 없는; 난해한; 비밀의
ethos	the disposition, character, or fundamental values peculiar to a specific person, people, culture, or movement 특정한 사람, 사람들, 문화 또는 운동에 특유한 성질, 특성 혹은 기본적인 가치
exacerbate	to make worse 더 나쁘게 만들다
exemplar	paradigm; example; standard; archetype; ideal 전형; 견본; 표준; 원형; 이상
exigent	demanding prompt action; urgent 즉각적인 조치를 필요로 하는; 긴급한
explicit	clearly and directly expressed 명확하고 직접적으로 표현된

exploit	to employ to the greatest possible advantage; to make use of selfishly or unethically 가능한 최대의 이익을 위해 고용하다; 이기적으로 또는 비윤리적으로 이용하다
extant	still in existence; not destroyed 여전히 존재하는; 파괴되지 않은
extemporaneous	carried out or performed with little or no preparation 거의 또는 전혀 준비 없이 이행되거나 수행되는
extirpate	wipe out; destroy; eradicate; eliminate 없애다; 파괴하다; 박멸하다; 제거하다
extol	praise; exalt; commend; eulogize 칭찬하다
extraneous	unnecessary; irrelevant; extra 불필요한; 무관한; 외부의
extrapolate	to project or deduce from something known; to infer 알려진 것으로부터 산출하거나 추론하는 것; 추론하다
facetious	humorous; not serious; clumsily humorous 익살맞은; 심각하지 않은; 눈치 없이 익살맞은
fatuous	unintelligent; silly; complacent; unaware 무지한; 어리석은; 개의치 않는; 알지 못하는
fawn	crawl; flatter; grovel; butter up 굽실거리다; 아첨하다; 비굴하게 굴다; 아부하다
feckless	careless and irresponsible 부주의하고 무책임한
feeble	lacking bodily strength; weak 체력이 부족한; 약한
feign	to give a false appearance of 겉치레하다
fidelity	loyalty; faithfulness; reliability; trustworthiness 충성심; 충실; 기댈 수 있음; 신뢰할 수 있음
flair	talent; skill; aptitude; ability; knack; gift 재능; 기술; 적성; 능력; 기교; 재능
flip (v.)	explode; lose your temper; go berserk; lose it 폭발하다; 성질을 부리다; 광분하다; 자제력을 잃다
florid	ostentatious; showy; extravagant; flowery 과시하는; 현란한; 사치스러운; 꾸밈이 심한
fortuitous	accidental; occurring by chance 우연한; 우연히 발생한
gainsay	oppose; contradict; argue; refute 반대하다; 부정하다; 논쟁하다; 반박하다
garrulous	talkative; chatty 말이 많은; 수다스러운
glum	moody and melancholy 시무룩하고 우울한
glut	excess; surplus; superfluity; overabundance 과잉
hackneyed	everyday; commonplace; worn-out; unimaginative 평범한; 진부한; 닳고 닳은; 상상력이 없는
harbinger	a forerunner; a signal of 선인; 신호
herald	to proclaim, especially with enthusiasm 특히 열정적으로 선언하다
heterodox	not in agreement with accepted beliefs 공인된 신념과 일치하지 않는

hidebound	stubbornly prejudiced, narrow-minded, or inflexible 완고하게 편견이 있는, 편협하거나 융통성이 없는
homogeneous	uniform; made entirely of one thing　획일적인; 전적으로 하나의 것으로 만들어진
hortatory	marked by exhortation or strong urging　권하거나 강하게 재촉하는 것이 특징인
humanism	a system of thought that focuses on humans and their values, capacities, and worth 인간과 그들의 가치, 능력, 중요성에 초점을 맞춘 사고 체계
hypothesis	something taken to be true for the purpose of argument or investigation; an assumption 논쟁이나 조사의 목적으로 진실로 여겨지는 것; 가정
iconoclast	one who attacks popular beliefs or institutions 대중의 믿음이나 관습을 공격하는 사람; 무리에서 떨어진 사람
illuminate	to make understandable; to clarify　이해할 수 있도록 하다; 명확히 하다
imminent	just about to happen　막 일어나려는
impecunious	having little or no money　돈이 거의 없거나 없는
impediment	a hindrance or obstruction　방해 또는 장애
impenetrable	impossible to penetrate or enter; impossible to understand 관통하거나 들어갈 수 없는; 이해할 수 없는
imperative	necessary or urgent　필수이거나 긴급한
imperceptible	impossible or difficult to perceive by the mind or senses 정신이나 감각으로 인지하기 불가능하거나 어려운
impertinence	insolence; impudence; disrespect; lip　무례함; 건방짐; 결례; 주제넘은 말
impetus	an impelling force; an impulse　추진력; 자극
implicit	implied rather than expressly stated　명백히 드러내기보다는 암시적인
improvident	careless; reckless; imprudent; negligent　부주의한; 무모한; 경솔한; 태만한
impudence	carelessness; recklessness; incaution; indiscretion 부주의함; 무모함; 경솔함; 무분별한 행동
inalienable	unable to be transferred to others　타인에게 양도할 수 없는
inane	silly; unintelligent; absurd; ridiculous　어리석은
incendiary	tending to arouse strong emotion or conflict　강한 감정이나 갈등을 유발하는 경향이 있는
incense	to make very angry　몹시 화나게 하다
inclusive	taking in a great deal or everything within its scope 범위 안의 많은 것 또는 모든 것을 받아들이는 것
indefatigable	having or showing a capacity for persistent effort 지속적인 노력을 할 수 있는 능력을 갖거나 보여주는 것

indict	to accuse of wrongdoing; to criticize severely 잘못을 고발하다; 심하게 비판하다
indifferent	not caring one way or the other; apathetic; mediocre 어느 쪽이든 상관하지 않는; 무관심한; 평범한
indolent	lazy 나태한
industrious	energetic in work or study 일이나 공부에 활력이 넘치는
ingenuity	inventiveness; cleverness; resourcefulness; imagination 창의성; 영리함; 임기응변의 재능; 상상력
inhibit	to hold back; to restrain 억누르다, 제지하다
innocuous	harmless 해롭지 않은
innovation	the act of introducing something new 새로운 것을 도입하는 일
inscrutable	difficult to understand or interpret 이해하거나 해석하기 어려운
insipid	dull; bland 지루한; 단조로운
insular	like an island; isolated 섬 같은; 고립된
integrate	to combine two or more things into a whole 둘 이상의 것들을 하나의 전체로 결합하는 것
intemperate	self-indulgent; uncontrolled; unrestrained; extravagant 제멋대로인; 자유로운; 억제되지 않은; 낭비하는
intrepid	fearless; bold; courageous; valiant 두려움이 없는; 대담한; 용기 있는; 용감한
invalidate	to nullify 무효로 하다
irksome	causing annoyance or weariness 성가시게 하거나 피곤하게 만드는
ironic	meaning the opposite of what you seem to say; using words to mean something other than what they seem to mean 말하는 것과 반대를 의미하는; 단어가 의미하는 것이 아닌 다른 것을 의미하기 위해 단어를 사용하는
kindred	having a similar or related origin, nature, or character 비슷하거나 관련된 기원, 본질 또는 성격을 가진
labyrinthine	complex; convoluted; intricate; complicated 복잡한
laconic	using few words, especially to the point of being rude 특히 무례하다고 할 수 있을 정도로 말을 하지 않는
laud	to praise; to applaud; to extol; to celebrate 칭찬하다; 성원하다; 격찬하다; 경축하다
lavish	extravagant; profligate; wasteful; excessive 낭비하는; 방탕한; 낭비하는; 지나친
liberal	generous; copious; abundant; substantial 관대한; 풍부한; 풍족한; 상당한
lucid	clear; easy to understand 분명한; 이해하기 쉬운
lucrative	producing wealth; profitable 부를 창출하는; 이익이 되는

luminary	a person who inspires others or achieves eminence in a field
	다른 사람들에게 영감을 주거나 그 분야에서 명성을 얻은 사람
magnify	to make more intense or extreme 더 강렬하거나 극단적으로 만드는 것
makeshift	suitable as a temporary substitute 임시 대용으로 적합한
malign	to make evil, harmful statements about, especially untrue statements
	특히 진실이 아닌, 사악하고 해로운 말을 하는 것
malleable	soft; flexible; pliable; plastic; impressionable
	부드러운; 유연한; 휘기 쉬운; 마음대로 형태를 뜰 수 있는; 가소성이 있는
marginalize	to relegate or confine to a lower or outer limit or edge
	더 낮은 곳 또는 외부 한계 또는 가장자리로 내쫓거나 제한하는 것
meager	deficient in quantity, fullness, or extent 양, 포만감 또는 정도가 부족한
mendacious	lying; dishonest 거짓말하는; 정직하지 못한
merit	warrant; earn; be worthy of; deserve
	정당화하다; 받을 만하다; ~할 가치가 있다; 받을 만하다
minatory	expressing or conveying a threat 위협을 표현하거나 전하는
mitigate	to moderate the effect of something 어떤 것의 영향을 완화하다
morbid	unwholesome thoughts or feelings, especially of death or disease
	특히 죽음이나 질병에 대한 병적인 생각이나 감정
mortify	to humiliate 창피를 주다
mundane	ordinary; pretty boring; not heavenly and eternal
	평범한; 꽤 지루한; 신성하고 영원하지 않은
munificent	very generous; lavish 매우 관대한; 아끼지 않는
naiveté	lacking worldly experience and understanding 세속적인 경험과 이해가 부족한
narcissism	excessive love of one's body or oneself 자기 몸이나 자기 자신에 대한 지나친 사랑
noisome	foul; offensive; disgusting; repulsive 불결한; 거슬리는; 역겨운; 혐오감을 일으키는
notorious	known widely and usually unfavorably 널리 그리고 대개 호의적이지 않게 알려진
novel	new; origin 새로운; 창의적인
obdurate	stubborn; inflexible; obstinate; adamant 고집 센; 구부러지지 않는; 완고한; 단호한
objective	uninfluenced by emotions or personal prejudices
	감정이나 개인적인 편견에 영향을 받지 않는
obscure	unknown; hard to understand; dark 알 수 없는; 이해하기 어려운; 어두운
obviate	remove; avoid; preclude; forestall 제거하다; 피하다; 방지하다; 미연에 방지하다
occluded	blocked; sealed; obstructed; stopped 막다; 봉하다; 차단하다; 저지하다

offset	to counterbalance, counteract, or compensate for 균형을 잡아 주거나 대응하거나 보상하다
omnipresent	present everywhere simultaneously 동시에 어디에나 존재하는
opaque	impossible to see through; impossible to understand 꿰뚫어 볼 수 없는; 이해할 수 없는
opprobrium	scorn; contempt; condemnation; censure 경멸; 멸시; 비난; 책망
opulent	luxurious 호화로운
orthodox	conventional; adhering to established principles or doctrines, especially in religion; by the book 전통적인; 특히 종교에서 확립된 원칙이나 교리를 고수하는; 책에 의해
outstrip	to move past or ahead of 지나가거나 앞으로 나아가다
overshadow	to make insignificant by comparison 비교적 무의미하게 만들다
painstaking	extremely careful; taking pains 극도로 신중한; 고심하는
panacea	something that cures everything 모든 것을 치료하는 것
paradox	a true statement or phenomenon that nonetheless seems to contradict itself; an untrue statement or phenomenon that nonetheless seems logical 모순되는 것처럼 보이지만 진리인 말이나 현상; 사리에 맞는 것처럼 보이지만 허위인 말이나 현상
paragon	model; epitome; archetype; paradigm 원형; 축도; 전형; 전형적인 예
partial	favoring one person or side over another or others 다른 사람 혹은 다른 사람들보다 한 사람 혹은 한 편을 좋아하는
partisan	one who in supports a particular person, cause, or idea 특정한 사람이나 명분, 사상 등을 지지하는 사람
patent	obvious 분명한
peddle	to travel about selling; to seek to disseminate; to give out 판매를 위해 돌아다니다; 퍼뜨리려고 하다; 나눠주다
penchant	strong taste or liking 강한 취향 또는 애호
perfidy	treachery; disloyalty; deceit; duplicity 배반; 불충; 사기; 불성실
perfunctory	unenthusiastic; careless 열정이 없는; 무관심한
periphery	the outside edge of something 무언가의 바깥쪽 가장자리
perjury	lying; untruthfulness; prevarication; mendacity 거짓말; 정직하지 않음; 얼버무림; 허위
personification	epitome; embodiment; representation; exemplification 축도; 화신; 대표자; 예시
perturb	to disturb greatly 매우 방해하다
peruse	to read carefully 주의 깊게 읽다
pervade	to spread throuhout 도처에 퍼지다

philanthropic	charitable; benevolent; humanitarian; generous 자비로운; 인자한; 인도주의적인; 관대한
physiological	characteristic of the normal functioning of a living organism 생명체의 정상적인 기능의 특징
piquancy	tastiness; spiciness; sharpness; tang　맛; 흥미로움; 날카로움; 짜릿한 맛
pivotal	crucial　중요한
placate	pacify; conciliate; soothe; calm; mollify　달래다
plasticity	malleability; softness; pliability; elasticity　가단성; 부드러움; 유연성; 신축성
plethora	overabundance; excess; surfeit; glut　과잉
plucky	brave; courageous; gutsy; fearless　용감한
pluralism	a condition in which numerous distinct ethnic, religious, or cultural groups are present and tolerated within a society　수많은 별개의 민족, 종교 또는 문화 집단이 한 사회 내에 존재하고 용인되는 상태
polarize	to break up into opposing factions or groupings 대립하는 파벌이나 집단으로 분열시키다
posture (v.)	pose; strike an attitude; strut　포즈를 취하다; 태도를 취하다; 과시하다
precarious	dangerously lacking in security or stability　위험할 정도로 안전이나 안정성이 결여된
precocious	characterized by development, aptitude, or interests considered advanced for a given age　특정 연령에 비해 발달, 적성 또는 흥미가 앞선 것이 특징인
predilection	a natural preference for something　무언가에 대한 자연스러운 선호
prescience	knowledge of actions or events before they occur 발생하기 전의 행동이나 사건에 대한 지식
pretentious	behaving as if one is important or deserving of merit when such is not the case 그렇지 않을 때 자신이 중요한 것처럼 혹은 그럴 가치가 있는 것처럼 행동하는 것
prevaricate	to speak or write dishonestly　부정직하게 말하거나 쓰다
probity	correctness; integrity; rectitude; honor　올바름; 정직; 청렴; 순결
proclivity	tendency; penchant; inclination; liking　경향; 강한 기호; 기질; 취향
prodigal	wasteful; reckless; dissolute; profligate　낭비적인; 무모한; 방탕한; 낭비하는
prodigious	extraordinary; phenomenal; unusual; exceptional 비범한; 놀랄 만한; 보통이 아닌; 뛰어난
profligate	wasteful; reckless; spendthrift; extravagant　낭비적인; 무모한; 낭비하는; 사치스러운
profusion	abundance; excess; plethora; surplus　과잉
proliferate	to spread or grow rapidly　빠르게 퍼지거나 자라다
prolix	tending to speak or write at excessive length 과도하게 길게 말하거나 쓰는 경향이 있는

promulgate	to proclaim; to publicly or formally declare something 선언하다; 공개적으로 또는 공식적으로 무언가를 선언하다
propagate	spread; broadcast; proliferate; disseminate 퍼뜨리다; 살포하다; 증식시키다; 흩뿌리다
propensity	tendency; inclination; partiality; bent 경향; 성향; 편파; 기호
propitious	marked by favorable signs or conditions 좋은 징조 또는 조건으로 특징지어지는
provident	preparing or providing for the future; frugal 미래를 준비하거나 대비하는; 검소한
provocative	tending to provoke or stimulate 도발하거나 자극하는 경향이 있는
proxy	one appointed or authorized to act for another 다른 사람을 위해 행동하도록 임명되거나 권한을 부여받은 사람
prudent	careful; having foresight 조심스러운; 선견지명이 있는
punctilious	strictly attentive to minute details of form in action or conduct 행동이나 행실의 세부사항에 엄격하게 주의를 기울이는
quiescence	dormancy; latency; rest; inertness 휴면; 잠재; 휴식; 불활성
quotidian	everyday; commonplace 매일의; 흔한
rebut	to contradict; to argue in opposition to; to prove to be false 반박하다; 반대를 주장하다; 거짓임을 증명하다
recapitulate	to make summary 요약하다
reconcile	to settle; to resolve 해소하다; 해결하다
recondite	hard to understand; over one's head 이해하기 어려운; 이해할 수 없는
referendum	the submission of a proposed public measure or statute to a direct popular vote 발의된 공적인 법안이나 법규를 민중의 직접 투표에 맡기는 것
refuge	protection or shelter 보호 또는 대피소
relentless	continuous; unstoppable 끊임없는; 막을 수 없는
relish	hearty enjoyment or appreciation 진심으로 즐기거나 감상하는 것
renege	default; break your word; go back on; break a promise 불이행하다; 약속을 어기다; 지키지 않다; 약속을 깨다
repudiate	to reject; to renounce; to disown; to have nothing to do with 거절하다; 포기하다; 거부하다; 아무 상관이 없게 하다
rescind	withdraw; cancel; annul; repeal 물러나다; 취소하다; 무효로 하다; 폐지하다
resolute	determined; firm; unwavering 결심한; 확고한; 동요하지 않는
resonant	strong and deep in tone; resounding; having a lasting presence or effect 음색이 강하고 깊은; 울려 퍼지는; 지속적인 존재나 효과를 갖는
revere	to respect highly; to honor 매우 존경하다; 경의를 표하다
ridicule	to make fun of 놀리다

ruthless	having no compassion or pity 연민이나 동정이 없는
sagacious	wise; sage; perceptive; erudite 현명한; 슬기로운; 지각력이 있는; 학식 있는
sanction	authorization; permission; approval; agreement 인증; 허가; 승인; 승낙
sanguine	cheerful; optimistic; hopeful 명랑한; 낙천적인; 희망적인
sardonic	mocking; scornful; ironic; sarcastic 조롱하는; 경멸하는; 빈정대는; 냉소적인
scanty	small; insufficient 적은; 불충분한
scintillate	to sparkle, either literally or figuratively 말 그대로 혹은 비유적으로 번쩍이다
secular	having nothing to do with religion or spiritual concerns 종교적 혹은 영적인 것과 전혀 관련 없는
sedulous	determined; hardworking; assiduous; zealous 단단히 결심한; 열심히 하는; 근면한; 열광적인
serendipity	accidental good fortune; discovering good things without looking for them 우연한 행운; 찾지 않고 좋은 것을 발견하는 것
shrewd	clever awareness or resourcefulness 현명한 자각이나 임기응변
sinister	evil, wicked; foreshadowing evil, trouble, or wickedness 사악한, 나쁜; 재난, 역경 또는 사악함을 예견하는
solicitous	eager and attentive, often to the point of hovering; anxiously caring or attentive 종종 맴돌 정도로 열성적이고 주의 깊은; 애타게 걱정하거나 주의 깊은
solidarity	unity of purpose, interest, or sympathy 목적, 이익 또는 공감의 연합체
soporific	sleep-inducing; hypnotic; tranquilizing; tedious; boring 수면을 유발하는; 최면성의; 진정시키는; 지겨운; 지루한
specious	false; hollow; erroneous; baseless 잘못 된; 속이 빈; 틀린; 근거가 없는
speculative	based on guesswork 추측에 기반한
sporadic	stopping and starting; scattered; occurring in bursts every once in a while 멈추고 시작하는; 산발하는; 이따금씩 폭발적으로 발생하는
spurious	doubtful; bogus; false 의심스러운; 가짜의; 거짓의
stalwart	resolute; determined; committed; unfaltering 굳게 결심한; 결심한; 명확한 태도를 가진; 흔들리지 않는
subjective	based on a given person's experience, understanding, and feelings 정해진 한 사람의 경험, 이해, 그리고 감정에 기반한
superficial	on the surface only; shallow; not thorough 오직 표면상의; 얕은; 철저하지 않은
superfluous	extra; surplus; redundant; unnecessary 여분의; 과잉의; 과다한; 불필요한
supplant	to take the place of or substitute for 대신하거나 대체하다
surrogate	substitute 대신하는 사람

synthesis	the combining of parts to form a whole 부분을 하나로 통합한 것
tacit	implied; not spoken 암시적인; 무언의
taciturn	not talkative 말이 없는
tang	trace; hint; aftertaste; flavor; smack 기미; 기색; 여운; 기미; 낌새
temperance	moderation and self-restraint 절제와 자제
temporal	lasting only for a time; not eternal; passing 잠시 동안만 지속되는; 영원하지 않은; 지나가는
tenable	defensible, as in one's position in an argument; capable of being argued successfully; valid 논쟁에서 자신의 입장에 서서 변호할 수 있는; 성공적으로 주장될 수 있는; 유효한
tensile	capable of being stretched or extended 늘어나거나 연장될 수 있는
tepid	lacking in emotional warmth or enthusiasm 감정적인 따뜻함이나 열정이 부족한
tortuous	twisting; convoluted; indirect; meandering; roundabout 뒤틀린; 뒤얽힌; 우회하는; 종잡을 수 없는; 간접의
tractable	docile; controllable; manageable; obedient 유순한; 조종할 수 있는; 다루기 쉬운; 순종하는
transgress	to violate (a law); to sin (법을) 위반하다; 죄를 짓다
trifling	of little worth or importance 가치가 적거나 덜 중요한
trivial	of little significance or value 덜 중요하거나 가치가 덜한
tumultuous	very loud; noisy; disorderly 소리가 매우 큰; 시끄러운; 소란스러운
ubiquitous	being everywhere at the same time 동시에 모든 곳에 존재하는
undermine	to weaken 약하게 하다
uniform	consistent; unchanging; the same for everyone 일관된; 변화가 없는; 획일화된
unstinting	generous; openhanded; liberal; giving 관대한; 후한; 인색하지 않은; 베푸는
vacuous	empty; blank; vacant; void 비어 있는
vain	having or showing excessive pride in one's appearance or accomplishments 자신의 외모 또는 업적에 대해 과도한 자부심을 갖거나 보여주는 것
vanquish	to defeat or conquer in battle 전투에서 이기거나 정복하다
veneration	worship; adoration; reverence; honor 숭배; 흠모; 경외; 공경
veracious	truthful 정직한
verbiage	excessive verbal nonsense; verbosity; waffle; redundancy 말로 하는 지나친 허튼소리; 장황함; 쓸데없는 말; 장황
vex	to annoy; to pester; to confuse 성가시게 하다; 못살게 굴다; 혼란스럽게 하다

vindicate	to clear from all blame or suspicion; to justify
	모든 비난이나 의심에서 벗어나다; 정당성을 증명하다
warrant	merit; deserve; necessitate; justify
	자격이 있다; 받을 만하다; 피할 수 없게 하다; 정당화하다
zest	taste; tang; piquancy; bite 맛; 짜릿한 맛; 짜릿한 느낌; 얼얼한 맛

Word Roots You Should Know

꼭 알아야
할 어근

어근을 알면 단어의 암기력을 높일 수 있다. 사전에서 단어를 찾을 때 단어의 뜻과 어근의 연관성을 꼭 살펴보기 바란다. 여기에 나온 어근을 모두 암기할 필요는 없다. 이미 여러분이 어느 정도는 알고 있는 것들이며 단어 속에 어떻게 나타나고 있는지, 어떻게 그 단어의 뜻이 형성되는지를 유심히 공부하면 된다. 그러나 같은 어근을 가진 단어라도 다른 형태의 철자로 나타나기도 한다. 그것은 수천 년에 걸친 언어 역사의 유산이며, 이 책에서도 다양한 예를 선보이려고 노력하였다.

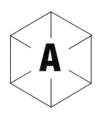

A (without)

amoral 도덕과 관계없는
atheist 무신론자
atypical 부정형의, 불규칙적인
anonymous 익명의, 작자 미상의
apathy 무관심, 냉담
amorphous 형태가 없는, 조직이 없는
atrophy 쇠약, 위축
apartheid 인종 차별정책
anomaly 예외, 변칙
agnostic 불가지론

AB/ABS
(off, away from, apart, down)

abduct 유괴하다
abhor 혐오하다, 거부하다
abolish 폐지하다
abstract 추상적인, 이론적인
abnormal 비정상적인
abdicate (왕위, 권리를) 버리다, 포기하다
abstinent 절제하는, 금욕적인
absolution 면제, 사면
abstruse 난해한
abrogate (법률을) 폐기하다
abscond 도주하다
abjure (신념 등을) 포기하다
abstemious 절제하는, 검소한
ablution 목욕재계
abominate 혐오하다
aberrant 정도에서 벗어난, 탈선의

AC/ACR (sharp, bitter)

acid 신맛이 나는, 신랄한
acute 날카로운, (아픔이) 격심한
acerbic 맛이 신, 신랄한
exacerbate (고통을) 악화시키다
acrid 매운, 가혹한
acrimonious 신랄한, 독살스러운
acumen 예리함, 통찰력

ACT/AG
(to do, to drive, to force, to lead)

act 행위
agent 대행인, 관리인
agile 동작이 빠른, 민첩한
agitate 흔들다, 선동하다
exacting 엄격한, 힘겨운
litigate 소송을 제기하다
prodigal 낭비하는, 방탕한
prodigious 거창한, 놀라운
pedagogue 학자인 척하는 사람
demagogue 선동가
synagogue 유대교도의 집단

AD/AL (to, toward, near)

adapt 적응시키다
adjacent 인접한
addict 빠지게 하다, 중독되게 하다
admire 찬양하다, 동경하다
address 연설하다, 말을 걸다
adhere 들러붙다, 집착하다
administer 주다, 집행하다
adore 숭배하다
advice 충고
adjoin ~에 인접하다
adultery 간통
advocate 대변자
allure 유인하다
alloy 합금하다, 섞어서 불순물로 만들다

AL/ALI/ALTER (other, another)

alternative 양자택일의, 대안의
alias 별명
alibi 현장 부재 증명, 알리바이
alien 외래의, 외국인
alter ego 다른 나, 둘도 없는 친구
alienation 소외감, 이간
altruist 이타적인
altercation 언쟁
allegory 우화

AM (love)

amateur 애호가, 비전문가
amatory 연애의, 호색적인
amorous 바람기 있는, 연애의
enamored 사랑에 빠진, 반한
amity 친선
paramour 정부, 애인
inamorata 애인, 정부
amiable 붙임성 있는, 상냥한
amicable 우호적인

AMB (to go, to walk)

ambitious 열망하는
amble (사람이) 느릿느릿 걷다
preamble 서문
ambulance 구급차
ambulatory 보행의, 이동성의
perambulator 유모차, 순시자
circumambulate 걸어 돌아다니다, 순회하다

AMB/AMPH (around)

amphitheater 원형 극장
ambit 구역, 범위
ambiance 환경, 분위기
ambient 포위한, 환경의

AMB/AMPH (both, more than one)

ambiguous 두 가지 뜻으로 해석할 수 있는, 모호한
amphibian 양서류의, 수륙 양용의
ambivalent 서로 용납하지 않는, 양성애자
ambidextrous 양손잡이의, 두 마음을 품은

ANIM (life, mind, soul, spirit)

unanimous 동의하는, 만장일치의
animosity 악의, 원한
equanimity 마음의 평정, 침착
magnanimous 관대한
pusillanimous 나약한, 소심한

ANNU/ENNI (year)

annual 1년의, 해마다의
anniversary 기념일
biannual 1년에 두 번의
biennial 2년에 한 번의
centennial 100년마다 한 번의
annuity 연금
perennial 여러 해 계속되는, 다년생의
annals 연대기
millennium 천년간

ANTE (before)

ante (사업 등의) 분담금, 자금
anterior 전의, 전방의
antecedent 선행의, 전
antedate (날짜 등이) ~보다 선행하다
antebellum 전쟁 전의
antediluvian 대홍수 이전의

ANTHRO/ANDR (man, human)

anthropology 인류학
android 인조인간
misanthrope 인간을 싫어하는 사람, 염세주의자
philanthropy 박애주의
anthropomorphic 의인화된
philander 여자 꽁무니를 쫓아다니다, 여자를 건드리다
androgynous 남녀 양성의
anthropocentric 인간 중심의

ANTI (against)

antidote 해독제
antiseptic 방부제
antipathy 반감, 혐오
antipodal 대척지, 정반대의

APO (away)

apology 사죄, 변명
apostle 사도
apocalypse 묵시, 계시, 사회적인 대사건
apogee 극점
apocryphal 외경의, 출처가 의심스러운
apotheosis 신격화, 극치
apostasy 배교, 변절
apoplexy 졸중

APT/EPT (skill, fitness, ability)

adapt 적응시키다
aptitude 적성, 소질
apt 적절한
inept 부적절한, 서투른
adept 숙달한, 숙련자

ARCH/ARCHI (chief, principal)

architect 건축가
archenemy 인류의 대적, 사탄
archetype 원형, 전형
archipelago 군도

ARCHY (ruler)

monarchy 군주 정치
matriarchy 모권 사회
patriarchy 부권 사회
anarchy 무정부 상태
hierarchy 계급 조직
oligarchy 과두 정치

ART (skill, craft)

art 기술
artificial 인공적인
artifice 기술, 술책
artisan 장인, 기능공
artifact 공예품
artful 기교가 뛰어난
artless 꾸밈없는, 서투른

AUC/AUG/AUX (to increase)

auction 경매
auxiliary 보조의, 예비의
augment 증가시키다
august 존엄한

AUTO (self)

automatic 자동적인
autopsy 검시, 부검
autocrat 독재자
autonomy 자치 단체

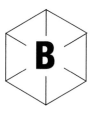

BE
(to be, to have a certain quality)

belittle 얕보다
belated 시대에 뒤떨어진
bemoan 슬퍼하다
befriend ~의 편을 들다
bewilder 당황하게 하다
begrudge ~하기를 꺼리다, 시기하다
bequeath 유언으로 증여하다
bespeak 예약하다, 주문하다
belie (실제 모습을) 속여 나타내다
beguile 속이다
beset 포위하다
bemuse 멍하게 만들다
bereave (희망 등을) 앗아가다,
          가족을 죽음으로 잃다

BEL/BELL (war)

rebel 반란
belligerent 교전 중인, 호전적인
bellicose 호전적인
antebellum 전쟁 전의

BEN/BON (good)

benefit 이익
beneficiary 수익자
beneficent 인정이 많은
benefactor 은혜를 베푸는 사람
benign 인자한
benevolent 자비로운, 호의적인
benediction 축복, 감사
bonus 상여금, 이익 배당
bon vivant 미식가, 유쾌한 친구
bona fide 성실한, 진실한

BI (twice, doubly)

binoculars 쌍안경
biannual 연 2회의
biennial 2년마다의
bigamy 중혼(죄)
bilateral 양면이 있는
bilingual 두 나라 말을 하는
bipartisan 2대 정당의

BRI/BREV (brief, short)

brief 잠깐의, 짧은
abbreviate 줄여 쓰다, 축약하다
abridge 요약하다
brevity 간결함

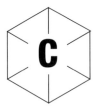

CAD/CID
(to fall, to happen by chance)

accident (우연한) 사고
coincidence 동시에 일어난 사건
decadent 퇴폐적인
cascade 작은 폭포
recidivism 상습적 범행
cadence 운율

CAND (to burn)

candle 양초
incandescent 백열의, 빛나는
candor 허심탄회, 정직

CANT/CENT/CHANT (to sing)

chant 노래, 노래하다
enchant (노래를 불러) 마법을 걸다
accent 악센트, 강세
recant (주장 등을) 철회하다
incantation 주문을 외움, 마법
incentive 고무하는, 자극적인

CAP/CIP/CAPIT/CIPIT
(head, headlong)

capital 주요한
cape 곶, 갑
captain 우두머리, 선장
disciple 문하생
principle 근본 원리, 원리 원칙
principal 주요한, 제일의
precipice 절벽, 위기
precipitate 거꾸로 떨어지다
precipitous 깎아지른 듯한
capitulate (조건부로) 항복하다
capitalism 자본주의
precipitation 급격, 투하
caption 표제, 제목
recapitulate 요점을 되풀이하다

CAP/CIP/CEPT (to take, to get)

capture 사로잡다
anticipate 예견하다
intercept 도중에서 가로채다

susceptible 받아들이는, ~할 여지가 있는
emancipate (노예 등을) 석방하다
recipient 받아들이는
incipient 초기의, 시작의
percipient 지각력이 있는
precept 교훈

CARD/CORD/COUR (heart)

cardiac 심장병의
courage 용기
encourage 용기를 북돋우다
concord 의견의 일치
discord 불화
accord 일치하다, 조화를 이루다
concordance 일치, 화합
cordial 충심에 의한

CARN (flesh)

carnivorous 육식성의
carnival 사육제
carnal 육체적인, 속세의
carnage 대학살
reincarnation 윤회, 환생
incarnation 육체를 부여함, 인간화

CAST/CHAST (cut)

caste 카스트 제도
castigate 징계하다, 혹평하다
chastise 벌하다, 비난하다
chaste 순결한

CAUST (to burn)

caustic 부식성의
holocaust 대학살, 완전 소각

CED/CEED/CESS (to go, to yield, to stop)

exceed ~을 초과하다, 능가하다
precede 앞장서다, 보다 우월하다
recess 휴가
concede 양보하다, 인정하다
cede 양도하다
access 입장, 접근
predecessor 전임자, 조상
precedent 전례, 관례
antecedent 앞서는, 이전의
recede 물러가다, 손을 떼다
abscess 종양, 종기
cessation 중지, 휴지
incessant 끊임없는

CENTR (center)

central 중심의
concentrate 집중시키다, 한 점에 모으다
eccentric 중심에서 벗어나, 별난
concentric 중심이 같은
centrifuge 원심분리기
egocentric 자기중심적인

CERN/CERT/CRET/CRIM/CRIT (to separate, to judge, to distinguish, to decide)

concern 관계가 있다
critic 비평가
secret 비밀의
crime 범죄
discreet 신중한, 조심스러운
ascertain ~을 확인하다
certitude 확신
hypocrite 위선자
discriminate 식별하다, 차별하다
criterion 판단의 기준
discern 구별하다, 눈으로 알아보다
recrimination 역습, 반격

CHRON (time)

synchronize 동시에 일어나다
chronicle 연대기
chronology 연대학, 연표
chronic 장기간에 걸친, 만성적인
chronological 연대순으로
anachronism 시대착오
chronometer 정밀한 시계

CIRCU (around, on all sides)

circumference 원주, 주위
circumstances 환경, 상황
circuit 순회, 주위
circumspect 조심성 있는
circumvent 일주하다, 우회하다
circumnavigate (섬 등을) 항해로 일주하다
circumambulate 걸어 돌아다니다
circumlocution 둘러말함, 완곡한 표현, 핑계
circumscribe (영토의) 경계선을 긋다, 주위를 둘러싸다
circuitous 둘러 가는 길의, 간접적인

CIS (to cut)

scissors 가위
precise 정확한, 간결한
exorcise 내쫓다, 몰아내다

excise 삭제하다
incision 베기, 째기
incisive 예리한, 신랄한
concise 간명한

CIT (to set in motion)

excite 흥분시키다
incite 자극하다, 선동하다
solicit 간청하다, 유혹하다
solicitous 걱정하는, 애쓰는

CLA/CLO/CLU (shut, close)

closet 벽장
enclose 에워싸다, 넣고 싸다
conclude 마무리하다, 결론짓다
claustrophobia 밀실 공포증
disclose 드러내다, 폭로하다
exclusive 배타적인, 독점적인
recluse 은둔한
preclude 미리 막아내다, 배제하다
seclude 차단하다, 격리하다
cloister 수도원, 은둔 생활
foreclose 방해하다, 제외하다
closure 폐쇄, 종료

CLAIM/CLAM
(to shout, to cry out)

exclaim 소리치다
proclaim 선언하다, 주장하다
acclaim 환호하다
clamor 군중의 떠들썩함, 아우성
disclaim 권리를 포기하다, 관계를 부인하다
reclaim 반환을 요구하다
declaim 열변을 토하다, 규탄하다

CLI (to lean toward)

decline 쇠퇴하다
recline 기대다, 눕히다
climax 최고조, 정점
proclivity 경향, 성향
disinclination 싫증, 마음이 내키지 않음

CO/COL/COM/CON
(with, together)

connect 연결하다, 관계가 있다
confide 신뢰하다
concede 승인하다
coerce 강요하다
cohesive 결합력이 있는
cohort 군대의 일 대대

confederate 동맹한
collaborate 협력하다
compatible 양립할 수 있는
coherent 응집성의
comply (명령 등에) 따르다
conjugal 부부의
connubial 결혼 생활의
congenial 마음이 맞는
convivial 연회를 좋아하는
coalesce 합체하다
coalition 제휴, 연합
contrite 죄를 깊이 뉘우치는
conciliate 회유하다, 환심을 사다
conclave 비밀회의
commensurate 같은 정도의,
크기 등이 알맞은

CRAT/CRACY (to govern)

bureaucracy 관료 정치
democracy 민주주의
aristocracy 귀족 정치
theocracy 제정일치
plutocracy 금권주의
autocracy 독재 정치

CRE/CRESC/CRET (to grow)

creation 창조
increase 증가하다
crescendo 점점 세게
increment 증대, 이익
accretion 증가, 부착
accrue (~로부터) 발생하다

CRED (to believe, to trust)

incredible 믿을 수 없는
credibility 신빙성
credentials 신임장
credit 신용
creed 신조, 강령
credo 신조
credence 신임, 신용
credulity 쉽게 믿음
incredulous 쉽게 믿지 않는, 의심이 많은

CRYP (hidden)

crypt 토굴
cryptic 숨은, 비밀의
apocryphal 출처가 의심스러운
cryptography 암호문

CUB/CUMB (to lie down)

cubicle (칸막이로 된) 작은 침실
succumb 굴복하다
incubate 알을 품다, 배양하다
incumbent 의지하는
recumbent 드러누운, 기댄, 휴식하는

CULP (blame)

culprit 범죄자
culpable 죄가 있는
exculpate 무죄 방면하다
inculpate 죄를 씌우다, 연루시키다
mea culpa 내 탓, 내 잘못

CUR/COUR (running, a course)

occur 발생하다
recur 재발하다
current 현행의
curriculum 교과 과정
courier 안내원, 밀사
cursive 필기체
excursion 짧은 여행, 유람
concur 동의하다
concurrent 동시 발생의, 수반하는
incur (비난 등을) 초래하다
incursion 침입
discourse 강연, 담화
discursive (이야기 등이) 산만한
precursor 선구자, 선배
recourse 의지, 의뢰
cursory 마구잡이의, 서두르는

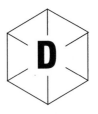

DE
(away, off, down, completely, reversal)

descend 내려가다
detract 주의를 다른 데로 돌리다
decipher 암호를 해독하다
deface 외관을 더럽히다
defile 더럽히다, 모욕하다
defraud 속이다, 횡령하다
deplete 고갈시키다
denounce 비난하다
decry 비난하다
defer 뒤로 미루다
defame 중상, 모욕하다
delineate 윤곽을 그리다, 묘사하다
deferential 공손한

DEM (people)

democracy 민주주의
epidemic 유행성의
endemic 풍토병의
demagogue 선동가
demographics 인구 통계
pandemic 전국적으로 퍼지는

DI/DIA (apart, through)

dialogue 대화
diagnose 진단하다
diameter 지름
dilate 넓어지다
digress 이야기가 빗나가다
dilatory 시간을 끄는
diaphanous 투명한
dichotomy 이분법
dialectic 변증법적인

DIC/DICT/DIT
(to say, to tell, to use words)

dictionary 사전
dictate 구술하다
predict 예언하다
contradict 부인하다
verdict 평결을 내리다

abdicate 퇴위하다
edict 칙령, 명령
dictum 전문가의 의견, 격언
malediction 저주, 악담
benediction 축복, 감사의 기도
indict 기소하다
indite 시를 쓰다
diction 어법, 말씨
interdict 금지하다
obiter dictum 판결에 있어서 판사의
부수적 의견

DIGN (worth)

dignity 위엄, 품위
dignitary 고위 인사
dignify 위엄 있게 하다
deign 체면을 불구하고 ~하다
indignant 분개한
condign (처벌 등이) 적당한
disdain 경멸하다
infra dig 품격을 떨어뜨리는

DIS/DIF
(away from, apart, reversal, not)

disperse 흩어지게 하다
disseminate (씨나 주장을) 퍼뜨리다
dissipate 흩어 놓다
dissuade 단념시키다
diffuse 퍼뜨리다

DOC/DAC (to teach)

doctor 박사, 의사
doctrine 교리, 학설
indoctrinate (사상 등을) 주입하다
doctrinaire 교조적인
docile 가르치기 쉬운, 유순한
didactic 교훈적인, 설교하기 좋아하는

DOG/DOX (opinion)

orthodox 정통파의
paradox 역설
dogma 교조, 교리
dogmatic 독단적인, 교조적인

DOL (suffer, pain)

condolence 애도, 조문
indolence 게으름
doleful 서글픈
dolorous 비통한

DON/DOT/DOW (to give)

donate 기부하다
donor 기증자
pardon 용서, 사면
condone 용서하다, 묵과하다
antidote 해독제
anecdote 일화
endow 증여하다
dowry 결혼 지참금

DUB (doubt)

dubious 의심스러운
dubiety 의혹
indubitable 의심할 나위 없이 확실한

DUC/DUCT (to lead)

conduct 지도, 안내, 행위
abduct 유괴하다
conducive 이바지하는
seduce 유혹하다
induct 인도하다, 안내하다
induce 권유하다
ductile 유순한

DUR (hard)

endure 참다
durable 오래 견디는
duress 구속, 감금
dour 음울한
obdurate 완고한

DYS (faulty)

dysfunction 기능 장애
dystopia 반 유토피아
dyspepsia 소화 불량
dyslexia 난독증

E

EPI (upon)

epidemic 전염성의
epilogue 에필로그
epidermis 표피
epistle 서간, 편지
epitome 발췌, 요약
epigram 경구, 풍자시
epithet 형용어구
epitaph 비문

EQU (equal, even)

equation 동등, 평형
adequate 충분한
equivalent ~에 상응하는
equilibrium 평형, 안정
equable 균등한
equidistant 같은 거리의
equity 공평, 정당
iniquity 부정, 불법
equanimity 침착, 마음의 평정
equivocate 모호한 말을 쓰다
equivocal (뜻이) 분명치 않은, 다의성의

ERR (to wander)

err 잘못하다
error 잘못, 실수
erratic 엉뚱한, 산만한
erroneous 잘못된
errant 그릇된 생각이나 행위
aberrant 탈선적인

ESCE (becoming)

adolescent 청년기의
obsolescent 쇠퇴해 가는
iridescent 무지개 빛깔의
luminescent 발광성의
coalesce 합체하다
quiescent 정지한
acquiescent 묵묵히 따르는
effervescent 활기 있는
incandescent 빛나는
evanescent 순간의, 덧없는

convalescent 회복기에 있는
reminiscent 추억에 잠기는

EU (good, well)

euphoria 행복감
euphemism 완곡어법
eulogy 찬양, 칭송
eugenics 우생학
euthanasia 안락사
euphony 듣기 좋은 음조

E/EF/EX
(out, out of, from, former, completely)

evade 회피하다
exclude 차단하다, 제외하다
extricate 탈출시키다
exonerate 무죄임을 입증하다
extort 강제로 탈취하다, 무리하게 강요하다
exhort 훈계하다
expire 끝나다, 소멸하다
exalt 칭찬하다, 높이다
exult 의기양양하다
effervesce 거품이 일다, 흥분하다
extenuate 정상 참작 하다
efface 지우다, 말살하다
effusion 유출, 토로
egregious 지독한, 어처구니없는

EXTRA (outside of, beyond)

extraordinary 이상한, 특별한
extrasensory 초감각적인
extraneous 외부에 발생한, 외래의, 이질적인
extrapolate 추론하다, 추측하다

F

FAB/FAM (speak)

fable 우화
fabulous 전설적인, 믿어지지 않는
affable 붙임성 있는
ineffable 말로 표현할 수 없는
fame 평판, 명예
famous 유명한
defame (~를) 중상하다
infamous 불명예스러운, 악명 높은

FAC/FIC/FIG/FAIT/FEIT/FY (to do, to make)

factory 공장
facsimile 복제, 팩시밀리
benefactor (학교 등의) 후원자
facile 손쉬운, 편리한
faction 당쟁, 파벌
fiction 소설, 허구
factitious 인위적인
efficient 능률적인
deficient 불완전한
proficient 익숙한, 숙련된
munificent 아낌없이 주는
prolific 다산의, 다작의
soporific 최면의
figure 형상, 모양
figment 허구
configuration 윤곽, 형상
effigy 초상
magnify 확대하다
rarefy 희박하게 하다
ratify 비준하다
ramification 가지, 지류
counterfeit 위조하다
feign ~인 체하다
fait accompli 기정사실
ex post facto 과거로 소급하여

FER (to bring, to carry, to bear)

offer 제공하다
transfer 옮기다
confer 수여하다
referendum 국민 투표
infer 추론하다
fertile 다산의, 비옥한
proffer 제안하다
defer 연기하다
proliferate 증식하다
vociferous 떠들썩한

FERV (to boil, to bubble, to burn)

fervor 열정
fervid 열렬한
effervescent 거품이 이는, 활기 있는

FID (faith, trust)

confide 신임하다
confident 확신하는
confidant (비밀을 이야기할 수 있는)
　　　　　 절친한 친구
affidavit 선서서, 선서 진술서
diffident 자신 없는, 소심한
fidelity 충실
infidelity 배신, 신앙이 없음
perfidy 불성실, 배반
fiduciary 신용상의
infidel 이교도
semper fidelis 항상 충실한
bona fide 진실한

FIN (end)

final 최후의
finale 대단원
confine 제한하다, 경계, 국경
define (범위 등을) 규정짓다
definitive 결정적인, 최종적인
infinite 무한한
affinity 인척 관계
infinitesimal 극미한, 무한소

FLAG/FLAM (to burn)

flame 불꽃
flamboyant 불타오르는 듯한
flammable 가연성의
inflammatory 격앙시키는, 선동적인
flagrant 악명 높은
conflagration 대형 화재
in flagrante delicto 현행범으로

FLECT/FLEX (to bend)

deflect 빗나가다
flexible 구부리기 쉬운
inflect 굴절하다, 활용하다
reflect 반영하다
genuflect (경의를 표하기 위해) 무릎을 꿇다

FLICT (to strike)

afflict 괴롭히다
inflict (구타 등을) 가하다
conflict 충돌, 대립
profligate 방탕한

FLU, FLUX (to flow)

fluid 유동성의
influence 영향을 미치다
fluent 유창한
affluent 풍부한, 거침없는
fluctuation 파동
influx 유입, 쇄도
effluence 발산, 유출
confluence 합류
superfluous 넘치는, 여분의
mellifluous 목소리가 매끄러운

FORE (before)

foresight 선견지명
foreshadow 예시하다, 징조를 보이다
forestall 앞서다, 매점하다
forgo 삼가다, ~없이 지내다
forbear 억제하다

FORT (chance)

fortune 부, 운
fortunate 운이 좋은
fortuitous 우연한

FRA/FRAC/FRAG/FRING (to break)

fracture 분열, 깨짐
fraction 파편
fragment 파편, 산산조각
fragile 깨지기 쉬운
refraction 굴절
fractious 다루기 힘든
infraction 위반, 불완전 골절
refractory 다루기 힘든
infringe 위반하다, 침해하다

FRUIT/FRUG (fruit, produce)

fruitful 다산의, 열매가 많은
fruition 결실, 성과
frugal 검소한

FUND/FOUND (bottom)

foundation 토대, 설립
fundamental 기초적인, 주요한
founder 설립자
profound 심오한

FUS (to pour)

confuse 혼동하다
transfusion 주입
profuse 풍부한, 헤픈
effusive 심정을 토로하는
diffuse 발산하다, 퍼뜨리다
suffuse (액체, 빛 등으로) 뒤덮다
infusion 주입, 고취

G

GEN (birth, creation, race, kind)

generous 관대한
generate 낳다
genetics 유전학
photogenic 촬영에 적합한
degenerate 퇴화하다
homogeneous 동종의
genealogy 가계, 혈통
gender 성별
genre 유형, 형식
genesis 기원, 발생
carcinogenic 발암성의
genial 정다운, 온화한
congenial 같은 성질의
ingenuous 소박한, 솔직한
ingenue 천진난만한 소녀
indigenous 토착의, 지역 고유의
congenital 선천적인
progeny 자손
engender 낳다, 발생하게 하다
miscegenation 잡혼
sui generis 독자적인, 특수한

GN/GNO (know)

ignore 무시하다
ignoramus 무지한 사람
recognize 인식하다
incognito 익명의
diagnose 진단하다
prognosis 예측, 예지
agnostic 불가지론의, 불가지론자
cognitive 인식의
cognoscenti 감정가
cognizant 인식하고 있는

GRAND (big)

grand 웅장한
grandeur 장대, 장관
grandiose 장엄한
aggrandize 확대하다, 강화하다
grandiloquent 과장된, 호언장담하는

GRAT (pleasing)

grateful 감사해 마지않는
ingrate 은혜를 모르는, 배은망덕한 사람
ingratiate ~의 비위를 맞추다, 환심을 사다
gratuity 팁, 선물
gratuitous 무료의, 호의상의

GRAV/GRIEV (heavy, serious)

grave 중대한, 근엄한
grief 비탄, 큰 슬픔
aggrieve 고통을 주다,
~의 감정을 상하게 하다
gravity 중력
grievous 통탄할, 중대한

GREG (herd)

congregation 모임
segregation 분리, 격리
aggregation 집합, 집단
gregarious 떼를 지어 사는, 사교적인
egregious 지독한, 어처구니없는

GRESS/GRAD (to step)

progress 진전, 발달
graduate 졸업하다, 졸업시키다
gradual 점진적인
aggressive 공격적인
regress 후퇴, 역행
degrade 좌천시키다, 퇴화시키다
retrograde 후퇴하다, 역행하다
transgress 한도를 벗어나다, 위반하다
digress (이야기 등이) 빗나가다
egress 밖으로 나가다

HER/HES (to stick)

coherent 응집성의
cohesive 밀착하는, 결합력이 있는
adhesive 잘 들러붙는
adherent 점착성의, 지지자
inherent 본래부터의, 타고난

(H)ETERO (different)

heterosexual 이성애의
heterogeneous 이질적인
heterodox 이교의, 이단의

(H)OM (same)

homogeneous 동종의, 균질의
homonym 동음이의어
homosexual 동성애의
anomaly 변칙, 예외
homeostasis 항상성

HYPER (over, excessive)

hyperactive 지나치게 활동적인
hyperbole 과장법

HYPO (under, beneath, less than)

hypodermic 피하 주사
hypochondriac 우울증
hypothesis 가설, 단순한 억측
hypocritical 위선의

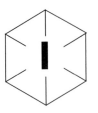

ID (one's own)

idiot 천치, 얼간이
idiom 관용 어법
idiosyncrasy (한 개인 고유의) 특질, 특징, 개성

IM/IN (not, without)

inactive 움직이지 않는
indifferent 무관심한
innocuous 독이 없는
insipid 무미건조한
indolence 나태, 무통
impartial 공명정대한
inept 부적당한
indigent 궁핍한, ~이 없는

IM/IN/EM/EN (in, into)

in ~안에
embrace 껴안다, 받아들이다
enclose 에워싸다
ingratiate ~의 비위를 맞추다
intrinsic 본질적인
influx 유입, 쇄도
incarnate 인간의 형상을 한
implicit 함축적인
indigenous 토착의, 원산의

INFRA (beneath)

infrastructure 하부 조직
infrared 적외선
infrasonic 초저주파

INTER (between, among)

interstate 각 주(州) 간의
interim 한동안, 임시의
interloper 남의 일에 참견하고 나서는 사람
interlude 막간, 시간과 시간의 사이
intermittent 간헐성의
interplay 상호작용
intersperse 산재시키다, 점철하다
intervene 사이에 끼이다, 개재하다

INTRA (within)

intramural 교내의, 도시 안의

intrastate 주(州) 내의

intravenous 정맥 내의

J/L

JECT (to throw, to throw down)

inject 주입하다

eject 배출하다

project 발사하다, 돌출하다

trajectory 궤도

conjecture 추측하다

dejected 낙심한

abject 비천한, 영락한

JOIN/JUNCT (to meet, to join)

junction 접합, 교차

joint 접합점

adjoin 인접하다

subjugate 종속시키다

juxtapose 병렬하다, 병치하다

injunction 명령

rejoinder 답변

conjugal 부부의

junta 의회, (쿠데타 후의) 임시 정부

JUR (to swear)

jury 배심원

perjury 위증

abjure (주의, 신앙 등을) 버릴 것을
선언하다

adjure 엄명하다, 간청하다

LECT/LEG (to select, to choose)

collect 모으다

elect 선출하다

select 선택하다

electorate 유권자

predilection 애호, 편애

eclectic 취사선택하는, 절충적인

elegant 품위 있는

LEV (lift, light, rise)

elevator 승강기

relieve (고통 등을) 덜어 주다

lever 지레

alleviate 덜다, 완화하다

levitate 공중 부양

relevant 관계가 있는

levee 제방, 둑

levity 경솔, 변덕

LOC/LOG/LOQU (word, speech)

dialogue 대화

eloquent 웅변의, 설득력이 있는

elocution 발성법, 웅변술

locution 말투, 관용 어법

interlocutor 대화자, 질문자

prologue 프롤로그, 서언

epilogue 에필로그, 후기

soliloquy 독백

eulogy 찬양, 칭송

colloquial 구어체의, 일상 회화의

grandiloquent 과장된 말의

philology 언어학

neologism 신조어

tautology 동어의 반복

loquacious 수다스러운

LUC/LUM/LUS (light)

illustrate 설명하다

illuminate 조명을 비추다

luminous 빛을 내는, 총명한

luminescent 발광성의

illustrious 저명한, 빛나는

lackluster 광택이 없는, 혼탁한

translucent 반투명의, 명백한

lucid 번쩍이는, 맑은

elucidate 명료하게 하다, 해명하다

LUD/LUS (to play)

illusion 환영, 착각

ludicrous 우스꽝스러운

delude 속이다, 현혹하다

elude 회피하다, 이해되지 않다

elusive 피하는, 알기 어려운, 잡히지 않는

allude 암시하다

collusion 공모, 결탁

prelude 전주곡, 도입부

interlude 시간과 시간 사이, 막간

LUT/LUG/LUV (to wash)

lavatory 화장실

dilute 회석하다

pollute 오염시키다

deluge 대홍수, 쇄도

antediluvian 대홍수 이전의, 구시대적인

MAG/MAJ/MAX (big)

magnify 확대하다

magnitude 거대함, 중대함

major 주요한, 대다수의

maximum 최대의

majestic 장엄한

magnanimous 도량이 큰, 관대한

magnate 거물, 고관

maxim 격언, 좌우명

magniloquent 호언장담하는, 과장하는

MAL/MALE (bad, ill, evil, wrong)

malfunction 고장, 기능불량

malodorous 악취가 나는,
(사회적으로) 용납될 수 없는

malicious 악의적인

malcontent 불평하는 사람, 불평분자

malign 악성의, 해로운, 헐뜯다

malignant (병 등이) 악성인, 악의에 찬

malaise 불쾌, 몸이 불편한 상태

dismal 음침한, 기분 나쁜

malapropism 말의 우스꽝스러운 오용

maladroit 서투른, 솜씨 없는

malevolent 악의 있는, 심술궂은

malinger 꾀병을 부리다

malfeasance 불법 행위

malefactor 악인, 범인

malediction 저주, 악담, 비방

MAN (hand)

manual 손의, 수공의

manufacture 제조

emancipate (노예 등을) 석방하다,
구속을 풀어 주다

manifest 명백한

mandate 명령, 위임

mandatory 명령의, 강제의, 위임의

MATER/MATR (woman, mother)

matrimony 결혼, 부부관계

maternal 어머니의

maternity 어머니가 됨, 모성

matriculate (대학의) 입학을 허가하다

matriarch 여자 족장, 여성 가장

MIN (small)

minute 분(分), 작은
minutiae 상세한 일, 사소한 일
diminution 감소, 축소
miniature 축소 모형
diminish 줄이다, 감소하다

MIN (to project, to hang over)

eminent 저명한
imminent 급박한, 절박한
prominent 두드러진, 현저한
preeminent 뛰어난

MIS/MIT (to send)

transmit 전달하다, 보내다
manumit 노예를 해방하다
emissary 사자, 밀사
missive 보내진, 공문의
intermittent 간헐성의
remit 송금하다
remission 송금
demise 양도하다, 양위

MISC (mixed)

miscellaneous 잡다한, 갖가지의
miscegenation 잡혼
promiscuous 난잡한, 마구잡이의

MON/MONIT (to warn)

monument 기념물, 기념비
monitor 충고자, 주의를 주는 것
summons 소환장, 호출
admonish 훈계하다, 권고하다
remonstrate 충고하다, 항의하다

MORPH (shape)

amorphous 무정형의
metamorphosis 변형, 변질
polymorphous 여러 가지 모양이 있는
anthropomorphic 의인화된,
사람의 모습을 닮은

MORT (death)

immortal 불멸의
morgue 시체 안치소
morbid 병적인, 무서운
moribund 다 죽어 가는, 소멸하는
mortify 억제하다, 극복하다

MUT (change)

commute 교환하다, 대체하다
mutation 변화, 흥망성쇠, 돌연변이
mutant 돌연변이에 의한
immutable 불변의
transmutation 변형, 변질
permutation 교환, 치환

N/O

NAM/NOM/NOUN/NOWN/NYM (rule, order)

astronomy 천문학
economy 질서, 유기적 조직
autonomy 자치단체
antimony 안티몬(금속 원소)
gastronomy (어느 지역의 독특한) 요리법
taxonomy 분류학

NAT/NAS/NAI (to be born)

natural 천연의, 타고난
native 출생지의, 타고난
naive 소박한, 원시적인, 속기 쉬운
cognate 같은 기원을 가진, 같은 종류의
nascent 발생 초기에 있는
innate 선천적인, 천부적인
renaissance 부흥, 부활

NEC/NIC/NOC/NOX (harm, death)

innocent 무해한, 순결한
noxious 유해한, 불건전한
obnoxious 불쾌한, 비위 상하는
pernicious 유독성의, 치명적인
internecine 서로 죽이는, 살인적인
innocuous 독이 없는
necromancy (죽은 사람과의 교감으로 미래를 예견하는) 강령술

NOM/NYM/NOUN/NOWN (name)

synonym 동의어, 유의어, 별명, 별칭
anonymous 익명의, 작자 미상의
nominate 지명하다, 임명하다
pseudonym 필명, 아호
misnomer 틀린 명칭, 인명 오기
nomenclature 명칭, 학명
acronym 머리글자어, 두문자어
homonym 동명이인, 동음이의어
nominal 이름만의, 명칭상의
ignominy 불명예, 수치
denomination 명명, 명칭
noun 명사

renown 명성
nom de plume (프랑스 어) 필명, 아호
nom de guerre (프랑스 어) 가명, 예명

NOV/NEO/NOU (new)

novice 풋내기, 무경험자
novel 새로운, 소설
novelty 신기한 물건이나 일
renovate 쇄신하다, 수복하다
innovate 혁신하다, 새로운 것을 받아들이다
neologism 신조어
neophyte 새 세례자, 신참
nouvelle cuisine (프랑스 어) 저칼로리의 현대 프랑스 요리
nouveau riche (프랑스 어) 벼락부자

NOUNC/NUNC (to announce)

announce 알리다, 발표하다
pronounce 선언하다, 발음하다
denounce 비난하다, 탄핵하다
renounce 선서하고 버리다, 관계를 끊다

OB/OC/OF/OP (toward, to, against, completely, over)

obese 지나치게 살이 찐
object 반대하다
obstruct 가로막다, 방해하다
obstinate 완고한, 고집 센
obscure 분명치 않은, 이해하기 어려운
obtrude 강요하다, 내밀다
oblique 비스듬히 기울다
oblivious 알아채지 못하는, 잘 잊는
obnoxious 불쾌한, 싫은
obstreperous 소란한, 사납게 날뛰는
obtuse 우둔한
opprobrium 오명, 치욕
obsequious 아첨하는
obfuscate 판단을 흐리게 하다, 난처하게 하다

OMNI (all)

omnipresent 어느 곳에나 존재하는, 편재하는
omniscient 전지의, 박식한
omnipotent 전능한, 절대적인 힘이 있는

PAC/PEAC (peace)

peace 평화
appease 진정시키다, 달래다
pacify 평화를 회복하다, 누그러뜨리다
pacifist 평화주의자
pacifier 달래는 사람, 조정자,
   (갓난아기의) 고무젖꼭지
pact 조약, 협정

PAN (all, everywhere)

panorama 파노라마, 전경
panacea 만병통치약
panegyric 찬사, 격찬
pantheon 모든 신, 모든 신을 모신 신전
panoply 한 벌, 일련의 것
pandemic 전국적(세계적)으로 퍼지는

PAR (equal)

par 동등, 동위
parity 동질, 동률, 동격
apartheid 아파르트헤이트, 분리, 배타
disparity 불균형
disparate 서로 다른, 공통점이 없는
disparage 얕잡아보다, 깔보다

PARA (next to, beside)

parallel 평행의, 나란히
paraphrase 의역하다, 부연 설명하다
parasite 기생충, 식객
paradox 역설, 모순
parody 풍자
paragon 모범, 전형, ~에 필적하다
parable 비유, 우화
paradigm 예, 모범, 전형
paramilitary 준(準) 군사적 조직의 일원
paranoid 편집증 환자, 과대망상
paranormal 과학적으로 설명할 수 없는
parapsychology 초 심리학
paralegal 법률가 보조원

PAS/PAT/PATH
(feeling, suffering, disease)

apathy 냉담, 무관심
sympathy 동정, 연민
empathy 감정 이입
antipathy 반감, 혐오
passionate 정열적인
compassion 동정심
compatible 양립할 수 있는
dispassionate 공평한, 냉정한
impassive 무감각한, 의식 없는
pathos 비애, 애수
pathology 병리학
sociopath 반사회적 이상 성격을 가진 사람
psychopath 정신병 환자

PATER/PATR (father, support)

patron 보호자, 후원자
patronize 보호하다, 후원하다
paternal 아버지의
paternalism 가부장적 태도
expatriate 국외로 추방하다
patrimony 세습 재산, 집안 내림
patriarch 가장, 족장
patrician 귀족, 총독

PAU/PO/POV/PU (few, little, poor)

poor 가난한
poverty 빈곤, 가난
paucity 결핍, 부족
pauper 극빈자, 빈민
impoverish 가난하게 하다, 불모로 만들다
puerile 미숙한, 철없는
pusillanimous 무기력한, 나약한

PED (child, education)

pedagogue 학자인 체하는 사람, 교육자
pediatrician 소아과 의사
encyclopedia 백과사전

PED/POD (foot)

pedal 발의, 발판
pedestal 기둥 다리, 받침대
pedestrian 보행자, 도보의
podiatrist 발에 관한 병을 연구하는 학자
expedite 진척시키다
expedient 수단, 방편, 편리한
impede 방해하다
impediment 방해, 신체장애

podium 발, 토대
antipodes 대척지, 정반대

PEN/PUN
(to pay, to compensate)

penal 형벌의
penalty 벌금
punitive 벌의, 응보의
repent 회개하다, 후회하다
penance 참회, 고행
penitent 회개하는, 참회한
penitentiary 회개의, 징계의
repine 푸념하다, 불평하다
impunity 형벌을 받지 않음

PEND/PENS
(to hang, to weigh, to pay)

depend 의존하다, ~에 달려 있다
dispense 면제하다, 의존하지 않다
expend 소비하다, 시간 등을 들이다
stipend 봉급, 연금
spend 쓰다, 소비하다
expenditure 지출, 소비
suspense 미결, 미정
compensate 배상하다, 급료를 치르다
propensity 경향, 성향
pensive 생각에 잠긴, 우수에 젖은
indispensable 없어서는 안 되는
impending 절박한, 임박한
pendulum 진자, 동요
appendix 부속물, 부록
append 덧붙이다, 추가하다
appendage 부속물, 부가된 것
ponderous 대단히 무거운
pendant 매달려 있는 장식

PER (completely, wrong)

persistent 완고한
perforate 구멍을 내다, 꿰뚫다
perplex 당황하게 하다
perspire 발산하다
peruse 정독하다
pervade 널리 퍼지다
perjury 위증, 거짓말
perturb 혼란시키다, 교란하다
perfunctory 마지못해 하는,
　　　　　　아무렇게나 하는
perspicacious 선견지명이 있는,
　　　　　　　통찰력이 있는
permeate 스며들다, 사상 등이 퍼지다
pernicious 유해한, 치명적인

perennial 여러 해 계속되는
peremptory 절대적인, 강제적인
pertinacious 완고한, 끈질긴

PERI (around)

perimeter 주위, 경계
periscope 잠망경
peripheral 주위의, 주변의, 말초적인
peripatetic 걸어 다니는, 순회하는

PET/PIT (to go, to seek, to strive)

appetite 식욕, 성욕
compete 겨루다, 경쟁하다
petition 청원, 탄원
perpetual 끊임없는, 종신의
impetuous 성급한, 충동적인
petulant 성미 급한, 성을 잘 내는
propitious 호의적인, 상서로운

PHIL (love)

philosophy 철학
philanthropy 박애주의
philatelist 우표 수집가
philology 문헌학
bibliophile 장서 수집가

PHONE (sound)

telephone 전화
symphony 교향곡
megaphone 확성기
euphony 듣기 좋은 음조
cacophony 불협화음

PLAC (to please)

placid 조용한, 차분한
placebo 일시적 위안의 말, 플라시보 효과
placate 위로하다, 진정시키다
implacable 화해할 수 없는,
　　　　　　(증오를) 달래기 어려운
complacent 마음에 흡족한, 자기만족의
complaisant 공손한, 유순한

PLE (to fill)

complete 완성하다
deplete 고갈시키다
complement 보충하다, 보완하다
supplement 추가, 보충
implement 도구, 기구
plethora 과다, 과잉
replete 충만한, 포식한

PLEX/PLIC/PLY
(to fold, to twist, to tangle,
to bend)

complex 복잡한
complexion 외관, 안색
complicate 복잡하게 하다
duplex 이중의
replica 복사, 복제
ply 능숙하게 다루다
comply 명령에 따르다
implicit 함축적인
implicate 포함하다, 함축하다
explicit 명백한
duplicity 표리부동, 불성실
complicity 공모, 공범
supplicate 간청하다
accomplice 공범, 연루된 사람
explicate 설명하다

PON/POS/POUND
(to put, to place)

component 구성하고 있는
compound 합성의, 타협하다
deposit 두다, 맡기다
dispose 배치하다
expose 드러내다, 폭로하다
exposition 박람회, 전시
expound 상세히 설명하다
juxtapose 병렬 배치하다
depose 왕위를 찬탈하다
proponent 제안한 사람, 변호사
repository 창고, 저장하는 곳
transpose (위치나 순서를) 바꾸어 넣다
superimpose 위에 얹다, 포개어 놓다

PORT (to carry)

import 수입하다
portable 들고 다닐 수 있는, 휴대용의
porter 운반기, 운반인
portfolio 서류첩, 대표 작품 선집
deport 운반하다, 이송하다
deportment 태도, 행동거지
export 수출하다
portmanteau 대형 여행 가방
portly 비만한
purport 의미하다, 주장하다
disport 흥겹게 놀다
importune 성가시게 부탁하다, 괴롭히다

POST (after)

posthumous 사후에 생긴, 유복자인
posterior 뒤의, 이후의
posterity 자손, 후세
ex post facto 사후에, 과거로 소급하여

PRE (before)

precarious 불확실한, 지레짐작의
precocious 조숙한, 일찍 꽃이 피는
prelude 전주곡
premeditate 미리 계획하다
premonition 예고, 징후
presage 전조, 예감
presentiment 기미, 예감
presume 추정하다, 상상하다
presuppose 전제로 삼다, 미리 예상하다
precedent 종전의 관례
precept 교훈, 권고
precipitous 성급한, 무모한
preclude 미리 막다, 배제하다
predilection 애호, 편애
preeminent 뛰어난
preempt 선취하다
prepossess 선입관이 되다, 마음을 빼앗다
prerequisite 필수 전제 조건
prerogative 특권

PREHEND/PRISE
(to take, to get, to seize)

surprise 기습적으로 점령하다
comprehend 이해하다
enterprise 기획, 기업체
impregnable 난공불락의, 끄떡없는
reprehensible 비난할 만한
apprehension 이해력, 판단
comprise 포함하다
apprise 알리다
apprehend 의미를 파악하다, 깨닫다
comprehensive 이해가 빠른, 포괄적인
reprisal 보복, 포획

PRO (much, for, a lot)

prolific 다산의
profuse 풍부한
propitious 호의적인, 상서로운
prodigious 막대한
profligate 낭비하는, 방탕한
prodigal 아낌없이 주는, 방탕한
protracted 오래 끈, 지연된

proclivity 성향
proliferate 급격히 증가하다, 번식하다
propensity 경향, 성향
prodigy 영재, 경이, 불가사의한 것
proselytize 전도하다
propound 제출하다
provident 절약하는
prolix 지루한, 장황한

PROB (to prove, to test)

probe 탐사하다, 조사하다
probation 시험, 검정
approbation 승인, 면허
probity 고결, 성실
opprobrium 오명, 치욕
reprobate 사악한, 타락한, 꾸짖다

PUG (to fight)

pugilism (프로) 권투
pug 프로 복서
pugnacious 싸움하기 좋아하는
impugn 비난하다, 논박하다
repugnant 적의를 품은, 반감을 가진

PUNC/PUNG/POIGN/POINT (to point, to prick)

point 가리키다
puncture 구멍을 내다
punctual 시간을 잘 지키는
punctuate 구두점을 찍다, 강조하다
pungent 날카로운, 신랄한
poignant 매서운, 맛이 쏘는, 신랄한
compunction 양심의 가책
expunge 삭제하다, 말살하다
punctilious 세심한, 꼼꼼한

Q/R

QUE/QUIS (to seek)

acquire 획득하다
acquisition 습득, 입수
exquisite 더없이 훌륭한
acquisitive 탐내는, 얻고자 하는
request 요청하다
conquest 정복, 애정의 획득
inquire 질문하다
inquisitive 호기심이 강한
inquest 심리, 배심
query 질문, 의문
querulous 불평이 많은
perquisite 합법적 부수입, 특권

QUI (quiet)

quiet 조용한
disquiet ~을 불안하게 하다
tranquil 고요한, 잔잔한
acquiesce 묵인하다, 말없이 따르다
quiescent 침묵의, 활동이 정지한

RID/RIS (to laugh)

ridicule 비웃다
derision 조롱하다
risible 우스운

ROG (to ask)

interrogate 심문하다
arrogant 거드름 부리는, 오만한
prerogative 특권, 특권을 가진
abrogate (법률 등을) 폐기하다
surrogate 대리인
derogatory 경멸적인
arrogate 권리를 침해하다, 남의 탓으로 하다

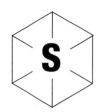

SAL/SIL/SAULT/SULT
(to leap, to jump)

insult 모욕하다
assault 급습
somersault 재주넘기
salient 현저한, 돌출한
resilient 탄력 있는, 기운을 회복한
insolent 건방진
desultory 일관성 없는, 산만한
exult 기뻐 날뛰다

SANCT/SACR/SECR (sacred)

sacred 신성한
sacrifice 제물, 희생양
sanctuary 신성한 장소, 신전
sanctify 신성하게 하다
sanction 제재
execrable 저주할, 증오스러운
sacrament 종교적 의식, 성스러운 것
sacrilege 신성 모독

SCI (to know)

science 과학, 학문
conscious 인지하고 있는, 의식하고 있는
conscience 양심
unconscionable 비양심적인
omniscient 전지의, 모든 것을 아는
prescient 선견지명이 있는
conscientious 양심적인
nescient 무지한, 불가지론의

SCRIBE/SCRIP (to write)

scribble 서투르게 쓰다, 갈겨쓰다
describe 묘사하다
script 손으로 쓰기
postscript 추신
prescribe 규정하다, 지시하다
proscribe 금지하다, 배척하다
ascribe ~의 탓으로 돌리다
inscribe 헌정사를 적다, 비문으로 새기다
conscription 강제 징집
scripture 경전, 성서
transcript 사본

circumscribe 주위에 경계선을 그리다,
　　　　　　제한하다
manuscript 필사한, 손으로 쓴
scribe 필경자, 기자, 서기

SE (apart)

select 고르다
separate 분리하다, 떼어내다
seduce 유혹하다
seclude 격리하다, 은둔하다
segregate 분리하다, 격리하다
secede (정당 등에서) 탈퇴하다
sequester 격리하다, 은퇴시키다
sedition 치안 방해, 선동

SEC/SEQU (to follow)

second 제2의, 부가의, 보조의
prosecute 수행하다, 실행하다
sequel (소설 등의) 속편,
　　　　(사건의) 추이나 결과
sequence 결과, 인과적 연속
consequence 결과, 영향
inconsequential 결과에 영향을 미치지
　　　　　　　　않는, 하찮은
obsequious 아첨하는
non sequitur 그릇된 결론

SED/SESS/SID
(to sit, to be still, to plan, to plot)

preside 지배하다, 의장 노릇을 하다
resident 거주하는, 거주자
sediment 침전물
session 회기, 회합
dissident 의견을 달리하는 (사람), 반체제의
obsession 망상, 강박관념
residual 나머지, 잔여의
sedate 안정시키다, 차분한
subside 가라앉다, 침전하다
subsidy 보조금
subsidiary 보조의, 보완하는, 보조금의
sedentary 앉아 있는, 정착하고 있는
insidious 잠행성의
assiduous 빈틈없는, 부지런한
sedulous 꼼꼼한, 부지런한

SENS/SENT (to feel, to be aware)

sense 감각
sensual 관능적인
sensory 감각의
sentiment 감정, 정서
resent 분개하다

consent 동의하다
dissent 의견을 달리하다
assent 찬성하다
consensus 일치, 여론
sentinel 보초, 파수병
insensate 감각이 없는, 비정한
sentient 민감한, 지각력이 있는
presentiment 예감

SOL (to loosen, to free)

dissolve 분해하다, 해산하다
soluble 녹기 쉬운
solve 문제를 풀다, 해결하다
resolve 분해하다, 설명하다, 결론짓다
resolution 결의, 분해, 해답
irresolute 결단력 없는, 우유부단한
solvent 녹이는, 지불 능력이 있는
dissolution 해산, 분해, 용해
dissolute 방종한, 타락한
absolution 면제, 사면

SPEC/SPIC/SPIT (to look, to see)

perspective 원근법, 전망
aspect 관점, 국면, 용모
spectator 구경꾼
specter 유령, 망령
spectacles 광경, 장관
speculation 고찰, 성찰
suspicious 의심하고 있는
auspicious 상서로운, 길조의
spectrum 스펙트럼, 눈의 잔상
specimen 견본, 표본
introspection 자기반성, 성찰
retrospective 회고하는, 소급의
perspective 관점, 전망, 원근법
perspicacious 선견지명이 있는
circumspect 신중한
conspicuous 눈에 띄는, 두드러진
respite 일시적으로 중지하다, 유예하다
specious 외양만 그럴듯한, 눈가림한

STA/STI
(to stand, to be in a place)

static 정지하고 있는
stationary 고정되어 있는
destitute 결핍한, 가난한
obstinate 완고한, 집요한
obstacle 장애물, 방해하다
stalwart 매우 충실한
stagnant 흐르지 않는, 정체된

steadfast 고정된, 확고한
constitute 제정하다, 설립하다, 구성하다
constant 불변의, 지속적인
stasis 정체
status 상태, 상황
status quo 그대로의 상태, 현상
homeostasis 항상성
apostasy 배신, 변절

SUA (smooth)

suave 부드러운
assuage 완화하다, 진정시키다
persuade 설득하다
dissuade 설득하여 단념시키다

SUB/SUP (below)

submissive 순종하는
subsidiary 보조의, 종속적인
subjugate 복종시키다
subliminal 잠재의식의
subdue 진압하다, 억제하다
sublime 장엄한, 숭고한
subtle 불가사의한, 이해하기 어려운
subversive 멸망시키는
subterfuge 구실, 핑계, 속임수
subordinate 하급의, 하위의, 부하
suppress 진압하다, 억압하다
supposition 가정, 가설

SUPER/SUR (above)

surpass ~보다 낫다, 능가하다
supercilious 사람을 얕보는, 거만한
superstition 미신
superfluous 여분의, 남아도는
superlative 최고의
supersede 지위를 빼앗다, 대체하다
superficial 표면적인, 피상적인
surmount (산, 언덕 등을) 오르다,
          극복하다
surveillance 감독, 감시
survey 둘러보다, 조사하다

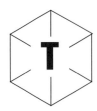

TAC/TIC (to be silent)

reticent 과묵한

tacit 무언의, 조용한

taciturn 과묵한

TAIN/TEN/TENT/TIN (to hold)

contain 포함하다

detain 보류하다

pertain 속하다, 관계하다

pertinacious 끈기 있는, 악착스러운

tenacious 고집하는, 참을성 있는

abstention 절제, 자제

sustain 떠받치다, 부양하다, 견디다

tenure 보유, 지속적 소유

pertinent 적절한, 관련된

tenant 거주자

tenable 유지할 수 있는

tenet 주의, 교의

sustenance 지지, 유지, 생계

TEND/TENS/TENT/TENU (to stretch, to thin)

tension 긴장 상태

extend 늘이다, 뻗다, 확장하다

tendency 경향

tendon 힘줄

tent 천막

tentative 시험적인, 임시의

contend 다투다, 논쟁하다

contentious 논쟁하기 좋아하는

tendentious 편향적인

contention 분쟁, 다툼, 논쟁

contender 분쟁 당사자

tenuous 가는, 희박한

distend 넓히다

attenuate 가늘게 하다, 희박해지다

extenuating 정상 참작할 만한

THEO (god)

atheist 무신론자

apotheosis 신격화

theocracy 신탁에 의한 정치, 제정일치

theology 신학

TOM (to cut)

tome (크고 묵직한 책) 한 권

microtome 박편 절단기

epitome 발췌, 요약

dichotomy 이분법

TORT (to twist)

tort 불법 행위

extort 강제로 탈취하다, 강요하다

torture 고문

tortuous 비비 꼬인, 비틀린

TRACT (to drag, to pull, to draw)

tractor 트랙터, 견인차

attract (주의를) 끌다, 유인하다

contract 계약하다

detract (주의를) 딴 곳으로 돌리다

tract 넓이, 지역

tractable 다루기 쉬운, 순종하는

intractable 고집스러운, 고치기 어려운

protract 오래 끌다, 내뻗다

abstract 추상적인, 관념적인

TRANS (across)

transfer 옮기다, 이동하다

transaction 처리, 거래, 취급

transparent 투명한

transport 운송하다, 추방하다

transition 변천, 이행

transitory 일시적인, 덧없는

transient 순간적인, 일시적인

transgress (한도를) 넘다,
(법률 등을) 위반하다

transcendent 탁월한

intransigent 비타협적인

translucent 반투명의, 명백한,
쉽게 알 수 있는

U/V

US/UT (to use)

abuse 남용, 오용
usage 관습, 관용어
utensil 기구, 도구
usurp 빼앗다, 침범하다
utility 유용, 실리
utilitarian 공리주의

VEN/VENT
(to come, to move toward)

adventure 모험
convene 회의를 소집하다
convenient 편리한
event 사건
venturesome 모험을 좋아하는, 무모한
avenue 대로, 가로수 길
intervene 사이에 끼다, 방해하다
advent 출현, 강림절
contravene (법률 등을) 저촉하다,
　　　　　 위반하다
circumvent 일주하다, 우회하다

VER (truth)

verdict (배심원의) 평결
verify 입증하다
veracious 진실한
verisimilitude 있을 법함
aver 확언하다
verity 진실

VERS/VERT (to turn)

controversy 논쟁
revert 되돌아가다
subvert 전복시키다
invert 거꾸로 하다
divert 전환하다, 우회하다
diverse 다른 종류의
aversion 혐오, 반감
extrovert 외향적인
introvert 내성적인
inadvertent 부주의한, 태만한
versatile 다방면의, 다재다능한
traverse 가로질러 가다
covert 은밀한

overt 명백한
avert 돌리다, 피하다
advert 주의를 돌리다

VI (life)

vivid 생생한
vicarious (타인의 경험을) 상상하여 느끼는
convivial 쾌활한
viable 생존 가능한
vivacity 활기
joie de vivre 삶의 기쁨
bon vivant 미식가, 유쾌한 친구

VID/VIS (to see)

evident 명백한
television 텔레비전
video 비디오
vision 시력, 시각, 선견지명
provision 미래에 대한 준비
adviser 조언자
provident 선견지명이 있는
survey 바라보다, 조사하다
vista 멀리 내다보이는 경치, 전망
visionary 환영의, 공상적인, 계시적인
visage 얼굴, 용모

VOC/VOK (to call)

vocabulary 어휘
vocal 음성의, 소리를 내는
provocative 성나게 하는, 도발하는
advocate 주장하다, 변호하다
equivocate 모호한 말을 쓰다, 얼버무리다
equivocal 분명치 않은,
　　　　　 두 가지 뜻으로 해석되는
vocation 천직, 사명
avocation 부업, 취미
convoke (회의를) 소집하다
vociferous 큰 소리로 떠드는
irrevocable 돌이킬 수 없는, 취소할 수 없는
evocative 환기시키는
revoke 폐지하다
convoke 소집하다, 불러 모으다
invoke 법을 적용하다

VOL (to wish)

voluntary 자발적인
volunteer 지원자, 자발적인,
　　　　　 자진하여 나서다
volition 의지, 결단력, 의욕
malevolent 남의 불행을 바라는, 심술궂은
benevolent 자선의, 호의적인

4

More Common Usage Errors

흔히 저지르는 실수들

혼히 상식적으로 사용하고, 너무 쉬워 사전을 찾아볼 필요가 없다고 느끼는 단어들의 쓰임에서
종종 실수가 일어난다. 이 장에는 자주 틀리는 단어와 표현들을 제시하였다.

A LOT

A lot is always two separate words; *alot* is never correct.

a lot은 두 개의 독립된 단어이므로 alot으로 쓸 수 없다.

ACCEPT/EXCEPT

To *accept* is to receive something with consent. *Except* means not including.

accept는 무엇을 '동의하에 받아들이다'라는 뜻이고, except는 포함하지 않는 것을 의미한다.

- We *accepted* all of the housewarming gifts with pleasure, *except* the four-foot frog statue from my cousin.

  우리는 내 사촌이 가져온 네 발 달린 개구리 조각은 제외하고 모든 집들이 선물을 기쁘게 받았다.

AFFECT/EFFECT

Affect is a verb meaning to cause a change. *Effect* is generally a noun that means a result or consequence.

affect는 '변화를 야기하다'라는 의미의 동사이고, effect는 '성과나 결과'를 의미하는 명사이다.

- My friend apologized for her grumpiness during her visit; apparently, the rain negatively *affected* her mood.

  내 친구는 방문 중에 심술부린 것을 사과했다. 분명히 그녀의 감정에 비가 부정적인 영향을 미쳤을 것이다.

- Because I'm from Seattle, rain has no negative *effect* on my mood.

  나는 시애틀에서 왔기 때문에 비는 나에게 부정적인 영향을 주지는 않는다.

ALLUSION/ILLUSION

An *allusion* is a subtle reference. An *illusion* is a mirage of false belief.

allusion은 미묘한 언급을 말하지만 illusion은 잘못된 믿음으로 인한 망상이다.

- Have you been making *allusions* to my earlier fall down the stairs, or is that just *illusion* of mine?

  내가 전에 계단에서 넘어진 것에 대해 언급한 거야 아니면 내 망상인 거야?

AMBIGUOUS/AMBIVALENT

Ambiguous means unsure or unclear. *Ambivalent* means feeling opposing things at the same time.

ambiguous는 '불확실한', '불분명한'의 의미이고, ambivalent는 '동시에 반대의 감정을 가지는'의 의미이다.

- The note saying that my girlfriend had left was *ambiguous*; I didn't know whether she had left for good, so I went to look for her.

  내 여자 친구가 떠났다고 말했던 것은 모호했다. 나는 그녀가 영원히 떠났는지 알 수 없어서 그녀를 찾아갔다.

- I am feeling *ambivalent* about my dog; I love him dearly, but I hate him for chewing up the rug while I was at work.

  나는 내 개에 대해 애증을 느낀다. 그를 사랑하지만 내가 일하는 중에 양탄자를 씹어 버려서 그를 미워한다.

COMPLEMENT/COMPLIMENT

To *complement* is to complete. To *compliment* is to praise. Both words have noun forms that are spelled and pronounced the same as the verbs.

complement는 '완전하게 하다'의 의미이고, compliment는 '칭찬하다'의 의미이다. 모두 명사 형태로 철자와 발음은 동사와 같다.

- Scott and Judy are getting married because they *complement* each other so well. They are ideal *complements*.

  스콧과 주디는 서로를 완전하게 하기 때문에 결혼할 것이다. 그들은 이상적인 짝이다.

- Blanche *complimented* me on my new puce shoes. I wasn't sure about them at first, so it was an ideal *compliment*.

  블란치는 내 암갈색 새 신발을 칭찬했다. 난 처음에는 확신하지 못했지만 완벽한 칭찬이었다.

CONTINUAL/CONTINUOUS

Continual means frequently happening. *Continuous* means without interruption.

continual은 '빈번하게 일어나는'의 의미이고 continuous는 '중단이 없는 것'의 의미이다.

- You say that I *continuously* correct people, but I think you actually mean *continually*. *Continuous* means that I would never stop, which of course can't be true.

  너는 내가 끊임없이 사람들 잘못을 정정한다고 하지만 실제로는 빈번하게 한다는 말이다. continuous는 내가 결코 쉬지 않고 계속한다는 말인데 그것은 물론 사실이 아니다.

COULD OF/WOULD OF/ SHOULD OF

These phrases are never correct. The correct phrasings are *could have*, *would have*, and *should have*.

이 구들은 모두 정확하지 않다. 정확한 표현은 could have, would have, should have이다.

DEFUSE/DIFFUSE

To *defuse* is to remove the fuse from a bomb. Figuratively, it can mean to avoid a difficult situation. To *diffuse* is to spread over a wide area.

defuse는 '폭탄에서 신관을 제거하다'의 의미이고 비유적으로 '어려운 상황을 피하다'를 뜻하기도 한다. diffuse는 넓은 지역에 퍼트리다'의 의미이다.

- My boss's email said that he wished to *diffuse* the tension in the department, and sure enough, the tension was spreading at a rapid rate. I'm sure he meant to *defuse* everyone's nervousness.

  상사는 이메일에서 부서에 긴장 상태를 퍼트리기 원했다고 말했는데 확실히 긴장 상태는 빠른 속도로 퍼졌다. 나는 그가 사람들의 소심성을 제거하는 것을 의미했다고 확신한다.

DISINTERESTED/UNINTERESTED

Disinterested means "having no issue of personal gain." *Uninterested* means "having no interest."

disinterested는 '개인적인 이익에 관심이 없는'을 의미하고 uninterested는 '관심이 없는'을 의미한다.

- We intended to hire a *disinterested* mediator to resolve conflict; however, he turned out to be so *uninterested* in the proceedings that he fell asleep on the table in front of us.

  우리는 갈등을 해결하기 위해서 사욕이 없는 중개자를 고용하려고 했지만, 그는 절차 중에 우리 앞 책상에서 잠들며 아주 무관심하다는 것을 보여 줬다.

ELICIT/ILLICIT

Elicit is a verb meaning "to draw out a response." *Illicit* is an adjective that means "illegal or unsanctioned."

elicit는 '반응을 이끌어내다'라는 의미의 동사이고, illicit는 '불법적인', '사이비의'라는 의미의 형용사이다.

- The journalist is a master of *eliciting* the details of her interviewees' affairs, no matter how clandestine and *illicit*.

  그 언론인은 그녀의 인터뷰에서 상대방의 일이 아무리 비밀리에 불법적으로 이루어져도 자세하게 밝히는 것으로 유명하다.

EMIGRATE/IMMIGRATE

The *emigrate* is to leave a country for good. To *immigrate* is to settle in a new country.

emigrate는 '영원히 나라를 떠나다'의 의미이고, immigrate는 '새로운 나라에 정착하다'의 의미이다.

- I *emigrated* from Germany and *immigrated* to Australia.

  나는 독일을 떠나서 오스트레일리아에 정착했다.

EMINENT/IMMANENT/IMMINENT

Eminent means "important." *Immanent* means "inherent." *Imminent* means "about to happen."

eminent는 '중요한', immanent는 '타고난', imminent는 '임박한'이라는 의미이다.

- Kurt became an *eminent* scholar in his field partly because of his *immanent* passion for the topic. Once he received his first fan letter, he knew fortune beyond his wildest dreams was imminent.

  커트는 그 주제에 대한 타고난 열정 때문에 그의 분야에서 중요한 학자이다. 그가 처음으로 팬레터를 받았을 때 그의 꿈 저편에 있던 성공이 임박했다는 것을 알았다.

GOOD/WELL

Good is an adjective. *Well* is an adverb. Because of a modern emphasis on wellness, it is generally accepted to say, "I am well," but otherwise, do not confuse the two.

good은 형용사이고 well은 부사이다. '건강'에 대한 현대의 관심 때문에 일반적으로 'I am well.(나는 건강하다)'이라는 말이 받아들여졌지만 이 두 단어를 혼동하면 안 된다.

- Alaska is a *good* dancer. She tangoes extremely *well*.

  알래스카는 훌륭한 댄서이다. 그녀는 탱고를 정말 잘 춘다.

IT'S/ITS

It's is a contraction that stands for "it is." *Its* is a possessive pronoun. To make sure you're using the correct one, ask yourself whether "*it is*" would make sense in the sentence you're writing. If it wouldn't, avoid the apostrophe and use *its*.

it's는 it is의 줄임말이고, its는 소유대명사이다. 정확한 사용을 확인하려면 당신이 쓰는 글에 it is를 넣어서 말이 되는지 확인해 보면 된다. 말이 되지 않으면 아포스트로피를 빼고 its를 사용하라.

- *It's* unfortunate that the toy won't even run for half an hour with *its* own batteries; we need to buy some more powerful ones.

  장난감 안에 있는 건전지가 30분간만 작동한다는 것은 유감이다. 우리는 더 강력한 건전지를 사야 한다.

MORAL/MORALE

Moral means "concerned with right and wrong." *Morale* means "spirit or enthusiasm."

moral은 '옳고 그름과 관련한'의 의미이고, morale은 '정신'이나 '열심'을 뜻한다.

- The fact that George made it to the top of the sales team damaged the *morale* his coworkers; they were dispirited to see someone succeed who had such a skewed *moral* sense.

  조지가 영업팀에서 최고가 되었다는 것은 그의 동료들의 사기를 꺾었다. 그들은 비뚤어진 도덕성을 가지고 일을 하는 사람이 성공하는 것을 보고 의기소침해졌다.

NAUSEATED/NAUSEOUS

Although this one is sometimes disputed, many grammar experts say that the correct meaning of *nauseated* is "inclined to throw up." Meanwhile, according to the experts, *nauseous* describes something that makes you want to throw up.

이 단어가 때때로 논쟁이 되지만 많은 문법 전문가들이 nauseated의 정확한 의미는 '토할 것 같은'이라고 한다. 반면 전문가들에 따르면 nauseous는 토하고 싶게 만드는 무엇인가를 묘사한다.

- The *nauseous* odor from the strong cheese made me feel *nauseated*.

  향이 강한 치즈의 역겨운 냄새는 나를 토할 것 같이 만들었다.

PRINCIPAL/PRINCIPLE

A *principal* is an important person in an organization. A *principle* is a fundamental truth.

principal은 '조직에서 중요한 사람'이고, principle은 기본이 되는 사실'이다.

- The *principals* all rose to the top of the dance company because of their dedication to the *principle* of hard work.

  대표 댄서들은 열심히 노력하는 그들의 헌신 덕분에 모두 댄스 컴퍼니에서 정상에 올랐다.

RESPECTABLY/RESPECTFULLY/RESPECTIVELY

Respectably means "worthy of respect." *Respectfully* means "showing respect." *Respectively* means "in the order given."

respectably는 '존중할 가치가 있는', respectfully는 '공손하게', respectively는 '주어진 순서로'라는 의미이다.

- *Respectably* and *respectfully* mean worthy of respect and showing respect, *respectively*.

  respectably와 respectfully는 각각 '존중할 가치가 있는'과 '공손하게'라는 의미이다.

SIMPLE/SIMPLISTIC

Simple means "uncomplicated"; it generally does not have a negative connotation unless a person is being called *simple*. *Simplistic* means "so uncomplicated that the author didn't really understand the issue."

simple은 '복잡하지 않은'이라는 의미로 사람에게 쓰는 것이 아니라면 일반적으로 부정적인 뜻이 내포되어 있지 않다. simplistic은 너무 단순해서 저자가 그 사안에 대해 이해를 못하는'이라는 의미이다.

- The new budget is *simple* to implement and it meets the needs of the entire organization well.

  새 법안은 이행하기 단순해서 전체 조직의 요구에 잘 부합한다.

- The new budget is so *simplistic* that there are many areas of the organization that will not have their needs addressed.

  새 법안은 지나치게 단순해서 그 조직의 많은 분야에서 그들의 필요를 제대로 발언하지 못할 것이다.

THAN/THEN

Than is used to show a comparison. *Then* is used to indicate a certain time or an effect.

than은 비교를 나타낼 때 사용하고, then은 특정한 시간이나 효과를 나타낼 때 사용한다.

- If she thinks I'm uglier *than* a gorilla, *then* I guess we won't be going to the prom together.

  만약 그녀가 내가 고릴라보다 못생겼다고 생각한다면 그때 우리는 함께 졸업 파티에 갈 수 없을 것이라고 생각한다.

THEIR/THERE/THEY'RE

Their is a plural, possessive pronoun. *There* generally indicates a place or a certain point. *They're* is a contraction that stands for they are.

their은 복수 소유대명사이고, there은 일반적으로 장소나 일정한 시점을 말한다. they're는 they are의 축약형이다.

- I didn't get an invitation to *their* party.

  나는 그들의 파티에 초대장을 받지 못했다.

- It's being held at the pavilion, and I don't usually go *there*.

  그것은 대형 천막에서 행해졌고 나는 보통 거기에 가지 않는다.

- Besides, *they're* not the nicest people to hang around.

  게다가 그들은 함께 어울릴 정도로 유쾌한 사람들이 아니다.

TO/TOO/TWO

To is a preposition indicating motion in a certain direction. *Too* means "also." *Two* is a number.

to는 특정한 방향으로의 움직임을 나타내는 전치사이다. too는 '역시'라는 뜻이고, two는 숫자이다.

- I am going *to* the party anyway.

  어쨌든 나는 그 파티에 갈 것이다.

- Do you want to come *too*?

  너도 역시 오기를 원하니?

- It's *too* early to call it a night.

  일을 그만하기에는 너무 이르다.

- Maybe I'll even bring *two* other friends.

  아마도 나는 다른 친구 두 명도 데리고 갈 것이다.

WEATHER/WETHER/WHETHER

Weather is the state of the atmosphere at a particular place and time. A *wether* is a castrated ram, so its use in business and academic writing is limited (and luckily, most spell checkers will correct you on this one). *Whether* is a conjunction that shows a choice, and it is not necessary to follow it up with or not.

weather은 특정한 장소나 시간에서 대기의 상태이고, wether는 거세한 숫양으로 비즈니스나 학문적인 글에서만 제한적으로 사용된다(운 좋게도 대부분 철자 체크에서 확인이 가능하다). whether은 선택을 나타내는 접속사로 뒤에 or not을 꼭 붙일 필요는 없다.

- The *weather* is a little cloudy, so I am undecided *whether* we should go to the beach.

  날씨가 구름이 조금 있어서 나는 해변에 가야 할지를 결정하지 못했다.

WHERE AT

This is redundant and often causes writers and speakers to end sentences with prepositions. Just drop the *at*, and instead of saying, "Where's the food at?" say, "where's the food?"

이것은 중복된 표현으로 작가나 연사가 문장을 끝낼 때 자주 전치사를 쓴다. at을 빼고 Where's the food at? 대신 Where's the food?라고 써라.

YOU'RE/YOUR

You're is a contraction that stands for "you are." *Your* is a possessive pronoun.
you're는 you are의 축약이고, your는 소유대명사이다.

- *You're* most welcome to accompany me.
  당신은 내가 가장 동반하고 싶은 상대이다.

- I find *your* company more tolerable than that of anyone else I know.
  너의 일행이 내가 아는 누구보다 더 괜찮다는 걸 안다.

5

Classic Literature

디킨스 작품을 읽는 것이 어려운 것은 당신만이 아니다. 사실 많은 사람들이 잘 알려진 그의 소설에서 나온 단어들을 잘못 이해한다. (악마(devil)를 뜻하는 단어는 사실 셰익스피어 시대부터 사용되었다.) 따라서 여러분이 디킨스 작품이나 다른 20세기 이전의 소설에 사용된 어휘를 알면 더 쉽게 이해할 수 있다. 이 장의 단어 목록은 영국이나 미국의 고전 문학에서 사용된 조금은 어렵고 친숙하지 않은 단어들이나, 특히 지금까지도 사용되지만 다른 의미를 가진 단어들을 친숙하도록 느끼게 해 줄 것이다.

고전 문학

ANSWER [ǽnsər] v to satisfy a need 필요를 만족시키다

This is an example of a word that is typically used a bit differently in classic literature. While today's usage implies a response to a question, it has previously meant more along the lines of fulfilling a need, such as in the sentence "Nothing short of a gentleman would answer."

고전 문학에서 전형적으로 다르게 사용되는 단어이다. 오늘날에는 질문에 대한 대답을 의미하지만 이전에는 필요를 충족시키는 이상을 의미했다. 예를 들어, "어떤 것도 신사를 만족시키는 데 부족하지 않았다."

BARRISTER [bǽristər] n an attorney who tries cases 사건을 심리하는 변호사

This definition may seem a bit redundant to Americans, but in England's two-tier system, solicitors perform all legal functions except trying cases, and *barristers* also try cases.

이 정의는 미국 영어에서는 중복된 의미인 것 같지만 영국의 2단계 시스템에서는 사무 변호사가 사건 심리를 제외한 모든 법적 직무를 하고 법정 변호사가 사건을 심리한다.

COMELY [kʌ́mli] adj attractive 매력적인

This word is generally used for women, and is shortened from Middle English becomely. The modern-day version is *becoming*.

이 단어는 일반적으로 여성에게 사용되고 중세 영어 becomely에서 축약되었다. 현대 영어 표현은 becoming이다.

CONDESCENSION [kàndisénʃən] n to lower oneself to speak or deal with someone of a lower position 낮은 지위의 사람을 다루거나 이야기하면서 자신을 낮춤

Though *condescension* is universally considered a bad thing today, characters in literature who were of lower classes may have considered themselves complimented to have been *condescended* to by a member of the aristocracy.

비록 아랫사람에게 자신을 낮추는 것이 오늘날에는 대개 불필요한 것으로 여겨지지만 문학 작품에 등장하는 낮은 계층 인물들은 상류 계급이 자신을 낮추는 것을 그들에 대한 영광된 일로 받아들였다.

CONFIDENCE [kʌ́nfidəns] n telling of private matters in secret 개인적인 일을 비밀스럽게 말하는 것

Confidence is synonymous with trust or assurance today, but in classic literature it is more related to *confiding* in someone.

신용은 오늘날의 신뢰나 확신과 유사하지만 고전 문학에서는 누군가에게 개인적인 것을 말하는 것과 더 관계가 있다.

COQUETTISH [koukétiʃ] adj flirtatious 경박한

A *coquette* is a flirtatious woman, and—in more modest times—this was not a particularly complementary description. The word also refers to a species of brightly plumed bird, and in fact shares a root with the word cock, or rooster.

coquette는 '경박한 여자'로 정숙한 시대에는 칭찬하는 의미가 아니었다. 이 단어는 또 화려한 깃털의 새를 언급하는데 사실 수컷, 수탉과 그 뿌리가 같다.

DISCOMFIT [diskʌ́mfit] v to make someone feel uneasy 누군가를 불편하게 만들다

Though this word sounds like *discomfort*, the words aren't really related. The original meaning of the word was closer to vanquish, and it may have come to have the meaning it does today through confusion with *discomfort*. Today, though, people are more likely to just opt for *discomfort* and leave *discomfit* out of the equation altogether.

비록 이 단어가 discomfort(불편하게 하다)처럼 들리지만 이 단어와는 관계가 없다. 이 단어의 기원은 '정복하다'와 가까운데 오늘날 의미는 discomfort와의 혼동에서 얻게 되었다. 오늘날 많은 사람들이 discomfort는 쓰지만 이를 discomfit와 같다고 생각하지 않는다.

DIVERSION [divə́ːrʒən] n amusement; entertainment 재미; 오락

Another word that is still around today with a different meaning, *diversion* used to mean a distraction from tedium. If you were enjoying a *diversion*, you could say you were pleasantly *diverted*.

오늘날 다른 의미로 사용하는 diversion은 지루함에서 즐거움을 찾는 것을 의미했다. 만약 당신이 diversion을 즐긴다면 당신은 즐겁게 기분 전환하고 있다고 할 수 있다.

FAIR [fέər] adj attractive 매력 있는

This word is generally used to describe women and is not in the same use today. It is now typically used to mean "light," as in *fair skinned* or *fair haired*.

이 단어는 일반적으로 여성을 수식할 때 사용하는데 현재와 같은 의미는 아니다. 지금은 보편적으로 fair skinned(피부가 흰)나 fair haired (금발의)에서처럼 밝은의 의미로 사용된다.

FIVE AND TWENTY [fáiv ænd twénti] adj twenty five 25의

Reading classic literature can be confusing for several reasons, even ones as simple as how numbers are expressed. Two-digit numbers are generally articulated with the "ones" digit first and the "tens" digit second.

고전 문학을 읽을 때는 숫자를 표현하는 간단한 부분도 여러 이유로 혼돈스러울 수 있다. 두 자리 숫자는 일반적으로 먼저 일 자리 숫자와 다음으로 십 자리 숫자로 발음된다.

FORTNIGHT [fɔ́ːrtnàit] n two weeks 2주일

An abbreviation for fourteen nights, the word *fortnight* is generally not used in American speech today, but it is still in use in England. To express, "Two weeks from Thursday," you would say, "Thursday fortnight."

14일 밤의 축약어인 fortnight은 오늘날 미국에서는 일반적으로 사용하지 않지만 영국에서는 여전히 사용한다. '목요일부터 2주일'을 표현하면, Thursday fortnight라고 한다.

GENTLEMAN [dʒéntlmən] n man of superior social position or birth
사회적 지위나 출신이 더 뛰어난 남자

Today's use generally denotes a man with polite manners, but in more stratified social structures, the use is more rigid. A gentleman would be someone with inheritance and property (and thereby means to make money), and would possibly also have a title of nobility.

오늘날에는 일반적으로 예의 바른 남자를 지칭하지만 계층화된 사회 구조에서는 더 엄격하게 사용했다. 신사는 상속이나 재산(돈을 버는 수단)을 가지거나 귀족 칭호를 가질 만한 사람을 의미했다.

GOUT [gɑut] n disease causing arthritis and acute pain
관절염이나 심한 고통을 야기하는 질병

Gout was known as a disease that affects the lazy and wealthy because it is caused by the consumption of rich foods and alcoholic beverages (which, of course, would be indulged in only by the affluent). Most first attacks affect the big toe, so literary references to someone with a sore toe generally mean that the person is gouty (and therefore indulgent and lazy).

통풍은 기름기 많은 음식의 섭취나 음주(물론 과음하는 경우)의 소비로 야기되기 때문에 게으르거나 부유한 사람들에게 영향을 주는 질병으로 알려졌다. 대부분 처음에 엄지발가락을 공격하기 때문에 문학에서도 아픈 발가락을 가진 사람을 일컬어 일반적으로 gouty(무르고 게으른)라고 한다.

HERETOFORE [hìərtəfɔ́ːr] adv before now 지금 전에는

A word that barely survives today except in legal speech and on standardized tests, *heretofore* looks daunting—but its meaning is not too hard to remember if you break the word down.

법적인 연설이나 표준화된 텍스트 외에는 거의 사용하지 않는 단어로, 어려워 보이지만 단어를 나눠 보면 외우기 어렵지 않다.

ILL USED [iljuːzd] adj having been treated poorly 부적당하게 취급되는

This usage is similar to the modern expression of having been used, but today's definition is narrower (usually meaning that friendship is being traded for money, sex, or other favors). In an Austen novel, even refusing to dance with someone could be decried as *ill use*.

이 어법은 used가 사용된 현대 표현과 유사하지만 오늘날 정의는 더 좁은 의미를 가진다(일반적으로 우정이 돈이나 섹스, 또는 다른 대가로 거래되고 있다는 의미). 오스틴 소설에 보면 누군가와 춤추는 것을 거절하는 것도 부적당한 것으로 비난받을 수 있다.

IN SERVICE [insə́ːrvis] phrase employed as a servant 하인으로 고용된

Someone *in service* to a lady or gentleman holds a position of *servitude* and may even be described as *servile*. The root for these word ties it to the Latin word for slave, though there is a distinction between a *slave and a servant*.

숙녀나 신사에게 고용된 사람은 노예 지위를 가진다거나 노예로 묘사되기도 한다. 노예와 하인 사이에는 차이가 있지만 이 두 단어의 뿌리는 노예를 의미하는 라틴 어에 있다.

LADY [léidi] n woman of superior social position or birth
사회적 지위나 출신 성분이 뛰어난 여성

Like a gentleman, a *lady* is distinguished by more than just good manners. She would not have been permitted to hold property or recieve an inheritance as a gentleman would, but otherwise the social distinction is roughly the same.

신사처럼 숙녀도 단순히 매너가 좋은 것 이상을 의미한다. 여자는 신사처럼 재산이나 유산 상속이 허락되지 않았지만 그 외의 사회적 구분은 대략 같다.

LIVING [lívin] n paid and property-owning position as a preacher or vicar
전도사나 예배당 전임 성직자처럼 재산을 소유한 지위나 지불

Making a living is a phrase in modern American speech that may refer to any job that provides a paycheck, but in much English literature it is used to refer specifically to the positions held by clergy.

making a living은 숙어로 현대 미국에서는 봉급을 지급하는 직업을 말하기도 하지만 많은 영문학 작품에서는 특별히 성직자에 의해 유지되는 지위를 언급할 때 사용된다.

MAKE LOVE [mèik lʌ́v] v to woo 구애하다

Clearly a phrase that has changed over the years, the original meaning of *make love* did not involve sex. Instead, it meant "to express loving sentiments," "to court," or even "to flatter."

세월이 흐르면서 알기 쉽게 변한 숙어로 원래 의미는 섹스를 포함하지 않았다. 대신 '사랑하는 감정을 표현하다', '환심을 사다', 심지어 '아첨하다'라는 의미였다.

MISSISH [mísiʃ] adj overly sentimental or prudish 과도하게 다정다감하거나 새침한

Because an unmarried (and therefore virginal) woman is called *Miss* regardless of age in Dickens novels, it follows that a *missish* person would be easily embarrassed and, well, generally silly.

디킨스 소설에서는 결혼하지 않은 여자(처녀)는 나이와 상관없이 Miss로 불렸기 때문에 missish인 사람은 쉽게 당황하고 일반적으로 어리석을 것이라고 여겨진다.

MOLEST [məlést] v to harass 괴롭히다

The word *molest* didn't carry the same sexual connotations in classic literature as it does today; it could refer to any bothersome act. The act of *molesting* could be called a molestation, just as it is today.

단어 molest는 고전 문학에서는 오늘날처럼 성적인 함축을 가지고 있지 않고 단순히 괴롭히는 행동을 일컬었다. 괴롭히는 행동은 molestation이며 이는 오늘날과 그 의미가 같다.

OBLIGE [əblái ɑ̀iʤ] v to do as someone asks or would prefer
누군가 요청하거나 선호하는 것처럼 하다

Classic literature has plenty of instances of one person *obliging* someone with a song or marrying a particular individual to *disoblige* her family. The word *oblige* has several meanings, though, including to be beholden or obliged to someone. If you've ever heard the sentence, "*I'm much obliged*," you've heard someone say that he or she is in another person's debt.

고전 문학에서는 가족을 배신하는 누군가와 결혼하거나 음악을 하는 사람에게 호의를 베푸는 사람들의 예를 많이 볼 수 있다. 단어 oblige는 여러 의미를 가지는데 은혜를 입거나 누군가에 감사하다는 의미를 포함한다. 만약 당신이 I'm much obliged.라는 말을 들어 봤다면 이는 누군가 다른 사람에게 신세를 졌다는 것이다.

PERSONAGE [pə́:rsəniʤ] n person 사람

Personage used to indicate someone's elevated status. In modern speech, it is typically only used to describe a character in a novel or other literary work.

personage는 지위가 높은 사람을 지칭하는 데 사용했다. 현대에는 보통 소설이나 다른 문학 작품의 인물을 묘사할 때만 사용한다.

PLEBEIAN [plíbi:ən]　n　person of lower class　낮은 계급의 사람

The word *plebeian* dates back to the ancient Roman class system and is used in the same sense in classic literature. In modern usage, it might be used to describe tastes or attitudes but rarely people.

단어 plebeian은 고대 로마 계급 구조를 거슬러 올라가서 고전 문학에서도 같은 의미로 사용된다. 현대에는 맛이나 태도를 묘사할 때 사용되지만 사람에게는 거의 사용하지 않는다.

PORTMANTEAU [pɔːrtmǽntou]　n　larger trunk, especially one that splits into two equal parts
커다란 트렁크로 특히 반으로 구분되어 나뉘는 것, (양쪽으로 열리는) 대형 여행 가방

Portmanteau is not used in this sense any more, but is still applied to things comprised of two or more roughly equal parts. A *portmanteau* word, for example, is a word that is made from two other words, such as chortle (chuckle and snort), brunch (breakfast and lunch), and spork (spoon and fork).

portmanteau는 더 이상 이러한 의미로 사용되지 않지만 둘이나 그 이상으로 대략 동일한 부분을 이루는 것에 여전히 사용한다. 예를 들어, portmanteau 는 chortle(킬킬거리는 웃음과 콧김 뿜기)와 brunch(아침 겸 점심), spork(포크 숟가락)처럼 두 개의 단어로 구성된 단어다.

PUBLIC HOUSE [pʌ́blik háus]　n　tavern　선술집

The origin of the word *pub*, this word refers to a house or building that is open to the public and licensed to sell alcoholic beverages. Accommodations and other services are optional.

단어 pub의 기원으로 대중에게 열려 있고 술을 팔도록 허가된 집이나 빌딩을 말한다. 숙박이나 다른 서비스는 선택이다.

REPAIR [ripέər]　v　to retire or retreat, particularly to a calmer place
특히 조용한 장소로 퇴직하거나 후퇴하다

Of course, this word is still in common use, but its use in classic literature is different. After a particularly taxing ball, one might *repair* to one's own parlor to rest.

물론 이 단어를 여전히 사용하지만 고전 문학에서의 용법과는 다르다. 특히 성가신 일을 끝낸 후에 자신의 거실로 쉬러 갈 수 있다.

SENSIBILITY [sènsəbíləti]　n　emotion or feeling　감정이나 느낌

While this word may seem close to the word *sensible*, *sensibility* is more closely related to sentiment than reason. One who has *sense*, on the other hand, can also be described as *sensible*.

이 단어는 단어 sensible과 유사해 보이지만 sensibility는 이성보다는 감성과 더 관계가 있다. 반대로 이성을 가진 사람을 sensible이라고 묘사한다.

UNWONTED [ʌ̀nwɔ́:ntid]　adj　unusual　드문

When someone is *wont* to do something, it is his habit to do that thing. *Unwonted*, then, means outside of that habit. The word sounds like *unwanted*, but is not related.

누군가가 무엇을 하는 것이 익숙하다면 그것을 하는 것이 습관이 된 것이다. unwonted는 그런 습관이 없는 것이다. 이 단어는 unwanted처럼 발음되지만 관계는 없다.

VICIOUS [víʃəs] adj imperfect; vice ridden 불완전한; 악에 사로잡힌

Today's use of *vicious* typically brings to mind a snarling, rabies-ridden dog, but its original definition derives from the word *vice* and is the opposite of *virtuous*.

오늘날 vicious는 보통 으르렁거리는 광견병에 걸린 개가 떠오르지만 그 원래 의미는 단어 vice에서 유래되었고 virtuous(고결한)의 반대말이다.

6

Law
And
Government

법과 정부

때때로 학문적인 일반 어휘조차 새로운 소식이나 법률 사건을 이해하는 데 부족할 수 있다.
만약 당신이 난해한 법률 용어나 정부 용어에 둘러싸였다면
이 장이 번거로운 것을 해결하도록 도와줄 것이다.

AD HOC [æd hɑk] adj temporary; formed for a specific purpose
임시의; 특별한 목적을 위해 만들어진

Ad hoc is Latin for "for this purpose only." An ad hoc committee is one that is formed with the intent that it will be dissolved once its purpose is served.

ad hoc는 '이 목적만을 위하여'라는 의미의 라틴 어이다. ad hoc committee는 특별한 목적이 수행되면 해산할 의도로 구성된 임시 위원회이다.

AMNESTY [ǽmnesti] n official, blanket pardon of a offense
위반에 대한 공무상, 포괄적 사면

Amnesty is generally granted for a particular group of people or a particular crime. For example, a government may grant *amnesty* to political prisoners of a previous regime.

amnesty는 일반적으로 특별한 그룹의 사람들이나 특별한 죄에 주어진다. 예를 들어, 정부가 지난 정권의 정치범에게 amnesty를 내릴 수 있다.

APPELLATE COURT [əpélət kɔːrt] n court that hears appeals from lower courts
하급 법원으로부터 탄원을 심리하는 법원, 상고 법원

Also called a *court of appeals*, an *appellate* court has the function of determining whether the lower court functioned properly in the trial at question. The party that *appeals* the decision (and therefore refers it to the *appellate court*) is called the *appellant*.

a court of appeals(항소 법원)이라고도 하는 appellate court(상고 법원)는 하급 법원이 문제가 된 재판을 적절하게 했는지의 여부를 심리하는 역할을 한다. 판결을 항소하는 쪽(판결을 상고 법원에 보내는 것)을 appellant(상고인)이라고 한다.

BILL OF RIGHTS [bíl əv ráits] n first ten amendments to the U.S. Constitution
미국 헌법 최초 10개의 수정안, 권리 장전

Though the definition given here is how the term *Bill of Rights* is best known in America, the term can be applied more generally as a list of rights given to particular group of people. In the case of the U.S. Constitution, the *Bill of Rights* applies to U.S. citizens.

비록 여기 주어진 Bill of Rights라는 용어는 미국에서 잘 알려졌지만, 이 용어는 일반적으로는 특별한 그룹의 사람들에게 주어진 권리의 목록에 적용할 수 있다. 미국 헌법의 경우 권리 장전은 미국 시민들에게 적용된다.

BONA FIDE [bóunə fáid] adj genuine 거짓 없는

Bona fide is Latin for "with good faith," which is a tenet of contractual law.

진정한 신뢰를 가진을 의미하는 라틴 어로 계약법의 신조이다.

BREACH OF CONTRACT [bríːtʃ əv kántrækt] n a situation in which a party to a contract does not fulfill his or her part of that contract
계약 일방이 계약상 그의 역할을 수행하지 않는 상황, 계약 위반

Depending on the severity of the breach, the other party may be legally entitled to collect *damages*, or money required to repair the situation caused by the breach, as well as terminate the contract.

다른 일방은 위반의 정도에 따라 손해를 회복하거나 위반이나 계약 종결로 인해 야기된 상황을 회복하는 데 필요한 돈에 대한 법적 권리를 가진다.

CAVEAT EMPTOR [káviat émptɔːr] n idea that the buyer is responsible for confirming quality before purchasing
매수자는 구매 전에 제품의 질을 확인할 책임이 있다는 원칙

Caveat emptor is Latin for "let the buyer beware," and it means that the buyer should test the goods for defects in quality or accept the risk that the goods may be worthless. Through modern consumer protection measures, vendors are generally held to selling goods of merchantable quality, which ensures some protection but is still open to interpretation by law.

caveat emptor는 "구매자로 하여금 주의하게 하라."는 라틴 어로. 구매자는 품질의 결함을 확인하고 상품이 가치가 없을 위험을 받아들여야 한다는 것이다. 현대 소비자 보호 조치들을 통해서 판매자가 일반적으로 판매할 수 있는 수준의 상품을 판매하도록 되어 있지만 여전히 법적으로는 해석의 여지가 있다.

CLASS ACTION [klǽs ǽkʃən] n lawsuit filed by a group, on behalf of a larger group 다수 그룹을 위해 집단으로 구성된 소송, 집단 소송

Class action lawsuits are common in a wide range of legal disputes, such as antitrust laws and varied matters of consumer protection. They allow injured parties who otherwise may not have the means to pursue legislative action to do so in a more equitable way than if they were facing large companies on their own. The members of the group of potential plaintiffs are called *class members*.

class action은 광범위한 법적 분쟁에서 행해지는데, 독점 금지법이나 다양한 종류의 소비자 보호법이 있다. 이들은 입법 조치를 추구할 수단이 없는 손해를 본 당사자들에게 그들이 직접 거대 회사와 맞붙었을 때 더 공정하게 처리할 수 있도록 한다. 잠재적 고소인 그룹의 멤버들을 모두 class members라고 부른다.

CONGRESS [káŋgres] n a country's legislative body 국가의 **입법부, 국회, 의회**

The United Stated *Congress* is comprised of the House of Representatives and the Senate. Literally meaning "meet together," *congress* can also refer to any assembly or association. *Congressional* is an adjective that means having to do with a particular congress.

미국의 congress는 하원과 상원으로 구성된다. 문자적인 의미로 '함께 만나다'인 congress는 어떤 모임이나 단체를 의미할 수도 있다. congressional은 특정한 congress와 관련이 있다는 것을 의미하는 형용사이다.

DE FACTO [diː-fǽktou] adj actual 실제의

Latin for "in fact," *de facto* is often used in legal writing to distinguish something from *de jure*, or lawful.

'사실은'을 의미하는 라틴 어로. 법적 문서에서 종종 de jure(권리에 의하여)나 lawful(합법적인)의 의미와 구분해서 사용한다.

DEPOSITION [dèpəzíʃən] n a record of out-of-court testimony
법정 밖 증언에 대한 기록, 증언 녹취록

In case in which it is not possible or preferable for a witness to testify in court, a *deposition* may be taken out of court and presented at trial. Interestingly enough, *deposition* has another definition dealing with government: the *deposing* or removal from office of a monarch or government leader.

목격자가 법원에서 증언하는 것이 가능하지 않거나 바람직하지 않은 경우에, deposition을 법정 밖에서 기록하여 재판에 제출할 수 있다. 재미있게도 deposition은 정부와 관련하여 다른 의미를 가지는데, 정부 지도자나 독재자를 자리에서 '해임시키다', '면직시키다'의 의미이다.

DOUBLE JEOPARDY [dʌ́bl dʒépərdi] n being prosecuted twice for the same offense
같은 범죄에 대해서 두 번 기소되는 것, 이중의 위험

The Fifth Amendment to the U.S. Constitution prohibits *double jeopardy*, even when new evidence is found that may be incriminating. In some countries, the discovery of new evidence is enough to warrant a new trial.

미국 수정 헌법 제5조는 새로운 증거가 발견되어 그 범죄가 인정될 때에도 이중 기소를 금지한다. 많은 나라에서는 새로운 증거 발견으로 새로운 공판 영장을 발부한다.

DUE PROCESS [dú: práses] n fair treatment under the law   법에 따른 정당한 대우

Due process is a fundamental right guaranteed to U.S. citizens under the Fifth Amendment to the Constitution. Basically, it decrees that citizens cannot be lawfully punished ("deprived of life, liberty, or property") without receiving their legal rights (such as the right to trial by jury, etc.).

미국 수정 헌법 제5조에 따라 미국 시민에게 허용된 기본 권리이다. 근본적으로 시민은 그의 법적 권리(예를 들어, 배심원단에 의해 재판받을 권리 등)를 고지 받지 않고 법적으로 처벌받을 수 없다(생명, 자유나 재산을 빼앗기는 것)고 선언한다.

EXECUTOR [igzékjutər] n person appointed to carry out the wishes expressed in a will
유언장에 표현된 소원을 수행하기로 임명된 사람, 유언 집행인

The *executor* of a will is determined by a judge, who appoints the person named in the will unless an outside, valid objection is made. *Executrix* is a name for a female *executor*; however, this term is rarely used as *executor* can stand for either gender.

유언의 executor는 판사에 의해서 결정되는데, 외부에서 이에 대해 정당한 이의가 없다면 유언장에서 지명된 사람이다. executrix는 여성 유언 집행인이지만, 이 용어는 거의 사용되지 않고 executor가 남녀 모두에 사용된다.

FAIR USE [féər júːs] n doctrine that determines the extent to which copyrighted material can be reproduced without permission from the holder of the copyright
저작권이 있는 자료가 저작권을 보유한 자의 허가 없이 재생산될 수 있도록 범위를 결정한 정책, 공정 사용

This is a frequently litigated aspect of copyright law, as the distinctions for what does and does not constitute *fair use* can be nebulous. Generally, the amount of material copied and the purpose for which it is copied are factors that come into play; for example, educational purposes may be subject to broader interpretations of *fair use*.

자주 다루어지는 저작권법상의 문제로, 무엇이 fair use이고 아닌지에 대한 구분이 불분명하다. 일반적으로 복사된 자료의 양이나 그것이 복사된 목적으로 결정한다. 예를 들어 교육적 목적으로는 좀 더 포괄적으로 fair use가 해석될 수 있다.

FIDUCIARY [fidúːʃièri] n a person or business that has the power to act for another
다른 사람을 위해서 행해지는 권리를 가진 사업이나 사람, 수탁자

Fiduciary is from the Latin *fiducia*, for trust. A *fiduciary* is trusted to act in good faith for another, or for the organization of which he or she is a representative. *Fiduciary* can also be an adjective meaning involving trust.

fiduciary는 '신뢰'라는 의미의 라틴 어 fiducia에서 유래했다. fiduciary는 다른 사람을 위해 선의의 행동을 하거나 그런 사람이 대표로 있는 단체라는 뜻으로 여겨진다. fiduciary는 또한 '신뢰를 가진'이라는 의미의 형용사이기도 하다.

FILIBUSTER [fílәbàstәr] v **to obstruct a measure in a legislative body**
입법부에서 조치를 방해하다

The image most Americans may have of *filibustering* in action is of members of congress talking for hours on end, even reading recipes and the phone book in order to delay or prevent a vote. This process is called a *filibuster*, as the word can be a noun as well as a verb.

대부분 미국인들이 filibustering(의사 진행 방해)에 대해 가지는 이미지는 의원들이 투표를 막거나 미루기 위해서 한 시간 내내 이야기를 하거나 조리법과 전화번호부까지도 읽는 행위이다. 이러한 조치를 filibuster라고 하는데, 명사와 동사의 형태가 같다.

FREE AND CLEAR [frí: ænd klíәr] adj **the state of ownership in which no one has a claim against the property owned**
누구도 재산을 소유한 사람에 대해 권리를 주장할 수 없는 소유 상태에 있는, 저당 잡히지 않은

Property that is owned *free and clear* is opposed to property on which a debt is being paid or another party has a legal claim.

free and clear인 재산은 지불한 빚이 있거나 다른 사람에게 법적 청구권이 설정되어 있는 재산과 반대이다.

GAG ORDER [gǽg ɔ́:rdәr] n **a judge's order for attorneys and participants not to talk about a pending case in public or to the media**
변호사나 관계자가 진행 중인 소송에 대해서 대중이나 미디어에 말하지 못하게 하는 판사의 명령, 보도 금지령

Gag orders are generally used in countries in which judges have no power to restrict the media from publishing details of the proceedings, and are instituted to prevent trial participants from "trying the case in the court of public opinion" and potentially tarnishing the jury pool or to incite public pressure.

gag order는 일반적으로 판사가 언론이 소송에 대해 자세하게 공표하는 것을 제한할 능력이 없는 나라에서 이용된다. 재판 당사자가 '사건을 대중 의견 공판으로 심리'하고 잠재적으로 배심원의 순수성을 더럽히거나 대중에 압력을 가하려는 것을 막기 위해 제도화되었다.

GARNISHMENT [gá:rniʃmәnt] n **the act of seizing one's wages**
사람의 임금을 점유하는 행동, 채권 압류 통고

A judge may rule that a debtor's wages be illegally *garnished* in order to settle a debt, such as to a credit agency, child support agency, or employer. In this way, the party being owed has more assurance that the debt will be paid because the *garnished* amounts are transferred directly without ever going to the debtor.

판사는 빚을 청산하기 위해 가령, 신용 조사나 탁아 지원 기관 또는 고용주에게 불법적으로 압류된(garnished) 채무자의 임금을 통제할 수 있다. 따라서 상대 당사자는 압류된 재산이 채무자에게 가지 않고 직접 이전될 수 있기 때문에 빚이 지불될 것이라는 확신을 더 가질 수 있다.

GRANDFATHER CLAUSE [grǽndfɑ̀:ðər klɔːz] n clause in a law that exempts certain groups of people whose rights would otherwise be affected by that law

특정 사람들 권리가 해당 법에 의해 영향을 받을 것을 면제하는 법 조항

The original *grandfather clause* was part of the discriminatory Jim Crow laws, which disenfranchised African-American voters in some southern U.S. states from 1895 to the 1950s. This clause allowed exceptions in the stringent requirements for voters if their grandfathers had been eligible to vote before 1870, effectively meaning that the voting requirements applied only to African Americans. To be exempted by a grandfather clause is known as being *grandfathered in*.

원래 grandfather clause는 흑인 차별 법의 하나로, 흑인의 투표권을 미국 남부 일부 주에서 1895년에서 1950년대까지 빼앗았던 것이다. 이 조항은 만약 투표자의 할아버지가 1870년 이전에 투표권이 있었다면 투표자에게 요구되는 엄격한 투표 조건들을 면제시켜 준 것으로, 결과적으로 투표 자격에 필요한 요구 조건들을 흑인에게만 요구하게 되었다. grandfather clause에 의해서 면제받는 것은 being grandfatered in으로 표현한다.

IMPEACHMENT [impíːtʃmənt] n the formal process by which an official is charged with misconduct

위법 혐의를 받고 있는 공무원에 대한 공식적 절차, 탄핵

The verb form, *impeach*, may also be used. A common word that is related to *impeachment* is *unimpeachable*, as in the phrase *unimpeachable* morals, which means that someone has morals that are so strong that they are above question.

동사형 impeach(탄핵하다)로 사용되기도 한다. impeachment와 관련 있는 단어로 unimpeachable(의심할 바 없는)이 있다. unimpeachable morals는 누군가 도덕성이 강해서 의문의 여지가 없다는 것을 나타낸다.

IN LIEU [in lúː] prep instead 대신에

This two-dollar phrase is frequently used in place of *instead* in legal and legislative documents, but the two are virtually the same. For example, if you don't have a receipt to accompany a return, the cashier may offer store credit *in lieu* of a refund.

이 두 단어로 된 어구는 법적 서류나 입법부 서류에서 instead 자리에 사용하지만, 이 둘은 실질적으로 같다. 예를 들어, 만약 당신이 반품에 필요한 영수증을 가지고 있지 않다면 계산원은 환불 대신에(in lieu) 반품할 물건 값이 적힌 표(store credit)를 제시할 수 있다.

INDICTMENT [indáitmənt] n a formal charge of a serious crime

심각한 범죄에 대한 공식적인 기소

While this word has a specific legal definition, it can also be used to mean an illustration or example of a bad situation, as in the sentence "The current top pop stars are an *indictment* of declining interest in the arts."

이 단어는 구체적인 법적 의미를 가지지만, "현재 최고의 팝 스타들은 예술에 대한 관심이 줄어드는 것을 비난한다."라는 문장처럼 안 좋은 상황에 대한 묘사나 예로 사용될 수도 있다.

LIVING WILL [lívíŋ wíl] n a personal statement of directives for medical treatment in the event that someone is incapacitated from making informed consent

사전통보에 입각한 동의를 할 수 없는 상황에서 의학 치료에 대한 개인적 의견, 사망 선택 유언

In an age of increasing medical advances, it is becoming possible in a wider range of circumstances for hospitals to keep people physically alive on life support even in a state of mental inactivity. Therefore, living wills are becoming increasingly popular as a means to appoint a proxy to make decisions for someone who is incapacitated, and also allow a patient to choose death in certain circumstances without increasing liability for the hospital and other people involved.

의학 진보 시대에서 병원은 정신 활동이 멈춘 사람이 육체적으로는 계속 살아 있도록 하는 광범위한 환경을 조성하고 있다. 따라서 living will은 능력을 박탈당한 사람이 스스로 죽음을 결정할 수 있는 대리권을 인정한 것으로, 특정한 환경에서 병원이나 이와 관련된 사람들에게 채무를 늘리지 않고 환자가 죽음을 선택할 수 있도록 허락하는 수단으로 인기가 높아지고 있다.

MODUS OPERANDI [móudəs àpərǽndi] n a "mode of operation," generally referring to the established habits of a criminal

'수법'으로 보통 범죄자의 확립된 습관을 언급함

On police and legal dramas, this is often referred to as the M-O, and it may be used to link a criminal to several crimes once he or she is a suspect for one.

경찰이나 법정 드라마에서 자주 M-O라고 언급되는데, 한 번 용의자가 되면 여러 범죄에서 범인으로 지목될 수 있다.

MORATORIUM [mɔːrətɔ́ːriəm] n a postponement of activity 행동의 연기, 지불 유예

From a Latin word meaning "delay," moratorium may refer to any policy of deferral. For instance, a government may require debt collectors to observe a moratorium on activity for the victims of a natural disaster to give the victims time to financially reestablish themselves.

연기하다를 의미하는 라틴 어에서 유래된 moratorium은 집행 연기 정책이라고 말할 수 있다. 예를 들어, 정부는 빚 수금 대행업자에게 자연재해의 피해자를 위해 moratorium할 것을 요구해서 피해자들에게 재정적으로 다시 자립할 수 있는 시간을 줄 수 있다.

OBSTRUCTION OF JUSTICE [əbstrʌ́kʃən əv dʒʌ́stis] n an attempt to thwart the investigation of a crime

범죄 조사를 방해하는 시도, 사법방해

Obstruction of justice may consist of lying to investigators or prosecutors, destroying or hiding evidence, threatening jurors or prosecutor, or any action taken in order to impede an investigation or prosecution. *Obstruction of justice* is a crime.

obstruction of justice는 조사원이나 검사에게 거짓말을 하거나 증거를 파기 혹은 은닉하고, 배심원이나 검사를 위협하거나, 조사나 기소를 방해하기 위한 행동이다. obstruction of justice는 하나의 범죄이다.

PRO TEM [prou tem] adj temporary; interim 임시의; 잠시의

Pro tem is short for the Latin *pro tempore*, meaning temporary. Generally this refers to someone serving as a substitute until the holder of a position returns or is permanently replaced.

라틴 어 pro tempore의 줄임말로 의미는 임시의이다. 일반적으로 해당 직책의 사람이 돌아오거나 영구적으로 대체될 때까지 대신하는 사람에게 사용한다.

QUORUM [kwɔ́ːrəm] n minimum number of members of a committee or legislative body that must be present in order to conduct business
위원회나 입법부가 업무를 처리하기 위해서 참석해야 하는 최소한의 의원 수, 정족수

The *quorum* of an organization is usually a majority of members. The official member or percentage is generally outlined in the organization's bylaws.
한 조직의 quorum은 일반적으로 과반수에 의한다. 일반적인 조직 내규는 공식 회원이나 그 백분율로 정한다.

RECUSE [rikʄúːz] v to remove from legal or governmental duties because of a potential conflict of interest
이해관계의 잠재적 갈등 때문에 법적 또는 정부의 의무를 제거하다, 기피하다

Judges, jury members, attorneys, and members of Congress have the responsibility to *recuse* themselves from duties in which they believe a conflict of interest may cause them to serve or act in a biased manner. The noun form of the word is *recusal*.
판사, 배심원, 변호사와 국회 의원은 편견을 가지고 근무하거나 행동할 수 있는 이해 갈등이라고 믿는 의무들에서 책임을 면할 수 있다. 명사형은 recusal이다.

SEQUESTER [sikwéstər] v to isolate 고립시키다, 격리하다

During high-profile trials, juries are *sequestered* away from the public, the media, and even friends and family (except under supervision) so that their opinions of the trial aren't influenced by outside sources.
주목을 끄는 재판 진행 중에 배심원은 대중이나 언론, 친구나 가족(감독하에 예외적으로)에서 고립되어 재판에 대한 그들의 의견이 외부의 영향을 받지 않는다.

SUBPOENA [səbpíːnə] v to summon a certain person or certain evidence to appear or be presented in court
특정 사람이나 특정 증거가 법원에 나오거나 제출되도록 소환하다

When someone is *subpoenaed*, he or she is required to appear in court by law. The noun form of the word, meaning a summons for someone or something to appear in court, is also spelled and pronounced subpoena.
누군가 소환되면 그 사람은 법에 의해 법원에 나와야 한다. 이 단어의 명사형은 법정에 나와야 하는 사람이나 사물에 대한 소환장을 의미하는데, 철자와 발음이 같다.

TORT [tɔ́ːrt] n wrongful act 불법적 행위

From French for "wrong," a tort is any wrong in which harm is inflicted upon someone, regardless of intention. It also refers to a major branch of law and the largest in terms of civil litigation.
'잘못된'을 의미하는 프랑스 어에서 나온 tort는 의도와는 상관없이 누군가에게 고통을 준다는 점에서 그릇된 행위이다. 법에서는 '주요 분파'를 나타내고 민사 소송 면에서 가장 큰 부분이다.

7

인터넷의 출현과 빠른 커뮤니케이션 수단의 등장으로 세상이 작아지고 있기 때문에
우리는 점점 더 많은 단어들을 다양한 종교에서 듣거나 보고 있다.
이 장에는 일상적인 삶에서도 자주 접하는 단어에 대한 가이드가 있다.
또한 알면 도움이 되는 일반적인 종교에 대한 어휘도 다루고 있다.

Religion

종교

AGNOSTIC [ægnástik] n someone who believes that the existence or nature of a deity is unknown or not knowable

신의 본질이나 존재는 알려지지 않았거나 알 수 없다고 믿는 사람, 불가지론자

ASALAMU ALAYKUM [ɑsɑlám ɑlàikəm] phrase a Muslim greeting that is generally translated as "peace be upon you"

일반적으로 '당신에게 평화를'이라는 의미로 해석하는 이슬람교의 인사말

To return the sentiment, just say *wa alaykum assalm*, which means "and on you be peace."

간단한 인사에 대한 답례로 그냥 wa alaykum assalm이라고 말해라. "당신에게 평화가 임하길."이라는 의미이다.

AVATAR [ǽvətɑ̀:r] n in Hinduism, the manifestation of a deity in bodily form

힌두교에서 형체를 지닌 신의 현시

BAPTISM [bǽptizm] n a ceremony of admission into a specific Christian church, often signified with immersion in or sprinkling of water

주로 물에 몸을 담그거나 물을 뿌리는 것으로 특정 기독교 교회에 입적하는 의식

CANONIZE [kǽnənàiz] v in Roman Catholicism, to admit a dead person to the list of recognized saints

천주교에서 죽은 사람을 리스트에 올려 성인으로 인정하다

CASTE [kæst] n a form of class distinction in Hindu society, based on relative degrees of hereditary purity and/or social status

힌두교 사회에서 상대적인 정통성이나 사회적 지위를 바탕으로 계급을 구분하는 형식, 카스트

CHUPPAH [húpɑ] n canopy beneath which the wedding party stands while a Jewish marriage ceremony is performed

유대인 결혼식 때 신랑 신부 위에 세우는 닫집

COVENANT [kʌ́vənənt] n in Judaism, the Biblical covenants made with Abraham, Moses, and David

유대교에서 아브라함, 모세, 다윗과 이루어진 성서 서약

In Moses's case, *covenant* refers specifically to the Ten Commandments contained in the Ark of the *Covenant*, which was carried by the Israelites on their wandering in the wildness.

모세의 경우 covenant는 특별히 계약의 궤 안에 있는 십계명, 즉 광야를 헤맬 때 야곱의 자손들이 지켜야 하는 것을 말한다.

DHARMA [dá:rmə] n in Buddhism, the teachings of the Buddha; in Hinduism, the principle of order and righteousness in the cosmos
불교에서 부처의 가르침; 힌두교에서는 우주에서의 질서와 정의 원리

ECUMENICAL [èkju(:)ménəkəl] adj pertaining to ideas held in common by different Christian churches
서로 다른 기독교 교회에 의해 공통으로 유지되는 생각과 관련한, 전 기독교적인

ENLIGHTENMENT [inláitənmənt] n in Buddhism, the state of having attained insight or knowledge that frees an individual from the cycle of reincarnation
불교에서 윤회의 고리로부터 개인을 자유롭게 하는 통찰과 지식을 얻는 상태, 반야

EUCHARIST [jú:kərist] n Christian ceremony that commemorates the Last Supper 마지막 성찬을 기념하는 기독교 의식, 성체 성사

The *eucharist* involves the consecration and consumption of bread and wine, which are referred to as the body and blood of Jesus Christ.
eucharist는 밀떡과 포도주의 봉헌과 소비를 포함하는데, 이는 예수 그리스도의 피와 몸을 의미한다.

EVANGELIZE [ivǽndʒəlὰiz] v to preach the Christian gospel in order to convert someone to Christianity
누군가를 기독교로 개종시키기 위해서 기독교 복음을 전도하다

Individuals who participate in this practice are generally known as *evangelicals* or *evangelical Christians*.
이 예배에 참여한 개인들은 일반적으로 evangelical(복음주의자)이나 evangelical(복음주의) 기독교도로 알려져 있다.

EXCOMMUNICATE [ekskəmjú:nikèit] n the official exclusion of a person from participating in the sacraments and services of a Christian faith
기독교 성찬과 전례에 참여하는 것이 공식적으로 제외된 사람, 교회에서 파문당한 사람

GURDWARA [gə:rdwá:rə] n a Sikh place of worship 시크교 사원

HAJJ [hædʒ] n the pilgrimage to Mecca that all Muslims are expected to make at least once in their lifetime
모든 이슬람교 교도들이 그들의 인생에서 적어도 한 번은 가야 하는 메카로의 순례

HALAL [həláːl] adj **something that is religiously acceptable according to Muslim law** 이슬람교 계율에 따라 종교적으로 받아들여지는 것

This term is often heard in reference to dietary law. For example, meat that is butchered according to Muslim law is described as *halal*.

이 단어는 주로 음식 규정에서 자주 볼 수 있는데, 예를 들어 이슬람교 계율에 따라 도축된 고기를 halal이라고 표현한다.

HIJAB [hidʒáːb] n **a head covering worn in public by many Muslim women in following religious codes** 많은 이슬람 여자들이 종교적인 계율에 따라 밖에 나갈 때 머리에 쓰는 두건

KOSHER [kóuʃər] adj **pertaining to food that satisfies the requirements of Jewish law** 유태인 율법에 따라 허락된 음식에 포함된

In secular usage, *kosher* describes something that is acceptable or legitimate, which is close to the original definition of the word, which is "proper."

실생활에서 kosher는 허용되거나 적법한 것을 묘사하는데, 원래 의미는 proper(적합한)와 유사하다.

LITURGY [lítərdʒi] n **in the Christian church, the form(s) in which public religious services are conducted** 기독교 교회에서 공개 종교 예배가 행해지는 형식, 예배식

MANNA [mǽnə] n **in the Bible, the miraculous food supplied to the Israelites as they wandered in the wilderness** 성서에서 이스라엘인이 광야에서 헤맬 때 그들에게 제공된 신기한 힘이 있는 음식, 만나

In modern usage, *manna* denotes something that is unexpectedly supplied, generally to the relief of the speaker or author.

현대 용법에서 manna는 예상 밖에 제공된 것을 의미하는데, 보통 연사나 저자를 위해 제공된다.

MANTRA [mántrə] n **in Buddhism and Hinduism, a word, sound, or phrase repeated as an element of practice in meditation** 불교나 힌두교에서 명상할 때 반복하는 말이나 소리, 어구

In everyday usage, a *mantra* is a word or phrase repeated for a reminder, increased self confidence, or luck.

일상생활에서 mantra는 자신감이나 행운을 키우고 상기하기 위해 반복하는 말이나 어구이다.

MENORAH [menóːrə] n **a sacred candelabra most commonly associated with the Jewish celebration of Chanukah** 하누카라는 유대교 행사 때 자주 사용하는 성스러운 촛대

A Chanukah *menorah* has eight branches and a central socket, whereas you may see other *menorahs* with only seven branches.

하누카의 menorah는 8개의 갈래와 중앙 소켓을 가지고 있는 반면에 다른 것들은 7개의 갈래만 가지고 있다.

MUEZZIN [mjuːézin] n a man who proclaims Muslim prayer time from the minaret tower of a mosque
이슬람교 사원의 뾰족탑에서 기도 시간을 알려주는 사람

MULLAH [mʌ́lə] n a Muslim person who has extensively studied Islamic theology and sacred law
이슬람 교리나 성법을 깊게 연구한 이슬람교인

OLIVE BRANCH [áliv brǽntʃ] n a widely regarded symbol of peace
평화의 상징으로 광범위하게 여겨지는 것, 올리브 가지

This term comes from the Biblical story of Noah, in which a dove returns with an olive branch—a sign that the great flood sent by God was receding.
이 단어는 노아의 성서 이야기에서 유래되었는데, 신이 만든 홍수의 물이 줄고 있다는 상징으로 올리브 가지를 가진 비둘기가 돌아왔다.

PHILISTINE [fíləstáːn] n a non-Semitic people of southern Palestine who came into conflict with the Israelites in the 12th century B.C.
기원 전 12세기 이스라엘 사람들과 갈등을 일으킨 남부 팔레스타인의 비셈 족 사람들

Modern usage generally refers to those with a distaste or indifference to arts and culture.
현대에서는 예술이나 문화에 혐오감을 느끼거나 무관심한 사람을 말한다.

PROSELYTIZE [prásəlitàiz] v to attempt to convert a person from one religion to another
이미 종교를 지닌 사람이 다른 종교로 개종하려고 시도하다

SACRAMENT [sǽkrəmint] n an act or ceremony of the Christian church that visibly demonstrates a spiritual belief
기독교 교회에서 정신적 믿음을 눈에 보이게 표시하는 의식이나 행위

Baptism and communion are examples of *sacraments*.
세례식이나 성찬식이 sacrament의 예이다.

SAMSARA [sæmsáːrə] n in Hinduism and Buddhism, the cycle of reincarnation that is broken when one attains enlightenment
힌두교나 불교에서 사람이 깨우침을 얻을 때에 비로소 깨지는 윤회의 고리

SECTARIAN [sektàriən] n a person who rigidly follows the very specific beliefs of a particular religious group or sect
개별적 종교 집단이나 종파의 특정한 믿음을 굳게 따르는 사람

SUTRA [súːtrə] n in Buddhism, canonical scriptures considered to be direct records of Gautama Buddha's oral teachings
불교에서 부처님의 말씀을 직접 기록한 것으로 여겨지는 정본 경전, 수트라

TALMUD [táːlmud] n in Judaism, a collection of rabbinical writings containing the entirety of Jewish civil and religious ethics, customs, and legend
유대교에서 유대인의 세속이나 종교적 윤리, 관습, 전설을 모두 담고 있는, 랍비의 글 모음

TITHE [tɑið] n an individual's voluntary giving to a church
교회에 대한 개인의 자발적 기부, 십일조 헌금

Historically, a *tithe* was a ten percent earning tax for the support of Christian clergy and churches.
역사적으로 tithe는 기독교 성직자나 교회를 지원하기 위해 내던 10% 소득세였다.

TRANSFIGURATION [trænsfigjuráiʃən] n a total change of appearance into an elevated spiritual state
고양된 정신 상태로의 외관의 완전한 변화

TRANSUBSTANTIATION [trænsəbstænʃiéiʃən] n primarily in Roman Catholicism, the actual conversion of the eucharistic elements into the body and blood of Christ
주로 천주교에서 성체 요소(성체의 밀떡과 포도주)를 예수 그리스도의 몸과 피로 변화시키는 것, 성변화

YARMULKE [jáːrməlkə] n a skullcap that is worn by Jewish men (and sometimes women) in prayer, or at all times by Orthodox Jewish men
유대인 남자(때로는 여자)가 예배 시에 쓰거나 정통파 유대교의 남자가 항상 쓰는 작은 모자, 야물커

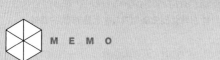

 MEMO

MEMO

M E M O

MEMO

M E M O